図説 世界文化地理大百科
古代のメソポタミア

Michael Roaf

在イラク英国考古学研究所所長（1981－85年）を経て，現在カリフォルニア大学バークレー校近東学科助教授．

Project Manager Graham Bateman
Editor Michael March
Cartographic Manager
Olive Pearson
Cartographic Editor Sarah Rhodes
Picture Editor/Art Researcher
Linda Proud
Index/Proof Reading
Angela Mackeith
Design Adrian Hodgkins
Production Clive Sparling

AN ANDROMEDA BOOK

Advisory Editor Nicholas Postgate

Additional contributions by
Dominique Collon (pages 72－73)
and Georgina Herrmann
(pages 156－157)

Planned and produced by
Andromeda Oxford Ltd
11－15 The Vineyard, Abingdon
Oxfordshire, England OX14 3PX

Copyright © 1990 Andromeda
Oxford Ltd

All rights reserved. No part of
this book may be reproduced or
utilized in any form or by any
means, electronic or mechanical,
including photocopying,
recording, or by any information
storage and retrieval systems,
without permission in writing
from the publisher and copyright
holder.

口絵　ペルセポリス宮殿謁見の間の階段で発見された壁画．クセルクセス1世に朝貢する被征服民使節団を描く．

図説 世界文化地理大百科

古代のメソポタミア

Cultural Atlas of
MESOPOTAMIA
and the Ancient Near East

マイケル・ローフ 著　　　松谷敏雄 監訳

朝倉書店

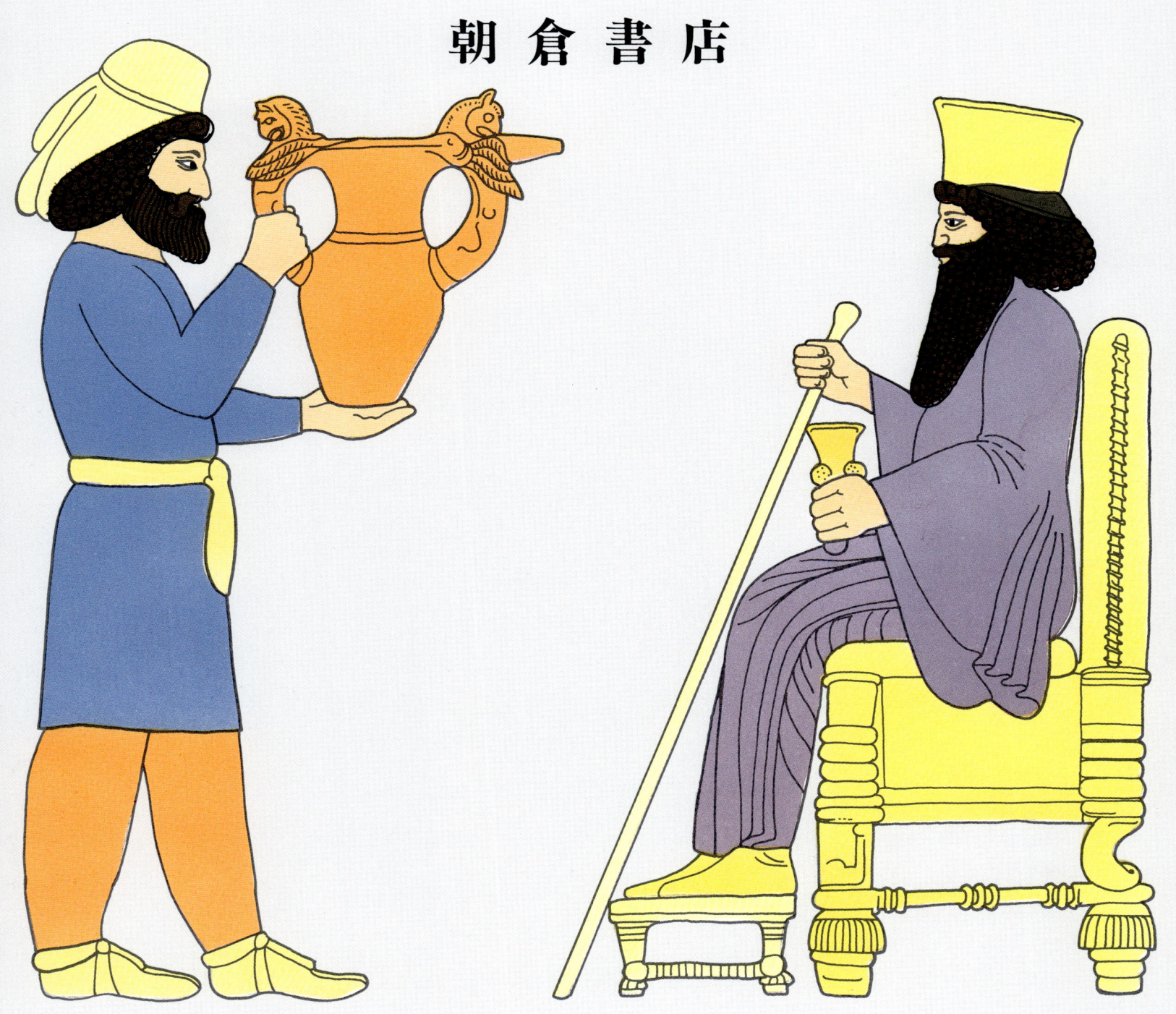

目　　次

8　年　　表
10　序

第1部　村　落

18　初期農耕牧畜民（前1万2000－7000年）
42　文明への道（前7000－4000年）

第2部　都　市

58　都市の成立（前4000－3000年）
78　都市国家間の争い（前3000－2350年）
96　カリスマ性を帯びた王たちの時代（前2350－2000年）
108　交易と交戦（前2000－1600年）

第3部　帝　国

132　連合と対立（前1600－1000年）
158　アッシリアとそのライバル（前1000－750年）
176　勝ち誇るアッシリア（前750－626年）
198　最後の帝国（前626－330年）

224　参考文献
225　用語解説
228　図版リスト
231　監訳者のことば
232　地名索引
236　索　　引

王名リスト

96　アッカド歴代の王
100　ウル第3王朝歴代の王
110　前2000－1600年のエラムとメソポタミア小都市国家歴代の王
132　エジプト第18王朝歴代の王
133　ミタンニ歴代の王
137　ヒッタイト歴代の王
140　カッシート歴代の王
142　エラム歴代の王
148　中期アッシリア歴代の王
159　新アッシリア帝国歴代の王1
172　ウラルトゥ歴代の王
178　新アッシリア帝国歴代の王2
199　新バビロニア歴代の王1
201　新バビロニア歴代の王2
204　アカイメネス朝歴代の王1
206　アカイメネス朝歴代の王2

トピックス

- 14 近東の考古学
- 28 新石器時代の村
- 36 動 物
- 38 土 器
- 70 文字の起源
- 72 円筒印章
- 74 宗教と儀礼
- 76 神々と悪魔
- 90 シュメールの彫像
- 92 ウルの王家の墓地
- 104 ジッグラト
- 122 交 通
- 124 科 学
- 126 技 術
- 128 日常生活
- 150 文 字
- 152 メソポタミアの発見
- 154 狩猟に関する王朝芸術
- 156 象牙細工
- 166 バラワトの門
- 170 ウラルトゥの金属工芸
- 194 古代メソポタミアの戦争
- 220 オクサス遺宝
- 222 西洋芸術におけるバビロン

遺 跡

- 32 イェリコ
- 44 チャタル・フユク
- 54 テル・マドゥフル
- 60 ウルク
- 81 ニップール
- 87 エブラ
- 101 ウ ル
- 119 マ リ
- 143 アル・ウンタシュ・ナピリシャ
- 144 ハットゥシャ
- 147 ウガリト
- 148 アッシュール
- 162 カルフ
- 183 テペ・ヌシ・ジャン
- 184 ドゥル・シャルルキン
- 186 ニネヴェ
- 192 バビロン
- 204 パサルガダエ
- 210 スーサ
- 218 ペルセポリス

地図リスト

- 12 近東の地形図
- 18 旧大陸における農耕の拡散
- 20 最終氷期後の海進
- 22 近東の植生
- 22 近東の気候
- 24 近東の初期遺跡
- 25 農耕牧畜の拡がり
- 34 新石器時代の黒曜石交易
- 35 近東の天然資源
- 43 初期の土器をともなう文化
- 49 ハラフ文化と同時代の他の文化の分布
- 53 ウバイド文化の拡がり
- 58 メソポタミア南部における初期の都市遺跡の分布
- 64 初期の都市文化の影響
- 73 円筒印章の使用
- 79 「汎文化的な型式」の緑泥岩製容器の交易
- 80 前3千年紀における諸土器型式の分布
- 83 シュメールの王名表に現れる諸都市
- 97 アッカド諸王が征服した地域
- 98 メソポタミアとペルシア湾沿岸地域, インダス川流域との交易
- 102 ウル第3王朝の版図
- 105 メソポタミアのジッグラト
- 109 イシン=ラルサ時代の都市国家
- 113 アナトリアと古アッシリアの交易
- 116 マリ文書の世界
- 120 ハンムラビの王国
- 134 ミタンニ王国
- 135 アマルナ文書時代の近東
- 138 前2千年紀のエラム
- 139 ヒッタイト帝国
- 140 中期アッシリア帝国
- 142 カッシート王国
- 159 イスラエルとユダ
- 160 アラムと新ヒッタイト王国
- 164 アッシリアの再興
- 173 ウラルトゥ王国
- 177 フェニキア人の世界
- 179 前8世紀後半のアッシリア帝国
- 185 アッシリアの首都への給水
- 191 前7世紀のアッシリア帝国
- 199 バビロニア
- 203 キュロス大王が征服した地域
- 208 ダレイオス大王が従えた地域
- 212 スーサの宮殿建設に用いた資材の産地
- 214 アカイメネス朝とギリシア人
- 214 アレクサンダー大王の征服

年　表

年代はすべておおよそ

		前1万2000		7000		4000		3000
考古学的な時代		続旧石器時代		新石器時代				前期青銅器時代
北メソポタミア			無土器新石器時代	ハッスーナ期 サマッラ期 ハラフ期	ウバイド期	ガウラ期	ウルク期	ニネヴェ5期
南メソポタミア					ウバイド期		ウルク期	初期王朝期 ウルの王家の墓
			原新石器時代　最初の農耕民	ネムリク出土の鳥形石偶（前7500年頃）		スーサA式土器（前4000年頃）		ハファージェ出土の石偶（前2500年頃）
レヴァント・パレスティナ地方		ナトゥーフ期	先土器新石器時代B期	ハラフ期 ウバイド期		ナハル・ミシュマルの宝物 ウルクの植民地		エジプトからの影
イラン・ペルシア湾地方		海水面の上昇		メソポタミアからの影響 ウバイド式土器		スーサA ウルクの影響		原エラム
アナトリア地方				チャタル・フユク				初期トランスコーカサス
文化・技術面での発展		狩猟採集	家犬 農耕 日干しレンガ 機織り	犂 灌漑 舟 神殿 土器 ファイアンス 銅の使用の開始	焼成レンガ 鋳造銅	ロバ 楢　ろくろ 記念建築物 城壁 失蠟法による金属容器，金，銀，鉛，砒素銅 円筒印章 文字		ラクダ（イラン） 「洪水」 宮殿 金属製斧，剣 錫を混ぜた青銅 楔形文字の発達
			小さな部族	村落	スタンプ印章		都市	都市国家

2500	2000	1500	1000	750	600	300
	中期青銅器時代	後期青銅器時代		鉄器時代		
アッカド期 ウル第3王朝期	古アッシリア シャムシ・アダド マリ文書	ミタンニ 中期アッシリア		新アッシリア	ペルシアによる支配	
アッカド期 ウル第3王朝期	イシン=ラルサ 古バビロニア	カッシート 中期バビロニア	後期バビロニア	アッシリアによる支配	新バビロニア ペルシアによる支配	
アラジャ・フユク出土の青銅・銀製雄シカ像(前2300年頃)	テル・アル・リマ出土のファイアンス製人面(前1350年頃)		ドゥル・シャルルキン出土のウマの浮彫り(前710年頃)	アレッポ近郊ネイラブ出土の石碑(前600年頃)	ペルセポリス出土の青色泥膏製人頭(前450年頃)	
エブラ	エジプトからの影響 アムル人の侵入 ヒクソス	エジプトによる支配 海の民 アマルナ文書 イスラエル人 ミタンニ ヒッタイトによる征服	イスラエル ユダ フェニキア,アラム,新ヒッタイト王国	アッシリアによる征服	バビロニアとペルシアによる支配 ユダヤ人の捕囚と帰還	アレクサンダー大王の侵略
前期エラム ゴディンIII ディルムン	前期エラム ゴディンIII ディルムン	中期エラム イラン部族の到来	メディア ウラルトゥとアッシリアによる侵入	メディア アッシリアによる侵入	メディア アカイメネス朝 ペルシア人	
アラジャ・フユクの墓	古アッシリアとの交易 古ヒッタイト	ヒッタイト フリュギアの到来	ウラルトゥ フリュギア	リュディア	メディアとペルシアによる支配	
ウマ 戦車 スポークつき車輪 ジッグラト 帝国	犂 氷室 初期のアルファベット	ガラス 釉薬土器 鉄の精錬	ラクダ ニワトリ 騎兵隊		綿 貨幣 真鍮 アラム文字	

序

　最終氷期の終わりからギリシア・ローマの文明が現れるまで，近東の社会は世界でもっとも進んでいた．狩猟採集から農耕牧畜へという根本的な変革が，この地ではおこった．神殿や都市が生まれたのもここが最初であったし，金属器の製作，文字の使用，王朝，帝国が初めて生まれたのもこの地であった．古代の近東の中心地はメソポタミアというティグリス，ユーフラテス川の水に恵まれた肥沃な平原地帯にあった．しかしながら，メソポタミアに栄えたさまざまな王朝は，幾度も勢力範囲をこの低地から広げ，周辺地域と接触をもった．そのため，周辺地域も古代近東文明に重要な影響を与えることになったのである．本書の目的はメソポタミアと古代近東の人々が成し遂げた，そうした輝かしい発展の様子を，地勢との関連のなかで述べてみようとすることにある．

　ここで扱うのはアレクサンダー大王が近東を征服するまでの1万年以上にも及ぶ期間である．この間，この地域の人々の社会は実に大きな変化を遂げた．当初は，狩猟・漁労・死肉あさり・植物採集などで小さな集団が生計をたてていたのにすぎなかった．それが，この期間の終わり頃には，当時文明が生じていた全世界を治めるような帝国が出現するまでに至ったのである．そうした偉大な歴史的発展をはっきりさせるために，この本では記述は年代順に進めていく．古代の近東に関する現在の知識はほとんどすべて（聖書と，ギリシア人がこの期間の終わり頃に書き残した客観的とはいえない記録は除いて），考古学者が過去1世紀半にわたってよみがえらせてきたものである．この本のはじめの方の章は，文字が発明されるより前の時代を扱っており，そこでは近東の初期の住人が残した物質的記録が基礎資料となっている．後の時代になると，文献記録が豊富になり，歴史的事件や個人的な問題も扱えるようになる．

　考古学者や古代史家がこれまでにいかに多くのことを復元してきたかは，年代が古いこと，過去を理解するための証拠が断片的であることを考えてみれば，まさに注目に値する．もちろん，描くシナリオには抜けているところも多いし，未解決の問題もたくさん残っている．しかし，大筋は今でははっきりしており，現代文明が古代の近東に多くを負っていることは否定のしようもない．今日の私たちが何気なく使っているもののなんと多くが古代近東に起源をもっていることか．たとえば，食べ物，建築用レンガ，車輪，そして文字の使用など，すべてがこれから本書で説明していくことがらに由来しているのである．

　本書にはところどころにコラムをいれてある．最初のものは最新の考古学的発掘の方法についてである．ほかにもいろいろあり，文字の発生や狩猟芸術なども扱っている．古代近東のおもな考古学遺跡は別項を設け，図をつけて説明しておいた．

　本書を書くにあたって念頭においたのは専門家でない読者の方々にもわかりやすくすることで，専門用語はできるだけ使わないよう心がけた．それに，相当議論をよびそうな記述であっても，引用文献をあげないことにした．巻末に短い文献目録をつけておいたが，それは個々の記述の典拠を示すためというよりは，もっと知りたい方々のための手引きのつもりである．用語解説の項には，用語や編年の問題についてつっこんだ情報を盛り込んでおいた．

　古代近東の研究はまだ始まったばかりである．アッシリア宮殿の彫像が発掘され，バビロニアの楔形文字が初めて解読されてからわずか150年しかたっていない．年々，新しい発見がなされ，私たちの知識は増していくし，誤った見方は正されていく．基礎的な研究はまだまだ足りないし，現在進行中の調査によって古い見解も変えられていくことだろう．

　古代の都市には場所がはっきりとわからないものが多いし，王朝の国境線にも推定で引いたものが多い．地図にさまざまな可能性をすべて盛りこむことはできなかったので，多くの場合，可能性の高いものを選んで示すことにした．そうした同定がどれくらい信頼性のあるものかわかるようにしたものもあるが，そうでないものもある．それに，地形の基本的な要素，たとえば古代の河川の流路やペルシア湾の海岸線などについても，まだ議論されている段階である．だから，読者の方々も，本書に示した見解は現段階での一つの解釈なのだということを心にとめておいていただきたい．

　編集委員のニコラス・ポストゲイト氏には多くの御教示をいただいた．シンジョン・シンプソン氏は原稿を査読して手を加え，さらに図の説明や文献目録づくりを手伝ってくださった．ドミニク・コロン，ジョルジナ・ヘルマン両女史にも御礼申し上げたい．お二人が専門としておられる円筒印章と象牙細工についてのコラムを書くのに，大いに御助力いただいた．ジョン・カーチス，デビッド・ホーキンス，およびジェーン，ロバート・キリック夫妻，ロジャー・モーレイ，トレボー・ワトキンスの各氏にも細かい点で助けていただいた．アンドロメダ・オックスフォード社の編集部の方々はよい本をつくるために努力を惜しまれなかった．その見事なお仕事ぶりに対して，御礼申し上げる．最後に，私の家族，スーザン，クリストファー，リチャードが寄せてくれた愛情と激励に対して，心より感謝したい．

マイケル・ローフ

右　浮彫リに刻まれた楔形文字．カルフの宮殿出土．前9世紀．

近東の考古学

　古代の近東に関する私たちの知識は，そのほとんどがここ150年ほどの間の考古学調査によってえられたものである．19世紀の考古学者が関心を寄せていたのは，主として，ヨーロッパの博物館に展示するための骨董品を発見することだった．その後，考古学は，何年もの専門的かつ学術的な訓練を要するような一つのサイエンスへと成長した．発掘法や記録技術も十分に工夫され，最大限の情報を引き出すことができるようになっている．しかし，想像や運というものが関与する部分もある．

　考古学遺跡の発掘というのは複雑な作業であって，多くの専門家の協力を必要とする．調査全体を指揮する団長のほかに，発掘の見回りや記録を担当する考古学者，みつかった建物の図面をつくる測量係，図面係，遺物の記録をする登録係，もろい遺物や壊れた遺物を固めたり修復したりする保存係などが必要だろう．発掘では，文字どおり何十万という土器片やフリント片，動物骨などを調べたり記録したりしなければならないのがふつうだ．土壌の専門家，金属の専門家，化学者，地質学者，コンピューター・プログラマー，統計学者なども，考古学者の手助けをするようになりつつある．

　遺跡を発掘するだけでなく，考古学者は周辺一帯の自然環境の復元も試みる．また，概観調査，つまり，一定地域内で地表に現れている古代文化の痕跡を記録していく調査も行うが，それは，その地域の集落史を明らかにしたり，後で発掘するための遺跡を選定したりするのに有効である．

　考古学者がもっとも関心を寄せていることの一つは，みつけた事物の年代を決めることである．さまざまな堆積をていねいに調べれば，堆積の順序を明らかにすることができる．また，一つの地域で用いられている道具の形は，時間とともに変化を遂げていく．したがって，それらを年代順に並べておけば，その遺物がみつかった遺跡や地層の年代を決めることができる．近東においては，彩文土器が，過去の文化を研究するための時間的な枠組みを提供してくれる．また，場合によっては，日食・月食などの天文現象に言及した歴史文書によって年代を求めることもできる．一方では，年輪年代法や放射性炭素年代測定法によって，遺物の年代をみつもることもできる．

　メソポタミア考古学のもっとも特徴的な点の一つは，古文書，とくに生の粘土板に書いた文書が豊富にあることである．近東ではこれまでに約50万点の楔形文書が発見されており，その多くが未発表のままである．また，地中に埋もれているものはさらに多いはずである．

　考古学調査にはお金がかかるため，最高水準の調査をするのに十分な予算をもった調査団は少ない．一方，近東で今日行われている急速な農業面・工業面での開発も問題である．すなわち，毎年，何百という古代遺跡が破壊されているのである．近東諸国の政府のなかには，この問題を認知し，川に大形ダムを建設する際に行う大がかりな事前調査に資金を提供しているところもある．しかし，年々，ますます多くの古代遺跡が破壊されており，その痕跡は永久に失われている．

右　テル・マルディフでの発掘風景．写真中央には石の土台の上に並ぶ日干しレンガの壁がみえる．この壁の右端は大きな穴で壊されている．発掘区の端に何本かみえる分厚い黒い線として現れているのが，その穴である．理想をいえば，遺跡では古い層に取り組む前に，もっとも新しい層から順にはぎ取っていかねばならない．しかし，このやり方は時間がかかるし，難しいし，費用もかかる．よりコストが少なくてすむやり方は，すばやく掘り下げて，その後で発掘区の壁を検討し，何を発掘したのかを調べることである．

左　北シリアのテル・フエラ．えられるデータを最大限に活用するためには，発掘にあたっての綿密な計画が必要である．今日の考古学者は非常に明確な目的をもっており，明らかにしようとしている問題も具体的である．発掘区の場所を設定するにも，調査団メンバーの間で十分に議論を交わす．しかし，地面の下はみえないわけだから，結果は予測できないことが多い．

上　小形ピックとブラシを使って，シリア人作業員が土器片を取り上げているところ．テル・マルディフ（古代名エブラ）．土器片は黒のゴムバケツに入れている．土器は後で洗って調べ，記録をとる．個々の土器の出土位置に注目することによって，異なった土器型式間の年代関係について細かい見通しをえることができる．

下　炭化した植物種子を回収するもっとも簡単な方法は，掘りあげた土を水の入った大きな入れ物に入れて，かきまぜることである．そうすると，炭化種子は浮き上がってくる．それを何種類かの大きさの違うフルイですくい，乾燥させる．その後で分類・同定を行う．

下　フルイをかけるのは，遺物を偏らないように集めるためで，これは後の定量的研究のためには欠かせない手続きである．さらさらの土ならば，乾燥したままでフルイがけできる．しかし，固まった土は水で溶かしてからやったほうがよい．フルイをかけるのは一部の土のみである．

上　ヨルダン砂漠のある遺跡で，考古学者が遺物を採集して位置を図面に記録しているところ．辺境地域には，遊牧民の短期的な野営地，フリント石器製作跡，あるいは石器だけを残して他は風で完全に侵食されてしまった遺跡などみつけにくい遺跡が多い．

下　ヨルダン，アイン・ガザル遺跡から出土した一連の人物土偶の土を取り除き固めているところ．無土器新石器時代（前7000年頃）のものである．これらは葦を芯にして粘土でつくったもので，非常にもろかったため，一括して取り上げ，研究室に運びこまれた．そこで，ていねいに洗浄し，保存のために化学的凝固剤をしみこませる作業が行われた．

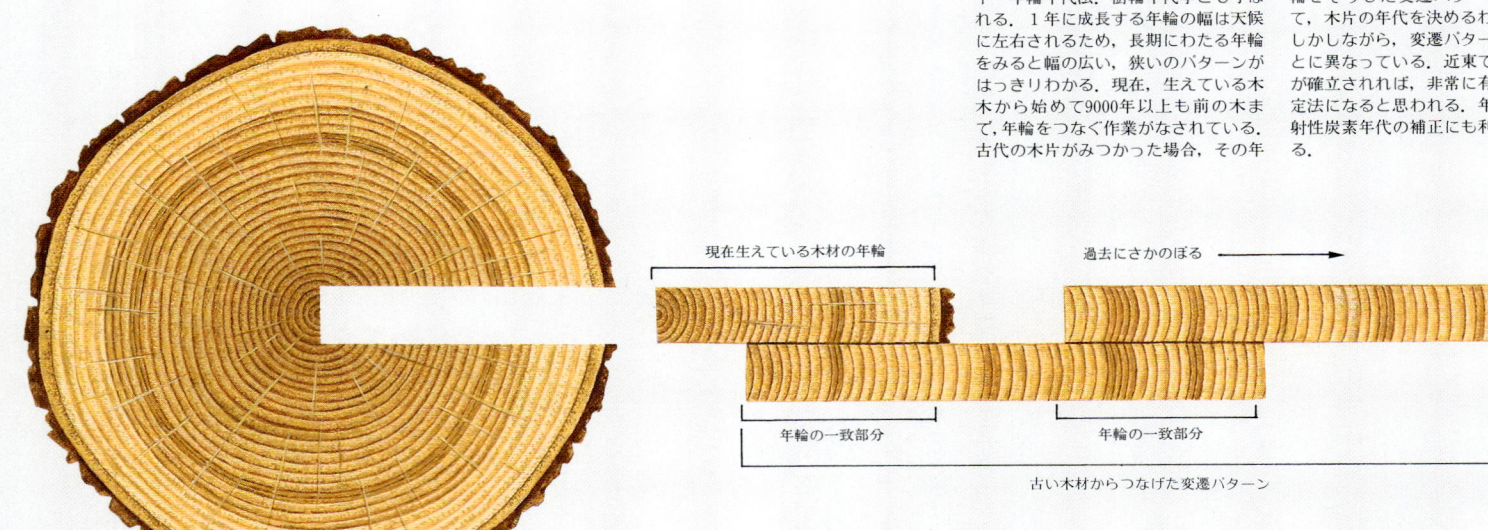

下 年輪年代法．樹輪年代学とも呼ばれる．1年に成長する年輪の幅は天候に左右されるため，長期にわたる年輪をみると幅の広い，狭いのパターンがはっきりわかる．現在，生えている木から始めて9000年以上も前の木まで，年輪をつなぐ作業がなされている．古代の木片がみつかった場合，その年輪をそうした変遷パターンにあわせて，木片の年代を決めるわけである．しかしながら，変遷パターンは地域ごとに異なっている．近東でもパターンが確立されれば，非常に有効な年代決定法になると思われる．年輪年代は放射性炭素年代の補正にも利用されている．

右 放射性炭素年代を暦年代に変換するための年代補正曲線の一部．放射性炭素年代は遺物の年代が測れるため，客観的な時間の物差しを提供してくれる．生きている植物や動物は大気から二酸化炭素を吸収しているが，それには ^{14}C 放射性同位元素を含んでいる．これは一定の割合で減衰するもので，半減期は5750年である．つまり，生物が死ぬと，5750年ごとにその ^{14}C 原子は半分になっていくのである．だから，物の年代を知るためには，それに含まれている ^{14}C の量を測定すればよい．測定結果は4500±100b.p.というように示される．これは，平均値は紀元1950年よりも放射性炭素年代で4500年分前で，測定誤差の標準偏差が100年という意味である．しかしながら，大気中の ^{14}C の量は時代によって一定ではなかったので，暦年代を知ろうとすると補正をしなくてはならない．補正曲線は年輪年代法で年代のわかっている木材を測定して，求められたものである．これによると，放射性炭素年代は最高1000年も若く出ている．たとえば，4500±100b.p.（つまり前2550年）という放射性炭素年代は，暦年代でいうと3分の2の確率で前3360－2930年，20分の19の確率なら前3520－2910年に相当する．簡潔にするために，本書ではすべての年代は暦年代に補正し，バラツキの平均値を示すことにした．

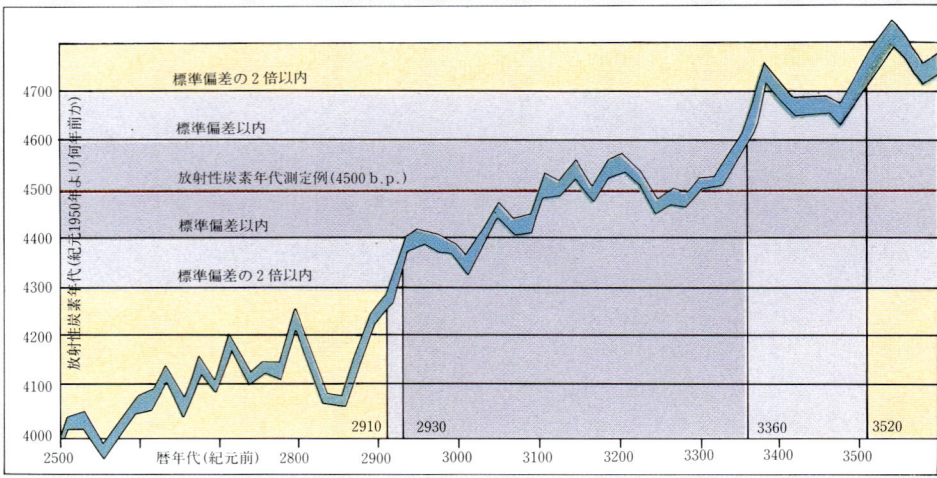

下 発掘では，まずつるはしで土を崩し，スコップや鍬で集め，バケツにつめて捨てにいく．人力だけでなく，一輪車やベルト・コンベヤ，トラックなどの機械力も使われるようになっている．日干しレンガや床の上面を追っていくときなど，ていねいな発掘をする際には小形のピックやこてが役立つ．壊れやすい物や骨を慎重に清掃するにはナイフ，メス，カクテル・スティック，歯科用ピック，絵筆などが使われる．ふつう考古学者は自分専用の道具をひとそろいもっているものだ．

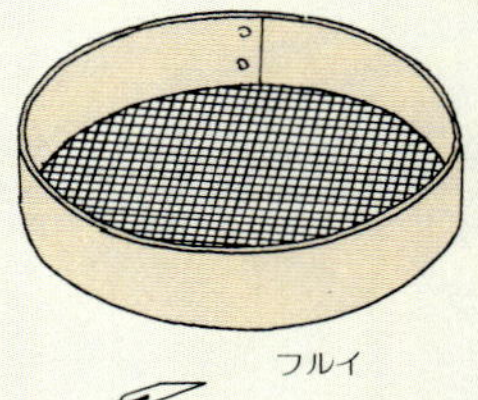

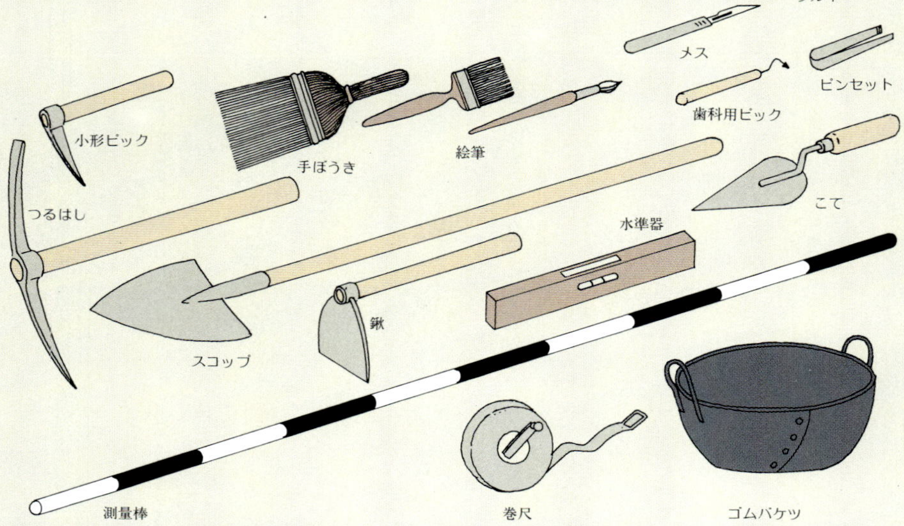

上 近東のテルの発掘は複雑な仕事であり，発掘者の側にも層の違いを読み取るためのかなりの技量が要求される．古い堆積物は，新しい堆積物におおわれているか，またはこわされている．層序を注意深く観察することによって，堆積の順番を正しく読み取っていかねばならない．もし時代の新しい掘りこみをみのがしたり，自然な堆積を間違って同定したりすると，時代の異なる遺物が混ざってしまうことになり，間違った結論を導いてしまうこともありうる．

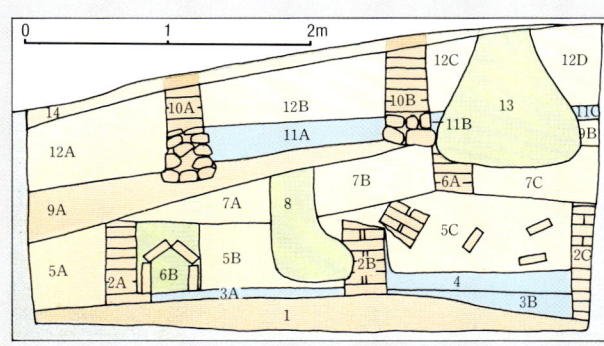

堆積の古い順に番号をふった層序図
1：地山，2A,B,C：日干しレンガの壁，3A,B：2A,B,Cにともなう床，4：2B,Cにともなう，それよりは新しい床，5A,B,C：壁がこわれたとき，部屋のなかにつまった壁と日干しレンガの屑，6A：日干しレンガ壁，6B：床下につくられた墓，日干しレンガ製．7A,B,C：部屋の埋土．8：掘りこみ面が侵食されてしまっている墓．9A,B：遺跡の上から流れてきたシルト．10A,B：石の基礎をもつ日干しレンガ壁．11A,B,C：10A,Bにともなう床．12A,B,C,D：部屋の埋土．13：掘りこみ面が侵食されてしまっている穀物貯蔵穴．14：遺跡の上から流れてきたシルト．第Ⅰ層：2－5．第Ⅱ層：6－7．第Ⅲ層：8．第Ⅳ層：10－12．第Ⅴ層：13．遺跡が無人のときにたまった層：1, 9, 14．

第1部 村落
VILLAGES

初期農耕牧畜民（前1万2000—7000年）

遠い過去

過去に関する証拠は断片的である．考古学的証拠として残るのは，人類の活動のほんのわずかの部分でしかない．大部分は不明で知りえないままになっているのである．だが，そうして残ってきた証拠によれば，人々は何千年もの間，いくつかの点でほとんど変わっていないことに気づく．たとえば，先史時代の人々にも，今の私たちと同じ感情や動機といったものが備わっていたことであろう．そうした特徴は，人間を動物から区別するものであり，長い進化の道のりにおいて，ある時点で発展したものである．実際には，人間がもっている特徴の多くは，動物の世界にも共通点がある．たとえば，アリやイモムシ，アリマキなどは「都市」をつくって生活しているし，人間のように状況に応じて社会的な役割を変えようともする．しかし，人間がこれまで発達させてきたほど多彩な技術を身につけている種は他にはいない．動物でも重要な情報なら伝達するコミュニケーション・システムを多少はもっているけれども，人間の会話能力というのは，みるからにどうでもよいことから必要不可欠な知識に至るまで，実に幅広いことを伝達しうるものなのである．また，動物によっては簡単な道具をつくったり，使ったりできるものもいるが，人間は，それなしでは生きられないほど，道具に頼りきっている．会話能力も道具づくりも文化を通して伝えられていく．つまり，前の世代から学んでいくわけである．

文化が，生きていくうえでいかに役立つものだったかは，今から3万5000年以上も前，後期旧石器時代が始まるまでに人類が実に広い地域に拡散していたことをみれば明らかである．一般に，石器時代人といえば，皮の服を着て洞窟に住み，棍棒を振り回しているというイメージが湧くが，これは偏っ

旧大陸における農耕の拡散

オオムギ，コムギの栽培化は前9000年よりも少し前に成し遂げられたが，しばらくはメソポタミア周辺の丘陵地帯に限定されていた．しかしながら，次の2000年くらいの間にカスピ海の南東部からインダス川流域の西部にまで分布が広がる．そして，前5000年までには，おそらく畜獣を使った犁や灌漑技術とともに，ヨーロッパ，エジプト，インダス全域にまでいきわたった．中国北部や東南アジアでは別の作物である雑穀と米が栽培化された．さらに，続く2000年間には，農耕は旧世界ではあたり前の生活様式になった．ただ，ロシアやアフリカ地域では依然として遊牧民が生活していた．

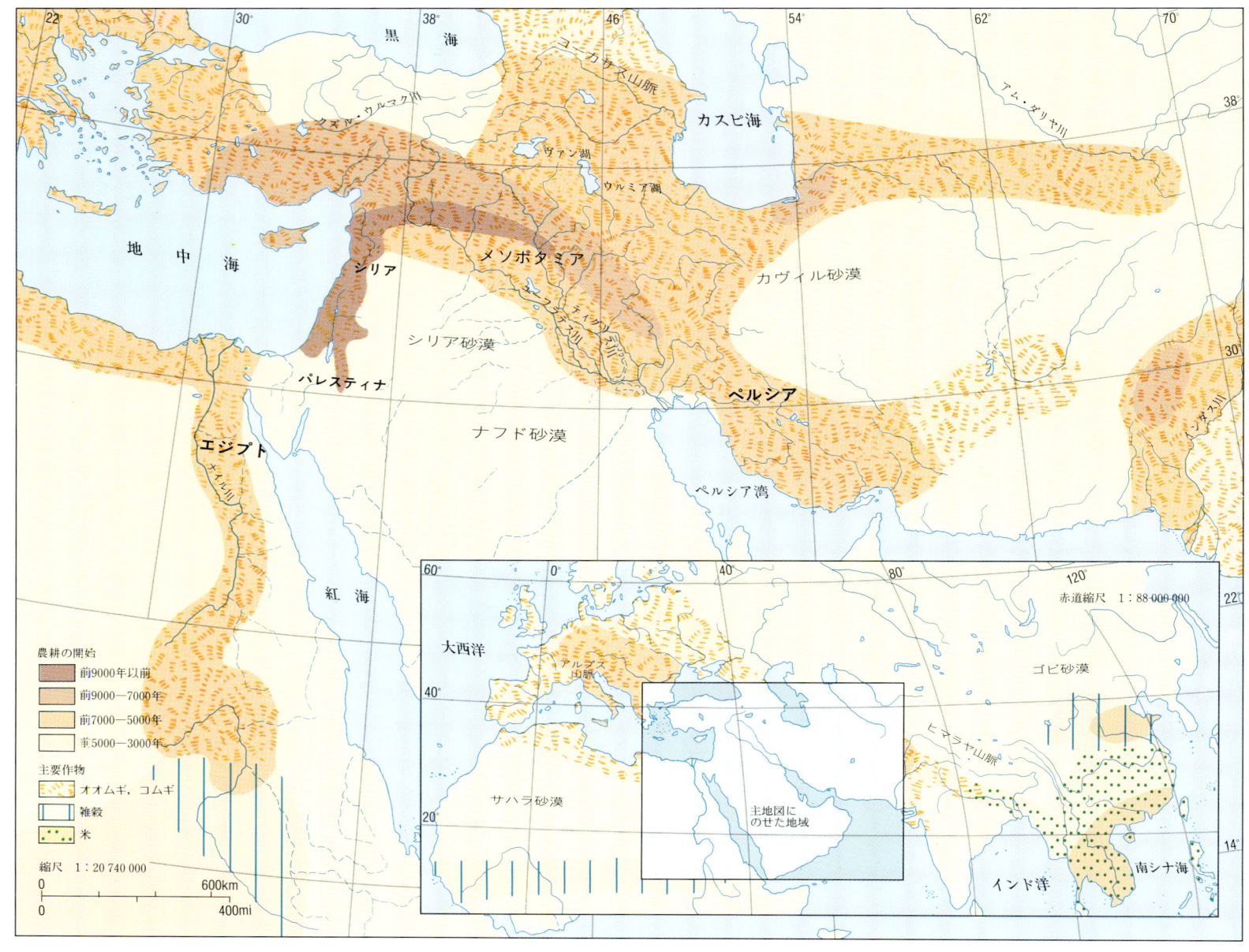

初期農耕牧畜民

上 険しい山岳地帯と肥沃な平原とのコントラスト．肥沃な平原は，春の洪水で運ばれてくる堆積物でできている．この種のコントラストはコムギとオオムギの栽培化がなされたこの地域の至るところでみられる．ここでみえているのはトルコ南部，キリキア地方の渓谷にそびえているタウルス山脈で，春の終わりにもかかわらず冠雪している．山腹はヒツジ，ヤギに草地を提供し，平原は穀物や野菜作物が生育する場を与えている．この地域は天水農耕に十分な雨量のある地域にある．しかし，灌漑をすれば収穫量は増大するし穀物の生育期間を伸ばすこともでき，作物の二期作も可能になる．

た見方である．実際には，彼らはたいてい小さな集団をつくって住んでいたのだし，木の根，木の実，葉っぱ，イモムシなどをとって生活していたのであり，大きな動物を捕まえる方が少なかったのである．こうした生活様式は世界中に広がっており，何十万年もの間，うまく機能していた．現在でもそういう地域はたくさんある．ところが，約１万2000年前，最終氷期の終わりに海水面が上昇を始めると，近東の人々は新しい食料調達法をみつけだした．それは，まず動植物の栽培・飼育，ついでその馴化であった．このやり方は，今ではあまりにも一般的すぎて，これ以外，人が生きていく術はないのではないかとさえ思われる．農耕は近東で発展した後，またたく間にヨーロッパ，アフリカ，アジアへと広がった．それから，わずか2000－3000年の間に，何百万年も狩猟採集を続けてきた人々が定住村落民へと変容してしまったのである．

農耕牧畜が始まると，他の面でも重要な変化が生じた．家は恒久的なものになり，村落を形成するようになったし，人人は新しい資源を使って新しい技術を開発するようになった．金属加工，土器製作，石の彫刻などがそれである．社会組織も徐々に新しいものになっていき，5000年以上も前に，ついに都市，支配者層，国家宗教，文字体系といった現代文明の基本要素がそろったのである．農耕，都市という生活形態は近東からヨーロッパへ伝わり，そこでギリシア・ローマを経て，現代文明の一部を形づくるようになった．旧世界の他の地域でも農耕が発達したところはあるが，近東との関係はあまりはっきりしない．ただ，農耕という概念自体は究極的には近東から由来した可能性は非常に高い．農耕や複雑な社会組織は何千年か遅れて，アメリカ大陸でも独自に生まれている．しかし，近東での事例は最古である点，そして現代文明の祖先となったという点でとりわけ重要である．

近東の地理

食料の供給は人が生活するのに不可欠のものであるが，自然環境や土地ごとの地理に左右されるところが大きい．近東は五つの海をもつ土地と呼ばれているとおり，地中海，黒海，カスピ海，ペルシア湾，紅海に囲まれている．しかしながら，この地域での人間生活にとって，海は陸ほどには大きな影響力をもっていない．近東の地形は実に多様である．南イラクには湿原があるし，ヨルダン，シリアには玄武岩砂漠，そしてイランには万年雪が残る山まである．それぞれの環境には異なった植生が発達しており，住んでいる人たちも土地ごとにさまざまな生活様式を採用している．この地域で共通している地理的な様相というのはほとんどなく，ただ一つ重要な点をあげれば，夏に雨が降らないことくらいである．さまざまな居住環境が近接しているわけで，したがって，違った生活様式がお互いに接触を保つことにもなる．このことが，考え方を相互交換させ，古代の近東で技術・科学・社会が大いに発展した要因の一つだったのではないだろうか．

地 質

かつて地殻は，ゴンドワナ，ローラシアという二つの大陸と海洋とによって形成されていた．それが，２億年ほど前，分裂し始め反対方向に移動を開始した．両大陸の間にはテーチス海が産まれ，厚い海成堆積物がたまることとなった．両大陸は離れるにつれ，いくつかの小さな海洋「プレート」に分かれていった．プレートは相互に移動し，現在近東の主要な地形的要素を形づくることとなった．アラビアプレートがイランプレートの下に潜り込み押さえつけられた結果，ペルシア湾と，ティグリス，ユーフラテス川の流れるメソポタミア低地がつくりだされた．この動きは一方で，メソポタミア北東部を平行に走る急峻なザグロス山脈を押し上げた．トルコ南部のタウルス山脈も同様で，アフリカプレートがトルコプレートの下に潜り込んだ際に形成された．紅海はアラビアプレートとアフリカプレートの分離によって生じたものであるが，これらのプレートはかつて古ゴンドワナ大陸の一部であったアラビア・ヌビア地塊を構成していたものである．アラビアプレートのこうした動きは北方でもおこり，アカバ湾から北にアラバ渦谷，死海，ヨルダン渓谷がつらなる地溝帯

村落

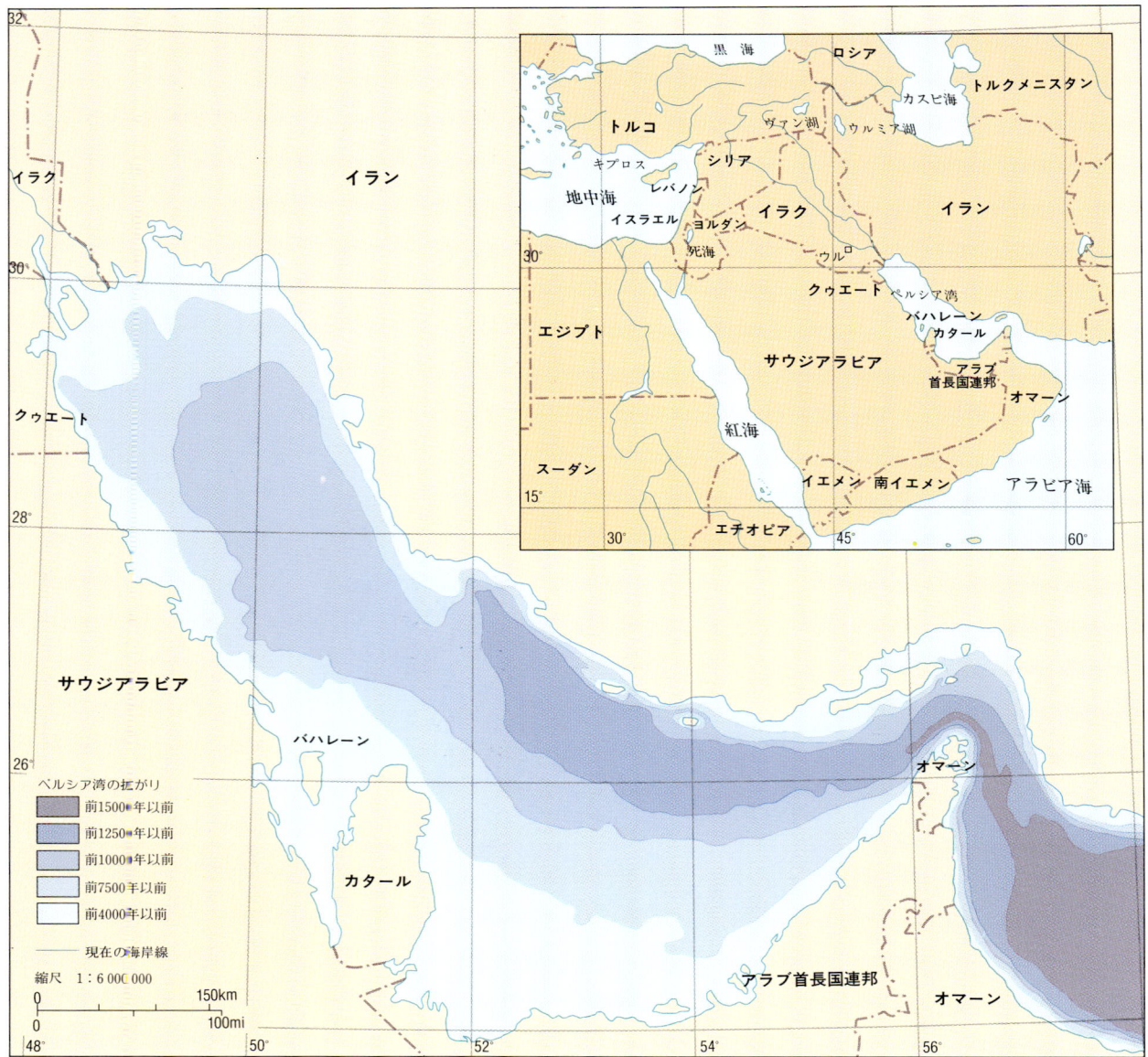

最終氷期後の海進

前1万5000年頃、海面は世界中で現在より100mくらい低かったが、前4000年頃までには、現在の水位まで上昇した。そうなっても、近東の大部分では、海岸部の狭い地域が海に沈むのみだったであろうが、ペルシア湾では何もかもが沈んでしまった。ティグリス、ユーフラテス川はイランの山々からくる他の川とともにペルシア湾地域に流れ込み、川ぞいには、狩猟採集民にとって好適な生態系をつくりだしていた。しかしながら、残念なことに、そうした痕跡はすべてペルシア湾の水の下に沈み、河川の運ぶ堆積物に埋められてしまった。湖や陸の海（ウルミア湖、ヴァン湖、カスピ海、死海など）の水位は現在よりも高く、トルコ、イラン、アラビアの内陸盆地には広大な湿地や湖が広がった。前4000年以降は、海水面は1−2mしか変化していない。しかし、こんな小さな変化であっても、地域ごとの地盤沈下や河川のシルト運搬と組み合わさると、海岸線に大きな影響を与えたこともありえた。多くの研究者は、前2000年頃にはペルシア湾の先端はもっと内陸にあって、ウルの都市あたりに達していたのではないかと考えている。

右 シリア、ユーフラテス川のほとり。ユーフラテス川とティグリス川はトルコ東部の山中に発し、細長い渓谷をつくりつつ北メソポタミアを流れる。天水農耕地帯の南側では、川ぞいにのみ作物が生育し、広大な草原地帯ではヒツジやヤギが生息する。春になってトルコ、イラン山地の雪が溶けると、ティグリス、ユーフラテス川の水位は数mも上昇し、泥流を怒涛のごとく運ぶ。それ以外の季節では、川の流れはゆるやかで水も澄んでいる。

右 北イラン、アルボルズ山脈のラル渓谷で草を食べているヒツジとヤギ。冠雪したイランやトルコの山中に春が訪れるのは遅い。夏には遊牧民が家畜をつれて山に上がってくる。暑い地域で大地が茶色になった季節でも、山中ではまだ草が青々としているからである。こうした生活様式は、先史時代までさかのぼる可能性があるが、考古学的にはほとんど証拠が残らない。

をつくった。

こうしたプレート間の厳密な接点がどこなのかはまだわかっていない。それらは複雑に入り組み、構造的には弱い地形を形成している。そのようなところでは地震や火山活動が活発で、場所によっては玄武岩や黒曜石（火山ガラス）といった火山成の岩石が広い地域をおおっていることがある。近東の地表をおおう岩石のほとんどは堆積岩である。それらには石灰岩のように海底で生成したものや、砂岩や泥岩のように再堆積した侵食岩などがある。堆積作用は現在も続いており、その結果、たとえば、アラビア半島の大部分は砂丘におおわれているし、河川流域や内陸盆地は山塊が侵食され河川で運ばれてきた沖積土で埋めつくされている。アラビア半島の西端やシナイ半島、そしてイラン、トルコ山地の一部の露頭のみが古い地形であって（貴重な鉱物を含む）火成岩が容易にえられる。

地形

上記のような地質活動、あるいはより最近の水・風・氷などの作用のために、近東の地形は実に多様なものになっている。北をみると、トルコ・イランでは山脈に囲まれた海抜2000mくらいの高原がある。トルコには大きな山脈が東西に二つ走っている。黒海側のポントス山脈と地中海側のタウルス山脈である。この両山脈の間のトルコ高原は海抜500mを超える。この高原は西から東に向かって高くなっていく。トルコ東部ではこれら両山脈が合体し、さらにイランの二大山脈に接する。北にあるのがアルボルズ山脈で、カスピ海南岸にそって走っている。もう一つのザグロス山脈は北西から南東にかけて走っており、メソポタミア低地とイラン高原の境になっている。これらの山脈は海抜約4000mにも達し、いくつかのより高い死火山が頂上となっている。それらにはトルコ・イラン・アルメニアにまたがるアララト山（5125m）、サヴァラン山（4810m）、パキスタン国境に位置するタフタン山（4042m）がある。そしてもっとも高いのは、北イラン、アルボルズ山脈にそびえるデマヴァンド山（5671m）である。イラン高原の中央にはカヴィル、ルートという大きな不毛の砂漠が二つある。

トルコ、イランの山脈地帯の南側では地形はそれほど厳しくない。ここでは急峻な山脈のかわりにメソポタミア平原が広がっている。土地は南東端のペルシア湾からユーフラテス川にそって北西へと高くなっていく。最終的には北に向かいタウルス山脈にぶつかるのであるが、それでも1200kmの距離に対して上昇分はわずか400mにすぎない。南の下メソポ

初期農耕牧畜民

タミア平原はほとんど平坦であり、ユーフラテス川、ティグリス川、その他の北や東の山脈から流れでた川によって運ばれてきたシルトで形成されている。一方、上メソポタミアの地形はゆるやかな起伏をもった平野となっている。

シリア、レバノン、パレスティナの地中海沿岸はより山岳的である。もっとも高い山はレバノン領にあり海抜3000m以上にもなる。そうした高地は南北に走る断層によって分断されており、多様な地形をつくりだしている。断層はヨルダン渓谷、死海（海面下300m）、アラバ涸谷を形成し、紅海へとつながっていく。

アラビア半島、紅海沿岸にはさらに多くの山々が走る。紅海北端にあるヒジャーズ山脈は海抜2000mを超える。一方、南端には海抜3500mのイエメン、アシル山脈が位置している。地形はこの地域からメソポタミア平原・ペルシア湾に向かって徐々に下降していく。ただ、ペルシア湾の出口にはオマーン高山地帯があって、そこだけは海抜3000mを超える。

海水面の変化

こうした地形は数十万年という年月の間に形づくられてきたものだが、決定的な変化がおこったのは最終氷期の末である。氷河期には巨大な氷原が極地をおおっており、海水を相当量ためこんでいたために、海水面は現在よりも100m以上低くなっていた。それが、1万6000年ほど前に上昇し始めた。近東の海は、ほとんどの地域で急に深くなっているため、海岸線の変化はそれほど大きなものではなかった。しかし、ペルシア湾地域では浅瀬がつづくからタウルス、ザグロス山脈

村落

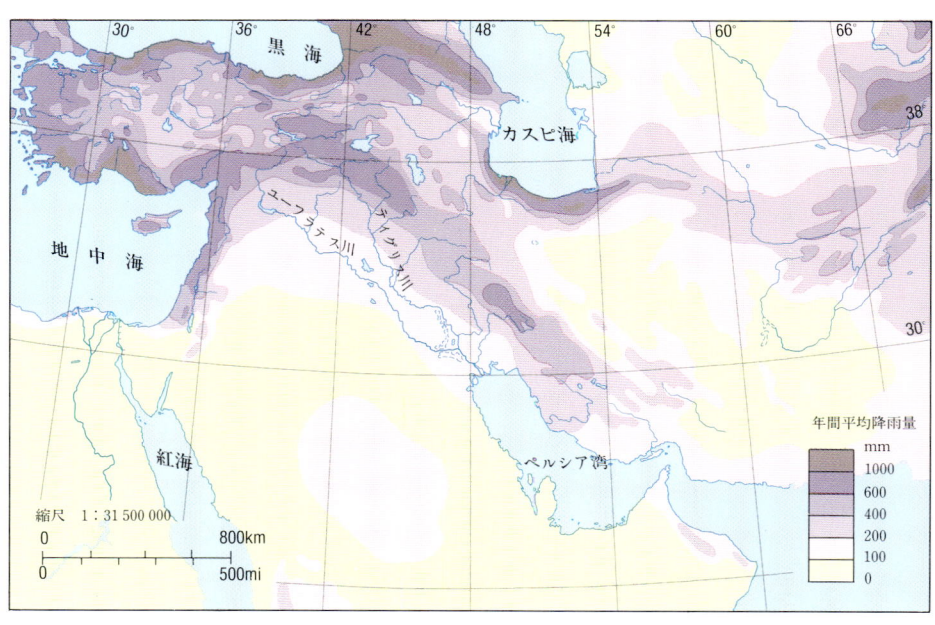

近東の植生

この地図では自然植生，すなわち人間の干渉がなかったならばこうであったろうという植生を示している．植生は降雨量の違いに左右されるところが大きい．近東の多くの地域では，雨量は非常に少なく，砂漠が広がっていて，人が住むのには適さない．砂漠の端は山麓部へとつながっているが，山すそ一帯の植生は草原で，草や低木が生えている．一方，山腹には木々が生い茂る．過去に人々が住んでいた地域は今日のものと一致している．このことから，研究者たちは，ここ1万年間ほど，気候にも植生にも大きな変化がなかったものと考えている．ただし，過剰放牧，森林伐採，農耕など人間による自然環境の破壊は別である．

近東の気候

近東の雨は西風でもたらされる．丘陵や山脈などに風が最初にぶつかったときに雨が降る．内陸部の多くはいわゆる「雨の陰」に位置している．だから，たとえば，カスピ海の東部やアラビア砂漠ではほとんど雨が降らない．トルコとカスピ海の沿岸部を除くと，雨のほとんどは冬の間に降り，6月から9月までは降雨はない．近東の気温は南にいくほど高く，緯度とともに低くなる．夏と冬の気温はかなり違う．海岸部でその差は約15℃だが，山岳地帯では25℃以上にもなる．イランやトルコの高山の多くは冬場は雪に埋もれてしまう．

から流れてくる川は以前よりずっと海に接近することになった．南メソポタミアとエジプトの三角州地帯ができあがったのも，海水面がほぼ現在の高さに落ち着いてからのことである．海水面の上昇は急速で，おおよそ100年に1m高くなっていき，前4000年頃に現在のような水位に達している．それ以後はせいぜい1-2mの変化しかない．こうした急速な水位上昇は結果として，ペルシア湾地域や南メソポタミア平原の古い遺跡を分厚い堆積物の下に埋めこんでしまうことになった．したがって，もし古い時代の遺跡を探すとするなら，地形がそれほど変化しておらず遺跡が容易に発見できる地域を調査する必要がある．

気候と環境

過去の気候に関する証拠は多々あり，かつ多様である．たとえば，海中における二つの酸素同位体 ^{16}O，^{18}O の割合によって極地に貯えられていた水量がわかり，それによって地球規模での気温を知ることができる．同様に，沈降作用による堆積物が厚く積もっている場合，それは河川水量の増加を意味するから，降雨量が多かったということになろう．もっとも有効な研究法の一つは，古代の湖の堆積物中に残っている植物花粉を同定することである．これによって植生の変化を復元することができる．そうした分析結果は地域ごとに一致しないようで，それをどう解釈したらよいのかについては議論のあるところではあるが，おおまかな様相はつかむことができる．

氷床が後退し，海水面が上昇するとともに気温も急速に上昇した．前1万2000年から8000年の間に10℃近くも上がっており，後には現在よりも1，2℃高くなった．氷河時代には北部の山脈地帯の植生はほぼ草原となっており，気候は寒冷かつ乾燥していた．その後，気候は温暖かつ湿潤になっていき，分厚い森林が成長し始めた．そうして，6000年前くらいまでには今日のようにカシなどの木々がザグロスやタウルスの山脈地帯をおおうようになった．南部でも氷河期の乾燥・寒冷な気候が，より湿潤・温暖な気候へと変化し，より多くの木々が生育するようになった．しかしながら，前1万1000年頃までには雨量は少なくなり，広大な地域が再び草原や砂漠に戻ってしまった．

ここ1万年くらいは，近東では気候・植生とも現在のものとほとんど変わっていない．この地方では四つの特徴的な地域が帯状に認められる．まず山岳地帯である．ここでは落葉性針葉樹が，カシ，マツ，スギ，トショウなどと混じりあって生い茂っており，気候は冬が湿潤・寒冷，夏が乾燥したものであった．一方，山麓地帯は地中海岸からタウルス，ザグロス山脈のふもとにまで広がっていて，冬の気候はおだやかで湿潤，夏は暖かいが乾燥していた．植生はかなり開けた地中海性森林で，カシ，マツ，テレビンノキなどの木々，また後に栽培化されることになるオオムギ・コムギなどの野生種を含む草本類が生育していた．山麓地帯の東，南の縁辺部，およびイラン・トルコ高原には草原地帯が広がっていた．気候は，冬はおだやかで乾燥し，夏は暑くて乾燥したものであった．ここには木々はほとんど生育しておらず，草原が広がっていた．最後に，アラビア，イラン内陸部の砂漠地帯があげられる．ここでは冬はおだやかで乾燥し，夏は暑く乾燥しているという気候が発達していたが，植物はほとんどなにも生育していなかった．こうした地帯間の境界は細かな気候変化にともなって変動はしたが，大きくみれば一定でありつづけた．ただ，河川の流路の変化，湖沼や泉の干上がり，砂丘の移動などが狭い地域で変化をおこしたことはあったであろう．さらにいうと，ここ1万年間に，家畜の過剰放牧，森林伐採，人工的な流水路変更など人間の干渉が環境を徐々に変えつつある．

恒常的な水場は生物にとってとくに好適な領域である．面積的には小さくとも，それは初期人類にとっても非常に重要な場所であった．その種の地域には，海水性・淡水性の生物（動物，植物とも）の豊富な海岸・湖岸地域，タマリスクなどの木々が茂り藪が生えている河川ぞいの地域，泉のあるオアシス，あるいは湿原などが含まれる．ちなみにペルシア湾先端部近くの湿原では，ナツメヤシの野生種が生えていた可能性がある．

近東には陸生動物もたくさんいた．草原地帯にはガゼル，黄ジカ，野生ロバ，野生ウシなどの群れが生息していた．アカシカ，コジカ，野生ヒツジ，野生ヤギなどは山岳地帯により多く住んでいて，イノシシは湿潤な環境に生息していた．こうした動物を捕まえて生きていた動物には，ジャッカル，オオカミ，クマ，ハイエナ，チータ，ヒョウ，トラ，ライオンなどがいた．小形の哺乳類にはキツネ，ノウサギ，ヤマネコ，ヤマアラシ，あるいはさまざまな種のげっし類がいた．意外なことにいなかった動物が2種類あるが，それはラクダとウマである．それらは氷河期に絶滅してしまい，次に現れるのは前3千年紀であった．両生類や爬虫類は一般的で，カメ，ヘビ，トカゲ，カエルなどがいたし，河川，湖沼，海には魚や貝類が生息していた．また地中海岸やペルシア湾岸はロシアからアフリカへの移動路上にあったため，多くの渡り鳥がやってきていた．大形の鳥類ではダチョウ，ガン，イワシャコ，アヒル，ガチョウなどが有用な食料源となっていた．

農耕の起源

何百万年もの間，人類は狩猟や死肉あさり，植物採集によって生計をたてていたが，その間に技術的な躍進は多々あった．解剖学的な現生人類（ホモ・サピエンス・サピエンス）

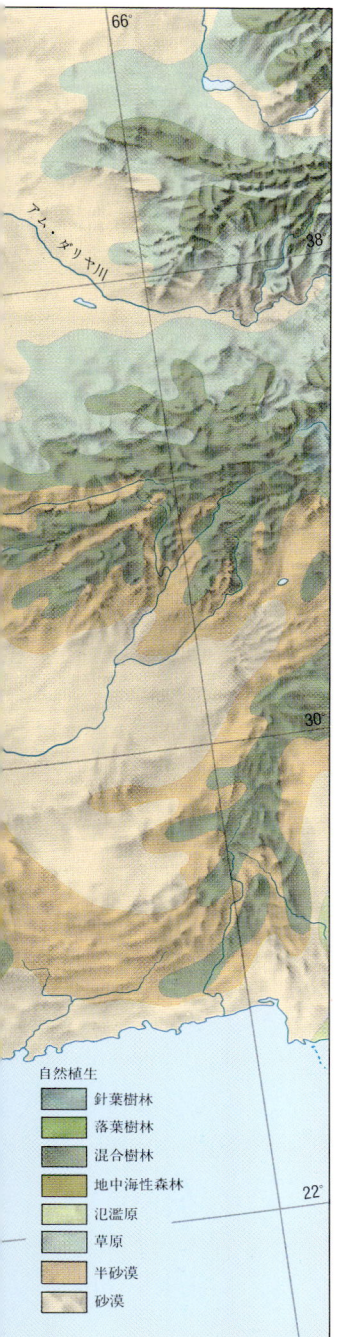

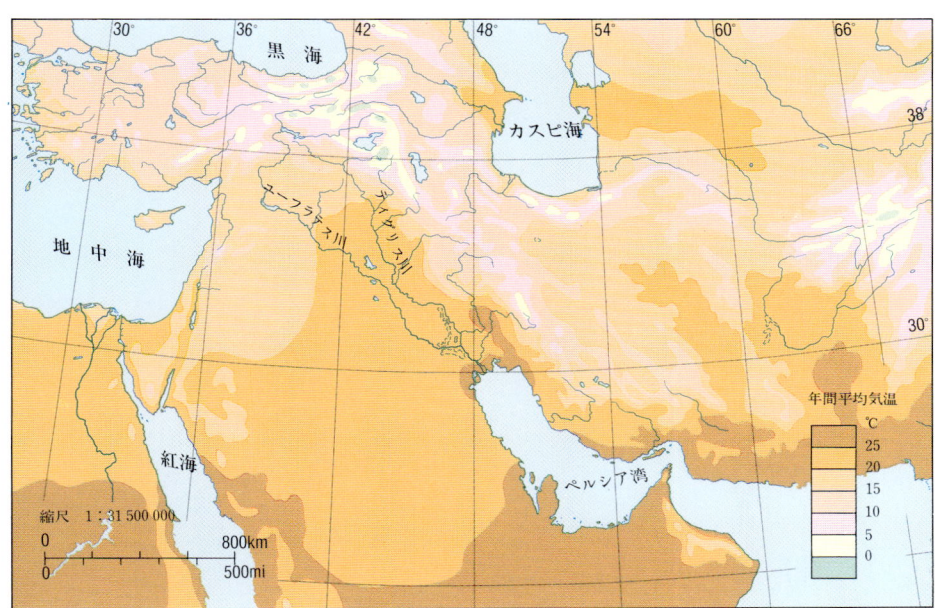

村落

左 シリア西部のオアシス．水があれば近東の不毛な大地も肥沃な土地にかわり，果樹園や菜園が営める．水は川や泉からえられる．そうした水源が枯れてしまえば，土地も再び砂漠に戻ってしまう．

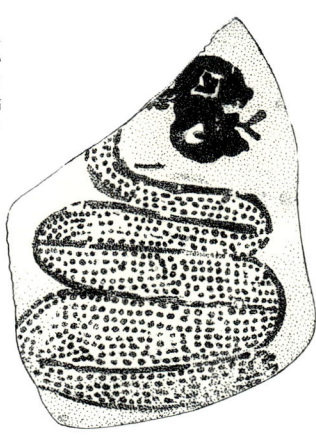

近東の初期遺跡

最終氷期が終わると，人々は，野生種のコムギ，オオムギ，その他の植物が自然に生えていて，しかも動物も取れるところに集落を構え始めた．そうした遺跡のほとんどは，野生のコムギ，オオムギが今日でも生育しているところにある．そうした地域は雨量の関係で，南部に限定されている．パレスティナ地方で多くの遺跡が発見されているのは，そこで考古学的調査が盛んであること，その地域が実際に続旧石器時代（前約1万8000－9300年）に重要であったこと，の両方が理由になっている．次の原新石器時代（前9300－8500年頃）には，コムギ，オオムギとも栽培化されていたものと思われる．

上と右上 先史時代の土器にはしばしば動物や鳥の絵が描かれている．動物は家畜よりも野生のものであることがふつうで，装飾的な効果も計算して選ばれた．野生のヒツジやアイベックスが非常に多い．表現は様式化が激しく，細かい種までは同定できない．上のヘビは前6千年紀のもので，原始的な表現法の典型的な例である．すなわち，胴部は横からみているのに対し，頭は上からみて描いている．右上の横すべりしているヒョウは，イラン西部，ルリスタン地方出土のもので，前4千年紀に位置づけられている．

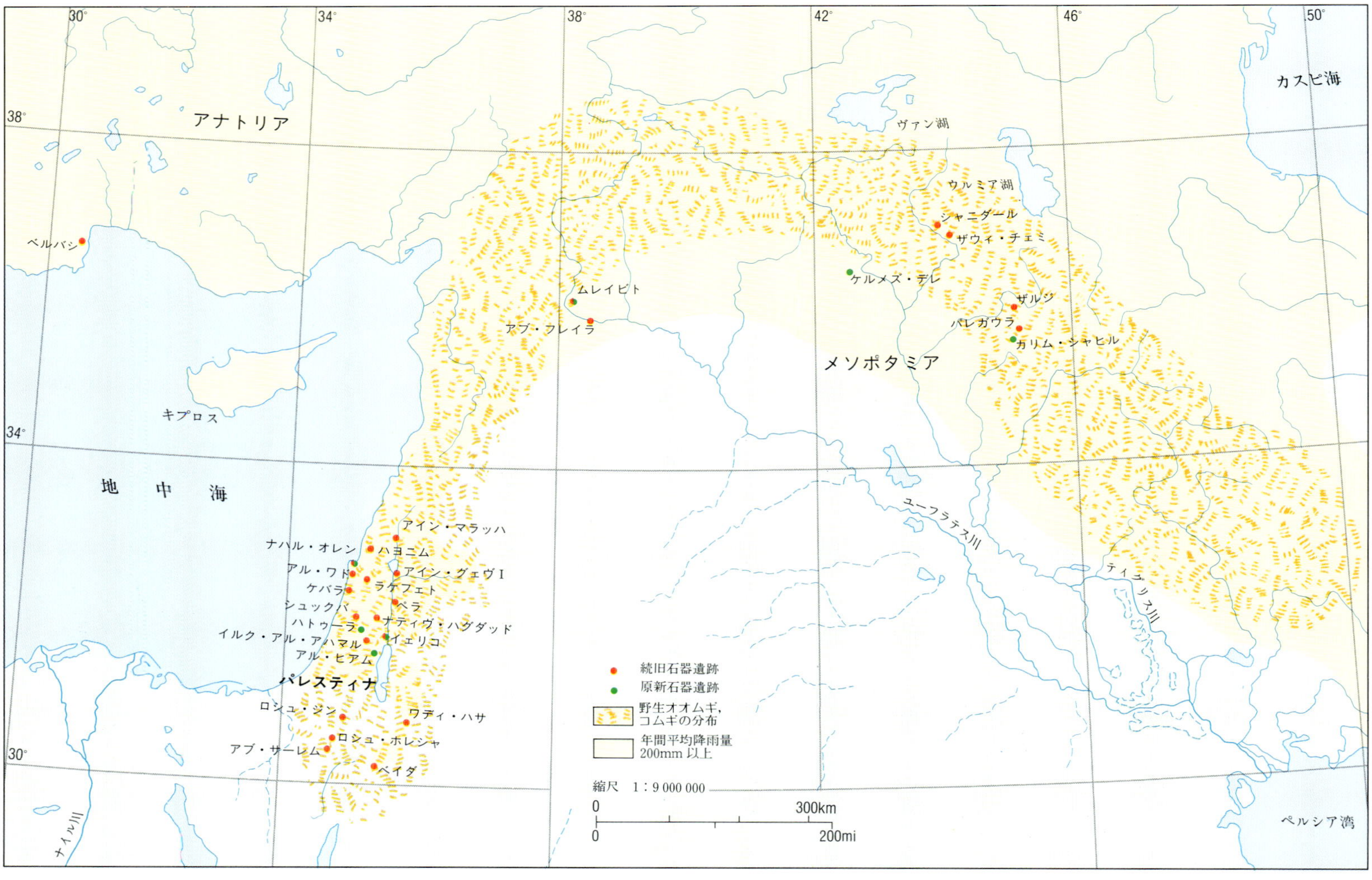

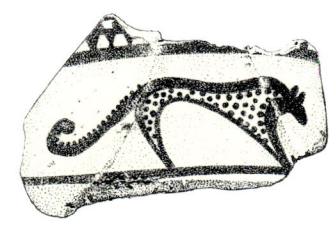

が出現してからは，進歩のペースは加速化し，前2万年までには地球上の全大陸に人類はいき渡っていた．人類が自然に対して働きかける能力はどんどん増していった．それは，3万年前以降に顕著で，石器製作技術は改良されより洗練されたし，集落の定住性も高まった．あるいは葬送儀礼，洞窟壁画などにみられるように社会的行動もより複雑なものになっていった．こうした能力が農耕を生業方式として採用するための必要条件となったといえよう．

人々は狩猟採集民であったとき動植物を利用していたわけだが，それらを育てることはあまりなかった．どんな捕食動物でも主要な食料資源が減っていけば，自分自身が絶滅の危機にさらされることは明らかである．実際には，人々は古くからある程度の栽培・飼育らしきものを行っていた．たとえば，若い動物や小さい魚をとらないでおいたり，特定の種のものを保護したりはしていた．しかしながら，本格的な馴化というのは対象が動物であれ植物であれ，それが人間に依存して生きながらえることをいう．馴化の初期の段階として，まず人々は野生の動植物を育てた．しかし，次には，植物の収穫・播種，動物の飼育の際に選択を加えたために変化が生じ，新しい種類，品種が生みだされた．こうした変化は考古学遺跡からみつかる植物遺存体，動物骨にも認められ，それによって野生種と栽培・家畜化されたものとを識別することができる．ただ，動物・植物遺存体の同定・解釈は専門家の間でも議論のタネであり，なにかみつかったとき，みながいつも同じ見解をとるわけではない．

考古学遺跡において植物の種子や動物骨をきちんと回収するようになったのは，たかだかここ40年くらいのことである．それ以前には，考古学者は石器製作技術などに違いをみつけて時代区分することに力をいれていた．前期石器時代には石器は打ち欠きによってつくられていたが，新石器時代（後期石器時代）には擦ったり磨いたりしてつくられるようになった．その他の変化も，ほぼ同じ時期におこっている．たとえば，家々のたち並ぶ集落，土器の使用，墓地に死者を埋葬することなどである（同様の発展はインド，中国，アフリカ，アメリカでもみられたのだが，もっとも早かったのは近東である）．

農耕牧畜がなぜ，この時期に発展したのかを考察してみることは興味深い．寒暖のくり返された氷河時代の古い時期でも，農耕牧畜は可能だったはずである．しかしながら，最終氷期が終わった頃，初めて人類は社会的・技術的な基礎を十分に発達せしめ，それによって気候・地形が提供してくれる機会を利用できるようになったのである．とくに言語の使用は重要だった．それは10万－2万年前に発展したものだが，情報を交換したり世代間に伝えていくのに決定的な役割を果たしたことであろう．

しかしながら，石器時代人を初めて植物栽培・動物家畜化に駆り立てたものはなんだったのだろう．それは，議論もあろうが，そうした生活様式がその後も利用されつづけた理由とは違うものだったようだ．最近の研究によれば，農耕牧畜民は生きていくのに十分な食料をえるために狩猟採集民よりも余計に働いているし，農耕牧畜で食料が簡単にあるいはより多くえられるわけでもない．しかし一方で，より定住的な

農耕牧畜の拡がり
無土器新石器時代（前8500－7000年頃）には注目すべき進展がおこった．植物，動物は栽培化，家畜化されたし，数百人もが住む大集落が生まれ，さらに金属器製作や漆喰づくりなどの産業が大規模に始まった．集落が分布していたのは，依然として天水農耕地帯であったが，樹木の生い茂る山脈地帯やトルコ，イランの高原地帯にまで拡がっていた．ほとんどの集落は穀物栽培に基づいていたが，なかには，狩猟採集民として生計をたてていたものもいた．この時期になると，それまで最先端をいっていたパレスティナ地方は目立たなくなる．

村　落

生活をすればより大きな社会的集団を生むことになりうるし，子供の幼児死亡率を低下させることにもなる．母親が集団とともに移動する必要がないからである．それに，農耕牧畜ならば食料供給をより直接的に調節することもできる．農耕牧畜生活には，このほかにも当初予想もしなかった利点があり，最終的には地球の果てのもっとも住みにくいところを除いて全世界に広がっていった．たとえば，ヒツジは当初はおそらく肉・皮・骨を目的として飼育されていたが，選択飼育を通して，ミルクや羊毛をとるのに役立つ動物に変わっていったのである．

近東の初期集落

近東における狩猟採集民から農耕牧畜民への移行はレヴァント地方，パレスティナ地方でもっともはっきりしている．過去40年の間，考古学者は野外調査をこまめにつづけ，イスラエルで数多くの遺跡を発掘してきたのに対し，近東の他の国での調査例はごく少ない．こうした研究上の不均等を頭にいれても，レヴァント地方，パレスティナ地方は農耕牧畜の発展にとって決定的に重要な地域であったとみられる．

近東で古い遺跡は洞窟，短期的な野営地であるか，または作業場などである．パレスティナのケバラー期（前1万8000－1万1000年）の証拠が示すように，最終氷期が終わると，より定住的な村落遺跡が一般的になった．ガリレー湖東岸にアイン・グェヴ I という1万5000年前くらいの遺跡がある．ここでは円形の住居跡と思われる基礎がみつかっており，そこから穀物をすりつぶすための磨石がいくつか，石皿が一つ，そして穀物や葦を刈り取ることによってできる特徴的な光沢がついた鎌刃などが出土している．ケバラー期の人々は野生動物の狩猟も行っていたが，特定の種類のものを捕まえることが多かった．たとえば，カルメル山のナハル・オレンという遺跡では，そこでみつかった骨のうち4分の3近くはガゼルのものであった．一方，ペトラ近郊のワディ・マダマグ遺跡では80％以上の動物骨が野生のヤギでしめられていた．

しかしながら，磨石類が存在していることから，植物，穀物が食料資源の重要な一部となっていたことがわかる．穀物は非常に栄養価が高いが，外側には消化不能な固い皮がついている．人々は，それらを食べられるようにするために，あぶったり粉になるまですりつぶしたりした．あぶった場合には低温のお湯でオートミールかゆのように調理し，製粉したときには水とまぜて高温で焼いた．鎌はいくつかのフリント石刃を1本の木材ないし骨製の柄につけてつくられ，野生の穀物を収穫するのに使われたらしい．しかし，穀物の茎を切ると実が落ちてしまう危険性があるから，熟した実を手でむしり取る方がおそらくより効率的であっただろう．同じようなフリント製石器はトルコやザグロス山脈の同時期の遺跡でもみつかっているが，植物調理道具に対応する遺物はえられていない．

ナトゥーフ期

ナトゥーフ文化は前1万1000年から9300年頃まで存続したものだが，ケバラー文化よりも広い地域に広がった．パレスティナとレヴァント地方ではほぼ全域でみられ，関連する遺跡はシリアのユーフラテス川沿岸，さらにその東部からも知

左　凶暴な野生のウシは，もともと宗教的な目的，ないし肉，皮，骨，角をとる目的で家畜化されたものと考えられている．しかし，新石器時代はじめには，おそらく乳牛，役畜として飼われるようになっていた．雄ウシ（去勢されたもの）は今日でも，耕作，砕土，脱穀，荷車曳きなどに広く用いられている．

上　穀物栽培は新しい技術を必要とした．たとえば，フリント製鎌刃や磨石を使った刈り取りや製粉作業である．そうしたもののいくつかは考古学的遺跡に残る．しかし，木器を使って，集落から離れたところで行われた風選のような作業は，考古学的記録にはほとんど痕跡が残らない．

られている．ナトゥーフ期には穀物を主要な食料資源として利用していたという証拠は，いっそうはっきりしてくる．ナトゥーフ文化の遺跡では，磨石，炉，貯蔵穴などがみつかるし，野生の二条オオムギや一粒コムギ，あるいはカシの実，レンズマメ，ヒヨコマメ，エンドウマメといった野生の植物食料の炭化物も発見されている．

野生の穀物の種子には固い皮が密着していて，それらはあぶったりすったりしないと取れない．また，野生穀粒の穂軸（中軸）はもろい．これは非常に簡単にこわれてしまうもので，そうなると穀粒はバラバラになってしまい収穫が困難になる．人々が種子を播き，穀物を収穫することになれてくると，彼らはより丈夫な穂軸のついたものを選ぶようになった．その結果，今では穂軸の違いが穀物の野生種と栽培種とを区別する基準の一つとなっている．

近東では2種類の野生コムギがみつかっている．一粒コムギとエンメルコムギである．エンメルコムギは一粒コムギと他の野生の草本が自然交配してできたらしい．収穫，植えつけの際に選択することによって，一粒系，エンメル系両コムギとも栽培種ができあがった．現在の六倍種コムギはおそらく，栽培種のエンメルコムギが別の野生種の草と交配して生まれたものと思われる．皮つまり穎が種子に密着しているか（皮性コムギないし穎性コムギ），容易にとれるか（裸性ないし脱穀不要コムギ）によっていくつもの種類を識別することができる．オオムギにも皮性種と裸性種があるし，種子の小

新石器時代の村

　近東の村の生活は，新石器時代から19世紀後半まで，ほとんど変わっていなかったようにみえる．しかし，古い時期についての私たちの知識は，有機物がめったに残っていないから，ほとんどが石器や骨器，建物跡に基づいたものでしかない．死海近くのナハル・ヘマル洞窟は非常に乾燥していたため，さまざまな遺物が保存されており，織物，篭類の破片，木製品やビーズなどが出土した．当時の宗教生活を復元するヒントになるような遺物も残っていた．ただ，踊りや神話なども豊富にあったに違いないが，それらについては今では知りえない．

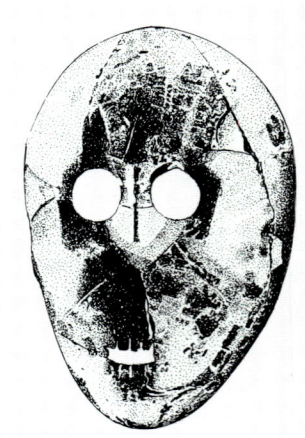

左　色を塗られた石製仮面．ナハル・ヘマル遺跡から出土．なんらかの儀式に使用されたものかもしれない．ナハル・ヘマルの遺物はもともと，神殿かなにかの宗教的機関に属していたものと考える研究者もいる．

下　もっとも古い住居は丸い小屋で，地下に掘りこまれていた．これは，北イラクの原新石器時代の遺跡，ケルメズ・デレの例である．それらの住居は単なる休息の場ではなく，集団の精神生活の中心地としての役割も果たしていた．石と漆喰でできた柱，および廃屋の床面におかれていた人間の頭骨によって，この家でかつて行われた儀礼がどんなものであったかがしられる．

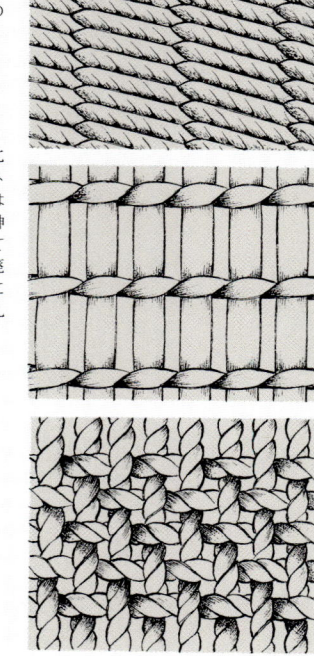

織物に関する最古の証拠は無土器新石器時代からえられている．ナハル・ヘマル洞窟では，亜麻（麻）の糸を使って，縦糸のまわりに2本の横糸をからませたものがみつかっている．横糸の間があいている場合は開け織りと呼ばれる（上中央）．そうでないものは閉じ織りと呼ばれている（上端）．ジャルモでみつかった織物の圧痕をみると，この時期にはふつうの織り方（波状紋織り）も知られていたことがわかる（上）．

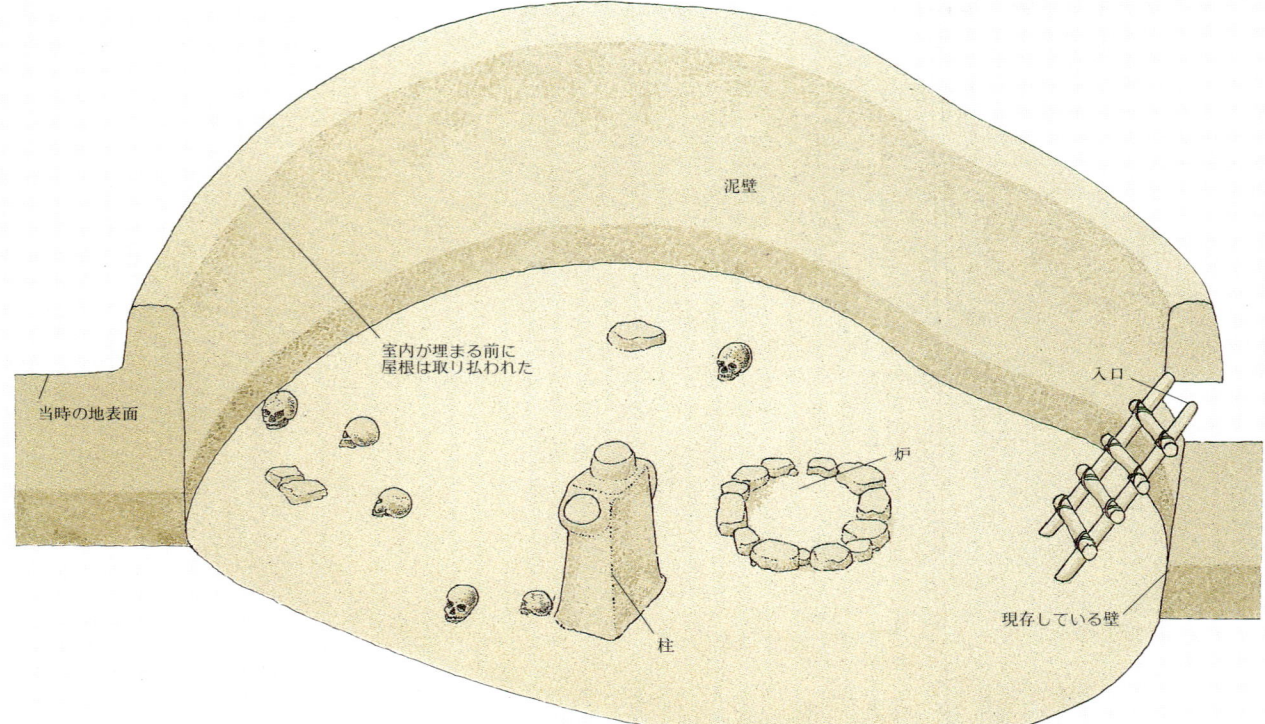

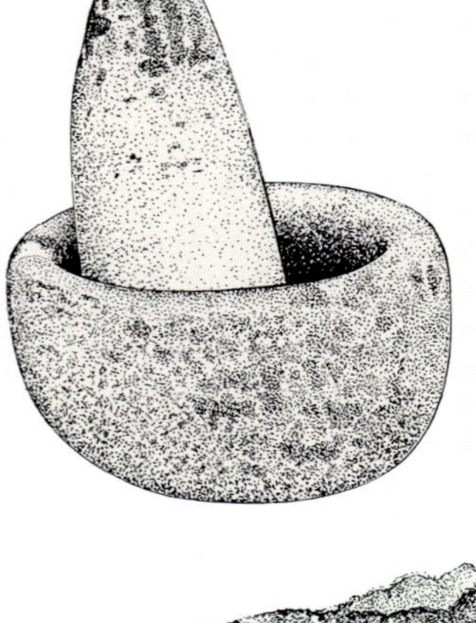

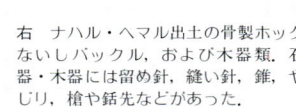

右　イェリコ出土の石製乳鉢，乳棒．これは，食料の下ごしらえから顔料の製作まで，さまざまな用途に使われた．類似した道具はナトゥーフ期以降，イスラム期まで用いられていた．

右　ナハル・ヘマル出土の骨製ホックないしバックル，および木器類．石器・木器には留め針，縫い針，錐，やじり，槍や銛先などがあった．

下　ナハル・ヘマル出土の鎌．天然アスファルトを接着剤に使って，フリント製の石刃を木製の柄に取りつけている．葦を刈るのに使われていた可能性がある．

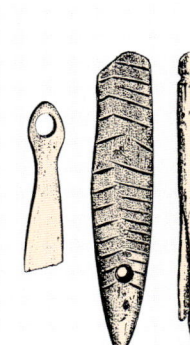

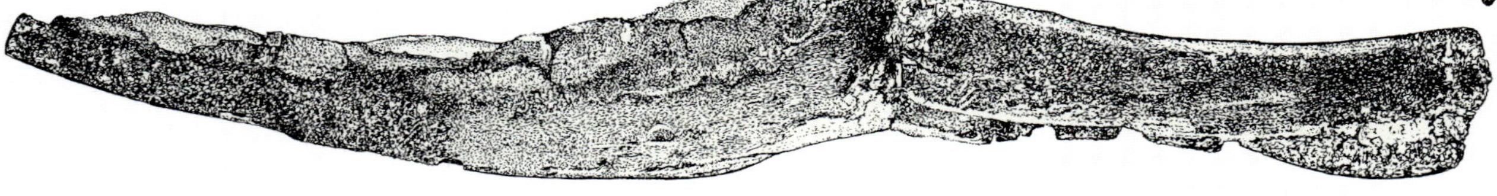

穂には二条，六条の区別もある．当然ながら，裸性つまり脱穀のいらない種の方が一般には皮性のものよりも好まれた．

オオムギやコムギが野生種なのか栽培種なのかは形態だけみればわかることが多いが，他の可食植物ではこの違いの識別は簡単ではない．レンズマメ，カラスノエンドウ，エンドウなどのマメ類，イチジク，リンゴ，ナシなどの果物，あるいはカシの実，アーモンド，ピスタチオといった堅果類の場合は野生種と栽培種にほとんど違いがない．ただ，時代が下ると栽培種はより大形になっていく．多くの食用植物は考古学的証拠としてはめったに残らない．キャベツ，レタス，ホウレンソウ，タマネギ，ニンニクといった葉の多い植物，またメロン，キュウリ，キノコのような果肉類が考古学の発掘でみつかることはほとんどない．したがって，それらの栽培過程については推測するしかない．こういった理由から考古学者の関心は穀物栽培に集中してきている．現時点での証拠に基づくかぎり，穀物は最初に栽培化された植物の一つだといってよいが，マメ類もほぼ同時に栽培化された可能性が高い．

穀物が他の植物と違う点として，乾燥させて，虫やげっし類がつかないようにしておけば長期間の保存がきくということもあげられる．熱したり煎ったりしておけば発芽を防ぐこともできる．こうした性質のおかげで，穀物は収穫に労力をつぎこむ時期とその見返りをえる時期をずらすことができる．したがって，値打ちはみなが認めるもので交換基準ともなるから，穀物はお金のような役目を果たすことができる．穀物を貯蔵し後で栽培するようになると，富の蓄積という可能性も生まれる．そうして，富に基づいて地位が決まるという社会を発展させることにもなるわけである．

ナトゥーフ期の人々は野生の穀物や他の植物も採集していたのだが，他の動物から守るためにそれらを「栽培」していた可能性も高く，野生種のいくつかを植えていた可能性すらある．ナトゥーフ期の人骨の歯は摩耗が激しいが，それは食用植物の調理時に磨石を多用していたために食料に石粒が入っていたことの表れとされている．彼らの骨中のストロンチウムとカルシウムの比も肉食動物よりも草食動物に近く，食料の大半が植物で構成されていたことが示唆されている．

多くのナトゥーフ期遺跡の住人も特定の野生動物を捕まえていた．エル・ワドやナハル・オレン遺跡では出土した動物骨のうち80％がガゼルであったし，ユーフラテス川流域のアブ・フレイラでも（ここはガゼルの自然回遊の終点に位置していたらしい）65％の骨がガゼルのものであった．ヨルダン南部，ペトラ近郊のベイダ遺跡ではヤギが主要な獲物だった．一方，ヨルダン渓谷のアイン・マラッハの動物骨にはガゼル（44％）のほか，コジカ，黄ジカ，イノシシの骨があり，野生のウシ，ヤギ，キツネ，ハイエナ，ウサギも少量だが含まれていた．アイン・マラッハでは鳥，魚，カタツムリ，カラス貝，ヘビ，カメ，げっし類などもみつかっている．ただ，それらがすべて食用であったのではなかろう．

植物の栽培化同様，家畜化は動物に影響を与えた．何世代も経るうちに骨に変化が生じ，それによって動物考古学者たちは野生種と家畜種の区別ができるようになってきている．家畜化の証拠はほかにもある．たとえば，自然生息地以外のところに動物がみつかること，大きさの違い，群れの構成の変化，種類間の割合の変化などがあげられよう．しかしながら，こうした変化には家畜化によるもののみではなく気候の変化で生じたものも含まれている可能性がある．最終氷期が終わると動物の多くは小形化しているが，これは，おそらく温暖化した気候に適応した結果であろう．しかし，一方で，小さい動物の方が家畜化に好まれたということも考えられる．

ナトゥーフ期の遺跡からみつかる動物骨には圧倒的に野生種が多い．しかしながら，アイン・マラッハ，およびその南西のハヨニム遺跡の前庭部からは，現代のオオカミよりも小さく，おそらく「人類最良の友」（今や最古の友ともいえる）であった家イヌらしき骨がみつかっている．これは考古学者の定量的な分析の結果わかったものである．アイン・マラッハでは同じ時期，前1万年頃の層から，3－5カ月の「小犬」と一緒に葬られた老女の骨がみつかっている．その骨がオオカミのものなのかイヌのものなのかはわからなかったが，その動物がその老女と緊密な関係にあったことは明らかである．ナトゥーフ期の遺跡からみつかる動物骨には，それ以前と違って，噛み跡が残っていることがよくあるが，これもイヌがいた証拠の一つといえる．しかしながら，イヌ自体の骨は比較的少ない．これは，イヌが食用ではなく狩猟用として飼われていたためと考えられる．北東イラク，パレガウラ洞窟ではイヌの顎骨がみつかっている．これは若干，時代のさかのぼる前1万1000年頃のザルジ文化のものとされてきたが，時代が下る可能性もある．ナトゥーフ期の人々が動物を飼育し植物を栽培していたかどうかは，専門家の間でも議論の分かれるところで，それを示す十分な証拠はない．

下　近東では2種類の野生コムギがみつかっている．すなわち，一粒コムギとエンメルコムギである．エンメルコムギは一粒コムギが野草と自然交雑して生まれたもののようである．選択的に収穫，種播きをすることによって，一粒系もエンメルコムギも栽培種が生まれた．現代の六倍種コムギは，栽培種のエンメルコムギが別の野草と交雑してできたらしい．皮，つまり穎が種子に密着しているか（皮性ないし穎性コムギ），容易にとれるか（裸性ないし脱穀不要コムギ）で，さまざまな種類を区別することができる．裸性ないし脱穀が不要だったコムギはマカロニコムギ，パンコムギ，クラブコムギのみであった．野生種の穂はもろく，収穫前あるいは収穫中にこわれてしまう．これに対し，栽培種は穂が植物にくっついたままなので収穫に好都合である．農耕の初期の段階では種子の形状は変化していなかっただろうから，野生種と区別できないと思われる．

二倍種
（七つの染色体2組）

野生一粒コムギ
(Triticum boeoticum)

クサビコムギ
(Aegilops speltoides)

タルホコムギ
(Aegilops tauschii)

栽培一粒コムギ
(T. monococcum)

四倍種
（七つの染色体4組）

パレスティナコムギ
(T. dicoccoides)

栽培エンメル
(T. dicoccum)

マカロニコムギ
(T. durum)

六倍種
（七つの染色体6組）

⊗　交雑

● 野生種（穂軸が弱い）

● 栽培種（穂軸が丈夫）

● 栽培種（穂軸が丈夫で裸性，脱粒容易）

パンコムギ
(T. aestivum)

スペルタコムギ
(T. spelta)

クラブコムギ
(T. compatum)

ナトゥーフ期集落のパターン

近東には野生の穀物が現在でも生育している。熟したときに2-3週間もあれば、一家族が一年間食べるくらいの量を集めることができる。しかしながら、穀物の生育地を移動させることはむずかしいし、磨石など重い装置が必要なことから、ナトゥーフ期には定住生活が好まれたものと思われる。集落には一年中居住することもあったろうし、ある期間だけのこともあったであろう。村落や野営地は野生穀物の生育地に設営されたが、より短期的な野営地が狩猟を目的として別のところに営まれることもあった。集落遺跡には開地のものと、洞窟や岩陰の前庭部のものとがあった。開地遺跡の場合、建物は簡素で、木の柱で屋根を支えた小屋のようなものだったが、地中に1m以上も掘りくぼめてつくるのが一般的であった。その方が建築も楽だし、断熱・防寒にもなったからである。家にはふつう、炉が一つ備えられ、床面には石が敷きつめられた。アイン・マラッハの例では、家の直径は3.5-5mくらいである。建て替えもさかんにみられるから、一年中居住していたのだろう。この遺跡では9軒の家がみつかっているが、実際には50軒以上立ち並んでいて、200-300人くらいの人々が住んでいたものと思われる。現在の狩猟採集民は一集団あたり30人くらいだから、それよりもはるかに大きな集団だったわけである。

家の床下からは何人分かの人骨がみつかっているが、集落から離れたところに埋葬することもあった。単葬もあれば、数人分を複葬することもあった。副葬品はまれだったが、個人の装飾品は身につけたまま埋葬するのがふつうで、貝や骨のビーズでつくった頭飾り、ネックレス、ブレスレット、足首飾りなどがあった。

ナトゥーフ期と同時代の諸文化

ザグロス山脈およびその山麓部の文化については、ナトゥーフ文化ほどにはわかっておらず、調査された遺跡もごくわずかしかない。ザグロスの遺跡でみつかっているフリント石器はレヴァント地方のものと似ており、さまざまな動植物を利用していた狩猟採集民が残したものと考えられる。しかしながら、磨石の利用や開地への集落の移動は西方の地域よりも遅れて始まったようだ。北東イラクの開地遺跡、ザウイ・チェミでの調査結果によれば、前1万年頃には、この遺跡の人たちも磨石を用い、円形住居に住み始めたようである。レヴァント地方のナトゥーフ文化同様、墓には個人的な装飾品などを副葬していた。シャニダールではこの時期の墓地がみつかっている。この洞窟はもっと古いネアンデルタール人骨で有名なところだが、この墓地からは26基もの墓が発見された。このなかには1500もの小さなビーズを頭にまいた子供の墓や、フリントの刃を骨製の柄に天然アスファルトで装着したナイフが添えられた女性の墓などがあった。シャニダール洞窟に埋葬されていた成人人骨には、子供の骨がともなっていることがしばしばあった。これを人身御供と考える人もいる。

ザウイ・チェミからは一群の奇妙なものが出土している。15頭分のヤギの頭骨、17羽ほどの大形の猛禽類（ほとんどがオジロワシ）の骨がまとまって出土したのである。鳥骨の大半は翼のもので、しっかりくっついているものもいくつかあ

左　埋葬はもっと古い時代からもたまにみつかっているが、ナトゥーフ期には住居の外、あるいは洞窟のなかに遺体を埋葬することが一般的になった。遺体に御供えや道具類をそえることはなく、死者が死後の世界で必要なものを供えるという考えは当時の人々にはなかったらしい。しかしながら、カルメル山のエル・ワド遺跡（ムガラ・エル・ワド）の例のように、首飾りなどの装飾品をそのままつけている人骨は多数みつかっている。この例では、遺体は屈葬され、頭のまわりには地中海産の貝製ビーズなどからできた頭飾りがつけられている。

った。骨についている傷をみると、翼は切り落とされたものらしい。鳥の翼とヤギの頭を身にまとってなんらかの魔術的儀礼がとり行われていた可能性もあろう。もっと時代は後になるが、チャタル・フユクの壁面にそうした情景が描かれている例がある。

原新石器時代

レヴァント地方ではナトゥーフ期の次の時代を原新石器時代ないし先土器新石器時代A期と呼んでいる。原新石器時代の遺跡はナトゥーフ期のものや、後の無土器新石器時代（先土器新石器時代B期）のものよりも少ない。おそらく、これは開発による土地の疲弊と降雨量の減少で自然の恵みが減り、人口が減少したせいだと思われる。そうして、後に栽培植物、家畜動物に依存するようになっていったのだと思われる。

この時期でもっとも注目すべき遺構は、ヨルダン渓谷のイェリコ遺跡でみつかっている。ここでは前9000年頃には、大きな泉のわきで集落が成長してきていた。人々は直径5mくらいの円形住居に住んでいた。こうした住居は、前のナトゥーフ期同様、一部、地下に掘りくぼめられており、短い階段でなかにおりていくようになっていた。壁は手づくりのレンガでできていた。それらは、上面が丸みをおびていて、粘土を日干しにしてつくったものである。日干しレンガは今日でも近東では重要な建築材料となっているが、これが今までにわかっているかぎり、最古の例である。日干しレンガには数多くの利点がある。どこでも手に入るし、つくるのも簡単で、使うのも楽だ。構造的にもしっかりしているし、断熱性も十分ある。ただ、水にふれるとすぐ溶けてしまうから、毎年、ていねいに手入れする必要がある。したがって、一つ

初期農耕牧畜民

下　日干しレンガ．粘土は非常に用途が広い建築材である．粘土を何層にも積み重ねて建物をつくることもできるし，粘土はレンガにして日に干してから使うこともできる．最古のレンガは原新石器時代から発見されている．それは手づくねで，下面が平らで上面が凸形をしている．無土器新石器時代のイェリコ遺跡の人々は，長細いレンガをつくり，上面に親指で矢筈状のへこみをつけていた．これは，泥の目地をつきやすくするためである．他の地域では，この頃までにレンガは型にはめてつくるようになっていた．

右　北西イランの村．近東のほとんどの地域では，今日も昔と同じように家は日干しレンガ製である．屋根はたいらにつくられてある．壁や屋根には粘土と藁をまぜたものを塗る．建物が倒れたり空き家になったりすると，屋根の梁だけは取り外すが，他はそのままにされるのでこわれて小さな低い粘土の丘ができる．同じ遺跡で何百年もの間，建て替えがつづくと，高い丘ができあがっていく．近東の考古学的遺跡のほとんどは何層にも積み重なった建物のくずでできあがっている．重要な都市の残りがたまっている丘では，ときに，高さ50mにも達しているものがある．しかし，村落だった丘はまわりから2－3mほど高いだけである．

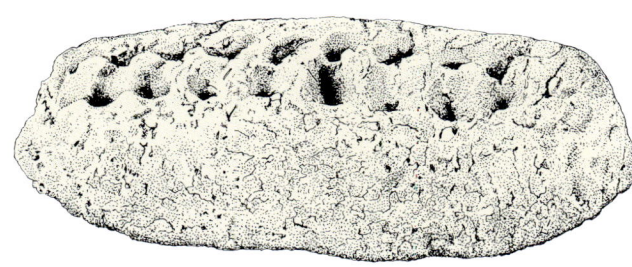

左と下　日干しレンガをつくるには，まず粘土，刻んだ藁に水を混ぜて数日間そのまま浸しておく．藁はレンガが乾いたとき，ひび割れを防ぐ．藁の代わりに小石や他のものを使うこともある．次に，粘土を一塊取り出し，正方形か長方形の枠のなかに押しこむ．その後，何週間か日にさらして乾かす．このため，日干しレンガはふつう収穫後の夏につくる．この季節ならば雨の心配はないし藁もあるからである．日干しレンガの形や大きさは時代ごとに異なっているので，建物に使われているレンガの型式によって，遺跡の年代を決める助けとなることがある．

建物が壊れると，レンガの再利用はせず，そこを平らにならして，その上に新しい建物をたてることになる．こうして，建築がくり返されると丘ができ，それが近東でもっとも典型的な形をした遺跡となるのである．アラビア語ではこれをテルといい，ペルシア語ではテペ，トルコ語ではフユクという．イェリコの原新石器時代文化層には約25の建築層が重なっていて，高さ10mの丘を形成している．

この時期には，大きな石壁と塔が壊れた建築物の上につくられている．塔は壁の内側につけられていて，遺跡の西側にたっており，壁はそこから北，南へと延びていた．もし壁が，泉のある東部を除いて集落を全部囲っていたとすると，イェリコの遺跡は3－4haの面積を占めることになる．人口の見積りは400人から3000人まで可能だが，1500人くらいというところが妥当だろう．壁は1万トン以上もの石を使ってできているから，そのためには多大な労働力だけでなく，相当な政治的な計画性，組織が必要だったはずである．そうした壁や濠，あるいは塔の建築目的ははっきりしない．当初は外敵の侵入に対する防御施設と考えられたが，洪水に対する備えだったことも考えられる．

イェリコの原新石器時代層からは，栽培植物についての証拠もえられている．皮性二条オオムギの穀粒が六つ，エンメルコムギの穀粒が二つ，さらにマメ，イチジクの種などが発見されている．しかし，それらを放射性炭素年代測定にかけたり，あるいはもっと類例がみつからない限り，後の時代からの混入という可能性は残る．ネズミやアリがもちこんだの

村落

イェリコ

イェリコという古代遺跡（テル・アル・スルタン）は，ヨルダン渓谷，海面下約200mの地にある．今日，イェリコはヨシュアが角笛を吹き，城壁が陥落した都市として有名である．しかし，前2千年紀後半のイスラエル人の侵入よりずっと前から，そしてその後もずっと重要な都市でありつづけていた．イェリコが繁栄したのは，遺跡東側にあった豊富な泉のおかげであった．最初に住んでいた人々の痕跡は後の時代の堆積に深くおおわれていたため，二，三の地点でしか調査されていない．だがその調査によって，ナトゥーフ期に人が住みついた後，原新石器時代（先土器新石器時代A期），無土器新石器時代（先土器新石器時代B期），そして青銅器時代を通してイェリコは重要な中心地であったことがわかっている．

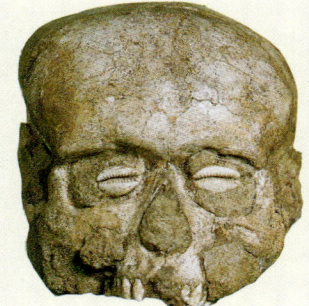

左　無土器新石器時代のイェリコでは，死者はふつう頭部を取り外して，住居の床下に埋められた．頭骨の取り外しは，おそらく肉や腱が腐敗した後に行われた．というのは，ふつう，下顎骨が胴体の骨にくっついて残っているからである．床下からみつかった頭骨のなかには，漆喰で顔をつくり，眼窩に貝をはめこんだものもある．貝は二枚貝であることもあり，タカラガイの場合も一例ある．

下　原新石器時代のイェリコは石の城壁と岩盤に掘りこんだ濠によって囲まれていた．円形住居が立ち並ぶ村が3haほど広がっていて，おそらく1500人くらいの人々が住んでいた．イェリコの発展ぶりは早熟ともいえるもので，大きさで匹敵する遺跡はこの時期，ほかになかった．次の無土器新石器時代になってようやく，他の遺跡も同じくらい大きく，あるいは複雑なものになった．

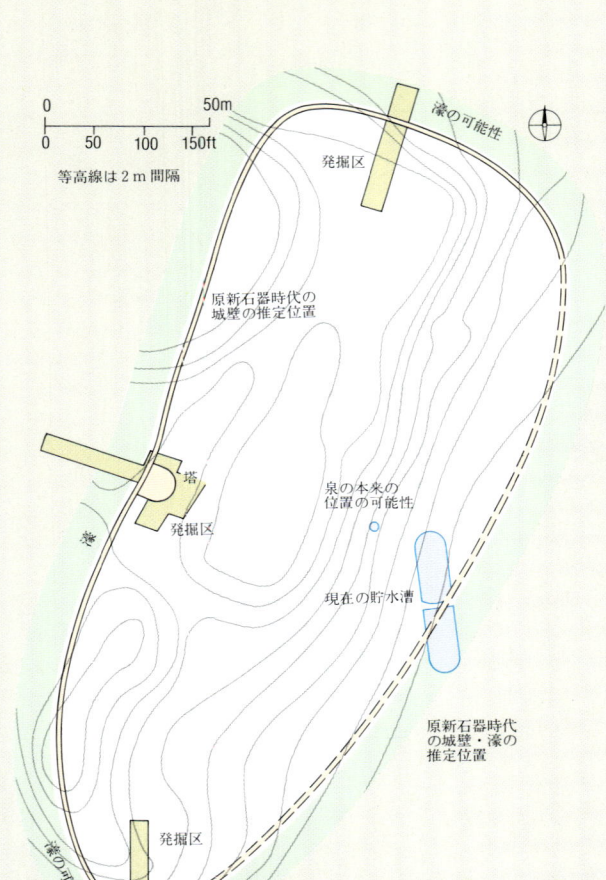

右と下　原新石器時代のイェリコで，もっとも注目すべき遺構は城壁の内側につけられた石の塔である．それは直径が10m，現存高が8m以上にも達している．入口は東側の高さ1.7mのところにあり，22段の階段がなかに通じている．段はそれぞれ1枚の石の板でつくられている．城壁は何度も修復，再建されている．また，その外側には，幅8m，深さ2m以上ある濠が地山に掘りこまれていた．塔の役割については，まだ議論の対象になっている．

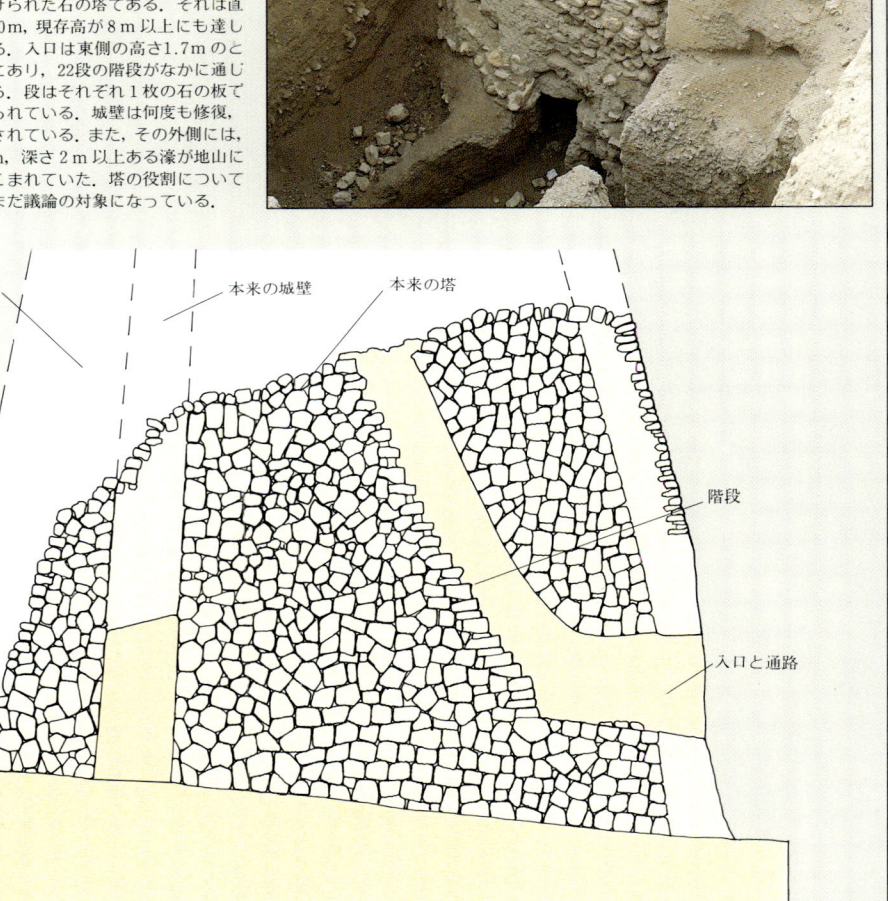

かもしれない（そんなことはないと思うが）．イェリコで出土している動物骨は家畜種というよりは，野生種である．それに，ガゼルが多くてヤギやヒツジが少ない．このパターンは，狩猟を行っていたそれ以前の時期と共通するもので，次の新石器時代，つまり，ヤギやヒツジを群れで飼うようになった時期のものとは異なっている．イェリコがなぜ栄えたのかははっきりしない．泉でえられる豊富な水を使って植物栽培がなされていたのかもしれないし，周辺地域の中心地という地の利を生かして死海でとれる塩や天然アスファルトで商売していたのかもしれない．

東部ユーフラテス川畔にあるテル・ムレイビトはナトゥーフ期から無土器新石器時代にまたがった遺跡である．ここでは円形ないし楕円形の住居が原新石器時代の古い時期から後期まで連続的にみつかっている．なかには，一部屋でなく，長方形の部屋がいくつもつながった建物も発見されている．これは，社会組織が複雑になってきたことの表れとされている．原新石器時代層出土の動物骨によれば，人々は野生のロバ，ガゼル，ウシを狩っていたことがわかる．植物では野生の一粒コムギ，野生オオムギ，レンズマメ，ニガソラマメなどが食用となっていた．おもしろいことに，野生の一粒コムギは現在この地域には生育していない．したがって，テル・ムレイビトではそれらが栽培されていたのかもしれないが，野生一粒コムギの当時の分布が現在のものと同じではなかった可能性もある．

無土器新石器時代

無土器新石器時代（レヴァント地方では先土器新石器時代B,C期に相当）は前8500年頃に始まる．この時期は集落の数も大きさも増加し，空間的にも分布が広がる．この時代の終わり，前7000年頃には，アブ・フレイラ，イェリコ，ベイサムン，バスタなどの遺跡ではそれぞれ集落が10haくらいに達しており，1000人以上の人口を擁していた．社会組織にも進んだものが要求されていたものと思われる．しかしながら，無土器新石器時代の遺跡すべてがそんなに大きかったわけではない．1haにも満たない小さなものがたくさんあった．穀物栽培，家畜飼育を営む定住村落は，アナトリア，イラン高原でも営まれていたし，近東全域に広がっていた．人々はオオムギ，一粒コムギ，エンメルコムギを栽培しており，この時期が終わる頃までには，亜麻，スペルタコムギ，クラブコムギ，パンコムギも栽培化していた．動物ではヤギ，ヒツジ，ブタが飼われており，後にはウシも飼われるようになった可能性がある．しかし，狩猟採集もなお経済の重要な一部となっていた．集落のなかには，たとえばシナイやヨルダン砂漠などのもののように，農耕が行われた形跡のまったくないものもある．

この時期の遺跡でも，初期のものや，短期的な狩猟野営地では，円形住居がなお一般的だった．しかし，ペトラ近郊のベイダという小さな遺跡でみられるように，もっと複雑な長方形の住居へ移行していく傾向がある．ベイダでは古い層では円形の半地下式住居であったのに対し，新しい層からは長方形ないし多角形の建造物がみつかっている．大きさは5－7m×6－9mで，床が茶色ないし赤色でぬられている長方形の部屋をもつ家もあった．上階の基礎，ないし地下室らしいものもみつかっている．石，骨，貝でつくったビーズのつまった部屋，材料用の角が入った部屋，あるいは精肉場のような部屋もみつかっている．

農耕牧畜村落ならたいてい，建物は長方形の部屋でつくられていたが，建て方はさまざまだった．壁には石壁，泥壁，日干しレンガ壁があったし，日干しレンガには手づくねで泥の目地をくっつきやすくするために指で上面をへこませたものもあったし，枠でつくった長方形のレンガもあった．床は泥をぬったり，漆喰を厚く貼ってそれを磨き，赤や茶色にぬったものもあった．橋桁のようなものをつけた部屋もあった．その目的は防湿ないし防寒・断熱と思われる．

ヨルダン南部，バスタ遺跡では床の下から石の板でおおった細長い溝がいくつかみつかった．類似した遺構はグリルプランと呼ばれ，床下に石や葦を敷いたものがトルコ南部のチャユヌ，東イラクのジャルモ遺跡で発見されている．チャユヌでは小石を敷きつめて一種のモザイク床にしたものもみつかっている．チャユヌの新しい層では，基礎部に壁を交差させてつくった橋桁状の構築物をもつ部屋（セルプランと呼ばれる）や，集団内の儀礼活動を行ったらしい大形の部屋も発見されている．

ユーフラテス川畔，ハブール川との合流点近くに位置するボクラスは無土器新石器時代末から営まれた村落遺跡である．建物は発掘もなされているが，地表直下のものは雨が異常に多く降ったある冬の後，地面に現れてきた．家は長方形をしており，5m×7mくらいがふつうだった．細長いものや小さいものも含めて，一軒あたり九つの部屋をもっていた．家々は互いにくっつきあっていて，同じ方向を向いて並んでいた．家と家の間には細い小道がついていた．

テル・マグザリーヤ遺跡も無土器新石器時代後半から住まれた遺跡だが，規模は小さく，おそらく1haにも満たない．高さ2mくらいの石壁で囲まれており，現在もなお残っている．小川の上の丘に位置していることからみると，この遺跡では（イェリコと違って）洪水を防ぐ必要はないから，石壁は外敵に対する防御施設だった可能性もある．しかし，この時期，戦争があったという証拠はほとんどない．

埋葬と儀礼

無土器新石器時代の死者の送り方は地域によって異なっていた．頭のない人骨（下顎がついていることもしばしばある）が床下に埋められ，頭部はまとめて別のところに埋葬されることがよくあった．こうした頭部の別葬は原新石器時代にも行われていたものである．無土器新石器時代には，この方式がパレスティナ，レヴァント地方の多くの遺跡で一般的なものとなり，遠くアナトリア高原のハジラル，ティグリス川水源近くのチャユヌでも行われていた．頭骨に飾りがついていることもあった．鋭い刃物で削った例や，赤色緒土や天然アスファルトを塗ったものもあった．また，数は少ないが，目のところに貝を埋めこんで漆喰で顔をつくることもあった．そうやって念入りに装飾された頭骨がイェリコ，テル・ラマド，ベイサムン，アイン・ガザルで出土している．この種の儀礼は一種の祖先信仰を表していると考えられている．祖先が死後も残されたものに対して強い影響を及ぼすため，祈りや犠牲を捧げることによって鎮めねばならないと信じられて

村落

いたのだとされている.

チャユヌではこうした儀礼に関係した建物が三つ同定されている. 一つは犠牲用に使われたらしく, もう一つからは, 多くの人間の頭骨がいくつかの雄ウシの頭骨とともにみつかっている. 動物の頭骨はザグロスのガンジ・ダレや北イラクのネムリク遺跡からも発見されており, それらは建物の壁に備えつけられていた. 同様の行為は原新石器時代のムレイビト遺跡や, 時代は下るがチャタル・フユクの神殿でも行われていたらしい. さらにイラン山岳部では, 現在もつづけられている.

ヨルダンのアイン・ガザルで土坑が発掘されたところ, なかから男女の大きな人形が出土した. それらは葦を芯にして粘土でつくったものであった. 宗教的儀礼に使われたものらしく, 同様のものはイェリコや, 死海の南西, ヨルダン砂漠にあるナハル・ヘマル洞窟からも出土している. ナハル・ヘマル洞窟からは人面をかたどった石製マスク, 木材と粘土でつくった人の頭, さらに天然アスファルトで編み目状の飾りをつけた人の頭骨も出土している. 編み目は髪をあんだ状態を表しているのだろう. これらの品物は, おそらく土着の宗教と関係したものと思われる.

具象的な芸術作品はナトゥーフ期以降にみつかるが, 無土器新石器時代にはいっそう一般的になった. ネムリク遺跡からは鳥, 動物, 人間をかたどった石製彫刻が15点みつかっている. 土偶もよくみられ, とくに女性を表現したものが多い. ボクラスでは鳥が並んでいるさまを描いた壁面が残っていた.

交易網

交易, 少なくとも物の搬入は新石器時代よりはるか前から行われていた. 前1万5000年頃の遺跡であるワディ・ハサでは, 紅海や地中海から100km以上も運ばれてきた貝類が出土している. 長距離交易は無土器新石器時代にはさらにはっきりしてくる. それは, 黒曜石という火山ガラスを刃物用に使用し始めたことからわかる. 黒曜石は伝統的なチャートやフリントとともに, 道具づくりに使われた. 科学分析によって黒曜石の産地が同定され, 広範な交易網が明らかにされてきている. 古代近東で使われた黒曜石のほとんどは, トルコ東部ないし中部から運ばれたものだった. 無土器新石器時代には, 産地から800km以上も離れた遺跡でも使われるようになった. ただ, 黒曜石が専門の商人によって運ばれたものなのか, 村から村へ伝えられたものなのか, あるいは大きなセンターから隊商が派遣されていたのかは, 今の段階ではわからない. 貝類, 準貴石, 銅, 天然アスファルトなども産地から離れた遺跡で発見されている. 他の品物, たとえば塩,

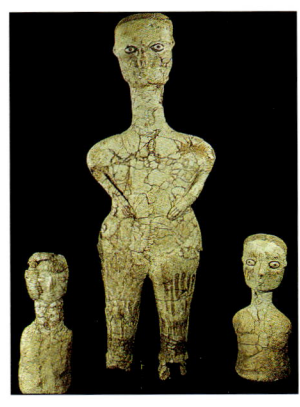

上 これらの目をみはる土偶は, 無土器新石器時代のもので, ヨルダンのアンマン近郊のアイン・ガザルという考古学遺跡から発見された. 頭骨崇拝の証拠はアイン・ガザルだけでなく, この時期のほかの遺跡からもみつかっており, 祖先崇拝と結びつけられているが, これらの土偶の目的は不明のままである. ただ, 宗教的なものであったことは間違いない.

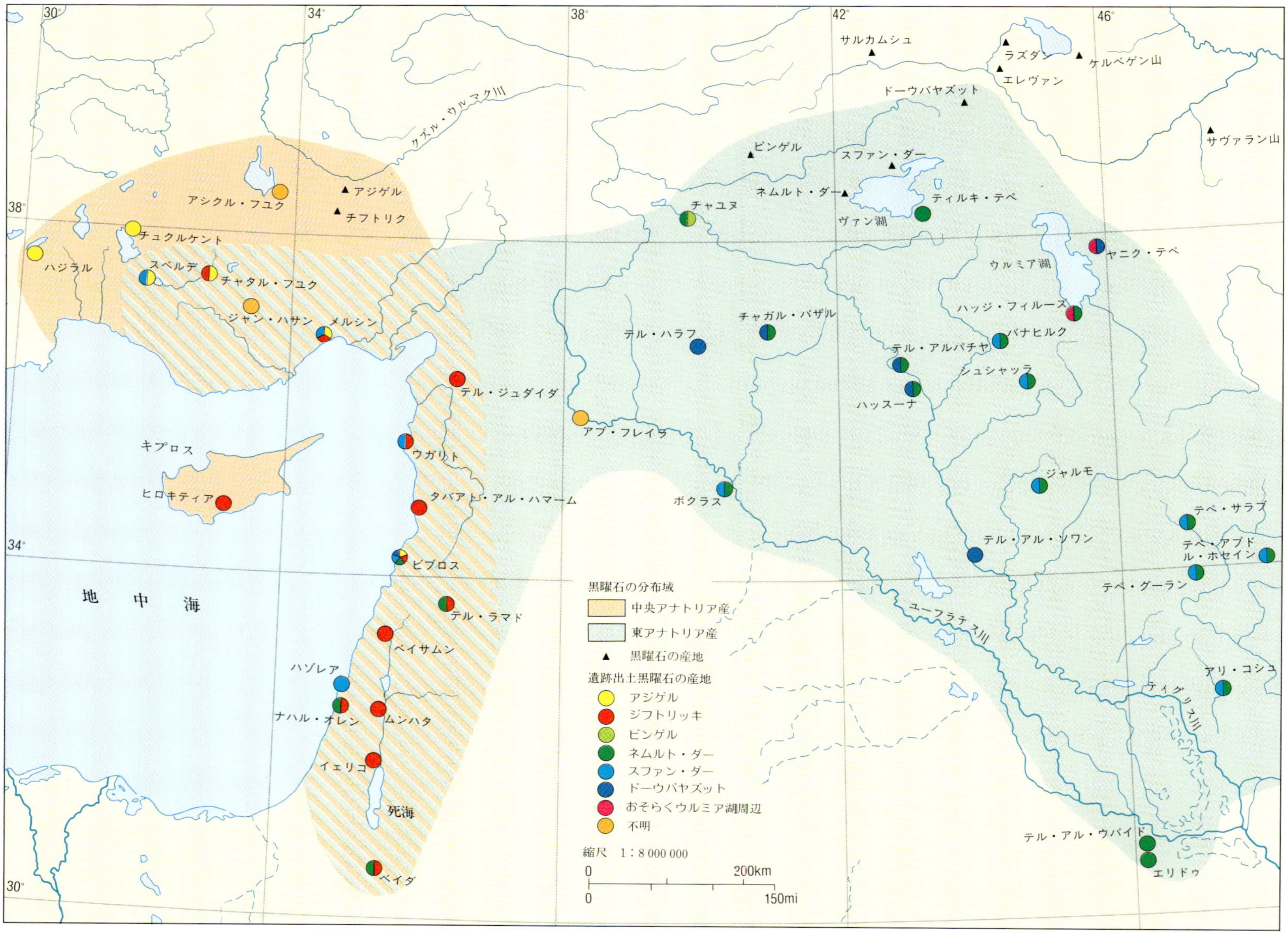

近東の天然資源

メソポタミア低地の平原部は，土壌は肥沃であるし水も豊富で，農耕によって多大な富を産みだした．しかし，平原部は，その他の資源には乏しく，北や東の山々，あるいはさらに遠くから運んでこなければならなかった．建築用の木材や石材，多種にわたる金属，貴石，それに製粉用の磨石まで，あらゆるものが河川地域の外からもちこまれていた．こうした原料の産地を同定するにはまだ多くの研究が必要である．今日では重要性が乏しい資源でも昔はもっと重要だったかもしれない．また，政治的，経済的な判断も，どんな資源を開発するか決めるのに関係していたと思われる．

下　無土器新石器時代，つまり土器が一般に使われ始めるより前には，容器は白色容器と呼ばれる一種の石灰漆喰でつくられていた．ここでは，アブ・フレイラの例をあげている．石灰漆喰は，この時期，建物の床を塗るのにも大量に用いられた．チャユヌの建物の一つは，1.6トンほどの漆喰を含んでいたし，イフタヘルのある建物では6トンも使われていた．

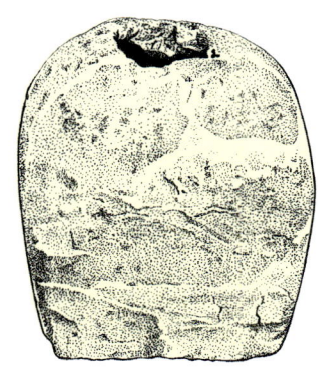

新石器時代の黒曜石交易

黒曜石は自然に産出する火山製のガラスで，非常に鋭い刃物をつくるのに使われた．異なった産地の黒曜石は異なった化学組成をもっているから（きわめて特徴的な遺跡から出土するものもある），考古学的な遺跡から出土する黒曜石製石器の産地を同定することが可能な場合がしばしばある．無土器新石器時代に近東で使われていた黒曜石はアナトリアの中部，東部産のものだった．しかし，すべての産地が発見されているわけではなく，いくつかのタイプの黒曜石の同定についてはまだ議論もある．黒曜石の広範な分布は，交易によるつながりが広がっていたことを示している．交易の規模は大きいものではなかった．しかし，初期の集落が孤立し独立したものではなく，互いに連絡を保っていたことがうかがえる．前四千年紀になると，黒曜石製の刃物は銅の合金製刃物にとって代わられる．

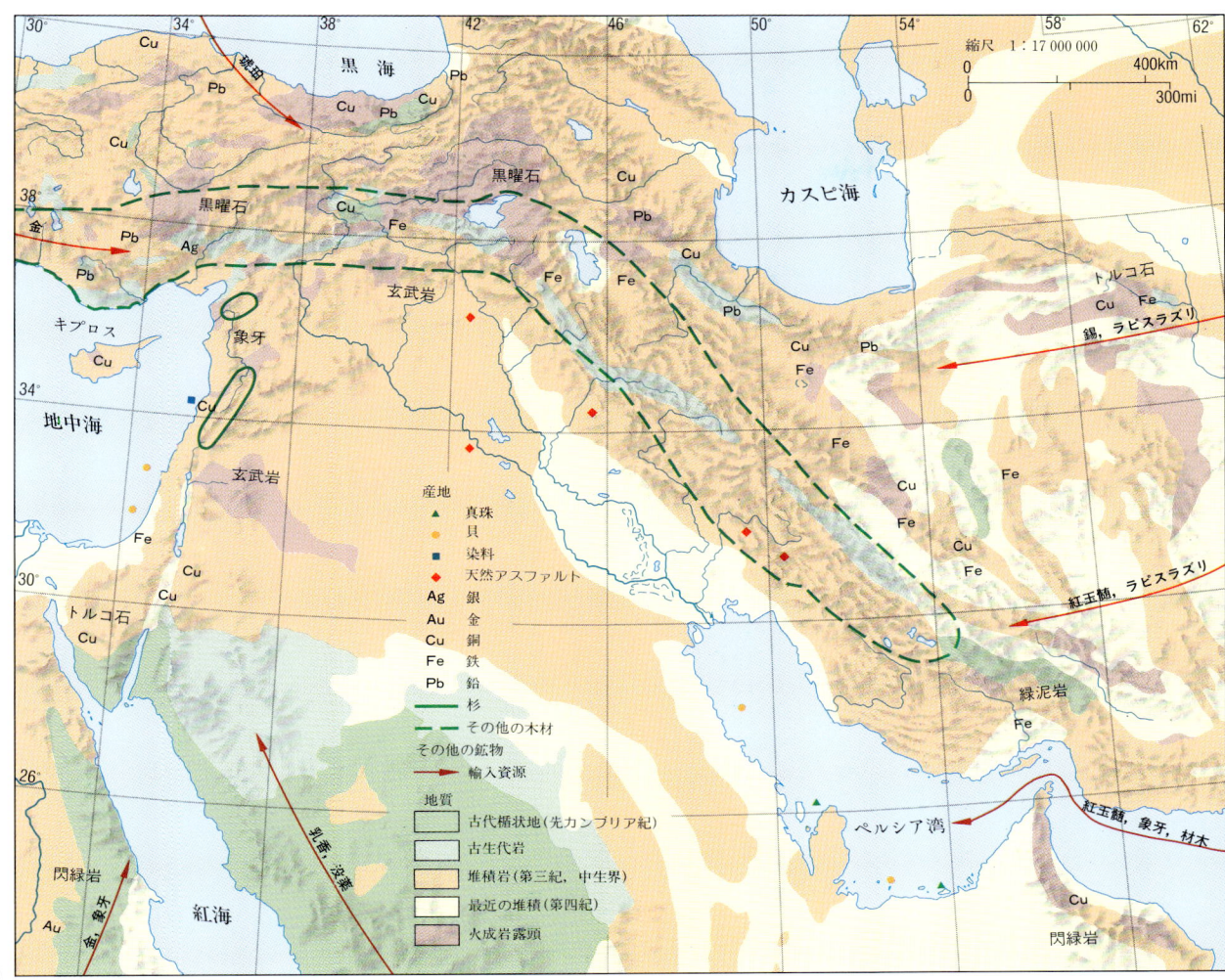

織物，皮革，そのほかの植物製品，動物製品なども交易されていた可能性があるが，証拠は残っていない．

技術の発達

1983年にナハル・ヘマル洞窟が発掘されるまで，この時期の篭類，織物，木製品に関する証拠は乏しかった．葦の敷物や織物の痕がついた天然アスファルト・粘土，発掘とともに失われてしまう土についた圧痕などがそのすべてであった．

ナハル・ヘマルに残っていた遺物のなかには，木製の鎌の柄，イグサか草の束を糸でつないでつくった分厚い敷物，より糸で編んで天然アスファルトを貼った篭があり，さらに細糸から太さ10mmに至るロープなどさまざまなひも類が粉々になって出土している．天然アスファルトを貼った篭や容器は他の遺跡からもみつかっている．石を彫ってつくった容器はよくみつかり，ジャルモ遺跡だけでも2000点以上出土している．石彫の腕輪も無土器新石器時代の遺跡ではよく知られている．他の容器としては石灰と灰をまぜてつくった白色容器があり，レヴァント地方の一部では盛んにつくられていた．メソポタミア地方では，容器はむしろ石膏でつくられる方が多かった．粘土が容器に使われることもあったが，ふつう土偶用だった．ガンジ・ダレでは粘土製容器が火事でこわされた生活面から完全な状態で出土している．その容器はおそらく生粘土でつくられたものだったが，村が燃えたときに一緒に焼けたのだろう．

無土器新石器時代には白色容器や住居の床面に石灰が用いられていたわけだが，石灰をつくるにはかなりの技量が要求された．多大な労働力，燃料はもちろん，高温で焼ける窯も必要だった．石灰をつくるにはまず，石灰岩（$CaCO_3$）をつぶし，850℃の温度で数日間焼く．ついで，それをゆっくり冷やして生石灰（CaO）とする．その後，水をまぜると消石灰（$Ca(OH)_2$）ができ，それが二酸化炭素にふれると固まるわけである．その製作は大規模なものだった．たとえば，チャユヌでは一つの建物をつくるのに1.6トンもの石灰が使われている．

チャユヌはエルガニ・メイドンの大きな銅鉱石採掘場から20kmほどしか離れていないところにある．この遺跡からは，考古学的に古い文化層から銅製のビーズ，留め針，道具類が100点以上も出土している．しかし，その他の無土器新石器時代遺跡では銅製品は二，三知られているにすぎない．たとえばマグザリーヤでは錐が1点（1000km以上も離れた中央イラン産のものといわれている），レヴァント地方のラマド，イラン南西部のアリ・コシュからはビーズが出土している．こうした品物は自然にえられる金属銅でつくられたもので，銅鉱石を精錬したものではないと考えられている．

金属の萌芽的利用，共同作業，職人の専門化，長距離交易，さらに増大しつつあった宗教の重要性，こういったものはすべて，無土器新石器時代の集団が文明に向かって大きな一歩を踏みだしていたことを示している．

動 物

　野生動物のなかでも，家畜化に成功したのはいくつかの種だけである．それらには，オオカミ，ベゾアールヤギ，アジアムフロン，イノシシ，オーロクス，ヤマネコ，野生ロバなどがある．すべて近東にもともといた種であり，それぞれイヌ，ヤギ，ヒツジ，ブタ，ウシ，ネコ，ロバの祖先であったと考えられている．こうした家畜は，ニワトリも加えて，今なお世界中でもっとも一般的な家畜，ペットでありつづけている．

　メソポタミアの動物についての情報源は三つある．すなわち，発掘された骨，古文書中の言及，および絵画表現である．動物骨の研究からは，種がわかるだけでなく，その動物の性や年齢，さらに患っていた病気までわかることがある．古代の文書には，動物の名前の一般的なリスト，神殿動物についての経済関係の記録，なにかの前兆となる動物についての観察，あるいは王侯たちが特別な庭をつくって狩りをしたり飼育したりしていた動物のリストなどが載っている．家畜，野生動物，架空の動物を含めて，古代近東の記念建築や円筒印章にはさまざまな動物の絵が描かれている．それらには，ゾウやハエ，ワシ，カニ，さらにヘビ，カメ，魚などもあったが，もっともよく描かれたのはライオンや雄ウシなどメソポタミア文化で重要だった動物である．

上　ニネヴェ，アッシュールバニパル王（前668－27頃）の北宮殿出土の浮彫り．アッシリア人が狩猟用に飼っていた，一種のマスチフ犬が描かれている．イヌは最古の家畜動物である．エリドゥのウバイド期の墓地（前5000年頃）でみつかったイヌの骨はグレイハウンドと鑑定されている．

下　古代近東の草原にいたガゼルの群れ．ニネヴェ北宮殿出土のこの浮彫り（細部の拡大）に描かれている群れは，勢子に追われており，矢を射る構えをして穴に隠れているアッシリア王の方に向かって逃げている．

上　カルフのアッシュールナツィルパル王（前883－59）の北西宮殿出土の浮彫り．家来がウマの手入れをしたりエサを与えたりしている．ウマがメソポタミアに導入されたのは前3千年紀終わり頃であった．南ロシアからもちこまれたもので，そこではそれより2000年近くも前に家畜化され，戦車を曳く動物として戦争に使われていた．前1千年紀になると，とくに山岳地帯への遠征のために，騎馬隊の重要性が増した．ウマをえたことはアッシリア軍の特権の一つであった．とくに重用された種は，北西イラン山地やヌビアからもちこまれたものだった．ラバは役畜として貴重だった．

家畜動物	野生の祖先	地域	年代
イヌ	オオカミ	近東	前1万1000年頃
ヤギ	ベゾアールヤギ	近東	前8500年頃
ヒツジ	アジアムフロン	近東	前8000年頃
ブタ	イノシシ	近東	前7500年頃
ウシ	オーロクス	近東	前7000年頃
ネコ	ヤマネコ	近東	前7000年頃
ニワトリ	バンキヴァ野鶏	中国	前6000年頃
ラマ	グァナコ	アンデス	前5000年頃
ロバ	野生ロバ	近東	前4000年頃
ウマ	ターパン	南ロシア	前4000年頃
ラクダ	野生ラクダ	南アラビア？南中央アジア？	前3000年頃
テンジクネズミ	ケイビー	ペルー	前2000年頃
ウサギ	ノウサギ	スペイン	前1000年頃
七面鳥	野生七面鳥	メキシコ	前300年頃

下 ヒツジの頭形土偶。ウルク出土の前3000年頃の砂岩製石偶と類似している。ヒツジはメソポタミアでは、つねに最重要な家畜でありつづけている。毛織物は主要な輸出品の一つとなっていた。長さ13.6cm。

下中央 アララクのニクメパ宮殿出土の象牙製箱（前14世紀）。首と蓋の欠損部は木で修復されている。アヒルやガチョウはメソポタミアでは少なくとも前2500年、おそらくはそれよりかなり前から飼われていた。長さ13.5cm。

左 ニネヴェのアッシュールバニパル王の北宮殿出土の浮彫り。ラクダに乗ったアラブ人が、侵攻するアッシリア軍から逃げている。ラクダは前2千年紀後半にメソポタミアに導入された。フタコブラクダは中央アジア原産で、イラン山中に生息していた。ヒトコブラクダはおそらくアラビア半島原産で、南の砂漠地帯でみつかっている。ラクダは運送用には利用されたが、戦闘には使われなかった。

上 これらの奇妙な動物はカルフのシャルマネセル3世（前858-25）の「黒いオベリスク」に彫られているもので、ムツリ（おそらくエジプト）からの貢ぎ物の一部であった。一番前の動物（左）は川ウシ（おそらく水牛）と呼ばれている。二番目はサイかもしれない。三番目はヤギの一種のようである。ムツリからもちこまれた動物には、ほかにフタコブラクダ、ゾウ、サル、ヒトニザルなどがあった。

土器

　世界でもっとも古い土器は日本で出現し，前1万1000年にさかのぼる．近東では3000年ほど遅れて現れるが，影響を受けたのではなく，別の発明であったことはほぼ確実である．世界中をみわたすと，土器は定着した村落生活に関連している．というのに，そのかさやこわれやすさは，移動的な生活をする多くの採集狩猟民にはなじまないからである．

　土器は近東を研究する考古学者にとって，もっとも重要な人工物の一つである．土器片はこの地域のどの遺跡でもふんだんにちらばっている．土器は簡単につくれ，またこわれやすい．こわれたものは再利用されることなく，ただ捨てられるために，みつかりやすい．さいわいなことに，焼かれた粘土は消滅することなくどんな条件のもとでも保存される．風や雨が遺跡の表土を流しさっても，土器片はのこり，多くの遺跡は厚い土器片の層でおおわれている．

　土器の研究によって，まことに多くの情報がえられる．土器をつくる粘土の鉱物学的構成が異なるため，科学的分析によって，粘土の産地が同定できる．そうした科学的手法を用いないでも，土器の型式学的な違いをみわけることはたやすい．粘土に混ぜる混和材の種類は多く，砂粒，スサ（わらをこまかくしたもの），毛などである．これらは，それぞれの器に顕著な痕跡をのこす．焼成の仕方も器に大きな影響を与える．とりわけ，焼成する窯のなかの酸素の多寡が，土器の色彩を赤（酸化焔）から灰色や黒（還元焔）に変える．土器の器形は，形や大きさに大きな変異をもたらす．浅い皿から大形の貯蔵用の壺まである．成形の方法にもいろいろある．指先で形づくられるもの，輪積み法や巻上げ法によるもの，型押し法によるもの，回転台を利用してつくられるもの（前4500年頃以降），ろくろ作りのもの（前2000年頃以降）などである．器面調整にも種類がある．ウェット・スムースと呼ばれる器面がやわらかいうちになでる方法，化粧土をかける方法，彩文をつける方法，磨研法，さらに，刻文をつけたり，彫りこんだり，型を押しつけたり，象眼を施したりする．そして前1500年以降には釉薬をかけたものが出現する．

　さまざまな製作法や装飾は，地域や時代によってそれぞれ特徴をもっているので，土器を用いて編年ができるのである．先史時代や利用できる文献史料があまり多くない時代を研究するときにはとくに有用となる．さらに，遺跡の表面にちらばっている土器片によって，その遺跡がいつの時代に居住されたのかといったことや，ある地域の集落の様相が時代によっていかに変化したかといったことまでわかる．土器はまた交易活動の実態や文化的影響の有無といったことまで明らかにする．

　近東のいろいろな地域での土器の様式の変遷について大枠はわかっているものの，編年をさらに細かくしていくのに，また古代の土器の製作や分布の詳細を理解するには，さらなる調査が必要である．

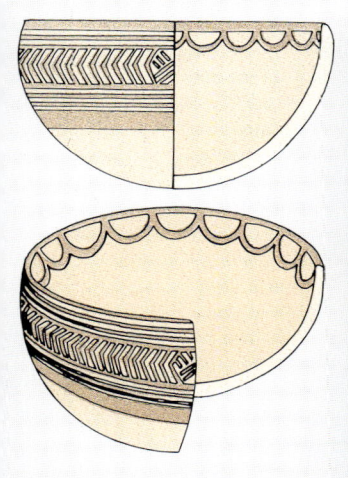

上 発掘によってえられた土器の図面によって，ある土器と他の土器を比較することができる．ふつうに採用されている方法は，器を真横からみて，器の4分の1が切り取られてないものと想定して描く．この手法により，1枚の図面で，器の外面と内面の両方が表現できるばかりではなく，器の器壁の断面の様子までも表せる．

左 ウバイド期（前5900−4300年頃）では，淡い土器の表面に黒の彩文が施された．描かれる文様は時代によって変わった．これは最末期の様式の一例であり，ウルの墓から出土した．直径23cm．

左 ウバイド前期の土器は南メソポタミアだけでみつかっている．ウバイド後期の土器は，東はイラン高原から西は地中海沿岸まで広く分布した．このウバイド後期の壺は，ニネヴェ近くのテル・アルパチヤの墓から出てきた．

右 テル・ハッスーナ出土のサマッラ式の椀．サマッラ式の土器は中央イラクでみつかっているが，北イラクのハッスーナ土器の出土するいくつかの遺跡でも用いられた．サマッラ式の土器には，しばしばここに示したようにぐるぐる回転する文様が描かれる．この椀は割れてしまったのだが，当時修理されている．それは，割れ目の両側にうがたれた孔によってわかる．直径25cm．

右端 ハラフ期（前6000−5400年頃）の土器は近東でつくられたものとしては，最高級の品質といえる．ぬきんでた水準の多彩色の土器が，テル・アルパチヤのハラフ期の最末期の層から数多く出土した．幾何学的文様が赤，黒，白色の顔料で描きだされている．直径33cm．

下 最初期の土器は低い温度で焼かれたために，多孔質である．ハッスーナ期の陶工によって考案された高い温度がえられる効果的な窯によって，液体が貯蔵できる容器がつくれるようになった．このテル・ハッスーナでみつかった壺は，ハッスーナ期のなかでも古い方の時期にあたり，前7千年紀の中頃のものである．なにか鋭い先端をもった道具によって刻まれた綾杉文によって飾られている．のちの時代の土器にも同じような装飾があるが，それらとは，粘土の性質の違いによって区別される．

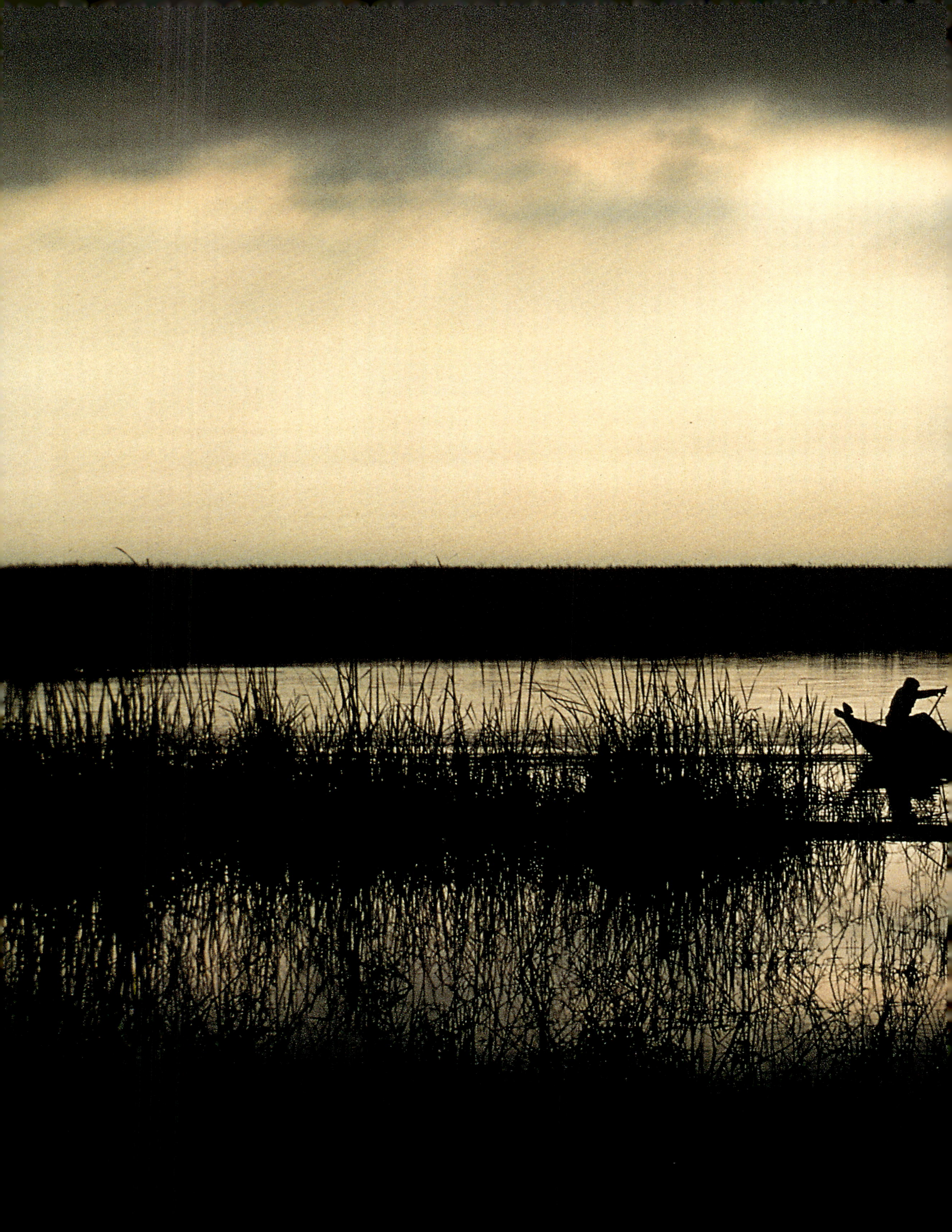

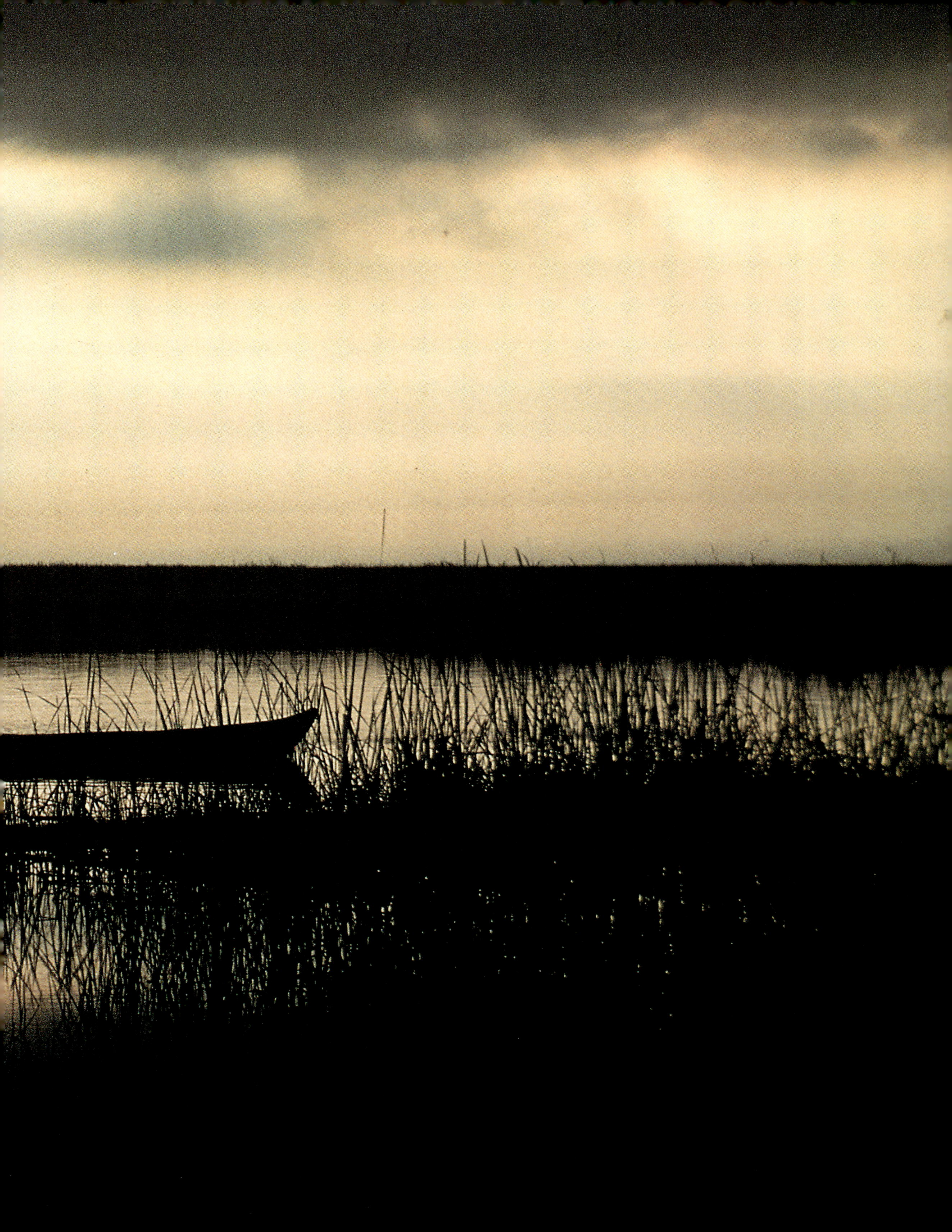

文明への道（前7000—4000年）

初期農耕集落

農耕牧畜の技術が発明され，それが広まると，近東にはさまざまな種類の集落が現れるようになった．土器を使っていること以外，日常生活はそれ以前とほとんど変わらない小さな農耕村落もあれば，日用品，社会組織ともはるかに洗練された村も現れ始めた．こうした進展が積み重なって，前4千年紀に南メソポタミアでおこったあの都市の形成へとつながっていったのである．そして，それは現代社会の基礎となった．

近東の初期農耕村落は丘陵地やオアシスに位置しており，川ぞいや湖岸，海岸地域が好まれていた．穀物が生育するには雨量が少なすぎる低地には，遊牧民が生活していた．収穫の多い年に穀物を蓄えておけば，凶作の年にも何とか集団は生き延びることができた．しかし，雨量が一定しない土地で農業を試みることは，ほかにもっとよい土地があるのならば割にあうものではなかった．この頃の農耕村落の分布は今日の天水農耕（灌漑をしないという意味）地帯と非常によく一致している．それに，年間降雨量が250mm以上の地域に相当し，ここ8000年ほど気候がほとんど変化していないことの証左ともなろう．

エジプトのナイル川は植物の生育期に氾濫するから，雨量が乏しくても穀物を生育することができる．しかし，近東の他の地域の川は悪いことに春に洪水をおこすため，穀物農耕は降雨に頼らざるをえない．ただ，運河を掘って灌漑を行うようになると，そうした集落の分布パターンは一変する．乾ききっていても肥沃な土地に移った方が収穫も多くなった．そうして，より大きな集落が存続するようになり，最終的には都市へと発展していったのである．

無土器新石器時代から都市化の始まりまでの発展は，土器（ないし後期）新石器時代，前・中期金石併用時代にまたがっている．一般には，新石器時代と金石併用時代の区別は，新石器時代に使われていた打製・磨製の石器に加えて，金石併用時代には銅および青銅製品も使うようになった点とされている．しかしながら，銅製品は少量だが無土器新石器時代にすでに用いられていたし，一方，金属器がたくさんみつかるようになるのは後期金石併用時代になってからのことである．

小さな農耕村落での日常生活は，この時期を通して，どこでも似たようなものだった．違いは最古の村落と，それ以前の狩猟採集民との間の方が大きかった．現代社会がもつ特徴というのは狩猟採集民の社会にはみられないものであり，ある時点で発明されるか発見されたものに違いない．そのいくつかは無土器新石器時代に萌芽的ながらみられ，土器新石器時代，金石併用時代により洗練され，確立されていった．そのような進展が背景となって，やがて都市生活が始まることになったのである．

土器新石器時代

なにかの機会に偶然に少し焼けた土器ならば，無土器新石器時代の遺跡からもまれにみつかることがある．しかしながら，続く土器新石器時代には，土器は非常に一般的なものになった．そのおかげで考古学者は，それ以前は石器の型式を頼りにしていたが，今度は土器を使って地域ごとの文化を明らかにできるようになった．装飾つきの土器は石器よりもはるかに流行に敏感であったから，文化の類似，時代的変化などもより的確に反映しているわけである．

ぐにゃぐにゃで柔らかな粘土を，熱を加えて，固くして水も通さず，事実上壊れもしない土器に変化させるプロセスはほとんど手品のようなものである．チャユヌやガンジ・ダレの人々は前8千年紀にすでにこの技術を知っており，容器や小さな土偶をつくっていた．無土器新石器時代には入れ物としては，石製か木製のもの，あるいは篭（上塗リをしたり，天然アスファルトを貼ったりすることもあった），先土器新石器時代B期の白色容器に代表されるような石膏・石灰製容器を使うのがふつうであった．しかしながら，前7000年頃までに土器は近東全域に広がっていた．

一定地域の一定時期の人々は限られた種類や型式の土器しかつくらなかった．そのため，小さな土器片でもみつかれば鑑定可能である．一地域の土器の時代的変化を他の地域の土器型式の変化と比較することによって，考古学者たちは多くのことを明らかにしてきた．こうした研究によって，土器片からそれがみつかった遺跡の年代を決めることもできる．その結果を，さらに短い期間におこった様式上の変化に関する情報とあわせることによって，相対編年ができあがっていくのである．これは，放射性炭素年代よりも役立つことが少なくない．

土器群が似ていれば，各々の集団が緊密な関係をもっていたとみることができる．明らかに他地域から搬入された土器は，土器自体ないしその中身が交易・交換されたのだと解釈できる．土器の研究は，文字が現れるより前の時代の社会を研究する上で，もっとも有効な方法の一つである．もちろん，歴史時代についても考古学者にとって貴重な手がかりとなることに変わりはない．

肥沃な地域の周辺山麓部のほか，無土器新石器時代にはトルコやイラン高原の資源を利用し始めた集団もいたし，メソポタミアの河川流域に集落を構えたものもいた．この時期以降，メソポタミア平原がレヴァントやパレスティナよりも重要な地域になっていく．レヴァント，パレスティナは以前にめざましい発展を成し遂げた地域であったが，影響力は低下していった．

チャタル・フユク遺跡

アナトリア高原にはハジラル，スベルデ，ジャン・ハサンⅢなど多くの遺跡がある．これらは年代的にも発展段階とし

前頁　南イラク，湿原地帯での風景．川の流路が変わると，南部の沖積平野の多くの地域は水に浸かってしまう．そうしてできる湖の位置は時代によって変わる．前8世紀のアッシリア時代の浮彫りに描かれている湿原もあるが，当時，それがどのあたりだったのかは同定されていない．湖にたまった水，および豊富な魚類は，近東の他の地域にみられる農耕牧畜生活とは違った生活様式を提供している．

文明への道

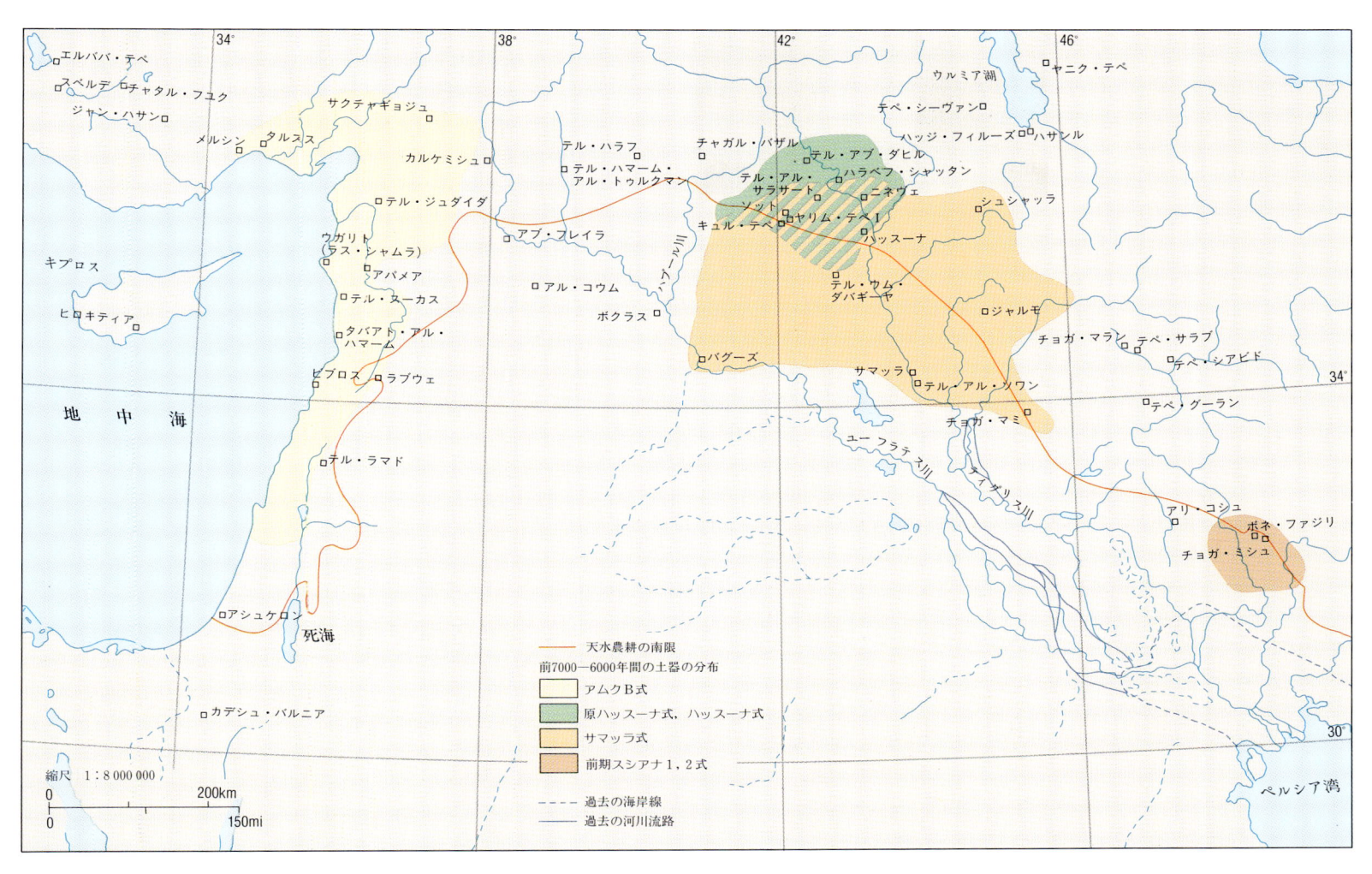

初期の土器をともなう文化

前7千年紀になると，文様つき土器の使用が一般化したため，考古学者は土器型式の違いによって文化集団を区別することができるようになる．ハッスーナ期および同時期の前期スシアナ期，アムクB期には，おそらくすでに犁が使われていた．それによって，以前から農耕に利用されていた湿気のある土地だけでなく，そこから離れたあまり肥沃ではない土地も広く耕作できるようになった．サマッラ期には（時代としては一部ハッスーナ期と重なる），作物の灌漑に重力送りの運河が使われ収穫量が増大し，天水農耕の限界を超える地域でも農耕村落を営むことができるようになった．

てもレヴァント地方の無土器新石器遺跡と類似したものである．しかしながら，チャタル・フユクに匹敵する遺跡はほかにない．この遺跡は桁違いに大きいし，しかも保存状態がよい．面積は12ha以上で，新石器時代文化層は15mの厚さに達する．現在のところ，最下層には到達していないが，放射性炭素年代測定法によれば，14層にわたる生活面はおおよそ前6850年から前6300年にわたるもので，レヴァント地方の先土器新石器時代B期末頃に相当する．ただ，残念なことに他の遺跡と同様，チャタル・フユクでも最上層部は激しい侵食を受けている．

壁画

この遺跡でみつかった部屋のなかには，見事な壁画をもつもの，壁に浮彫りのついたもの，雄ウシの頭や角をかたどった像を据えたベンチ，柱をもつものなどがあった．こうした装飾が一般の家にあるというのは不自然だし，不便とも考えられるから，それらの部屋はおそらく祠堂であったと思われる．しかしながら，これらの「祠堂」の数（第6，7層では発掘された家の約3分の1に達する）は驚くほど多い．それらが純粋に宗教用途に供されたものだとすると，発掘区が集落の宗教地区にあたっていたのかもしれない．それとも，それらは特殊な型式の住居だったのだろうか．

建物の壁や床は白色の細かい粘土で何層にも上塗りを施されていた．ある建物では120層にもなっていた．上塗りはおそらく毎年くり返された（同一の生活面出土の建物にはほぼ同じ数の上塗りがなされている）とみられるから，それらの建物の寿命を考えるヒントにもなる．色を塗った部屋をみると，塗色面は何層ものふつうの上塗りにはさまれていることがわかった．したがって，色は次の上塗りがなされるまでの短期間しかみえなかったということになる．なぜ，人々がときどき壁に色を塗っていたのかはわからない．ともあれ，それが腐らないで残っていたのは上塗りに塗りこめられていたことによるところが大きい．塗料は細かい毛のブラシで塗られた．そのほとんどはアナトリアで自然に産出する鉱物からつくったものである．たとえば，赭土，藍銅鉱，孔雀石，辰砂，マンガン，方鉛鉱などが用いられた．地は白か薄いクリーム色で，おもな色は赤か赤褐色だったが，黄色，黒，灰色，藍色，青も使われた．

壁画の多くは柱と柱の間の一面におさまるものだったが，なかにはもっと大きなすばらしいものもあった．真っ赤に塗られたもの，幾何学模様のつけられたもの，人や動物を描いたものなどがあった．専門家のなかには，そうした模様をトルコで伝統的につくられているじゅうたんの模様に対比する人もいる．しかしながら，当時いろいろな色の紡ぎ糸で織物が織られていたという証拠はほかにはない．

もっとも興味深い絵は，具象的なものである．写実的なものもあれば，様式化されたものもある．人の手を並べて描いたものもあり，ところどころ裏返しになっている場合もある．これらは後期旧石器時代によくある芸術を思いおこさせる．しかし，この地方では今日でも同じモティーフで家を飾ることがある．層は異なるが，二つの「祠堂」で狩猟の光景が見事に描かれた絵がみつかった．どちらも北側の壁に2mく

村落

チャタル・フユク

チャタル・フユク遺跡は1961年から1963年にかけてジェームス・メラートが発掘し，華々しくかつ思いがけない成果をもたらした．彼は前7千年紀の街の一部を広く掘りおこしたのだが，そこでは住居が異例なほどよく保存されていたのである．いくつかの住居を彼は祠堂と呼んでいる．それらは精巧な壁画と浮彫りで飾られ，壁やベンチには動物の頭骨が備えつけられていた．そうした「祠堂」にみられる幻想的な装飾は，当時の人々の宗教の性質についてさまざまな憶測をよんでいる．たとえば，土偶や壁につけられたヒョウ，乳房の模型には地母神，「出産の女神」がみてとれるとされ，一方，たくさんある雄ウシの頭骨，角には男性の神格が表現されているといわれている．宗教は当時の社会の原動力であった．チャタル・フユクは，この時代に典型的とこれまで思われてきた単純な農耕村落とはずいぶん違っている．先史時代の遺跡としては，この遺跡に匹敵するものはいまだみつかっていない．ただ，最近の発掘によって，アイン・ガザル，アブ・フレイラ，ボクラスなど無土器新石器時代遺跡で，チャタル・フユクでみられる発展の祖型がみつかっている．

上　出産中の肥った妊婦の土偶．ネコのような動物に支えられており，「出産の女神」とされている．この土偶はチャタル・フユクの最も新しい祠堂の一つから出土した．頭部は復元である．

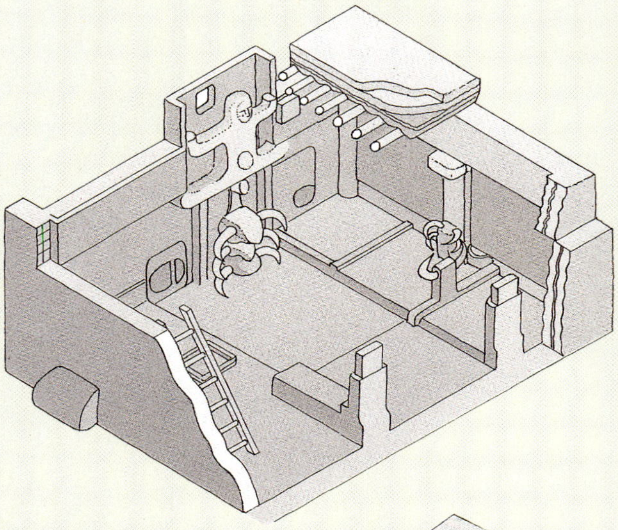

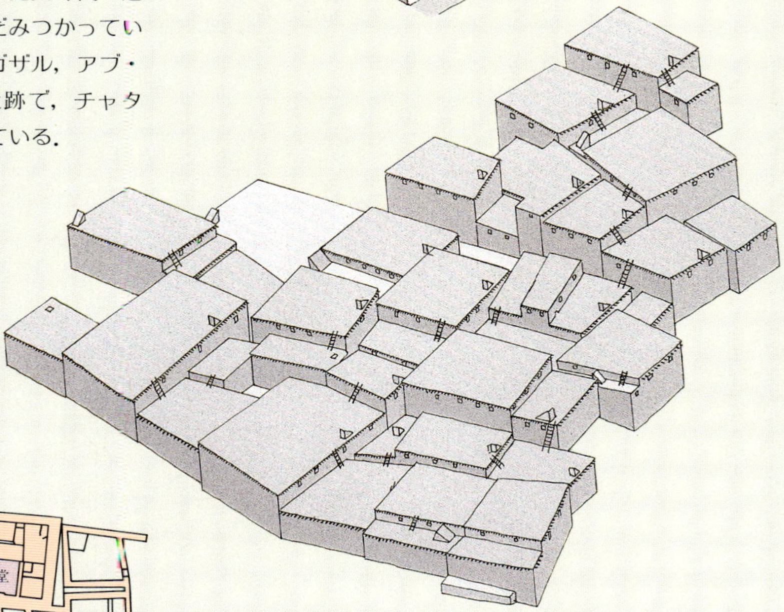

右　第ⅥB層の集落の一部の復元図．建物は平屋で，屋根から出入りした．住居は集落の中心にむかって段状に並んでいた．

右上　第ⅥA層の祠堂の復元図．壁は材木を芯として日干しレンガでつくられた．北西部の基壇の下には男性が，別の壇の下には女性と子供が埋められていた．

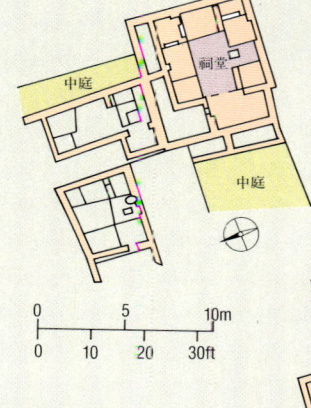

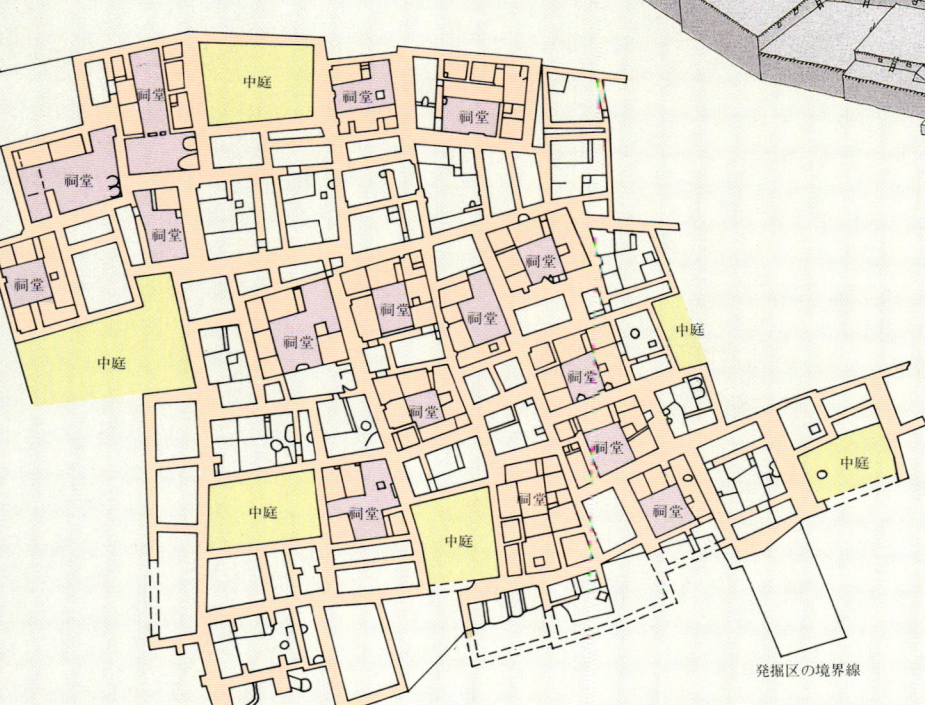

右　第ⅥB層では家々が密集し，近接する家屋は壁を共有していた．ほぼ半分の家が「祠堂」に分類されている．家々の間には廃屋のくずが固まってできた広場があり，ゴミ捨て場に使われていた．典型的な間取りは，ほぼ方形の居間と，そこから低い扉ないし壁にあけた穴でつながっている細長い貯蔵庫となるものであった．

右上　第Ⅶ層のある祠堂の北壁，東壁の復元図．妙なことに，ワシの脚は人間のものになっている．これは，鳥の扮装をした司祭がいて，その間に頭のない遺体がおかれているさまを表すと考えられている．

右　第Ⅶ層のある祠堂でみつかったつがいのヒョウ壁画．何度も漆喰が塗り直されており，少なくとも7回は色の塗り直しがなされている．

発掘区の境界線

下　チャタル・フユクで発掘された家家．平均すると家の面積は約25m²で，核家族が一組住んでいたことが示唆される．全体では約1000世帯，5000人の人々がいたと計算されている．集落の端は調査されていないので，防御壁で囲われていたかどうかは不明である．ただ，侵入する外敵にとっては，家の壁自体が障害になっていたものと思われる．

上　比較的新しい文化層出土の成人男性墓には，焼成土器製のスタンプ印章をともなうものがある．さまざまな形をしたものがあって，深い線，渦巻，三角形などが彫られている．粘土にこれらの印章が押されたものは残っていないので，腐りやすい物質に対して用いられたものと考えられている．たとえば，織物，皮類，人体装飾に使われていた可能性がある．

らいの長さの巨大な雄ウシが赤で描いてあって，そのまわりをヒョウの毛皮のふんどしをつけた小さな人物が数人踊っているものだった．人物の多くは男性で，皮膚は赤く塗られていた．この二つの層よりも古い第V層の例では，絵は壁四面につながっていて，シカ，イノシシ，野生ロバ，クマ，オオカミ，ライオンなどほかの動物も描かれていた．そうした絵に描かれていたのは正確な狩猟の光景ではなく，おそらくなんらかの象徴的な意味をもっていたのだろう．踊りと，ミノア文化の跳牛やスペインの闘牛のような動物を使った催しなどからなる祭を表現したものかもしれない．しかしながら，第III層の祠堂では，一部しか残ってはいないが，男性のハンターがイヌらしき動物をつかって雄シカを矢で射ている絵が発見されている．

もう一つ奇妙な絵がある．それは三つみつかっているのだが，大きな鳥と頭のない小さな人間が描かれているものである．様式化された絵ではあるが，その鳥は死体の肉をついばむシロエリハゲワシだとみられている．もっと下層（第VI層）からもやはり死者に関すると思われる絵が発見されている．そこには，葦とむしろでできた納骨堂が描かれているとされている．織物が敷かれ，その下に目のくぼんだ頭骨がおかれている．

人物・動物像

壁によっては，葦の芯に泥を塗ってつくった浮彫りで飾られているものもあった．これはアイン・ガザル，イェリコ，ナハル・ヘマルで発見されている先土器新石器時代B期の像と類似している．浮彫りには色が塗られていることもある．人物，動物，動物の頭，女性の乳房などが代表的な例である．浮彫りの人物像は7体あり，高さ1mくらいで，前をむいて両手両足を横に平たくのばしている．丁寧なものが1体あるが，それにはオレンジ色，赤，黒の線が乱雑に塗られていた．人物像の顔，手，足はいずれも破損していた．これは，その部分がなにか再利用のきく貴重な物質で飾られていたせいかもしれないし，祠堂でとり行われた儀式の一部として浮彫りが破壊されたせいなのかもしれない．これらの像は雄ウシの頭像の近くにとりつけられていることが多い．人物の像は出産している女神，雄ウシの頭は男性の神性を表現しているとみる人もいる．

他には，雄シカの浮彫りが一つあり，3層つづけてヒョウのつがいの浮彫りがみつかった．それぞれつがいは頭をよせて胴を逆方向に向けていた．上塗りや塗色を幾度もくり返されているものもある．その場合，動物の胴にはそのつど，違う模様がつけられた．

動物の頭を象った像はガンジ・ダレやネムリクといったもっと古い遺跡からも発見されている．チャタル・フユクではそれらはいずれも土製で，本物の動物の頭骨や角を芯にしたものもあった．雄ウシがいちばん多いが，雄ヒツジや雄シカもみつかっている．頭像は3個か5個か7個の単位で壁や低いベンチにとりつけられていることもあったし，後の時代の角つき供物台と似た土柱に埋めこまれていることもあった．女性の乳房はふつうまとめて壁につけられていた．おもしろいことに，それらはイノシシの下顎骨やイタチ，キツネ，猛禽類の頭骨を芯にしてつくられることがしばしばあった．

村落

埋葬習慣

遺体は居間の床下に埋葬され，貯蔵室の床下や広場に埋葬されることはなかった．壇になったところの地下60cmくらいの深さに，体は折り曲げて左側を下，頭を部屋の中央に向けて埋められるのがふつうであった．実際には，埋葬は2段階に分けて行われた．死後，いったん遺体をどこかにもっていき，その後で家の床下に埋められたのである．これは頭骨や他の骨に赭土がついているものがあったり，人骨のなかには骨の組み合わせがまちがっているものがあることからわかる．壁画のなかにハゲワシが頭のない死体をついばんでいるものがあったが，これは死体の処理の仕方を示しているとみることができる．ある部屋では，頭骨が四つ，壇の上においてあった．ほかにも，タカラガイを目にはめこんだ女性の頭骨が発見されているが，これはもっと古いイェリコの装飾頭骨と似ている．

埋葬時には副葬品をおさめないのがふつうだった．しかし，例外的には織物やもっと目をひく品物もみつかっている．男性の墓には武器，石製棍棒頭，骨製・木製の柄がついた剣，焼成粘土製スタンプ印章，銅の指輪，S字形の骨製バックル（ナハル・ヘマルやギリシアで発見されているものと類似する）などが添えられた．女性の墓には装飾品，化粧用の石製パレット，まれにだが磨いた黒曜石製鏡などが副葬されていた．木製容器，篭，食べ物などは男性にも女性にも副葬されたが，土器や土偶は添えられなかった．人骨から判断すると，人々はまずまず健康的だったようだ．ただ，おそらくマラリアのせいで貧血症の者が多かった．また関節炎や骨折を患っている者もいた．平均寿命は男性が34歳，女性が30歳だった．身長は男性が170cm（5フィート7インチ），女性が158cm（5フィート2インチ）くらいだった．

チャタル・フユクの遺物

チャタル・フユク出土の土器はやや不格好で丸形か袋形のもので占められていた．木製容器には鉢，カップ，箱などがあって，モミなどの柔らかい木でつくられていた．打製石器はほとんど黒曜石製で，材料はおそらく北東に約150km離れたアジゲルからもってこられたらしい．黒曜石は磨いてビーズや鏡をつくるのにも用いられた．道具や武器類の傑作には剣やナイフがあり，シリアからの輸入フリントでつくったものもある．第Ⅸ層よりも上層では，銅，鉛がビーズ，ペンダント，リングをつくるのに使われている．鉛は，銅と比べると自然に産出することはまれだから，そうした鉛はおそらく鉱石から精錬されたものと思われる．銅の鉱滓のかたまりもみつかっているから，銅も精錬されることはあったらしい．ただ，チャタル・フユク出土の銅製品の大半は，自然の銅を叩いてつくったもののようである．

土偶，石偶のなかでは，肥った女性像がとくに目をひく．出産中の女性を表したものも一つあり，両側をネコに支えられているのか，あるいはネコ形の手すりのついた椅子にすわっているかのようにみえる．動物のものは，ほとんどが狩猟対象獣で，ヒョウ，ウシ，イノシシ，野生のヒツジ，ヤギなどがある．刺された痕のついているものもあるから，それらは狩猟儀礼に用いられたものとみられる．アイン・ガザル出土のウシ形土製品にも同じような痕跡が残っている．

植物と動物

出土した骨からみると，おそらくチャタル・フユクの人々は食用肉の9割は家畜ウシからえていた．イヌもこの頃までには家畜となっていた．野生動物のなかには肉だけでなく，皮革目的で狩られたものもあった．たとえばヒツジ，シカ，イノシシ，オナガー（野生ロバ），クマ，あるいは大形のネコ科動物で，おそらくライオン，ヒョウなども狩りの対象となっていた．栽培植物には一粒コムギ，エンメルコムギ，裸性六条オオムギがあり，そしてたぶん六倍種パンコムギもあった．この時期の人々は，ほかに地域に固有の植物も採集していた．出土したもののなかには灌漑のもとで生育する種も含まれているが，灌漑がどの程度行われていたのかについては議論は一致していない．全体に，人々の生活に関する科学的証拠は壁画に描かれている情景とは異なっている．生活における現実と観念的なものとが分離していることを示しているわけである．

チャタル・フユクは前7千年紀終わり頃に人が住まなくなっている．アナトリア地方の次の文化は，精巧な彩文土器で特徴づけられ，ハジラルやジャン・ハサンⅡなどの遺跡から知られている．しかしながら，前5700年頃までにはこれら両遺跡も無人になってしまった．ジャン・ハサン遺跡では，火で焼失した生活面の瓦礫のなかから47歳の男性人骨が発見されている．この男性には銅製の腕輪と棍棒頭が一つずつともなっていた．棍棒頭には木の柄をつけるための穴がまんなか

上 イラン領，クルディスタン地方の現代の村には，近東初期村落と同じ要素が多々ある．家は日干しレンガと泥のモルタルでできており，泥の漆喰がかけられている．屋根はたいらで，材木の梁をわたし，断熱用の土の層を1枚はさんで，木の枝やむしろが何層にも重ねられている．雨風にも耐えるように屋根にも漆喰をかける．冬には屋根の雪おろしをしなくてはならず，雨が降った後は，屋根の上においてある専用の石製ローラーで水を切らねばならない．屋根はもう一つの生活空間を提供しており，上で寝たり，物置に使ったりもする．

上 ティグリス川西の草原砂漠にあるウム・ダバギーヤ遺跡でみつかった家の壁画．オナガー猟らしきものが描かれている．おそらくオナガーの皮の加工が，この村の経済活動の中心だった．どうやって捕獲したかははっきりしないが，網の囲いに追いこんだらしく，壁画のオナガーの上に描かれている線は網をつるした支柱だったと考えられている．動物の長さはそれぞれ約15cmで，白の地の上に赤で描かれている．これらの単純な絵はチャタル・フユクのものと同時代で，前7千年紀前半に属する．

に開いていた．これは型を使って鋳造したものであり，この種の技術の利用例としては最古のものである．

前6000年頃までには近東全域で，村落生活が確立していた．栽培植物，家畜動物のおもなものはすでによく知られていたし，それらは今日でもこの地域の主要な食料となっている．これ以後の発展は，狩猟採集から農耕牧畜への移行時におこったように新しい生業様式をみつけだすというものではなく，社会的な変化や技術的な洗練にみられる．そうした変化は漸新的かつ地域的なもので，その最初のものはメソポタミアでおこった．

メソポタミアの初期村落

無土器新石器時代の定住集団は，メソポタミア低地のまわりの丘陵地に集落をかまえていた．運よく天水農耕地域外の資源を利用しえた地域も少しはあった．土器新石器時代になると，集落は天水農耕地域に広く営まれるようになった．今日のイラクでこうした遺跡の最古のものは前7千年紀前半に属し，チャタル・フユクと同じ時期にあたる．それらの遺跡は1haにも満たないものが多く，一見するとチャタル・フユクのように洗練されたものでもない．しかし，実際の状況はもっと複雑でもっと多岐にわたった活動が行われていたようである．

こうした土器新石器時代初期の文化は，次のハッスーナ文化へと発展していったことから，原ハッスーナ文化と呼ばれることがある．土器は大半が粗製で，胎土にわらを細かく切ったものを混ぜたものだった．器形も単調で，広口ないし深鉢，円筒形の首のついた丸い壺，円形や楕円形の平たい皿などがあった．皿のなかには内側がでこぼこのものや畝がついたものがあり，それらは穀物の下ごしらえ用と考えられている．鉢類の表面には，よく粘土ひもが貼りつけられており，なかには幾何学形や動物形のものもつけられた．より精巧な土器もあって，その6分の1くらいは赤で簡単な模様が描かれた．もっと焼きのよい黒灰色の磨研土器もこの地域の遺跡で出土するが，それらはより進んだ西方地域からの輸入品だった可能性がある．

この時期の人々は，突き固めた粘土（アラビア語でタウフという．ピゼと呼ばれることもある）でつくった長方形の家に住んでいた．家はふつう二つか三つの部屋から成っていて，おそらく一家族が生活していたものとみられる．ほかには何本かの壁を平行に並べた土台をもつ建物もあり，乾燥台と呼ばれている．一辺が2mにも満たない小さな部屋が枡目状になった建物もあり，それは貯蔵庫と考えられている．ヤリム・テペⅠ遺跡では丸形や方形の特殊な建物がつくられており，死者の埋葬に使われていた．遺体はバラバラにされていた形跡がある．テル・ソットに埋葬されていた若者もそうした処理を受けていた．頭部，腕および肩胛骨，両脚と骨盤の半分を切り離し，残りの骨の上に重ねて埋められていたのである．これが成人の埋葬の一般的なやり方だったのか，特別な人物のみに対して行われたものなのかは不明である．幼児はふつう，住居の床下に埋葬され，ときには土器のなかに入れられていることもあった．

この時期の遺跡のほとんどは，天水農耕地帯内に位置している．植物，動物遺存体からわかるように，典型的な農耕牧

畜経済が営まれていたといえる．一粒系，エンメル，パン，クラブ，スペルタコムギ，六条裸性オオムギ，レンズマメ，エンドウマメなどをすべて，この時期の人々は栽培していた．家畜種のウシ，ヒツジ，ヤギ，ブタ，イヌを飼っており，野生動物は出土する動物骨の5分の1にもみたない．ウシはヤギやヒツジと比べると大きいし，凶暴だから飼育はむずかしかったにちがいない．それらは，肉，皮用としてだけでなく，ミルクや運搬用にもなっていたのだろう．あるいは犂をひっぱらせる目的もあったのかもしれない．当時すでに北メソポタミアでは，広大な平原を耕作するのに犂が使われていた可能性がある．

ウム・ダバギーヤ

ウム・ダバギーヤという小さな遺跡は，今日の天水農耕地帯からはずれたところに位置している．ここでは土器新石器時代初頭に属する居住層が大きく四つ，発掘されている．下の2層は保存もよく，建築物の配置も互いに似ている．この遺跡では遺構が特徴的で，大きさが1.5m×1.75mくらいの小さな部屋がまとまって広場の三方に並んでいた．部屋の多くには入口がないから，おそらく貯蔵庫だったと思われる．居住用の家はもっといい加減な並び方をしていて，一つか二つの部屋から成っていた．家にはどうも天井から出入りしていたらしい．部屋の一角には階段がつけられていて，壁には梯子代わりに足を差し込む穴があけられていた．しっかりとした煙突のついた火処も設けられていた．

もっとも意外だったのは，この遺跡で出土した石器類は農耕民のものというよりは狩猟民のものだったことである．人々は栽培植物を食べていたが，それらはもっと北の方からもちこまれたものだったようだ．食用肉のほとんどは野生動物の狩猟によってえられていた．この遺跡から出土した動物骨の3分の2はオナガーという一種の野生ロバのもので，ガゼルも15%くらいあった．家畜種の骨はわずか10%くらいしかなく，そのなかではヒツジが目立つ．こうした狩猟関係の証拠，そして貯蔵庫がたくさん使われていることからすると，この遺跡の人々は皮をとるためにオナガーとガゼルを捕獲していた専門集団であったらしい．

ほかにも塩，天然アスファルト，黒曜石などの生産を専門としていた集落があったことは十分に考えられる．そうした集団がどうやって生産物の市場をみつけていたのかはわからない．しかし，みつけえたということは確かであり，食料の余剰が恒常的に貯蔵され他の品物と取引されていたことが示唆される．こうした富の貯蔵は，メソポタミアで後に生まれる都市社会の基盤となった．

ハッスーナ文化とサマッラ文化

前7千年紀の半ばになると，新しいスタイルの土器が発達し，それまでの単調なものに代わって，より洗練された彩文，刻文をもつ土器が使われ始めた．ハッスーナ文化は，前の原ハッスーナ文化から発展したものであり，多くの特徴を受け継いでいる．原ハッスーナ，ハッスーナ両時期ともに，土製投弾，打製石鍬，両円錐形の紡錘車（亜麻とか羊毛から糸をつむいだ），刻みのついた石製ビーズ，ペンダントなどが出土する．そうしたビーズ類はスタンプ印章といわれているが，

上 彩文土器．前6000年頃．型式的には，南西トルコ，ハジラル遺跡最上層出土土器とよく似ている．ハジラル遺跡の人々は非常に創意に富んでいた上に多才で，動物や人間をかたどり目に黒曜石をはめこんだ土器もいくつかつくった．この型式の土器の多くは，ヨーロッパ，アメリカの博物館にもち去られている．傑作品のいくつかは，現代の盗掘者が墓から掘りだして，密輸したものである．その他，精巧につくった偽物もあり，科学的な分析をしないと見破れない．

村落

チャタル・フユクと同様，実際に粘土に押しつけたものは知られていない．道具，装飾品の製作には銅鉱石や銅金属が使われている．ヤリム・テペI遺跡最下層出土の腕輪に使われていた鉛は，鉱石から精錬されたものであるから，ハッスーナ文化後期の人々は自然銅だけでなく，精錬銅も利用していたことがわかる．ただ，直径2mほどの大きなドーム形の窯もみつかっているが，それは金属精錬用というよりは土器焼き用であった可能性が高い．トルコ石，水晶，黒曜石，海性貝類もこの時期以降，北イラクでみつかるようになり，近東全域にわたる交易のあったことが知られる．

前7千年紀終わり頃，ハッスーナ後期には新しい型式の土器が現れた．焼成はよく，チョコレート色で見事な彩文が描かれていた．すなわち南方のサマッラ文化に属していた土器である．サマッラ文化はイラク中央部を横切るように分布していた．ここでは，ティグリス川をみおろす位置にあるテル・アル・ソワンという遺跡が重要である．放射性炭素年代測定によれば，下層部は前6300年頃に位置づけられている．最下層の住居群の下からは，浅く円形に掘りこまれた墓が100基以上発見された．成人，若者の骨もあったが，大半は子供のものであった．遺体には，見事に彫りこまれたアラバスター製容器（ハッスーナ文化やそれ以前のものと同じ伝統に属する），アラバスター製女性彫像，ビーズなどが副葬されていた．

この時期，入念に配置された大形の建物がいくつか建てられている．これらは枠にはめてつくった日干しレンガ製であり，それ以前の泥壁よりも規則的な建築が可能になった．レンガは長さ60cmくらいで，壁の幅よりも長かった．建物の角や，壁の継ぎ目には補強のための扶壁が外側につけられた．扶壁はサマッラ文化の建造物を特徴づけるものだが，後にはメソポタミア宗教建築の第一の特徴となった．最下2層の建築物はそれぞれ150m²くらいに広がっていて，部屋数も15を超える．部屋の配置からみると，これらの建物は一方を男性，もう一方を女性という二つの集団が使っていたようにもみえる．部屋の幅は3mにも満たないものだが，これは当時利用できた木材で屋根を安全に支えられる限度だったのだろう．

次の前6100年頃の文化層では，集落がほぼ全面的に発掘されている．ここでは家は，より小さくなっている．面積は70m²ほどで，3m四方くらいの部屋を二つ囲んでさらに小さな部屋がつけられていた．こうした建物のうち約10軒が45m×50mくらいの空間にやや無秩序に並んでいて，分厚い壁と濠とで囲まれていた．

テル・アル・ソワンの，もっと新しい文化層は侵食されてしまっていた．しかしながら，東方，メソポタミア平原の端にチョガ・マミという遺跡があり，ここでは典型的なサマッラ文化層と，その後半でチョガ・マミ移行期と呼ばれている文化層が発掘されている．長方形の升目状に規則的に部屋が並ぶ建物がみつかっていて，同じタイプのものはハムリン・ダム緊急調査によってソンゴルA遺跡でも発見されている．

サマッラ文化の遺跡から出土する植物遺存体には，一粒系，エンメル，パンコムギ，二条・六条の皮性オオムギ，六条裸性オオムギなど，一般的なものが含まれている．亜麻（ないし亜麻仁）の存在や，その種子の大きさからみると，灌漑が行われていた可能性がある．事実，チョガ・マミではこの時期のものとされる運河がみつかっている．イェリコやチャタル・フユクでも小規模な灌漑は行われていた可能性はあるが，サマッラ期になってようやく人々はかなりの距離にわたる運河を掘り，維持する技術を身につけたのである．灌漑によって天水農耕地帯には，さらに多くの収穫がもたらされ，人口支持力も増大した．また雨量の不十分な地域でも農耕ができるようになった．こうしたすぐれた技術力のせいであろうか，チョガ・マミ移行期式土器は南東方面，デヘ・ルーランやスシアナ地方のローカルな土器型式にも影響を与えている．

ハラフ文化

前6000年頃，北メソポタミアではハッスーナ文化がハラフ文化にとって代わられた．その起源は定かではないが，ハッスーナ文化と同じ地域で発展したようにみえる．ハラフ文化

上　彩文された女性の頭部土偶．サマッラ期．チョガ・マミ出土．髪型はおそらく長い弁髪で，頭の上に巻き上げていたものと思われる．約3000年後のシュメールの彫像と類似している．コーヒー豆形の目は，この時期に典型的なものである．高さ4.8cm．

左　今日のイラク中央部にあるテル・アル・ソワン遺跡最下層の住居群の下からは，サマッラ期に属する墓が100基以上発掘された．そのほとんどは子供の墓で，石製ビーズ，アラバスター製の人物像，容器などが添えられていた．この種の人物像は女性のもので，神というよりは人間を表現したものとされている．目に象嵌したり，天然アスファルトで表情をつくりだしたものもある（左上）．左下は縞模様のついたアラバスター製容器．さまざまな形に彫りこまれているが，壺，鉢，酊形がもっとも一般的である．テル・アル・ソワンの墓では土器を副葬することはなかった．

ハラフ文化と同時代の他の文化の分布
前6千年紀にハラフ文化はメソポタミア北部，西部に広がった．ハラフ式に影響を受けた土器は地中海岸（アムクC文化内にみられる）から，北，東のザグロス山中からもみつかっている．ハラフ式土器の分布は，今日，天水農耕が行われている地域とほぼ完全に一致しているから，それがハラフ期のふつうの農法であったことは間違いない．南メソポタミアは天水農耕には雨量が少なすぎる．ここで成立した前期ウバイド文化は灌漑農耕に基礎をおいたものだった．東部のスーサ周辺地域では，中期スシアナ文化に類似した発展がみられ，土器も前期ウバイド式と類似している．

下　ハラフ期の典型的な住居は円形の小屋で，ときには，長方形の玄関口あるいは貯蔵庫がつけられた．家にはドーム形または梁をわたした平屋根がつけられていたと思われる．円形部には，中を細かく区切る壁がついていることもしばしばあった．

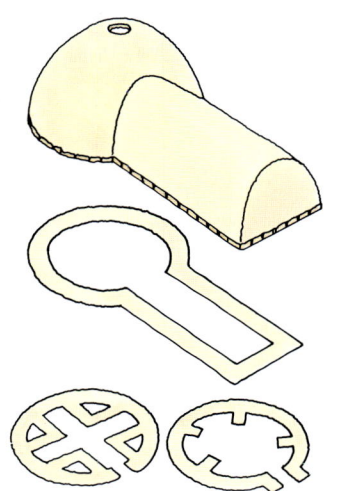

は600年ほど続き，現在の北イラク，およびシリアの全域に広がった．その影響は遠く，地中海沿岸や中央ザグロスの高原地帯にまで及んだ．しかしながら，いくつかの点でいうと，ハラフ文化は発展の本流からははずれていた．

栽培植物は以前のハッスーナ，サマッラ期と同じで，一粒系，エンメル，六倍種コムギ，二条オオムギ，六条裸性・皮性オオムギ，レンズマメ，ニガソラマメ，ヒヨコマメ，亜麻があった．ハラフ文化の分布域は天水農耕地帯に限られているから，大規模な灌漑にはほとんど頼ることなく農業が行われていたものとみられる．家畜動物としては例の典型的な5種，すなわちヒツジ，ヤギ，ウシ，ブタ，イヌがいたが，野生動物の狩猟も行われていた．

ハラフ期には長方形の部屋をつないだ家を建てるのをやめ，トロイと呼ばれる円形住居に先祖返りした．直径は3－7mなどさまざまで，両親と子供たちという一家族が住んでいたものとされている．入口は壁を切ってつくってあったが，いろいろな形式があった．円形の部分に長方形の別館をつけることもあった．アルパチヤ遺跡では円形部に長い別館がついて鍵穴形になった建物がみつかっているが，これは長さが20m近くあり，壁も石製で厚みが1m以上あった．このアルパチヤの建物は当初，特別なものでなんらかの宗教的儀礼に用いられたのだとされた．

しかしながら，ヤリム・テペⅡ遺跡での発掘によれば，トロイのほとんどは居住用であったことが示唆されている．なぜなら，長方形の部分には円形部から入っていくのであって，長方形の部分がエスキモーのイグルーのように通路になっているわけではないからである．トロイは泥，日干しレンガ，あるいは石でつくられた．ドーム形の天井がつけられていたと思われるが，ヤリム・テペⅡの例では壁の厚さが25cmしかなく，ここでは木材の梁をわたした屋根がつけられていた可能性がある．

トロイはハラフ文化の分布域から幅広く発見されており，カルケミシュ近くのユーフラテス川上流からイラク・イラン国境のハムリン盆地にまでみられる．しかしながら，円形住居のほかにアルパチヤでは，ハラフ期の初頭と末期には長方形の建物も建てられている．末期のそうした建物の一つが火事にあって，なかのものが原位置を保って残されていた．床面からは多数の土器がみつかり，その多くには見事な装飾が施されていた．石製容器，装身具，土偶，護符などもあった．何千というフリント，黒曜石製石器もみつかった．土器と装身具の多くは壁際の炭化材の上から出土したもので，おそらく棚にのっていたのだろう．この建物は当初，土器職人の工房だと解釈されたが，それではその他の貴重な品々の存在が説明できない．この遺跡の集団の富，あるいは首長の宝物を貯える部屋だったとも考えられる．いずれにしても，この建物の富の集中ぶりは注目に値する．ヤリム・テペでも長方形の建物はいくつかみつかっている．なかには，貯蔵庫や住居もあったが，一方，平面形にも特徴がない上に，なかに生活用品のないものもあって，それらは公共の建物だったと思われる．

ハラフ期の埋葬習慣についてはほとんどわかっていない．ヤリム・テペⅠ遺跡でみつかった墓をみると，墓室は垂直の縦坑から突きだすようにしてつくられた．この遺跡の葬送法としては，単純な埋葬もあれば火葬することもあった．ヤリ

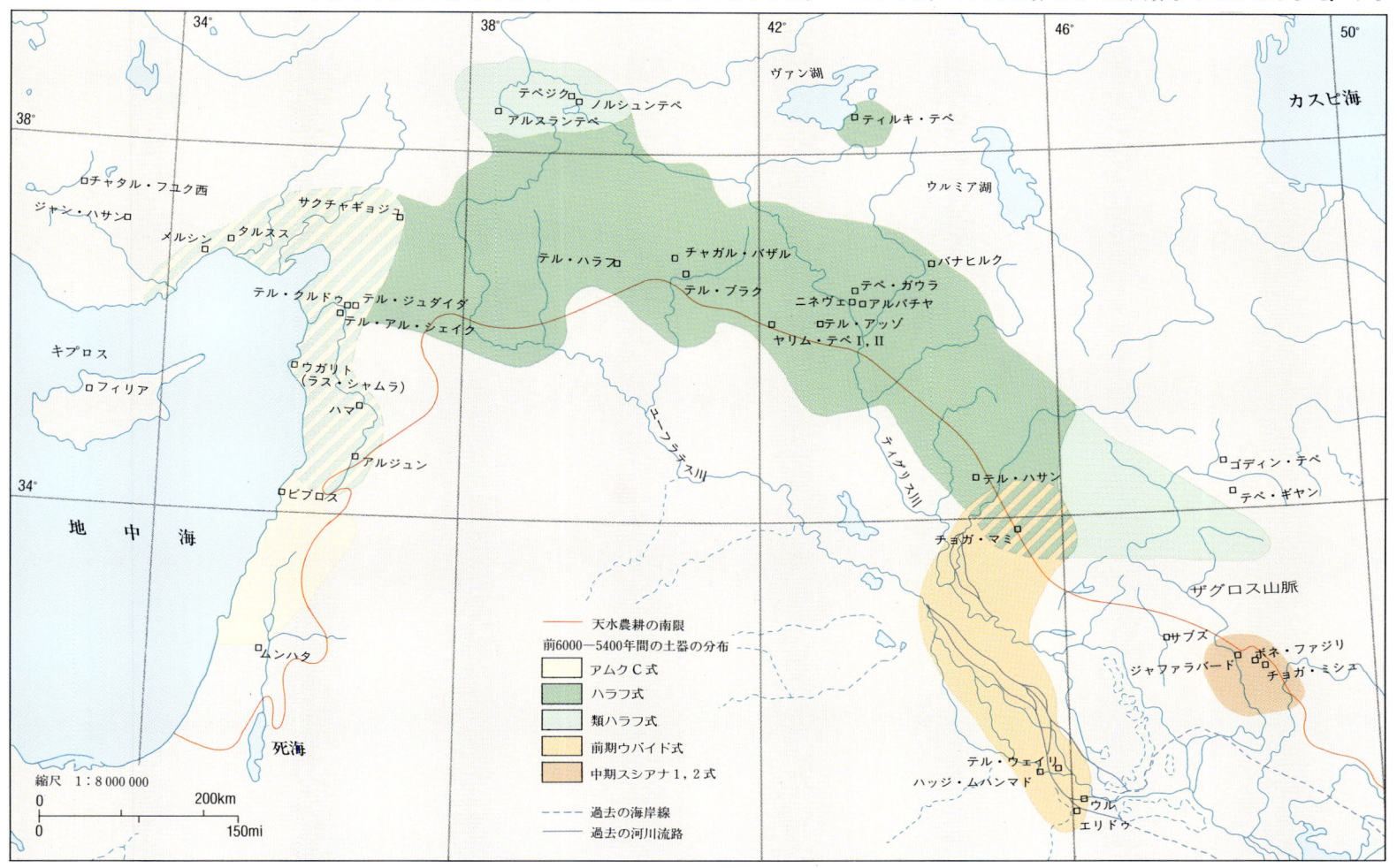

村　落

左と下 イラクの湖や湿原にはマダンと呼ばれる人々, すなわち湿原アラブが住んでいる. 彼らの生活は穀物栽培に基づくものではなく, 漁労, 水牛飼育, むしろ用の葦の採集などによっている. 湖の場所は年々変わっており, イスラム期初期 (7世紀) には, 北方, ニップールにまで広がっていたが, 漁労で生計をたてていた人々はいつの時代にもいたと思われる (水牛はおそらく前3千年紀に東方からもちこまれた). 今日, 使われている丸木舟はウルの王家の墓地でみつかった模型とほとんど同じ形式である. また, アッシリアの浮彫り (前700年頃) に描かれている葦の舟も, 湿原では今なお利用されている. 葦のむしろはふつうの日干しレンガの家の屋根にも使われているが, 湿原の建物にも典型的である. 家は総葦づくりで, 葦を厚くたばねて柱をつくっている. それらは, 5000年以上も前のウルク期の円筒印章や浮彫りに描かれているものと, 非常によく似ている.

ム・テペでもアルパチヤでも, 頭骨をはずして埋葬した例が2, 3ある. これも円形住居同様, 古い時代の習慣を想起させるものである.

ハラフ文化でもっとも特徴的なのは, 2室構造の窯で焼かれた実に見事な彩文土器である. 使われた粘土もきめ細かく, サーモン・ピンクを呈するものがよくあった. 初期の頃には, 外側に赤または黒で簡単な文様が描かれていた. 後期になると, 大形の浅鉢で内側に赤と黒で精巧な幾何学文様が描かれ, さらにその上に白で文様が描き加えられたものが現れた. 彩文土器には人物や動物をかたどったものもあった. ハラフ文化の遺跡から出土した土器の胎土を分析した結果によると, 土器は広く交易されていた. アルパチヤでつくられたらしい土器はハブール川流域のテル・ブラクやテル・ハラフでもみつかっているし, ハブール産の土器で西のユーフラテス河畔で発見された例もある.

ハラフ土器の型式は時代や地域によって異なっているが, 文化としては全体的な均一性がみられる. しかしながら, ハラフ文化を担った人たちが, 天水農耕地域に住んでいた単一の民族集団であったのかどうかははっきりしない. それどころか, ハラフ文化の分布の果てもよくわからない. ハラフ文化の遺跡は東アナトリアの黒曜石産地やトルコ東南部の銅鉱山近くにも広がっている. しかし, ハラフ期の遺跡で金属が発見された例はほとんどなく, 銅が経済的に重要な役割を果たしていたとは思われない. したがって, ハラフ文化の影響力の根底には交易があったという見方は誤っている.

前6千年紀半ばまでに, ハラフ文化は南東方面にも広がっており, そこではウバイド文化との接触がおこった. 両者が混じりあった移行期を経て, 今度はウバイド文化が支配的になっていく.

ウバイド期

最古のウバイド文化の集落は, ティグリス, ユーフラテス川で運ばれたシルトで形成された肥沃な平原地帯でみつかっており, 前5900年頃までさかのぼるとされている. しかしながら, 発見例はごくわずかである. ハッジ・ムハンマド遺跡は3mもの厚さの沖積土の下に埋もれていた. これはユーフラテス川の支流の一つに削られ, 秋に水位が下がったとき, 発見されたものである. 他にも, もっと後の時代の堆積物の下に古い遺跡が埋もれていたのがみつかった例もある.

南メソポタミア最古の遺跡の一つは, テル・ウェイリ (発掘したフランス人たちはテル・アル・ウエイリと書いている) である. ここでは, 中央メソポタミアのサマッラ文化との類似がみられる. 200m²以上に及ぶ建物があり, 部屋の大きさや形状はテル・アル・ソワンの古い層と類似している. しか

村落

も建築材は長方形の枠づくりの日干しレンガであり，サマッラ文化同様，指でくぼみがつけられていた．ウェイリのもう一つの建造物の基礎は，60cm四方くらいの小さな升目状に並んだ壁でできており，その上に葦の敷物が1枚のせられていた．この建物は穀物の貯蔵庫で，湿った地面から離すために設けられたのだと考えられている．

ウェイリは下メソポタミアで発掘された最古の遺跡である．しかし沖積シルトの下にはもっと古い遺跡が埋もれているに違いない．洪水は破壊的で予知できないという難点はあるものの，川辺には水がたくさんあるし，多くの野生生物の住処となっており，植物も豊富に生い茂っている．今日では河口近くでは，潮の満ち引きでナツメヤシの木立が灌漑されている．そこにはかつて，その野生種が生えていたのである．川が氾濫したり，湿原・湖を形成しているところでは魚がたくさんいたものと思われる．今日の湿原アラブのように，古代の人々もおそらく魚の干物や葦で織った敷物などを輸出していたのだろう．南イラクでは，狩猟採集民や漁労民も生きていけたし，もちろん牧畜民も生活できた．彼らは，春には草地で家畜に草をはませ，暑くなると川の近くに家畜をつれて移動してきていた．しかしながら，運河や灌漑農耕が始まると，こうした集落パターンはまったく違うものになってしまった．

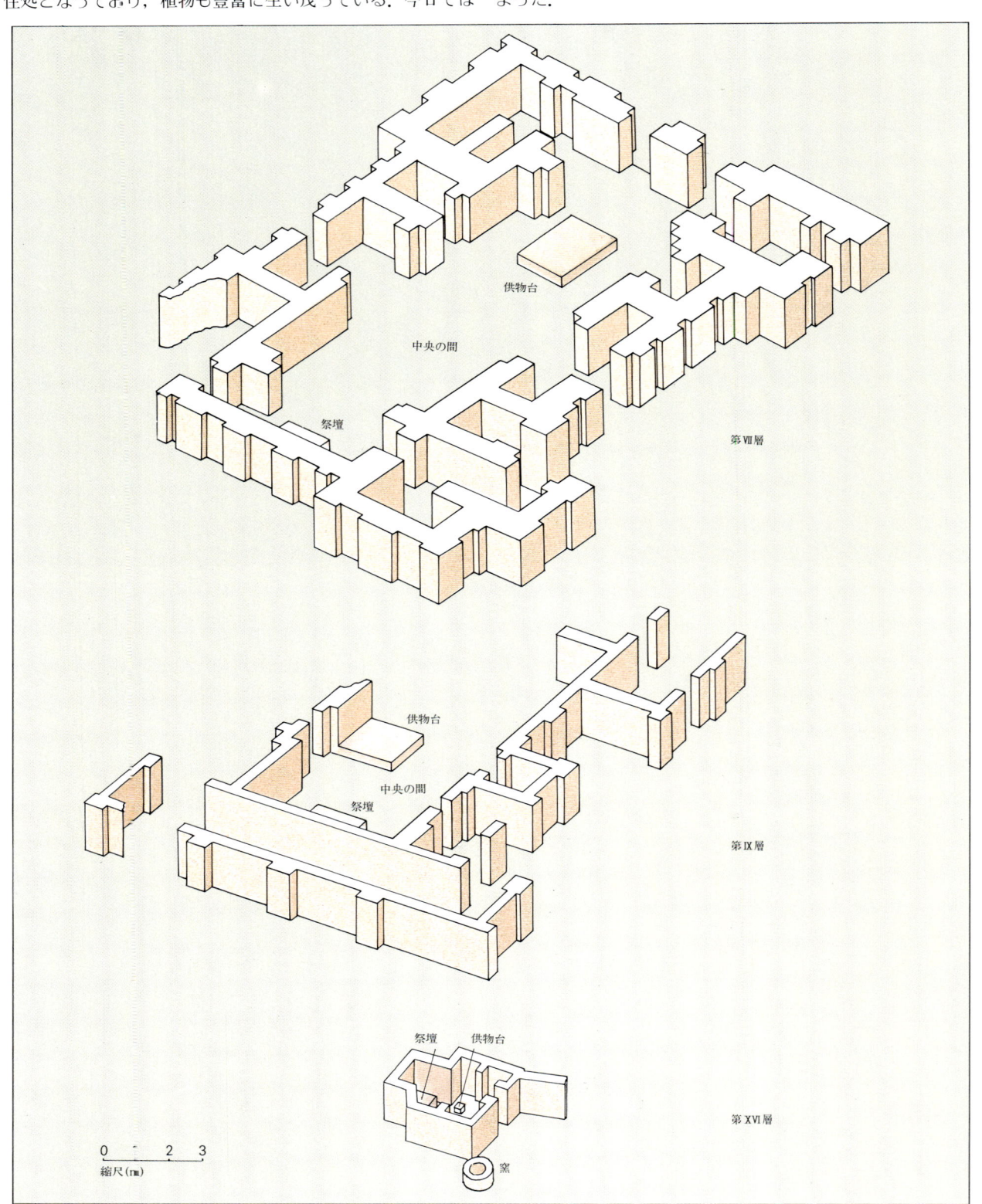

左　エリドゥ遺跡のウル・ナンムのジッグラトわきの発掘区では，ウバイド期の建築物が層をなして発見された．最古の建物はウバイド1期に属し，小さな部屋が一つあるだけだったが，第XVI層で建て替えられ，ニッチが一つと基壇が二つ，つけ加えられた．ウバイド3，4期に相当する後の層（第XI－VI層）には，明らかに神殿と思われる建物が含まれていて，ニッチは洗練され扶壁がつけられている．それらは3列構成の間取りを示し，長い中央の間と両わきの側室とから成っている．内側には供物台，土偶あるいは神の象徴をおく祭壇が備えられた．これらはともに，後のメソポタミア神殿の基本要素となったものである．

ウバイド文化の拡がり

前5400年頃、北メソポタミアで支配的だったハラフ文化は、南メソポタミアの前期ウバイド文化から発展した後期ウバイド文化にとって代わられる。後期ウバイド文化は1000年以上もつづいた。ハラフ期と同様、周辺地域はウバイド文化のすべての特徴を示すというよりは、部分的な影響を示している。しかし、ウバイド文化とウバイド文化に影響された文化との間に明確な線引きをするのは容易でない。ウバイド式土器は、南は今日のサウジアラビア、バハレーン、カタールなど湾岸諸国、東はアラブ首長国連邦でもみつかる。分析によれば、こうした土器はペルシア湾先端のウル周辺地域からの輸入品であることがわかっており、土器以外にはそこにウバイド文化の存在した証拠はない。

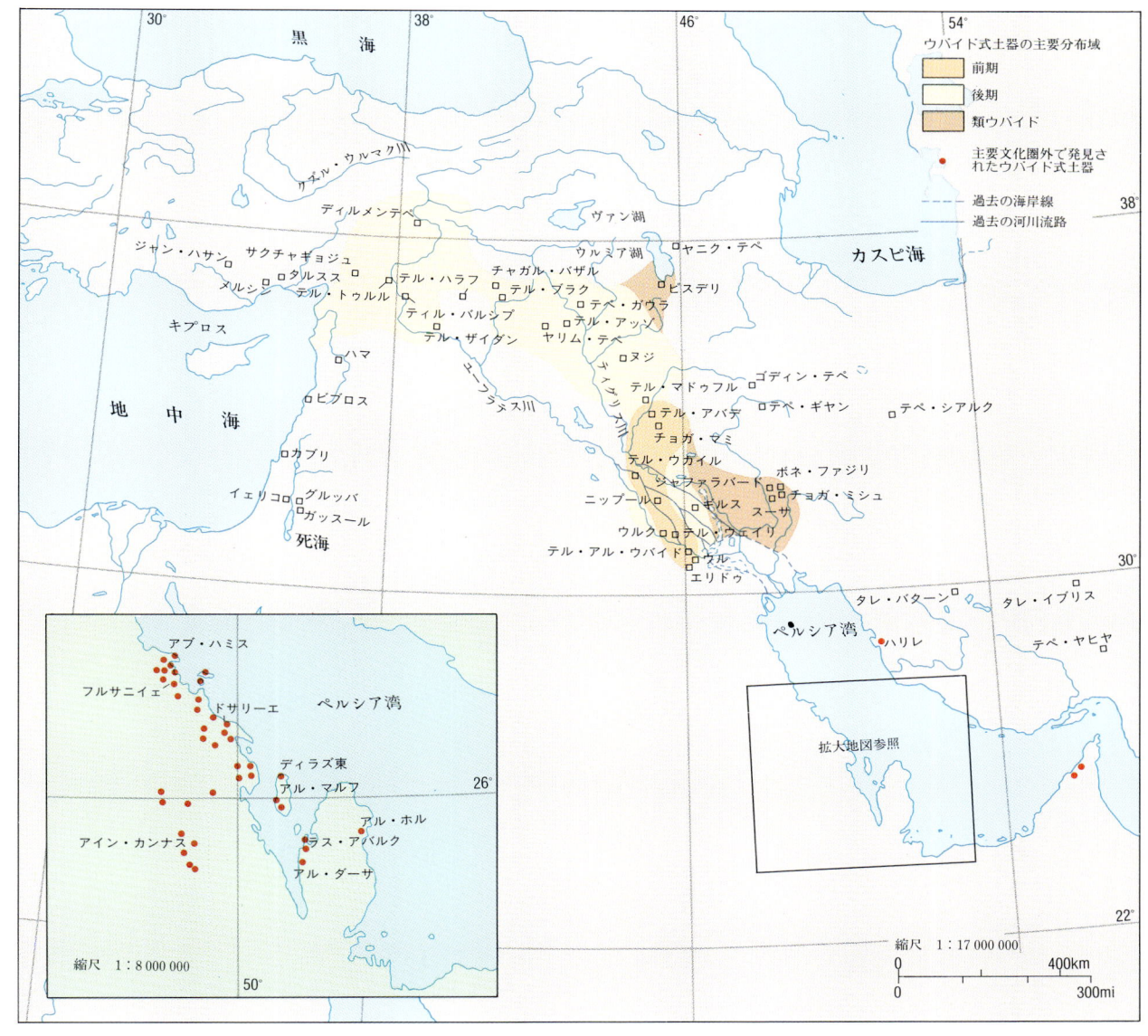

テル・ウェイリ最下層出土の土器は、後のウバイド式土器とのつながりをみせている。実際、フランスの考古学者たちはこの土器をウェイリ・ウバイド 0 期と呼んでいる。ウバイド期には地を薄緑色に仕上げ、その上に濃い彩文を施した土器が特徴的だが、この種の土器はメソポタミア各地で発見されている。それは、南部、すなわち後にシュメールの国となった地域に起源をもち、そして、北方、西方へと広がっていく。このウバイド期の全時期にわたる堆積がエリドゥ遺跡で発掘されている。

エリドゥ

エリドゥ遺跡は今ではユーフラテス川の南の砂漠に位置しているが、古代にはその支流の一つが遺跡のわきを流れていた。この遺跡は水の神、エンキ信仰の重要な宗教センターとなっていた。バビロニアの叙事詩には次のような記述があり、エリドゥは初めてできた都市だとされている。

　　葦は生えていなかった。
　　木はできていなかった。
　　家は建てられていなかった。
　　都市はできていなかった。
　　大地はすべて海であった。
　　そして、エリドゥがつくられた。

バビロニア人はエリドゥを古い都市だと考えていたわけだが、それにはしっかりした証拠もある。エリドゥ遺跡には塔式の祭壇であるジッグラトがある。その脇で開けられた深い発掘坑からは、厚さ14mにものぼるウバイド期の居住層が明らかになっている。ウバイド期の最上層（第Ⅵ層）は神殿とされている。なぜなら、建物の平面形が後のメソポタミア神殿と類似していたからである。その下からは、もっと古い建築がみつかっており、土器の違いに基づいてウバイド 1 期から 4 期までの四つの時期に分けられている。

エリドゥでもっとも古かった建物で、ウバイド 1 期に属するのは2.8m四方くらいの小さな部屋であった。次の層でみつかった建物の一つは、深い壁龕と部屋の中央とに供物台を一つずつ備えていた。部屋の中央のものには上で火をたいた跡があった。祭壇や供物台というのは後のメソポタミアの神殿の基本的な要素であるから、この建物は神殿であったと考えられている。ここでみつかる暗色彩文土器はエリドゥ式と呼ばれており、10くらいの遺跡でしか出土していない。すべてエリドゥ、ウル、ウルク周辺地域である。しかしながら、南イラクにはシルトが分厚くたまっていることを考えると、この型式がこの地域に限定されていたとみる必要はない。

ウバイド 2 期にはハッジ・ムハンマド式土器が使われ始める。この土器はほぼ器表全面に色が塗られていて、逆に模様

村　落

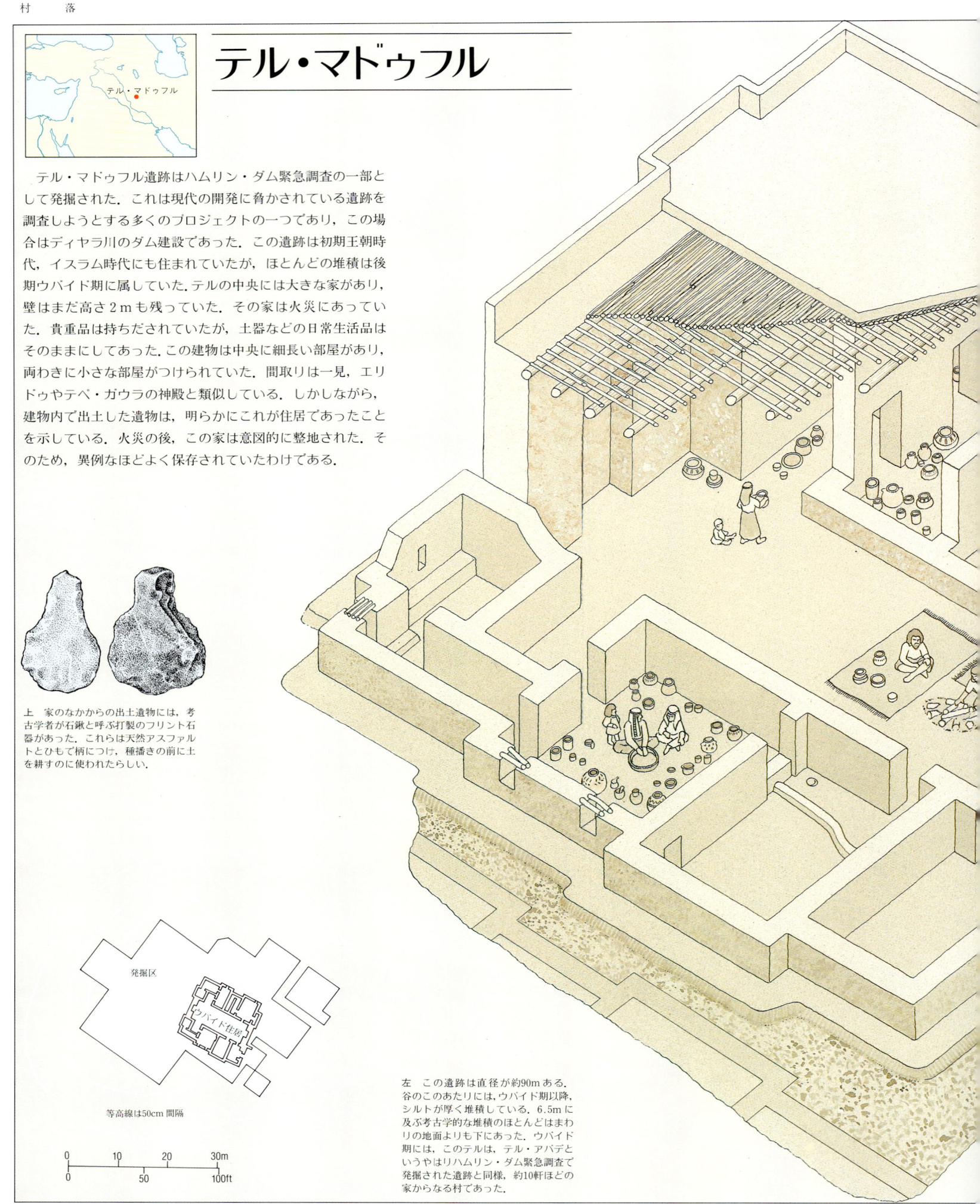

テル・マドゥフル

　テル・マドゥフル遺跡はハムリン・ダム緊急調査の一部として発掘された．これは現代の開発に脅かされている遺跡を調査しようとする多くのプロジェクトの一つであり，この場合はディヤラ川のダム建設であった．この遺跡は初期王朝時代，イスラム時代にも住まれていたが，ほとんどの堆積は後期ウバイド期に属していた．テルの中央には大きな家があり，壁はまだ高さ2mも残っていた．その家は火災にあっていた．貴重品は持ちだされていたが，土器などの日常生活品はそのままにしてあった．この建物は中央に細長い部屋があり，両わきに小さな部屋がつけられていた．間取リは一見，エリドゥやテペ・ガウラの神殿と類似している．しかしながら，建物内で出土した遺物は，明らかにこれが住居であったことを示している．火災の後，この家は意図的に整地された．そのため，異例なほどよく保存されていたわけである．

上　家のなかからの出土遺物には，考古学者が石鍬と呼ぶ打製のフリント石器があった．これらは天然アスファルトとひもで柄につけ，種播きの前に土を耕すのに使われたらしい．

等高線は50cm間隔

左　この遺跡は直径が約90mある．谷のこのあたりには，ウバイド期以降，シルトが厚く堆積している．6.5mに及ぶ考古学的な堆積のほとんどはまわりの地面よりも下にあった．ウバイド期には，このテルは，テル・アバデというやはリハムリン・ダム緊急調査で発掘された遺跡と同様，約10軒ほどの家からなる村であった．

文明への道

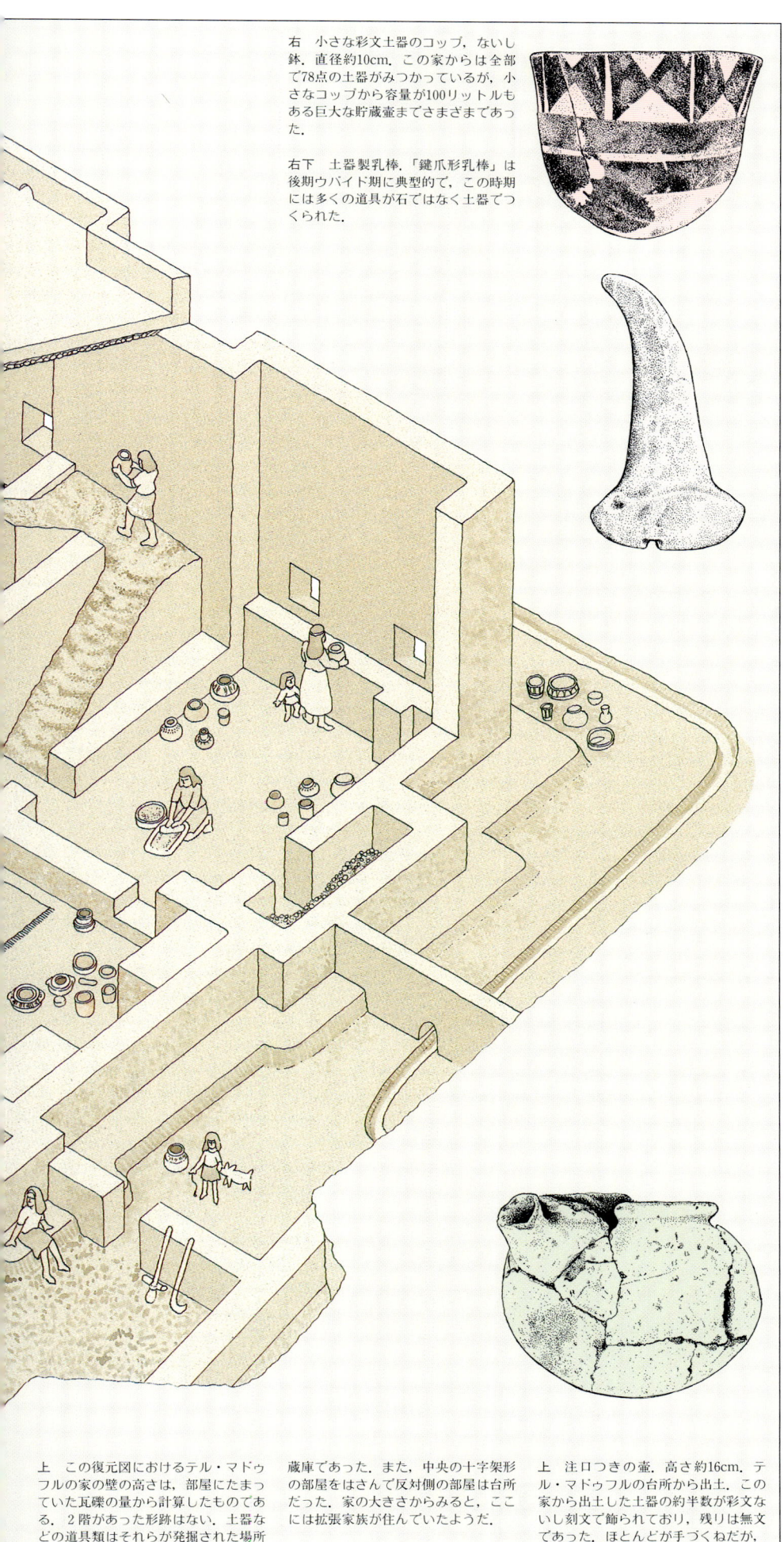

右　小さな彩文土器のコップ，ないし鉢．直径約10cm．この家からは全部で78点の土器がみつかっているが，小さなコップから容量が100リットルもある巨大な貯蔵壺までさまざまであった．

右下　土器製乳棒．「鍵爪形乳棒」は後期ウバイド期に典型的で，この時期には多くの道具が石ではなく土器でつくられた．

上　この復元図におけるテル・マドゥフルの家の壁の高さは，部屋にたまっていた瓦礫の量から計算したものである．2階があった形跡はない．土器などの道具類はそれらが発掘された場所に描いてある．屋上につながる斜めの階段状通路の裏の部屋は，おそらく貯蔵庫であった．また，中央の十字架形の部屋をはさんで反対側の部屋は台所だった．家の大きさからみると，ここには拡張家族が住んでいたようだ．

上　注口つきの壺．高さ約16cm．テル・マドゥフルの台所から出土．この家から出土した土器の約半数が彩文ないし刻文で飾られており，残りは無文であった．ほとんどが手づくねだが，ろくろを使って仕上げた痕跡をもつものもあった．

の部分がそのままにしてある．この型式の土器は少なくとも北はニップールまで広がっており，おそらくハムリン盆地の遺跡にも及んでいる．ただ，ハッジ・ムハンマド式土器はウバイド3期にまで続くから，それがみつかったからといって，ウバイド2期の遺跡であるとはいえない．東のイラン低地の同時代遺跡でも，ハッジ・ムハンマド式と類似したものはみつかっている．これはおそらく，サマッラ期の末以降つづいている影響を示しているのであろう．つまり，西のより進んだ文化が東の農村に影響を与えていたのだとみられる．

ウバイド3，4期になると，新しい単調な彩文土器が使われるようになった．北メソポタミアでは，これがハラフ式土器にとってかわる．東の山岳地帯でも土器はウバイド式と類似したものになり，フジスタン地方の中期スシアナ式土器も同じ伝統に属した．さらに，南をみると，ウバイド式土器は（ウバイド3期以降），サウジアラビア東部で約40の遺跡，バハレーンで2遺跡，カタールで5遺跡，さらにアラブ首長国連邦南部ですら2遺跡から発見されている．それらの遺跡は小さなもので，人々は主として漁労や採集で生計をたてていたらしい．そこでみつかっている土器の胎土分析によれば，ウル・エリドゥ地域のものと類似していることが判明しており，それらは搬入された土器であったようである．

ウバイド神殿

エリドゥのウバイド4期の神殿は高さ1mほどの基壇の上に建てられていた．数百年後には，これが大きくなってジッグラトへと成長していく．バビロン（バベル）の塔はそのもっとも有名な例である．

神殿の中央の間の南西隅には祭壇があって，北東の端には供物台が一つ建っていた．エリドゥで一番新しい二つの神殿の例では，供物台の上に灰と魚骨がのっていた．エリドゥは水神，エンキの家とされているから，それらは供物だったのだろう．厳密にどんな儀式がとり行われたのかは不明だが，歌や音楽とともに，なんらかの祈りが棒げられたということが考えられよう．ウバイド神殿は集団の長老たちによる儀礼的宴会に使われたという説もあるが，その証拠はほとんどない．宗教的建築物がみつかっているのはエリドゥ遺跡だけではなく，ウルク遺跡の後期ウバイド層でも同様の神殿がみられるし，北イラクのテペ・ガウラでも神殿が三つまとまって発見されている．

テペ・ガウラはハラフ期から居住がつづいていた．ウバイド期に属する六つの文化層がみつかっていて，それぞれに建造物が残っていた．当初は，それらは神殿だと解釈されたが，ふつうの住居であったと思われる．しかしながら，第XIII層では遺跡の性格が変わり，注意深い計画のもとに神殿がつくられた．ここでは，三つの神殿がくっつきあって建てられており，同時に使われていた．人々はパンテオン式に神々をまとめて奉っていたとみられる．「北神殿」からは井戸がみつかっている．そのなかからは，スタンプ印章が押されたブッラが大量に出土した．それらは，おそらく，なんらかの個人的所有，ないし商業文書に相当するもので，もっと一般化していえば，官僚的な手続きが発達したことを示しているのだろう．次の層になると，テペ・ガウラは，ふつうの居住地に戻ってしまう．上記の神殿は，この遺跡の人々に外来の信仰を

村落

押しつけた専制的な外国権力を示しているのだろうか．だが，これはちょっと資料の深読みというものだろう．

ウバイド期の住居

エリドゥ，ウルク，ガウラ，いずれの遺跡でもウバイド期の神殿は同じような平面構成をもっている．長い中央の間に側室がついていて，扶壁がついたくぼんだファサードがついている．中央に部屋があって両わきに2列の部屋がつくというのは，3列構成と呼ばれていて，後の時代の神殿に典型的となるものである．北メソポタミアのウバイド3，4期の多くの遺跡では，住居も3列構成をとっていることがよくある．ただ，それ以前の時期の住居の間取リについては不明である．

ウバイド4期に属する保存がよい3列構成の建物はテル・マドゥフルでみつかった．これはイラク東部に位置し，ハムリン・ダム緊急調査でみつかった遺跡である．この建物は火災を受けており，瓦礫がつもっていたが，壁はしっかり残っており，場所によっては高さ2mも残っていた．ドアや窓もまだ残っていた．部屋のなかには磨石，焼成粘土製の乳棒，石製鍬，紡錘車があり，貯蔵，調理，食用，飲用等の土器など，日常生活に必要なあらゆる道具類が出土した．

ウバイド3期のもっとも洗練された3列構成住居は，テル・アバデとヘット・カーシム遺跡で発見されている．マドゥフルの家と同じく中央の間は長方形ではなく，十字形をしていた．しかし，さらに二つの小さな十字形の部屋が中央の間の両側に一つずつつけられていた．アバデ遺跡では，八つか九つの3列構成住居がかなり無秩序に立ち並んで集落ができていた．それらのうちの一つは，この村の首長の住居だったらしく，他のものよりも大きかった．この家には3列構成のまとまりが三つ平行に並んでいて，扶壁つきのファサードが一つついていた．さらに一部は囲い壁で守られていた．別に，村の貯蔵庫として使われていた建物もあって，異なった間取リをもっていた．ウバイド期の3列構成建築は北イラクのテペ・ガウラやテル・アル・サラサートでも発見されている．最近では，南トルコのディルメンテペでもウバイド関連土器とともにみつかっている．

ウバイド期の住居は大きくて，200m²くらいにも達する．おそらく，20人くらいの拡張家族が住んでいたものと思われる．3列構成の間取リ（あるいはアバデやヘット・カーシムでみられる三重3列構成）は，この時期の社会構造をなんらかの点で反映しているはずである．一方が男性の間，反対側が女性の間，そしてまんなかで彼らが出会ったという説もあるが，これは推測にすぎない．

墓と偶像

エリドゥでは，もっとも新しい二つの神殿と同時期の墓地がみつかり，200近くの墓が調査された．それらは地中に穴を掘り，日干しレンガを並べてさらにそれでおおったものである．遺体は仰向けにおかれ，頭は北西に向けていた．一つの墓に2体分の人骨が入っていることもしばしばあり，これは夫婦のものと考えられている．イヌを埋葬した墓も二つあった．個人の装飾品のほかに，壺，カップ，皿などが遺体の足元に添えられることも多かった．魚や動物の骨もみつかっている．これらは，死後の世界に対するなんらかの信仰の表れとみられよう．

左　ウバイド末期，ウル遺跡出土の女性土偶．ウバイド期の土偶はチョガ・マミ出土のもののように様式化されており，爬虫類のようにみえる．このことから，しばしば「トカゲの頭がついた」土偶と呼ばれるが，おそらくこれは人間を表現しようとしたものであって，後のエジプトの神々のように人体獣頭の複合生物を示したものではない．この土偶は高さ約15cmで，肩の上には粘土の塊がつけてある．これは傷による人体装飾かもしれない．ほかに彩文をもつものもあり，それは入れ墨を示していると思われる．

ある女性の人骨の肩のあたりから，爬虫類のような頭をしたテラコッタの男性土偶が出土した．類似した土偶は，ふつうは女性土偶なのだが，エリドゥやウルでも出土している．それらは，チョガ・マミやソンゴルAなどの遺跡でみつかっているサマッラ式土偶の発展形態である．副葬された品物の量や質は墓ごとにほとんど変わリはないから，被葬者の社会的な地位や富には大きな違いがなかったことが示唆される．しかしながら，支配者層は幼児同様，別のところに埋葬された可能性もある．ちなみに幼児埋葬は，土器にいれて住居の床下に埋められているのがほかの遺跡でみつかっている．

ウバイド期の終焉

ウバイド式の彩文土器は徐々にすたれていき，灰色・赤色の磨研土器へと移っていく．一般に，これがウバイド期の終わり，ウルク期の開始を示すが，その移行の時期ははっきりしない．放射性炭素年代によれば前4300年頃のことだったようだ．ウバイド期は1500年ほどつづき，その影響は地中海からペルシア湾，イラン高原にまで及んでいた．当然ながら，このように長くつづきかつ広域に広がった文化は，どんな文化でも均一ではなく，地域・時期ごとに異なった様相を示していた．同じ土器を使っていたからといって，同じ集団だったとは限らない．しかし，他の物質文化の要素，たとえば焼成粘土製の道具，例の独特な3列構成建築物をみると，まさにウバイド期には共通の文化伝統があったのだといってよい．

第2部 都市
CITIES

都市の成立（前4000—3000年）

都市の起源

前4千年紀にメソポタミア南部でいくつかの注目すべき変化がおこった．それはウバイド期において達成された成果からは予想もできないものだった．そうした革新がおこったのはウルク期とジェムデト・ナスル期で，それが都市革命と呼ばれているものに相当する．都市化は，農耕の開始と同様に，人類の進歩における決定的な一歩だった．もっともはっきりしていることは，都市化というのは，都市そのものの発達という面と，多数の人間が狭い地域に住み，その多くが生活の基盤を農業においていないというような社会への移行という面の，二つの側面を含んでいたということである．

しかし考古学者のゴードン・チャイルド（1892-1957）によれば，それは都市革命を特徴づけるいくつかの特色の一つにすぎないとされる．都市革命には，血縁関係に基盤をおいた社会から，地域原理に基づいて政治的に組織された社会への移行ということも含まれていた．さらに，このような社会は階級によって分けられ，宗教的，軍事的，政治的なエリートたちによって統治された．彼らは貢ぎ物と税を課すことによって富を蓄え，記念碑的な公共の建物を建てた．都市の発達を示すさらなる特徴は，専従の専門職人が出現したことである．さらにこの専門職人の出現が遠隔交易の発達を促した．文字の発明，精密で理論的な科学の誕生，写実的な芸術の出現も，都市革命の不可欠な要素であった．実際に，程度の違いはあるが，これらの特徴のすべてが前4千年紀末頃のメソポタミア南部の町にみられた．

このような変化のなかには明らかに，他が変化したために生みだされた変化もあった．たとえば，公共の建物が建てられたということは，このような事業ができるだけの十分な資力を蓄えた中央集権的社会が存在したということを明確に示している．都市革命の基礎になったのは，都市が形成されたということよりも，むしろ住民を政治的，経済的により大きくまとめるように動くような社会の性質の変化であったと考えるほうが妥当だろう．このような理由で，考古学者のなかには，「都市の発達」といわないで「国家の形成」という人もいる．この立場では，都市と，都市が存続するための経済的な基盤を供給した村落との相互依存の関係が重視される．

メソポタミア南部の集落

メソポタミア以外でも，より古い時期で，イェリコやチャタル・フユクのように都市の特徴をいくつか備えたものがあるが，都市生活の発達においてメソポタミア南部が果たした役割がいかに重要であったかは，一般に認められているところである．村落から都市への決定的な移行は，ウルク前期と中期におこった．放射性炭素年代測定法によれば，この時期は700-1000年間つづいたようである（前4300-3450年頃）．残念ながら，この時期に関しては考古学的な発掘からえられた情報は乏しい．しかし考古学的な分布調査によっていくらかの情報がもたらされている．この種の調査では，遺跡の表面に落ちている土器片によって，その遺跡が居住された時期が決定され，そこから集落の分布状況を再構成することができる．しかし，調査結果を解釈する際には問題が生ずることもある．たとえば，ハッジ・ムハンマドのように川によって運ばれたシルトの下に遺跡が埋没している場合もありうるし，また，長期間居住された遺跡では，古い時期の居住は遺跡表面で発見される土器片では十分に表されないことが多い．

新しい時期の居住層が失われてしまった遺跡もある．たとえばチョガ・マミでは，ハラフ期に居住されていたことを示す証拠となるのは，ハラフ式土器を含んでいる井戸だけであった．さらに，土器の時代的な変遷についてはまだわからないことが多いため，遺跡によっては地表で発見される土器片の多くを確実に年代づけることができないということもある．ある時期は他の時期よりも，土器による認定が行いやすいということもある．ウルク後期の遺跡では斜めの口縁をもつ鉢が多数みつかるから，それと認定するのが容易であるが，その後につづくジェムデト・ナスル期の遺跡を認定するのはそれより困難である．また単一の時期だけ居住された遺跡は，実際は必ずしもそうではないのに，すべて同時期に使われたかのように地図上に表されることが多いが，このことは小さな集落の時期を認定するのに問題となる．小さな集落は，それより大きな町や都市よりも頻繁に移動したと考えられるのである．しかし，ここに述べてきたようなさまざまの困難に

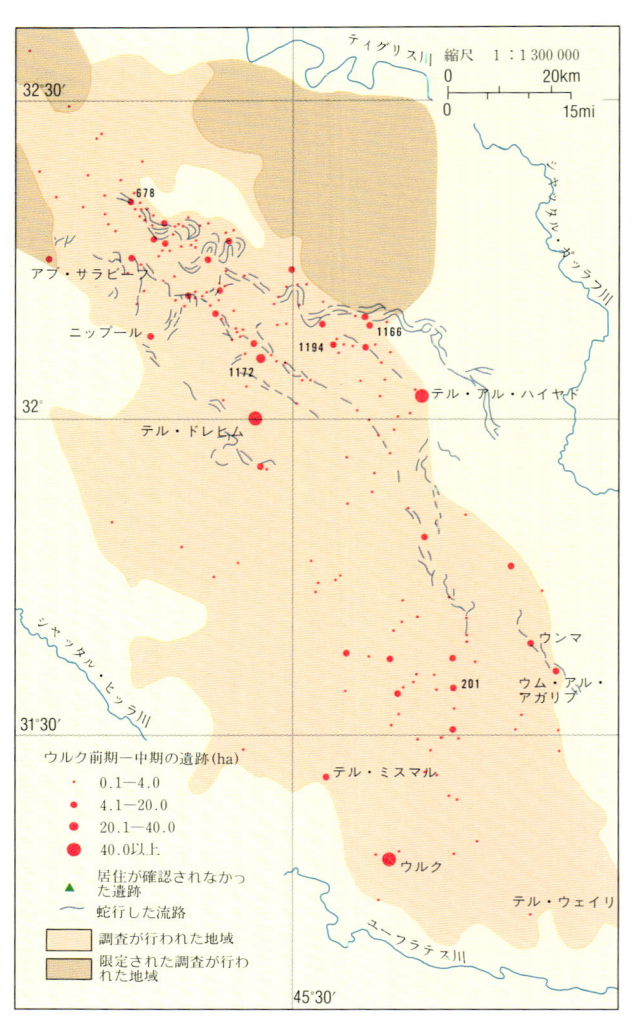

メソポタミア南部における初期の都市遺跡の分布

ニップールの北と東に広がる地域には，沖積平野を流れる河川の古代の支流によって残された蛇行の痕跡がみられ，前4千年紀初頭のウルク前期から中期には密集して居住されていた．ウルク後期になるとこれらの北方の遺跡の多くが放棄され，もっと南にあるウルクの近郊に新しい集落がつくられた．ウルク市自体の面積も2倍以上になった．このような北から南への人口の移動は，前4千年紀末のジェムデト・ナスル期でもつづいた．

ここに掲げた地図は，アメリカ人ロバート・アダムズによって行われた考古学的な分布調査からえられた証拠に基づいて作成されたものである．彼はこの地域のすべての遺跡を訪れ，土器の破片を採集し，その破片から遺跡が居住された時期を判定した．土器片が散布している範囲は，ある時期にその遺跡が占めていた面積を示している．このようにしてアダムズは，ウバイド期から現代までの遺跡の規模と分布を示す地図をつくることができた．そこには数千年にわたって集落の分布がどのように変化したかが示されている．

もかかわらず，時代を超えた集落の分布状況の変化を全体的に描きだすことができるようになってきている．ウバイド後期では，調査で確認された遺跡の規模は小さく（10haに達するものはごくまれである），その分布はかなり均一である．河川の氾濫原は，遊牧民や狩猟民には利用されていたかもしれないが，その大部分には定住的な集落は営まれなかったことは明らかである．おそらく，比較的大きなウバイド期の遺跡のいくつかは，その周辺地域の中核として機能し，商業の中心地や巡礼地などとしての役割を担っていたのだろう．

ウルク期

ウルク前期と中期には遺跡の数が非常に多くなり，その規模も大きくなった．現在でも古い河川の流路の蛇行の痕跡がみられるニップール付近の北部地域は，とくに人口が稠密だった．この古代河川は，現在のユーフラテス川とほぼ同じ大きさであった．ウルク前期と中期にはティグリス川とユーフラテス川は現在よりもずっと上流で合流し，さらに多数の水路に分かれて沖積平野を流れていたらしい．ウルク遺跡はおよそ70haの面積を占めており，一方，北部には30haの遺跡が二つ，さらに50haを占める遺跡が二つ存在した．このような遺跡の分布状況は，外部から人の移住があったことを示しているのか，あるいはこの時期にこの地域の人口が自然に増加したことを示しているのか，はっきりとはわからない．

ウルク後期になると，このような分布状況が変化する．北部の集落にはあまり人が住まなくなり，一方，南部では遺跡数が増加した．ウルク中期と後期の間に河川の流路が変化して北部の住民が移住せざるをえなくなったために，このような事態になったものと考えられる．ウルク後期に居住された地域の総面積は，その前の時期よりもほんのわずか広いだけである．しかし，前の時期では居住面積の60%がニップール地域にあったが，ウルク後期では60%がウルクの周辺に集中している．ウルクは他の遺跡のほぼ2倍の大きさに成長し，およそ100haを占めた．

そのあとにつづくジェムデト・ナスル期と初期王朝時代第1期でも，これと同じような傾向がつづいた．初期王朝時代第1期までに，ウルク地域はウルク後期に居住された全面積の2倍以上である850haに拡大し，ウルク遺跡そのものがそのほぼ半分を占めた．これと同時に，ウルク以外の大きな中心地も発達し，小さな村落の数は急激に減少した．初期王朝時代には集落は，それ以前の不規則な配置にとってかわって，糸でつながれたビーズのように1列に配置された．長距離を結ぶ運河の使用が増加したことが，このような集落配置になった理由の一端かもしれない．

人口を推定し，土地からの収穫量をみつもると，ウルク期にウルク市の住民に食料を供給するのに必要な農地の面積は半径約6kmであったと算出されている．この農地を耕作していた農民は，現在の近東の農民と同じように，ウルク市に住んでいて1時間ほど歩いて畑に通ったのだろう．ジェムデト・ナスル期には，必要な面積は半径がおよそ16kmだった．ジェムデト・ナスル期までには，そしてほぼ間違いなくそれ以前から，ウルク市で消費される農産物の大部分は，おそらく税か貢ぎ物として，あるいはウルク市でつくられた商品と交換されて，外部からもたらされるようになっていた．

ウルクの現代名はワルカであり，聖書ではエレクの町とし

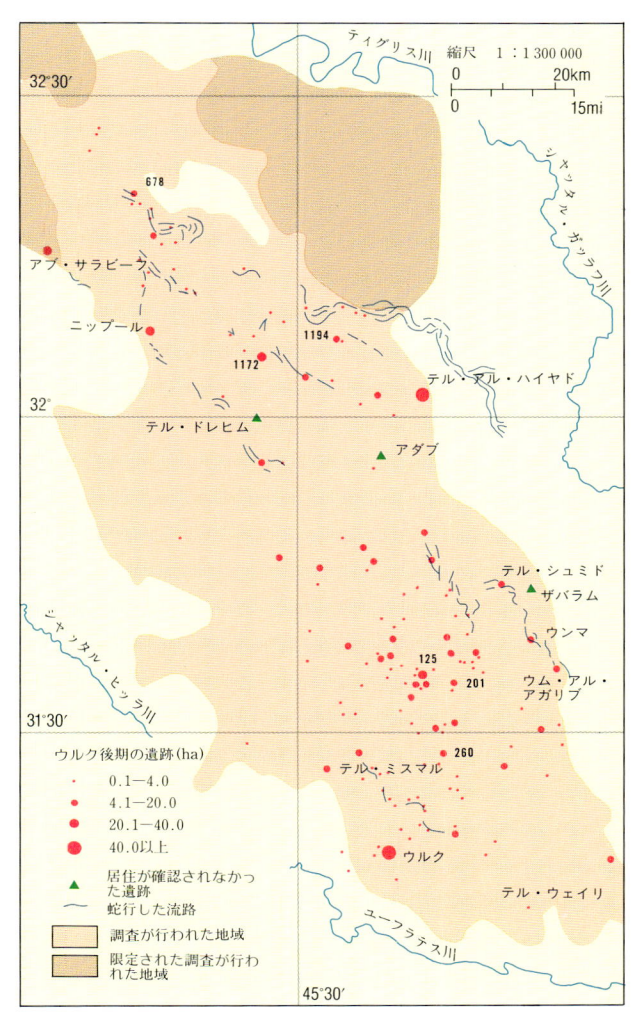

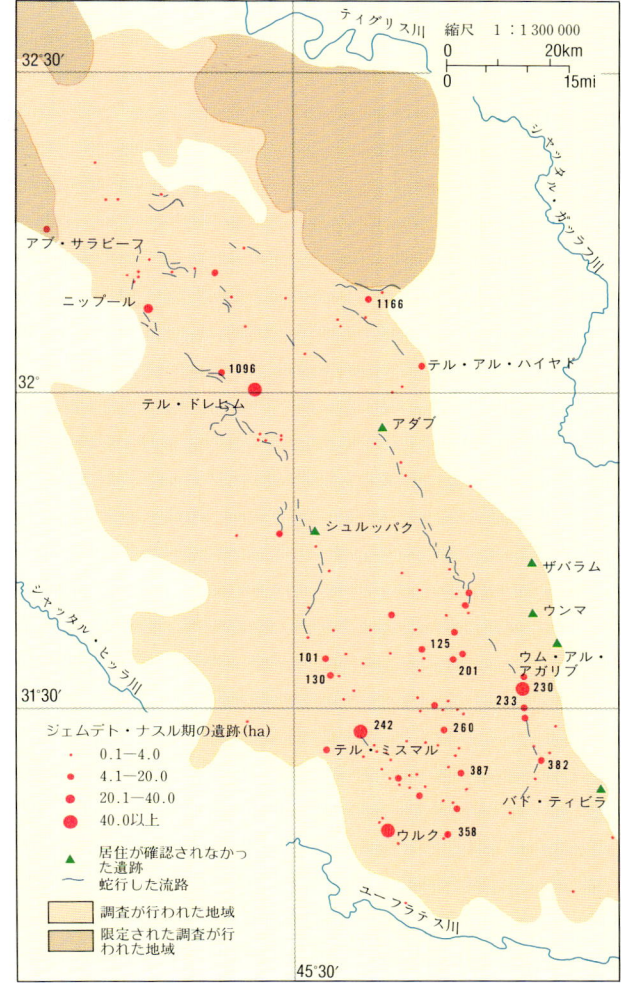

都市

ウルク

古代のウルクの遺跡（現在はワルカとして知られている）は、ウバイド期の初期から後3世紀まで、5000年間にわたって居住された。前4千年紀にはウルクはメソポタミアでもっとも重要な都市であり、二つの大きな聖域があった。天神アンの神殿のあるクッラバ地区と、イナンナ女神（後にはイシュタルとして知られる）が祀られたエアンナ地区である。またエアンナ地区では最古の文字の証拠も発見されている。初期王朝時代第1期にはウルク市域は400haに達し、城壁で囲まれた。後世の記録によれば、この城壁はウルクの伝説上の王であるギルガメシュによって築かれたとされている。ウルクはその後も長い間にわたって重要な宗教的中心地であり、ウルクの神殿は後世の多くのメソポタミアの支配者たちによって美しく飾られた。

城壁は長さがおよそ9.5kmである。『ギルガメシュ叙事詩』によれば、ウルク市の3分の1は神殿で、3分の1は住居で、3分の1は庭園であったとされている。発掘は市の中心部を占めている神殿地区に集中している。神殿はセレウコス時代からパルティア時代にかけて（前312－後224年）、大規模に再建された。そのなかには、城壁の北東にあるアキトゥ神殿（新年祭の祝宴のための建物）の建設も含まれる。

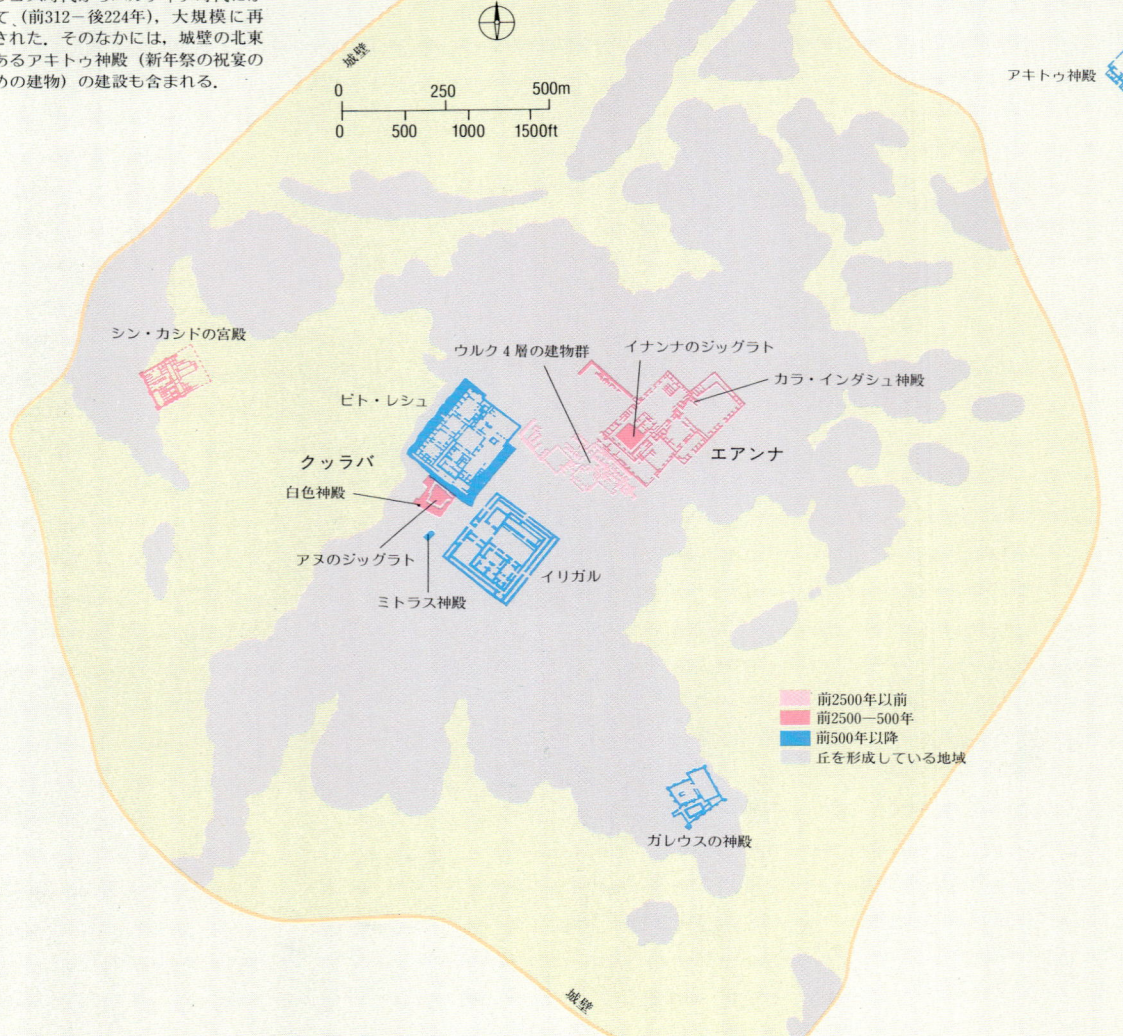

下 イナンナ神殿のジッグラトはウル・ナンム（前2112－2095）によって建てられた。本来は三つの階段がついており、幅がおよそ55mあった。現在残っている遺構は日干しレンガでつくられており、レンガ積みの列の間に敷かれた葦とマットの層をいまでもまだみることができる。

上 前3000年頃のものとされる穴から発見された、実物大の石灰岩製のマスク。女性を表現しており、本来はかつらと象眼された目と眉がついていた。顔の中央でぶつかる眉は、今日の近東でも美しさのしるしと考えられている。おそらくこのマスクは女神像の一部であったのだろう。それはイナンナ女神だったのかもしれない。

右 前4千年紀末のウルクの支配者を表現したこの小像は、かなり高度な技術的熟練を示しており、理想化されてはいるが、ある特定の人物を表現したものと考えられる。神殿内におくためにつくられた後世の礼拝者の像は、体の前面で手を握っているが、この小像にみられる握り締められたこぶしは、そのようなしぐさの古い形を表しているのだろう。

前2500年以前
前2500－500年
前500年以降
丘を形成している地域

都市の成立

て記録されている．シュメール時代にはウヌと呼ばれたが，本書ではウルクで通したい．分布調査で明らかにされたウルク遺跡のもつ特異な性格は，発掘によって確認された．古い時期に属する二つの異なった地域が発掘調査されている．一つは，愛と戦争の女神イシュタルのシュメール名であるイナンナを祀ったエアンナ神殿群の周辺，もう一つは，そこから400mほど西にある天神アン（またはアヌ）の神殿地域である．

ウルク：エアンナの神殿群

ウルク後期の広大な建物の跡がエアンナ神域で発掘されたが，解体されて地ならしされているために，本来の建物の土台部分の断片しか残っていない．もっとも古い時期（5層）の中心となる建物は石灰岩の神殿であり，二つの層にわたって使用されたことが明らかになっている．泥の基礎の上に石の土台がおかれており，本来の長さは76m，幅は30mだった．この建物が実際に神殿だったかどうかははっきりしないが，壁龕と扶壁が複雑に配置されていること，規則的に配列された3列構成のプランをもっていること，聖域内に位置しているということは，この建物が神殿であることを想定させる有力な証拠である．

次の時期（4b層）になると，周壁に囲まれた二つの別々の建物群がつくられた．大きいほうの建物群は南東側に，小さいほうは北西側に位置している．南東地区では，高さがおよそ1.7mで，最上部には列柱（幅がそれぞれ2.6m）が2列に並んでいる二重階段を通って建物群へ入っていくようになっていた．この建造物の壁と柱は，ウルク後期の建築の特徴となっている．断面が方形の小さなレンガ（この遺跡を発掘したドイツの考古学者たちはリームヘン・レンガと呼んだ）でつくられている．この壁と柱は泥の厚い上塗りでおおわれ，そこに，赤色や白色や黒色の頭部をもつ小さな土製のコーンがうちこまれて，じゅうたんにみられるようなさまざまの図柄——ジグザグ文，菱形文，三角形文，斜帯文——がつくりだされた．この建物はモザイクのある中庭，あるいは列柱神殿と呼ばれているが，おそらく実際は神殿ではなく，神域の内部へと導く壮麗な入口だったのだろう．この建物の向こうには3列構成のプランをもつ方形の建物がいくつかあった．そのなかには，中央の部屋が十字形をしている建物や，手のこんだ壁龕と扶壁をもった建物などがあり，神殿であると考えられている．北西地区にある三つの建物は，シリアで発見された同時期の家屋と非常によく似ている．おそらくこれらの建物は神の居所ではなく，神官の住居であったのだろう．

南西側には方形建物がある．この建物には中庭があり，その4辺にそって一つずつ，計四つの大きな長方形の広間が配置されている．中庭の壁と建物の外側のファサードには，きわめて手のこんだ壁龕で飾られたレンガ積みがみられる．北の隅には方形の部屋があり，大きな水ためが床に掘りこまれていた．この建物は典型的なメソポタミアの神殿ではなく，何に使われたのかはっきりとしない．しかし儀式のための重要な公共の建物であったことは明らかである．

エアンナの神殿群の西の端には，石製のコーンモザイクのある神殿を含む独立した区域がある．両側に扶壁をもつ壁で囲まれたこの神殿は，赤色，黒色，白色の石でつくられたコーンを石膏に差しこんでつくったモザイクで装飾されていた．ここには，他の神殿のプランにならったと思われるこの神殿の石灰岩の土台だけしか残っていないが，考古学者たち

上と右　ワルカの大杯は，ウルク3層（前3000年）の神殿の宝物庫から発見された一対の大杯の片割れであるが，彫刻が施されたのはそれ以前と思われる．この大杯の全面に，イナンナ女神に供物が捧げられている場面が描かれており，最上段に支配者と女神が描かれている．

都市

はさらに五つの建物の痕跡を発見した．彼らはこれらを，この神殿の古い形であるかもしれないと考えている．

次の時期（4a層）になると，エアンナの神殿群の全体のプランが変化する．古い建物の土台の上に重ねて，あるいはそれを掘りこんで，新しい建物が建てられた．この変化はかなり長期間にわたっておこったものであり，そのために，前の時期に建てられた建物が，後の時期の建物と同時に存在することがあった．4b層でも4a層でも遺構はきわめて断片的であるが，復元されたプランによると，4b層と同様に4a層でもエアンナ地区は二つに分割されていたことがわかる．最大の建物である神殿Dは，前の時期の建造物である中庭と列柱のある入口を埋めてつくられた基壇の上に建てられた．この神殿の規模はおよそ80m×50mであり，もし中央の十字形をした広間が屋根でおおわれていたとすると（この神殿は他の神殿と同じプランをもっているので，ありうることである），梁材の長さは10mを超えたであろう．このような梁材はアマナス山脈から陸路でユーフラテス川まで運ばれ，そこからさらに下流に流されたと思われる．後世のシュメールの伝説には，杉の山に遠征に出かけるギルガメシュやその他の人物の物語があるが，そのような物語はすでにウルク期に始まっていたのかもしれない．

この神殿の北西には，もっと保存状態のよい神殿Cがある（この神殿の明確な3列構成のプランと十字形の広間は，他の神殿のプランを復元する根拠となった）．その規模は54m×22mであった．北西端にある，これより小さな第2の3列構成の部分は，エリドゥにあるウバイド期の神殿の最大のもの，そして多くのウルク後期の神殿と同じ大きさである．この二つの神殿と同時期の建物としては，石製コーンでつくられたモザイク装飾のある列柱広間と，大中庭と呼ばれる四角形の区域がある．大中庭はおよそ50m四方の大きさで，周囲をベンチが取り囲んでおり，地面を掘り下げてつくられた広場と考えられている．

独立した北西部の神殿群では，リームヘンゲボイデ（リームヘン・レンガでつくられた建物）が，前の時期に建てられた石製のコーンモザイクのある神殿にとって代わった．リームヘンゲボイデは，回廊で囲まれた奥室と南東側の第2の部屋からなる．中央の奥室を取り囲む回廊には，土器製フラスコが積み重ねられて詰めこまれており，北東の回廊にはほぼ等身大の神像の破片があった．また中央の部屋には大量の動物骨があった．この部屋は全体が焼かれており，まだ燃えているかくすぶっている間にふさがれた．このような遺物の存在は，ここでなんらかの儀式が行われたことを示しており，支配者か最高神官が埋葬された場所であったというようなことが考えられる．しかし確実なことはわからない．

エアンナの神殿群では，4a層の上に広範囲に焼けた痕跡がある．供物を焼いたためかもしれない．ジェムデト・ナスル期に属する3層の遺構は断片的であるが，もっとも重要な遺構はおよそ2mの高さに築かれた基壇で，次の初期王朝時代にもまだ使われていた．一つの部屋には，貴重な品々が秘蔵されていたが，そのうちのいくつかについては後で述べたい．

ウルク：アヌ神殿

エアンナ地区のおよそ500m西にアヌ神殿地区がある．ここでは，エリドゥの神殿と同じように，基壇の上に建てられた一連の神殿が発掘された．その最古のものはウバイド期までさかのぼり，最後に建てられた神殿はジェムデト・ナスル期のものと推定される．そのなかでももっとも保存状態のよいのは白色神殿である．壁が薄い石膏漆喰でおおわれているのでこのように呼ばれているのだが，17.5m×22.3mの大きさで（これはエアンナ地区の神殿Cの先端部分とほぼ同じ大きさである），やはり3列構成のプランをもっていた．壁には壁龕が設けられ，扶壁の中央には溝が彫られており，本来はそこに柱がはめこまれていた．東隅では，壁のレンガ積みの最下層に空間が残され，そこにヒョウ，そしておそらく子ライオンのものと思われる遺骸が置かれていた．これは，建造祈念物の初期の例といえるかもしれない．後世になると建造祈念物としては，神殿に祀られる神とその建設者を確認できるような碑文を入れるのが普通だった．

白色神殿は，メソポタミアの神殿の典型的な設備である供物台と祭壇をそなえていた．もっともこの神殿の祭壇は突きあたりの壁にある出入口をふさいでいるので，あとからつけ加えられたものであることがわかる．この神殿は，傾斜した側壁をもつ高い基壇の上に建てられた．この基壇は高さがおよそ13mに達し，エリドゥにあるウバイド期の神殿の基壇よりもはるかに高い．この白色神殿は，この後の3000年間にわたってメソポタミアの都市の地平線に君臨したジッグラトの先駆をなすものであった．

その他の南部のウルク期の遺跡

南メソポタミアでは，ウルク以外の地域でも広範囲にわたってウルク後期の居住の痕跡があるが，これらはたいていは後世の遺構の下に深く埋まっている．ごく少数の遺跡で建物が発見されたが，ウルクと同じようにその建物はほとんどが宗教的な性格をもつものであった．エリドゥでは，連綿としてつくられつづけたウバイド期の神殿の上に建てられた神殿基壇が拡張され，列柱で飾られた．ずっと北方にあるテル・ウカイルでは，ウルク後期の神殿が，階段を使って昇っていく高い基壇の上に立っている．この基壇は2段になっており，縁はコーンモザイクで装飾された．上部の基壇は天然アスファルトでおおわれており，その上にじかに神殿の壁が築かれ

左と上　ウルクのエアンナ地区にある4b層の建物への入口から出土した彩色柱の復元．幾何学的なモザイク装飾は，数百個もの焼成された土製コーンの頭部で構成されている．個々のコーンは長さが10cmほどで，頭部に色が塗られている．漆喰に突きさされた土製コーンや色石製コーンを使ったこのような装飾は，ウルク後期に典型的なものである．

右上　テル・ウカイルにあるウルク後期の神殿の内壁は，壁画で装飾された．コーンで構成されたモザイクで使われたものと似た幾何学的な文様が描かれたものもあれば，動物が描かれたものもある．ここに示した壁画には，斑点のある動物が表現されている．これはイランの山地で現在でもみられるものと同種のヒョウであることが認められている．高さおよそ90cm．

右　ウルクのエアンナ地区の，ウルク後期前半（4b層）と後半（4a層）の平面図．建造物の規模が大きく，多様で複雑であることは，これらの建物が注意深く設計されたものであり，宗教儀式を行うだけではなく，建物をつくった人の財力と権力を民衆に印象づけるというもう一つの目的をもって建てられたことを示している．

た．神殿の建物は半分しか残っていないが，その残存している部分から，この神殿がウルクの白色神殿と同じように祭壇と供物台を備えた3列構成のプランをもっていたことがわかる．壁は壁画でおおわれているが，これは，後の建造物の土台として使うためにこの建物が日干しレンガで埋められたために，きわめて例外的に保存されたのである．この壁画は幾何学的な図柄と絵画的な図柄で成り立っている．祭壇の装飾にはヒョウや雄ウシ，そしておそらくライオンの画像が含まれていた．これは，白色神殿の最下部にあるヒョウとライオンの埋葬を思いおこさせる．

植民地と交易

ウルク後期にはメソポタミア南部の影響が，はるか遠く地中海やイラン高原まで及んだ．メソポタミア南部の様式をもつ土器やその他の製品が，製作地からはるか遠く離れた地域で発見されており，どのようにしてそこにもたらされたのか興味をひかれる．イラン南西部の集落と，ユーフラテス川とティグリス川にそったメソポタミア北部の集落は，きわめて多くの文化的な特徴を共有しており，おそらく低地メソポタミアと直接的な接触をもっていたものと思われる．植民地であった可能性すらある．その他の地域の場合には，交易を通してつながりが生じうるし，あるいは土着の住民が繁栄している隣人の様式を模倣することによってもつながりが生まれる．ウルクの支配者たちがどの程度，政治的な支配力を行使したかは明らかでないが，彼らが広範囲にわたってウルクの文化の植民地をつくった理由は，木材や金属や貴石のような

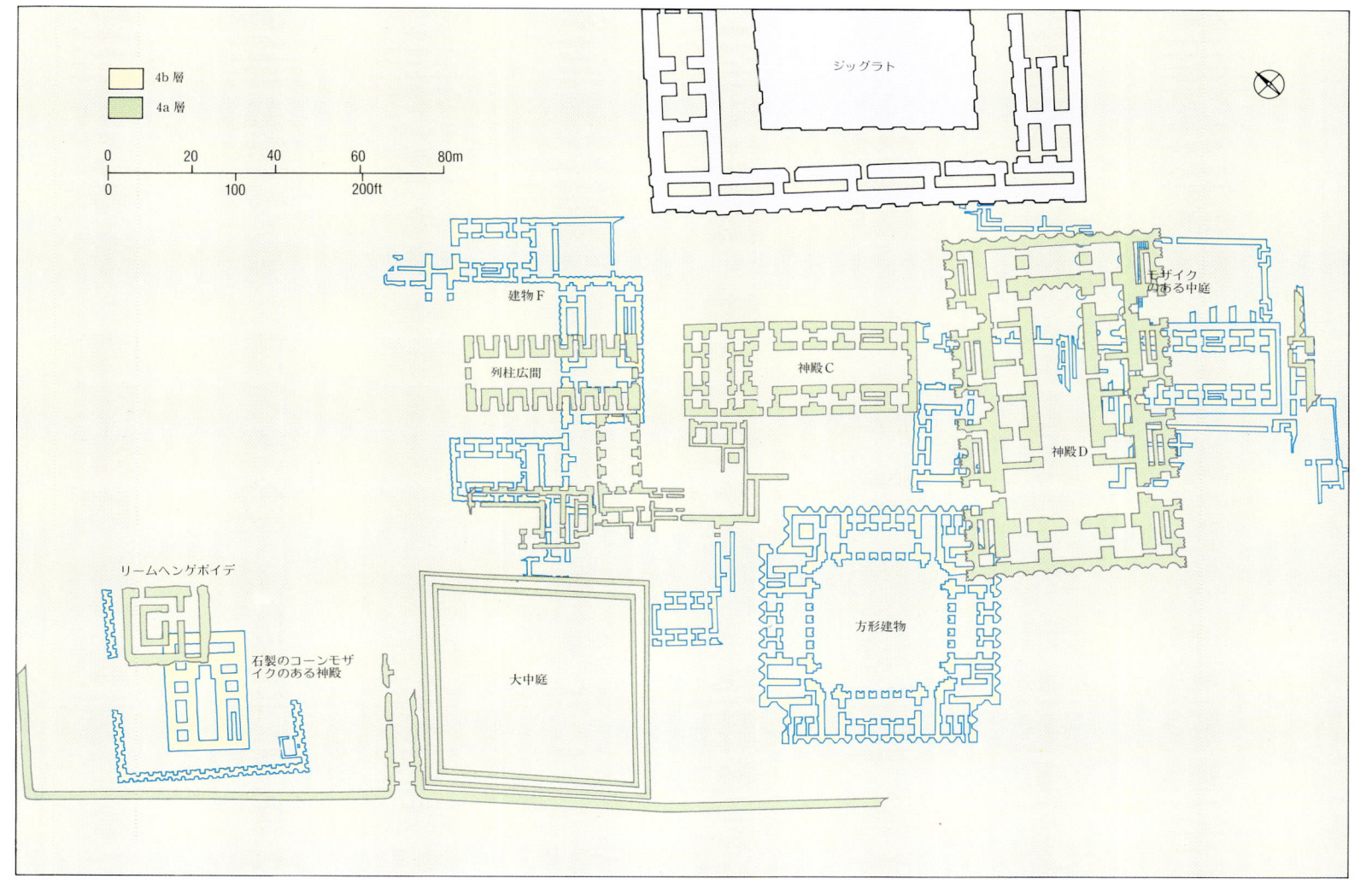

都　市

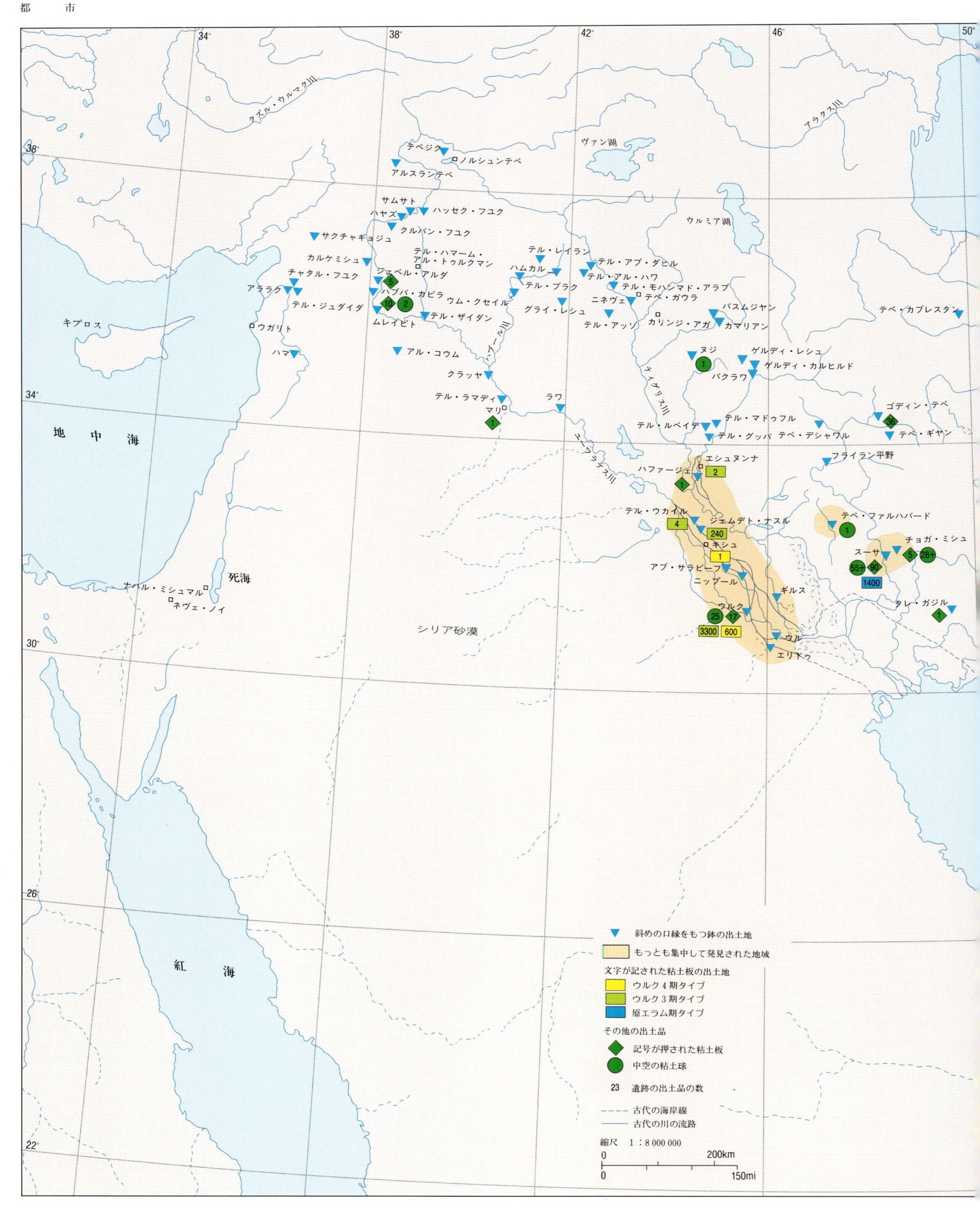

地図中の地名

- クズル・ウルマク川
- アラクス川
- テペジク
- ノルシュンテペ
- ヴァン湖
- アルスランテペ
- サムサト
- ハヤズ
- ハッセク・フユク
- サクチャギョジュ
- クルバン・フユク
- テル・レイラン
- テル・アブ・ダヒル
- ウルミア湖
- カルケミシュ
- テル・ハマーム・アル・トゥルクマン
- ハムカル
- チャタル・フユク
- ジェベル・アルダ
- テル・ブラク
- テル・アル・ハワ
- アララグ
- ハブバ・カビラ
- ウム・クセイル
- ニネヴェ
- テル・モハンマド・アラブ
- テペ・カブレスタン
- キプロス
- テル・ジュダイダ
- テル・ザイダン
- テル・アッソ
- テペ・ガウラ
- バスムジャン
- ウガリト
- ムレイビト
- グライ・レシュ
- カリンジ・アガ
- カマリアン
- ハマ
- アル・コウム
- ヌジ
- ゲルディ・レシュ
- ゲルディ・カルヒルド
- クラッチャ
- バクラワ
- ゴディン・テペ
- テル・ラマディ
- ラワ
- テル・ルベイデ
- テル・マドゥフル
- テペ・ギャン
- マリ
- テペ・デシャワル
- 地中海
- ユーフラテス川
- ティグリス川
- フライラン平野
- エシュヌンナ
- ハファージェ
- テペ・ファルハバード
- テル・ウカイル
- ジェムデト・ナスル
- スーサ
- チョガ・ミシュ
- キシュ
- アブ・サラビーフ
- ニップール
- ギルス
- タレ・ガジル
- ナハル・ミシュマル
- ウルク
- ウル
- ネヴェ・ノイ
- 死海
- エリドゥ
- シリア砂漠
- 紅海

凡例

▼ 斜めの口縁をもつ鉢の出土地
　 もっとも集中して発見された地域

文字が記された粘土板の出土地
- 🟨 ウルク4期タイプ
- 🟩 ウルク3期タイプ
- 🟦 原エラム期タイプ

その他の出土品
- ◆ 記号が押された粘土板
- ● 中空の粘土球

23　遺跡の出土品の数

---- 古代の海岸線
──── 古代の川の流路

縮尺　1：8 000 000
0　　　200km
0　　150mi

初期の都市文化の影響

上に示したような斜めの口縁をもつ鉢は、スサ混じりの粗い粘土を型に押しつけてつくった大量生産品である。内側には陶工の指の跡が残されていることが多い。この容器は、ウルク後期とジェムデト・ナスル期に、メソポタミア南部とスサ地域で大量に使われた。この容器が広大な地域に分布しているということは、メソポタミア南部の影響の広がりを示す証拠となっている。文字が記された最古の粘土板（ウルク4期タイプ）はウルクで発見されたが、それよりやや新しいウルク3期タイプの粘土板は、メソポタミア南部全域で発見されている。これと同時代かやや遅れる原エラム期の粘土板は、西はスーサからはるか東方のシャハレ・ソフテに至る諸遺跡で発見されている。不思議なことに、文字の記された粘土板の前身——粘土製トークンがなかに入った中空の粘土球と、数を表す記号が押された粘土板——は、もっと広い分布を示している。

都市の成立

資源を支配することと関連があったものと考えられる。

スーサとイラン

イラン南西部の沖積平野地域は、スーサ市にちなんでスシアナと呼ばれた。ウバイド期の終わりに建設されたスーサは、その後興亡をくり返した諸王国の首都となり、前4世紀のアレクサンダー大王の時代にはペルシア人の行政の中心地であった。スシアナの歴史はメソポタミアの歴史と並行して変遷し、多くの点でスシアナは低地メソポタミアの延長であった。ウバイド後期にはチョガ・ミシュ遺跡がこの地域の中心地となり、15haほどの広さをもっていた。その後、ウルク期の前半に相当するスーサ1（あるいはスーサA）期になると、スーサ遺跡がこれと同じぐらいの規模に成長した。

スーサの発掘では、日干しレンガでつくられた大きな基壇の跡が発見された。この基壇は少なくとも80m×65mの大きさをもち、高さが10m以上で、ファサードには土器製の円筒を突き刺して装飾を施していた。この基壇の最上部はひどく侵食されているが、神殿群に属していたと思われる建物の一部とともに、壺や炭化した穀物の入った貯蔵室がいくつか残存している。この基壇の基部には大きな共同墓地が営まれ、1000基以上の成人の墓があった。遺体がそのまま埋葬される場合もあるが、野ざらしにされて軟部が腐食した後の遺骨が彩文土器のなかに安置されることもあった。大多数の墓には土器が副葬されており、そのなかにはそれまでつくられた土器のなかでもっとも優美な彩文土器が含まれている。また、扁平な斧、大小ののみ、ピン、鏡として使われた可能性のある穴のあいた円盤などの銅製品が副葬された墓もあった。

スーサが宗教の中心地として建設されたことはほぼ間違いない。あの大きな基壇の上には、税として徴収した産物を収めた倉庫だけではなく、壮大な神殿が立っていたと思われる。平坦な田園風景のなかにそびえて立って、はるか遠くから望むことができただろう。後世の巡礼地の場合と同様に、この当時の人々も宗教の中心地であるスーサに埋葬されることを望んだと思われる。墓に副葬された銅製品は、この聖域を支配していた神官たちのものであったのかもしれない。低地地帯全域にわたって、スーサと同じような宗教的中心地が、その周辺の地域をまとめる中枢としての役割を果たしており、神殿に捧げられた供物や税によって富と権力を一手におさめた。都市化のこのような側面は、前5千年紀にチョガ・ミシュ、エリドゥ、ウルク、ニップール、テル・ウカイルではっきりと現れ、前4千年紀になるとますます重要になった。

スーサの次の時期（スーサ2期）には、シュメールのウルク後期文化の明らかな影響がみられる。土器には、先端が垂れ下がった注口をもつ壺、4個の耳状把手をもつ壺、斜めの口縁をもつ鉢などのような、典型的なウルク後期の土器が含まれていた。この、斜めの口縁をもつ円錐形の小形粗製鉢はきわめてありふれたもので、メソポタミア南部の遺跡から何千個も出土している。しかし、この鉢が何のために使われたのか、正確なところは不明である。国家に雇われた労働者たちに食料を配給するための鉢か、神殿に供物を捧げる供献用の鉢か、公の祝宴で使われた鉢か、パンを焼くための容器か、ヨーグルトのような食品を配るための容器なのか。いずれにしても、スーサで出土したこの鉢は、それ以前の地域的な様式が発展したものではなく、西方からもたらされたものであった。さらにスーサ2期の最上層からは、印章が押捺された中空の粘土球と、記号が押された粘土板（いずれも、取引を記

都市

録するための手段として初期に使われた)も発見されている．
　メソポタミアからイランへ通じる主要道路ぞいのゴディン・テペの集落には，スシアナかシュメールからやってきた商人の植民地とも考えられる小さな居留地がある．そこには公共の建物が建てられ，湾曲した壁で囲まれていた．また，スーサとウルクに典型的な土器，印影のある封泥，記号が押された粘土板が出土しており，低地メソポタミアと共通の文化をもっていたことがわかる．斜めの口縁をもつ鉢で表されるウルクの影響は，テペ・カブレスタン，テペ・ヤヒヤ，そしてカヴィル砂漠の縁辺にあるテペ・シアルクなどイラン高原の諸遺跡でもみられる．

テペ・ガウラとメソポタミア北部

　メソポタミア北部は，ウバイド期の終末に独自の地域的な文化(ガウラ文化と呼ばれる)を発達させた．現在のイラクの北部にあるテペ・ガウラでは，13層には例外的なウバイド期の神殿が建てられていたが，その後は再び村落遺跡になった．次の12層の建築は大火で破壊され，そのあと再建された集落には大きな円形建物がそびえ立っていた．この建物は要塞化された首長の住居だと考えられており，穀物と洋梨形の棍棒頭が貯蔵されていた．この棍棒頭はおそらく戦争で使われた最古の武器の一つであったと思われる．
　3列構成のプランと張りだしたポーチをもつという新しい神殿建築様式は，上の層でも引きつづいて踏襲された．神殿の周囲と下には多数の墓が発見されたが，そのなかにはガウラ期につくられた80基の日干しレンガの墓が含まれている．ガウラ期の墓には，もっとも一般的な装身具であるビーズを，頭，首，手，手首，腰，ひざあるいは足首につけて埋葬されたものがあった．何千個ものビーズをもつ墓が数基あったが，とくにそのなかの1基には2万5000個以上のビーズが副葬されていた．これらのビーズは，トルコ石，ヒスイ，紅玉髄，ラピスラズリ，閃緑岩などを含むさまざまの石や，白色のファイアンス，金，エレクトラム，貝，象牙でつくられている．ラピスラズリのビーズは，メソポタミアで発見されたこの濃青色の半貴石の最古の例である．もっとも近いラピスラズリの原産地はここから2000km以上離れたアフガニスタン北部のバダクシャン地方であり，この墓に500個以上のラピスラズリが副葬されていたということは，広範囲にわたる交易上のつながりがあったことを証明している．ビーズ以外に金製の円花飾りと，イノシシの牙でつくられた櫛も墓から出土したが，ガウラ期の墓で発見されたもっとも興味深い作品は，自然に存在する金と銀の合金であるエレクトラムでつくられたオオカミの小さな頭像である．この作品は，銅のピンで取りつけられた耳と，エレクトラムのピンで接合されて支えられている下顎と，エレクトラムの針金でつくられた歯をのぞいては，一体でつくられている．眼窩には天然アスファルトがつめられており，おそらく色石が象眼されていたのだろう．
　ガウラ期の後，メソポタミア北部はスシアナと同様に，しだいに強くなる南部のウルク後期の文化の影響下に入っていった．たとえばニネヴェでは南部のウルク後期に典型的な土器がつくられたが，この遺跡はティグリス川の重要な渡河地点の近くに位置しており，南部の植民地だった可能性もある．
　ハブール平原にあるテル・ブラクもまた南部との緊密な関係を示す遺跡である．眼の神殿は，北部の環境におかれた南部の神殿であった．そのプランには十字形の中央広間が組み込まれており，壁面は石製の円花飾りとテラコッタのコーンで構成されたモザイクで装飾されている．祭壇には，色石で構成された帯状装飾の間に金の帯が配置され，金の頭部をもつ銀釘で適所に固定された．この神殿に眼の神殿という名称が与えられたのは，建物のなかから，小屋のシンボルあるいは「眼の偶像」と呼ばれる何千個もの小さな石像が発見されたためである．ウルク後期におけるこの遺跡の規模はおよそ110haで，ウルクとほぼ同じ大きさであった．

ユーフラテス川上流地域

　シリアのユーフラテス川に沿ったタブカ・ダム地域の発掘によって，メソポタミア南部からの植民地と思われるウルク後期の遺跡の存在が明らかになった．テル・カンナスという宗教的な城塞のあるハブバ・カビラ遺跡は，ユーフラテス川の西岸にそって1km以上にわたって広がっており，防御壁によって守られていた．防御壁のレンガと建物に使われたレンガは双方とも，南部のウルク期とジェムデト・ナスル期に特徴的なリームヘン・レンガと同じものであった．
　テル・カンナスでは，神殿と住居のプランはウルクとテル・ウカイルのものと同じであった．また土器に関しても，ウルクでの製作法と同じように型に入れてつくられた斜めの口縁をもつ鉢があり，これ以外にもメソポタミア南部に特徴的な土器の形式がたくさんみられる．さらに，内部にトークンが封じこめられた中空の粘土球や，トークンの圧痕がつけられ円筒印章で捺印された粘土板も発見された．これらの遺跡は，シュメールの商人か政府によって建設された植民地で

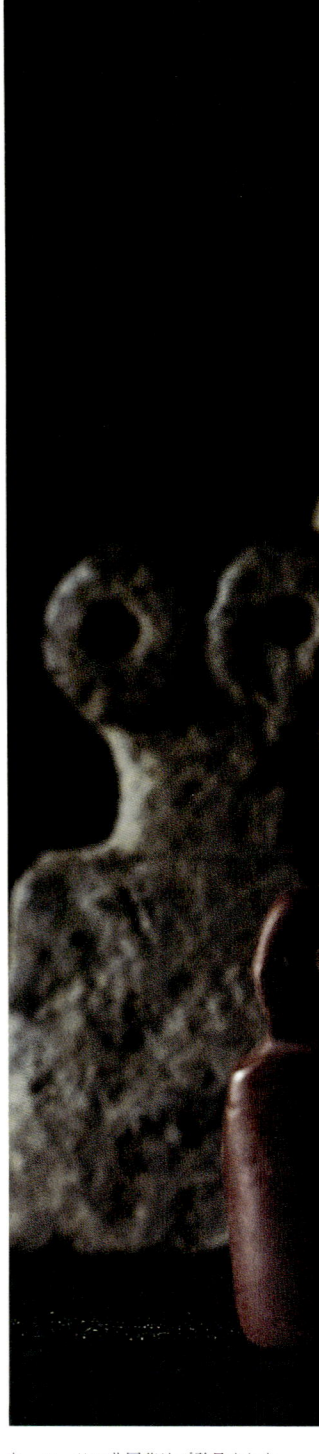

左　スーサの共同墓地で発見された，前4000年頃の彩文のある広口深鉢．最上部には，グレイハウンドと思われる体の長いイヌの列の上に，首の長い鳥の列が描かれている．下部のパネルには，あごひげのあるヤギが描かれている．角の間に描かれた模様の意味は不明である．高さおよそ25cm．

都市の成立

上　石あるいは焼成粘土でつくられた300体以上の「眼の偶像」(そして数千個の破片)が、テル・ブラクの前4千年紀の神殿で発見された。この神殿には、高さが2cmから11cmのこのような奉納用のシンボルが、およそ2万個埋まっているとみつもられている。これより数は少ないが、この時期の他の神殿でも同じような製品が発見されている。

あった可能性がきわめて高い。

ウルク後期の影響は、ユーフラテス川をさかのぼってトルコにまで広がった。コーンモザイクがサムサトで発見されており、また1haに満たない小さな城塞遺跡であるハッセク・フユクには、土製コーンのモザイクで装飾した、典型的なウルク後期の設計による建物がいくつかあった。さらに北方のアルスランテペでは、その地域の行政機構で使われていたと思われる、典型的なウルク後期の印章の印影が多数発見されている。また、斜めの口縁をもつ鉢が、ティグリス川の源流に近い山岳地帯にあるテペジクで発見された。

エジプト

ウルクの影響ははるか西方のエジプトにまで到達した。ウルク後期およびジェムデト・ナスル期と同時期のナカダ2

(あるいはゲルゼー)期のことである。エジプトで発見された土器形式のなかには、棚状の把手をもつ壺のようにパレスティナ地方の金石併用時代に由来しているものもあるが、耳状の把手をもつ壺や注口をもつ壺など、ウルク後期の土器の特徴をそなえたものもある。円筒印章もこの時期に初めてエジプトに登場した。そのなかには東方からの輸入品もあったが、メソポタミアやイランのモティーフを使ってエジプトでつくられたものもあった。またメソポタミアと同様にエジプトでも、はるか遠くアフガニスタンからもたらされたラピスラズリが、墓から発見されている。

エジプトの先王朝時代後期(前2920年頃より前)の美術もメソポタミアの影響を示しており、とくに彫刻のある象牙製のナイフの柄や、粘板岩製のパレットに顕著にみてとれる。これらの作品自体は典型的なエジプトのものなのだが、モテ

都　市

ィーフにメソポタミアの要素が含まれているのである．たとえばゲベル・エル・アラク出土のナイフの柄に彫られた「動物の王」は，ウルクから出土したライオン狩りの石碑の場面ときわめてよく似ている．また，入念に壁龕が設けられた初期エジプトの日干しレンガづくりの建物と，文字の出現も，同様に東方からの影響の結果であると考えられている．一方，ナカダ2期の土器がハブバ・カビラで発見されており，またごく最近になって，ウルク後期の遺跡で壁のモザイク装飾に使われたのと同種の焼成された土製コーンが，エジプト・デルタにあるテル・アル・ファラインで発見された．

パレスティナ

パレスティナとアナトリアの大部分は，ウルク期にもメソポタミアでおこった発展の影響は受けなかった．条件の整った場所には農耕村落に基盤をおいた地方的な文化が栄え，農耕の不可能な環境は遊牧民と狩猟採集民が利用していた．これらの文化は都市化はしていなかったものの，いくつかの点で驚くほど進歩していた．ユダヤ丘陵にあるナハル・ミシュマル洞窟で400個以上の銅製品が一括して発見されたことは，初期の金属加工に関する私たちの知識を変貌させた．全部で240個の棍棒頭と138本のスタンダード（軍旗）と10個の「王冠」が，8個の銅製の壺やその他の道具とともに発見されている．同じような製品が，前4千年紀前半に位置づけられるネヴェ・ノイの金石併用時代後期の集落と工作址でも発見された．ナハル・ミシュマルの埋納遺物は神殿の宝物であり，おそらく，死海の近くのエン・ゲディにある金石併用時代の小さな聖域のものであったと考えられている．

ジェムデト・ナスル期

メソポタミア南部では，ウルク後期のあとにジェムデト・ナスル期（前3100－2900年頃）がつづいた．ウルクは前の時代に引きつづいて重要な都市であったが，この時期の建造物はほとんど残っていない．バビロニアのジェムデト・ナスル遺跡では，行政用とみられる大きな建物のなかから，精巧な彩文土器とともに，文字が書かれたウルク式の粘土板がみつかっている．この建物はリームヘン・レンガでつくられており，有室構造壁を備えていた．この壁は長さ90m ほど伸びており，ところどころに戦略的な理由で防御塔が設けられていた．ここで発見された粘土板に残された印影には，ウル，ラルサ，ウルク，ザバラム，ウンマかアクシャクのいずれか，を含むいくつかの町の神のシンボルが描かれており，都市国家の同盟が存在した可能性を示している．やや後の初期王朝時代第1期に属するウル出土の古拙な封泥にも，これと同じような取り合せの都市名がみられる．しかし，これらが政治的な同盟だったのか，商業的な同盟だったのかは明らかでない．

彩色のあるジェムデト・ナスル期の土器は，主としてバビロニア北部で発見され，それより南ではごくまれにしか発見されていない．しかし，これとほとんど同一の土器が，ペルシア湾の向こう端にあるオマーンの，ジェムデト・ナスル期と同時期のハフィト文化の墓から発見された．胎土の研究から，この土器はメソポタミアからもたらされたらしいということが明らかになり，研究者のなかには，オマーンの豊かな銅の産地を開発していたシュメールの冒険的な商人が運びこんだものであるとする考えもある．

他の地域では，ジェムデト・ナスル期になるとシュメールとの強いきずなは壊れた．スシアナでは，スーサのウルク後期の文化は，イラン高原と緊密なつながりをもつ原エラム文化に取って代わられた．同じ時期に，ファルス地方のペルセポリスの近くにあるアンシャン市（現在のテル・マルヤン）は劇的に巨大化し，45haの規模に達している．アンシャンとスーサの同盟は後のエラム国の基礎となった．原エラム文化の勃興は近東の地図を塗り替えることになった．原エラム文化の影響はイランの東縁からザグロス山脈を通ってイラク北部まで広がり，初期王朝時代までつづいたのだが，とくに印章を通してそのような状況をうかがい知ることができる．

メソポタミア北部では，南部の影響をうけた集落のいくつかは放棄された．しかしウルク後期の文化に由来する特徴を保ちながら，この地域独自の文化を発達させた集落もあった．この地域では都市生活は捨て去られてしまったようであり，

都市の成立

右上と上　円筒印章と，その印影の実測図．場面の上方にはウシの群れが，下方には葦小屋のなかに入れられた子ウシと壺が描かれている．この小屋は，現在でもまだイラク南部の沼沢地帯で建てられている小屋とよく似ている．この印章は白色のマグネサイトでつくられており，上には雄ヒツジの小像がのっている．この小像は，失蠟法を使って銀で鋳出されたものである．この印章の出所は明らかでないが，おそらくウルク後期のものであろう．印章部分の高さ5.3cm.

左　この硬直した石製頭像は，テル・ブラクの眼の神殿の下から発見されたもので，前3100年頃のものと思われる．頭飾りの頂部と首の後にあけられた穴は，この像が本来は木製の裏板に固定されていたことを示している．この頭部は組み合わせてつくられた彫像の一部であったのだろうが，それが男性なのか女性なのか，人間なのか神なのかは不明である．神殿内で礼拝された神像の一部であろう．高さ17cm.

都市が再び重要になるのは前3千年紀中頃になってからのことである．そして，このときもまたメソポタミア南部からの影響を受けた結果であったらしい．

書き言葉の始まり

ウルク後期にはすでにウルクは都市であった．富の集中した大きな集落であり，記念碑的な公共の建物が建てられていた．そしてこのウルクは，現在知られている最古の文字で書かれた記録が発見された場所でもある．これらの文書の言語は不明であり，「読む」ことはできない．しかし，そこに書かれた文字は大部分が絵文字的であり（シンボルではなく，実物をそれとわかるように表現した絵をもとにしている），少なくとも部分的には理解することができる．

古い時期の文字の発達は，三つの段階に分けられる．ウルク4期と呼ばれる最初の段階では，さしわたしがおよそ5cmで，厚さがその約半分の粘土（ときには石膏漆喰）の板の上に，尖った筆で文字記号が書かれた．この文字は大多数が表意文字か表語文字であった．すなわち，一つの文字記号が，一つの文字や音節を表すのではなく，一つの観念や単語を表しているのである．数字の解読はあまり難しくない．また文字記号のなかにも，表現しようとしている実物によく似ているため意味の類推ができるものや，すでに意味のわかっている後世の文字記号と同一物であることがわかったために，意味が明らかになったものがある．ひとまとまりの文字記号が囲み枠のなかに書かれたが，決まった書き順はなかったようである．この段階に属する粘土板がウルクで約600枚，そして，およそ150km北西に位置するキシュで1枚発見されている．

第2段階（ウルク3期）までには，これらの文字記号はもっと発達してより抽象的なものになり，その線は前段階のものより直線的で曲線が少なくなっていた．また，粘土板上の文字記号の配置もより複雑になり，粘土板そのものも大きくなった．文書の大多数は経済の記録である．さまざまな人への物品の割り当て量が記録された配給リストもあれば，家畜の所有数と，神殿で，あるいは祭りの際に神に捧げる動物の配分を記録したものもあった．そのほかに，地名や職業名あるいは動物名のリストが書かれた粘土板もあった．楔形文字が使用されなくなるまで書記の訓練の基礎となっていたのがこの種のリストであり，これはその初期の形態といえる．

学者たちは，これらのリストにみられる字句の異形の研究から，ウルク3期の文書の言語は，前3千年紀にウルクで話されていた言語であるシュメール語であると断定している．この時期の粘土板は3000枚以上がウルクで，240枚がジェムデト・ナスルで，4枚がテル・ウカイルで，2枚がエシュヌンナで発見された．これらの粘土板はジェムデト・ナスル期のものと考えられ，イランで出土した最古の原エラム期の粘土板と同時期とされている．この2種類の粘土板は，同じ数詞体系をもつ一例を除いては異なった文字で書かれているが，同じような発達段階を示している．

初期王朝時代（前2900−2334年）になると，文字はさらに直線的になった．この文字の線は，楔形文字に特有の楔状の形態を作りだすために，かどのある道具を粘土のうえに押しつけることによってつくられている．初期王朝時代の古い時期に属する文書はほとんど発見されていないが，前3千年紀の中頃までには楔形文字の体系は広く普及し，あらゆる種類の文章――経済と行政の記録，手紙，物語，祈禱文，建物の碑銘など――を記録するのに使われた．

ウルクの初期の文書にみられる文字体系は，多数の文字記号をもつ手のこんだものなのだが，これは長期間にわたる発達の結果できあがったものなのか，あるいは1個人がもたらした急速な飛躍によって生まれたのかは不明である．すでにこれ以前の時期に，書くというアイデアが生まれかかっていたということを示唆するような手がかりがいくつか存在しており，実際に，ウルクの文字の前身と思われるものがいくつかある．たとえば，筆で書かれた文字ではなく，押しつけられた記号のある粘土板がそうである．その記号はウルクの粘土板にみられる数量の単位と符合している．

財産の所有権を確認するために使われるスタンプ印章と円筒印章，そして商品を記録するためのトークンもまた，考えるもう一つの文字の出所である．これらから，トークンを内部にもち，表面が印影でおおわれた中空の粘土球が生みだされたのかもしれない．その次の段階では，粘土球内に入れられたトークンを粘土球の外側に記録するようになり，このことがやがて，トークンが押されて印章が押捺された粘土板は，粘土球と同じぐらいに信頼のおける記録であるという認識を与えるようになったのだろう．その後に，数以外の物品を表す記号がつけ加えられて，ウルクの文字が生みだされたと考えることができる．このような図式はいかにもありそうに思われるが，商品を記録するのにトークンがどの程度広く使われていたのかという点に関しては疑問が残る．そのうえ，記号が押された粘土板と中空の粘土球が発見される地域は，もしそれらが文字で書かれた文書へと移行していく一過程にすぎなかった場合に考えられる分布範囲よりも広く，その使用期間もそこで想定される期間よりも長期にわたっている．実際に，記号が押された粘土板と粘土球の双方とも，それより発達した文書が書かれていたのと同じ時期に，記録の手段として使われていたことは明らかである．シリア東北部にあ

文字の起源

現在知られている最古の文字の例は、ウルクで出土した前3300年頃の粘土板にみいだすことができる。これは700個以上のさまざまの文字記号で構成された、すでに完成された体系であった。その発達の過程においては、まだ知られていない前段階があったに違いない。最初の粘土板文書は、穀物やビールや家畜などのような商品の譲渡を記録したものか、筆記法を学んでいる書記が利用したリストだった。

この時期にはもう一つの記録体系も使われた。円錐形、円盤形、球形、円筒形などさまざまな形をもち、大きさも異なる、粘土製の小形トークンを使う方法である。これらのトークンは、数量や、穀物やヒツジなどのような商品を表しているのだろう。ひとまとまりにされたトークンは、表面に円筒印章が押捺された中空の粘土球の内部に入れられた。粘土球を壊してあけなければ手に入れられない記録をつくるためである。ときには、粘土球の表面や粘土板の上にトークンが押されることがあった。粘土板に書かれた文字のうち、数を示す文字記号の形がトークンの形によく似ているので、粘土板の文字はおそらく、トークンの体系に基礎をおいて、そこに絵文字的な記号をつけ加えたものであったと考えられる。

絵文字的な記号は、意味の明白な単純な絵であることが多い。たとえば雄ウシの頭の絵がウシを意味し、オオムギの穂がオオムギを意味する。また連想による意味をもつ文字記号もあり、鉢の絵が食物かパンを意味し、脚の絵が立つという意味と歩くという意味をもつ。さらに、記号を組み合わせることによって、もっと複雑な概念を表現することが可能であり、頭と鉢を組み合わせた絵は食べるという意味をもつ。そのうちに、文字の形は先端部が四角形の葦筆で書きやすい形になった。その結果、使われた字画はすべて楔の形になり、そのためにこの文字は楔形文字と呼ばれるのである。初期王朝時代には、縦書きから横書きへと変化した。

発達した楔形文字では、単語を表す文字で音を表すことができるようになった（英語でいえば、jack（ジャッキ）の絵が、Union Jack（ユニオン・ジャック）のように旗を、あるいはJack（ジャック）という名前を、あるいはejaculate（絶叫する）という単語のなかのjacという音節を表すのに使うことができるというようなものである）。単語を表す文字に音節を表す文字が加わったことによって、書記は人間の話したことを文字を使って効果的に表現することができた。

上　切り妻形のスタンプ印章とその印影。大きさ4.6cm×3.9cm、厚さ0.9cm。このタイプの印章はメソポタミア北部とトルコ南部で前4千年紀にみられる。スタンプ印章は、前6千年紀から粘土にしるしをつけるのに使われてきた。そこに彫られた図像は、その印章の所有者を示していると思われる。

上　スーサで出土した中空の粘土球とトークン。トークンがなかに入ったこのような粘土球は、エラムとシュメールで100個以上発見されており、シリアとイラン高原でも少数の発見例がある。このような粘土球の一つでは、表面に16個のトークンが突き立てられていた。また16個の粘土球では表面にトークンが押圧されたり記号が刻まれて、内部にどのようなトークンが入っているのか記録されている。

左　この粘土板には初期の形態をもつ文字がみられるが、そこに書かれた文字記号の形は、ウルク4期の粘土板に書かれた文字記号よりももっと写実的なので、おそらくそれよりも古いものであろう。この粘土板は考古学的な発掘によってえられたものではないので、正確な年代は不明である。下段に書かれた文字記号は、それぞれ「神官」、「王子」、「偉大な」という意味をもつ、「エン」、「ヌン」、「ガル」と読むことができるだろう。

左　ウルク後期の円筒印章の印影。円筒印章は、最古の粘土板文書よりも古くからみられるが、両方ともウルク後期の官僚機構のためにつくりだされたものであろう。円筒印章は大きくて（ここに示した例は高さ4cm）、広い部分を印影でおおうことが容易にできるようになった。図像は印章によって異なるが、それぞれ行政府内の異なった部署で使用されたのだろう。

上　ピラミッド形のスタンプ印章とその印影。大きさ2.9cm×2.1cm、高さ3.0cm。スタンプ印章は、アナトリアとメソポタミアで土器新石器時代の初期からみられ、格子文様が一般的であった。このような初期の印章はなんのために使われたのか不明である。

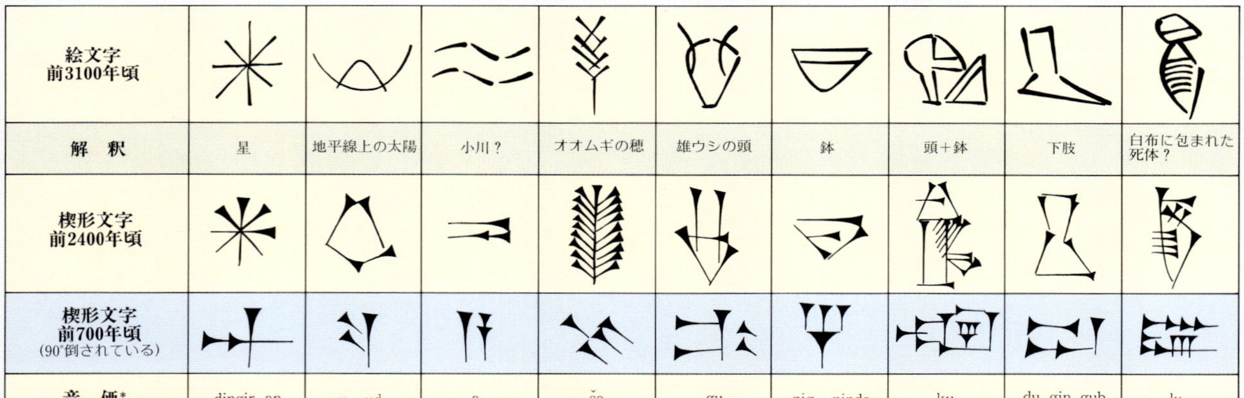

絵文字 前3100年頃	※	⌒	≈	穂	壺	▽	鉢	脚	死体
解釈	星	地平線上の太陽	小川？	オオムギの穂	雄ウシの頭	鉢	頭+鉢	下肢	白布に包まれた死体？
楔形文字 前2400年頃									
楔形文字 前700年頃 (90°倒されている)									
音価*	dingir, an	u₄, ud	a	še	gu₄	nig₂, ninda	ku₂	du, gin, gub	lu₂
意味	神, 空	日, 太陽	水, 種子, 息子	オオムギ	雄ウシ	食物, パン	食べる	歩く, 立つ	人

* 一つの文字記号が複数の音価をもつことがあり、また一つの音が複数の文字記号で表されることがある。u₄と表記したのは、uという音価をもつ4番目の文字であることを意味している。

左　楔形文字の発達を示した表。後世の楔形文字の形は、縦と横と斜めの楔形が、抽象的にそしてほとんど気まぐれに組み合わされているようにみえる。しかし古い段階の文字資料の研究から、このような後世の文字の大多数は、実物を写した絵に由来していることが明らかになった。楔形文字で表された単語や音価のいくつかは、数世紀の間に変化した。

るテル・ブラクでは，初期の絵文字と考えられる文字記号が書かれた2枚の粘土板が発見されたが，そこには，ウルクの粘土板にみられるような動物の頭部だけの表現のかわりに，動物の全身が描かれており，文字の発明が複雑な過程であったことを示している．物品を表す文字記号が使われるようになったということは，文字の発明の過程において重要な一段階であった．そしてその後に，音を表す文字記号が使用されるようになるのだが，これも同じくらいに重要なことだった．

美術と宣伝

ウルク期以前にも，自然をそのまま写した美術や具象的な美術の例は少数ながら知られている．たとえば，フランス南西部の後期旧石器時代の洞窟美術や，チャタル・フユクの壁画がそうであり，ウム・ダバギーヤのオナガーの絵もそこに含めることができるかもしれない．しかしこれらは例外的であり，近東の文化においては，ウルク期以前の数千年の間，美術はかなり様式化された人物像や動物像に限られていた．北部ではウバイド期に，人間と動物が登場する場面がスタンプ印章に彫刻されるようになった．しかし今や円筒印章——メソポタミア独特の新発明品——が登場したことによって，もっと大胆な作品をつくりだす場が与えられたのである．

ウルクの4層と3層では印影は，粘土製の壺の栓と粘土板の双方に普通にみられる．そこに描かれた場面には，ヘアバンドをしてスカートをはきあごひげをはやした男性が，家畜の群れに餌を与えていたり，ボートに乗って移動していたり，裸の捕虜を槍で威嚇していたり，神への奉納を行っているところが描かれている．この男性の隣には葦の束からなる標章があるが，これは後には，ウルク市の最高神であるイナンナ女神を象徴するようになった．明らかに，この男性はウルクの支配者を描いたものであり，彼はイナンナ女神に仕える最高神官であった．これと同じような人物像がスーサで出土した印章にもみられる．スーサの支配者を描いたものと思われるが，当時スーサがウルクの支配下にあったとすれば，ウルクの支配者を描いたのかもしれない．

ウルクで発見された最古の記念碑的な石製彫刻作品のなかには，その古さだけではなく，それらが現代の鑑賞者の心に呼びおこす感動ゆえに興味深い作品がいくつかある．そのような作品の一つにマスクのような女性の顔像があり，エアンナ地区の構内の北西部にあるごみ穴に捨てられているのが発見された．当時は目が象眼され，かつらがつけられていたのだろう．ほぼ実物大であり，鼻は壊れているが本来は高く突きだしていたものと思われる．もう一つのすばらしい作品は，ライオン狩りの石碑である．この作品は縁が壊れており背部の仕上げは粗いが，独立して立てられる石碑であったらしい．このような形の美術作品は前1千年紀までつくられた．現在残っている部分の高さは78cmで，二つの場面が表現されている．上の場面では，ひざ丈のスカートをはいたあごひげのある男性が，後ろ脚で立ち上がったライオンを槍で突いている情景が描かれ，下の場面では，上と同一人物と思われる男性が，後ろ脚で立っているライオンに弓矢を向けているところが描かれている．

ウルクで発見された，この時期のもっとも興味をひかれる出土品は，ワルカの大杯とよばれている容器である．高さが1mを超すこの大形容器には，92cmに及ぶ4段の浮彫り装飾が施されている．口縁部の直径は36cmである．この容器は古代に破損し修復された．下部の2段の装飾帯には植物と動物が描かれている．下から3段目の装飾帯には，神官と思われる裸体の奉仕者が，おそらく貢ぎ物あるいは神への奉納品として，品物を満載した容器を運んでいるところが描かれている．

もっとも興味深い最上段の装飾帯には，ライオン狩りの石碑に描かれたのと同一の男性の浮彫りがあり，イナンナ女神に捧げ物をしている．この男性のはいているスカートの房飾りは，短いスカートをはいたもう1人の男性が捧げもっている．そして彼の前面では，女神のシンボルである葦の束の前に立っている女性に，裸体の人物が奉納品を差しだしている．この女性の頭飾りはこの大杯が最初に修理されたときに壊されてしまい，彼女がどのように装っていたのか確認するのは不可能になってしまった．これよりやや後の時代のメソポタミアの男神と女神は，雌ウシか雄ウシの角のついた頭飾りをつけて描かれることが多いので，この大杯の女性も女神自身を描いたのかもしれない．しかし女性神官の可能性もある．葦の束の背後では，2頭のヒツジが基壇を背中にのせており，その上には人物あるいは彫像が立っている．左側の人物は，最高神官を表すシュメール語である「エン」の文字記号を手にもっている．ヒツジの背後には貢ぎ物が積み上げられており，そのなかには，ワルカの大杯と同じ形の2個の杯と，動物の形をした2個の容器が含まれている．

ワルカの大杯と同じ時代につくられたその他の注目すべき作品としては，雄ウシと注口の両側に配置されたライオンの彫刻のある容器や，貝と石が入念に象眼された壺がある．またあごひげをはやした男性石像が，後世のセレウコス時代の壁の下から出土したウルク後期あるいはジェムデト・ナスル期の容器のなかから発見された．埋められる前に壊され，下半部は失われている．灰色のアラバスターでつくられた高さ18cmのこの像は，ワルカの大杯に描かれたのと同一の人物を表現したものである．目は天然アスファルトのなかにはめこまれた真珠貝でつくられており，瞳は青色の準貴石であるラピスラズリでつくられていたと想像される．

美術が支配者の役割を説明し，その立場を強化するのに使われたのはウルクが最初だった．美術と建築は結合されて，

下　死海の東にあるナハル・ミシュマルの洞窟から出土した，驚くべき金属製品の埋納遺物の一部．前4千年紀前半に位置づけられるこの一括の遺物には，銅と砒素の合金でつくられた製品が400個以上含まれている．後方にあるのは10個ある「王冠」の一つで，失蠟法で鋳造された動物像がついている．この種の「王冠」は太鼓として使われたと考えられている．そのほかに，木製の柄に固定されたと思われるスタンダード（軍旗）あるいは笏と棍棒頭，そして中空の角形製品もここに示されている．

都市

その地域の民衆に感銘を与えて支配者集団の安定性を高めることができるような，権力と財力を示す舞台効果をつくりだした．美術作品の形で表現された政治的，宗教的な宣伝は，古代の近東を知るための有力な情報源であることが立証され，支配者の性格についての多くが明らかになってきている．

技術と輸送

前4千年紀には冶金術に重大な発展がみられた．ナハル・ミシュマルの宝物庫から発見された製品のいくつかは，およそ150km南方のティムナ渓谷にある鉱山からもたらされたと思われる製錬銅でつくられた．その多くは銅と砒素の合金である．これは純粋な銅よりも鋳造しやすくて硬く，前2千年紀に錫青銅（銅と錫の合金）が一般的になるまでしばしば使われた．これらの製品のなかには重さが1kg以上あるものもあり，失蠟法として知られる方法でつくられている．この方法では，まず蠟で原型をつくり，それを粘土でおおった後に熱する．鋳型を固めるとともに蠟を溶かすためである．次に，溶かした金属を鋳型に注ぐ．そしてこの鋳型を壊して鋳上がった製品を取りだすのである．失蠟法でつくられた小さな鋳造品が，ずっと時代の下るウルクの神殿の宝物庫から発見されている．またシリア西部で発見された印象的な小像も同じ時代のものと考えられている．

この時代の人々は銅やその合金以外の金属も使用した．金と銀の装身具が発見されており，銀と鉛は容器に使われた．ウルク後期のジェベル・アルダとウルクでは鉄の破片が発見され，またウルク3期の粘土板には鉄製品が記載されている（しかし，この鉄は隕鉄あるいは，銅の製錬から生まれた偶然の副産物だった可能性もある）．金属加工技術の進歩は，支配者集団がステイタス・シンボルとして希少な原料を求めたことによって促進されたのかもしれない．

近東における犂の最初の使用もまたウルク期にさかのぼる．スーサ1期では地面に残された犂の跡が発見された．またウルク後期の印章に犂が描かれており，ウルク4期の粘土板に書かれた文字記号のなかにも犂を描いたものがある．ウルク4期の粘土板には，橇や，近東で最古の車輪のついた乗り物（下部に輪がつけられた橇で表されている）を表現した文字記号もみられる．車輪のついたこの乗り物はおそらく，ウシに曳かれてガタガタと進む重い荷車だろう．

冬季には湿気が多くぬかるんでいて，多数の水路が縦横に交差しているメソポタミア南部では，舟がもっとも実際的な交通手段だった．焼成粘土でつくられたウバイド期の舟の模型が，エリドゥの共同墓地で発見されており，またウルク期とジェムデト・ナスル期では，舟は粘土板や円筒印章にみられる記号の一つであった．陸上の輸送は動物を使った隊商によって行われたが，これは今世紀に至るまでずっと近東の大部分で通常の輸送手段だった．ロバが古代近東ではもっとも有用な荷役動物であり，現在でもまだ広く使われている．テル・ルベイデのウルク期の層から，家畜化されたロバの骨が出土した．

犂や車輪や舟やロバが，ウルク期以前にすでに使われていたのはほぼ確実である．北ヨーロッパで発見された犂跡は前3500年頃にさかのぼるし，ポーランドで発見された車輪つきの荷車の模型や，旧ソ連の南部の墓に副葬されていた荷車の実物も，それとほぼ同時代のものである．しかし，犂と車輪の起源はまだはっきりとはわからない（犂は前6000年よりも前にメソポタミア北部で発明されたと考える専門家もいる）．

円筒印章

その名前が示すように円筒印章は円筒であり，石でつくられるのが一般的だが，ファイアンスやガラス，焼成粘土，木，貝，象牙あるいは金属でつくられることもあった．粘土の上で回転させると浮き上がった連続的な印影が生まれるように図像が彫刻された．平均的な大きさは，高さ2.5cm，直径1.5cmであり，ピンやひもにつけて携帯したり，軸受けに取りつけることができるように，縦に穴があけられるのが一般的だった．円筒印章は，貯蔵室の錠をおおう封泥の表面や，壷，袋，箱，篭に入れて運ばれた商品の封泥の表面，またなによりも，楔形文字を書くためのおもな材料としておよそ3000年にわたって使われた粘土板の表面を広くおおうのに便利な手段として，前4千年紀後半にメソポタミア南部（ウルク）とイラン南西部（スーサ）で発達した．

楔形文字の体系がメソポタミアの隣人たちの言語を表記するように改造されると，印章の形態としてスタンプ印章の代わりに円筒印章が使われるようになった．しかし前1千年紀中にアルファベットが楔形文字に取って代わると，スタンプ印章が再び円筒印章に取って代わった．円筒印章に彫られた図像は貴重な情報源である．最古のドームをもつ建物や，最古のリュートや，インドからもちこまれた水牛などのような重要なできごとを記録しているだけでなく，神々の表現方法や神話や日常生活の発達も記録に留めている．またしばしば銘文が刻まれ，その印章の所有者の家系に関する情報を与えてくれる．

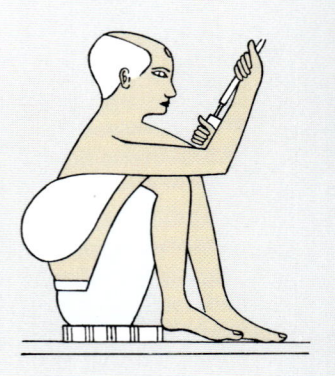

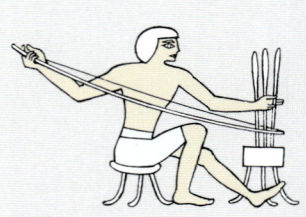

円筒印章は硬い石でつくられることが多かったが，よい研磨剤があると，フリント製や銅製の道具を使って彫ることができた．（上端と上）エジプトのサッカラの墓（前2450年頃）とテーベの墓（前1420年頃）には，手で穴をあけている場面と，弓を使って穴をあけている場面が描かれている．弓錐はより早いスピードを出すことが可能であり，水平に据えられるとよりよく制御できるようになる．

下 円筒印章は，契約や売買や配給リストや条約や融資などに関する法律文書に押捺するのに使われた．粘土板そのものに押捺された時期もあれば，押捺された粘土製の封筒のなかに粘土板が封じこめられた時期もあった．ここに示した封筒に押捺された印章には腰掛けた水神が彫られており，その両肩から水流がわきだしている．この水神の前には，ひげをはやした裸体の英雄と，逆さにしたライオンと戦っている雄ウシ人間が立っている．この封筒はトルコ中央部にあるカネシュで発見された．カネシュでは，アッシリアの商人たちが交易のための植民地をつくっていた．

印章の材料は，流行や入手しやすさに応じてさまざまだった．（上端）ハムリン盆地にあるテル・スレイメから出土した円筒印章で，アフガニスタン産のロイヤル・ブルーのラピスラズリでつくられている．最初に彫刻が施されたのは前2250年頃だが，後世の2人の所有者によって銘文が加えられた．（上）前8世紀のアッシリアの玉髄製印章．

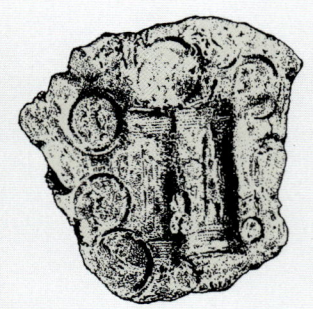

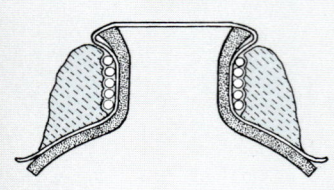

前1千年紀にスタンプ印章が多く使われるようになると，それがアッシリア王エサルハドン（前680-69）の円筒印章に取り入れられた．（上端）その両端には金のキャップがかぶせられており，その一つに図像があることを示す封泥．円筒部とスタンプ部の両方に，ライオンと戦う王が表現されている．（上）貯蔵用の壷の口にかぶせられた皮や布をひもで固定され，円筒印章が押捺された粘土でおおわれた．

下 円筒印章は、所有物を守り、法律上の記録を保護するために使われたので、印章の所有者を保護するということと結びつけられるようになり、病気や失敗や黒魔術や中傷に対抗する儀式で使われた。印章の材料となる石もそれぞれの特性をもっており、たとえばラピスラズリは力と神の恩寵を意味していた。ここに示したのは前14世紀のカッシートの印章で、所有者の守護神に捧げられた次のような長い祈禱文が刻まれている。「おおマルドゥク、卓越した主、その手に天上と地上の決定権を与えられている王子」、「あなたを崇拝する下僕、あなたが守ってくださることによって彼が幸福になりますように」。この印章には、いくつかのシンボルで周囲を囲まれた、マルドゥクと思われる神が描かれている。玉髄製。高さ3.6cm。

上、左から右 多くの印章が装身具の一部だった。マリから出土した前2500年頃の貝製の象眼細工には、ピンから垂れ下がった印章が表現されている。金製のキャップと針金の環がついたシリアの赤鉄鉱製の印章(前1720年頃)。(下)シリアから出土した緑色の碧玉製の印章で(前1800年頃)、軸受けにはめこまれた金製キャップがついている(チュニジアのカルタゴにある、前7世紀あるいは6世紀のものと推定される墓から発見された)。

円筒印章とその印影。(上端)ウルク期(前3300年頃)のもので、ウルク近郊で発見。大理石製で、頭をもたげてうくまっているヒツジの形をした青銅製のつまみがついている。5.4cm×4.5cm。(次上)初期王朝時代第3期(前2600年頃)。緑色の方解石。5.0cm×2.6cm。(上)アッカド時代(前2250年頃)。水晶。3.2cm×2.2cm。(右上端)前期バビロニア時代(前1750年頃)。赤鉄鉱。2.5cm×1.3cm。(右次上)中期アッシリア時代(前1300年頃)。玉髄。2.8cm×1.2cm。(右下)新アッシリア時代(前700年頃)。紅玉髄。3.65cm×1.7cm。(右)アカイメネス時代(前450年頃)のもので、イラクのボルシッパで発見。玉髄。4.75cm×2.2cm。

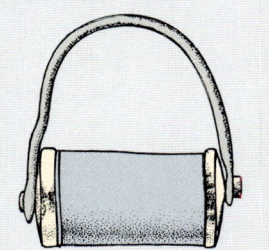

円筒印章の使用
円筒印章はそのほとんどが、粘土板に書くのに楔形文字が使われた地域で発見されている。

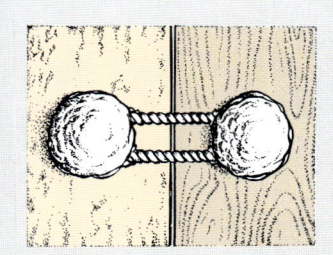

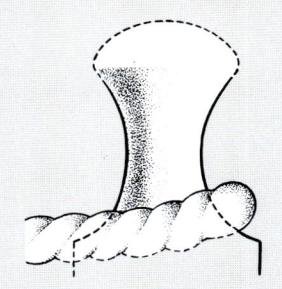

封泥の下面には、壺や籠のような封印された品物の痕跡がみられる。釘とひもでしっかりと固定された木製のドアを守るために使われた封印もあった(上端)。いくつかの封泥には、木の平らな表面と木目、そして釘とひもの形が残されている(上)。封印された壺は輸入品の可能性があるが、ドアはその土地で封泥されたものである。封泥の研究は、さまざまの印章の様式や交易方法に関する情報を与えてくれる。

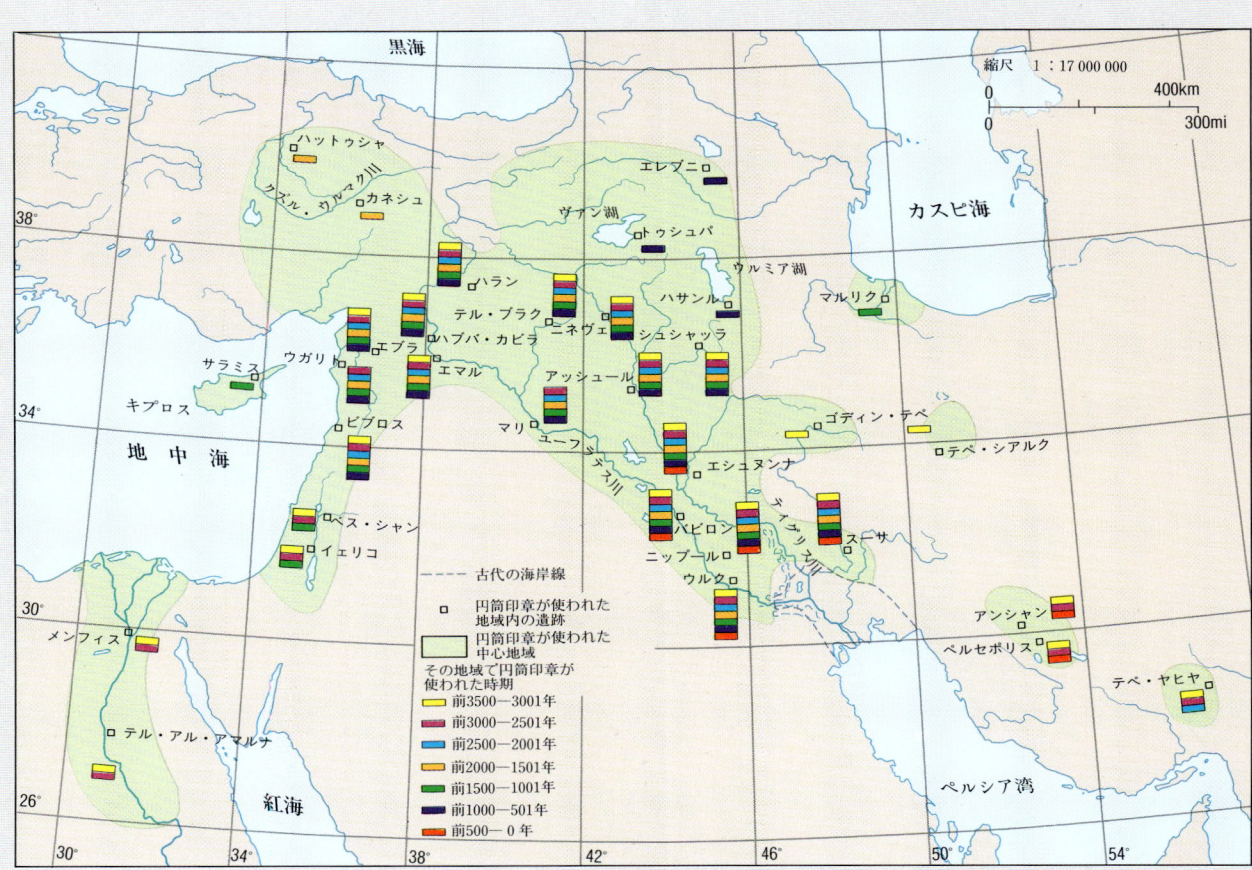

凡例:
- 古代の海岸線
- 円筒印章が使われた地域内の遺跡
- 円筒印章が使われた中心地域

その地域で円筒印章が使われた時期:
- 前3500–3001年
- 前3000–2501年
- 前2500–2001年
- 前2000–1501年
- 前1500–1001年
- 前1000–501年
- 前500–0年

縮尺 1:17 000 000

宗教と儀礼

ケルメズ・デレやチャタル・フユクの新石器時代の家屋でみつかった宗教に関わる備品にみて取れるように，宗教とその関係の儀礼とはそれこそ太古以来古代近東に住む人々の生活にとって根本的な意味をもつものであった．実際，村落での生活から都市での生活に移行していくのを促した陰の力はほかならぬこの宗教であったと述べる学者さえいる．

宗教を支配していた者たちはいずれもみな自分を神々の代理人との自意識をもっていたので，邪を撃退して神の好意を獲ちとるねらいで儀礼を執り行うことが彼らの重要な責務になっていた．その宗教活動の中心となったのはおもに神殿であるが，丘の頂上を儀礼の場所とする文化もなかったわけではない．神々は神殿のなかで神像となって鎮座し，その世話をする責任を負っていたのが神官である．彼ら神官にはさまざまな役職を担ういくつもの種類があり，管理をする者，呪文を唱えて厄払いをする者，あるいは予言や占いをもっぱらとする者などさまざまあった．私たちは宮廷あるいは神殿について述べている諸文書から大部分の知識をえており，一般庶民がどんな宗教生活を営んでいたかはほとんど不明である．

下　トゥクルティ・ニヌルタ１世（前1243-07）の治世代の粘土板文書に押されていた印章の図柄２例．アッシュール出土．ヤギはエア神の，イヌはグラ神のお使いの動物である．

下　アッシュールにあったイシュタル女神の神殿で発見された，柱の礎石．アッシリア王トゥクルティ・ニヌルタ１世がヌスク神に捧げた奉納碑文が刻まれている．王の姿は画面に２度描かれているが，いずれも王座の上の粘土板文書を崇めているところ．また，この礎石そっくりの形をした礎石が描かれているが，その中央に直立するのは書記の神ナブの筆である．高さ57.5cm．

上　スーサ出土の石灰岩製の浮彫リ．プズル・インシュシナク（前2200年頃）の碑文がエラム線文字で刻まれている．神殿のつつがない建立を約束して釘を手にするのは神で，王と神とを取りもつ女神がその背後に立つ．時代が少々下ったアガデのナラム・シンおよびラガシュのグデアも自分が建立した神殿を記念するため，これと同じような図柄の碑を遺している．神殿建設に先立って敷地のお祓いをするために念入りな儀式が行われたが，地面に釘を打ち込む所作はおそらくその儀式の一部であったと思われる．石碑の高さ52cm．

右上　中期エラム国の王シルハク・インシュシナク（前1150年頃）のためにつくられた青銅製の像．発見時には石膏に包まれていたこの作品は，宗教儀式を立体的に描いたものとしてかつての古代近東から今日に遺る唯一の例である．裸体の神官が２人，ある儀式を行っている．添えられた碑文でこの彫刻作品を「日の出」と呼んでいるので，おそらく夜明けのことだろう．周囲には樹木，大きな壷，各種の台，供物台がある．階段状の大きな建造物はジッグラトであろうといわれているが，むしろ高い祭壇ではなかっただろうか．高さ60cm，幅40cm．

左　エシュヌンナで発見されたシュメール人の彫像。これらのうちのいくつかはこの町の方形神殿に埋蔵してあった品物の一部である。像はいずれも神に祈りを捧げる信者の姿をしており，神殿におかれて奉納者の幸福を本人に代わってたえず神に祈るのであった。両手を組み合わせているのはおそらく敬虔さと祈りを表すしぐさであろう。

下　ウル・ナンム王（前2112−2095）の石碑の細部。ウルでバラバラの状態で発見された。王はこの町の主神である月の神ナンナ（アッカド人の崇めるシンに当たる）の前で，液体を供物として注ぐ儀式を執り行っている。神の手にしているのは竿と環であるが，たぶん元来は測量用の竿とロープであろう。もう一つ手にする品はネックレスかもしれない。供物に液体を注ぐ儀式では，水，ビール，ワイン，油あるいは犠牲として殺された動物の血が用いられた。

左　ウルクの神殿宝物庫で発見されたラピスラズリ製の円筒印章より。前4千年紀後期のもの。船首も船尾も高い船で支配者が雄ウシを輸送している。雄ウシの背にあるのは階段状の基壇で，女神イナンナの標章がひるがえっている（この宝物庫からは同じ文様の壺も出ている）。後世になると，祭日には神々の像が行列をなして神殿から神殿へと渡り歩いた。とりわけバビロニアでの元旦には神々の像が諸都市からバビロンへ運ばれてきたものだった。高さ4.3cm。

上　マリのシャマシュ神殿で発見された象眼モザイク。初期王朝時代のもので，雄ヒツジを供物として捧げている情景であると思われる。犠牲を捧げるのは神殿での儀式につきものであるが，特定の日々には特別の供物が献じられた。内臓を観察して占うためにも動物は屠殺された。

右　アッシリア兵によって運ばれる神神の像。前730年頃。左端の神像は嵐の神アダドで，稲妻を手にする。戦に敗れて占領された都市の神々の像をもちさることはメソポタミアではよく行われたことであった。

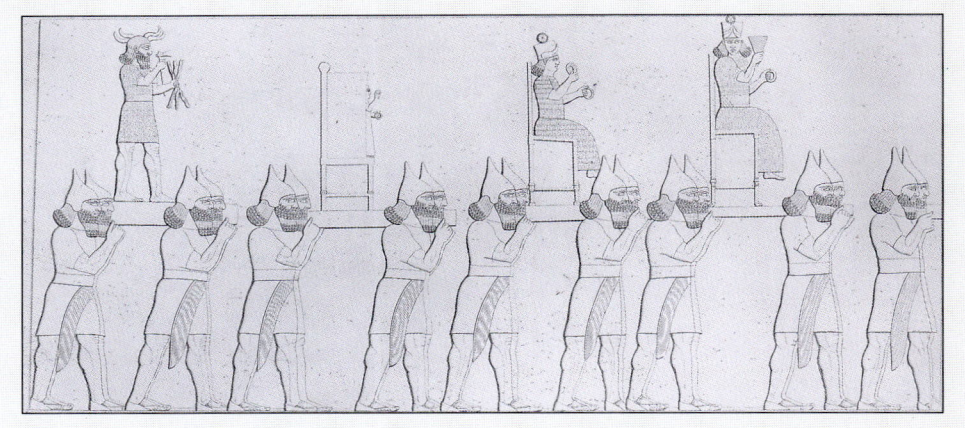

神々と悪魔

　古代の近東ではそれぞれの民族集団あるいは個々の都市すらが固有の神をもっていたので，崇められていた神々の数は数百にものぼった．概して宗教的には寛容であり，ある宗教の神々が他の宗教に取り入れられて信仰されたこともしばしばあった．シュメール人の神々とアッカド人の神々は早くから一つに融合したので，どの神がどちらの神だったのか識別は難しい．神々の威信の大きさは，彼らを崇める本拠地の都市の運不運に左右されることがしばしばで，たとえばマルドゥク神やアッシュール神がそれぞれ神々の世界の主座に就いたのも，バビロンないしアッシュールが頭角を現すのと軌を一にしていた．

　神は通例では人間の姿をしており，超能力こそ有するものの，人間と同じ感情，同じ欲求をもって人間そっくりにふるまうものと思われていた．こういう神々とともに悪魔や精霊，怨霊など善悪双方の超自然的存在もいて，しばしば人間と動物の特徴を併せもつなどその姿態はさまざまであった．ある悪魔は病気を初めとする不幸の元と信じられていて，彼らの悪事を避けようと入念な儀礼が執行された．

左　ライオンとハスの花を手にする裸体の女．カルフ出土の作品だが様式はフェニキア風の象牙彫りで，ウマにつけた装飾品．裸体の女たちはふつう性愛と戦争の女神を表すものとみられている．この女神はシュメール人の間ではイナンナの名で，アッカド人の間ではイシュタルの名で知られており，レヴァント地方のアスタルテにあたる．

右　ネブカドネザル1世（前1124-03）のクドゥッルすなわち境界石．神々の象徴が刻まれている．最上段には女神イシュタルの星と月神シンの三日月，太陽神シャマシュの円盤が見られる．その下，台に乗った三つの角のある冠は，アヌ，エンリル，エアの3神を表すのかもしれない．高さ約60cm．

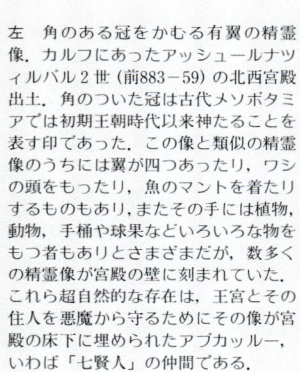

左　将来を占うのに人気のあった一つの方法は，犠牲の動物の内臓調べであった．ここに掲げたバビロニアの焼成粘土板はシッパル出土の品で，およそ前700年頃のもの．内臓調べに使われたその様子を記している．その予言の解釈は背面に記載されている．ここにみえる面は魔物フンババの顔であろうと思われる．彼は英雄ギルガメシュの叙事詩では英雄の手にかかって退治される．高さ8cm．

右　この青銅製の浮彫り（前700年頃）板では，背面に魔物パズズを描いているが，彼の頭部と両手が上にのぞいてみえている．おそらくこれは妊婦や新生児を襲うと恐れられていたラマシュトゥ魔に対する護符とするつもりでつくられたのであろう．画面には神々の象徴，一連の魔物，魚のマントをすっぽり着こんだ2人の神官をともなった1人の病人のほか，魔物パズズおよびライオンの頭をもつラマシュトゥ魔が下方に描かれている．高さ13.3cm，幅8.4cm．

左　角のある冠をかむる有翼の精霊像．カルフにあったアッシュールナツィルパル2世（前883-59）の北西宮殿出土．角のついた冠は古代メソポタミアでは初期王朝時代以来神たることを表す印であった．この像と類似の精霊像のうちには翼が四つあったり，ワシの頭をもったり，魚のマントを着たりするものもあり，またその手には植物，動物，手桶や果実などいろいろな物をもつ者もありとさまざまだが，数多くの精霊像が宮殿の壁に刻まれていた．これら超自然的な存在は，王宮とその住人を悪魔から守るためにその像が宮殿の床下に埋められたアプカッルー，いわば「七賢人」の仲間である．

下　風の魔物パズズを表した青銅像．通常この魔物はグロテスクな容貌をして，翼が4枚，脚は鳥，けだものの前脚，それにサソリの尾で表現されている．刻まれた銘には「わが輩は邪悪な風の魔物たちの王者にしてハンビの息子のパズズじゃ」とある．邪悪な魔物たちの王ではありながらもパズズは慈悲深い者と考えられていた．魔女ラマシュトゥの襲撃から産婦を守るためにパズズの頭部を象った護符を青銅でこしらえて身にまとう風習は，新アッシリア時代および新バビロニア時代にとても流行していた．

右　4面の神の青銅像．発掘で発見されたものではないが，おそらくネリブトゥム（今日のテル・イシュチャリ）由来のもので，年代は前2千年紀初期であろう．なんという神であるのかは不明．高さ17cm．

下　アッカド時代（前2200年頃）の，緑岩製の円筒印章の印影．顔を二つもった従者のウシュムとともにいる水の神エアを表す．エアの前で，太陽神シャマシュが今まさに山々の間から昇ろうとしており，またさらにその左にはイシュタル女神が控えている．高さ3.9cm．

右　トゥトゥブ（今日のテル・ハファージェ）出土のこの焼成粘土板は一つ目の太陽神を刺す殺す戦士の神を描いている．神々の名は確定できていない．おそらく今日に伝わらないある神話から得た題材を表すのであろう．神を表す型抜き飾り板は古バビロニア時代（前2000－1600年）に流行し，神殿でも一般人の家屋でも発見されている．おそらくは奉納物であったか，あるいは祈禱のおりに使用した品であったろうと思われる．高さ11cm．

都市国家間の争い（前3000—2350年）

初期の歴史の記録

　文字が発明されたのはウルク期後期のことだった．この文字の発明とともにメソポタミアは歴史時代に突入する．しかし，この地域の歴史を明らかにするのに役立つ記録が現われるには，それからさらに1000年近く待たなければならない．初期王朝時代末に都市国家を支配した王たちの残した当時の碑文はどれも，「わたくし王だれそれが神へこの碑文を奉納いたしました」と記すのみで，概してそれほど多くの情報を与えてくれないからである．他方，後世の文書では，さまざまなできごとを，自分に好都合なようにゆがめて書いている傾向がある．編年についてはどうか．これにもまたいくらか不確定要素がある．かなり信頼できる最古の年代はアガデ（アッカド）のサルゴン王の即位の年で，前2334年のこととされている．この年はメソポタミアの初期王朝時代が終わる年である．ところが前2334年というこの年代そのものが，実はサルゴンのあと，700年のちのバビロン王アンミサドゥカの時代に至るまでの歴代の王たちの治世期間を合計して計算したものなので，200年ほどの狂いがあるかもしれない．

　交易に立脚していたウルク期後期の大国家が衰退すると，あとには文化的空白が残された．その空白を埋めた地域文化は，東では原エラム文化，南メソポタミアではジェムデト・ナスル期と初期王朝時代第1期の文化，ディヤラ川とハムリン川の流域では原文字時代後期と初期王朝時代第1期の文化である．北メソポタミアでは，ウルク期後期の文化とその系統を引く文化がつづいたあとにニネヴェ5期の文化となったが，そのほかの地域では前期青銅器文化がつづいていた．文明の中心は依然として南メソポタミアで，ここでは数多くの都市が覇権を争いあっていた．原エラム文化だけはその実体がほとんど明らかでないが，メソポタミアの文化との広範な接触を通じてこれに近い文化をつくりだしていき，少なくとも一つ重要な都市が誕生した．ウルク期後期の影響のもとに生まれていたそのほかの土地の大都市はどれも生き延びることはできず，いったん滅びてしまう．しかし，初期王朝時代の末までにはシュメールの影響がふたたびメソポタミアの至るところで感じられるようになり，近東全域にその影響を及ぼしていく．

原エラム期の文化

　スーサではスーサ第2期から第3期へ移行する頃にその物質文化に変化が認められる．前者がシュメールのウルク期後期の文化によく似た文化であったのにたいして，後者は東にひかえるイラン高原地方といっそう密接な関係にある．この時期にはスシアナの多くが放棄され，スーサ自体もその例外ではなかった．住民たちは南メソポタミアへ移住したか，あるいはイラン高原へ移っていったのかもしれない．どちらの地方でも人口増加が確認されている．

　スーサにおけるスーサ第3期のもっとも特色ある品は原エラム文字Aと呼ばれる文字の書かれた粘土板である．全体としてこの文字はメソポタミアの文字に確かに似ているし，度量衡の体系もまた同一である．しかし，数字を別とすれば，両地域の文字は別物であり，おそらくそれぞれ異なる言語を書くのに使ったものだろう．南メソポタミアのウルク第3期の文書ではシュメール語を書いていたし，先行する第4期の文書でもおそらくシュメール語だったと思われる．これにたいして原エラム文字の文書が使用していた言語は，どうも初期のエラム語だったようである．これは前3千年紀から前1千年紀初めにかけてスシアナやその東の山岳地帯で使われていた言葉である．しかし，現在のところ文字の解読に成功していないので，エラム語である可能性はあくまでも推測に留まる．

　スーサでは原エラム文字を記した粘土板が1400点ほど発見されているし，数こそ劣るがテペ・シアルクでもテペ・ヤヒヤやタレ・マルヤンでもみつかっている．それどころか，イランのはるか東部，アフガニスタン国境に近いシャハレ・ソフテでもたった1枚とはいえ粘土板が出土している．粘土板と並んで，印章やそれを粘土板に押捺した印影がみつかっている．それをみると，メソポタミアのジェムデト・ナスル期から初期王朝時代第1期にかけて流行った型式との関連をみてとれる．型式の一つは緑泥岩（または凍石）を細長い円筒形にしている．模様を刻んでから火にかけてあぶり，表面をいっそう固くしていた．ばら花飾りの模様のほかに，細かく幾何学模様を刻んだなかに三角形や円を入れた図形，あるいはアーチやアーケード状のものなどさまざまなものがあり，そのいずれもが粘土板の原エラム文字と似た形をしている．こういう「熱して光沢を出した凍石」製の印章は，原エラム文字の使用された全域およびザグロス山脈の西端ぞいの地域，さらには北メソポタミアのニネヴェ5期の文化で発見されている．しかし，南メソポタミアでの出土例がきわめて稀であることを考えると，かつてウルク期後期初めにみられたような低地地方中心というよりは，山脈沿いの地方だけで交易や政治的まとまりがあったらしい．

　原エラム文字が使用された時期の遺跡のうちでこれまでに知られている最大のものはタレ・マルヤンで，スーサの東南東450km，ファルス地方にある．これこそ後のアンシャンの地で，スーサとともにエラム王国の版図に入ることになる．前3400年から前2600年頃にかけてのバネシュ期にはマルヤンの面積は50haだった．前3千年紀初めの頃になると城壁で囲んだ町の面積は200ha近くに達し，そのおよそ4分の1が住宅地だった．

　マルヤンの一区画の発掘では，17室かそれ以上の部屋をもつすばらしい造りの広大な建物が出土し，各室の壁には赤色，白色，黄色，灰色そして黒色の絵の具を使って壁画が描かれていた．ほかの建物では原エラム文字の粘土板とか荷物の封印に使用された封泥がみつかったし，貯蔵室や作業室にはさまざまな原料がおいてあった．フリント，銅鉱石，天然アスファルトなど現地で手に入るもの以外に，黒曜石，ペルシア湾からの真珠貝や貝殻，北アフガニスタンのバダクシャンで採れた紅玉髄とラピスラズリ（瑠璃）のような輸入品も含まれている．ラピスラズリが近東まで運ばれてくるおもなルートには南北の二つがあった．南ルートはシャハレ・ソフテを過ぎてから，カヴィル砂漠とルート砂漠の南を経てケルマンとファルスへ，またフジスタンを経てさらに西へと通じていた．北ルートは後にシルク・ロードとして利用されることになるもので，ホラサンを過ぎてからアルボルズ山脈とカヴィル砂漠のあいだを辿ってのち，南西に向きを変え，ハマダンとケルマンシャーを経由して中部メソポタミアに結んでいた．この両ルートにそって点在する遺跡では，ラピスラズリなどの準貴石が輸入され加工されていた証拠がみられる．テペ・ヤヒヤ近郊には緑泥岩の豊かな産地（鉱床）がある．初期王朝時代に印章や容器をつくるのに使われた石である．同

「汎文化的な型式」の緑泥岩製容器の交易

浮彫りが施された緑泥岩製容器が近東の前3千年紀の多くの遺跡で発見されている．緑泥岩のおもな産地の一つはテペ・ヤヒヤ遺跡に近い地域で，このテペ・ヤヒヤこそは緑泥岩製容器の主要生産地だった．このみばえのよい容器はメソポタミアの神殿や宮殿，墓でみつかっている．ペルシア湾のタルト島出土のものはおそらく墓の副葬品だったようだが，科学的調査で発掘されたものではなかった．「汎文化的な型式」にみられるもっともありふれた題材の一つは建物だが，その様式は産地あたりで知られているどの建築様式とも一致するものがない．動物を描いた容器も多く，なかんずく闘争中のヘビを好んで描いた．ニップールのイナンナ神殿で発見された容器の一つには楔形文字で「イナンナとヘビ」と彫ってあるが，この銘は品物が産地からメソポタミアに到着してのちに書き加えられたものかもしれない．

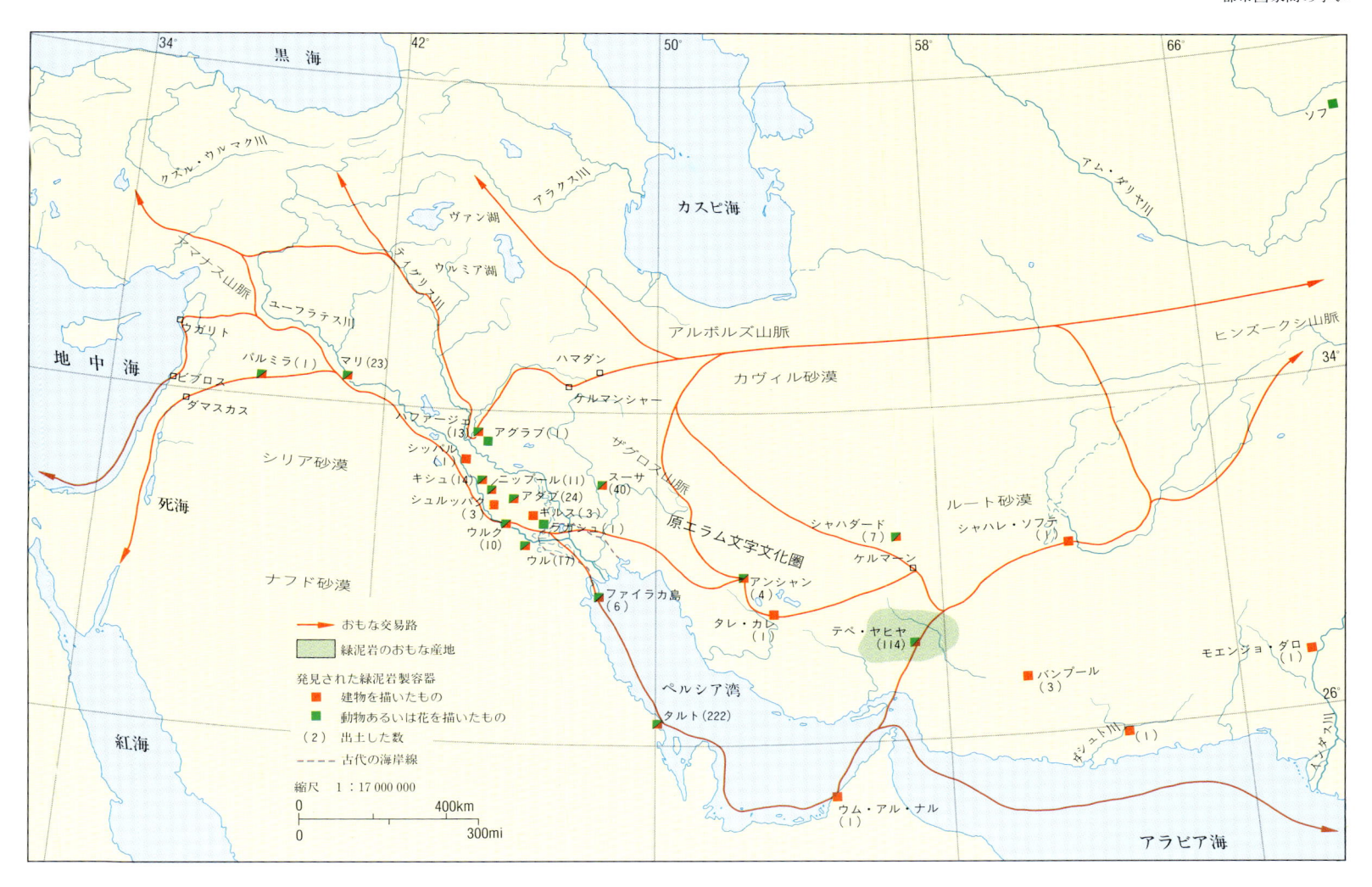

所からは，なにも書いていない書板84枚とともに，原エラム文字を記した粘土板26点が発見された．穀物やビールなどの品々や家畜が少量ずつ記載されているので，これらの粘土板は遠隔地交易の帳簿ではなく，本来は局地的な範囲での仕事の記録だったと思われる．

初期王朝時代第1期

初期王朝時代の南メソポタミアは小さな都市国家に分かれており，そのほとんどは中心となる大きな住居地区とその周辺に広がる田園地帯から成っていた．エリドゥからえられた証拠によると，ウバイド期からウルク期への移り変わりには連続性が認められた．同様にウルク期からジェムデト・ナスル期および初期王朝時代への移行にもたいした断絶はなかった．なかでも神殿はいつも同じ位置にあり，遺跡に堆積した地層を発掘してみると数百年はおろか数千年以上にもわたって建築が発展していったその様子が明らかである．土器類も，新しい型式の導入はあっても漸進的に発展しており，断絶はなかったという一般的印象を受ける．

バグダッドの東にあたるディヤラ川流域地方の調査の結果，考古学的観点からみてどのように発展していったか，その基本的な大筋が判明した．初期王朝時代は二つの時期に大別される．本質的に先史時代である前期と，歴史上の人物やできごとが確認できる後期とである．ディヤラ川流域ではそれぞれ初期王朝時代第1期と第3期に相当し，第2期は両者の移行期となっていた．初期王朝時代第1期の様子がいちばんよくわかるのはこのディヤラ川流域で，スカーレット・ウエアとして知られる彩文土器を特徴としている．この土器はまたハムリンでも発見されている．

この時期には神殿がふたたび重要な情報源である．典型的な神殿には狭い長方形の一室からなる聖堂があって，長辺を正面とし，その片隅に設けた出入口を通って中庭から出入りした．祭壇はその対角線上にあたる反対側の短い壁面におかれた．「軸線の捩れた」出入口を有するこの神殿型式は，ジェムデト・ナスル期になって，凹字のように3列構成をしたウバイド期やウルク期の神殿に外部の中庭をつけ加えたことから生まれたもののようである．同じように，ウバイド期の3列構成の家屋も，中庭の片側にそって応接室を備えて中庭を部屋がとり囲む形式の家屋になった．これはイラクで今なお使用される間取りである．神殿の内部には石像がおかれていて，参拝者の代わりの役を務めた．これが初期王朝時代第

右　ディヤラ川流域のテル・ハファージェ（古代名はトゥトゥブ）出土の彩文土器．黒と赤の顔料を用いて描くこの型式はスカーレット・ウエアと呼ばれ，初期王朝時代第1期に典型的なものである．幾何学模様のほかに自然からとった題材もあるけれども，写真の容器にみられるように人間を描いたものは稀だった．高さ約30cm．

都 市

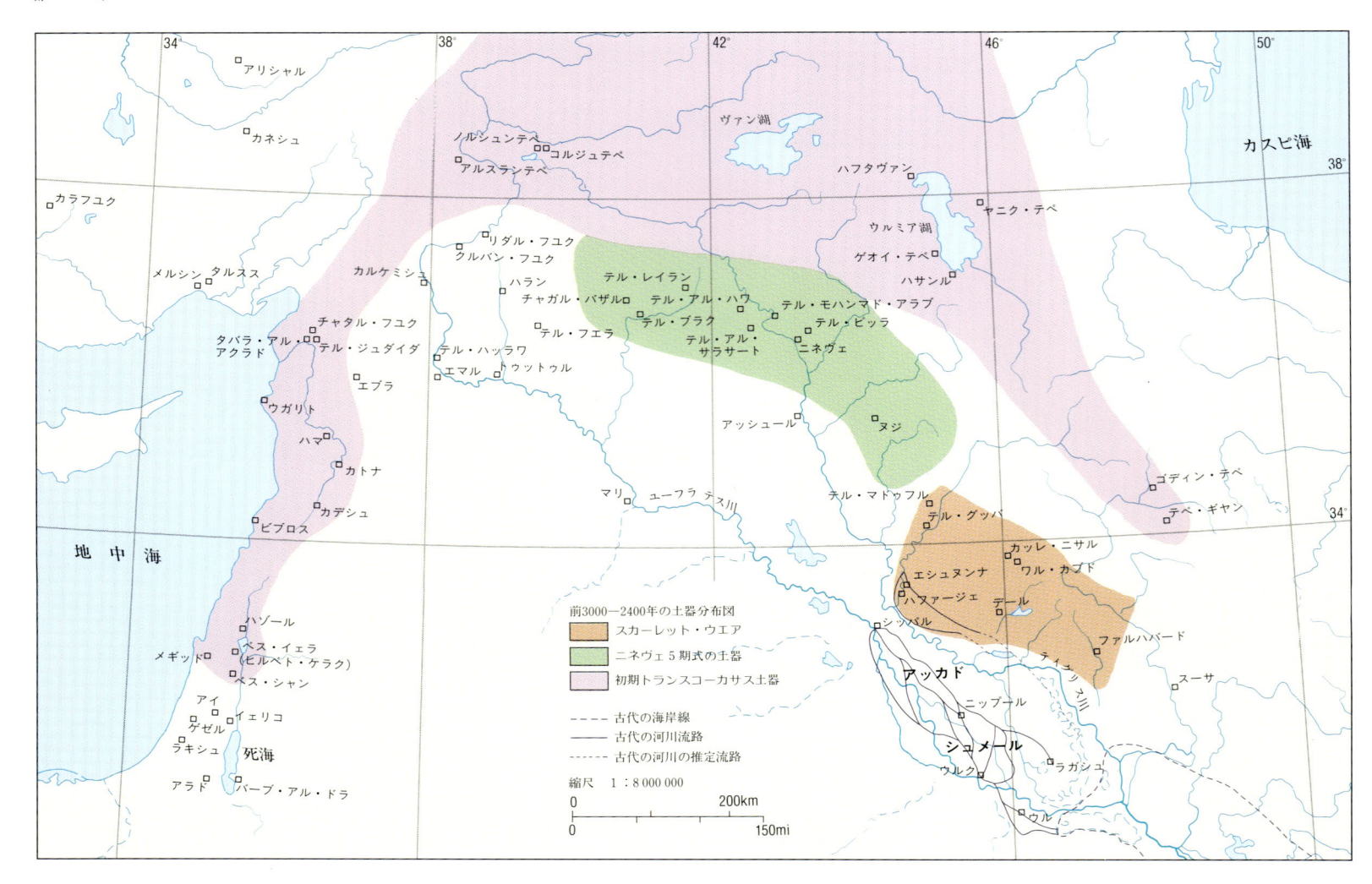

前3000—2400年の土器分布図
- スカーレット・ウエア
- ニネヴェ5期式の土器
- 初期トランスコーカサス土器

- --- 古代の海岸線
- ── 古代の河川流路
- ---- 古代の河川の推定流路

縮尺 1：8 000 000

1期の神殿のもう一つの特徴であり，後にきわめてありふれた様式になる．エシュヌンナ（現テル・アスマル）にある方形神殿の三つの聖堂のうちの一つでは，祭壇のわきで12体もの石像が発見されている．以前は神々の像と考えられていたが，おそらく人間を表現したものだったはずである．

ハムリン地域にある初期王朝時代の遺跡からは，大都市の存在を立証する証拠は少ない．テル・グッバはジェムデト・ナスル期あるいは初期王朝時代第1期の初め頃の遺跡で，もっとも古いばかりかきわめて印象的な遺跡でもあるが，かつてここには同心円状に8重の周壁が取り巻いた建物があった．いちばん外側の周壁の直径はおよそ70mだったが，周壁は持ち送りをつけてアーチ型の通廊になっており，その屋根は尖って三角形になっていた．また，壁の厚みを利用して階段としている．ハムリン盆地の外では類似のもののないこの建造物が何だったのかは，不明である．建物の内部にある穴には，つぎつぎに投げ込まれた姿で16体の人骨が折り重なっていた．通廊では穀物がつまった大きな壺が発見されていて，この建物が食糧や宝物の倉庫に使われていたことを示唆している．

若干時代が下がるテル・ラズクの建物もまた，同心円状に周壁で囲まれていて，その中央部は差し渡し10mの広い空き地になっていた．その周囲には湾曲した五つの部屋がとりまいていて，グッバの建物と同じく持ち送り構造のアーチがついていた．このアーチの幅は4m以上もあり，部屋と部屋の間の屋根を兼ねていた．この建物は都市国家の一つが南西方面に備えて設けた軍事的前哨基地だったのかもしれない．ヘイト・カシムで発見された共同墓地の場合は，周壁をめぐらした近くの集落と関係があったと考えられている．レンガでつくられた墓穴は周りを方形の壇で囲んであったが，大きな墓では南面から幅の狭い2本の塀が長く突きでて，狭い渓道をつくっていた．副葬品は土器を主体とするが，イラン高原の銅でつくった短剣や斧，鑿を納めた墓もいくつかある．

北メソポタミアではウルク期後期の流れを汲む文化が発展してニネヴェ5期の文化となったが，この名称はニネヴェ遺跡での先史時代第5層にちなんで命名された．この層からは彩文土器とともに，入念な彫りこみ模様のある灰色土器も出土した．これまでに調査の行われた限りでは，この時期の遺跡はどれ一つとしてまだ都市の特徴を示していない．建物はどれも規模が小さくて村落風であるし，墓はその規模や副葬品の豊かさにいくらかの差異があるものの，はるか南方の地域の墳墓に納められた豊かな品々に比べれば実に貧弱だった．ニネヴェ5期の金属製品のうちもっとも入念なつくりの品は，頭部を鋳型でこしらえた簡素なピンである．チャガル・バザルでは鉄でできたナイフの刃の破片が出土している．これは溶解鉄でできているといわれているが，おそらく銅を溶かすために鉄鉱石を融剤として使った際に偶然えられたものらしい．

トランスコーカサス地方の初期文化

さらに北に位置する東トルコ地域では，初期のトランスコーカサス文化が発展した．発祥の地はおそらくアラクス（アラス）河谷ぞいのアルメニアらしいが，前4千年紀末に拡散していく．この膨張には西方と南方への人の移動がともなっていて，東トルコやユーフラテス河谷の上流域，北イランに住みついたものと考えられている．表面を磨研した黒色，褐色あるいは赤色の土器類が特有で，浮彫りの飾りがついているが，ときには模様を彫って白い顔料を塗りこめたものもある．メソポタミアからイランへの主要な街道を越えたところにあるゴディン・テペでは，およそ前2700年頃の第4層でこれが発見されている．ほぼ同じ時期の同種の土器がガリレー

前3千年紀における諸土器型式の分布

文字の発明は前4千年紀のことだったが，近東諸地域の大部分においては前3千年紀の歴史の復元に文書を活用することができない．先史時代を研究する場合と同様に，考古学者はこの地域のさまざまの文化を識別するための方法として，装飾を施された土器の型式の分布状況に着目し，大きく三つのグループに大別する．シュメールとアッカドの北東方面には，赤と黒を使ったスカーレット・ウエアがみつかるし，そこから北西の方向にはニネヴェ5期の土器があった．ニネヴェ5期の装飾土器のうちでも初期のものは彩色してあるが，のちになるとこれに代わってきめの細かい灰色土器が現れる．その表面には刃で線を刻みこんで模様をつけている．メソポタミアをぐるりと囲んで大きな弧を成す地帯では，黒あるいは赤の表面を研磨した土器を使っていた集団がいた．この種の土器には，ときには白の模様を描いてそのなかに浮かし彫りしたものもある．この型式は，前3千年紀の間コーカサス地方から南にかけて広がっていた初期トランスコーカサス土器の流れを汲んでいる．

ニップール

ニップールはシュメール人の宗教の中心地のうちでもっとも重要な土地で、エンリル神の主聖殿があった。エンリルは前3千年紀に天神アンの座を奪って神々の世界のトップに躍りでた神である。歴史時代に入ってからはこの都市が重要な王朝の本拠地になったことはなかったが、ほかの都市の支配者たちがシュメールとアッカドの全域に覇を唱えようとするならば、このニップールを制することが必須の条件であると考えられていた。

ニップールに人が居住し始めたのはウバイド期のことで、それ以来紀元後の800年頃まで町でありつづけたから、5000年間に積もり積もった瓦礫は、周囲の平地より20mも高い小山となり、縦2km、横1.5kmを超える面積を占めている。また、ニップールには書記を養成する重要な学校があって、その跡地からは数万枚もの粘土板が出土している。前1300年頃のめずらしい粘土板がある。この町の地図を寸法入りで記したもので、エンリルの神殿や町の周囲を囲む防御壁と門のみか、おもな川の流れも書かれている。この防御壁が鋭く屈曲している部分は、最近の調査で遺跡の南端にこの地図そのままに確認された。

下　色を塗り象眼もしてある、緑泥岩製容器の破片。南イラン製だが、ニップールにある初期王朝時代のイナンナ神殿で発見された。ヘビと闘っている大猫を描く。楔形文字で「イナンナとヘビ」という銘が入っている。

下　前2100年頃にウル・ナンムの建設したジッグラト。後2世紀に要塞に転用され、その中核部分となった。頂上の建物はアメリカ人の発掘者が、現地人の襲撃を避ける避難所として1900年頃に建てた家屋。

右　銅の小像。たぶんウル・ナンム王（前2112—2095）あるいはシュルギ王（前2094—47）を表現している。ニップールのイナンナ神殿の基礎で発見された。神殿を建立する清浄なレンガを納めた篭を頭上に乗せて運ぶ姿で、下半身は釘状のつくりになっている。高さおよそ30cm。

右　1948年以来の主要発掘地区を示す。ニップール遺跡の等高線図。この遺跡で前1300年頃のニップール市街地図が発見されているので、等高線図に重ね合わせてみた。

湖まで南に下った西シリアでも発見されていて，ヒルベト・ケラク土器と呼ばれている．

そのほかこれらの遺跡に住んでいた住民たちが共通して好んだものには，円形の家屋，そして型でつくった浮彫りを飾りにつけた馬蹄形の炉がある．彼らは，後の前3千年紀晩期から前2千年紀にかけてメソポタミアの北辺で勢力を振うことになるフルリ人の先祖だったのかもしれない．この型式の土器の分布が政治あるいは交易面での結びつきをどの程度反映していたものか不明だが，メソポタミアをとりまくこの文化圏によってメソポタミアの低地地方は山岳地帯の豊かな資源から切り離されてしまっていたとも考えられる．もしそうであれば，初期王朝時代の諸時期にペルシア湾沿岸で海上貿易が盛んになる一因だったのかもしれない．

レヴァント地方

東地中海沿岸地域（レヴァント）ではヒルベト・ケラク土器は前期青銅器時代に流行っていた数ある地方的な型式のうちの一つにすぎなかった．したがって，これらの型式の違いを必ずしもよそ者の侵入がもたらしたものとする必要はなく，その時代を通じて地域ごとに発展したり外国から平和裏に影響を受けたりして生まれたものだったのかもしれない．

前期青銅器時代はレヴァントでは4期に分けられ，大まかにいってそれぞれウルク期後期，ジェムデト・ナスル期から初期王朝時代の第1期にかけての時期，初期王朝時代の第3期，そして前3千年紀の末期に相当する．前期青銅器時代の第1期には遺跡は概して小規模だが，例外的に面積が10haに及ぶものもいくつかあった．この時期の遺跡のうちでもっとも注目を引くのはジャワで，北東ヨルダンの玄武岩礫がゴロゴロした砂漠にある．面積12haほどの，防御施設の整った町がここに建設されたのは前4千年紀末の頃だった．このあたりは年間降雨量が150mmに満たなかったが，人々は冬の雨水が地中に浸みこんでしまわぬよううまく工夫して，暑い乾燥した夏の数カ月間をしのぐに十分な水を蓄えることができたのである．

前期青銅器時代の第2期の特徴は，エジプト王国とのさらに大規模な接触だった．オリーヴ油の輸出用に使われたと思われるパレスティナ土器が，アビュドスのエジプト第1王朝の墓で発見されている．また，南パレスティナと北シナイの遺跡のうちのいくつかは，円筒印章を押した印影や日干しレンガで建てた建物が発見されていることから判断して，エジプトの植民地ないし交易の出先拠点だったのだろうと認められている．

この時期の町邑がつねに防備を固めていたこと，そして門や塔を備えていたことを立証する証拠も残っている．宗教的な建物だったことが判明している建物もあるが，神官たちが政治に積極的に関与していたかどうかは，わからない．多くの研究者の考えでは，当時は都市国家の時代であり，それぞれが守りを固めた中心をもって周辺の土地を管理していた．この第2期の末になると多くの遺跡が見捨てられ，生き残った町邑ではその防御工事が前にも増して大がかりになった．シリアではマリ，エブラ，ハマ，ウガリト，ビブロスといった諸都市が繁栄したが，パレスティナおよびレヴァントの沿岸地方では前期青銅器時代の第3期の間，強大なエジプト古王国の強い影響が及んでいた．

シュメールとアッカド

南メソポタミアは南北二つの地域に分かれていた．エリドゥから北のニップールまでの南部地方がシュメールで，アッカドはその北のアブ・サラビーフから沖積平野北辺までの土地をいう．シュメールとアッカドという呼称が初めて記録に現れたのは初期王朝時代の末のことである．シュメールでそのほとんどの住民がシュメール語を話していたのは明らかだが，この言語に系統的に近い言葉は知られていない．他方北半部のアッカドで一般に話されていた言葉はアッカド語といい，後のバビロニア語とアッシリア語の先祖にあたり，ヘブライ語やアラビア語とも親縁関係にあった．

シュメールやアッカドは現代的な意味での国家ではなく，都市国家の集合体だった．それぞれが政治的単位として完結していて固有の支配者を戴く都市国家のなかには，複数の町邑を領域内に抱えていたものが二，三ある．たとえば，ラガシュ国では国家の守護神ニンギルスの本拠地であるギルスのほかに，国家全体の名称となったラガシュがあり，そしてまた南東方面にはより小規模なニナも抱えていた．こうして，シュメールもアッカドもそれぞれがおよそ1ダースほどの都市国家に分裂していた．そのほとんどはユーフラテス川のいくつもの支流のいずれかの沿岸に位置し，周囲には未耕作地が広がっていた．開墾していないこの土地をシュメール語ではエディンと呼んで，家畜の放牧地に利用していたが，同時にまた都市相互の間の緩衝地帯でもあった．諸都市は互いの間隔があまり離れてはいなかった．ウンマがラガシュ市の一地区ギルスからたった30kmしか離れていなかったのはその一例で，そのためラガシュの歴代の支配者は，両国がその間の土地の領有をめぐって絶え間ない紛争をくり返していたと碑文のなかに記している．ところで，周囲を防御壁で囲んだ集落は無土器新石器時代に，イェリコとマグザリーヤで早くも出現していたことが知られている．そして，前期青銅器時代第1期ともなるとパレスティナでは至るところでみられるようになっていた．たぶんほとんどのシュメール都市も初期王朝時代の初めまでには要塞化していただろう．しかし，南メソポタミアで都市の周壁がもっとも早く確認できるのはアブ・サラビーフで，初期王朝時代の中期以降のことである．シュメールの政治地図を描くのは容易なことではない．同盟関係も軍事による征服もめまぐるしく変化していたからである．キシュ王はしばしば遠くラガシュにまで至る諸都市国家に君臨する覇者になったし，二つあるいはそれ以上の都市国家が1人の王を戴いてその支配を受けることもあった．

支配者と神々

都市国家の支配者たちの称えた肩書きにはエン，エンシ，ルガルという三つがあった．それぞれおおまかながら「神官」，「侯」，「王」と訳されているが，相互にどんな違いがあったのか，明らかではない．支配者が使う肩書きは都市によってさまざまだった．エンは宗教的な義務を担っており，おそらく元来は神官だったと思われる．これに対してルガルは，文字どおりには「大きな人」（ビッグ・マン）を意味する単語で，エンよりももっと世俗的な任務のものだった．戦争がおこったときに軍事指導者が長老会によって選出されたのがルガルの起源だったかもしれない．バビロニアの『エヌマ・エリシュ』（創造神話）でも，邪悪な神々にたいして戦いを遂行するため，神々の集会がマルドゥク神を選んで指導者に任じている．ルガルに1人あるいは複数のエンシが服従していたこともある．二，三の都市では初期王朝時代の末までに，世俗的職権と宗教的権限が分離していたが，しかし世俗の支配者は神の代行者としてのみ権力を行使するという観念そのものは，メソポタミア文明の最後の最後まで守られた．つまり支配者は神の代理人で，程度に差はあれその町の主神殿の財源を監督していた．しかもこの神殿こそが都市の主要な土地所有者でもっとも裕福だった．私営部門の経済も繁栄していたけれども，粘土板の記録からはあまりはっきりしたことがわからない．これらの文書のほとんどは神殿の公文書の一部だったからである．奴隷のなかには戦争捕虜もいたが，奴隷の所有も都市国家ではふつうのことだった．

各都市にはそれぞれ守護神がいて，そこの主神殿はこの神のものとされた．神々のうちのあるものは特定の地方に限っ

下 シュメールの王名表．「ウェルド・ブランデル」角柱と呼ばれる写真の文書は，王名表のなかでももっとも保存状態のすばらしい写本で，楔形文字で記されている．大洪水以前の時代からイシン王シン・マギル（前1827–17）に至るシュメールの王たちの名前を列挙している．王名表には12以上の写本がバビロニアとスーサから出土しており，ニネヴェにあった前7世紀のアッシリアの図書館所蔵の写本も現存する．すべての写本の元となった原本が編まれたのはおそらく前2100年頃，ウル第3王朝時代の初期かあるいはそれよりも少々さかのぼった時期と思われる．こういう王名表編纂の目的は，「王権が天より下ってきた」そもそもの最初から特定の都市が選ばれてほかのすべての都市を支配することになっている旨を示すことにあった．高さ20cm．

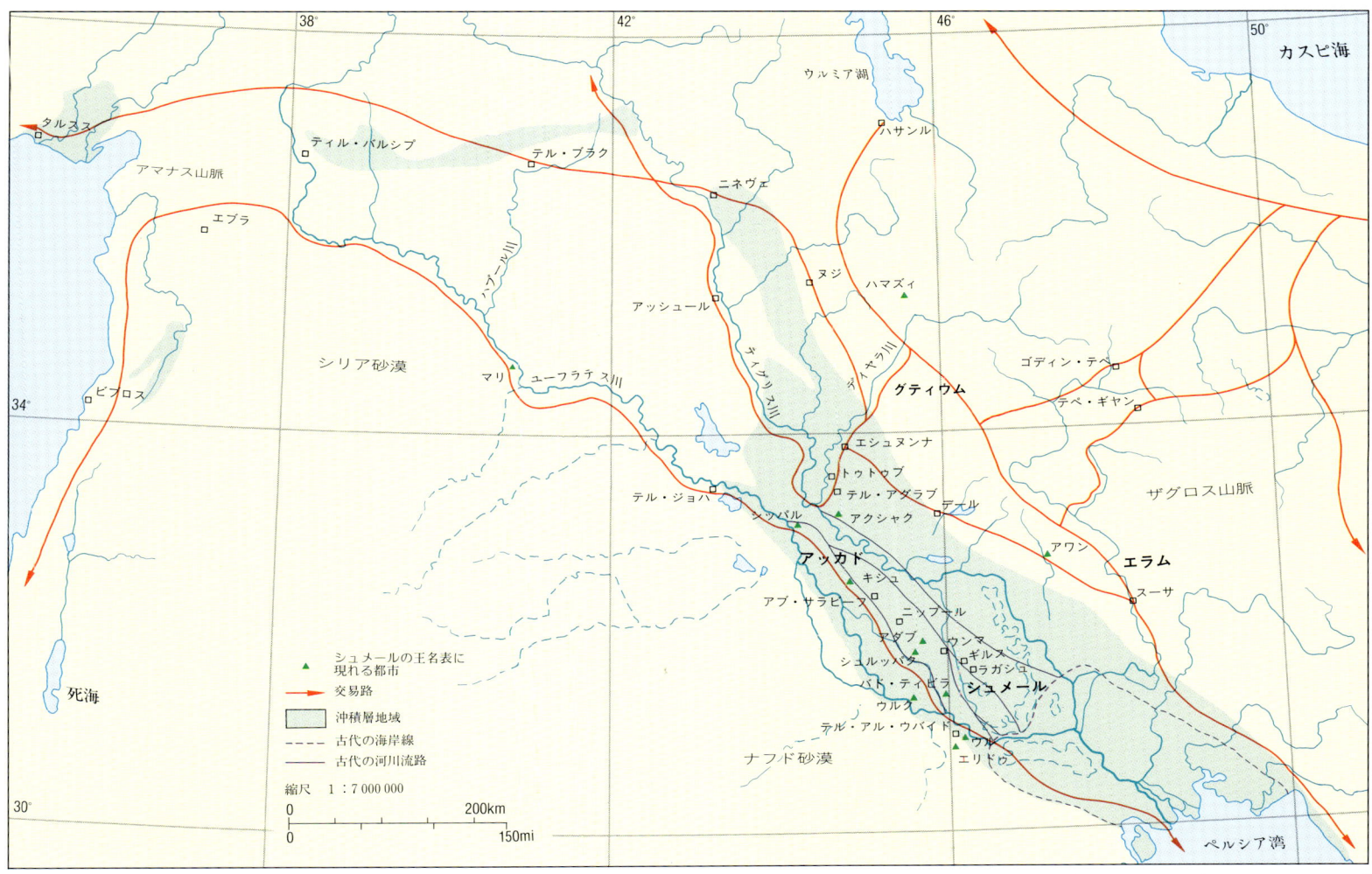

シュメールの王名表に現れる諸都市

初期王朝時代第3期のシュメールとアッカドは敵対しあう多くの都市国家に分裂していた．シュメールの王名表によると，いかなる時期でもただ1都市が選ばれて優位を保つことになっていた．しかし実際には，これは後世の諸王朝が自身の支配を正当化するために現状を昔の時代に投影させてつくり上げたもののようである．聖書でもそうだが，初期の支配者たちは何千年もの長い間王位に留まっていたとされている．覇権を握った都市の名前とその王たちの王朝のつづいた期間はシュメールの王名表が記録している．

て崇められていた．たとえばスド神はシュルッパク市に鎮座し，ババとその夫のニンギルスはギルスの主神で，ザババはキシュの町の守護神だった．もっと広範な地域を支配する神神もいたが，これはこの神の都市がそれだけ広い支配力をえたその結果であることが稀ではなかった．何世紀も後のことだがバビロンあるいはアッシュールが勢力を伸張させたその結果として，それぞれの町の守護神であるマルドゥクないしアッシュールが神々の世界の主人の座につくことになったのは，その一例である．諸都市はまた守護神でない神たち（多くの場合それはイナンナ女神またはエンリル神だったが）にも神殿を建立した．

シュメールの神たちは，ギリシアの神々と同じように人間の姿をしていたし，人間と同じ感情や嫉妬心に動かされて人間そっくりに振る舞うことがめずらしくなかった．神話や伝説から受ける印象では，神は人間界のできごとに気まぐれな干渉をしている．天の神，月の神がいたし，あるいは自然現象の力を象徴する神，さらには人間界の制度や工芸品の神々もいた．書記術の女神や犁の神がそうだし，レンガにさえ固有の神がいた．シュメールの書記たちが念入りに作成した神名表には，実際何百という神名が連なっている．

アンは天空の神で，主神殿はウルク市にあったが，この都市の守護神はアンではなくて，女神イナンナだった．ウルク期にはこのアンが神々の世界の主人だったらしいが，前3千年紀の中頃までにその地位を大気の神エンリルが奪ってしまった．シュメール諸都市のなかでもっとも北に位置して特別な役割を担っていた都市ニップールの主神がこのエンリルであり，その配偶神はニンリルという．全シュメールに号令しようと大望を抱く者は誰であれ，このニップール市の諸神殿を修復する務めがあった．

神々のなかでのナンバースリーはエンキという（アッカド人はこの神をエアと呼んでいた）．この名前はシュメール語で「大地の主人」を意味するが，現実には淡水を支配する神だった．エンキはエリドゥ市の主神でもあり，また知恵と呪術の神として知られていた．女神のなかでもっとも重要だったのはイナンナで，アッカド人の間ではイシュタルという名前で崇められていた．後になるとたいていの女神がイシュタルと融合してしまう．この女神イナンナないしイシュタルは性愛の女神であり，戦争の女神でもあったから，ギリシアのアフロディーテとアテナを併せたような女神だった．彼女の町はウルクとアガデ（アッカド）である．元来イナンナはアンの配偶神だったようだが，後世の神話ではドゥムジの妻となっている．ドゥムジは冥土を訪れたまま地上の世界へ戻ることが許されなくなってしまった妻イナンナの身替わりに，冥土行きを強いられる神である．後世になるとタンムズあるいはアドニスの名で呼ばれ，毎年死と復活をくり返す神として篤い信仰の対象となった．また，太陽神で正義を司る神ウトゥ（アッカド語ではシャマシュ）はシッパル市とラルサ市を守護し，月の神ナンナ（アッカド語ではシン）はウル市の神だった．

歴史と伝承

初期王朝時代になるとようやく楔形文字で書いた文書が残されるようになり，おかげで考古学調査の成果をそこに記された証言と付き合わせることが可能となる．楔形文字文書のなかでももっとも重要なのはシュメールの「王名表」で，太古からシュメールの地を支配してきた歴代の王朝を記録した文書である．現存する最古の写本は前2千年紀初頭のものだが，写本の一つは前4世紀のバビロニア人で書記のベロソスの時代になってもなお活用されていた．「王権が天より下ってきたのち，エリドゥ市が王権の（所在地）となった」と書

き出すこの王名表は，それ以後順次バド・ティビラ，ララク，シッパル，シュルッパクの4都市の王朝が覇権を握ったと述べている．1代で終わったシッパルの王朝の王の名はウバル・トゥトゥという．こう記してから文書は「5都市，8代の王が24万1200年間支配した．そのとき洪水が（地表に）襲いかかった」とまとめている．

後世の伝承はこのウバル・トゥトゥを，バビロニアのノアともいうべきジウスドラ（あるいはアッカド語版ではウトゥ・ナピシュティム）の父としている．『ギルガメシュ叙事詩』によると，ウトゥ・ナピシュティムはエンキ神の忠告に従って船をつくり，人類を一掃するために神々が送った大洪水から辛くも生き延びることができたことになっている．ウルやキシュあるいはシュルッパクのどの遺跡でも地下深いところに，水が運んできた泥の堆積層が発見されており，これこそ大洪水の跡であると信じた考古学者がいたが，しかしおそらくこれはシュメールの全域をおおった大洪水ではなくて，異なる時代の局地的な氾濫の痕跡にすぎまい．シュメールの王名表に記された大洪水以前の部分は初期王朝時代第1期にあたるとしばしば考えられてきたけれども，王名表以外には何の情報源もない以上は，この比定は実証のしようがない．

大洪水以後の時代になると，考古学上の証拠がいくらかあって実在が確実視される王たちの名前が表に現れる．「洪水が（地表を）一掃してから王権がふたたび天より下って，キシュが王権の（所在地）となった」．王名表はキシュの王として23名を列挙するが，その第22代の王はエンメバラゲシといい，王名表の叙述によれば「エラムの地の武器を捕獲品として持ち去って，王となり，900年間統治した」人物だった．たぶん書記は称号のエンを人名の一部だと考えて王名をエンメバラゲシとしたのだろう．実際にはメバラゲシと記した碑文が二つみつかっている．その一つは壺に刻んだ碑文で，現在イラク博物館にあり，ほかの一つはバグダッドの東方のハファージェの，敷地が長円形をした神殿（初期王朝時代第3期初め）で出土した．

メバラゲシの跡を継いだのは，王名表によれば息子のアカ（またはアッガ）で，王権はキシュからウルクへ移ったという．表にあがっている歴代のウルク王のうちにはシュメールの神話や伝承にも登場する人物がいた．エンメルカル，ルガルバンダ，ドゥムジ，ギルガメシュの4人である．後世の創作になるシュメール語の叙事詩は，ウルクのギルガメシュとキシュのメバラゲシの子アカとの間の争いを題材にしているが，それが事実だとするとウルクの王朝とキシュの王朝とは王名表が示唆しているような前後関係にあったのではなくて，むしろ同時代に活動していたようである．

ウルク第1王朝の半ば伝説的な諸王の行為は，後の世のシュメール人やバビロニア人の書記の好んでとりあげる題材となって記録に残された．この種の伝承の一つが，都市国家アラッタと争ったエンメルカルを主人公としている．シュメールからこの町へ行くには山脈を七つも越えなければならなかったとあるから，イラン高原のどこかにあったようだ．シュメールの諸神殿を飾るのに金や銀，ラピスラズリ，紅玉髄を手に入れたいと望んでいたので，エンメルカルは穀物をアラッタへ輸出したり，あるいは使節に手紙をもたせて派遣して（彼は文字の発明者だとみなされていた）交渉したり，ときには武力に物をいわせたりとあらゆる手立てを総動員して，ようやくアラッタのエンから貴重な物資を入手することに成功している．

エンメルカルの伝承と同じくギルガメシュにまつわる物語も後世の人々の手がいろいろと加えられているけれども，しかしおそらく史実を核心に含んでいる．『ギルガメシュ叙事詩』がすっかり完成したのは前2千年紀の初めのことで，これを創作するためにそれまでに存在したいくつもの伝承をつなぎ合わせて一つの物語にしている．死すべき運命をなんとかして逃れたいという人間のはかない試みを基本テーマとしたこの神話で，神殿を建設するのに必要なスギの材木を「生者の土地」から持ち帰るために，ウルクの王者ギルガメシュは遠征に乗り出した．この土地はたぶんアマナス山脈のことなのだろうが，ここで彼は怪物フンババを殺して無事にウルクへ帰還したけれども，女神イナンナ（イシュタル）の求愛をすげなく退けてしまい，これが遠因となって親友のエンキドゥは死んでしまう．いつかは死すべき運命を免れない人間の1人ギルガメシュは，死への恐れから逃れる方法を聞きだすために，ウトゥ・ナピシュティムを捜し求めて旅に出る．この人物は大洪水を生き残って以後神々から永遠の命を授けられ，ディルムン（ペルシア湾のバハレーン島だと考えられている）に住んでいた．永遠の命の秘密は「生命の草」を手に入れることだとウトゥ・ナピシュティムから教えられたギルガメシュは，ついに海の底でこの草をみつけた．その際彼は海に飛びこんで潜るのに両足に重たい石を結わえつけている．これはペルシア湾域で真珠採りたちがやっている伝統的な方法であるから，「生命の草」とは真珠のことかもしれない．ところが，ウルクへの帰途一匹のヘビがその「生命の草」を盗んでしまったので，ギルガメシュは永遠の命の代わりに，この叙事詩の主人公となって不朽の名声をえたことで満足しなければならなかった．ヘビは皮を脱ぐことによって新しく生まれ変わる生き物だといわれていたかもしれないことに注意されたい．むろんこれらの伝承は史実そのものではないけれども，都市相互の間の競争状態，神々とその代理人たちを神殿の建立あるいは豪勢な供物を通じて慰撫し讃美すること，貴重な外国産の品々を交易で手に入れたりあるいは征服して奪いとることなど，初期王朝時代の人々にとって大事な関心事を反映していたのである．

ウル第1王朝

シュメールの王名表に次の王朝として記されているのはウルの王朝で，初代の王はメス・アネパダ，すなわちウルとテル・ウバイド出土の碑文からも，あるいはまたマリで発見されたラピスラズリのビーズにその名が刻まれていることからも実在の人物であったと知られている王である．このビーズはメス・アネパダの父の名をキシュの王メス・カラムドゥグと述べている．メス・カラムドゥグ自身の碑文はウルの王家の墓地の二つの墓から発見されているが，これを発掘したのは高名な考古学者サー・レオナード・ウーリー（1880-1960）だった．

ウルの王家の墓地は今までで最大のめざましい発見の一つである．そこの墓のほとんどでは，遺体は深い竪坑の底に，ござにくるまるか棺に納められて横向きに安置してあった．それぞれの遺体のわきには，貴石，短剣それにたぶん円筒印章などの私物があった．墓穴にはまた，土器，石や金属製の器もあったが，食べ物を盛ったのかもしれない．武器もあったし，トリ貝の貝殻に入った化粧紅が化粧道具と一緒にみつかった．これと同じような墓ならアブ・サラビーフやキシュ，ハファージェでも発見されている．ところが，ウルの王家の墓地の墓のうち，17基は並みのものではなかった．そのつくりにおいても，また副葬品の豊かさにおいても群を抜いているのである．あるものは石づくりで，あるものは日干しレンガづくり，またあるものは数室から成っていたし，丸天井を有する墓もいくつかある．これらの墓のほとんどはすでに古代に盗掘されていたけれども，それでもなお残っていた物だけでさえ尋常ではない．無傷で発見された墓ならいうに及ばずだった．王墓のうちのいくつかでは，冥土にお供するようにと何十人もの従者が葬儀の最中に殺害されて主被葬者に殉死したことが明らかである．

ある王墓はもう一つの王墓のほとんど真上につくられていた．下に位置する墓こそ発掘者のウーリーが王墓と呼んだも

都市国家間の争い

上　マリのイシュタル女神の神殿で発見された兵士像．貝殻の象眼細工．初期王朝時代の末期の作品である．兵士および裸のまま縛られている捕虜を描いた，もっと大きな場面の一部．この兵士は武器として戦斧を携え，頭には初期王朝時代の王たちがかぶっていたのと同じような種類の平たい帽子をかぶっている．高さ11cm．

右　ライオンの頭をもつこのワシはマリのいわゆる「ウルの宝物」のなかでみつけられた．ウルの王メス・アネパダの名前を刻んだビーズもこの宝物の一つ．これがウル王からの贈り物だったのか，それともマリがあるときウルに侵略したことがあってその際の略奪品だったのかは，不明である．首飾りはアフガニスタンからのラピスラズリでつくられたもので，その頭部と尾部は黄金製で，天然アスファルトと銅ピンを用いて接着してある．高さ12.8cm．

のだが，これには墓穴の低部まで下って行けるように斜面になった通路がついていた．この傾斜路のすそには6人の兵士の全身骨格が横たわっていて，いずれも銅の兜をかぶり，銅の槍をもっていた．さらにその先には3頭ずつの雄ウシが曳く四輪車が2台，遺物となって残っていた．手綱はラピスラズリのビーズでできていて，雄ウシの像の飾りのついた銀の鼻輪につながっていた．この四輪車のむこうには，50体以上の男女の遺骸があった．女性たちの集団のとなりでは二つの竪琴の残存物がみつかった．その一つには黄金とラピスラズリでつくった雄ウシの頭部のほかに，貝殻をはめこんで絵にした飾りもついていた．この絵はまるでイソップ寓話の一つを表したみたいに，楽器を奏でている動物たちを描いている．

玄室は石組みで，レンガの丸天井を葺いていた．ここには数体の遺骨が残っていたほか，今日の南イラクの沼沢地帯に住むアラブ人が使っているのと同じ型の小舟を銅または銀でつくった模型もあった．しかし，この玄室に納められた品々のほとんどは，真上に位置する第2王墓からこの玄室の屋根に穴を開けて忍びこんだ墓荒らしたちが盗んでしまっていた．この第2王墓の間取りは第1王墓のと同一であるが，玄室と外側の竪穴には略奪を受けた形跡がない．傾斜路上には5体の遺骨が並び，その前には木製の橇がおいてある．橇の飾りはライオンと雄ウシの頭部，どちらも材料は金銀で，ラピスラズリと貝殻のモザイクをはめこんでいる．橇を曳くのは2頭の雄ウシで，その手綱は銀の鼻輪につながる．しかもこの鼻輪にはエレクトラム（琥珀色に輝く金銀合金）で精巧につくったロバの像がついていた．この橇の間近にゲーム盤が1台と，金，銀，銅，黒曜石，ラピスラズリ，アラバスター，大理石などでつくったいくつもの容器がおかれ，その中央には大きな木箱が一つあった．モザイク装飾のあるこの木箱は第1王墓の玄室の天井に開けた穴の真上におかれていたのだった．おそらく，第2王墓を築く際に関係者は地下に昔の第1王墓の玄室をみつけ，あとで副葬品を略奪したのだろう．

都市

　第2王墓の玄室では，2人の侍女をともなった女が1人，棺台に横たわっていた．彼女の右肩近くには，ラピスラズリの円筒印章が一つ転がっていて，宴会の光景とともに「王妃プアビ」と銘が彫ってある．王妃は黄金の頭飾りをかぶって美を凝らして葬られていた．遺体の近くで発見されたもう一つの頭飾りは，裏打ち布に何千もの小さなラピスラズリのビーズを縫いこんでできており，このビーズの列の最上端には黄金でつくった雄シカ，ガゼル，雄ウシ，雄ヤギの小さな像が，植物模様と互い違いに配置して留めてある．
　もう一つの玄室も略奪を受けていたけれども，それの外側の区域，発掘を指導したウーリーが「大死坑」と名づけた区域は被害を免れており，9m×8mの広さの場所に少なくとも74人の殉死者が葬られているのがみつかった．傾斜路の近辺には兵士が6人配置されていたし，女性の楽師4人は竪琴のそばにいた．この竪琴の一つにはあごひげを黄金でこしらえた雄ウシの頭が飾りとしてついているし，ほかの1台には雌ウシの頭部を銀であつらえ，第3の琴には銀でつくった雄シカの頭がついている．さらにこのほか64人の女官たちが整然と並んで眠っていた．彼女らは首のまわりに金やラピスラズリそのほかの宝石でできた衣服留めをし，三日月形の大きな黄金の耳飾りをつけ，プアビの頭飾りを簡素にした頭飾りをかぶっていた．これらの女官のヘアバンドは28人が黄金製，残りの者は銀製だった．哀れにも1人の女官などはいまだに巻いたままのバンドを手にしていた．きっと彼女は自分の葬儀に遅刻してしまい，これで頭髪を結わえる暇もなかったのだ．
　ウルの王家の墓地にある二つの墓からはメス・カラムドゥグの名前を記した碑文が出土した．その一つ，1人の女が葬られていた墓では，貝殻製の円筒印章に「メス・カラムドゥグ王」の銘がある．この印章は女の葬儀の際に王の幸せを祈って供えられたものかもしれない．もう一方の墓は，玄室の設備もなければ人間の殉死の証拠もないので王墓には数えられていないが，ここで出土した黄金の椀二つと貝を象った黄金のランプ一つにはどれもメス・カラムドゥグの名前が刻まれていたし，さらにまた「王妃ニンバンダ」と記した銅の椀も発見された．ところが，ウルでみつかったある円筒印章では，メス・アネパダの妻を同じ名前と肩書き，つまり「王妃ニンバンダ」と呼んでいる．そしてこのメス・アネパダは，マリ出土のビーズによればメス・カラムドゥグの息子なのだった．それはともかく，この墓で発見されたもののうちもっとも人目を引いた品は金の兜で，髪の毛一本一本を丹念に彫りこんだかつらの形をしている．また，何百ものビーズ，多数の黄金の容器，1本の銀製の帯，黄金の短剣ひと振り，エレクトラムでつくった斧なども出ている．

　いわゆる王墓はウルの支配者たちとその縁者たちの墓であるとウーリーは主張しているけれども，異議を唱える学者がいないわけではない．幾人かは，ある宗教儀式で祭儀に則って殺された犠牲者たちが葬られているのだと考えている．王の埋葬にあたって人間の犠牲をともなう風習は世界の数カ所で確認されている．たとえば，初期王朝時代のエジプト，それよりは時代が下るがスーダンでも，中国では商（殷）時代に，また紀元13世紀のメラネシアでもその風習があった．しかし，メソポタミアではウルの王家の墓地を別とすれば，この風習のあった証拠はほとんどないのである．

宮殿と神殿

　ウルの王家の墓地は初期王朝時代の第3期初めのものだが，メソポタミアで最古の宮殿址が確認できるのもこの時期である．そのうちの二つはキシュに，一つはエリドゥにあり，建物にはそれが宮殿であることを示す碑文はまったくないけれども，二，三の特徴から判断して宮殿であることは間違いないだろう．いずれも広大な建物で，その平面図からすれば初期王朝時代の神殿とたいして違わないのだが，神殿と異なっていったん放棄された後にはその場所がふたたび建物の敷地として利用されることはなかった．
　キシュの宮殿は初期王朝時代に典型的な，上面が円く盛り上がった方形の平凸レンガで築いてあった．そして，周囲には扶壁の張り出した厚い周壁がめぐらされていた．部屋の数は50以上もあり，その一部は倉庫として利用され，ほかの部屋には炉とか天然アスファルトで水漏れを防止した溜め池があった．数室ずつがひとまとまりになっていて，その間は狭い廊下が通っていた．神殿地区の南方にある，キシュのもう一つの宮殿は三つの部分から成っている建造物で，最初に建てられた部分の規模はおよそ70m×40mだった．中央に方形の中庭を設け，その周囲に部屋を配置するとともに，この全体を厚いレンガ塀が取り囲んでいた．この塀には巨大な正門がついていて，階段が通じていた．かつてこの建物の南には柱廊玄関と25mほど奥行きのある広大な列柱ホールとからなる別の建物があった．ここの羽目板には片岩や石灰岩，真珠貝をはめこんで絵を描いているが，その光景は，ウルで発見されたスタンダード（軍旗）の絵とよく似ている．同じようなはめこみ細工はマリでもエブラでもみつかっている．他方，エリドゥの宮殿ではほとんど同一の建物が二つ横並びに建っていた．どちらも後世のメソポタミアの宮殿と同じく中庭を囲んで部屋を配置してあるし，各々の建物の周囲には狭い回廊が走っていた．
　宮殿以上に一般的にみられるのが初期王朝時代の神殿である．その敷地の神聖さと人間の心の保守性のゆえに神殿は数

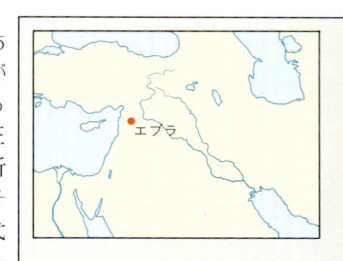

上　西宮殿の真下にあった「ヤギの主の墓」出土の黄金の首飾りで，前1750年頃の作．色モザイク物，針金をくるくる巻いてバンドに仕上げている．円盤のなかは6条の光線で表した星で，初期王朝時代に発達した技術を用いて粒々を星に付け加えて飾りとしている．

右　G宮殿の公文書室で発見された数千枚の書板のうちの数例．シュメール語あるいは土地の言語エブラ語で書いてあるが，どちらも同一の楔形文字を使用していた．

左　ウルに近いテル・ウバイド遺跡にあった，出産の女神ニンフルサグの神殿で発見された浮彫りの復元物．この神殿の建立者は前2500年頃のウル第1王朝の王ア・アネパダ．神殿の建築装飾は取り外されていて，神殿がのっかっている基壇付属の階段のとなりに積んであった．打ち延ばした銅を裏板に貼り合わせてできているこの大きなパネルはドアの上におかれ，色モザイクで飾った2本の柱がそれを支えていたのかもしれない．ライオンの頭のワシと2頭の雄シカの飾りがなぜこの神殿の飾りとなっていたのかは不明である．高さ107cm，幅238cm．

都市国家間の争い

エブラ

　北シリアの遺跡テル・マルディフを発掘していたイタリア調査隊は，この遺跡こそ古代の都市エブラであることを確認した．1968年のことである．この土地に最初に人が住みついたのは前4千年紀のことで，それ以来後7世紀まで集落があったのだが，最盛期は前3千年紀の半ばから前2千年紀の半ばにかけての時期だった．前期青銅器時代のG宮殿では，宮殿が破壊されたときにそのまま放置された多数の芸術品と粘土板が発見された．この宮殿を破壊したのはアガデの王のうちの1人ではないかと考えられている．中期青銅器時代（前2000-1600年）の品々もそれに劣らず見事なものだった．エブラは前1600年頃にも略奪の憂き目にあっている．おそらくヒッタイト王ムルシリ1世がその犯人で，彼はバビロンを攻めにいく途中だった．

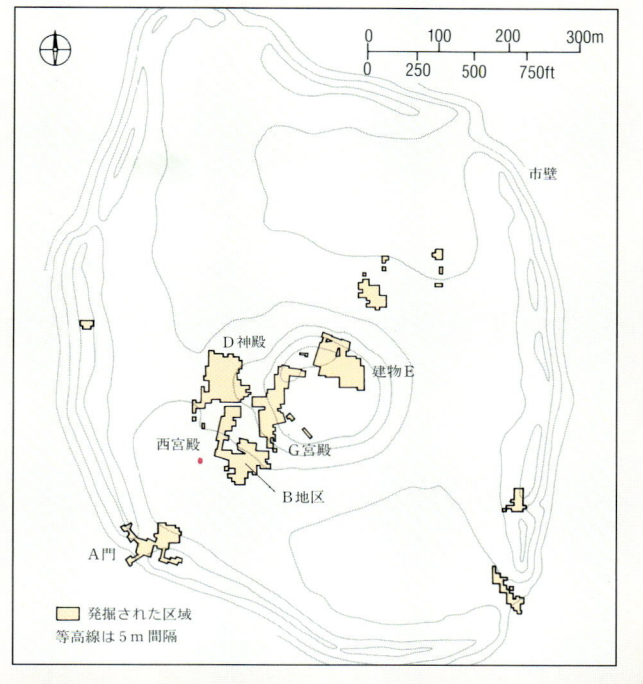

左　エブラの遺跡の，等高線で表した地勢図．主要な発掘地域が書き入れてある．この遺跡はおよそ55haの面積を占め，市域全体を外側の市壁が囲んでいる．城塞のあった中央の丘の高さは15m以上．この市域のほとんどはまだ未発掘である．G宮殿を除き，発掘済みの遺構の大部分は青銅器時代の中期かそれ以降に属する．

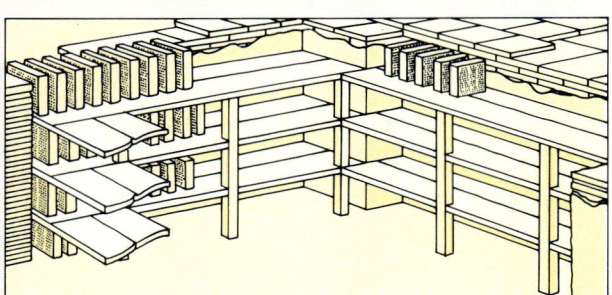

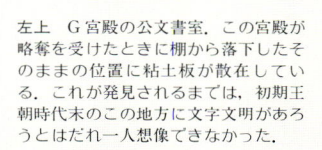

左上　G宮殿の公文書室．この宮殿が略奪を受けたときに棚から落下したそのままの位置に粘土板が散在している．これが発見されるまでは，初期王朝時代末のこの地方に文字文明があろうとはだれ一人想像できなかった．

左　G宮殿の公文書室の書棚の復元図．火災で炎上したのちそのままの状態に残っていた痕跡を頼りに想像したもの．現代同様に粘土板も書棚に整理されていた．内容はほとんどが経済記録である．

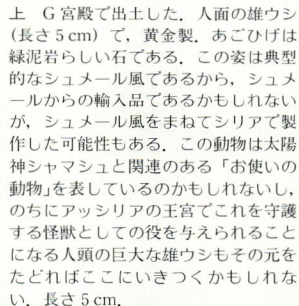

上　G宮殿で出土した，人面の雄ウシ（長さ5cm）で，黄金製．あごひげは緑泥岩らしい石である．この姿は典型的なシュメール風であるから，シュメールからの輸入品であるかもしれないが，シュメール風をまねてシリアで製作した可能性もある．この動物は太陽神シャマシュと関連のある「お使いの動物」を表しているのかもしれないし，のちにアッシリアの王宮でこれを守護する怪獣としての役を与えられることになる人頭の巨大な雄ウシもその元をたどればここにいきつくかもしれない．長さ5cm．

千年もの間同じ場所に建てられつづけた．これまでに発掘された神殿は多数にのぼる．多くの場合，以前のウバイド期やウルク期の3列構成は廃れて，代わりに中庭を備え，中心軸の捩れた聖堂となった．もう一つの特徴的な設計は基壇の上に神殿を建てるようになったことで，ウルの西方4kmにあるウバイドの神殿はその一例である．モザイクを埋めこんだ柱や，搾乳中の雌ウシを描いた象眼の帯状装飾，あるいは銅板をハンマーで鍛造してライオンの頭をもつワシ1羽と2頭の雄シカを表した，入念な高浮彫りがこの神殿を飾っていた．周囲を長円形の壁で囲んだこの神殿の建立者はメス・アネパダの息子ア・アネパダで，女神ニンフルサグに寄進したものだった．

　ハファージェでも，基壇の上に建てられた神殿が発見されているが，これは二重の壁に囲まれている．建築工事開始に先立って，神殿の敷地となる区画を4.6mも掘り下げ，そこに6万m³以上の清浄な砂を入れていた．第3の長円形神殿がラガシュでみつかっている．イナンナ女神のイブガルと呼ばれるこの建物の施主はラガシュの支配者エンアナトゥム1世（前2410年頃）であるが，開基の時期はもっとさかのぼるかもしれない．

初期王朝時代第3期の晩期

　初期王朝時代の王たちの碑文をみると，シュメールの王名表も決して完璧なものではないことに気づく．いくつかの都市国家の支配者たちが脱落しているのだ．たとえば，5世代以上にわたってその存在が知られているにもかかわらずラガシュの王たちは無視されている．また，アダブとギルスから出土した碑文の記すところによれば，キシュ王メサリムはア

都市

左 ギルス出土の壁掛け石板で，ラガシュの支配者ウル・ナンシェ（前2480年頃）が一家とともに描かれている．上の場面では，神殿を建立する際の清浄なレンガを頭上の笊に入れて運んでいる．彼のすぐ前の人物が妻で，その背後に並ぶのが息子たち．下の場面は王座についたウル・ナンシェ．高さ40cm．

ダブとラガシュ両国の支配者たちの上に君臨していたのだが，このメサリムは王名表に現れない．メサリムはかつてウンマとラガシュが国境争いをしていた頃，両者を調停して境界を定めたことがあったのである．

しかしその後，ラガシュ王ウル・ナンシェの治世にまたもや国境紛争がおこって，ウル・ナンシェはウルとウンマの双方を打ち破ったこと，この時期にラガシュの町の防御壁を築き，また諸神殿を建立したことを自分の碑文に記している．彼の孫のエンアナトゥムもウンマとの紛争を乗り切って勝利をえた．これを記念するために彼は石碑を建立し，「ルマの君主，主ニンギルス神はピリゲデナ運河の生命」と記したが，この碑は戦死者たちの死体にむしゃぶりついているハゲタカの群れを描いているがゆえに「ハゲタカの碑」とも呼ばれている．エンアナトゥムはウルク，ウル，アクシャク，マリ，スーサ，エラム，おそらくイランのザグロス山脈にあったらしい二，三の土地，さらには北メソポタミアにあったと考えられているスバルトゥさえをも打ち破ったと主張している．また，イナンナ女神が自分にキシュの王権をお授けくださったとも述べている．しかし彼のこのような言い分は大袈裟すぎるのであって，エンアナトゥムがこれほど広範囲にわたる征服を行ったとほのめかすような証拠は一つもない．古バビロニア時代の王たちと同様にエンアナトゥムは，遠方の土地の同盟者が地域的な紛争に巻きこまれたとき，この者に支援部隊を派遣したというのが，おそらく真相だろう．しかし，ともかくシュメールの視野は広がりつつあり，ウルク期後期にきわめて重要な意味をもっていた遠方との接触の機運がふたたび目覚めつつあったのである．

シュメール文化の周辺への影響

シュメールの王名表によれば，シュメールの地の外部にあった王朝，つまり東方ではアワンとハマジが，西方ではマリの王朝がシュメールを支配したことがあったとされているが，ほかの史料からはこれを裏づける証拠がほとんどない．だが，シュメールとイラン高原との間の接触はあった．シャハレ・ソフテでは，初期王朝時代になると居住地の広さが45haを超えるほどに成長し，前3千年紀末頃にはほとんどその2倍にもなる．ケルマンの東のシャハダードではこの時期の共同墓地から豊かな埋葬品が出土しており，金属製の容器，彫刻品，銅や青銅の道具類，武器，そしてまたスタンプ印章や円筒印章も含まれている．溶鉱炉も発見されているし，紅玉髄や瑪瑙，玉髄，方解石，ラピスラズリ，緑泥岩などの原石から品物を製作した仕事場のあった区域も判明している．さらに南部のテペ・ヤヒヤでは，考古学者は緑泥岩の工芸品を多数掘りだした．しかもその一部は未完成品だった．ヤヒヤ出土のもののように，「汎文化的な型式」の緑泥岩製容器は，ペルシア湾沿岸部でもスーサでも，シュメールやマリでも初期王朝時代第3期に属する層でみつかった．この時期にはファルスに定住地のあった証拠はまずないし，アンシャンは寂れてしまっていたらしい．

ザグロス地方では，ゴディン・テペの第4層で初期のトランスコーカサス式の土器がみつかっていたが，その後には新しい型式の彩文土器が現れた．ゴディン第3期として知られるこの様式は100年以上も生きつづける．スーサではスーサ第3期の原エラム期の文化に代わって，ゴディン第3期の影響を受けた土器をともなう新しい文化が出現する．しかし，しだいに南メソポタミアからの影響が増大しつつあった．

下 ラガシュの支配者エンアナトゥム（前2440年頃）の石碑の一部分．隣の都市国家ウンマに対する勝利を記念した作品．ギルスの出土だが，バラバラの状態で発見された．ラガシュの守護神ニンギルスが，投網で捕まえた敵兵の1人を狙ってその頭蓋骨を鉾で打ち砕いている．この石碑の反対面には，戦闘中の兵士たちを描く．戦死者たちの遺体を鳥がついばんでいるので，この石碑はしばしば「ハゲタカの碑」と呼ばれる．浮彫りとともに碑文がそえられており，ラガシュとウンマとの国境紛争を詳細に叙述している．ここに掲載した部分の幅は約80cm．

北メソポタミアでは，刻文のあるニネヴェ5期の土器が廃れて，代わって登場するのが固い金属的な光沢のある土器であり，この発展は当地方において周囲を防御壁で囲んだ大都市の成長と時期を同じくして進行した．シュメール的な型式の像がアッシュールとテル・フエラで発見されているし，ハブール川ぞいの平地にあるテル・ブラクとテル・レイランでは，印章を粘土板に押した印影の型式に南方の影響を認めることができる．マリの場合は南部の諸都市国家と密接な関係に入ってすでに久しい．マリで発見されたウル王メス・アネパダの銘のあるビーズがその証拠だが，それと同様に，ウル出土の2通の碑文はマリ王から奉納されたものだったかもしれない．マリでは神々も神殿もメソポタミアの伝統にそっており，諸神殿でみつかった多数の彫像ははるか南部の神殿におかれたとしても違和感を与えはしなかったのではないか．

興味深いことに，文字を知っている類縁の文明が西シリアにあった．シュメールからエジプトへの道程の半ば，アレッポの南のエブラ（現在の遺跡名はテル・マルディフ）で，王宮から8000枚近い粘土板が発見されているのである．公文書室の棚に並べて保管されていたものであり，シュメール語の楔形文字を使用してはいるものの，ほとんどすべての文書がこの地域の言葉で書いてあった．当初このエブラ語はヘブライ語の初期の方言かもしれないと考えられたが，その後むしろアッカド語により近いことが明らかになっている．文書の4分の3以上が行政関係の記録で，残りが書記養成学校の教科書とそれにかかわる語彙集に属し，20点ほどではあるがシュメール語やエブラ語で書いた文学テキストもあった．

エブラの支配者の称号はマーリクムといい，彼に仕える有力な家臣はルガルと呼ばれていた．エブラ文書は3人の王の治世にまたがる．彼らの名はアル・エンヌム，イブリウム，イッビ・ジキルで，たぶん初期王朝時代末期の人物だった．イッビ・ジキルの治世に終止符を打ったのがアガデのサルゴンだったらしく，この王はエブラを支配したと主張している．あるいは彼の孫のナラム・シンだった可能性もある．エブラを破壊したと述べているからである．エブラ王国の版図がどのあたりまで伸びていたのかははっきりしない．南はダマスカスにまで下がっていたかもしれない．東のマリと緊密な接触をもっていたことは確かである．エブラ文書に現れる神々にはシュメール＝アッカド系の神もいくたりか含まれていたが，バアルやリム，ラサブ，エルを初めとしてその多くは後の時代の西方で知られる神々である．

ほとんどのエブラ文書は織物と亜麻にかかわる記録である．織物といってもとりわけ羊毛を原料とする毛織物のことで，王が8万匹ものヒツジを所有していたことを考えればそれも当然だろう．文書はさまざまな作物にも言及しており，そのほかにオオムギ，オリーヴ，ブドウも取れた．ある文書によれば，イッビ・ジキルは毎年5kgの金と500kgの銀の収入があったというから，エブラがいかに裕福な国だったことか，想像がつくだろう．エブラの文明はいつ頃の年代に属していたのだろうか．これを決定する上で重要なのがアラバスター製の壺のふたで，王宮で発見されたこれにはエジプトのペピ1世の名前が刻まれている．この王の治世は前2289年から2255年までと計算されているから，メソポタミアのサルゴン（前2334－2279）やナラム・シン（前2254－18）とだいたい同時代の人物である．

王宮ではもう一つの重要な発見物があった．石灰岩の象眼の断片である．キシュ出土のものと同じように，ライオンの頭をもつワシが人頭の雄ウシの間に挟まれて列を成し，それが兵士たちの列と互い違いに並べられている．兵士はいずれも武器を携え，捕虜を連行し，捕虜を殺戮し，あるいは敵の戦死者から首を切り離して運んでいる．このような光景はシュメール世界に典型的なもので，新アッシリア時代にまで描き続けられる．また，王宮からは20kg以上ものラピスラズリがみつかったが，これもまた当時の遠隔地交易を実証している．

初期王朝時代の終末

初期王朝時代が終わろうとする頃のシュメールは大動乱で天地もひっくり返るような騒ぎだった．ウルクとウルの両市はルガルキギネドゥドゥのもとに連合し，キシュ王を称した彼はラガシュの支配者と条約を結ぶ．ラガシュはウンマと境界の土地をめぐって争いをつづけていた．メサリムの時代以来の紛争の再来である．ウンマでは支配者がつぎつぎに交代する．おそらく，優位に立ったラガシュから干渉があったのだろう．そのあげくルガルザゲシが父を継いでウンマの王位に登ると，形勢は逆転してウンマ軍はラガシュを略奪した．さらに彼はウルクの王位をもえるが，しかし前2334年にはアガデのサルゴンに敗れてその軍門に降った．ルガルザゲシの支配の模様は，エンリル神の町ニップールで発見された50個以上の石製容器に刻まれ，その破片が今日に伝わっている．

エンリル神はルガルザゲシに（シュメール）民族を治める王権を授け，全土を彼の足元にひれ伏させ，東から西まで彼に服従させた．そして，下の海（＝ペルシア湾）からティグリス川，ユーフラテス川（にそって）上の海（＝地中海）に至るまで，彼（ルガルザゲシ）のために道を平定してくださった．東から西までエンリルは彼に刃向かう敵を許さず，王のもとに国土は安らかに憩うた．

右　ラガシュの支配者エンテメナ（前2400年頃）がニンギルス神に奉納した銀の壺．台は銅製．この町の守護神ニンギルスはのちにエンリル神の息子で戦士の神であるニヌルタと同一の神とみなされるようになる．ニンギルスは本来嵐の神だったのかもしれない．壺の表面に精巧に彫り刻んだ鳥はライオンの頭をもつワシで，前3千年紀には多くの例のある題材として使われ，しばしばアンズー鳥（シュメール語ではイムドゥグドつまり「嵐の鳥」という）と同じ鳥と考えられている．2頭のライオンの臀部を引きつかんでいるこの嵐の鳥はニンギルス神そのものの化身かもしれない．のちになると神々はもっぱら人間の姿でもって描かれるようになる．それゆえ，ニヌルタにせよニンギルスにせよライオンの頭のワシとの関連を説明するのに，神話はニヌルタ神がアンズー鳥を打ち破ったことをひきあいに出している．

シュメールの彫像

　初期王朝時代（およそ前2900－2334年）のメソポタミアでは，支配者たちも一般の市民たちも自分自身の彫像を神殿内に立てることが流行していた．像が自分たちの代わりにいつでも神々にお祈りをしてくれると考えたのである．この種の像がテル・フエラやマリ，アッシュール，スーサあるいはシュメールとアッカドの多くの遺跡で発見されている．シュメール語を話す者であろうとアッカド語を話す者であろうと，彼らが好んだ彫像の型式は同一だった．

　美術史家たちは，初期王朝時代のシュメール人の様式化された彫刻術がアッカド時代（前2334－2154年）になると自然主義的なものに変わると力説してきた．しかし，シュメール美術のなかにも相当の多様性があるのが現実で，たいへん型にはまったもののある一方では，実に真に迫った写実的な作品もある．初期王朝時代から古バビロニア時代へと彫刻術の伝統は連綿とつづいていたのである．

　石像の多くの特徴となっているふっくらした円みのある姿態は，素材として手に入った石のせいであったかもしれない．川原に転がっている大きな玉石の形をしていたからである．

左　マリのイシュタル神殿の官吏エビフイルが奉納した彫像で，同神殿で発見されている．前2400年頃のもの．素材は白い石，おそらくアラバスターで，目は天然アスファルトや貝殻，ラピスラズリでできている．彼は葦を編んでこしらえた椅子に腰かけて，手を組み敬虔さ溢れる姿をとっている．マリはシュメールよりユーフラテス川を450kmさかのぼった上流にあったけれども，その文明はシュメール文明の多くの特徴を示している．高さ52.5cm．

上　石膏でつくったある夫婦の小像．ニップールのイナンナ神殿の聖堂の床下に埋められていた．目は貝殻とラピスラズリを天然アスファルトで接着している．同じような像がマリでもイシュタル神殿でみつかった．

左　人面の雄ウシの石製小像．頭にかぶるのはふつうは神が着用する，角のついた頭飾り．この種の彫刻作品はラガシュの支配者グデアの治世（前2100年頃）時代のものと考えられている．高さ12cm．

右　頭に箱を乗せて運ぶ男の像．砒素を含有する銅でつくられた．この種の銅は，前3千年紀にはもっとも多く利用された金属である．この人物は発見地不詳ではあるが，テル・ハファジェ（古代の都市トゥトゥブの跡）の，敷地が長円形の神殿（初期王朝時代）で発見された裸体の神官像に似ている．後者は失蠟法でつくったものである．どちらも神殿の儀式でものを乗せる台として使用されたのかもしれない．高さ38cm．

下　マリのイシュタル神殿のすぐわきで発見された女性頭部像．石膏製．彼女の頭飾りはこの町の女たちが着用していた典型的なものである．シュメールの彫像にもいくつか女性の像があるので，初期のシュメール社会では男女同権の度合いがのちに比べて強かったようである．高さ15cm．

上　ギルス出土の女性像．石灰岩製．高さ30cm．

右端　マリのイシュタル神殿出土のこの座像には，「歌手ウル・ナンシェ」と銘がついている．名前こそ男だが，姿格好から女性ではないかと考えられている．しかしまた，ウル・ナンシェが神殿に仕えていた宦官だった可能性もある．

91

ウルの王家の墓地

　サー・レオナード・ウーリーはウルの王家の墓地で1000基以上の墓を発掘した．そのほとんどは年代的に前2600年から前2400年，つまり初期王朝時代の後期に属していた．なかでも17基の墓は例外的に副葬品が豊かで，王墓と呼ばれている．そのうちの三つの墓は被葬者の名が判明している．王妃のプアビ，アカラムドゥグそしてメス・カラムドゥグである．そのほかの墓は「王某々の墓」あるいは「大死坑」などの名称で呼ばれるか，あるいは第何号墓のように発掘者がつけた番号で知られている．王墓のうちいくつかでは，人間を犠牲にした証拠が残っていた．「大死坑」では74人もの従者が毒を飲んで殺された．世界には類例がないわけではないけれども，メソポタミアに関する限り，同じような例はほとんどみあたらない．

　王家の墓地の墓に納められた副葬品の豊富さ，そしてそのできばえの質の高さには目をみはるものがある．とりわけ金属細工では，貴石入りの装身具作製技術を完璧なまでにものにしている．しばしば職人たちは木板を裏地に，さまざまな材料を組み合わせながら作品をつくったりもした．貝殻やいろいろな色の石を用いて象眼の手法により，幾何学模様をつくりだしたり，人間や動物の各種の情景を描くのも流行っていた．

下　王妃プアビの墓から出土した竪琴の共鳴箱についていた雌ウシの頭部．素材は黄金とラピスラズリ．竪琴の本体は木製で，縁には象眼がしてある．発掘者のウーリーはこの精巧な作品を漆喰と溶かしたパラフィンを使って固定し，崩さずに現場から移した．

右上　ウルのスタンダード（軍旗）の「平和時の場面」．おそらく実際にはある楽器の共鳴箱だったろう．天然アスファルトで接着したラピスラズリを地にしてそれに貝殻をはめこんでいる．宴会の様子を描いているその下の段にみえるのは，荷物を運んでいる男たちと動物．この場面の裏側には「戦争の場面」が描かれているので，その戦勝を祝う宴会であろう．長さ47cm，高さ20cm．

上　ゲーム盤．素材は貝殻，骨，ラピスラズリ，赤い泥膏，赤い石灰岩．ゲームは7人ずつの2組によって行われたが，そのくわしいルールはわからない．ある私人の墓からの出土品だが，王家の墓地からもこういうゲーム盤が発見された．長さ27cm，幅12cm．

左　黄金でつくった食器で，口がついている．王妃プアビの墓の出土品．王家の墓地では縦溝をつけたつくりの，あるいはまた飾りのない容器が多数発見された．高さ12.4cm．

右　黄金の刃とラピスラズリの柄の短剣．柄には黄金の飾り鋲が打ってある．鞘の外側は黄金に絶妙な透かしを入れ，金粒をつけている．剣の長さ37cm．

下　プアビは，ラピスラズリと紅玉髄をちりばめ，黄金の葉を3列並べた豪華な黄金の頭飾りをかぶって葬られていた．頭飾りの上にあるのは櫛で，その先端は七つのバラになっている．

左　「大死坑」のひと隅に，大きさは異なるけれども小さな像が二つみつかって，ウーリーは「藪に足を捕られた雄ヒツジ」と名づけた．しかし，明らかにこれは，後ろ脚で立って黄金の木にもたれかかっているヤギである．顔と脚は黄金，角と目および肩の上の羊毛はラピスラズリ，腹部は銀，ほかの部分の羊毛は白い貝殻でできている．高さ47cm．

下　メス・カラムドゥグの墓から出土した兜．エレクトラム（15カラット）を内側からハンマーで叩いて伸ばしてつくり上げた．細部はそのあとに付け加えられている．布の裏地を下の穴にひもで留めていた．高さ23cm．

次頁　ウルのスタンダード（軍旗）の「戦争の場面」細部．最上段でほかの人物よりも大きく描かれているウル王が軍勢とともに凱旋してきた様子を示している．兵士は徒歩かオナガー（野生ロバ）の曳く4頭立ての戦車に乗っている．実物のおよそ2倍の大きさの写真．

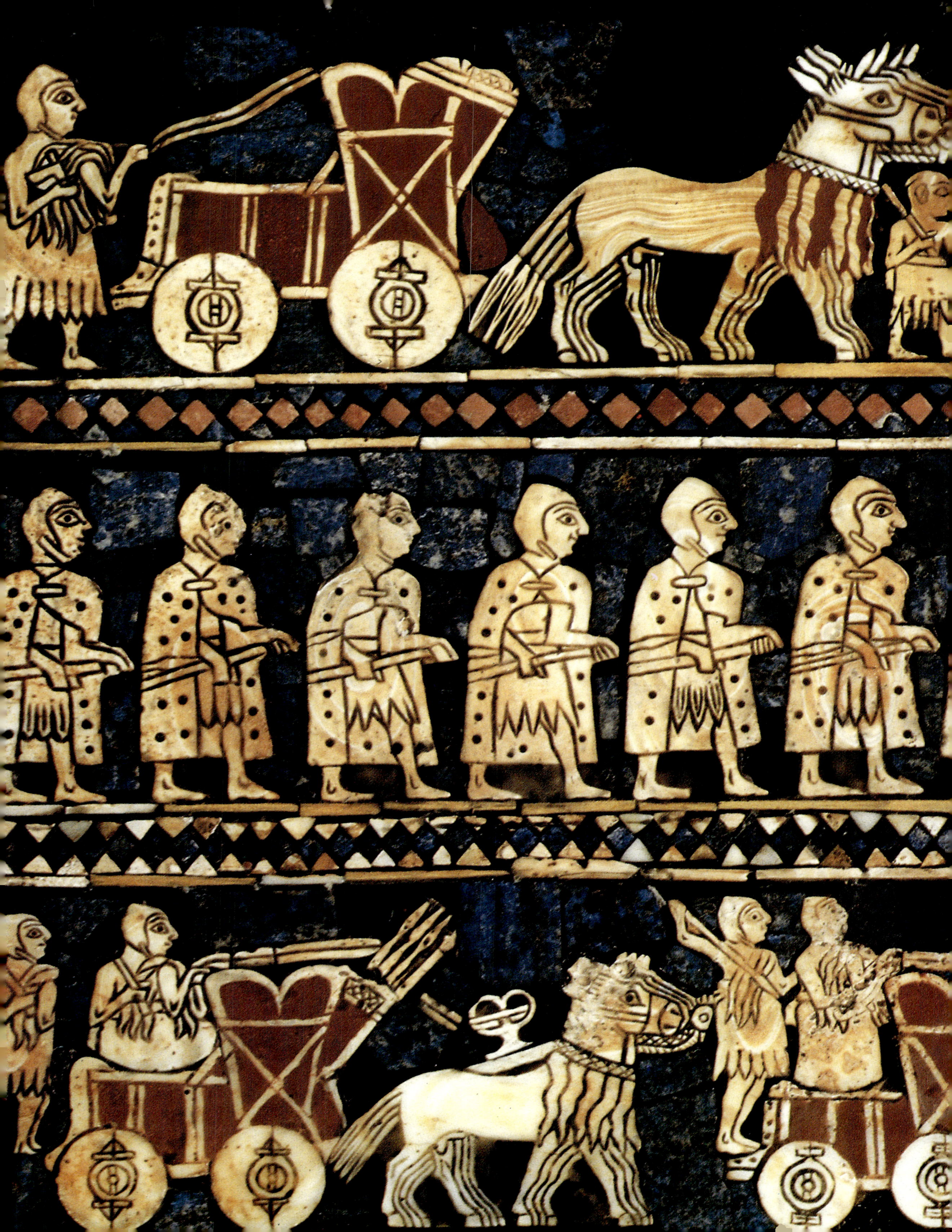

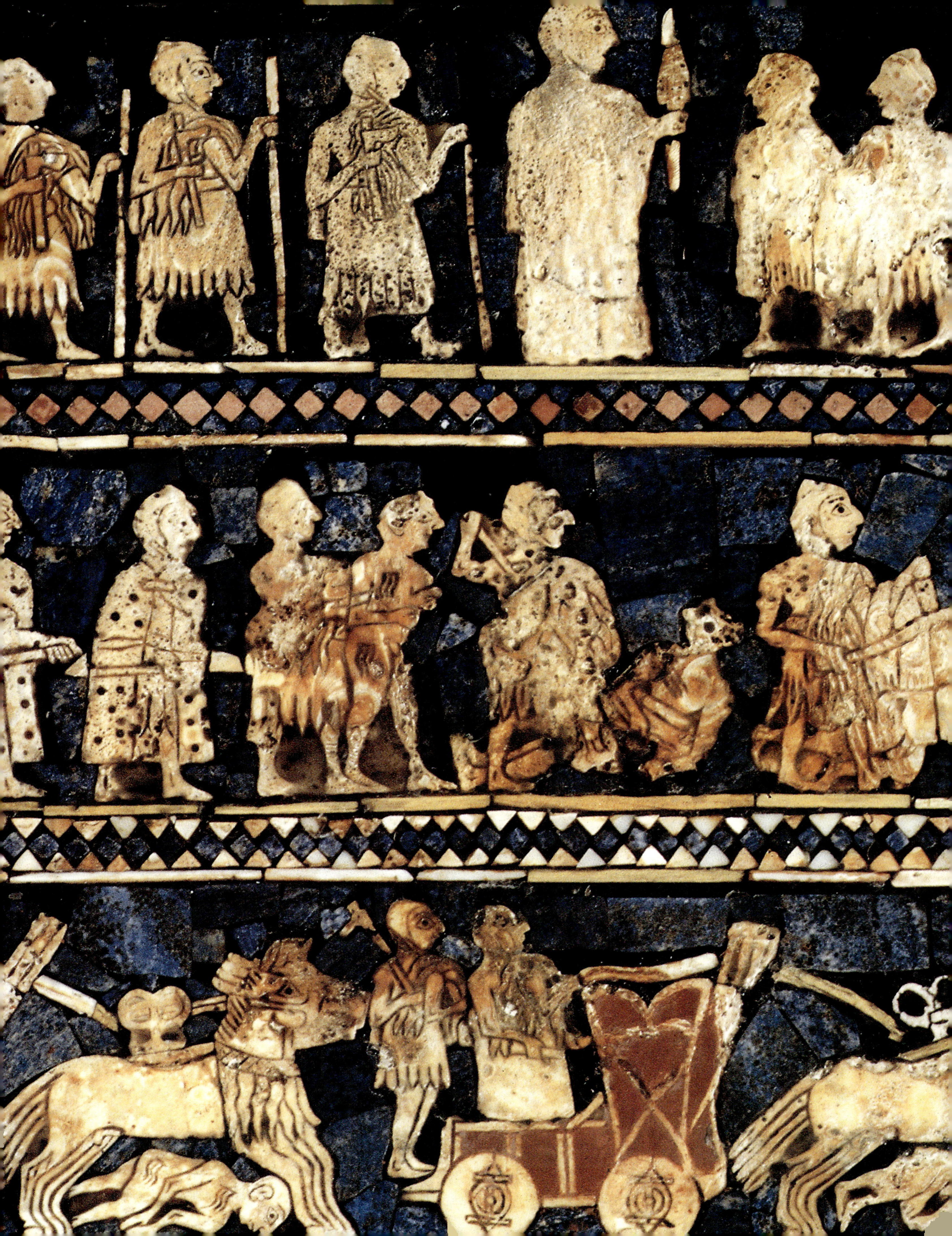

カリスマ性を帯びた王たちの時代
（前2350―2000年）

編年の諸問題

古代メソポタミア人は年代を記載するのに3通りの方法を併用していた．その一番単純な方法は王の治世年数を，つまりその王が即位して何年目にあたるかを数えることだった．この方式を最初に採用していたのは初期王朝時代のラガシュで，後に前2千年紀半ば以降セレウコス朝時代（およそ前300－150年）に至るまでバビロニアでも標準的な方法となった．これに代わる第2の方法というのは，ある特別な役職に就いている官吏にちなんでその年を命名するやり方だった．これは初期王朝時代のシュルッパクが採用したもので，後のアッシリアでも規範となった．アッシリアではこの官職の役人をリンム（またはリーム）役と呼んでいて，任期1年のリンム役にあった者たちの人名のリストが年の順序を記録するために保存されていた．第3の方法もあった．軍事的な勝利，あるいは神殿の建立，ある神官の任命などのような，前年におこった重要な事件にちなんでその翌年の名前（年号）を決めるのである．このやり方の最古の例はエンシャクシュアナとルガルザゲシの時代にまでさかのぼり，アガデ王朝の諸王の時代になるとさらに広く普及した．

第3の方法による年号にはときとして貴重な歴史的情報が含まれている．残念なことに初期の年号すべての一覧表は今のところ発見されてはいないから，前3千年紀の王たちの絶対年代を割りだすには王名表から計算せざるをえない．古バビロニア王国のもっとも重要な王であるハンムラビは前1792年から1750年まで在位していたものと算定されている．これが年代判定の基準であり，これを利用して，この時代から逆算していくのである．いろいろな王名表に記載されている諸王の治世年数を加算していくと，ウル第3王朝は前2112年に初代のウル・ナンムが王位に登ってから前2004年にエラム人がウルを占領するまでつづいたことになる．シュメールの王名表によると，このウル・ナンムとアガデの最後の王との間に「王権がグティウムの略奪者の群れによって奪い去られた」という．これらのグティー人の王の1人のこうむった敗北がアガデの第5代の王シャル・カリ・シャルリの年号のなかで述べられている．ただし，それがこの王の25年間のどの年のできごとだったのかがわからない．とにかくこのように諸王の治世年数を加算した結果，アガデの初代サルゴンは前2340年頃から2310年頃のあるときに王位に就いたことが導きだされてくる．通常は彼の治世を前2334－2279年としているから，両者の間には25年くらいのズレがある．ところで，今では多くの専門家がハンムラビの上述の年代は100年ほど新しすぎると考えているので，もしそのとおりだとすれば，サルゴンの治世もまたそれだけさかのぼらせなければなるまい．

アッカド歴代の王

```
              サルゴン
            前2334－2279
    ┌──────────┼──────────┐
リームシュ   マニシュトゥシュ   エンヘドゥアナ
前2278－70   前2269－55      ウルの女性最高神官（エントゥ）
              │
           ナラム・シン
           前2254－18
    ┌──────────┴──────────┐
シャル・カリ・シャルリ      エンメンアナ
   前2217－2193          ウルの女性最高神官（エントゥ）
```

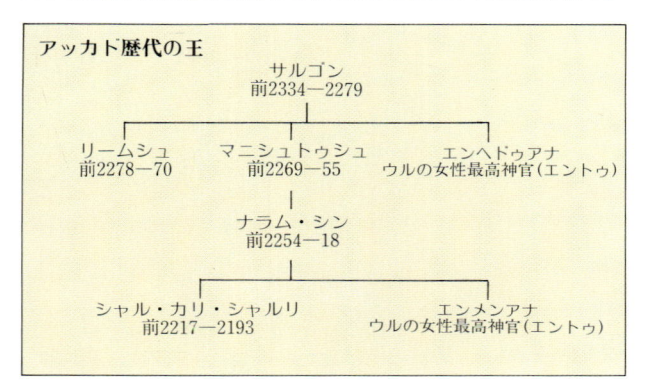

シュメール人とアッカド人

後世のメソポタミアの伝承では，アガデの諸王による征服によってそれに先行するシュメール人の初期王朝時代と以後の時代とは完全に断絶するものと考えられていた．史上初めて全メソポタミアが統合されてただ1人の王を戴くことになったのであるから，後の諸王が競ってその後継者たらんと努めたのである．そればかりか，支配権はシュメール語を話す民からセム系の言葉の民族へ移っている．この変化はつい最近まで人種論的な見地からみていて，王権の性質や政治的な組織における変化，さらには芸術における変化ですら支配者の人種的背景が変わったせいであるとされてきた．しかし今日の見解では，アッカド諸王とそれに先立つシュメールの支配者との間の連続性はかつて思われていたよりも大きかったようである．

初期王朝時代になるとシュメール人とアッカド人は区別しがたい．彼らは何世紀にもわたって密接な接触を重ねており，アッカド語からの借用語がすでに初期のシュメール語文書のなかでも認められる．北方に住んでいたアッカド人の方も，自分らの碑文を記すためにシュメールの文字を採用した．しかし単語を表記する表意文字は発音を示さないのでシュメール語としてもアッカド語としても読めるから，短い碑文ではどちらの言語で書いたものなのか必ずしもはっきりしないのである．しかし，マリ出土の碑文ではアッカド語の接尾辞がいくつか書きこまれているので，アッカド語の文であることがわかる．

一般的にはメソポタミアの南部ではシュメール語による人名の方が多いし，北部ではアッカド語の人名が優勢だったといえる．ところが，南部の町邑ウルの王家の墓地に埋葬された王妃プアビはシュメール語の名前よりはむしろアッカド名をもっていたらしいし（以前はシュメール名と解してシュブアドと読まれていた），他方キシュの土着の王たちはシュメール名の者もいればアッカド名の者もいた．たとえばメバラゲシはシュメール名だし，エンビイシュタルはアッカド名である．今日の近東の多民族居住地域でみられるように，当時彼らは2カ国語を併用していたにちがいない．初期王朝時代のアブ・サラビーフの書記たちがアッカド名をもっていながら，シュメール語を書き言葉としていたのはその一例である．人々の属する民族を判断するのに，彼らの名前が何語であるのかを判定基準にしても一般には誤りでないが，正しくない場合もある．そうはいうものの，この手段こそさまざまな集団の住民組成を判定するほとんど唯一の方法であるので，のちになって近東の，文字を使用している世界にアムル人やフルリ人，カッシート人あるいはアラム人が浸透したときに，その浸透ぶりを明らかにするのにも利用されている．

アガデの王サルゴン

アガデの王朝初代の王の名前はシャルル・キンといった．後の時代になるとこの名前はシャルケンと発音が変化し，これがヘブライ人の聖書ではサルゴンという形で現在まで伝わっている．シャルル・キンはアッカド語で「真の王」あるいは「正当な王」の意味である．わざわざこう名乗るからには彼は簒奪者だったのではないかと疑問がわいてくる．彼の生い立ちについては数多くの物語が伝わっている．ある後世の伝承によると，生後まもなく彼は天然アスファルトを塗って防水した葦の籠のなかに入れられて，モーゼ同様に川に流さ

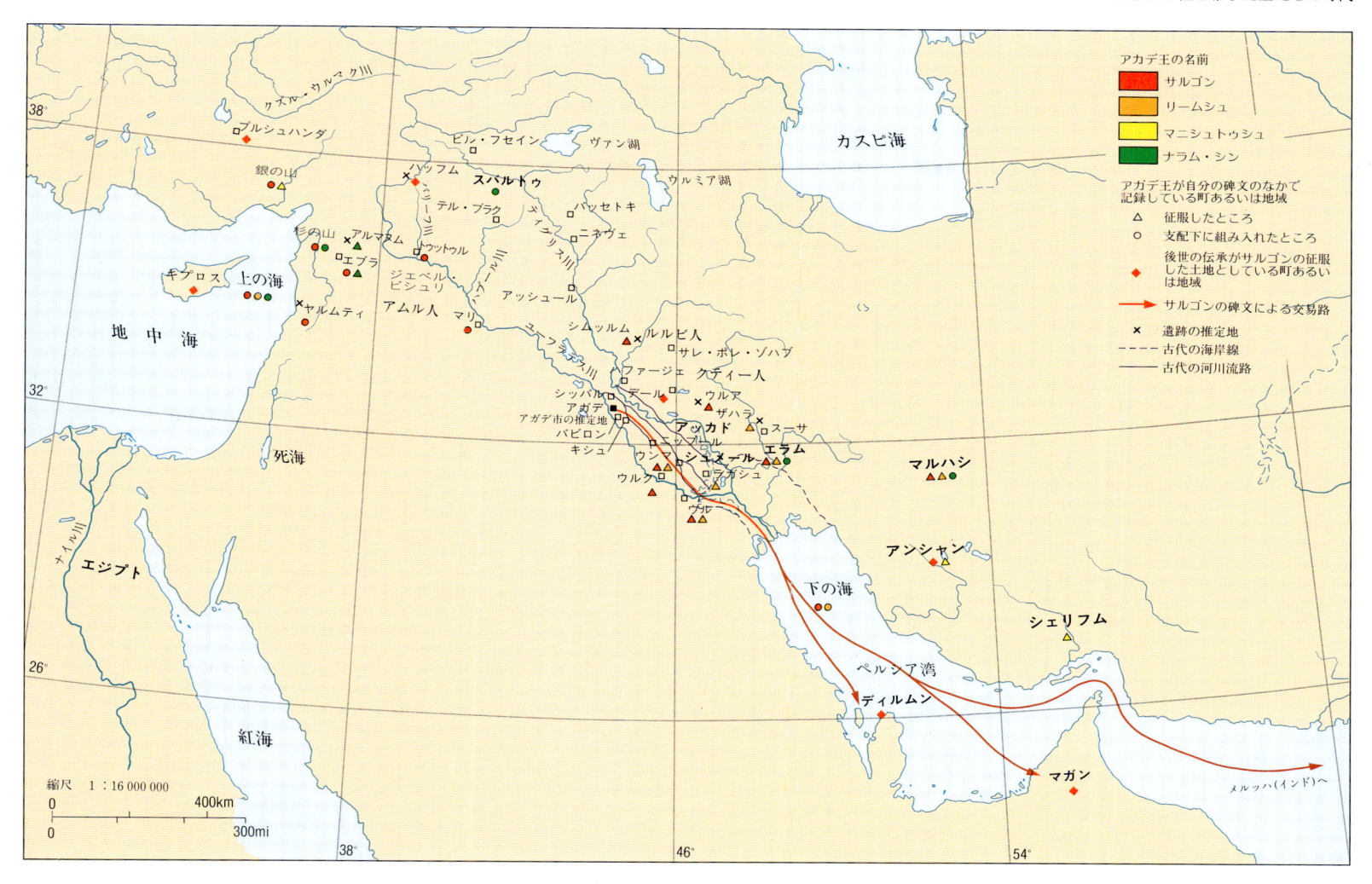

カリスマ性を帯びた王たちの時代

アカデ王の名前
- 🟥 サルゴン
- 🟧 リームシュ
- 🟨 マニシュトゥシュ
- 🟩 ナラム・シン

アカデ王が自分の碑文のなかで記録している町あるいは地域
- △ 征服したところ
- ○ 支配下に組み入れたところ
- ◆ 後世の伝承がサルゴンの征服した土地としている町あるいは地域
- ━ サルゴンの碑文による交易路
- × 遺跡の推定地
- --- 古代の海岸線
- ― 古代の河川流路

縮尺 1:16 000 000

アッカド諸王が征服した地域

アッカドの王たちはシュメールとアッカドの諸都市に対する覇権を確立しただけでなく、東にも西にもはるばると遠征をくり返した。彼らが自身の碑文で語っているところでは、サルゴン、リームシュ、マニシュトゥシュそしてナラム・シンは西は地中海沿岸から東はペルシア湾に至るまで数多くの都市を征服した。サルゴンは、その碑文や記念物が従来のシュメール様式に則っているので、初期王朝時代の王だといわれることがある。しかし、彼の征服の大がかりなこと、あるいは王権への洞察力は、ほとんどの初期王朝時代の支配者たちの偏狭さと著しく対照的である。後世の伝承や物語ではサルゴンは「日の出（の国）から日没（の国）まで」全世界を支配した王とされている。しかし、これらの物語のいくつかは、著名な昔の王サルゴンにあやかりたいと思って同じくサルゴンと称することにしたアッシリアのサルゴン2世（前721–05）が自分の名を称揚するためにつくらせたものだったかもしれない。

れた。ユーフラテス川を流れ下る途中で拾われて助かった彼は、庭師の技を仕こまれるのだが、イシュタル女神の寵愛を受けてついには王になったという。シュメールの王名表はもっと簡明に「ナツメヤシの栽培人を〔父〕親とするシャルル・キンは、ウルザババの酌人となり、アガデの王となってアガデ市を建設し、56年間統治した」と述べている。

ニップールのエンリル神殿に建立された記念碑の碑文が、古バビロニア時代の写本の形で今日に伝わっている。この碑文はサルゴンの先祖については沈黙している代わり、アガデの王、キシュ王にして国土の王者としての彼自身に言及し、神々の支援によって彼がどのようにウルクを戦いで破ってその王ルガルザゲシを虜にしたのかを、こと細かに記録している。サルゴンはウル、ウンマ、ラガシュを征服しペルシア湾にまで到達した。この記念碑の断片が一つ、スーサで発見されたが、それは前12世紀にエラム人がバビロニアを征服した際に戦利品としてスーサへ持ち帰ったからである。記念碑の彫刻画では、サルゴンは従者のさしかけた日傘のもとで全軍の先頭を進んでいる。もしかしたらこの同じ記念碑の別の部分だったのかもしれないもう一つの断片があって、敗れた敵兵を網に捕えている神の姿を浮彫りにしている。ギルスで発見された「ハゲタカの碑」に描かれているのとまさに同じ光景である。

これまた古バビロニア時代の写本で伝わる第2の碑文では、サルゴンが遠隔の諸国と接触したことを記録している。メルッハの船、マガンの船、ディルムンの船がアガデの波止場に停泊していたというのである。それぞれインダス川流域、オマーン、バハレーン島と考えられている土地を指す。バリーフ川とユーフラテス川の合流点に位置するテル・ビイアと思われるトゥットゥルでサルゴンはダガン神にお参りして、神が上流地域（西シリア）やマリ、エブラ、そしてまたおそらく地中海の沿岸の地らしいヤルムティ、杉の木の森や銀の山などを支配するよう彼に委ねてくださったことに感謝の祈リを捧げている。

サルゴンの名前と結びついて語り伝えられていた後世の物語をほぐして本来のサルゴンについての情報をえようとしても、これがなかなか難しい。とくに、アッシリアの王サルゴン2世の時代にこの王を称揚しようとして、当時の人々が古来のサルゴン伝承に手を加えたものだから、その作業はなおさら困難なのである。アガデのサルゴンはアナトリア高原のプルシュハンダを征服したといわれているし、イランの山中の土地エラムとマルハシにも攻撃の兵を出して陥落させたそうである。ディルムンですら安全の圏外ではなかった。後世の伝承の伝えるところでは、サルゴンは新たな都市を築いてそれをアガデと名づけ、この首都に自分の宮殿はもちろん、イシュタル女神とキシュ市の戦士神ザババのために神殿も建てている。このアガデがどこにあったのか、その正確な位置はまだわからない。おそらくバビロンやキシュ、シッパル諸市のあった地域に探し求められるだろう。サルゴンを始祖とする王朝をアッカド王朝といい、彼とその民の話した言語をアッカド語と呼ぶのは、このアガデ市の名に由来している。

サルゴンは娘のエンヘドゥアナをウルの月神ナンナに仕える女性最高神官（エントゥ）に任じた。彼女が祭壇で供物を捧げる様子を描写している石灰岩製の円い石板がウルでみつかっている。これが先例となって、以後代々の支配者は自身の娘をウルの女性最高神官（エントゥ）に任命する慣例が生まれ、前6世紀のナボニドス王の時代まで守られていた。また、このエンヘドゥアナはイナンナ女神を称える2編の賛歌の作者であるとされ、作者名の判明していることが少ないメソポタミア文学では稀有な作者、しかもその最古の人物となっている。

都市

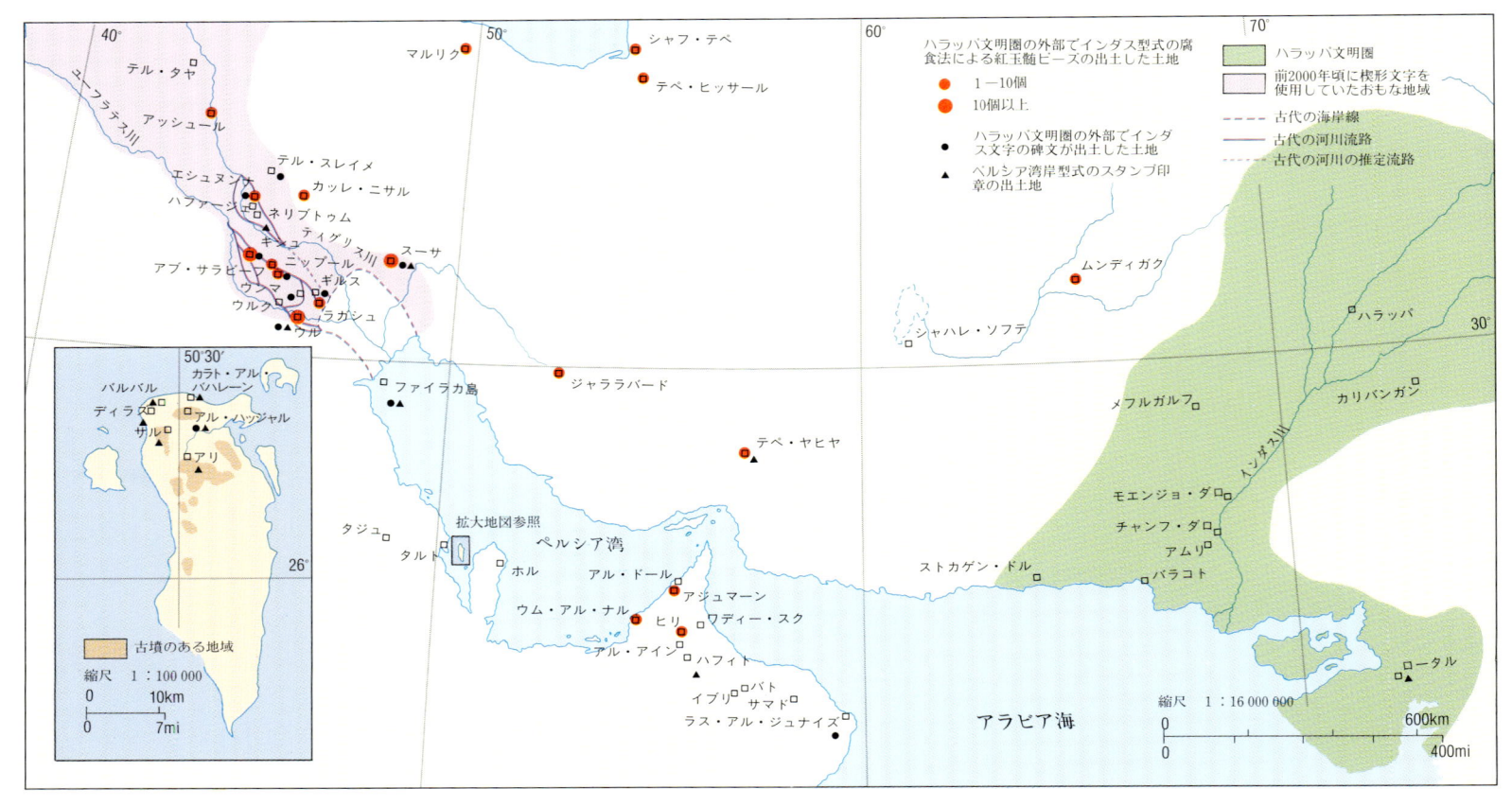

サルゴンの後裔たち

サルゴンの没後にアガデの王位に就いたのは息子のリームシュで，父親の軍事路線を継承した．彼の碑文の諸写本によると，シュメールとアッカドにおこった反乱を鎮定した後，矛先をエラムとマルハシ（バラフシとしても知られる）に向けてこれを征服する．このときの遠征で獲得した戦利品はニップールやハファージェばかりか遠くテル・ブラクでさえ発見されている（もっとも，テル・ブラクへ運ばれてきたのは後にメソポタミアからの略奪品としてかもしれない）．リームシュは，上の海（＝地中海），下の海（＝ペルシア湾），そしてすべての山々を支配したと述べているが，後世の文書はリームシュが宮廷の陰謀に巻きこまれて家来たちに殺された様子を伝えている．

リームシュの跡を継いだのは兄弟のマニシュトゥシュだった．これは「彼とともにだれがいるのか」という意味の名前なので，リームシュとマニシュトゥシュとは双生児だったのではないかと思われる．しかしシュメールの王名表はこのマニシュトゥシュを兄としている．この新王は自分の彫像の碑文の一つで，ペルシア湾の彼方にある銀山まで遠征し（どの土地のことであるのか，まだわからない），彫像を刻むのに利用する石をえて戻ったと述べている．アガデの王たちは自分の像を閃緑岩でつくらせたから，この碑文のいう石とはオマーンで産する閃緑岩のことかもしれない．彼にはまたアンシャンとシェリフムの征服も自慢の種で，「嘘ではない．正真正銘真実なのだ」と強調している．もう1体，スーサで発見されたマニシュトゥシュの像がある．この町邑の支配者エシュブムが王に献じたもので，アッカド王朝の支配がスーサにまで及んでいたことを示している．北方ではアッシュールを統治下に組み入れたし，ニネヴェではイシュタル女神の神殿を修復して自分の像を神殿に奉納した．のちに前18世紀のアッシリア王シャムシ・アダド1世が当時壊れていたこの神殿を再建した際に，マニシュトゥシュの像を発見しており，アガデ王の事業が当時の人々に知れ渡った．

自ら神と称した王ナラム・シン

マニシュトゥシュの息子ナラム・シンの治世の37年間はアッカド帝国にとって最盛期だった．先王たちと同様に彼もまた自身の支配を維持し拡大するために懸命の努力を重ねた．それだけではなく，彼は従来のごとく神々の代理として統治するよりも自らが神となることによって，王権の性質を変質させたように思われる．治世のある時点で彼は「四方の王，世界の王」と称する決意を固め，碑文では神を表現する符号を自分の名前にもつけることにした．臣下たちも「アガデの神よ」と彼に呼びかけていた．なるほどルガルバンダやギルガメシュなど，初期のウルク王のなかには神扱いを受けていた王たちがいたことがシュルッパク出土の文書で明らかであるけれども，おそらくこのナラム・シンこそは生前から神であることを主張したメソポタミア初の王者だった．

彼の支配した帝国の版図は広大だった．碑文のなかで彼が主張しているところでは，エブラを破壊したそうだし，スーサで発見されたレンガ碑文はここへも彼の支配権が及んでいた証拠となる．テル・ブラクに広大な建物があった．横が90m，奥行きが85m以上，外側の壁の厚みは10mを越えていた．この建物に使われたレンガにはナラム・シンの名前が刻印されている．おそらくこの建造物は倉庫か軍事的前哨基地，さもなければハブール川ぞいの重要な交易路を管轄していた役所だったのかもしれない．石に彫ったこの王の浮彫りは南東トルコのディヤルバキルの北のピル・フセインでさえ発見されている．

ニネヴェから北へおよそ50km行くと，バッセトキ地方がある．ここで発見された銅像の台座と下半身部分とにはナラム・シンの碑文が彫りこまれていて，王はたった1年のうちに9回もの戦いで勝利を納めたそうだし，またアガデ市で建設工事を施工したとも記している．この銅像は腰帯をつけた男性で，ちょうどシュメール人が建物の起工式で基礎に埋めたのと同種の，建物のいわれを記した粘土製の釘を捧げもっている．現存部分だけでも160kgの重さがあって，銅はほとんど混じり気のない純度だった．その製作には「失蠟法」が用いられた．

メソポタミアとペルシア湾沿岸地域，インダス川流域との交易

初期王朝時代から古バビロニア時代にかけての時期にはペルシア湾経由の海上貿易が盛んだった．一方の端には南メソポタミアの諸都市があって，物資を西方および北方に向けて送りだしていたし，他方の東端にはメルッハが控えていた．メルッハがハラッパ文明の地域であることに疑問はない．メソポタミアの文書が言及している重要な土地がもう二つある．一つはディルムンで，今日のバハレーン島とファイラカ島の双方を合わせた地域，他の一つはおそらくオマーンであろうか，当時マガンと呼ばれた土地である．王の碑文や，ウルから舟に乗って出かけた商人たちの商業記録によって，交易の詳細を知ることができる．

ペルシア湾沿岸地域でも発掘調査が進行した結果，今ではこの交易に関する証拠はいっそう増加している．バハレーンとファイラカでは，死者を古墳に葬る風習をもつ文明が繁栄していた．バハレーン島におけるこういう墳丘墓の数は15万基と見積もられている．ペルシア湾岸型式のスタンプ印章はおそらくディルムンで製作していたのだろうが，メソポタミアでもインドでも発見されている．また，ハラッパの分銅がバハレーンで使用されたし，インダス文字による碑文や印章，ビーズ（腐食法で製作した紅玉髄のビーズも含む），そして土器がオマーン，バハレーン，ファイラカ，さらにはメソポタミアでも出土している．ペルシア湾交易の終焉は古バビロニア王国による南メソポタミア支配の崩壊およびハラッパ文明自身の死と期を一にしていた．

いはエンアナトゥムやサルゴンの石碑にみられる方法，つまりいろいろなできごとを並べたてる古い型式を捨てて，ただ一つの主題を首尾一貫して描くことで，歴史上の事件の描写に新しい方法を切り開いている．石碑の基部と頭頂部とは損傷しているけれども，元は頭頂部に，おそらく神々を表しているのだろう七つの星があったらしい．しかし，この浮彫りの焦点となるのはナラム・シン王その人で，彼は弓と斧を携え，メソポタミアでは神々がかぶるものとされていたものと同じ，角のある兜をかぶっている．森の多い丘陵地帯が背景に描かれている．背景となる風景を描写したものとしてメソポタミア美術初の例である．勝ち誇って軍旗を掲げもつアッカド兵，負けて今にも息を引き取ろうとしている，ブタの尾のあるルルビ人戦士．この石碑をみる者の目はまずこれに引き寄せられ，ついて思わず目を上に向けてしまう．そんな巧妙な彫り方の作品である．バッセトキ出土の彫像やニネヴェで発見された頭部像でもそうだったが，ここでも人体の描写には以前の時代の作品には欠けていた自然主義が認められる．この浮彫りが後の王たちをうっとりさせるほどに感動させたことは確かで，西ザグロス山脈のデルベンディ・ガウルでも，シャイハンでも，サレ・ポレ・ゾハブでも岩にこれをまねた浮彫りが残っているが，どれもこれももとの浮彫りの水準には及びもつかないものだった．

サルゴンに劣らずこのナラム・シンもまた後世に，彼にまつわる物語の主人公となった．彼は自身のうぬぼれの犠牲になった悲劇の人物として描かれ，このうぬぼれのために反乱がおこったり東の諸部族の侵入を招いたり，アガデの破壊という憂き目にあっている．ただし，ナラム・シンの治世代からはこれらの話を裏づける証拠など何一つみあたらない．彼の跡を継いだのは息子のシャル・カリ・シャルリである．この王の治世に属する年号をみると，その頃王国の領域は西ではマルトゥ人（アムル人ともいう）の諸部族の，東では山岳地帯の住人グティー人の圧力を受けつつあったらしい．シュメールの王名表ではシャル・カリ・シャルリの後に，無秩序状態を表しているとしかとれない文章がつづいている．「だれが王だったのか，だれが王ではなかったのか．イギギは王だったのか，ナヌムは王だったのか，イミは王だったのか，エルルは王だったのか，彼ら4人は王であり，（合わせて）3年間を統治した」．アガデの最後の王はドゥドゥそして次にシュードゥルルの2人だが，そのときまでに領地はすでにアガデの周辺から北はディヤラ沿岸の平野だけとなるほどに縮小してしまっており，南方の都市国家群はどれもアガデの支配から独立していた．その一つとして繁栄したのがラガシュである．

シュメール人の復興：新シュメール時代

アッカド帝国の崩壊後にラガシュを支配した王朝の王のうちでは，グデアがもっとも有名である．なにしろ彼はラガシュ国の行政の中心となったギルスに15もの神殿を再建している．なかでも抜群に重要なのが都市神ニンギルスの神殿だった．彼は二つの大きな円筒を粘土でつくらせて，その表面に長文のテキストを刻ませた．主題はこの神殿をいかに建設したかにあることはいうまでもない．ある夜彼の夢枕にニンギルス神が現れて，自分の神殿を再建すべきこと，その設計はこれこれこうであると告げたのである．早速グデアはその敷地を清め，周囲を火で囲んだのち，碑文によれば，職人や建築資材を遠方の土地から集めて建立の準備にとりかかる．

　エラムからはエラム人が，スーサからはスーサ人がやってきた．マガンとメルッハはその山々から材木を集めた．（中略）それを集めてグデアは自分の町ギルスへ運ばせる．（中略）ニンギルス神の大神官グデアは，かつてだれ1人踏み入ったことのない杉の山へ道をつくらせ，大きな斧で杉を伐採した．（中略）杉の木は杉の山から，

上 ニネヴェのイシュタル神殿地区で発見された，銅の鋳造頭部像．この頭部像の中側はうつろで，失蠟法により製作された．ある王の像であるが，従来これはアガデ王朝の始祖サルゴンのものだとされていた．しかし，型式から判断してむしろ彼の孫のナラム・シンと考えられる．高さ36.6cm．

この製法によるアッカド時代の傑作がもう一つある．それは実物大の頭部銅像で，発見地はニネヴェ，アッシリア国が破壊されつくした最期の跡も生々しい層から出土した．おそらくそのときに，侵入者のメディア人が像の命を絶つためにわざわざ切断して壊したものらしい．頭髪の細かな表現はウルで出土したメス・カラムドゥグの黄金の兜を想いださせるが，しかしそのありのままを描写する主義といい見事な技量といい，これがアッカド時代の作であることは間違いない．だれの頭部像だったか明らかではないが，専門家たちはナラム・シンの肖像だったと考えている．

ナラム・シンのもっとも有名な記念物といえば，文句なしに勝利の石碑である．スーサで発見されているが，それはサルゴンの石碑やハンムラビの法典を刻んだ石碑と同じく，エラム人が戦利品としてこの地へ持って行ってしまったからである．ナラム・シンは西イランの中央部に住むルルビ人の王サトゥニと戦ってこれを破ったが，その戦勝記念碑がこれである．この石碑は，それまでの初期王朝時代の壁飾り板ある

都市

とその職人たちの技量のすばらしさを余すところなく立証している.

このグデアの王国の版図がどこまで伸びていたかはわからない.彼が戦争で勝利を納めたと述べているのはただアンシャンとエラムに対してのみであるが,ウルでもいくらか影響力を発揮していたらしい.彼の治世年代もまたはっきりしないが,おそらくウトゥヘガルやウル・ナンムと同時代の人だったようだ.ウトゥヘガルはウルク王(前2019-13)で,グティー人のグティウム王国によるメソポタミア支配に留めを刺した人物である.ウル・ナンムをウルの総督(シュメール語でシャギナという)に任命したのも王だった.研究者のなかにはウル・ナンムは彼の息子だったかもしれないと考える人もいる.ウル・ナンムはウトゥヘガルを継ぎ,ウル第3王朝を創始した(新シュメール王朝ともいう).そして,「強い男,ウルクの主,ウルの主,シュメールとアッカドの王」と称したが,後には「ウルクの主」を除くことにした.

ウル第3王朝時代

ウル・ナンムが支配したのはウル,エリドゥ,ウルクであり,そのほかニップール,ラルサ,ケシュ,アダブ,ウンマでの建設活動が知られている.ニップールで発見された碑文によると,ギルタブ,アビアク,マラド,アクシャクなど北アッカド地方にあった都市国家間の紛争を仲裁したようである.そして,娘のエンニルガルアナを月神ナンナに仕える最高神官(エン)に任じたし,息子の1人はウルクのイナンナ女神の最高神官になった.もう1人の息子(ことによると後継者となったシュルギかもしれない)はマリ王の娘を妻としている.ウル・ナンムが隣人たちに対して戦いを挑んだと示唆する証拠はほとんどないけれども,外交面で同盟を結んだり宗教的な影響力を行使したりして近隣の諸国をしだいに自分の影響圏内に吸収していったものと思われる.

彼の治世を記念するもっとも代表的な建造物はウル市のジッグラトである.ウバイド期以来低地メソポタミアの神殿はどれも基壇の上に建てられていた.改築に際しては旧神殿を崩し均して基壇をつくり,その上に新しく神殿を建てたので,何百年も経つうちに基壇はしだいに高さを増し,とうとうその頂きに小さな聖殿を乗せる格好になってしまった.これがジッグラトと呼ばれるもので,ウル・ナンムがウル,エリドゥ,ウルクそしてニップールに建てたジッグラトこそ,確認できるその最古の例である.初期王朝時代やアッカド王朝時代にもこれがあったといわれるが,持ちだされるその証拠はどれも疑わしい.

ウル・ナンムはまた,首都のウルにほかの神殿やエン神官の住居,王宮も建てているし,町を囲む周壁の再建,運河の掘削も彼の手になる.高さが3mに近い,頭頂部が円みをもった大きな石碑の断片が発見されている.それにはウル・ナンムの建設計画のいくつかが記載してある.この石碑の表面にも裏面にも最上段には王が2度描かれており,右側ではウル市の守護神である月神ナンナの前に,また左側ではナンナの妻ニンガルと覚しい女神の前に立っている.石碑の表面の

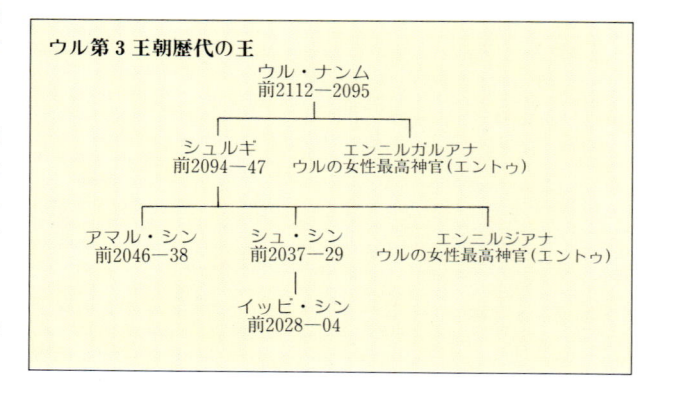

左 銘によると,この像は女神ゲシュティンアナの神殿用に,ラガシュの支配者グデア(前2100年頃)が製作させたものである.彼はギルスの諸神殿を一新したという.この遺跡の発掘で出土した彼の彫像は11体だが,この写真の像を含むさらに9体の像が古美術商の業界で売りにだされていた.この像は偽物だという声がささやかれている.発掘で出土した像が堅い閃緑岩でできているのと異なり,柔らかい方解石製であるし,王は水の流れている壺を手にしているが,メソポタミア美術では神だけがこういう壺を手にしているので,型式の上でも遺跡で発掘された像と異なっている.そうではあるが,シュメール語の碑文は本物らしくみえるのであって,偽造しようとしても難しいだろう.

グデアの彫像には立像と座像がある.ある像では建設中の神殿の設計図を膝の上に広げている.ある像では頭を丸めているが,他方このの例のように渦線でおおわれた頭飾りをかぶったものもある.おそらく渦線は,頭飾りが毛皮製であることを示そうとしているのだろう.高さ61cm.

松の木は松の山から,まるで大蛇のごとく筏に組まれてくねくねと川面を下った.(中略)人跡未踏の石切り場からは,ニンギルス神の大神官グデアは道を切り開かせて大きな切り石を搬出させた.(中略)(ニンギルスの)ニンヌ神殿の建立者,(ギルスの町の)支配者のもとへ,さまざまな種類の貴金属がもちこまれた.キマシュの銅の山からは銅が,□□□□(判読不明)の山からは黄金が浜の真砂のように大量に提供された.グデアのために人々は山から銀を掘り,メルッハからは多量の赤い石を搬送してきた.

ギルスの発掘でもこの神殿の遺構は確認できなかったが,代わりにグデアを初めとするラガシュの歴代の王たちの閃緑岩でつくった彫像がいくつもみつかり,ラガシュ国の裕福さ

ウル第3王朝歴代の王

```
ウル・ナンム
前2112-2095
   │
   ├──────────────┐
シュルギ          エンニルガルアナ
前2094-47        ウルの女性最高神官(エントゥ)
   │
   ├──────────┬──────────┐
アマル・シン    シュ・シン       エンニルジアナ
前2046-38      前2037-29       ウルの女性最高神官(エントゥ)
                │
              イッビ・シン
              前2028-04
```

ウル

古代都市ウル（現地の遺跡名はテル・アル・ムカイヤル）の始まりはウバイド期の初期だった．後世の堆積物におおわれて，先史時代の層は地中深くに埋もれてしまったが，一連の試掘溝で掘りだされている．その試掘溝の一つは「洪水の穴」と呼ばれている．地中深く掘り下げていったところ，洪水の堆積層があったので，これこそ聖書の「ノアの洪水」の跡だ，その証拠を発見した，このように発掘者たちが信じたことに由来する．しかし，今日ではこの洪水は局地的なものだったのではないかと考えられている．初期王朝時代のウルがいかに裕福な都市だったか，これを余すところなく示すのが，ウルの諸王を埋葬した王家の墓地である．

ウル第3王朝（前2112－2004年）の首都としてウルは，ウル・ナンム，シュルギ，アマル・シンなど歴代の王の手で大々的に改造されて装いを一新した．またこのウルはペルシア湾岸諸国以遠の土地とメソポタミアとの間の交易の港町として前18世紀に至るまで繁栄したが，この時期に「海の国の王朝」の支配に屈した．前2，前1千年紀にはウルは月の神ナンナ（アッカド語ではシン）の信仰の重要な中心地でありつづけ，ウルの諸神殿の修繕には数多くのバビロニア王が力を注いだ．ウルが放棄されて無人の地になったのはおそらく前4世紀のことであり，川の流れが変わったことがその原因らしい．

左　ウルの町の中心は，ジッグラトとナンナ神殿を含む聖域だった．ここの建物の建立者はウル第3王朝の諸王であり，後世の王たちも修理に力を尽くした．ギパルにはナンナ神に仕える女性の最高神官（エントゥ）の住居とこの神の妻ニンガルの神殿があった．エヌンマフは神殿でもありまた宝蔵でもあったようだ．エフルサグは王宮である．前6世紀にはこの境内のまわりに新たに塀がめぐらされた．

上　再建されたウルのジッグラトの稜線がくっきりと空に浮かんでいる．それ以前の神殿のあった敷地にウル・ナンムが建て始めて，シュルギの治世に完成したこのジッグラトは，おそらく3層から成る建物で，頂上は聖堂になっていた．それから1500年ののち，月の神に心から帰依していたナボニドス王が修復したが，この改築後には7層のジッグラトになったらしい．

下　ウル出土のこの装飾豊かな石製の鉢はアカイメネス朝時代（前5世紀）の家屋の廃墟で発見されたが，前4千年紀晩期の作である．雄ウシと麦の穂という題材はこの時期のほかの作品にもみられるので，大地の豊かさを象徴しているのかもしれない．高さ5.5cm．

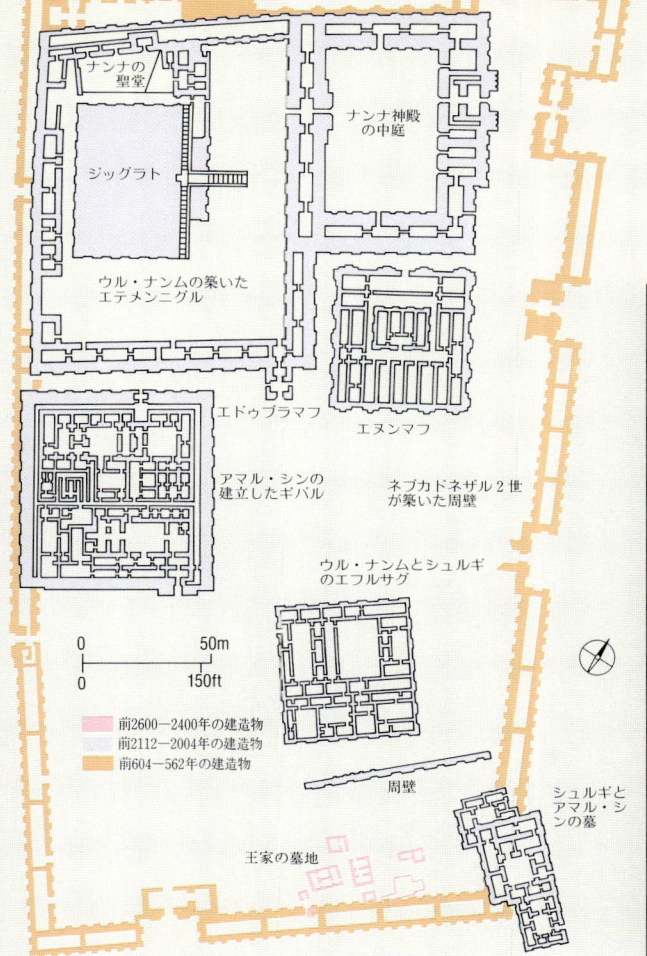

都市

次の段では，もう1人の女神につき添われながら王が神酒を注いでいる．この情景は当時の円筒印章に刻んだ図柄として一番ポピュラーだったものによく似ている．最下段の保存状態は悪いが，残存部分を総合してみると神殿再建に必要な道具を手にした王が描かれており，その下では高い城壁に梯子が架けられて職人たちがレンガのつまった筥を運んでいる．この石碑の裏面は宗教的な儀式らしい行事の模様を描いている．均衡のよく取れた静的な構成なので，ここにはナラム・シンの勝利の石碑にみられる躍動感が欠けている．新シュメール王朝時代の落ちついた，衒学的な好みと，アッカド王朝時代のうずうずするような大胆な嗜好という両王朝間の対照を示す好例である．

改革者王シュルギ

ウル・ナンムの没後その跡を継いだのは息子のシュルギだった．48年に及ぶ新王の治世の前半では，その年名のほとんどが，父王の場合同様にもっぱら敬神の行為を記録している．しかし，即位してから20年目頃にシュルギはウル第3王国の大改造に乗り出して，領土の拡張にとりかかった．ナラム・シンの先例に則ってシュルギも自身を神になぞらえ，彼を称える多数の賛歌がつくられた．征服と外交を通じて王国の領域はシュメールの地の北へ東へ膨張し，アッシュールからスーサの間の地域も併呑する．帝国の中核であるシュメールとアッカドには，多くの場合在地の有力な一族の者をエンシ（知事）に任命して統一的な行政を敷き，またシャギナという軍事総督を配置して王に直接報告させることにした．辺境には屯田兵を配して治めさせた．また神殿の土地をも王が直接に管理したし，徴税の方法も改めた．その一つ，バラはウル第3王国の中核にある諸州が担う税だったが，他方辺境地帯の屯田兵が家畜を納めた税をグンマダと呼んだ．

国家の収入を徴収，貯蔵そして分配するために，王は再分配センターを設立した．ニップールの南方10kmのブズリシュ・ダガン（その遺跡名はドレヘム）はこの種の組織の一つで，もっぱら家畜の再配分にかかわった．ある年の1年間だけでも2万8000頭のウシ類と35万匹のヒツジ類がブズリシュ・ダガンを通過している．これはすべて諸州からの上納品で，国内のおもな神殿や官吏あるいは王家に分配されていった．ドゥサバラにおかれたもう一つのセンターは農産物を管轄していた．

これらの税を管理するにはいっそう多くの書記を養成する必要があり，文字の書き方の改良や新しい簿記法の採用につながっていった．シュルギは楔形文字を読み書きできたと推測されている例外的な王である．彼はまた度量衡の体系を改めたり，首都ウル市に新しい暦を導入したりした．この暦はウル第3王国全体にかかわる文書でも使用されたが，それ以外では各州それぞれにある独自の暦が使われつづけた．そのほか，現存する最古の法典を制定したのもシュルギだった．従来ウル・ナンムが制定者と思われていた法典である．

ところで，正義を実現することはメソポタミアのあらゆる支配者にとってなににもまして肝要な義務だった．これは初期王朝時代の晩期にラガシュを支配していたウルイニムギナが，伝統的な法体系のもとでの濫用を改めようとして実行した改革にもかいまみることができる．アッカド王朝時代の裁判記録が現存するが，シュルギの治世には裁判がさらに普遍的に行われるようになった．シュルギの法典は大変不完全な形でしか残っていないが，それでもリピト・イシュタル法典

ウル第3王朝の版図

シュメールとアッカドの地域にあった23の都市国家がウル第3王朝の帝国の心臓部だった．これらの都市国家を統治するのは王が任命する知事たちで，文民のことも武官のこともあった．彼らは特定の月にバラという名称の税を負担した．北部と東部にあった90かそれ以上の数の集落は軍人の監督下におかれ，軍人たちは動物を拠出してグンマダと呼ばれる毎年の税を支払った．こういう集落の多くはまだどこにあったか確認されていない．この地域まではウル王の支配を受けていたが，そこを越えた先には地域国家があって，王家間の通婚あるいは条約でもってしばしばウルと同盟関係を結んでいた．

やハンムラビ法典など後世の，しかも保存状態も良好なものと同一の形式を備えており，特定の罪にはしかじかの刑罰という具合に規定した最初の法である．

シュルギは父親が手がけた建設工事を継続し完成させている．ウルの町の宗教地区に隣接した建物では彼の名前を刻印したレンガが，また一つの小さな建てまし部分では彼の息子アマル・シンの名を記したレンガが使われた．この建物はウルの王たちの埋葬地と考えられている．遺体は真下の地下納骨所に納められた．人骨の破片がここから発見されている．これらの建物に納められた品物はすでに古代に略奪を受けていたが，残存する破片をみるとドアには金箔が張られ，壁は瑪瑙やラピスラズリをはめこんだ金の展板で飾り，天井には小さな星々や太陽の光を黄金とラピスラズリで描いた様子がわかる．ある部屋には天然アスファルトと金箔でおおった長椅子と溝があったから，神酒を捧げるのに使用されたものかもしれない．となると，真上の数室は亡き王の祭式を執行する葬祭殿として使っていたのではないかと思われる．

シュルギは少なくとも息子が12人，娘は8人の子福者で，娘の1人はウルの最高神官（エントゥ）になっている．残りの娘のうち3人はイラン高原にあった侯国マルハシ，アンシャン，バシメの支配者たちに嫁いでいった．シュルギの死後にその跡を継いだのは2人の男児，まずアマル・シン，ついでシュ・シンだった．シュ・シンの治世初期には早くも，王国の軋みだした兆候がみられるようになった．治世4年に彼はティグリスとユーフラテス両大河間を結ぶ万里の長城を築いて，南西方面からメソポタミアへ浸透しつつあったセム系の部族集団，「略奪者」マルトゥ人（アムル人）を締めだそうとした．しかし，シュ・シンの子イッビ・シンの時代に帝国は崩壊してしまう．この王の治世2年にエシュヌンナは反乱し，第3年にはスーサを失った．帝国の崩壊の過程は諸都市で文書の日づけに使われた年号に跡づけることができる．イッビ・シンが毎年定めて公布した年号の使用はブズリシュ・ダガンでは治世3年まで，ウンマでは第5年まで，ギルスでは第6年まで，そしてニップールでも第8年を最後として以後は使用されていない．治世10年には王の将軍の1人だったイシュビ・エッラがニップールと北バビロニアの支配権を掌握し，イシンを首都とする新しい王朝を開いた．24年間の治世を通じてイッビ・シンの掌中に留まったのはただウル市のみで，それも前2004年には遂にエラム人が首都に侵入して略奪，イッビ・シンを捕えてアンシャンへ連行したことにより，ウル第3王朝は崩壊した．

エラム人の興隆

スーサがアガデの王たちに服していた時代に，アワン王国は独立を保っていた．この国がどこにあったのか，その正確な位置は不明だが，おそらくスーサの北方だったようだ．前2200年頃アワンの王プズル・インシュシナクがスーサに対する支配権を確立し，大規模な征服に乗りだしたと，スーサで発見された碑文は述べている．これらの碑文のうちのいくつかはエラム線文字という簡易化した音節文字を使ってエラム語で書いてある．しかし，この文字で書かれた碑文はきわめて少数しか発見されていない．その17個はスーサ出土，一つはシャハダードの共同墓地からの出土だが，もう一つはファルスで発見されたものといわれている．

スーサと低地地帯はウルのシュルギによって併合されたけれども，高地はその独立を維持できた．ただし，そのためにはウルの王家と姻戚にならざるをえなかった．イッビ・シンの治世代になると，すでにアンシャンを手に入れていたシマシュキの王はスーサをも支配下に組みこんだ．シマシュキとスーサ，アンシャンを支配するキンダットゥ王がウルに侵入して破壊したのは前2004年のことである．エラム人は前1995年にウルから追いだされるが，シマシュキの王朝はその後もさらに100年間スーサを支配しつづけた．

アナトリアおよび西方の諸地域

アガデの王たちが手に入れたがっていた資源の一つはアナトリアの銀山で採れる銀だった．ナシリィェで浮彫りの断片が二つ見つかっている．アラバスターに刻んだもので，そこに描かれているのはこの種の略奪遠征のありさまらしい．断片の一つでは丸裸の捕虜たちが列をなして連行されていくところ，ほかの断片では戦利品を運ぶ兵士たちがみえるが，この戦利品のなかにはアナトリアの前期青銅器時代第2期の型式の金属製容器らしいものが含まれている．

中央アナトリアのアラジャ・フユクで13基の豪華な墓が発掘調査された．王墓だといわれてはいるが，ウルの王家の墓地みたいに王墓であることを立証するものはなにもない．墓は長さが最長で8m，幅が3.5mの長方形をした大きな穴で，埋葬者は男と女のどちらもある．遺体は北西の隅におかれ，木製の家具類とともに埋葬されたと考えられる．出土品のうちでもっともすばらしい品は金属，黄金，エレクトラム，銀，銅でつくられていて，容器やピン，武器が含まれる．柄に金板を貼った鉄の短剣がふた振りあって，アナトリアの金属細工師の技術が早くから開花していたことを示している．一番人目を引くものはいわゆるスタンダード（軍旗）で，その端には鋳物の雄ウシあるいは幾何学的図形の物体がついている．いずれも銅でつくった本体にエレクトラムを貼りつけたりはめこんだりしているのだが，何に使われたものか，その用途はわからない．墓からは大量の目釘が出てきた．たぶん墓をおおっていた天蓋らしい，木を枠に組んだものに打ちこんであった．これらの墓は大まかにいってアガデの諸王と同時代のものだろうが，編年が不明確である．アナトリアの前期青銅器時代第2期の，アラジャ・フユクよりもさらに西にある諸遺跡には破壊の痕跡を示す層がある．前2千年紀にアナトリアを支配することになるルヴィ人やヒッタイト人の到来に関係づけて考えられているが，今のところ確たる証拠があるわけではない．

北メソポタミアに目を転じると，マリはすでにアッカド王朝の初期にその支配下に組みこまれていた．しかし，ナラム・シンの娘たちが奉納した二つの青銅製品が発見されているのを除けば，アガデの諸王がマリ市の内政に干渉したことをほのめかす証拠はほとんどない．ウル第3王朝時代には，マリの支配者はシャカナックと称していた．シュメール語のシャギナに相当するアッカド語である．しかし，マリがウル第3王朝の経済構造に組みこまれていなかったことは明白である．マリの諸王の有名な王宮は数世紀をかけて建造されたものだが，ウル・ナンムの石碑によく似ているゆえに，ウル第3王朝時代の作と考えられるすばらしい壁画もいくつかある．

エブラの破壊はレヴァント地方の諸都市の衰退と時を同じくしている．さらに南部では前期青銅器時代の第3期から第4期（前2350－2000年）に移行し，それまでの町邑の多くは放棄されて無人の地となった．農耕に基礎をおいて都市的な生活を営んできたのに対して，以後は牧畜が主体になったらしい．この変化はアムル人のような遊牧の集団がさらに東へ移住していったその動きと関連していたかもしれない．エジプトの古王国時代の末頃，エジプト人はアジアの民に対して遠征に乗りだし，北はカルメル山あたりまでその勢力が浸透した．しかし，彼らエジプト人のおもな関心はもっと北のレバノンに向けられていた．そこには樹脂や材木そのほかの品品をエジプトに向けて積みだす主要な港としてビブロスがあったからである．前2150年頃に古王国が滅亡すると，レヴァント地方とエジプトとの接触も途絶え，以後の150年間の衰退が始まる．

下　黒い石でできた，アヒルの姿の分銅．ウル出土．銘がついていて，シュルギが月の神「ナンナのために（これの重さを）5ミナと定めた」とある．これは約2.5kgに相当する．反対側にはナンナの三日月が彫ってある．長さ14cm.

下端　鋳型でつくった銀製の雄ウシ．黄金をはめこんでいる．同じような像が中央アナトリアにあるアラジャ・フユクの豪華な墓でも発見された．これらの墓は前2千年紀の晩期のものらしいが，学者によってはもっと古い時代のものとみている．粒状飾りや透かし細工などウルの王家の墓地の副葬品で見事なできばえをみせている技術はアラジャ・フユクの墓にはみられなかったにしても，この土地の金属細工の技術水準はきわめて高いものである．高さ24cm.

ジッグラト

　ジッグラトは古代メソポタミアのもっとも典型的な特色の一つであろう．多くの都市で，その町の守護神の神殿にはジッグラトが一つ存在して，壇をいくつも積み重ねたその頂きは聖殿になっていた．基壇の上に聖殿を建てるこのような例は早くもウバイド期のエリドゥに始まった．前5000年頃のことだった．しかし，ジッグラトらしいジッグラトはウル第3王朝の初代の王ウル・ナンム（治世前2112－2095）がウル，エリドゥ，ウルク，ニップールに建設したものが最初である．どれも同じような設計のもので，正方形の基壇に三つの階段があった．正面の壁面にそって左右両端から伸びている二つの階段は，真正面から伸びている階段と直交し，頂上の聖殿へ通じていた．これと同じ設計のものがある．ジッグラトのうちでももっとも有名な，バビロンのマルドゥク神のジッグラトがそれで，バベルの塔の物語の元になったものである．始まりは前18世紀のことで，エテメンアンキ，つまり「天地の基壇の神殿」と呼ばれていた．

　頂上の聖堂で行われた儀式がどのような性格のものだったか，確かにはわからない．ギリシア人の歴史家ヘロドトスはバビロンのジッグラトについて記述しているが，彼によると女性の神官と神（その代理としての王）との聖婚がそこで執り行われて国土の繁栄を確かにしようとしたらしい．

　ジッグラトは形態的にはエジプトのピラミッド，ことにサッカラの階段状ピラミッドに似ているが，その機能の面では別物だった．ピラミッドは建物の中央部に玄室が隠されている墓であり，頂上にはなんの建物もなかった．他方のジッグラトはなかまで土のつまった建造物であり，頂上に神殿を戴いていたので，一番下の図のチチェン・イツァの神殿のような中央アメリカの神殿の方により近い．とはいえ，巨大なピラミッド形の建造物という概念はおそらくエジプトから伝わってきたものだろう．

左　テル・アル・リマ（おそらくは古代のカタラであろう）の神殿とジッグラトの復元図．前1800年頃のシャムシ・アダド1世の時代の建造物らしい．年代的にこれよりも古い南部のジッグラトの型式では三つの階段が備わっているが，それとは異なりこのジッグラトは神殿の建物の一部になっており，高い所に聳える奥の神殿へは，中庭の周囲に建物が配置されている手前の神殿の屋根を通っていったようである．

右　ウル・ナンムの建設したウルのジッグラトの見取り図．日干しレンガを用いて中核部分を築いたのちに，焼成レンガをそのまわりにぶ厚く張りつけている．下2段は部分的ながら現代まで残っていた．浮彫りや印章に描かれた絵を基にして外観の復元を試みた．

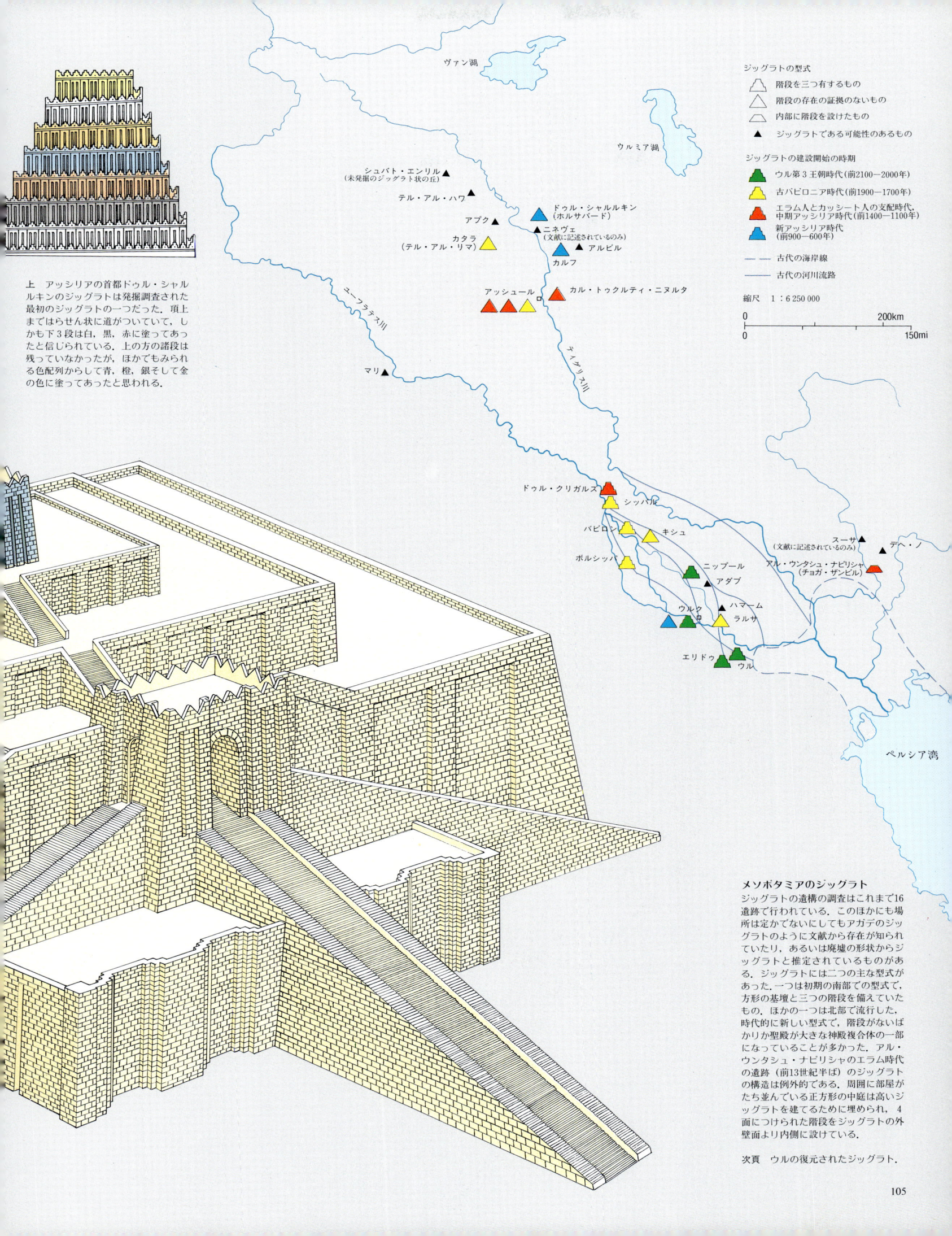

上 アッシリアの首都ドゥル・シャルルキンのジッグラトは発掘調査された最初のジッグラトの一つだった。頂上まではらせん状に道がついていて、しかも下3段は白、黒、赤に塗ってあったと信じられている。上の方の諸段は残っていなかったが、ほかでもみられる配列からして青、橙、銀そして金の色に塗ってあったと思われる。

ジッグラトの型式
- △ 階段を三つ有するもの
- △ 階段の存在の証拠のないもの
- △ 内部に階段を設けたもの
- ▲ ジッグラトである可能性のあるもの

ジッグラトの建設開始の時期
- 緑 ウル第3王朝時代（前2100―2000年）
- 黄 古バビロニア時代（前1900―1700年）
- 赤 エラム人とカッシート人の支配時代、中期アッシリア時代（前1400―1100年）
- 青 新アッシリア時代（前900―600年）

―― 古代の海岸線
―― 古代の河川流路

縮尺 1：6 250 000

0　　　　200km
0　　　150mi

ヴァン湖
ウルミア湖
シュバト・エンリル（未発掘のジッグラト状の丘）
テル・アル・ハワ
アブク
ドゥル・シャルルキン（ホルサバード）
ニネヴェ（文献に記述されているのみ）
カタラ（テル・アル・リマ）
アルビル
カルフ
ユーフラテス川
アッシュール
カル・トゥクルティ・ニヌルタ
ティグリス川
マリ
ドゥル・クリガルズ
シッパル
バビロン
キシュ
ボルシッパ
ニップール
アダブ
スーサ（文献に記述されているのみ）
テペ・ノ
アル・ウンタシュ・ナピリシャ（チョガ・ザンビル）
ウルク
ハマム
ラルサ
エリドゥ
ウル
ペルシア湾

メソポタミアのジッグラト

ジッグラトの遺構の調査はこれまで16遺跡で行われている。このほかにも場所は定かでないにしてもアガデのジッグラトのように文献から存在が知られていたり、あるいは廃墟の形状からジッグラトと推定されているものがある。ジッグラトには二つの主な型式があった。一つは初期の南部での型式で、方形の基壇と三つの階段を備えていたもの。ほかの一つは北部で流行した、時代的に新しい型式で、階段がないばかりか聖殿が大きな神殿複合体の一部になっていることが多かった。アル・ウンタシュ・ナピリシャのエラム時代の遺跡（前13世紀半ば）のジッグラトの構造は例外的である。周囲に部屋がたち並んでいる正方形の中庭は高いジッグラトを建てるために埋められ、4面につけられた階段をジッグラトの外壁面より内側に設けている。

次頁 ウルの復元されたジッグラト。

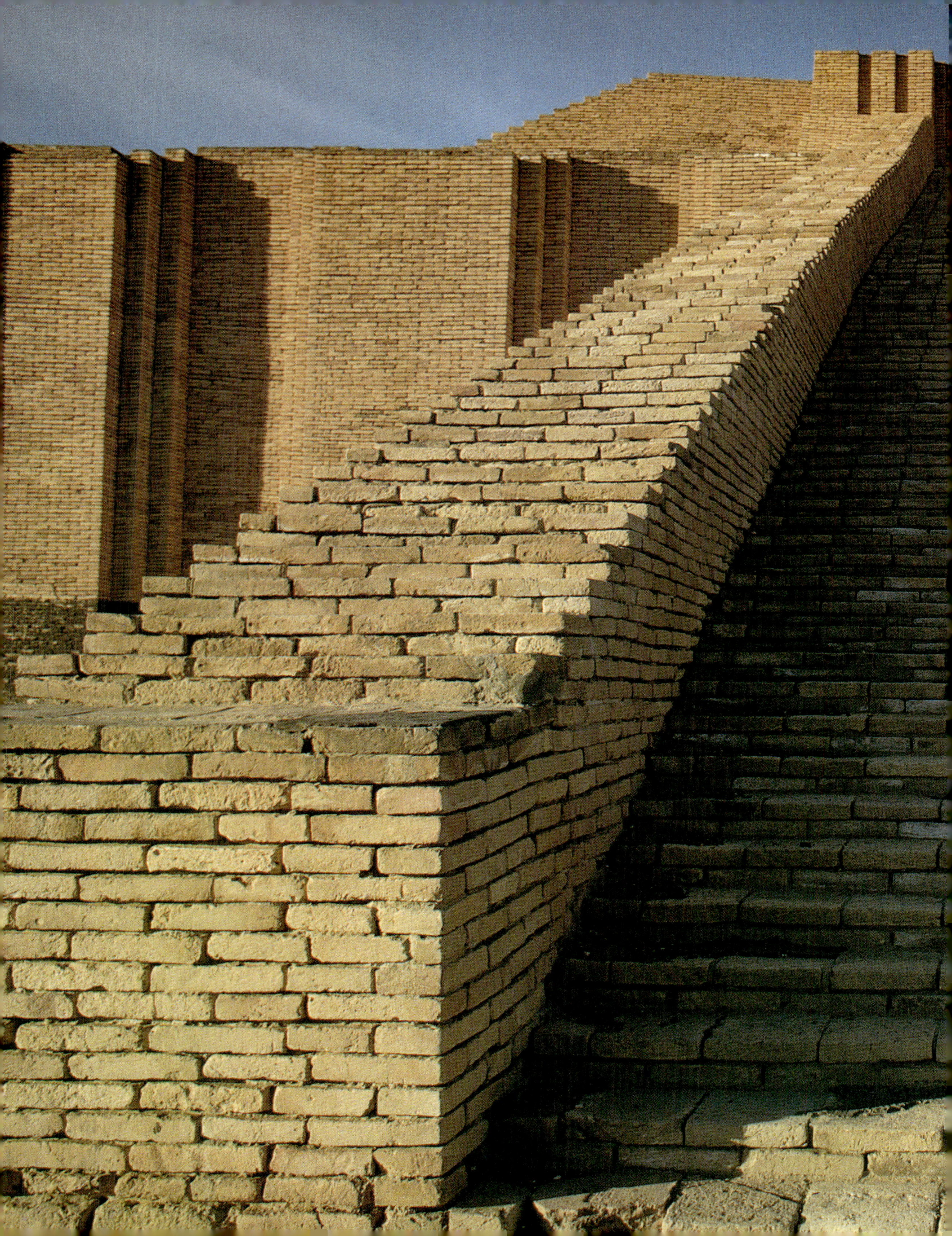

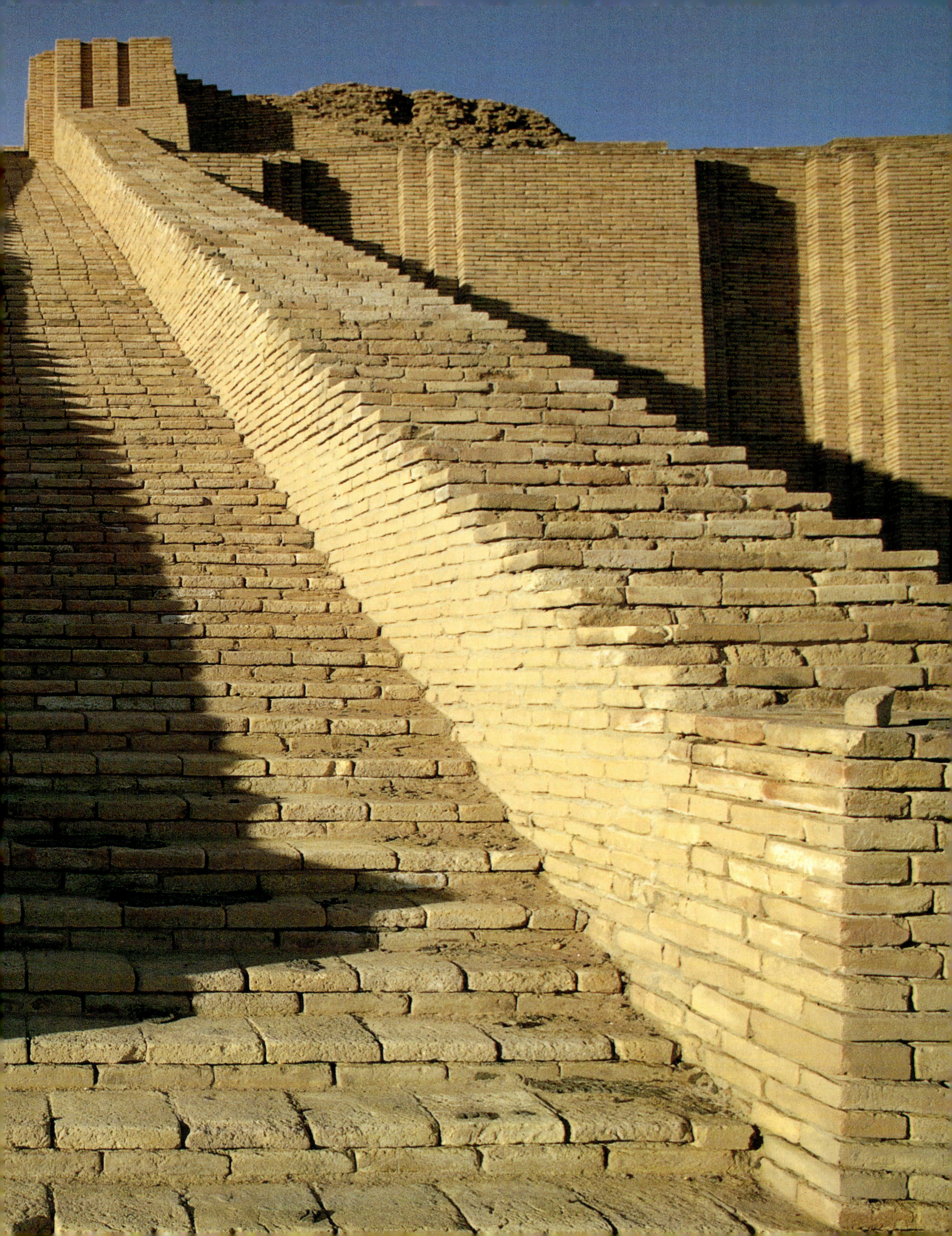

交易と交戦（前2000—1600年）

対抗する都市国家

シュメール地方とアッカド地方とが統一されることはほとんどなかったが、それはまずアガデの諸王の下で、そしてその後ウル第3王朝の諸王の下で達成された。大きな地理的境界がないとはいえ、メソポタミアの沖積平野が1人の支配者によって支配されることはめずらしく、さらに君主が、自分の国土を「上の海から下の海まで」（地中海からペルシア湾まで）広がった、と主張できたのはいっそうまれだった。それにもかかわらず多くの後世のメソポタミアの支配者たちは、アガデの諸王の偉業に匹敵するように努めた。前3千年紀の終わりになると、帝国はウルの統率力がゆるみ、アッシュール、エシュヌンナ、デール、スーサが独立し、いくつかの王国に分裂した。

イッビ・シンの高官だったイシュビ・エッラは、前2017年にイシンを中心とした新しい王朝を建て、ウル帝国の中心部のほとんどを支配した。次の2世紀間、イシン王朝は北と南からの侵略に対抗して、領土を維持しようとしている。イシンの第一の対抗相手はラルサ国であった。そこでこの時代はイシン＝ラルサ時代と呼ばれる。とはいえ近東にはほかにも、ヤムハド（アレッポに首都がある）、エシュヌンナ、スーサ、バビロンなど同じくらいに勢力のある国々があった。

この時期の文献史料はとくに豊富である。2万以上の粘土板を含むマリの公文書は、宮殿生活のすべての面に及んでいた。また中央アナトリアのカネシュでも、アッシリアと交易した商人の記録が掘りだされている。すでにカネシュ出土の粘土板は4000以上が公表されているが、最近その倍以上の粘土板文書が発掘されており、さらに研究が必要である。これほど多くはないが、粘土板資料はエシュヌンナ王国のいくつかの町やシュメール、アッカド地域の多くの遺跡はもちろん、カトナ、アララク、テルカ、ハラドゥム、チャガル・バザル、カハト、シュバト・エンリル、カタラ、ニネヴェ、アッシュール、シュシャッラ、スーサ、アンシャンなどでも発掘されている。これらの文書にみられる記載は、政治、行政、経済、宗教慣習、神学、貿易、法律、科学の分野にまで及んでいた。文書が明らかにした当時の世界は、アナトリアからペルシア湾岸まで広がっており、商人たちがそれを結びつけていた。彼らはロバを連れて隊商を組み、遠隔地産の品々を取り引きして歩いたからである。また南部や西部では遊牧民が定住民を脅かしていたこと、北部や東部では獰猛な山の民が平地の都市を急襲していたことも、文書は明らかにしている。

アムル人とフルリ人

前3千年紀の最後の数百年の間は、新しい民族が近東の定住地域に侵入しはじめた時期だった。新しい民族にはセム語の西方方言を話すアムル人（アッカド語でアムッル）と、この時期近東でわかっているどんな言語とも関係のない言葉を話していたフルリ人がいた。アムル人は後のアラム人やアラビア人のように、最初アラビア砂漠の周辺に現れた。シャル・カリ・シャルリ（前2217—2193）はバサル（マリ西方のジェベル・ビシュリであると思われる）でアムル人を破ったが、彼らの侵入を永久に抑えることはできなかった。その後ウル第3王朝時代の末期には、シュ・シンの治世4年（前2034年）が、「アムルの壁が建てられた年」と名づけられている。この壁についてもっとくわしく書かれた文書によれば、防壁は沖積平野北部に溝を掘ってつくられ、ユーフラテス川からティグリス川にまでつながったという。当初は都市居住者と遊牧民との間に多少の対立があった。アムル人は穀物を知らないし、死者の埋葬もしない。まただいたいにおいて野蛮だと非難されたが、都市の住民も彼らを抑えることができずに、数年のうちにはアムル人がメソポタミアの多くの都市に定住することになった。アムル人は政治をも引き継ぎ、前2千年紀初めの支配者の多くは、アムル人の名前をもっていた。

フルリ人は、初期トランスコーカサス文化と結びつけて考えられている。アッカド時代の文書はスバルトゥに関する記載のなかで、北メソポタミアのフルリ人の国にも触れている。またこの時代のニップール出土の粘土板文書では、1人のフルリ人の名前が確認された。ウル第3王朝時代には、ウルキシュとナワルの王アタル・シンや、カラハルの王ティシュ・アタルのようなフルリ人の名前をもつ支配者が、北メソポタミアやティグリスの東部地域などに見られる。さらに、ウルキシュの王ティシュ・アタル（カラハルの王と同一人物かもしれない）は、ネルガル神殿の建設記念石碑にフルリ語の碑文を残している。前2千年紀の初めには、フルリ人（あるいは少なくともフルリ人の名前をもつ王）が、ザグロス山中のシムッルム、トゥクリシュ、シュシャッラから、ユーフラテス北西のハッスムとウルシュムまでのメソポタミア北縁の国国を支配していた。フルリ人の名前は、ヌジ、エカッラトゥム（アッシュール近郊）、カタラ（テル・リマ）、チャガル・バザルなどでもみつかっており、そこでは少なくとも住民の5分の1がフルリ人の名前をもっていた。また西シリアのオロンテス川ぞいのアララクでは、文書にでてくる名前のほとんど半分近くが、フルリ人のものとされている。フルリ人はアナトリアでアッシリアの商人とも対等にわたりあい、彼らの神々がほかの民族に取り入れられることもあった。女神へバはヤムハドの王によってまつられ、またフルリ人の神々の首位にある天候神テシュブは、エシュヌンナの最高神としてティシュバクという名前で取り入れられている。

メソポタミアでの勢力争い

たとえ支配者の多くがアムル人の名前をもっていたとしても、メソポタミアの中心に住む人々は、おもにシュメール人とアッカド人のままであった。この時代は政治の盛衰が大きく変動した時代であり、たとえ1人のカリスマ的指導者がほかの多くの国に対して支配力を及ぼしたとしても、やや劣る支配者が跡を継いだならば、支配されていた属国は別の指導者を選んだ。その混沌とした状況は、前1770年頃のある手紙に象徴されている。それは、マリのジムリ・リムの権威を認めさせようと遊牧民に向けて送ったメッセージである。

唯一絶対の王はいない。10人もしくは15人の王がバビロンの君主ハンムラビに従い、同数がラルサの君主リム・

イシン＝ラルサ時代の都市国家
ウル第3王朝の没落後、南メソポタミアの諸都市は、互いに対抗しあった。最初にイシンが、その後ラルサが、そして最後にはバビロンが勝利を治めた。ここに示した地図は、ダグラス・フレインの研究に基づいており、さまざまな都市国家に支配された地域内の諸都市で使用された年名から推定したものである。帰属をはっきりさせるのに十分なデータのない都市は、色塗りの部分に含まれていない。したがって、この点ではこれらの地図は不完全だが、この時期の競争国間のたえずつづく闘争を強烈に印象づけるのには十分である。

交易と交戦

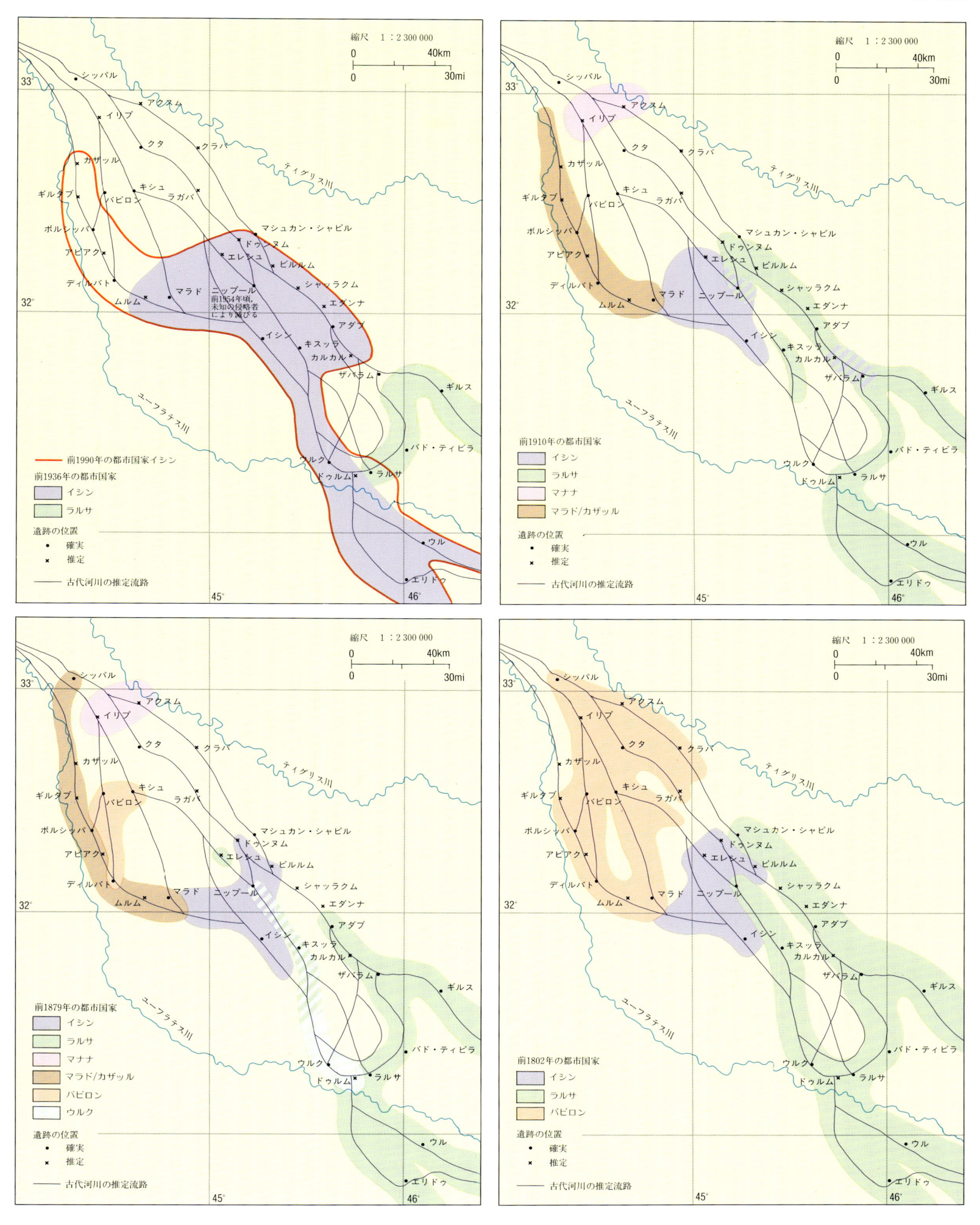

都市

シンに，エシュヌンナの君主イバル・ピ・エルに，そしてカトナの君主アムト・ピ・エルに従い，また20人の王が，ヤムハドの君主ヤリム・リムに従う．

南メソポタミア支配のためのこうした闘争は，この時代の年号（年名）にも反映されている．ある都市の支配者によって発布された年号が，ほかの都市でも使われていたとすると，それはその都市の従属状態を示していた．同様に，ある王がほかの都市で神殿を修復し，神官または女性神官を任命したならば，彼はその都市も支配していたことを意味していた．ただ，これは一般論であり，実際の証拠はしばしば不十分であり，またいくつかの都市の位置もはっきりしていない．たとえば，ある専門家はアブ・サラビーフ遺跡をエレシュの都市であると同定しているが，ほかの専門家はエレシュは90kmほど南にあったとしている．さらに，勝利として記録されている戦いも実際には決定的なものではなかったかもしれないし，ある都市を占領したからといってその後，一定期間そこを支配していたかというとそうでもない．また，国王が残す碑文にみられる統治宣言も大げさすぎる可能性がある．

南部の都市が繁栄するには，支配者の軍事的・外交的手腕だけでなく，経済力も必要だった．また交易や産業は重要ではあったが，都市には豊富で確実な給水がそれ以上に不可欠であった．水のほとんどは，今日と同様，ユーフラテス川から相互に水路を連結して運んでいた．ユーフラテス川の流路は何百年もの間に大きく変わってきているが，古代の流路は当時の遺跡の位置からある程度はみきわめることができる．

イシンの勃興

前20世紀の最初の70年間，イシンは南で優位を占めていた．イシュビ・エッラ（前2017-1985）がウル王国の荒廃のなかから抜けだして王朝を建てたのである．彼は治世の後半に，ウルからエラム人を追いだしている．また，彼の後を継いだ息子のシュ・イリシュ（前1984-75）は，エラム人によってアンシャンに移されていたウルの主神，ナンナの像を取り戻した．さらにシュ・イリシュはウルの王という称号を用い，神の地位を主張している．

ニップールは，いくつかの王国の間にある重要な宗教中心地として，つねに争いのたねであった．前19世紀中頃，ニップールはある未知の侵入者に倒れ，その後数年間はイシンの手に落ちている．その南東部ではアムル人の長と自称したザバヤ（前1941-33）が，ラルサでシャマシュ神殿を再建している．ラルサ王朝は王名表のなかではウル第3王朝までさかのぼるが，現実に王朝の統治者としての最初の証拠を残しているのはザバヤ（または彼の父親）である．ザバヤの王位は兄弟のグングヌム（前1932-06）に継承された．グングヌムはラルサ王国を拡大しスーサにまで遠征しており，そこでは彼の治世年名のうちの1年が記録されている粘土板がみつかっている．また，ことによるとグングヌムはニップールを支配していたかもしれない．

ペルシア湾交易

グングヌムは治世第8年にウルを占領し，初期王朝時代に始まっていた湾岸地方との貴重な交易を掌握した．湾岸を通る海上交易路に位置していたのは，ディルムン，マガン，メルッハの国々だった．ディルムンはおそらくサウジアラビアの東海岸ばかりでなく，ペルシア湾最奥にあるファイラカ島，さらに舟で下って2日のバハレーン島を含んでいたと思われる．マガンは，前3千年紀の銅加工遺跡でえられた証拠に基づいて，オマーンとみなされている．また，メルッハはハラッパ，すなわちインダス文明の圏内にあったと推定されている．初期王朝時代，ディルムンはラガシュのウル・ナンシェに木材を供給していた．またラガシュ出土の後世の文書には，銅鉱石の輸入や，羊毛，布，銀，油脂，樹脂などの輸出が言及されている．サルゴン（前2334-2279）はディルムン，マガン，メルッハの舟がアガデの波止場に停泊したと自慢し，息子のマニシュトゥシュ（前2269-55）と孫のナラム・シン（前2254-18）の両者はマガンを征服し貴石を持って返ったと主張している．マニシュトゥシュやラガシュの支配者グデアの像が閃緑岩でつくられていることからでも，メソポタミアとオマーンとの間の接触がわかる．グデアの碑文には，メルッハからの木材，金，錫，ラピスラズリ，そして赤石（おそらく紅玉随）ばかりでなく，マガンからの銅，閃緑岩，木材なども記録されている．ウル出土の碑文によれば，ペルシア湾岸との交易は，ウルのナンナ神殿から資金をあてがわれている商人たちによって行われていたらしい．またほとんどの交易相手はマガンで，そこは，メルッハから送られた交易品の集散地としての役割も果たしていた．

ウル第3王朝が崩壊し，グングヌムと彼の2人の後継者が治めていた頃（前1932-1866年），どのような交易が行われていたかは，ウル出土の当時の粘土板からわかる．中央官僚支配の下で行われたそれまでの交易に代わり，交易は裕福な市民の手に任されるようになった．彼らは資本を提供する代わりに，一定の利子を受けとっていた．また，都市の神殿や宮殿は10分の1の税を厳しく取り立てていた．商人は主要な貿易港の名前にちなんでアリク・ディルムンと呼ばれ，東方からもたらされた品物の積み替えも扱っていた．銅の輸入は

前2000-1600年のエラムとメソポタミア小都市国家歴代の王

	イシン		ラルサ		ウルク
2000	イシュビ・エッラ	前2017-1985	ナプラヌム	前2025-05	
			エミスム	前2004-1977	
	シュ・イリシュ	前1984-75			
	イッディン・ダガン	前1974-54	サミウム	前1976-42	
	イシュメ・ダガン	前1953-35	ザバヤ	前1941-33	
	リビト・イシュタル	前1934-24	グングヌム	前1932-06	
	ウル・ニヌルタ	前1923-1896			
1900	ブル・シン	前1895-74	アビサレ	前1905-1895	
	リビト・エンリル	前1873-69	スムエル	前1894-66	
	エッラ・イミッティ	前1868-61	ヌル・アダド	前1865-50	シン・カシド
	エンリル・バニ	前1860-37	シン・イッディナム	前1849-43	シン・エリバム
	ザムビヤ	前1836-34	シン・エリバム	前1842-41	シン・ガミル
	イテル・ピシャ	前1833-31	シン・イキシャム	前1840-36	アナム
	ウルドゥッガ	前1830-28	シルリ・アダド	前1835	イルダネネ
	シン・マギル	前1827-17	ワラド・シン	前1834-23	リム・アヌム
1800	ダミク・イリシュ	前1816-1794	リム・シン1世	前1822-1763	ナビ・イリシュ
		前1794		前1763	前1802
			リム・シン2世	前1740-36	
1700					
1600					

下 前2千年紀初頭のラルサ出土の土器．土器は刻文の図像と，それより小さな裸の女神（イナンナ/イシュタル）の浮彫りで装飾されている．これらの図柄は神の象徴と考えられる．おそらくカメと魚は水の神エンキ/エアと，また顎鬚がある雄ウシは天候神アダドと，そして鳥は伝達の神パプスッカルと結びつけられるだろう．高さ26.3cm．

交易と交戦

バビロン		エシュヌンナ	エラム	アッシュール	マリ	
		イトゥリヤ	キンダットゥ			2000
		イルシュ・イリヤ	イダッドゥ			
		ヌル・アフム	タン・ルフラティル			
		キリキリ	エバルティ			
		ビララマ	イダットゥ			
		アズズム		アッシュール		
		イビク・アダド1世	エバラト	ブズル・アッシュール1世		
			シルハハ	シャリマフ		1900
ム・アブム	前1894―81	シクラヌム	アッダフシュ	イル・シュンマ		
ム・ラ・エル	前1880―45	アブディ・エラ		エリシュム1世		
		ベラクム				
ウム	前1844―31	ワラッサ		イクヌム	マリ	
		イバル・ビ・エル1世		サルゴン1世		
ビル・シン	前1830―13	イビク・アダド2世		ブズル・アッシュール2世	ヤッギド・リム	
		ナラム・シン	シルクトゥフ	エリシュム2世	ヤフドゥン・リム	
ン・ムバリト	前1812―1793	ダドゥシャ	シムト・ワルタシュ	シャムシ・アダド1世 前1813―1781頃	ヤスマフ・アダド 前1796―80	1800
ンムラビ	前1792―50	イバル・ビ・エル2世	シウェバラルフフバク	イシュメ・ダガン	ジムリ・リム 前1779―57	
ムス・イルナ	前1749―12	前1762	クドゥズルシュ		前1757	
ビ・エシュ	前1711―1684					1700
ンミディタナ	前1683―47					
ンミサドゥカ	前1646―26		ククナシュル			
ムスディタナ	前1625―1595					1600
1595						

ここにはすべての統治者をのせてあるわけではない。治世順序やその年代も多くが不確実なままである。縦の列の最後にあげてある年は、その王朝が滅んだ年である。

上 ディヤラ川の東、ネリブトゥム(テル・イシュチャリ)にあったイシン＝ラルサ時代のイシュタル・キティトゥム神殿出土の精巧なサルのアラバスター小像。サルは近東で土着ではなかったが、インドやエジプトでは一般的であった。この動物について直接の知識をほとんどもたない芸術家の作品のためか、像は人間とサルの特徴を兼ね備えている。高さ8cm.

右上 キシュの共同墓地内、初期王朝時代後半の墓穴出土の首飾り。ラピスラズリは北アフガニスタンからもちこまれた。長いたる形の紅玉髄ビーズと、白い帯線で飾られたエッチングの紅玉髄ビーズは、ハラッパ文明の特徴を示している。

メソポタミア商人の重要な仕事であり、ある文書のなかでは、銅18トン以上にも相当する物がディルムンで受け取られている様子がわかる。ほかの輸入品には、金、ラピスラズリ、ビーズ、象牙、「魚の目」などの贅沢品も含まれていた。「魚の目」はペルシア湾地方で今も有名な真珠だとされている。見返りとしてメソポタミアの商人たちは、銀、油、織物、オオムギなどを輸出していた。

バハレーンとファイラカの発掘では、前2千年紀前半に栄えていたある古代文明が掘りだされている。この文化は赤いバルバル土器、多数の古墳、独特なスタンプ印章などが特徴である。バルバル土器は、サウジアラビア東部やカタールでも発見されており、おそらくそれで古代ディルムン国の版図が知られよう。アラビア本土にはもちろん、およそ20万もの古墳がバハレーン島にはある。最近調査されたある古墳は、在地のバルバル土器だけでなく、インダス川流域のハラッパ文化で発見された型式の土器も含んでいた。ハラッパからの輸入品が出土する遺跡は、オマーンやアラブ首長国連邦でもみつかっている。バハレーンとファイラカで発見されたスタンプ印章は、球形または円錐形の背面をもっており、独特な様式で彫刻されていた。それらは湾岸様式の印章として知られており、バルバル文化に特徴的なものであるが、イラン高原のスーサ、南メソポタミアなどでもみつかっている。インドのハラッパ期のロータルからも発見されている。その彫刻様式はスーサ出土の円筒印章や、銀の交易路の西端にあるトルコのアジェムフユクから出土したスタンプ印章印影にもみられる。一方、ハラッパ様式のおもりがバハレーンで使われ、インダス様式の印章がバハレーン、ファイラカ、ウル、エシュヌンナなどでみつかっている。またハラッパ式のビーズで、アガデ時代にまでさかのぼるものが、南メソポタミアで発見されている。

インドとメソポタミアとの間の編年関係ははっきりしない。ハラッパ文化が終わったのは前2000年から前1700年頃とされているが、2500kmもはなれたインダス川流域のできごとと、上述のようなメソポタミアでみられるペルシア湾貿易の変化とが、どうかかわっていたのかはまだわかっていない。

イシンの衰退

グングヌムが南からイシンを侵略していた頃、ほかのアムル人の支配者たちは、南メソポタミアのバビロン、キシュ、カザッル、マラド、マルギウムを支配していた。ラルサからわずか20kmのウルクでさえも、前1880年頃ニップールを一時的に支配していたアムル王朝の中心地となっていた。イシンの領土は1世紀以上どうにか守られていたけれども、北と南を敵に取り囲まれ、沖積平野の中心地域に限られていた。イシュビ・エッラの家系も侵入者によって追われ、60年後イ

都　市

シンの別の王が後任となっている．その様子が，あるバビロニアの年代記に記されている．

> 王エッラ・イミッティは，庭師エンリル・バニを彼の王位の代理として任命した．そして，その男の頭に自分の王冠をのせた．エッラ・イミッティは熱いスープをすすった際，宮殿のなかで〔死んだ〕．王位に就いたエンリル・バニは，王位をあきらめなかった〔そして〕それで王になった．

新アッシリア時代の例から知られているように，王にとって，もしも不幸を予言する前兆が占いにでたならば，代理の王がたてられ，代理王は後で殺されてしまった．このようにしてその占いが正しかったことが立証され，本来の王は王位にとどまることができたのである．しかしながら，ここではエッラ・イミッティが死んでしまったので，エンリル・バニ（前1860-37）は殺されることもなく24年間も王位にとどまり，自分自身を神格化していた．

イシンの宿敵ラルサ

ラルサでは一般庶民のヌル・アダドが，前1865年に王位を奪い取っている．これはおそらく都市の給水問題から生じた不平に乗じたものと思われる．バビロンの王スム・ラ・エルの娘と結婚したウルクの王シン・カシドは，ラルサからの独立を保ち，ユーフラテス川をさかのぼるラルサからニップールに至る通路を妨害していた．ニップールの支配は年号（年名）の変更でわかるように，イシンとラルサが交互に奪いとっていた．ニップール出土の文書によれば，前1838, 1835, 1832, 1828年にラルサの年号が，また前1836, 1833, 1830年，そして前1813年から前1802年の間の何年かにはイシンの年号がつけられている．

この間，エムタバル（エシュヌンナとエラムの間のティグリス川東地域）の支配者クドゥル・マブクは，息子ワラド・シン（前1834-23）をラルサの王に，そして娘をウルのナンナの女性最高神官（エントゥ）に任命している（通常これはシュメールとアッカドの王の特権だった）．クドゥル・マブクとワラド・シンは，ウル，ラルサ，ザバラム，マシュカン・シャビル，ニップールの諸都市や，そのほかの都市の神殿修復という野心的な計画を実行した．さらにクドゥル・マブクは自分自身をエムタバルの父，アムッルの父と呼んでいる．これは，どちらもアムル人の部族組織の名前である（彼も彼の父親もエラム人の名前をもっていたにもかかわらず，である）．また彼の2人の息子ワラド・シンとリム・シンはアッカド人の名前をもっていたが，彼の娘の名前はシュメール人だった．名前が入り混じっていることは，（名前だけの証拠で民族の素性を決定することを困難にしているばかりでなく）メソポタミアの住民構成の実情を反映するものであった．

リム・シン（前1822-1763）は，兄弟のワラド・シンを継ぎ，メソポタミアの歴史上もっとも長い治世を保っていた．前1804年にリム・シンはウルク，イシン，バビロン，ラビクム，そして遊牧民ストゥの連合軍を破り，ウルクの独立を終えさせた．また前1794年，リム・シンの治世第29年には，イシンを征服し，イシン第1王朝を滅亡させている．彼はこの勝利にいたく感激したらしく，あとにつづく彼の長い治世期間を「第1年：イシンを征服した」から「第30年：イシンを征服した」までと呼んでいる．それはラルサ自体が，リム・シンの名声をしのぐバビロニアの王，ハンムラビに破られるまでつづいた．

左　トルコにあった交易植民地，カネシュ出土のライオン形彩文土器．この種類の彩文土器は，神に献酒を注ぐために使われたと考えられる．液体は背中の大きな開口部から入れ，ライオンの鼻の穴から出てくる．カネシュに住んでいた商人は，アッシュールなどの都市の出身であったが，彼らが使った家や土器，そのほかの設備は，カネシュの地元の人々が使用していたものと同じであった．

アッシュールの運命の変遷

さらに北には，アッシュールの遺跡があった．それは，ティグリス川を渡れる重要な地点を見おろす岩場にあり，天水農耕地帯の先端に位置していた．ここは，つねに草原の遊牧民の襲撃にさらされていた．その上，アッシュールはハムリン山脈からシンジャル山脈へと続く丘陵地帯にそっており，ティグリスにも近い重要な交易路上に位置していた．しかしアッシュールは耕地と人的資源が十分なかったために，一つの帝国の明白な首都とはならなかった．アッシュールの支配者たちが大きな帝国を支配したときには，権力の中心地はハブール平原（シャムシ・アダド1世の下）や，ニネヴェ周辺の地域（前9世紀から7世紀の新アッシリア時代）のもっと豊かな地域へと移された．

初期のアッシュールは，初期王朝時代の石像や，アガデ王の碑文で示されるように，南の勢力の植民地となっていた．イシュタル神殿のある古い層からはシュルギとアマル・シンの下でアッシュールの知事を務めていたザリクムの碑文と，イル・シュンマという地元の支配者の碑文がみつかった．イル・シュンマは前1千年紀につくられたアッシリアの王名表にも現れている．また王名表ではテントに住んでいたといわれる諸王も含む29人の名前と，シャムシ・アダドの祖先であるアムル人の後に，ブズル・アッシュール1世，シャリマフ，イル・シュンマ，エリシュム1世，イクヌム，シャルル・キン（サルゴン1世），ブズル・アッシュール2世などのアッカド人の名前をもつ支配者がきている．とはいえ彼らの年代ははっきりしない．後世の年代記によれば，イル・シュンマをバビロンの初代の王スム・アブム（前1894-81）と同時代にしているし，アッシリアの王名表によると，ブズル・アッシュール2世はエシュヌンナのナラム・シンよりも前の人物であったという．アッシュール遺跡自体には，この時代の考古学的証拠はほとんどない．後世の建物の廃墟の下に深く埋もれているからである．一方，800kmほども離れた中央アナトリアで，エリシュム1世の建築碑文の写しと，サルゴン1世の印章印影がみつかっている．これらは，カネシュを中心としていたアッシリアの商人居留地でみつかった何千もの

下　ギルス出土のラルサの王，ワラド・シンの青銅像．頭上に篭を携えている．ワラド・シンはこの時代の他の支配者と同様，祖先が南メソポタミアの出身ではなかったが，シュメールとアッカドの伝統を採用し，古代の神殿を修復した．この像はそれより300年近くも前にウル第3王朝時代の諸王が定礎として埋めたものと，ほとんど同一である．

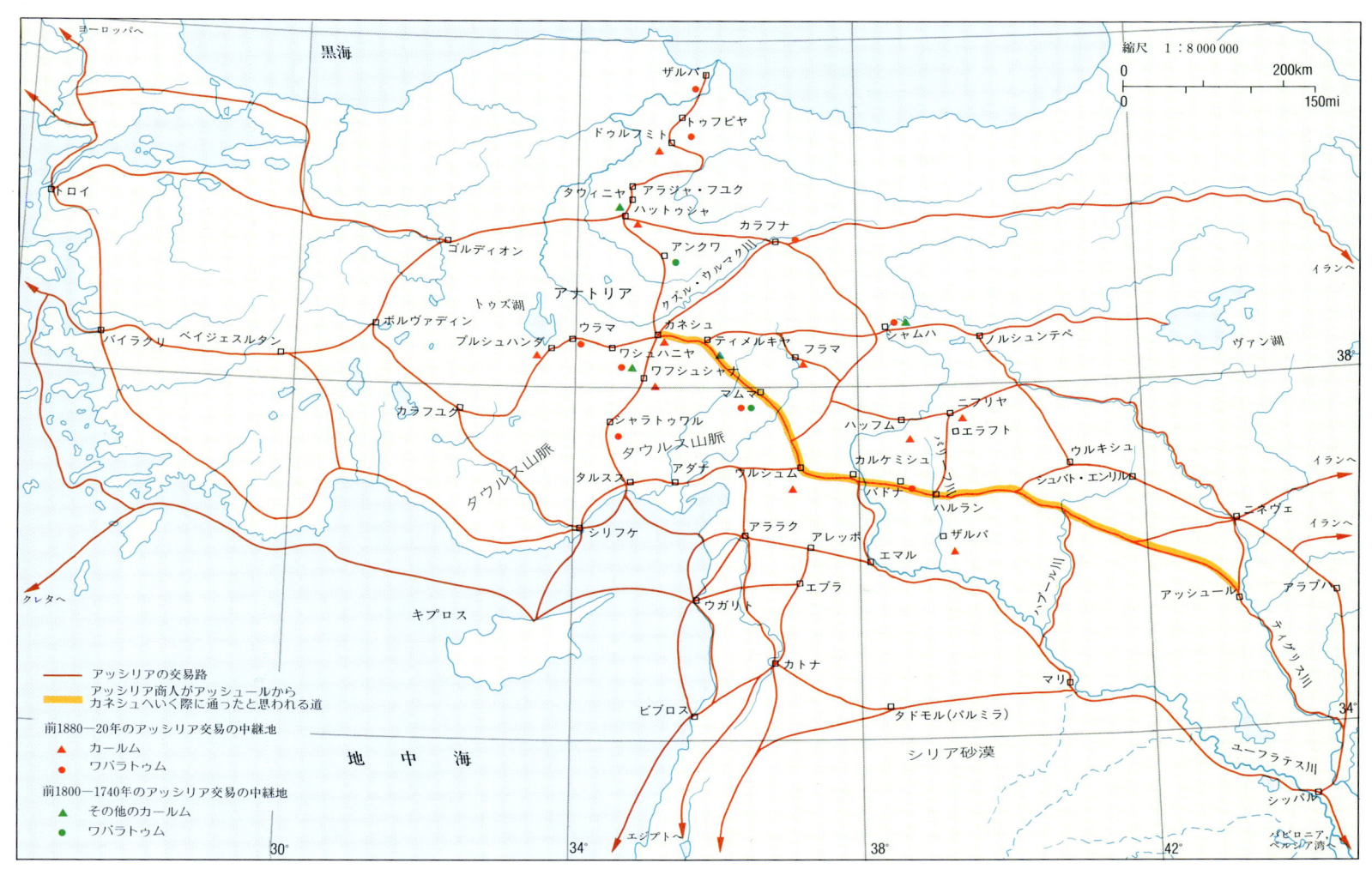

アナトリアと古アッシリアの交易

アナトリアのカネシュ（現代のキュルテペ）でみつかった粘土板文書には，広範囲な交易網が書きとめられている．交易網はアッシュールから，タウルス山脈を越え，重要なカールム，すなわち交易植民地がつくられていたカネシュまで広がっていた．アナトリア高原と北メソポタミアには他にもカールムや，より小規模なワバラトゥムと呼ばれていた交易中継地が存在していた．こうした文書のほとんどは前1880年から1820年頃の間に書かれたもので，前1800年から1740年頃の間に書かれた文書はずっと少ない．その後半の時期の文書には，他のいくつかの居留地もカールムと呼ばれており，ワバラトゥムもいくつか言及されている．カネシュとハットゥシャは，確信をもって位置づけることができる唯一の交易中継地である．地図上のほかのカールムとワバラトゥムの位置は確かでない．

粘土板文書のなかにあったものである．

アッシリアのアナトリア交易

カネシュ市壁外の商人区域であるカールムの発掘では，エリシュムからプズル・アッシュール2世まで（前1880-20年）の3世代（およそ60年）の間，そしてシャムシ・アダドおよびサムス・イルナの治世に相当する時期（前1800-1740年）に行われたアッシュールとの交易の証拠がみつかっている．その前半の時代からは1万以上の粘土板が発見されているが，後半の時代の粘土板は200以下である．

アッシュールからは毛織物やアンナクムと呼ばれた金属が，北メソポタミアの広い平野を越え，またタウルス山脈の急な山道を通ってカネシュまでロバで運ばれ，そこからさらに，ほかの交易地点まで送られた．アンナクムは疑いなく青銅をつくるのに不可欠な錫であった．錫はこの時期に，今まで使用されていた砒素を含む銅にとって代わった．やや時代が下るがマリとシッパル出土の文書によれば，アンナクムはエラムからマリに運ばれ，さらに西方に取り引きされている．エラム国内には錫の採掘場や錫産地はみつかっていないので，おそらくエラム人はさらに東方から錫をもってきたのだろう．ディルムン―ウル間の湾岸交易の記録に残っている商品には，アンナクムは含まれていない．しかしアッシリア東の山間部にあるシュシャッラで発見された文書には，アンナクムがイラン高原，あるいはそのむこうのアフガニスタンからもってこられたのではないかと推測させる記載がある．アフガニスタンでは錫鉱石が前3千年紀以来採掘されていたと考えられている．

ロバは1頭あたり，30ないし10片の織物（布），130ミナ（65kg）の錫，そして別に不時の備えや旅行途中の税金として質の悪い錫10ミナからなるおよそ90kgの荷を積んでいた．アッシュールから出発するとき，商品価値の120分の1の税をリンムの高官（アッシリアでは彼の名前が年名に用いられていた）に支払わなければならなかった．カネシュへの立ち入り税は65分の2で，その土地の支配者に支払われた．なかには14頭のロバで運ばれた織物350片を含む並外れた量の送り荷もあったが，ふつうの記録に残っている量はもっと少ない．この並外れた量は，商人たちが寄り集まって隊商を組んだ結果であったかもしれない．

強盗が長い旅行中の問題であったとは思われないが，密輸入はあたり前の行為であった．公表されている文献（知られているおよそ3分の1）によれば，およそ800頭のロバで錫約13.5トンと織物1万7500片が，アッシュールからカネシュに運ばれているが，これは実情の10分の1にもなるまい．見返りに銀と金がアッシュールへ持ち帰られたが，帰る際，運送用の動物としてロバが使われたという記載はないので，おそらくロバのほとんどは着くとすぐアナトリアで売られたのだろう．こうしたアッシリアの交易は一族が合同して請け負っていた．一族の長がアッシュールに住む一方，一族の年少の者が，カネシュのカールムに住み，長の代行として働いた．このような事業には通常その一族が自ら資金を調達していたが，必要資本を調達するために，他の一族と共同組織が組まれたこともあった．

カネシュは交易の中心であったが，ハットゥシャ（ボガズキョイ），アリシャル（おそらくアンクワ），アジェムフユク

（ブルシュハンダ？）など九つのほかの都市にもカールムがあった．また，アナトリアには10もしくはそれ以上のより小さなアッシリアの交易中継地もあった．これらの都市は，自治居留地であったが，商人はその土地の皇子に税を支払わなければならなかった．

アナトリアの政府と交易

アッシリア人はカールムの唯一の居住者ではなかった．彼らは発掘された区域の北と中央に住んでおり，工業地区にあたる南に住む土着のアナトリア人からは離れていた．アッシリア商人は，輸入や輸出だけでなく，その土地の交易にも携わっていた．銅は重要な交易品の一つであり，3万ミナ（15トン）もの注文量が，カネシュ出土の文書にみられる．アッシリア人の交易相手には，ハッティ人（アナトリア土着の住民），フルリ人，インド＝ヨーロッパ語族の人々がおり，そのなかには後にネシュリ（おそらくカネシュという都市名に由来する）と呼ばれる方言を話していたヒッタイト人，ヒッタイト人によってルイリと呼ばれ，絵文字を使用していたルヴィ人もいた．

アナトリアの諸都市は，ふつうインド＝ヨーロッパ語族の名前をもつ皇子に支配されており，メソポタミア同様，都市間で争っていた．カネシュの初期の都市とカールム（第II層）は前1820年頃の火事で壊されている．約500年後に書かれたヒッタイトの貴重な一文書は，クッシャラの王ピトハナがどうやって息子アニッタと共謀して，おそらくカネシュであるネシャの都市を征服し，ネシャをみずからの首都として用いたかについて述べている．ピトハナはザルパ，ブルシュハンダ，シャラトゥワル，ハッティ（おそらく後のヒッタイトの首都ハットゥシャ）などもうち破っている．ピトハナ，アニッタの両者は後の時代（第Ib層）の粘土板にも出てくることからすると，あるいは彼らがカールム第II層の破壊を指揮したのかもしれない．また「皇子アニッタの宮殿」と刻まれた短剣がカネシュでみつかっている．

アニッタとヒッタイト諸王の間の時期のアナトリアの状況は，ほとんどわかっていない．ヒッタイトの支配者たちは，彼らの家系がクッシャラの王，ラバルナス1世（前1650年頃）から続いていると主張している．同じくラバルナスと呼ばれた彼の息子は，クッシャラからハットゥシャへと遷都し，彼自身ハットゥシリの名前を用いている．彼の孫であり後継者のムルシリは，ヒッタイト軍を率いて，それより300年ほど前にアッシリアのロバの隊商が往来したルートにそってタウルス山脈を越え，ハンムラビの下でかつて栄えたバビロニア王国を破壊したのである．

エシュヌンナの宮殿

エシュヌンナは知事イトゥリヤのもとで，ウル第3王朝の束縛から初めて抜けだした．イッビ・シンの書記を務めていたイトゥリヤの息子イルシュ・イリヤは，エシュヌンナの支配者のための新しい宮殿に，シュ・シン（ウルの神格化された王）崇拝用に建てた神殿を組み入れている．この宮殿は古バビロニア建築の代表的な例の一つである．神殿の中庭は，広い控えの間を通り，セッラ（神の偶像がおかれた部屋）に至っている．神殿の外にある中庭の一辺には大きな応接室があり，応接室のむこうには支配者の私室がついた内側の中庭があった．これは典型的なメソポタミア式宮殿プランであり，この設計は1000年も後の新アッシリア時代の諸王の宮殿でもみつかっている．

前19世紀の終わり頃，ほとんど知られていない支配者が15人ほど続いた後，イピク・アダド2世の息子ナラム・シンがアッシュールを征服し，西のハブール平原まで押し進んでいる．ナラム・シンはまるで生えぬきのアッシリア王であったかのように，アッシリアの王名表に含められている．

征服者シャムシ・アダド

アッシリアの王名表によると，

> イラ・カブカビの息子，シャムシ・アダドは，ナラム・シンの時代にバビロンに行った．イブニ・アダドのリム中に，シャムシ・アダドはバビロンから上がってきて，エカッラトゥムを奪った．そしてエカッラトゥムに3年間住んだ．アタマル・イシュタルのリム中に，シャムシ・アダドはエカッラトゥムから上がってきた．彼はナラム・シンの息子，エリシュムを王位から退け，王位を奪い，そして33年間支配した．

シャムシ・アダドの素姓ははっきりしていない．ただ，マリ文書によればヤッギド・リムとヤフドゥン・リムの治世中に，マリ西方のテルカ地域で，彼の父親かもしれないイラ・カブカブフというアムル人の長が，行動をおこしていたとあるから，ひょっとすると彼はユーフラテス川中流域出身のアムル人だったかもしれない．シャムシ・アダドのアッシュール征服が，どのように行われたかは知られていないが，ナラム・シンの侵略による混乱に乗じたのかもしれない．シャムシ・アダドはおそらく，ヤフドゥン・リムを追いだした強奪者からマリの支配をも奪った．ヤフドゥン・リムの息子ジムリ・リムは，彼の義理の父，ヤムハドの王ヤリム・リムの元へと亡命し，シャムシ・アダドの死後にマリの支配を取り戻している．シャムシ・アダドはアッシュールを首都にはせず，シュバト・エンリルという都市に住んでいた．この都市は最近テル・レイラン遺跡のことだとわかっている．彼は長男イシュメ・ダガンをエカッラトゥムの，そして次男ヤスマフ・アダドをマリの支配者として就任させた．

シャムシ・アダドの碑文によると，彼は地中海まで征服している．

> 大海の岸のラバン（レバノン）の国に，私は私の偉大な名前を刻んだ石碑を立てた．

シャムシ・アダドは息子ヤスマフ・アダドをカトナの王の娘と結婚させたけれども，西方を直接支配していたわけではないようだ．ある楔形文書にはその結婚に際しての贈り物があげられており，それには4もしくは5タレント（およそ200kg）の銀が含まれていた．シャムシ・アダドの支配は，ユーフラテス川からザグロス山脈まで広がっており，さらに遠くも同盟網によって押さえていたようだ．ただ，事実上の支配は，エカッラトゥムとマリに派遣していた2人の息子達によっていた．年長のイシュメ・ダガンは父の才能を受け継ぐだが，弟のヤスマフ・アダドは力のない無能な支配者だったようである．マリでは彼ら親子の間でかわした手紙がみつかっており，中には次のようなヤスマフ・アダドから父にあてた手紙もみられる．

> とうさんからの手紙を読みました．とうさんはそのなかで，『いつまでおまえの面倒をみなければならないのか？　おまえは子供だ．大人でない．顎には髭もない．いつまでおまえは自分の家のことをきちんとできないのか？　おまえの兄さんが巨大な軍を指揮しているのを知

右　カネシュの商業植民地，すなわちカールムは，市壁の外側に位置していた．そこではアッシリア出身の商人でも，その土地の設計の家に住み，その土地の土器を使っていた．もしアッシリア人による何千もの商業取り引きに関する詳細な粘土板文書がなければ，彼らの生まれ故郷の都市どころか，彼らの存在も推測できなかっただろう．カールムにはアッシリア人のほかに，メソポタミアやアナトリアの他の都市出身の商人も住んでいた．カールムの家や家の間の路地の土台石は，数年前に発掘されたにもかかわらず，まだみることができる．

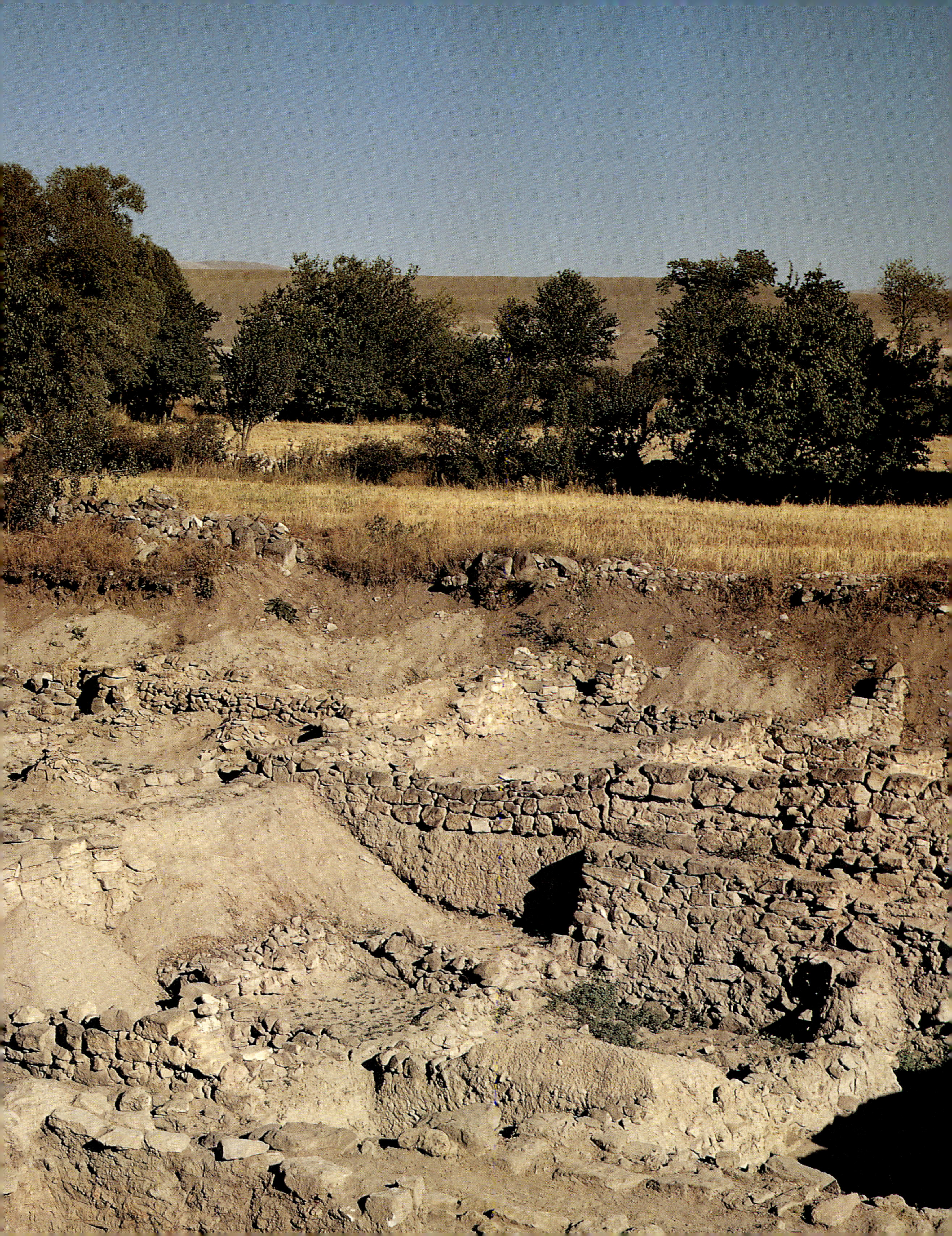

都市

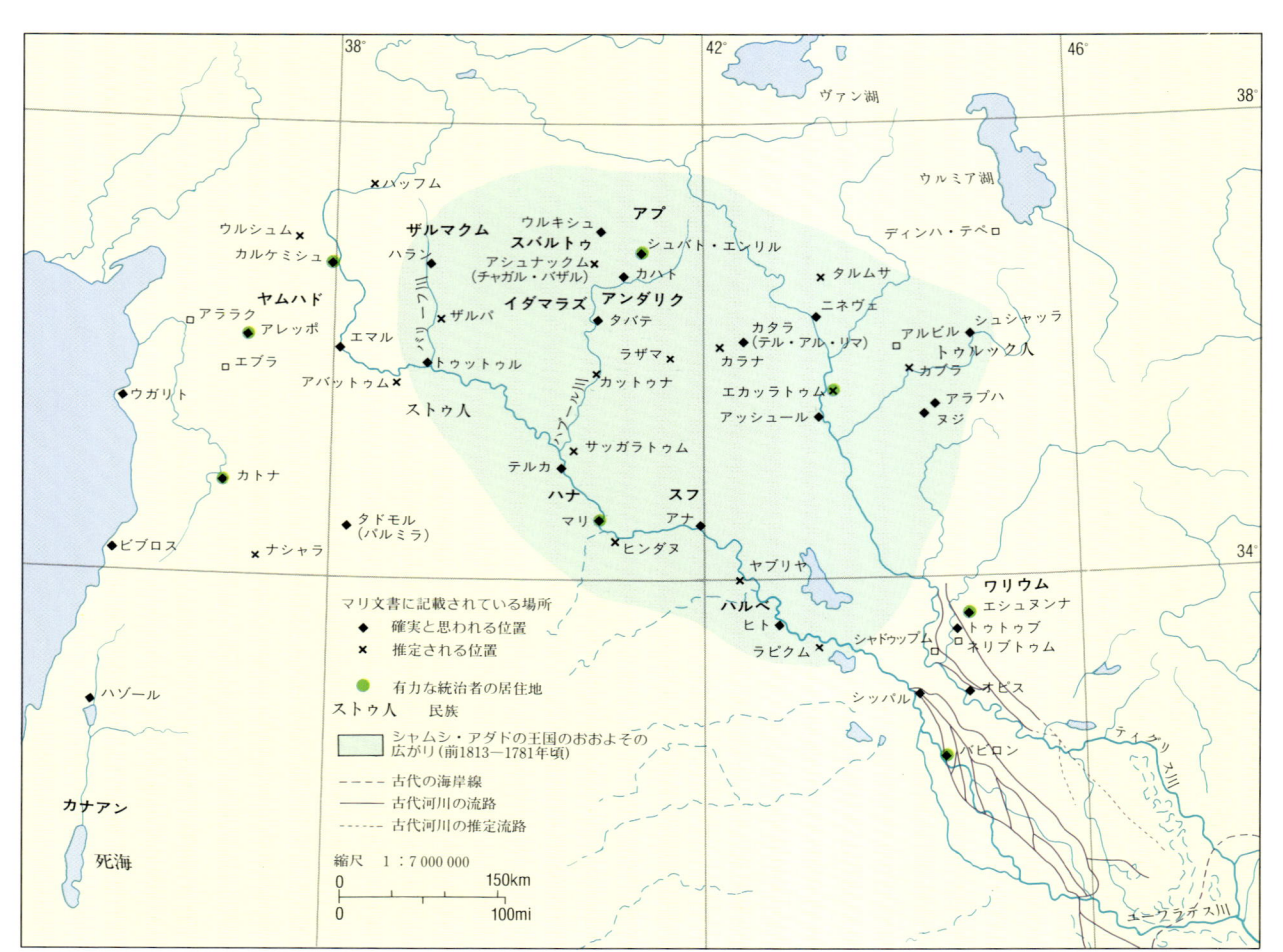

マリ文書の世界

マリで発見された粘土板文書は，前19世紀と18世紀の宮殿そのほかの場所での生活について非常にくわしい記録を残している．公表された文書のなかには，400以上の地名が記録されているが，その位置が確実なのは一部だけである．これはちょうどシャムシ・アダド1世（前1813－1781頃）が，何もないところから北メソポタミアのほとんどを含む王国をつくりだした時期であった．シャムシ・アダドは首都シュバト・エンリルから，東を統治するために長男をエカッラトゥムに，そして南西を統治するために次男をマリに派遣した．シャムシ・アダドの死後，彼の王国は崩壊した．マリは前1757年にハンムラビによって滅ぼされた．そして少なくとも次の300年ほどの北メソポタミアについての情報は，ほとんど明らかになっていない．

らないのか？　おまえはただ自分自身の宮殿と王室を指揮しているだけにすぎない！』と言ってます．これがとうさんが私に書いたことです．今どうして私が子供のようなのですか．またとうさんが私を就任させたときのように無能な状況でありましょうか？　私は小さいときからずっととうさんの手元で成長してきたのにもかかわらず，今，ある使用人，またはほかの者が，とうさんの加護から私をうまく引き離そうとしています．どうしたらよいのでしょうか？　そこで私の不運についてとうさんと話をつけるために，今すぐあなたのところに行きます．

シャムシ・アダドの東側では，エシュヌンナとエラム人の諸支配者が活動的だった．シュシャッラのシャムシ・アダドの家臣からの手紙には，エラム人の支配者，シルクトゥフの1万2000もの軍隊の存在が報告されている．エシュヌンナの王として彼の兄ナラム・シンを継いだダドゥシャは，アルビルやその地域のほかの町を征服しただけでなく，イシュメ・ダガンもうち破ったと主張している．父シャムシ・アダドが死ぬと，イシュメ・ダガンは，弟のヤスマフ・アダドに，敵のエラム人とその同盟者であるエシュヌンナの王イバル・ピ・エルを「鎖でつないだ」，と書き送っていたにもかかわらず，彼自身破れている．シュバト・エンリルはエラム人の手に落ち，そしてエラムとエシュヌンナの軍はさらにイダマラズの国（北シリア）へ遠征している．このときジムリ・リムはマリの王位を取り戻し，最終的にはマリが前1757年にハンムラビに破れる直前まで王位を維持していた．

ジムリ・リムの治世のマリ

逆説的にいえば，ハンムラビのマリ破壊が将来の考古学者

のためにマリの遺跡を保護した結果となった．マリの都市は人も住まなくなり，上階の崩壊によってすっぽり覆われたジムリ・リムの宮殿の廃墟は，後の建設者の攪乱から守られたのである．マリの宮殿へは，北から入った．広い門を入ると小さな中庭があり，そこはさらにずっと大きな中庭（室131）へと通じている．この中庭には殿堂もしくは玉座の間と思われる部屋がついており，半円形の低い階段でつながっていた．この部屋の壁画の様式からすると，宮殿のこの部分は前2000年以前に建てられ，250年以上の間使用されていたことがわかる．ジムリ・リムの宮殿の下には，初期王朝時代のマリの支配者たちの初期の宮殿が埋もれていた．西側には，やはり壁画で飾られた別の大きな中庭（室106）があった．壁画の中央部パネルには，イシュタル女神から王位のしるしを受け取っている王が描かれており，その脇には高木，神の姿，神秘的な獣などがそえられていた．この中庭の南側には二つの大きな部屋があり，それぞれ長さが25mほどもあった．すぐ外側の部屋からは壺をもった女神の像が出土し，この像の下部には穴があいており，そこから水が入るようになっていた．次の部屋（室65）の西端にある高壇は，王の玉座の台座となっていたのかもしれない．そして反対側には階段があり，小さなセッラへと至っている．マリの初期の支配者の像が，この階段の下部にころがっていた．これらの公務上の部屋の周囲には，貯蔵室，工房，台所，居間などがあった．

　マリでみつかった粘土板は2万点以上にも達し，そのおよそ4分の1ほどしか公表されていないが，その当時の生活の詳細な状況を我々に伝えている．粘土板によると，ここはやっかいな遊牧民に絶え間なく脅かされていた．遊牧民のいくらかは軍に徴用されていたが，ほかのものは賄賂や力づくで押さえられていた．ヤミニ族（ベンジャミンといわれることもある．これは南の息子たちという意味）とストゥ族とが，もっともやっかいだった．また無法者の集団ハビル族も問題の種だった（最初に文書が解読されたとき，ハビルはヘブライの祖先ではないかと考えられたが，おそらくこの考えは誤りである）．

　対抗している軍隊は，しょっちゅう戦いをくり返していた．包囲攻撃が一般的で，文書によれば1万人から2万人規模の軍隊が戦っていた．ウマで曳く戦車は，最初前2千年紀の初め頃現れ，次の1000年の間に戦争には欠かせないものになった．ウマはロシアではそれより2000年以上も前から飼いならされており，イスラエルとトルコではウマの骨が金石併用時代と初期青銅器時代の層でみつけられている．前2000年以前に書かれた文書のなかにもウマについての言及がときおりあるが，ウマが一般的になるのはその数百年後で，そのときには近東だけでなく，エジプトやヨーロッパでもみられるようになる．最初ウマはロバのような乗り物であり，くびきでつながれ，雄ウシのように鼻輪で制御されていた．しかしながら，はみが発達（前1700年以前のいつか）し，軽くて強い輪止め車輪が現れると，ウマで曳く戦車が恐ろしい武器となったのである．

　ジムリ・リムの宮殿のなかの生活についてはかなり詳細な記録が残っている．それは王が役人たちとあらゆる問題について通信をかわしていたからである．たとえば，「ライオンが家の屋根で捕獲され，木の檻に入れられ，ジムリ・リムに送られた」，「運河の土手は，修理が必要だった」，「破壊的な遊牧民の大群がテルカに着き，土地の知事は彼らを集めて王に送った」などの記録がある．別の手紙のなかでは，ジム

左　北シリアから出土したといわれている戦車の焼成粘土製模型．カネシュ出土の円筒印章印影に描かれた戦車に似ており，まず確実に前19世紀頃に年代づけられるだろう．一対のウマに曳かれた軽い戦車の導入が，近東での戦争を変えた．模型の車輪上の印は，輪止め車輪を表現しているのかもしれない．初期の戦車はロバに曳かせたもので，車輪も頑丈な木製でつくられていた．高さ19.6cm．

右　この銀製の女性小像は，頭，首，胸は金製で，さらに上半身には金のたすきをかけている．トルコのアンカラからそう遠くないハサノグランの墓出土といわれており，おそらく前2000年頃に年代づけられるだろう．高さ20.4cm．

都市

リ・リムが彼の妻に手紙を書き，家族の病気について注意を与えている．

ナンナが伝染病にかかり，彼女はよく宮殿にいるので，彼女と一緒にいる多くの女性にそれが感染するかもしれないと聞かされた．すぐに厳しい命令を与えなさい．誰も彼女が使うカップで水を飲まないこと，誰も彼女がすわる椅子に座らないこと，誰も彼女が使うベッドに寝ないこと，彼女と一緒にいる多くの女性にそれが移らないように．これは非常に移りやすい病気である．

王は氷室をもっていた．氷室には山からもってきた氷をたくわえておき，氷は夏の間，飲み物を冷やすのに使われた．粘土板には，王の食卓に出された食物と飲み物，また機織，大工，金工など宮殿使用人の仕事も記録されている．女性が従事していた職業には，紡績，機織，料理，歌や楽器演奏があり，女性書記，女医もいた．

宗教が重要な役割をしたのはいうまでもなく，神に食物を捧げること，祭のための朗詠や呪文，死者の霊を鎮めることなどの宗教儀式が，定期的に執り行われた．重要な決定を下す前には凶兆が占われた．占いのもっとも一般的な方法は，ヒツジをいけにえとして捧げ，その肝臓を調べることであった．これはかなり高度な術であり，肝臓の特徴を数千にも分け，それぞれが違った兆候を暗示しているとするものだった．そうした予言が書かれた粘土製肝臓模型がマリでみつかっているが，おそらく命令や指示のために使われたものであろう．シャムシ・アダドによって建てられたと思われる神殿とジッグラトが，テル・アル・リマにはよく保存されているが，これによって当時宗教がいかに重要だったかがわかる．宮殿が低いところに建てられている一方，神殿とジッグラトは遺跡で優位を占めている．

レヴァントとパレスティナ

マリの粘土板と，より少ない数ではあるがカトナやオロンテス川ぞいのアララクでみつかった粘土板文書によって，西で何がおこっていたかがわかる．西部での二つのおもな王国はアレッポを首都にもつヤムハドとカトナであったが，ウガリトやハゾールのような小さな都市についても文書はふれている．前3千年紀の終わりに，レヴァントとパレスティナの都市生活は衰退したが，前2000年頃，つまり中期青銅器時代の初めにはこの傾向が逆転している．その当時のエジプトの記録によると，アメンエムヘト1世（前1991-62）の治世に，エジプトの旅行者シヌヘが，アジア地方を訪れているが，そこに住んでいるのはほとんどが遊牧民であったという．とはいえエジプト第12王朝の「呪い文書」によれば話が違う．それは土製の像や容器にエジプトの反逆者や敵の名前を刻みつけた呪い文書で，その後儀式的に打ち壊したものである．前1900年頃の呪い文書の初期のものには，イェルサレム，アシュケロン，ベス・シャンおよびビブロスなどの都市名が刻まれている．そしてその100年ほど後のものでは，カナアン地方の主要都市のほとんどすべてが栄えていたということを証明している（メギッドの都市が脱けているのは意外であるが，これはおそらくメギッドがエジプトと忠実な関係を維持していたからであろう）．これらの都市の支配者の名前は，すべて西セム語である．初期の記録には，それぞれの都市に1人以上の支配者があげられているが，後の時代のグループでは1人だけである．これは部族社会から都市への変化を反映したのかもしれない．

考古学的な証拠は，これらの記録を完全なものにするのに役立った．およそ前1800年以後，大きな町だけでなく，1haにも満たない小さな村までも，ほとんどすべての中期青銅器時代の遺跡がレヴァント地方では要塞化されているのである．防壁様式の典型である「キュークロープス式」石造建築は，1個あたり長さ2-3m，重さ1トンにも及ぶ巨大な石でつくられていた．壁の外壁は斜堤（グラシス）と呼ばれた急斜面で，土や石でつくられ，滑らかな堅い漆喰の層でおおわれていた．これは壁のねもとにトンネルを掘られないようにと考案されたのであろう．しかし斜堤はまた壁を打ち壊す道具や，攻城はしごに対する防護をも果たしていた．カトナは当時，1km四方の領域を占めていて，その防壁は，現在

左　ビブロスのセム人支配者たちは，エジプト第12王朝のファラオと密接な関係をもっており，高価な贈り物を受けたり，洗練されたエジプトの文化を取り入れたりしていた．支配者たちの岩窟墓が，ビブロス海岸の絶壁に掘られている．このうちの3基の墓は，貴重品である多くの財宝をもち無傷で発見されたが，他は墓荒しにあっていた．この金の胸当て（胸装飾）は無傷の墓の一つから出土したものである．エジプトのタカ神，ホルスの姿で飾られているが，細部はまず確実に地元でつくられたことを示している．幅20.5cm.

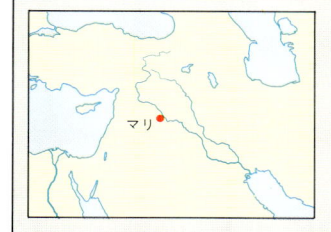

マリ

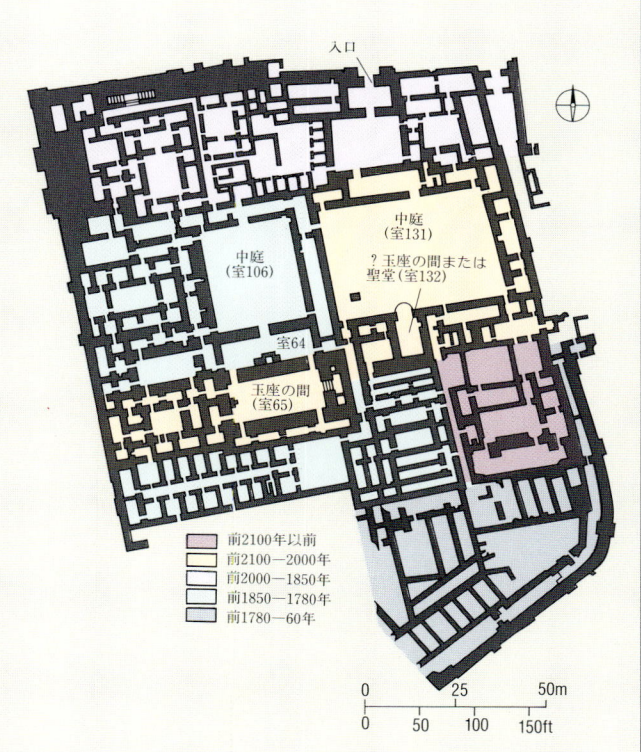

マリ（現代のテル・ハリリ）の廃墟は，ユーフラテス川の西側にある．都市は前3千年紀の初めに創建された．初期王朝時代のマリは重要な都市国家であり，シュメールの王名表のなかに有力な王朝の一つとして入れられていた．マリのイシュタル神殿では，多くの洗練されたシュメール様式の像が発見されている．マリの前3千年紀のセム人支配者たちの宮殿は，前2千年紀の宮殿の下にある．前2千年紀の宮殿はそれより前の間取りに従って再建されており，幾世紀かの間使われつづけていた．マリの諸支配者は，ユーフラテス川を通過する交易の利益でかなりの富をえていた．マリのアムル人支配者は，前19世紀にアッシリアのシャムシ・アダドによって追いだされた．シャムシ・アダドは彼の下の息子，ヤスマフ・アダドを王として就任させた．前1780年頃にシャムシ・アダドが死んだ後，先のアムル人支配者の息子，ジムリ・リムがこの都市の支配を取り戻した．ジムリ・リムの宮殿の発掘では，廃墟のなかから支配者たちに関する広範囲かつ有益な公文書が掘りだされている．約20年後の前1757年，ジムリ・リムは，彼のかつての盟友，バビロンの王ハンムラビに宮殿と都市を破壊され敗れた．遺跡は中期アッシリア時代に共同墓地として使われたものの，放棄されたままであった．

ジムリ・リムの宮殿は，およそ300年の間にわたって建てられた．もっとも重要な室は西の大きな中庭（室106）の南側のいくつかの部屋だった．これらの部屋は控えの間（室64）と玉座の間（室65）だったと考えられる．宮殿は1階に260以上の部屋があり，上階にはさらに部屋があった．

前2100年以前
前2100－2000年
前2000－1850年
前1850－1780年
前1780－60年

左上　マリの知事，イシュトゥブ・イルムの黒色石像は，玉座の間（室65）で発見された．像は部屋の東端の階段から落ちたものである．イシュトゥブ・イルムは，前2100年頃マリを統治していたと考えられる．高さ1.52m．

左　マリ近くのユーフラテス川流域．

右　壺をもっているこの女神像の胴部は，玉座の間に通じる控えの間（室64）で，また頭部は中庭で発見された．水が壺から流れるように，水管が壺から像の下部まで通っている．高さ1.4m．

下　中庭（室106）の南壁近くに落ちていた壁画の破片．統治者は，犠牲のための雄ウシを先導していると思われるほかの人物よりも，大きく描かれている．壁画はおそらくシャムシ・アダド，またはジムリ・リムの治世に年代づけられるだろう．幅約1.35m．

都市

でも12mから20mの高さで残っている．そして有室構造壁と3室門でさらに守りを固めていた．エブラ，シェケム，ハゾールの発掘では，後期青銅器時代の神殿の原型である，いわゆる塔式要塞神殿（ミグダル神殿）が発掘されている．これはその後，ソロモンの神殿の原型となった．

レヴァント地方は，エジプトとメソポタミアの影響力の接点にあったが，これまでのところエジプトとメソポタミアの個々の支配者の治世を関連させることができる証拠が不足している．エジプト中王国の支配者の碑文が，メギッド，カトナ，ウガリトなどで発見された像にみられる．ビブロスの人人も，エジプト人と密接なつながりをもっていた．エジプトの象形文字で自分たちの支配者であるセム人の名前を書き，エジプトの称号「知事」を借用している．前18世紀初めにはエジプト中王国が崩壊し，レヴァントとパレスティナでは北と東からの影響がより重要となった．1世紀の後，北エジプトは「外国の丘の国の首長たち」といわれたヒクソス人によって支配されている．ヒクソス人はパレスティナの中期青銅器時代第3期の住民と密接な関係をもっていた．パレスティナの中期青銅器時代の人がなしとげた功績のうち，おそらくもっともめざましく，かつ永く伝えられたものはアルファベットの発明であろう．これは，その後，後期青銅器時代に広くいきわたるようになる．

左　スーサ発見の閃緑岩頭部．おそらく前12世紀にもちこまれたと考えられる．この種の頭飾りは，前2100年から1700年の間のメソポタミア都市の諸支配者によって着用された．バビロンの王ハンムラビが彼の法典石碑で同一の頭飾りをつけているため，この頭像もその偉大なバビロニアの支配者と考えられている．しかしながら，エシュヌンナからいくつもの見事な支配者の彫像がスーサへもっていかれているので，この像もこの時代の他の支配者，ことによるとエシュヌンナの支配者，を表しているという見方もできよう．高さ15cm．

右　この青銅と金でつくられた祈りの像の碑文には，「ル・ナンナ，マルトゥ神とバビロンの王ハンムラビの命のために」と書いてある．ル・ナンナが神の使用人として奉納したものである．像は銅製で，顔の部分は塗金されている．ラルサで発見されたといわれており，おそらくハンムラビの治世の終わり（前1750年）に年代づけられるだろう．高さ19.5cm．

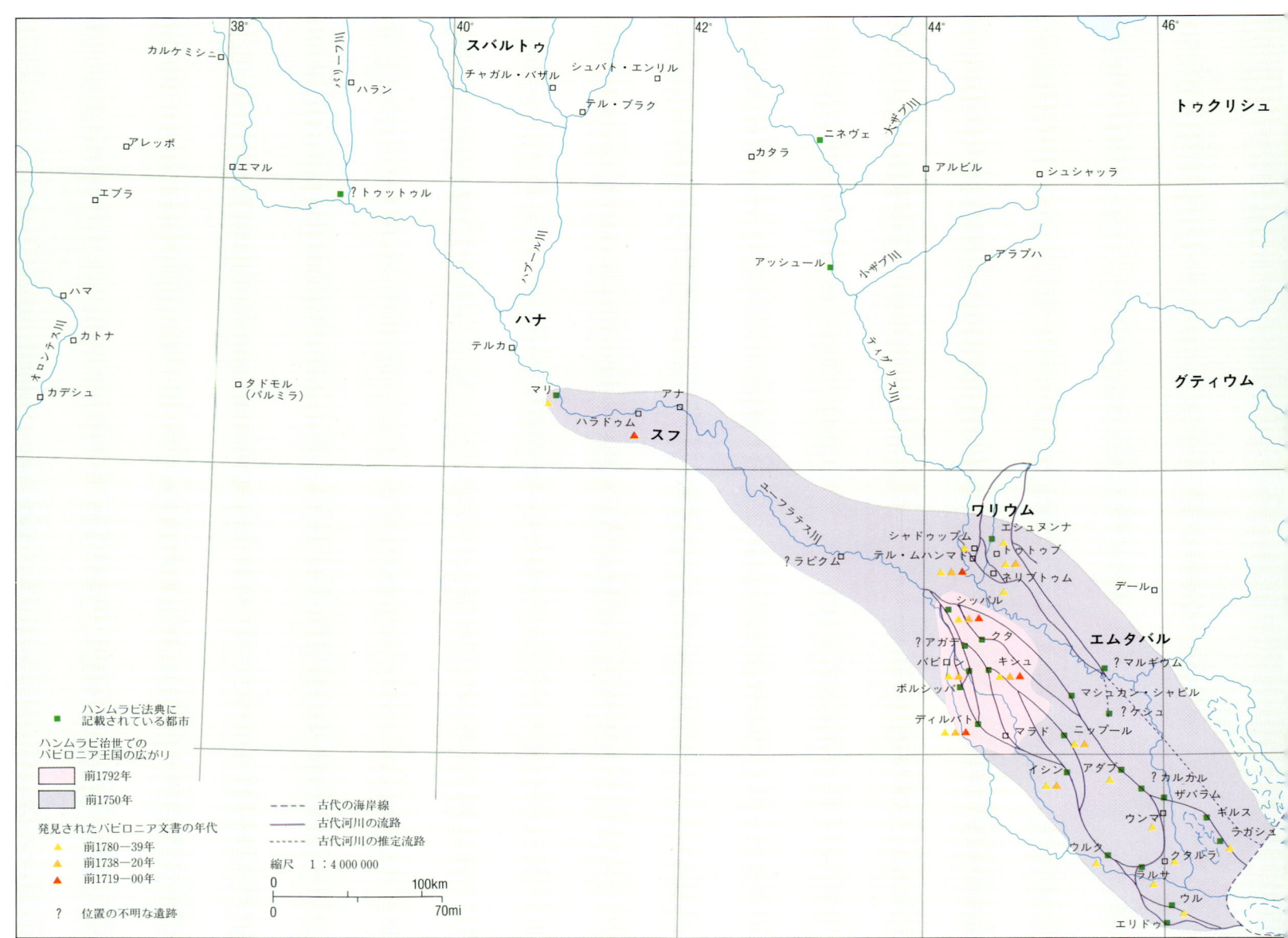

ハンムラビの王国

ハンムラビ（前1792-50）は彼の治世の後半に，メソポタミアのほとんどの地域の支配を確立し，多くの都市の独立に終止符を打った．彼は法典の序文で，トゥットゥル，ニネヴェ，アッシュールはもちろん，彼が滅ぼしたマリやエシュヌンナなどを含むメソポタミアの多くの都市で，神殿を修復したと主張している．ハンムラビの息子サムス・イルナは，謀反を起こしたラルサのリム・シン2世を鎮圧した．その後の南バビロニアは荒廃したと思われる．前1739年以後，（バビロニアの南端の諸都市）ウル，ラルサ，クタッラ，ウルク，ウンマ，アダブまたはラガシュが占領されていたという証拠はほとんどない．海の国の王，イルマ・イルの治世にあたる前1721年にニップールで書かれた文書はいくらかあるが，その後200年間に書かれたものはイシンでもニップールでも皆無である．このように南部で記録がなくなってしまうのは，河川流路の激変，海の国の諸支配者による征服，官僚制度の習慣の変化などに由来するのかもしれない，またはこれら三つが組み合わさって生じたのかもしれない．

バビロンの王ハンムラビ

前2千年紀初めの傑出した人物といえば，前1792年から1750年にかけてバビロンを支配したハンムラビ王であった．辛抱強いが大望のある，用心深いが大胆な彼は，一時的ではあるがメソポタミアの歴史を変えるような一帝国を建てた．バビロンは政治，文化，そして宗教の中心となった．ハンムラビの治世の年号（年名）によると，彼は前1787年にウルクとイシンを占領し，前1784年にラピクムとマルギウムまで遠征している．また前1783年の契約書によれば，その当時ハンムラビがシャムシ・アダドの家臣であったかもしれない．

（彼の治世間の年号によると）次の20年間，ハンムラビは神殿と運河の建設に邁進しているが，治世第29年にエラム，スバルトゥ，グティウム，エシュヌンナそしてマルギウムの同盟軍をうち破ったと主張している．次の年，前1763年，彼はマリとエシュヌンナの援助をうけ，リム・シン1世の長い治世を終わらせ，ラルサを征服した．2年後ハンムラビはマリを破り，そして前1757年にマリの都市を破壊した．前1755年にはハンムラビは都市のまわりに水を迂回させることでエシュヌンナを占領した．エシュヌンナは，彼の最後のメソポタミアでの対抗相手だった．ハンムラビは法典の序文に，神の名と彼を支持した国々の名を列挙している．それには，西のマリとトゥットゥル，ティグリス川ぞいのアッシュールとニネヴェまでの都市，そして南に下ってウル，エリドゥ，ギルスなどの都市があがっている．

ハンムラビのラルサ統治を扱う150あまりの書簡は，彼が獲得した国の日常管理に大きな関心をもち，ほとんど都市に権限を委任しなかった様子を伝えている．ハンムラビといえば，あの法典がもっとも有名である．ハンムラビ法典に非常に類似した形態の法典は早く，ウルのシュルギ，イシンのリピト・イシュタル，エシュヌンナのダドゥシャなどによっても発布されていた．ハンムラビは法典の目的を「全土に正義をいきわたらせるため，悪事を撲滅するため，強者が弱者をしいたげないために」と定義している．彼はさらに判決を求める人々に，法典を調べて，その事例に適切な法的決定を下すように勧告している．しかしハンムラビのものと推定される石碑の法律文書中のまれにみられる言及を除いては，現実に法典が不正を正すために使われたことを示唆する証拠はほとんどない．この法典には282の条文があり商業法，家族法，財産法，奴隷法，そして価格と賃金の料金など多くの問題を扱っているが，法典としては完璧でも包括的でもない．

ハンムラビの法律は，古バビロニア社会の一つの理想的な考え方を提示している．王が最上位にあり，王は彼の王国のすべてにわたって介入することができ，また実行した．彼の下にはアウィルム（"人"を意味するアッカド語）すなわち自由民，ムシュケヌム（彼らの厳密な地位ははっきりしないが，ある意味で国の召使），そしてワラドゥムすなわち奴隷，の三つの社会的階級があった．とはいえ奴隷は，彼ら自身の権利で財産を所有することができ，しばしば彼らの負債を清算するために，彼ら自身または子供を奴隷として売りこまなければならなかったアウィルム階級の一部のものよりは，よりよい生活を送っていたようにみえる．貸しつけの標準利子は，オオムギに対して33%，また銀に対して20%であった．アウィルムは国に対する責任をもっており，税を払わなければならず，また国王軍で軍の兵役も果たしていた．アウィルムが死ぬと，彼の財産は息子たちの間で分けられ，土地はどんどん小さくなっていった．

神殿，宮殿と民間市民との間の経済面での正確な力関係は，いままでのところえられる情報源からは判断が難しい．しかし一般的にいうと，古バビロニアの都市では，宮殿がより重要な役割を演じていた．王は神殿を押さえていたが，その権力は，王が都市神の位の高い神官であったからではなく，王が非宗教面で力をつけてきたからである．このことは，王が神によって自己の権力が支えられていると主張しながらも，実際には非宗教的な肩書きを用いていたことにも表れている．

イシン＝ラルサと古バビロニア時代に個人間の契約，貸しつけ，財産販売の数が増加したことによって示されるように，宮殿の権力拡大につれて農業，産業，商業における個人の活動範囲が広がった．

ハンムラビの後継者

ハンムラビの王位は争い事もなく息子のサムス・イルナに継承された．しかし前1742年，サムス・イルナの治世第9年に，南の競争相手，ラルサのリム・シン2世にニップールを占領されている．もっともサムス・イルナが次の年にニップールの都市支配を奪回しているので，リム・シンの征服は短命であった．2年後の前1739年，南メソポタミアにはある大災難がおこっている．ニップール出土の粘土板は，そのとき経済的にも危機があったということを示している．土地の価格は落ちこみ，土地や神官の役所の販売件数は急に増加した．この災難の一つのありそうな原因は，サムス・イルナがリム・シンを降伏させるために，バビロンの南を流れていたユーフラテス川の水を迂回させたことのようだ．サムス・イルナの第11年は，ウルクとラルサの壁の破壊の後，と命名されている．そしてウルの発掘によれば，都市が本当にこの時期に破壊されたということがわかっている．リム・シンは最終的には前1737年に破れた．ニップールはこの難局をきりぬけたが，20年後には，より南の諸都市のように見捨てられ，数世紀間荒れはてた状態におかれていた．

交 通

　物を運搬するもっとも効率的なやり方は水を使うことだった．なぜなら，メソポタミアでは川や運河が網の目のように走っており，それを使えばほとんどの地域へ行くことができたからである．舟はペルシア湾，地中海へも乗りだしていったし，フェニキア人はアフリカ就航さえやっていた可能性がある．水で行けないところへは，ロバやラバが使われるのがふつうだったが，かつぎ人夫を利用することもあった．前2000年以降になるとウマが導入され，伝令はもっとすばやく動けるようになった．ラクダは前14世紀に砂漠の民が活動を始めるとますます重要になっていった．

　車輪つきの乗り物は近東では，前3500年頃から知られていた．しかしながら，沖積平野の泥の多い土地では，橇のほうが実用的なことがしばしばあった．また，山岳部では車輪つきの乗り物は道路が整備されるまでは，使いものにならなかった（最古の道路は前800年頃のウラルトゥのものらしい）．近距離の移動には，全部木でつくった車輪のついた乗り物が使われることがあった．これは，近東では現在もなお用いられている．シュメール人は四輪戦車をもっていて，ロバに曳かせていた．

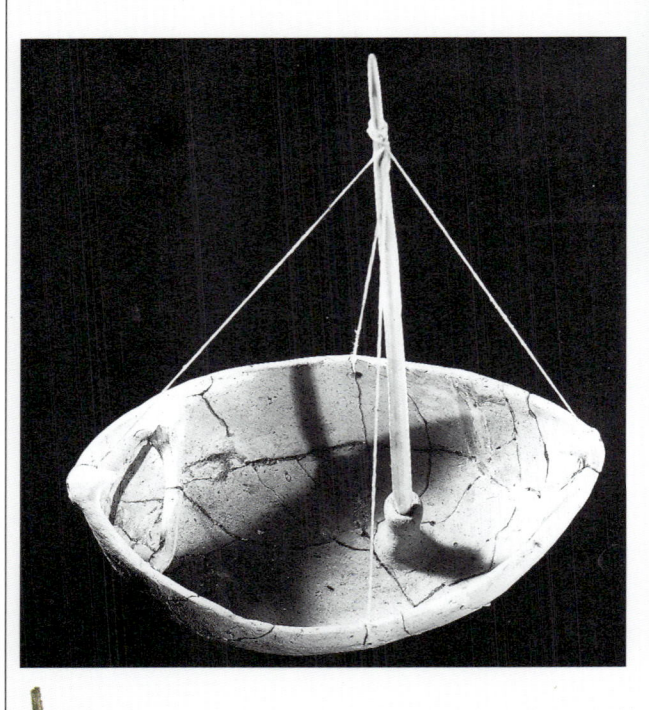

下　ウルの王家の墓地で発見されたのと同じタイプの舟は，南イラクの湿原アラブ族によって今日でも用いられている．ふつうは釣り舟用であるが，ここでみられるように葦などの荷物を運ぶのにも使われる．

左　メソポタミアにおける水上交通に関する最古の証拠は，この舟形土製品である．南イラク，エリドゥのウバイド期の墓から出土．前4000年以前のものとされる．この土偶には，マストをたてる軸受けが一つと，ロープをつなぐ穴がいくつかついていたため，帆船として復元されている．ウバイド式土器が，遠く現在のアラブ首長国連邦からもみつかっていることは，この時期に有能な船乗りがいたことを示唆している．長さ26cm．

下　ウルの王家の墓地の王墓（前2600－2500年）から出土した舟形銀細工．櫓や竿で進む同じような舟にのって移動する神々（ないしその像）を描いた円筒印章もある．

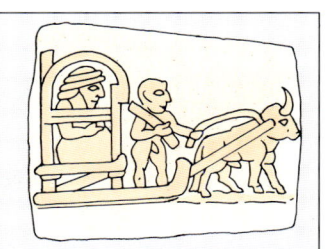

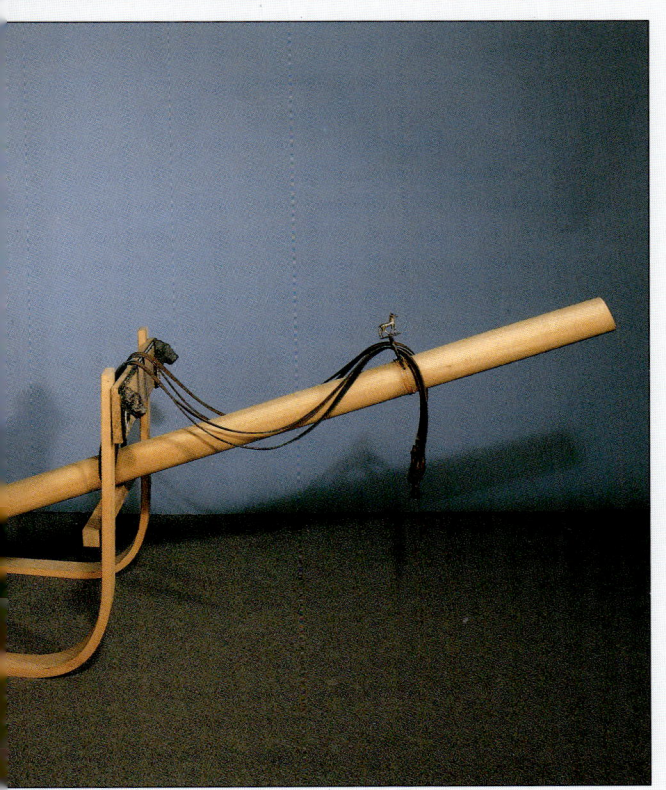

交易と交戦

後の伝説によると，海の国第1王朝が南を支配していたらしいが，その当時のこの地域での彼らの存在に関する文献や考古学的証拠は，これまでのところみつかっていない．とはいえ，バビロンのアムル王朝は生き残り，マリ近くまでのユーフラテス川ぞいの諸都市の支配を行使しつづけた．マリに支配されていた上流の地域では，マリの滅亡後ハナが独立し，首都テルカのもとに栄えた．テルカの平凡な家屋の発掘中にみつかった壺型土器には，メソポタミアの交易網が極東にまでとどいていたことを示すチョウジが入っていた．その頃のチョウジの自然生息地は東インドであり，東アフリカにもちこまれたのはずっとあとのことである．

古バビロニアによる支配の最後の100年間，年名に戦争のことがあげられていない．しかしこの後半，とくにアンミサドゥカの治世（前1646-26）と考えられる時期には，二つの重要な文書「アンミサドゥカの勅令」と「金星文書」がある．アンミサドゥカの勅令は，彼の治世第1年に発布されており，先の治世の間に増加したアウィルム階級の個人負債取り消しのための国王布告であった．ハンムラビなど初期の支配者たちも国の経済活動を助けるために，類似した布告を発布している．

金星文書は金星の昇降の観測記録であり，アンミサドゥカの年名の一つを言及していることから，おそらく彼の治世年間につくられたと考えられている．この記録に残っている金星の運行周期は，ある特定の時期にしかおこりえないものであり，その周期のくり返しには60年も間があいている．このため金星文書はアンミサドゥカの治世とその王朝の他の支配者たちの年代を決める元となっているが，解釈によって，この時期の編年には，60年ないし120年の違いがある．（本書で使った）中期編年は，ハンムラビの治世を前1792-50年においている．より一般的になってきている長期編年は，前1848-06年にハンムラビの治世をおいているし，アナトリアとレヴァントで仕事をしている多くの研究者がかつて採用していたが，今日その信奉者は少数となった短期編年は，前1728-1686年にそれをおいている．将来うまくいけば，この時代には数千もの粘土板があるのだから，そのなかで，より正確な日付のわかる食のような天文現象と，この時代の出来事とを結びつけるような文書が発見されるかもしれない．またはレヴァント地方の調査で，より確実な証拠によって年代づけられているエジプトの年代とメソポタミアの年代を関連させるものがみつかるかもしれない．

古バビロニアの文書に記録されているように近東の民族移動は絶え間なくつづいた．かつてはアムル人やフルリ人がメソポタミアとの抗争をくり返していたが，その後も続々と新しい民族が流入していった．カッシート人はサムス・イルナの治世第9年に初めて言及されているし，ヒッタイト人は前16世紀の初めにメソポタミアに現れたらしい．ヒッタイト人の王ムルシリは，前1595年にユーフラテス川下流に行軍して，バビロンを略奪，バビロン第1王朝を滅亡させ，これまでのところほとんど情報のないおよそ150年つづく暗黒時代の案内役を務めた．

上端　ウルク期の粘土板にみられる荷車の絵文字は，車輪を示す二つの輪がついている以外は，橇を示すものと同じである．この石板は雄ウシに曳かせた橇で移動する支配者を示しており，おそらく前3000年頃のものである．

二段目　北シリア出土の幌つきワゴン形土製品．前3千年紀後半．幌つきワゴンは，前1千年紀半ばに近東に侵入したスキタイ遊牧民にも用いられていた．

上　戦車を曳いてペルセポリスのペルシア王のところに向かうリュディア人を示す浮彫り．前485年頃．戦車は戦争や行列だけでなく伝令にも用いられた．

左　ウルの王家の墓地の王妃プアビの墓から出土した橇の復元模型．橇は2頭のウシが曳いた．橇はアッシリア宮殿の巨大な有翼雄ウシ石像など重いものを運ぶのにも用いられた．

科　学

　前4千年紀に文字が発明されると，古代近東の人々は，身の回りの世界についての知識を後世の人々のために記録するようになった．最古の文書には，ものの種類，たとえば，鳥，都市名，職業などに関する呼び名のリストが載っている．それらは，主として見習いの書記に書き方を教えるために使われたのだが，知識をそうやって組織的に記録しておくことは，初源的な科学的アプローチを示すといえよう．

　最古の文書で使われている計数システムには，六十進法，すなわち60を単位として数える方法の要素が含まれている．60という数字は多くの除数をもっているから，この方法によれば多くの計算をかなり簡単に行うことができ，事実，それは今日でも時間や角度を測るのに用いられている．前2千年紀初め以降，表文書と問題文書という2種類の数学文書が残されている．前者には九九の表や，あるいは逆数，平方，平方根，立方，それに2や16の対数表まであった．問題文書は，多くの課題を扱っていて，たとえば，一次，二次方程式の解き方，さまざまな幾何学図形の面積や体積の求め方などが含まれていた．バビロニア時代の数学者たちは，驚くほど高いレベルに達していた．彼らはふつうはΠ（パイ）を3としていたが，もっと正確な3と1/8という値も知っていた（つまり3.125で，小数点以下3桁で3.142という本来の値に近い）．2の平方根は正確で，誤差は0.000007しかなかった．ある例外的な粘土板文書には，三つの数で最大のものの2乗が他の二つの2乗の和に等しい，というピタゴラスの定理まで載せられていて，45，60，75から12079，13500，18541の組まであげられていた．バビロニアの数学のもっとも驚くべき点の一つは，実用的なやり方で示されているとはいうものの，それが本質的に理論的であるという点である．

　前2千年紀には，天体現象に基づいた占いが記録されており，天体観測もしばしばなされていた．前1千年紀には占星術関係の科学が非常に重要になった．前700年までには，十二宮も同定され，そのうちのいくつかは今日でも同じ名前で呼ばれている．組織だった記録が保管されていたから，前500年までにはバビロニア人は月の運行や月食をかなりの正確さで予測することができた．現存する最古の星占い，つまりだれかの将来をその人が生まれたときの星の位置で予言する占いも，バビロニアに起源があり，前410年4月29日のものが一番古いとされている．次の50年間くらいで，太陽，月，惑星，星座の位置を予言する暦がまとめられ，後75年とされるものが，楔形文字で記録された現存粘土板でもっとも新しいものである．

　メソポタミア科学で多くの証拠が残っているもう一つの分野は，医学である．病気を扱う者には2種類の専門家がいた．呪術を行うアシブと，現実的な治療法を処方する医者であるアスである．何百という異なった病気が知られていた．

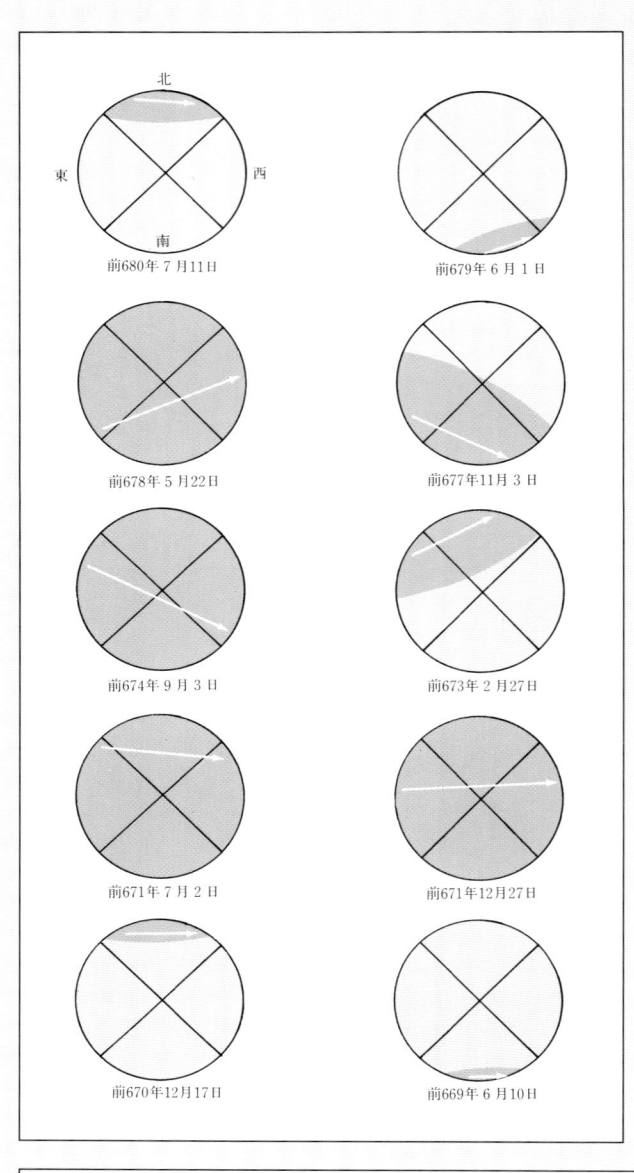

前680年7月11日　　前679年6月1日
前678年5月22日　　前677年11月3日
前674年9月3日　　前673年2月27日
前671年7月2日　　前671年12月27日
前670年12月17日　　前669年6月10日

四分儀の意味

影になった四分儀　　影の方向

　左と下　アッシリア時代後半の王のもとでは，天文現象，とくに月食・日食の解釈に関する科学が発達した．月食があった場合どんなことが予言されるかは，その月食の時間，日，月，影になった部分，その影が動いた方向に基づいていた．惑星，とくに木星がみえたかみえなかったかも解釈に影響していた．月食があると災害があるとされるが，それを避けるために君主は代理の王をたて，100日たったら代理王を殺害し，本物の王がとって代わることがしばしばあった．もし，その予言がアッシリア，バビロニアの両者に関わるものだったならば，代理の王はまずニネヴェで王位につき，その50日後にバビロンでもう一度王位についた．

　前678年5月22日の晩，完全な月食があったが，王家の占星家は，この月と日はエラムと関係しており，月食の方向からするとエラムとアムルに悪運をもたらし，スバルトゥ（アッシリア）とアッカド（バビロニア）には幸運をもたらすと告げた．前673年2月27日の月食はアッシリアには影響はなかったが，前669年6月10日のものは悪いものだった．占星家は月食や日食の解釈の際に判断を下さねばならないのだが，まず観察事項を記録し，ついで結果を予知するために既存の理論をあてはめるという行為自体は，明らかに現代の科学の基礎そのものである．

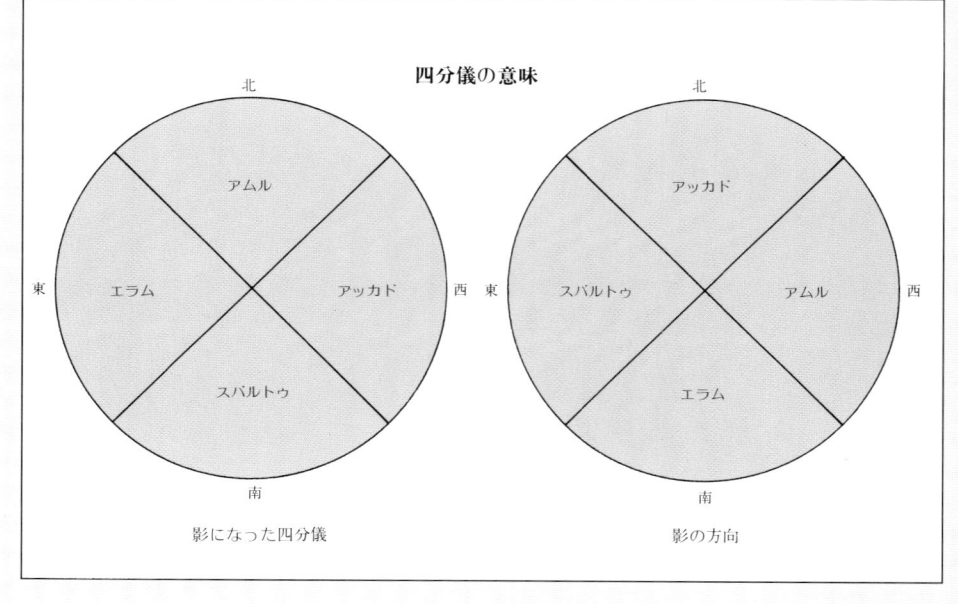

𒐖 𒐏 𒐎
2　　50　　9

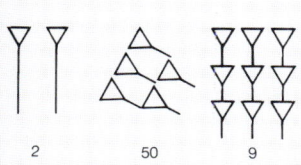

上　楔形文書では数字は1から9までは縦の楔、10から50までは斜めの楔で表現した。60も縦の楔1本で書いたが、これは1と同じ表現である。これは、位取り、すなわち桁値表記法であり、前2000年より前に発明されたものだが、現在もなお用いられている。今日の用語法でいえば、111.1は1という字が100、10、1、1/10のすべてを表している。楔形文書でも同じ方法が使われていた。ただ、10ではなく60でくり上がりになっていた（十進法ではなく六十進法）。また、小数点を書くことはなく、ゼロも前300年頃までは用いられていなかった。上の数字は、2×60＋5×10＋9×1＝179、または2×1＋59×1/60＝2 59/60、あるいは2×60²＋59×60＝10740、さらに2×60²＋0＋59＝7259とも読める。個々の事例では、何を意味しているのかは文脈から読み取った方が簡単である。

左　この粘土板はバビロニアの世界地図と呼ばれている。これには、海と書かれた円が描かれてあって、その回りには未知の地域があり、その説明が本文でなされている。中央が既知の世界であり、上が西になっている。中央の上には枠があって、そのなかにはバビロンという名が書いてあり、右側にはウラルトゥ、アッシリア、デールの名がみえる。スーサは下に位置している。バビロンを通って縦に引かれている線はユーフラテス川に違いない。この地図は、おそらく前700年頃まとめられたものだが、これはやや時代の下る複製である。

上　カルフ出土のラッサム・オベリスクの細部。アッシュールナツィルパル2世（前883-59）の前で貢ぎ物の重さを計っている。現代科学は正確な観察と厳密な測定とに基づいている。メソポタミアでは重さも六十進法によっていた。60シェケルが1ミナ、60ミナが1タレントであった。1ミナは約0.5kgだった。都市によって異なる重量単位が用いられることもあったようである。前1900年頃の文書には、ディルムンという都市のミナについての言及があるが、その重さは、インダス川流域のハラッパ文明で用いられていたものと同じであった。

下　17個で一組の青銅製ライオン形分銅のうちの5個。カルフ出土。最大のものは20kg近い重さで、長さは約30cm。最小のものは重さが約50g、長さは2cm足らずしかない。なかには、アッカド語とアラム語で、アッシリア王のセンナケリブ（前704-681）の名と重さが書かれているものもある。確実な最古の分銅は、前3千年紀半ばの初期王朝時代のものである。分銅はアヒルやライオン形につくるのがふつうだが、円錐形や樽形のものもあった。

技　術

新石器革命以前に専門的な技術があった証拠はほとんどない．フリントや黒曜石製石器製作技術は確かにかなりの熟練を示してはいたが，他のもっと進んだ技術は定住生活に基づくものだった．次の6000年の間に，近東の人々は産業革命以前の都市生活の基礎となっていた技術のほとんどすべてを発展させてしまった．それは，たとえば，建築，運搬，金属加工，木工，陶工，ガラス細工，織工，皮革加工，さらに農耕や食料調理にともなうさまざまな技術にまで及んでいた．

なかでも決定的に重要だったものに，灌漑と洪水の制御がある．そのおかげで南メソポタミアは発展し，さらに運河建設，貯水，排水など多くの水利関係の副次的技術を産んだ．

土器づくりや金属加工などの技術については，残っている遺物から製法を復元することができる．ガラス細工，香水の製造，醸造，製革に用いられた方法について詳細な情報を残した文書もあるし，他にそうした産業の経済面を細かく記録した文書もある．

下　この黄金の器は，カスピ海のすぐ南西部にあるマルリクの墓地から出土した前1200年頃のもので，当時の金工たちの技術を示す逸品である．有翼牛の頭部は容器と一体だが，耳や角は別につけ加えたものである．高さ18cm.

上　前1千年紀の釉薬がけ容器．バビロニアやアッシリア出土品と類似．前4000年までに，メソポタミアではファイアンス（人工的に釉薬をかけた品物）は知られていたが，釉薬を土器に使うようになったのは前2千年紀になってからであった．釉薬を土器にしっかり固着させ，ひび割れしないようにするのが難しかったのである．高さ8cm.

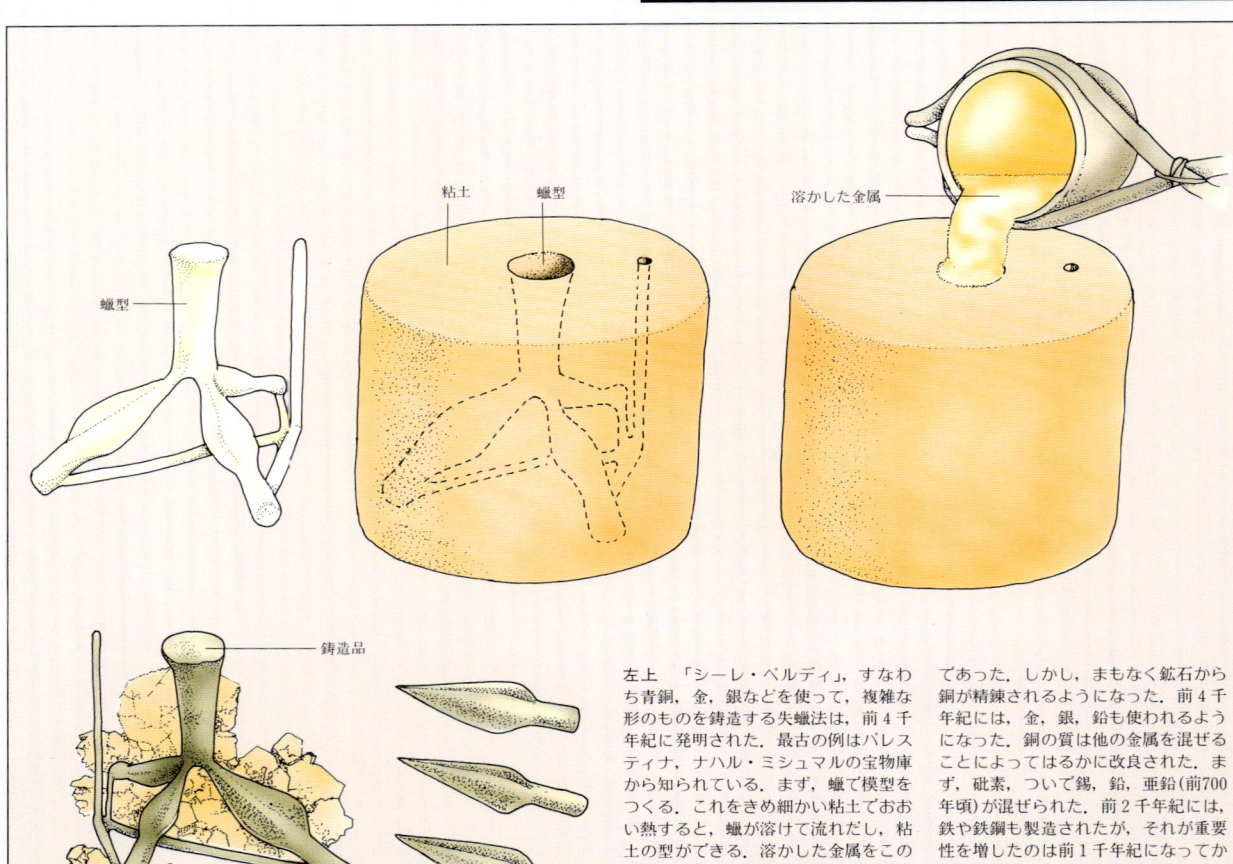

下　ニネヴェ，センナケリブ（前704－681）宮殿の壁の浮彫り．アッシリア宮殿の入口に置かれていた巨大な石像がどうやって運ばれたのかが描かれている．石像は採石場で粗割りされ，木のコロの上においた巨大な橇にのせられた．橇は奴隷が川まで引っ張っていき，川を使って下流の都市まで運ばれていった．

左上　「シーレ・ペルディ」，すなわち青銅，金，銀などを使って，複雑な形のものを鋳造する失蠟法は，前4千年紀に発明された．最古の例はパレスティナ，ナハル・ミシュマルの宝物庫から知られている．まず，蠟で模型をつくる．これをきめ細かい粘土でおおい熱すると，蠟が溶けて流れだし，粘土の型ができる．溶かした金属をこの粘土型に流しこみ，型を割れば，品物ができあがる．

古くは無土器新石器時代に，すでに銅で道具がつくられていたが，これはおそらく自然に産する銅を使ったものであった．しかし，まもなく鉱石から銅が精錬されるようになった．前4千年紀には，金，銀，鉛も使われるようになった．銅の質は他の金属を混ぜることによってはるかに改良された．まず，砒素，ついで錫，鉛，亜鉛（前700年頃）が混ぜられた．前2千年紀には，鉄や鉄鋼も製造されたが，それが重要性を増したのは前1千年紀になってからである．

最も古い金属製品は鍛造で形を整えていたものが，前6千年紀の終わり頃までには，型を使った鋳造が行われるようになった．

下 ガラスは前1600年頃に発明された。これはメソポタミアの職人たちの最大の貢献の一つである。これより古い時代からガラス玉が孤立してみつかった例は二、三ある。しかし、それらはファイアンス製ビーズがガラス化したものと思われる。ここで示した容器はテル・アル・リマ出土で、前15世紀のものである。形状は当時の土器製の杯をまねている。芯を使って製作されたものである。色つきのガラスひもを、まだ可塑性のあるうちに器表につけ、上下にひっかけジグザグ文をつけている。高さ13.4cm。

上 南メソポタミア平原には、何本もの運河、およびその廃土でできた土手が引っかき傷のように走っている。そのいくつかは現在なお使われていて、肥沃な畑に水を運んでいるが、はるか以前に放棄されているものもある。運河掘りは、あまり早く埋まってしまわないように、入念な計画をたてて行う必要があった。

左 ニネヴェ、センナケリブ宮殿の一部。1人の男がシャダフという天秤式の水上げ器を使って、運河に水を運んでいる。この簡便な道具は前3千年紀から用いられていたが、記念物などに描かれることはめったになかった。

上 前1900年頃の焼成粘土製浮彫り。今日でもこの地域で使われているのと同様の手斧を使っている大工が描かれている。例外的に乾燥した状態でなければ、古代近東では木工製品が保存されることはない。高さ8cm、幅7.6cm。

右 カルフ出土の前9世紀の浮彫り。アッシリアの兵器である突出破城槌が、都市防衛軍によって鎖でとらえられている。多くの技術的工夫は、戦争を行ううちに発展したものである。

127

日常生活

　考古学的な発掘でみつかるものの大半は，当時の人々が捨てた土器の破片，動物骨などである．こうしたゴミのほとんどは，家庭生活に由来しているものだが，人々の日常生活についてはまだわからないことが多い．昔の遺物・遺構を現代のものと比較することができることもしばしばある．しかし，近東の人々の日常生活はゆっくりとではあるが変化してきているのであって，何千年もたてば，今日そうであることでも昔は必ずしもそうではなかったということがありうることを知っておかねばならない．

　古代世界のエリートたち（王，貴族，神官，総督など）は文献記録の主題となっており，研究も彼らにむけられているが，一般の人々の暮らしについては大部分が無視されてきた．神殿や宮殿についての方が，ふつうの人々が住んでいた家についてより，はるかによくわかっている．古代近東の社会は多くの場合，男性に支配されており，女性が個人として登場することは数えるほどしかない．ほとんどの女性や子供の生活ぶりが考古学資料に現れるのはまれである．

右　アッカド期（前2200年頃）の貝製円筒印章の印影．種播き器をひく雄ウシが描かれている．種はじょうごを通して畝に直接落ちている．高さ3.2cm.

下　こうした型づくりの土板がいくつか，マリ（前18世紀）の宮殿の調理場からみつかった．動物のモティーフがついた円形のものや魚形のものなどがある．発掘者は，これらは王の食卓に並べる食事，おそらくチーズ，パンあるいは何かのごちそうを調理するのに使われたとしている．

右　小さな穴があいたざるのような土器．前2千年紀終わり頃のもので，おそらくカスピ海南西地域出土．土器はさまざまな形のものがつくられたし，日常品のなかでももっともよくみつかる遺物である．高さ11cm.

上　金属製の容器はふつう金属板を叩いてつくられた．材料も製作も高くつくため，それらは贅沢品であり，庶民は土器や皮の入れ物で満足しなければならなかった．この青銅製容器には，鋳造した注口がついていて，先がライオンの頭の形をしている．現代のやかんとも似ているが，お湯を沸かすのに使われたのではないだろう．西イランで前1千年紀はじめ頃製作されたもの．高さ20cm.

右　死者の面倒をみることは生きている者の重要な義務である．この骨製ないし象牙製の板は，エブラの西宮殿下にあった墓地の「ヤギの主」の墓から出土した．前1750年頃のものとされる．おそらく葬式の一部としての宴会の様子が描かれている．骨製あるいは象牙製の人物彫像が青銅のピンで裏板に取りつけられている．高さ4cm.

左 カルフのアッシュールナツィルパル（前883-59）宮殿出土の浮彫り．円形の要塞のなかで，召使いたちが王の食事を準備している．

左下 この家形土製品は西シリア，ハマ近郊出土で，前3千年紀のものといわれている．家の壁には鳥がならんでつけられている．これはおそらく奉納物であって，細部は正確でない可能性がある．高さ42cm．

下 ウバイド期，南メソポタミアでは，鎌刃は近東の他の地域のようなフリント，黒曜石製ではなく，焼成粘土でつくられていた．道具や武器の材料としては，金属が入手しやすくなってくると，まず青銅，ついで鉄が，より一般的になった．

右下 スーサ出土の印影．男が何かを背負って梯子を上がっている．貯蔵庫に穀物を入れていると考えられている．前4，3千年紀には平行の根太をしいた特別な建物が穀物貯蔵用につくられた．後には地面に掘りこんだ大きな穴が，より一般的になった．高さ3.4cm．

日常生活

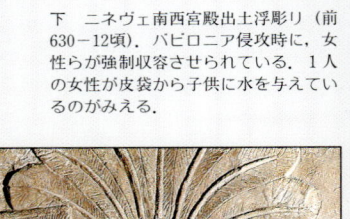

下 ニネヴェ南西宮殿出土浮彫リ（前630-12頃）。バビロニア侵攻時に，女性らが強制収容させられている。1人の女性が皮袋から子供に水を与えているのがみえる。

上 古代近東では糸紡ぎ，織物は，ふつう女性の仕事だった．今日でもこの地域の多くのところでそうであるように，家庭での織物生産は家族にとっての重要な収入源であった．この例では，エラム人女性がわきにうちわをもった召使いを従え，紡錘で糸を紡いでいる．この浮彫りは前8ないし7世紀のもので，スーサのアクロポリス出土．高さ9.3cm，幅13cm．

下 焼成粘土製品．ベッドに裸の女性が横たわっている．こうした土製品は聖婚儀礼にともなうものである．これはおそらく前1750年頃，エラムで製作された．長さ12cm．

上 こうした品物はおもちゃとか奉納物とかに分類されている．ハリネズミは石灰岩製で，台車は天然アスファルト質の石でできている．本来はハリネズミの後ろにもう1匹，動物がいた．台車の長さ6.7cm．

左 古代近東では男性も女性も化粧をしていた．このファイアンス容器には，コール墨（黒のアイ・ペイント）が入っていたらしい．類似した容器は北西イラン，前1千年紀初め頃のハサンル遺跡からみつかっている．高さ約7cm．

第3部 帝国
EMPIRES

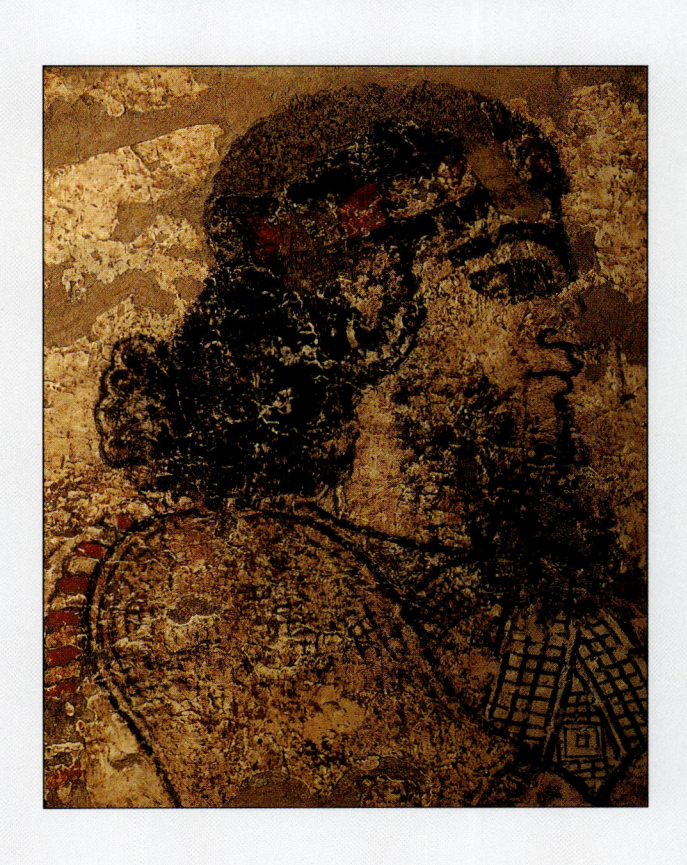

連合と対立（前1600—1000年）

エジプトの台頭

前16世紀の初頭、ヒッタイトの王ムルシリはアレッポを攻撃破壊し、ついでバビロン第1王朝を滅亡へと追いやった．しかしアナトリアへの帰途、ムルシリは義弟によって暗殺され、王位を奪われた．やがておこった国家間の紛争とフルリ人の侵入が、ヒッタイトの領土を首都とその周辺の限られた地域に縮小する結果になった．近東世界は衰退——少なくとも暗黒——期に入っていく．つづく前15世紀の近東に関しては直接の史料は皆無に等しく、現在私たちに知られていることがらはどれも後世の記録からわかるものばかりである．当時の近東世界では、異なったいくつかの勢力が対立しあっていた．南西には眠れる巨人エジプトが控え、一方フルリ人のミタンニ王朝は、レヴァント地方、アッシリア、ティグリス川以東の地を含む北メソポタミアを支配下においていた．アナトリアは中央部をヒッタイト人が、また西部をアルザワ王朝が統治していた．南メソポタミアはカッシート人の支配下に、また南西イランはエラム人の統治下におかれていた．

最初に勢力を回復したのはエジプトであった．ナイル川のデルタ地域がアジア系のヒクソス王朝に支配されていた頃、上エジプトはエジプト人のおこした第17王朝の勢力下にあった．およそ前1555年頃、第17王朝最後の王カモセがヒクソスに攻撃をかけた．彼の兄弟アフモス（前1550–25）がその後を継ぎ、ヒクソスとの抗争を約25年間にわたってくり広げ、ついにこれを駆逐することに成功した．第18王朝初代の王となったアフモスは、エジプトの国境線を南・北とも旧態に復活し、ここに新王国時代が始まったのである．

トトメス1世（前1504–1492）の時代、エジプトはそれまでの国境線から大きく踏みだした．トトメス軍はテーベの南方800kmのヌビア地方に至るまで、また北方1200kmのユーフラテス川流域地方に及ぶまでの広い地域にわたって遠征を行った．ナイル川を北から南にむかってさかのぼることをつねとしていたエジプト人は、ユーフラテス川のことを、「上流に行けば行くほど河口にむかって水が流れる川」と表現しておもしろがった．エジプトへの帰途、トトメスは、おそらくはオロンテス川流域に位置していたと思われるニヤ地方で、ゾウ狩りを行っている．当時のシリアにゾウが生息していたことは驚異であろう．しかしトトメスの侵入以前の時代

エジプト第18王朝歴代の王

アフモス	前1550–25
アメンホテップ1世	前1525–04
トトメス1世	前1504–1492
トトメス2世	前1492–79
トトメス3世	前1479–25
ハトシェプスト	前1473–58
アメンホテップ2世	前1427–01
トトメス4世	前1401–1391
アメンホテップ3世	前1391–53
アメンホテップ4世（アケナーテン）	前1353–35
スメンケハルト	前1335–33
ツタンカーメン	前1333–23
アヤ	前1323–19
ホルエムヘブ	前1319–07

左　アララク王イドリミ像．神殿に埋葬された姿で発見された．白色の石からつくられ、眉と眼球には黒色の石で象眼が施されている．王は玄武岩の台座の上におかれた玉座に腰かけている．身体をおおうように刻みつけられた長文の碑文は、彼の生涯についてくわしく物語っている．彼の家系はアレッポの出身だが、彼自身はそこを逃げ出し、長年にわたって放浪を続けた後、ミタンニ王国の封臣兼アララク王となった．高さ104cm．

のものとされるゾウの骨が、オロンテス川近くのアララクやレバノンのクミドゥから発見されている．トトメスが狩をしたゾウはシリアゾウと呼ばれる種類のゾウで、アフリカゾウやインドゾウとは区別される．だがレクミレの墓の壁画にみられるゾウやマラティヤのアルスランテペの後期層から発見されたゾウの歯は、インドゾウのものと考えられている．これらのゾウが他所から連れてこられたものなのか、それともより古い時代の生き残りであるのかは判明していない（おもしろいことに、マリ出土の文書のなかにゾウについての記述はみつからない）．

トトメスは彼が戦った相手が誰であるのか同定しておらず、ただたどりついた場所を「川ぞいの地」を意味するナフリンの名で呼んでいる．しかし、おそらく彼の治世期のものと思われる断片的な碑文のなかには、マイタニ、後にミタンニと呼ばれ、やがてレヴァント地方の支配権をめぐってエジプトと前14世紀中葉に至るまでの長期間対立関係をもつことになる国の名が含まれている．

ミタンニとフルリ人の王朝

アッシリアの人々はミタンニの地をハニガルバトと呼び、一方ヒッタイト人にとってこの地は「フルリ人の国」であった．フルリ人は700年以上も前から歴史にその姿を現し、前2千年紀初頭頃までには、メソポタミア北部および東部に数多くの小国を形成していた．前1480年頃までに、これら小国はイドリミ王の主人にあたるパラッタルナのもとに統一された．アララクから発見されたイドリミの像に刻まれた自伝は、彼と彼の兄たちがどのようにして父祖の地であるアレッポ（ハラブ）から逃れ、エマルの母方の親族のもとに身を寄せ

右　イェズレエルの谷．聖書ではエスドラエロンの名で知られており，地中海からヨルダンの谷に抜けるもっとも楽な道であった．これはまた北と南を結ぶ主要道路上に位置しており，そのためエジプトからこの地に侵入して来た者にとって，この谷を押さえることは大変重要な目標であった．メギッドの町は，カルメル山脈をぬけイェズレエルの谷と海岸沿いのシャロン平野を結ぶ重要な通路の入口に位置していた．

るに至ったかを，詳細に記述している．将来に何の見通しも目標もみえぬまま，イドリミは「自分の馬と，自分の馬車と馬丁」のみを伴い，カナアンの地に開運を求めて出立した．彼は 7 年間にわたってハビル族の間をわたり歩き，その後ようやくムキシュにむかって歩を進め，ここに拠点を築くことに成功した．さらに 7 年の後，イドリミはムキシュの町から貢ぎ物とともに使者をフルリ王のパラッタルナに派遣して，属臣としての忠誠を誓い，アララクの王に任ぜられた．その後 30 年にわたって彼はこの地を治めることになった．メソポタミア東部のヌジで出土した文書のなかに，パラッタルナと呼ばれる王の死についての記載がある．しかしこのパラッタルナは後代の王かもしれない．

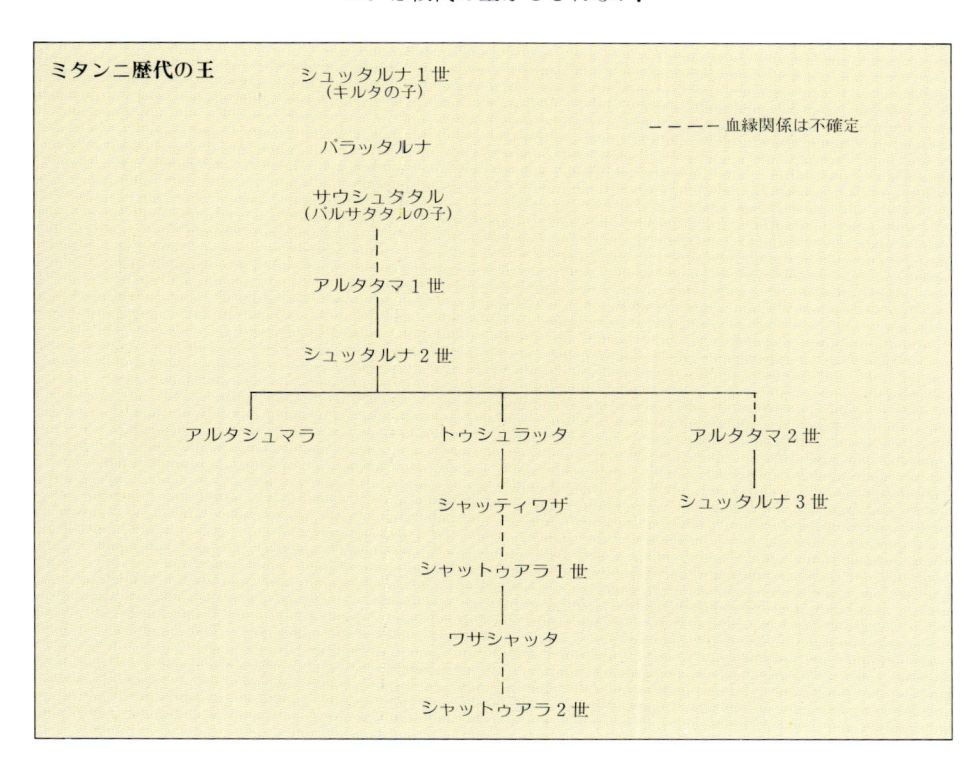

イドリミがアレッポを脱走した理由は明らかではないが，トトメス 1 世の侵入につづいたフルリ人による襲撃が原因であった可能性は十分考えられる．トトメス 1 世の子トトメス 2 世（前 1492-79）は，ヌビアとパレスティナに遠征を行ったが，幼い息子を残して死去したため，妻のハトシェプストがエジプト統治を継承し自らファラオを称した．彼女の死後まもなく，義子にあたるトトメス 3 世（前 1479-25）は，レヴァント地方における一連の軍事遠征に着手した．その詳細はテーベのアムンの大神殿の壁画に記録されている．

トトメスはその治世の 22 年目にパレスティナ地方に侵入した．レヴァントに向かう最良のルートは，後のローマ人が「ヴィア・マリス」と呼んだ海岸ぞいの道をたどり，カルメル山を越えてイェズレエルの谷（エスドラエロン）に入り，その後は，ティルからシドンへとつづく海岸線を北上するか，あるいはヨルダン川にそった谷の割れ目をたどり，ベカの谷を抜けてオロンテス川に至るものであった．ヨルダンの谷からは，また別の道がダマスカスの北東へと通じ，そこで砂漠の縁にそって南のアカバ湾から北上してきた「王の道」と合流していた．トトメスは「ヴィア・マリス」をたどったが，その碑文によれば，カデシュの統治者とその同盟者たちがイェズレエルの谷に位置するメギッドに入城したという報に接すると，配下の将軍たちの忠告に逆らって，ただちに 3 本のルートのうち最短ではあるがもっとも危険の大きい道を選択し山地を抜け，敵の背後に迫った．エジプト軍はこの戦いで勝利をおさめた．もし敗軍が残した品物を略奪するため戦場にとどまらず一気に攻めていたなら，すぐにメギッドを占領することができただろう．町が陥落するまでに，実際にはさらに 7 ヵ月の包囲攻撃をつづけなければならなかった．

トトメスはパレスティナおよびレヴァントの地における戦いを，その後 20 年にわたって続行し，反乱した者を追放しエジプトに忠実な者を各地の統治者に任命した．彼の在位中の最大の成功は，治世の 33 年目，第 8 回の軍事遠征でユーフラテス川を越えたことであった．その帰途，彼も祖父が行ったと同様にニヤの地で象の群れの狩猟を行った．これらの遠征

ミタンニ歴代の王

```
シュッタルナ 1 世
（キルタの子）
      │
バラッタルナ           ---- 血縁関係は不確定
      ┆
サウシュタタル
（パルサタタルの子）
      ┆
アルタタマ 1 世
      │
シュッタルナ 2 世
      │
  ┌───────┼───────┐
アルタシュマラ  トゥシュラッタ  アルタタマ 2 世
              │              │
         シャッティワザ    シュッタルナ 3 世
              │
         シャットゥアラ 1 世
              │
           ワサシャッタ
              │
         シャットゥアラ 2 世
```

で，トトメスは贈り物（他の人々に混じってアッシリアやヒッタイトの王からのものもあった），貢ぎ物，戦利品を受けとった．その詳細は逐一記録されている．トトメスはまた，異国産のめずらしい植物や動物，毎日卵を生む外国種の鳥（おそらくは飼育用の鶏）などについて，興味をもって記述している．極東においてはバンキヴァ野鶏が前6000年頃初めて飼育されるようになったが，近東において確かに鶏の骨と認められるものは，前2千年紀の最後の何百年かに年代づけられる遺構から発見されている（最初の造形表現がアッシュールから発見された墳墓出土の象牙の櫛に刻文された図柄であることと符合する）．

トトメスはメギッドの戦いの際に征服した300を超える王族名と100を超える土地の名を，記録にとどめている．それらの大部分はパレスティナ地域に存在していたものだが，実際に同定できるものはそのうちのおよそ半数にすぎない．この地域の中期青銅器時代第3期に属する大多数の遺跡には，ちょうどこの時期に破壊をうけた痕跡が認められる．それより新しい層が後期青銅器時代のものと認められる点から考えて，破壊層がエジプト軍の侵入によるものである可能性は非常に高い．こうしてトトメスの治世の末期には，パレスティナはエジプトに忠実な小都市国家の分立する地となっていた．一方，北方のレヴァント地方では，エジプトの影響力はミタンニの支配者たちの力と競合することとなった．

この抗争はトトメスの息子のアメンホテップ2世（前1427－01）の治世期もつづいた．前1421年，アメンホテップはオロンテス川を渡り，ニヤとカデシュを占領した．その帰途彼はカルメル山南方の地中海沿岸の平地で，「首に粘土板文書をかけたナフリン王の伝令を発見し，捕虜にした」．アメンホテップはまた，遠征の戦利品を次のように記録している：「『マ

上　ミタンニ王国
ミタンニのくわしい歴史はわかってはいない．これまで発見された文書の大部分は，西のアララクや東のヌジなどミタンニ帝国の辺境地域から出土している．帝国の中心部は，おそらくハブール川の最上流にあったと思われる．首都はワシュカンニと呼ばれていたが，その位置は不明である．しばしばテル・ブラクの西方に位置するテル・アル・ファハリエがこれにあたるのではないかといわれるが，異論もある．ミタンニは前14世紀にヒッタイトが台頭するまでは，レヴァント地方の支配権をめぐるエジプトの最大のライバルであった．前14世紀になると，ヒッタイトは以前ミタンニ帝国が領有していた地域の西半分を支配下に入れ，一方旧ミタンニ領の東半分は，アッシュールの町に新たに支配権を樹立した王の傘下に入った．バビロニアに関する情報が皆無となる一世紀間の暗黒時代をへて，ミタンニは前15世紀になると再びカッシート王朝支配下の一勢力として姿を現すようになる．

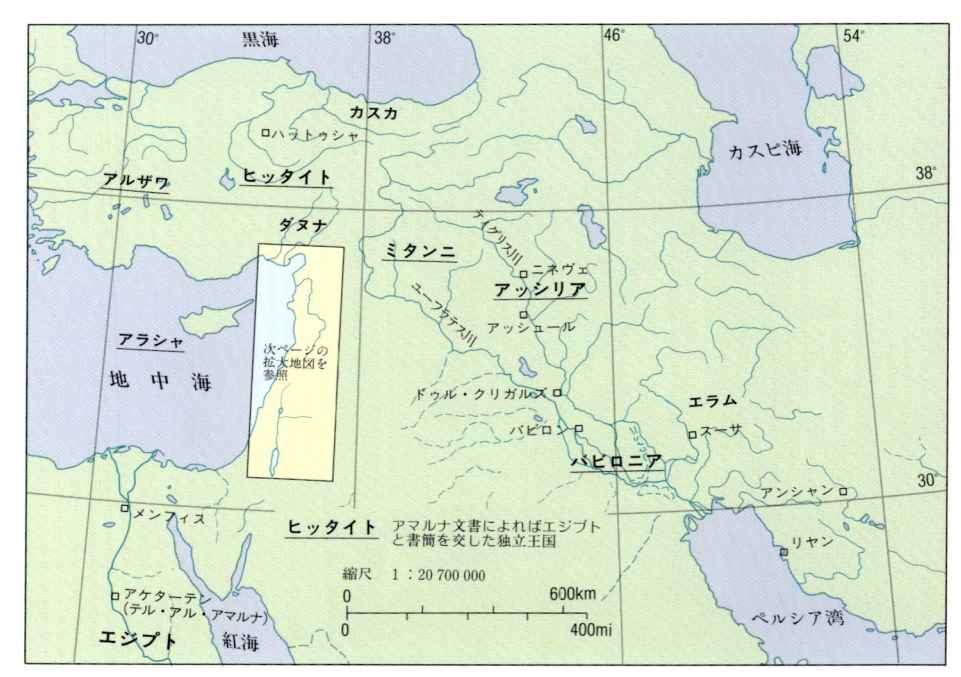

連合と対立

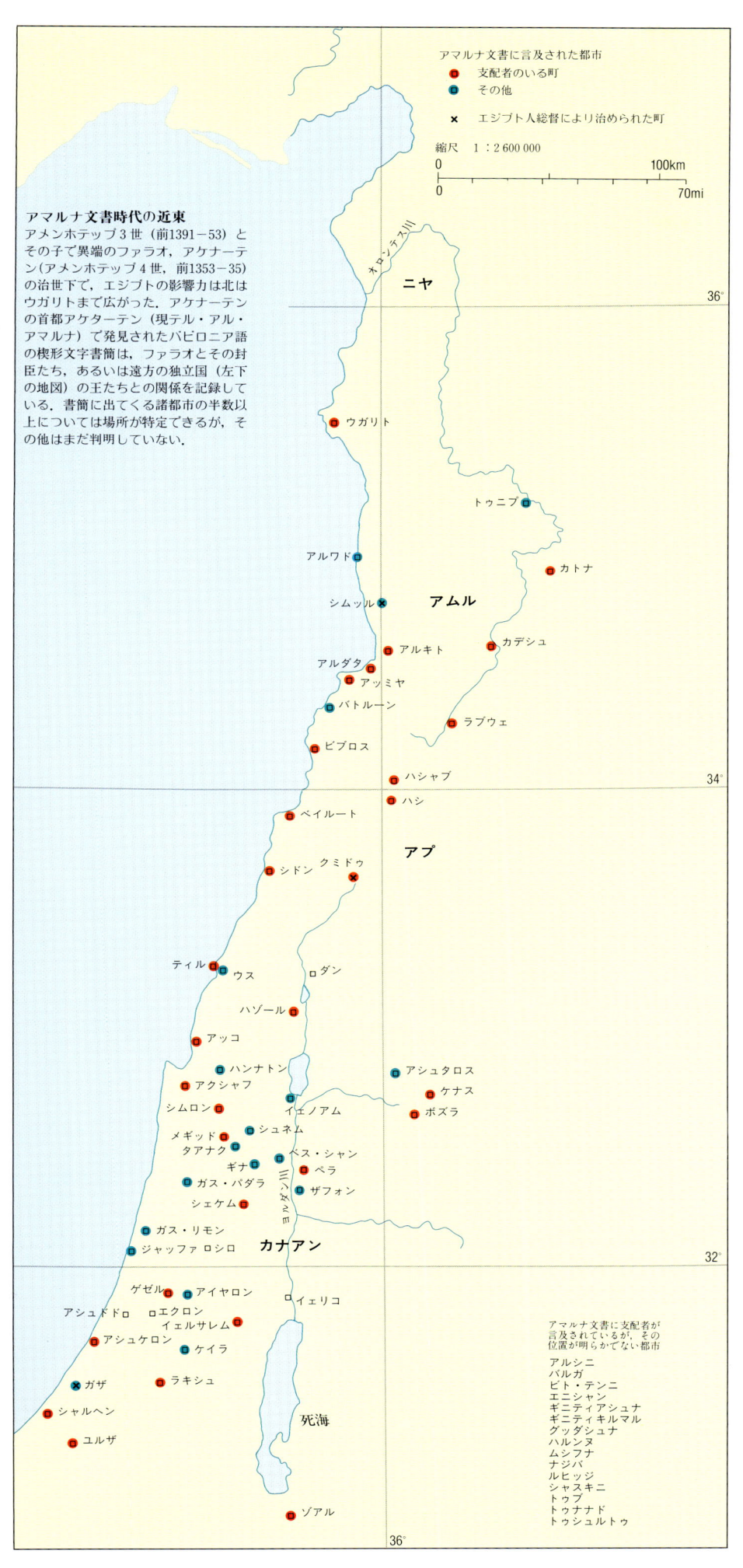

アマルナ文書時代の近東

アメンホテップ3世（前1391-53）とその子で異端のファラオ、アケナーテン（アメンホテップ4世、前1353-35）の治世下で、エジプトの影響力は北はウガリトまで広がった。アケナーテンの首都アケターテン（現テル・アル・アマルナ）で発見されたバビロニア語の楔形文字書簡は、ファラオとその封臣たち、あるいは遠方の独立国（左下の地図）の王たちとの関係を記録している。書簡に出てくる諸都市の半数以上については場所が特定できるが、その他はまだ判明していない。

アマルナ文書に言及された都市
- ● 支配者のいる町
- ● その他
- × エジプト人総督により治められた町

縮尺 1：2 600 000

アマルナ文書に支配者が言及されているが、その位置が明らかでない都市
アルシニ
バルガ
ビト・テンニ
エニシャン
ギンティアシュナ
ギンティキルマル
グッダシュナ
ハルンヌ
ムシフナ
ナジバ
ルヒッジ
シャスキニ
トゥブ
トゥナナド
トゥシュルトゥ

ルンヌ』（将校）550人，彼らの妻240人，カナアン人640人，王族の子息232人，王族の娘323人，異国の王族に仕える女楽師270人，さらに加えて……金銀……，ウマ820頭，馬車730台，武器のすべて」．アメンホテップが自ら語るところによると，彼の圧倒的勝利の報が伝わると，ナフリン，ハッティ，サンガルの王侯たちは皆朝貢を申しでた．ナフリンはミタンニ，ハッティはヒッタイト，サンガルは（多少の疑いはあるものの）バビロニアであることがわかっている．

当時のミタンニの支配者はサウシュタタルであったと思われる．アララクから発見された2枚の粘土板文書は，サウシュタタルの行った裁判を記録していて，それには「シュッタルナ，キルタの子，ミタンニの王」と刻んだ印が押されている．シュッタルナという名はこのほかには知られていないが，ある人物の支配権に正統性を付与するためにより古い時代の支配者の印を利用することは，ミタンニ後期の王が習慣的に行ったことであった．これはイドリミの息子でアララクの王であった人物や，アッシリアの王も利用した方法であった．サウシュタタルは配下の封臣アララクのニクメパとキッズワトナ（キリキア）の王シュナシュラの間の争いを調停したが，おそらくはキッズワトナを完全に掌握するには至らなかったであろう．シュナシュラという名のキッズワトナの王が他方でヒッタイトとの間に盟約を結んだことが知られており，このことはそれ以前に結ばれたミタンニとの間の条約を無効とするものだったからである．サウシュタタルの印章はヌジとテル・ブラクから発見された粘土板文書にも認められる．この印章はサウシュタタルの後継者の孫にあたるアルタシュマラとトゥシュラッタという後世の2人のミタンニ王に帰属する文書に使用されていた．シャッティワザとヒッタイト王シュッピルリウマの間で結ばれた盟約には，サウシュタタルがどのようにしてアッシュールの町の略奪を行い，金銀で飾った門扉を奪ってミタンニの都ワシュカンニに持ち去ったかについての記述がみられる．

ワシュカンニがどこにあったのかはわからない．アッシリア中期の文書では，この町はウシュカンニと呼ばれており，名称が似ていることから前9世紀の文書にみられるシカヌの町と同一とみる仮説がたてられてきた．現在，シカヌは，この町の王の1人の像が発見された，北シリアのラス・アル・アインに近いテル・アル・ファハリエに相当することがわかっている．しかしこの遺跡がミタンニ時代の居住址をもつことは，発掘では証明されなかった．しかも，トゥシュラッタの粘土板文書に使われた土はおそらくはワシュカンニで産出したものと思われるが，これはテル・アル・ファハリエから出土した早期アッシリアの粘土板文書の土とは異質であることがわかった．ミタンニの人々については，エジプト，ヒッタイト，アッシリアなどの諸外国の文書と，ミタンニの辺境地域の小国，アララク，ヌジの文書とから情報がえられる．近年のテル・ブラクの発掘では小神殿と宮殿の一部が発見され，後者からはミタンニ王の立会いのもとに行われた司法上の供託に関する記事を含む文書類が出土した．しかしまとまった規模の史料が欠如しているため，ミタンニ王国に関する私たちの知識は著しく限定されている．

アマルナ文書

トトメス4世（前1401-1391）の治世期，エジプトとミタンニの関係は対立から友好的同盟関係へと変わり，これは政略結婚をくり返すことによりいっそう強化された．トトメスより2世代後になって書かれた一通の手紙の語るところによると，ファラオはミタンニの王アルタタマに，娘と結婚させてくれるよう7度にわたって懇願したという．この友好関係は，

おそらくはヒッタイトとアッシリアの勢力強化を押さえるために結ばれたものであろうが、以降少なくとも40年間にわたって両国間に平和がつづき、この間さらに2人のミタンニの王女がファラオの後宮に赴いた。この時代のことがらは、アメンホテップ3世（前1391-53）およびアメンホテップ4世（前1353-35）の外交書簡によってたどることができる。

楔形文字で書かれた粘土板文書350枚が、テル・アル・アマルナ、古代名アケターテンの遺跡から出土した。この町は、アメンホテップ4世がアケナーテンと改名し、エジプト史に長く彼の名をとどめた宗教改革に着手した際に、エジプトの首都と定めた町である。出土史料のうち300を超える文書が、パレスティナとレヴァントの支配に関する書簡であった。この地域は三つの地方に分割され、それぞれにエジプトから総督が派遣された。ガザに総督府のある南部のカナアン地方、シムッルを中心とするレヴァントの海岸地帯アムル地方、クミドゥの総督によって統治された内陸部のアブ地方の三つである（加えてジャッファとベス・シャンにエジプト軍駐屯地がおかれていた可能性がある）。

エジプト人の官僚たちはこれらの総督に対して責務を負った。このことは各地の土地の支配者たち——アシュケロンの王、ラキシュの王、イェルサレムの王、ゲゼルの王、シェケムの王、ベラの王、メギッドの王、アクシャフの王、シムロンの王、アッコの王、ハゾールの王、ティルの王、シドンの王、ベイルートの王、ダマスカスの王、ビブロスの王、カデシュの王、カトナの王、ウガリトの王、その他にしても同様であり、彼らはみなエジプトに臣下の礼をとっていた。これら地方王侯の大多数はセム系の名をもっていたが、なかにはたとえばイェルサレムの王のようにカナアン地方出身者のなかにまでフルリ語の名をもつ者もいて、フルリの影響力の拡

大の様を物語っている。実際エジプトの文献にさえも、パレスティナ地方に住んでいたフルリ族と呼ばれる部族についての言及がみられるのである。

こうした地方支配者たちがファラオにあてた書簡には、忠誠心の表明、援助の要請、近隣の支配者たちへの非難の言葉が含まれている。都市定住民にとってのたえざる脅威は遊牧民であり、そのうちの有力な二つの集団、ストゥ族とハビル族は、早くもマリの文書のなかに姿を現している。ハビル族とイスラエルのヘブライ族との間の関係については疑問の余地があるが、イスラエル人がもともと家財をもたない放浪生活者であった可能性は十分考えられる。

アマルナ文書には、ミタンニ、ハッティ、小アジア西部のアルザワ、アラシャ（キプロス）、アッシリア、バビロニアなど独立した国の支配者との間の外交活動についての記録もある。これらの支配者たちは、ファラオに「兄弟」と呼びかけて、対等の関係を維持した（一方ファラオの臣下の地位に甘んじた諸王侯たちは、「王よ、わが主よ、わが太陽王よ、私はわが主、わが太陽王の足もとに七たびそしてまた七たび平伏した」というような表現を使用している）。いくつかの書簡は近隣諸国からの領土侵犯に関して、エジプトの支援を要請している。他のものはファラオとバビロニアあるいはミタンニの王女との婚姻を記録している。アメンホテップ3世と、アルタタマ1世の子シュッタルナ2世の王女キル・ヘパとの結婚は、ファラオの治世10年（前1381年）に挙行された。彼はまたトゥシュラッタ（シュッタルナの子）の娘タトゥ・ヘパとも結婚しているが、彼女は後にアメンホテップ4世（アケナーテン）の後宮に入った。詳細に記された持参金にみあうだけの贈り物がしばしばエジプトに求められている。たとえば、娘タトゥ・ヘパを送り与えたトゥシュラッタは、自分が寂しい思いをしないですむよう、ファラオが彼に金で鋳造された娘の像を送るよう、強く示唆している！

アメンホテップ3世が病に倒れ、ミタンニ王がニネヴェのイシュタル女神の像をエジプトに送ったことが二度あった。最初はシュッタルナの時代で、女神像はその効力を大いに示したと思われる。しかしトゥシュラッタの治世期に再びイシュタル像が送られたときには、効き目はなかったとみえ、アメンホテップ3世は前1353年頃に死去した。ある学者はこのできごとを前1379年としているが、他の者はずっと遅く前1340年に年代づけている。この相違の原因は一つはトトメス3世とラムセス2世の時代の天文学上の観察事項の年代づけの違いに、また一つはファラオの共同統治期間の数え方の違いにある。エジプト以外の国々の王の統治年代についても、同様に不明瞭な点がある。アッシリアの諸王に関する限りでは、前763年におきた日食が計算の基準点となり、これにアッシリア王名表に記された諸王の治世期間を結びつけて年号をはじきだすことができる。しかしながら、王名表の写本は2種あって、それぞれが前12世紀初頭の王の治世について異なった期間を記録しており、この本に使われている数字にしても実際の年より10年早い可能性がある。ヒッタイト、ミタンニ、バビロニア、エラムの王たちの年代決定にいたっては、エジプトとアッシリアの編年が基準となるために、さらに不確かである。

インド＝アーリア族との関係

アララクあるいはヌジの住民たちの名前の大半はフルリ名であるが、支配者のうち幾人かの名はフルリ系ではなく、むしろインド＝アーリア語（ヴェーダのサンスクリット語）起源である可能性がある。そのなかには、「その戦車が波のうねりのように激しく押しよせる」を意味するトゥシュラッタ、

上　この人面を表した彩色土製品は、バビロニアのカッシート王朝の都ドゥル・クリガルズの宮殿から出土した。表現様式は同時代のメソポタミアのものとは異なり、むしろエジプト18王朝のそれに似通っている。高さ4cm。

左　エジプト中部のアマルナ（旧アケターテン）から発見された書簡の一つ。粘土板上にアッカド語楔形文字で書かれたこれらの書簡は、ファラオの外交文書の一部である。大多数はパレスティナ情勢にかかわるものである。この手紙では、アムルの長が、彼自身が一方でヒッタイト王の使者を受け入れながら、他方でエジプトの使者を受け入れなかった理由の説明に努めている。彼はまたヒッタイト王に、舟、油、木材からなる贈り物をしたという。

右 前1285年にカデシュの戦いでラムセス2世と戦ったヒッタイト王ムワタッリ2世のスタンプ印章印影．この印影はヒッタイトの首都ハットゥシャの城壁からみつかった．図柄はヒッタイトのパンテオンの最高神である天候神がヒッタイト王を抱いている姿を表している．象形文字の銘には王名と王の称号とが記されているが，同様のことがらが帯状になって印を囲んでいる楔形文字の銘にも記されている．直径5.6cm．

アルタタマ（「その住まいは公正」），シャッティワザ（「戦利品」）などが含まれる．シャッティワザとヒッタイトの王シュッピルリウマとの間に結ばれた条約文には，ミトラシル，アルナシル，インダル，ナサットヤナなどの神々の名が呼びだされているが，これらはインド＝アーリアの神々ミトラ（ミトハラス），ヴァルナ，インドラ，ナサティヤスと酷似している．さらに加えて，ミタンニのキックリによって書かれた馬の調教を扱った文書には，サンスクリット語に関係づけられる数詞が用いられている．戦車を所有するミタンニの将校を表す「マルヤンヌ」は，サンスクリット語で若者または戦士を意味する「マルヤ」に似通っている．

インド＝アーリア族は前2千年紀中葉に北からインドに侵入したと考えられている．後のサカ（スキタイ）族やムガール族同様，彼らは中央アジアのステップ地帯から，イラン東部そしてアフガニスタンを通って到来した．中央アジアのステップ地帯はまた，メディア人，ペルシア人の先住の地でもあった．ミタンニを支配した王朝のメンバーのうち幾人かは，典型的なフルリ名をもっている．シャッティワザもその1人で，彼は王位に就く以前には，キリ・テシュプと呼ばれていたと思われる．このようにアーリア族とのつながりは，ミタンニがメソポタミア北部一帯を支配下におさめる以前に，すでに確立していたのである．

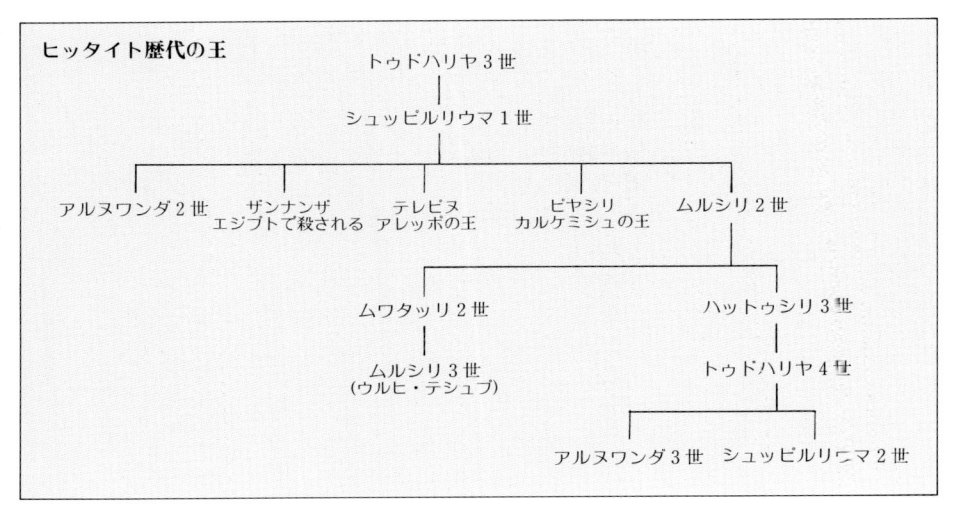

ヒッタイト歴代の王

```
              トゥドハリヤ3世
                   │
              シュッピルリウマ1世
   ┌──────┬──────┬──────┬──────┬──────┐
アルヌワンダ2世 ザンナンザ テレピヌ  ピヤシリ   ムルシリ2世
         エジプトで殺される アレッポの王 カルケミシュの王
                                          ┌────────┴────────┐
                                      ムワタッリ2世        ハットゥシリ3世
                                          │                   │
                                      ムルシリ3世          トゥドハリヤ4世
                                      （ウルヒ・テシュブ）     │
                                                    ┌────────┴────────┐
                                              アルヌワンダ3世  シュッピルリウマ2世
```

ヒッタイトの勢力拡大

アマルナ文書のなかには，ヒッタイト王シュッピルリウマが，「（現）ファラオの父の時代」に確立したヒッタイトとエジプトの間の友好関係を維持する目的でしたためたものがある（問題のフォラオが誰なのか明らかではないが，おそらくアメンホテップ4世であろう）．前1595年のバビロン襲撃から前14世紀中葉にかけて，ヒッタイトに関する情報は極端に少ない．エジプトの記録に現れる彼らは，ユーフラテス川上流域一帯の地キッズワトナ（キリキア）とイシュワの統治権をめぐって，ミタンニと対立関係にあるとされている．彼らの歴史は時代が下ると，その首都ハットゥシャの宮殿と神殿から発見されたおよそ1万枚の文書によってたどることが可能になる．これは多種多様な文書を包括しており，大部分はヒッタイト語とアッカド語で記されている．なかにはメソボタミアの書術の伝統に従って作成されたものもあって，用語集，語彙集，医学書，さらには卜占書や，占いに使用した肝臓の粘土製模型まで含まれている．また『ギルガメシュ叙事詩』，アッカドのサルゴン伝説，アッカドのナラム・シン伝説などバビロニアの叙事文学作品をヒッタイト語に翻訳したものも知られている（ときにはフルリ語への翻訳書もある）．このほか，宗教儀式，祈禱書，神々への讃歌，葬祭文書などもある．ヒッタイト王と近隣諸国の王との間にとりかわされた条約文の写しも保管され，またムルシリ2世（シュッピルリウマの子）以降の時代には，王の年譜も記された．年譜はシュッピルリウマ治世期のことがらの詳細を記しており，ヒッタイトの勢力が台頭していった過程を跡づけている．

シュッピルリウマ1世は父トゥドハリヤ3世の王位を継承し，治世の初期にアナトリア地方における勢力の確立に成功した．ヒッタイトの主要な敵対勢力には，西方アルザワ地方の独立国，北方から東北方にまたがるカスカス山中のおそろしい山岳部族，南方のキッズワトナ地方と東方のイシュワ地方の諸国家が含まれていた．シュッピルリウマはアナトリアでの勝利にひきつづきレヴァント地方と北メソポタミアへの軍事遠征を行い，このことが事実上ミタンニ王国を消滅させる結果をもたらした．

アメンホテップ3世の治世時期，ミタンニの王アルタシュマラ（シュッタルナ2世の息子の1人）が暗殺され，兄弟のトゥシュラッタが王位を継承した．しかしトゥシュラッタが王位継承を主張したことに対し，もう1人の兄弟と考えられるアルタタマ2世が反対をとなえた．アルタタマ2世がヒッタイトならびにアッシュール・ウバッリト1世（前1363-28）統治下のアッシリアと同盟関係を結んだことは明白である．シュッピルリウマ1世がバビロニアの王に自らの娘を嫁がせ，エジプトがアメンホテップ4世（アケナーテン）の改革とその後継の幼王ツタンカーメン（前1333-23）の王位継承によって生じた内政問題に気をとられていた間にトゥシュラッタは孤立した．彼の王国は短期間のうちに崩壊し，彼自身も暗殺された．その後はアルタタマ2世が，すっかり縮小してしまった領土とともに引き継いだ．トゥシュラッタの子シャッティワザはまずバビロニアに，次にヒッタイトの宮廷に亡命し，そこでアルタタマ2世の死後には彼にミタンニの王位が与えられることを条件にして，シュッピルリウマと主従の盟約を結んだ．しかし，この声明はアルタタマ自身の子アッシリアの後楯のあるシュッタルナ3世の反発を招いた．結果的にミタンニは，アッシリアと，当時すでに南はオロンテス川ぞいの町カデシュに至るまでのレヴァント地方全域に支配権を確立していたヒッタイトとの間で，分断されることとなったのである．

ヒッタイトの記録によると，カルケミシュに包囲攻撃をか

帝　国

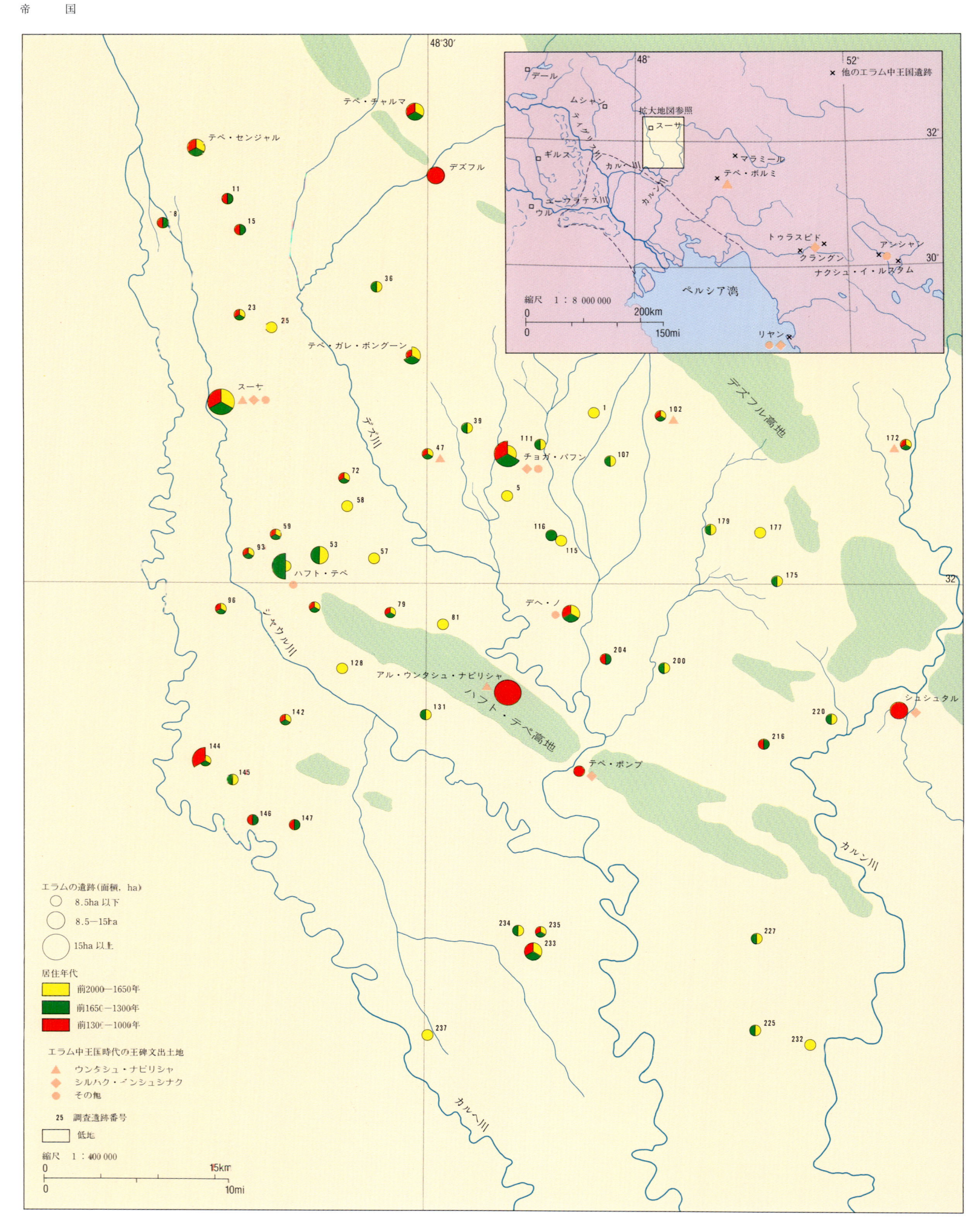

ヒッタイト帝国（上）

シュッピルリウマ1世とその後継者たちはアナトリア高原一帯とレヴァント地方北部を支配した．アナトリアの歴史地理に関しては，いまだにわずかのことしか判明していない．実際のところヒッタイトの首都ハットゥシャを除いては，所在位置を確定できる地名はほとんどなく，アルザワやアッヒャワなどの国々の場所は確認されていない．レヴァント地方に関しては，カルケミシュやアレッポなどの主要都市の位置はよくわかっているし，大多数の町の同定結果も概して信頼できる．

前2千年紀のエラム（左）

エラムの国の主要都市はスーサとアンシャンであった．二つの町を隔てる400kmの距離にもかかわらず，この双子の王朝はおよそ2000年間にわたって存続した．エラム王国の領土の広がりは，エラム王の名を記したレンガの分布からわかる．1960年代と1970年代に行われた集中的な踏査によって，スシアナ平原は近東でもっとも様子のわかる地域となり，何千年にもわたる居住パターンの変遷をたどることも可能になった．

けていたシュッピルリウマのもとに，エジプトからファラオの寡婦の書簡を携えて使者が訪れた．書簡には次のように書かれていた．「わが夫は死去しましたが，私には男の子がありません．あなたは多くの子息をおもちと聞き及びます．ご子息の1人を私のもとに遣わされるように．彼はわが新夫となりましょう」．この王妃が誰に相当するのか，（そしてファラオが誰なのか）定かではない．アケナートンの妻ネフェルティティとも，その娘でスメンカレの妻メリターテンとも，そして，たぶんもっとも可能性が高いものとしてツタンカーメンの妻アンケセナムンとも考えられる（もしこの女性がツタンカーメンの寡婦であったとすれば，カルケミシュの包囲攻撃は前1323年に行われたことになる）．ヒッタイト王はただちにエジプト王妃のもとに使者を派遣し，王妃から再度の書簡を受け取った後，息子の1人をエジプトに送った．しかしこの息子は旅の途中で暗殺され，エジプトの王位はネフェルティティの乳母を妻とする年長のアイの手に渡った．シュッピルリウマは他の2人の息子をカルケミシュとアレッポの王位につけた．その子孫は，前1200年頃アナトリアでヒッタイト王国が崩壊したのちも，レヴァント地方を支配しつづけた．

シュッピルリウマ自身は，シリアから帰還した軍隊が持ちこんだ疫病によって死亡し，彼の長子で王位をついだアルヌワンダ2世も，その後まもなく死去した．シュッピルリウマの死を機に，アルザワ，キッズワトナ，ミタンニ，カスカスなど近隣諸地域の人々はヒッタイトの支配からの脱却をねらう行動にでた．アルヌワンダの後を継いだ兄弟のムルシリ2世はアルザワを粉砕し，ここにヒッタイトに忠誠を誓う傀儡政権を樹立した．シリアもまた，ヒッタイトの傘下に戻った．しかしカスカス地方の鎮圧には手をやいた．およそ四半世紀間のことがらを扱ったムルシリの年譜によると，彼はこの間カスカス地方に対して10回の遠征を行っている．

アッシリア人とカッシート人

ミタンニ王国崩壊の恩恵にもっとも多く浴したのは，ひとつはミタンニ帝国の領土の西部区域の支配権をえたヒッタイトであり，もう一つはミタンニの束縛から脱し，エジプト，ヒッタイト，バビロンと肩を並べる勢力を確立したアッシリアであった．アッシュール・ウバッリト1世の統治下，アッシリアはアッシュールの北方と東方に広がる肥沃な農耕地を併合し支配範囲を広げた．しばしばアッシリアの心臓部と呼ばれ，ニネヴェからアルビルまで広がるこの区域は，前612年のアッシリアの滅亡に至るまで，つねにアッシリアの支配下にとどまりつづけた．

アマルナ文書のなかにはアッシュール・ウバッリトから送られた書状が2点含まれているが，そこには彼が白馬の引く馬車とラピスラズリの印章をファラオに送った様子が記されている．彼はその見返りとして，その言葉によれば「エジプトの国では塵同然の存在である」金を，彼の新宮殿を飾るために送るよう求めている．後の時代に記された年譜によれば，アッシュール・ウバッリトは，娘をバビロンのカッシート王のもとに嫁がせ，バビロニアの人々がその子（または孫）を殺し反乱をおこしたおりには，王位簒奪者を追放しカッシートの王位にクリガルズ2世（前1332-08）を擁立するという，政治介入を行ったという．

バビロニアの王名表によれば，36人のカッシート王が576

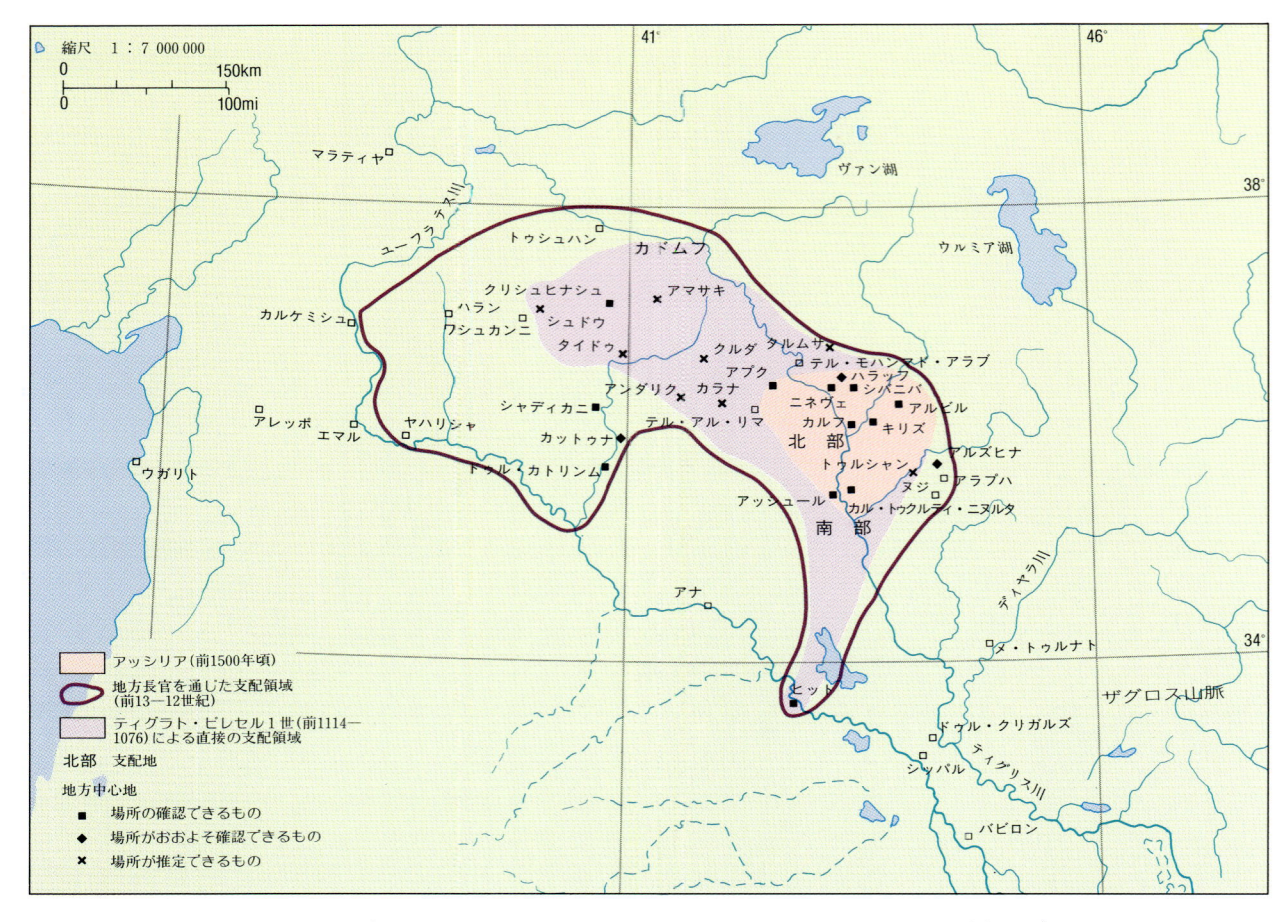

帝　国

中期アッシリア帝国

アッシュールから出土したある文書は，ティグラト・ピレセル1世（前1114－1076）治世期にアッシリアの各地からアッシュール神殿にもたらされた奉納物の一覧表を含んでいる．この一覧表は，当時のアッシリアの直轄地の範囲を物語っている．これをさかのぼること数世紀の頃，アッシリア王国は南はアッシュール，北はニネヴェ，東はアルビルを結ぶ区域にほぼ相当する地を支配していたにすぎなかった．前13世紀の半ば，シャルマネセル1世（前1273－44），トゥクルティ・ニヌルタ1世（前1243－07）の時代，アッシリアの統治はユーフラテス川西岸にまで広がり，征服地はさらにその外側にまで及んだ．中期アッシリア帝国が達成した最大領土の国境線は，前9世紀になってアッシリア王たちが国境線を主張するときの根拠に用いられた．

年9カ月にわたってバビロニアを支配した．アッシリア諸王の治世年代と比較すると，カッシート王朝は前1155年頃滅亡したことになる．もしそうであるとすれば，最初のカッシート王はサムス・イルナ（前1749－12）と同時代の人ということになる．サムス・イルナの時期に南バビロニアでは「海の国の王朝」がおこり，その頃から日付の確かな粘土板文書が姿を消している．おそらく，バビロニアの王名表にでてくる初期のカッシート王たちは，実際は王位に就いていなかったか，あるいは別の地方を治めていた，王朝の先祖たちであったのだろう．事実，カッシート王朝の起源は判明していない．彼らに関する最初の言及はサムス・イルナの時代にみられる．これまで，カッシート族はイランの山岳地帯から侵入してきた蛮族であると考えられてきた．最近の研究成果は，彼らがもっと遠方の地域から，より穏やかに移住してきたことを示唆している．前1595年バビロンがヒッタイトの手により陥落した直後の史実はまだ謎に包まれたままである．しかし，前15世紀末から前12世紀にかけてのバビロンの支配者は，まぎれもなくカッシート族であった．

カッシート人の言語については，ほとんどなにもわかっていない．わずかに知られているのは，48の単語を含んだカッシート語・バビロニア語の語彙表，19のカッシート名とそれに相当するバビロニア名を対照した一覧表，アッカド語の文書のなかにみられる若干の固有名詞といくつかのカッシート語の用語（とくにウマに関する特殊用語）などである．

カッシート文明

カッシート王朝の歴代の王は，バビロニアの生活様式をとり入れ，メソポタミアの伝統的な神々をまつる神殿の建設，再建に努めた．彼ら自身の神々もまた存在していた．シュカムナとその妻シマリヤは王家の護り神で，カッシート王の戴冠式はバビロンにある両神の神殿で執り行われた．シュカムナとシマリヤはウガリトの文学作品のなかにも姿をみせている．このほか，パンテオンの最高神であるハルベ（フルリの神名のなかにもみられる），ミリジル（バビロニアのベルトゥ女神にあたる），サフ（太陽神），シパク（またはシフともいう，月神），シュリアシュ（別の太陽神），マルタシュ（戦いの神），ブリアシュ（天候神）などがいた．最後の3柱の神々は，インド＝アーリア世界のスルヤ，マルタス，そしてギリシアの神ボレアス（北風の神）と同じものとされている．しかしミタンニの神々と同様に，カッシートの神々とインド＝アーリア世界の神々との密接なつながりが必ずしも確認できるわけではない．

カッシート歴代の王	
カラ・インダシュ	前1415頃
カダシュマン・ハルベ1世	
クリガルズ1世	
カダシュマン・エンリル1世	前1374－60
ブルナ・ブリアシュ2世	前1359－33
カラ・ハルダシュ	前1333
ナジ・ブガシュ	前1333
クリガルズ2世	前1332－08
ナジ・マルッタシュ	前1307－1282
カダシュマン・トゥルグ	前1281－64
カダシュマン・エンリル2世	前1263－55
クドゥル・エンリル	前1254－46
シャガラクティ・シュリアシュ	前1245－33
カシュティリアシュ4世	前1232－25
トゥクルティ・ニヌルタ	前1224－16
エンリル・ナディン・シュミ	前1224
カダシュマン・ハルベ2世	前1223－22
アダド・シュマ・イッディナ	前1221－16
アダド・シュマ・ウツル	前1215－1186
メリシパク	前1185－71
マルドゥク・アプラ・イッディナ1世	前1170－58
ザババ・シュマ・イッディナ	前1157
エンリル・ナディン・アヒ	前1156－54

上　浸食され，よじれたような形をみせるドゥル・クリガルズのジッグラトの遺構は，今なおバグダッド近郊の平原に圧倒的な姿をみせている．この土地にやってきた昔の旅行者たちは，これをバベルの塔の遺構と考えた．実のところ，ジッグラトは前14世紀のカッシート王クリガルズによって建てられたものである．塔は南メソポタミアの典型的な設計に基づいてつくられ，3本の階段の組み合わせが頂部の神殿へと導く．レンガを7段積むたびにはさみこまれた葦の層が，遺構上部の水平線を形成している．塔の低い部分は復元作業が進行中であることを示している．

シッパルとテル・ムハンマドから発見された古バビロニアの文書では，カッシート人は元来農耕に従事する人々であるとされている．カッシート王朝，すなわちバビロン第3王朝時代，支配者の家系にはカッシート名の人々が並んでいたが，カッシート人が高級官僚階級を独占したり，住民の大多数を占めていた形跡は見当たらない．バビロニアおよびディヤラ川流域からイラン西部に広がる地域は，カッシート人の主たる居住域であった．さらに北方にいくと，おそらく住民の大半はフルリ人であった（ヌジの住民の人名のうち2％はカッシート系の名で占められているが，その親族はフルリ系の名をもっている）．カッシート人は部族組織を形成しており，それぞれ「家」と呼ばれる集団を構成していた．この「家」は，たとえばカルジアブク家のように，しばしば始祖の名を家名としていた．家は男系血統を基本としており，「ベール・ビーティ」（家長）によって統率されていた．この観点からみると，彼らがバビロニアの社会に完全に同化していたわけではない．そしてこれらの家系とカッシートの王家との関係は，まだ明確にされてはいない．

カッシート時代は，バビロニア古来の文明が継承された様相をみせている．先行する時代と異なった側面はみられるが，住民の民族構成の変化に起因するものではなかろう．カッシート王の碑文は主としてシュメール語で，また書簡や契約文はバビロニア語で書きしるされている．カッシート王朝末期の王のなかには，バビロニア語の名をもつものもいる．

カッシートの王

同時代の碑文にその名を記した最初のカッシート王は，ウルクの聖域境内にイナンナ女神に捧げる神殿を造営したカラ・インダシュ（前1415年頃）である．この神殿の外壁は古バビロニア時代，古アッシリア時代の伝統をひいて，型で成形した焼成レンガで飾られていたが，大地の神と水の神を交互に配した意匠が特徴的である．これらの像の原型も技法同様，古い時代に求めることができる．断片的な作例は他のカッシートの遺跡（ウル，ニップール，ドゥル・クリガルズ）からも発見されており，また技法は，エラム人，アッシリア人，バビロニア人，さらにはペルシア人などによって採用され，改良されていった．

カラ・インダシュはエジプトのファラオと通信を交わし，その後継者カダシュマン・エンリル1世（前1374-60），ブルナ・ブリアシュ2世（前1359-33）も同様のことを行った．彼らの主たる関心事は，政略結婚の取り決めと，高価な贈答品の相互交換にあった．ブルナ・ブリアシュは，娘の婚礼に随伴してバビロンからエジプトに向かう車を，エジプト側が5台しか用意しなかったと不平を述べている．この場合婚礼がまず行われ，その後カッシートとエジプトとの間に高価な贈り物の交換が行われたことが，品物の長いリストの記録からわかる．ブルナ・ブリアシュは，後にアッシリアの地の宗主権をも標榜し，アッシリアがアメンホテップ4世と直接交渉を行ったことに対して，異議をとなえている．

ブルナ・ブリアシュの死後，その子が王位を継いだが謀反がおこって殺された．アッシリア王アッシュール・ウバッリト1世は，バビロニアに干渉しクリガルズ2世（前1332-08）をバビロンの王位に就けた（上述の年譜の記述による）．クリガルズは，伝えられるところによればウル，ウルク，イシンにおいて神殿の再建，修復事業を集中的に遂行したというが，これがクリガルズ1世の仕事に相当するのか，クリガルズ2世のものなのか，確定はできない．同様の疑念は，バビロンの北90kmに位置するドゥル・クリガルズの神殿と宮殿についてもおこりうる．ここには高さ57mに及ぶジッグラトがよく残されており，今なお，7層に及ぶレンガ積みの各層の間に挟みこまれた葦のマットや，建物の構造を貫くねじったロープなどが痕跡をとどめている．ジッグラトから約700m離れた場所に位置し，300m平方（9ha）の面積を占める宮殿は，いくつかの中庭を中心としたブロックから構成され

帝　国

ている．中央のブロックはおよそ140m平方の面積を占め，約65m平方に及ぶ中庭とそれを取り囲んで3列に平行に並ぶ部屋が配されている．宮殿は数度にわたって再建され，カッシート王朝滅亡の後もつづけて使用された．

クリガルズ2世は軍事指導者としても成功をおさめた人物であった．後世の年譜によると，彼はエラム，アッシリア，そしておそらくは「海の国の王朝」（古バビロニア時代半ば以降バビロニア南部を支配した王朝）をも打倒したという．自らの碑文のなかで，彼はスーサ，エラム，そしてマルハシを征服したと宣言している．彼の名を記した碑文は，どれもスーサから発見されたものである．

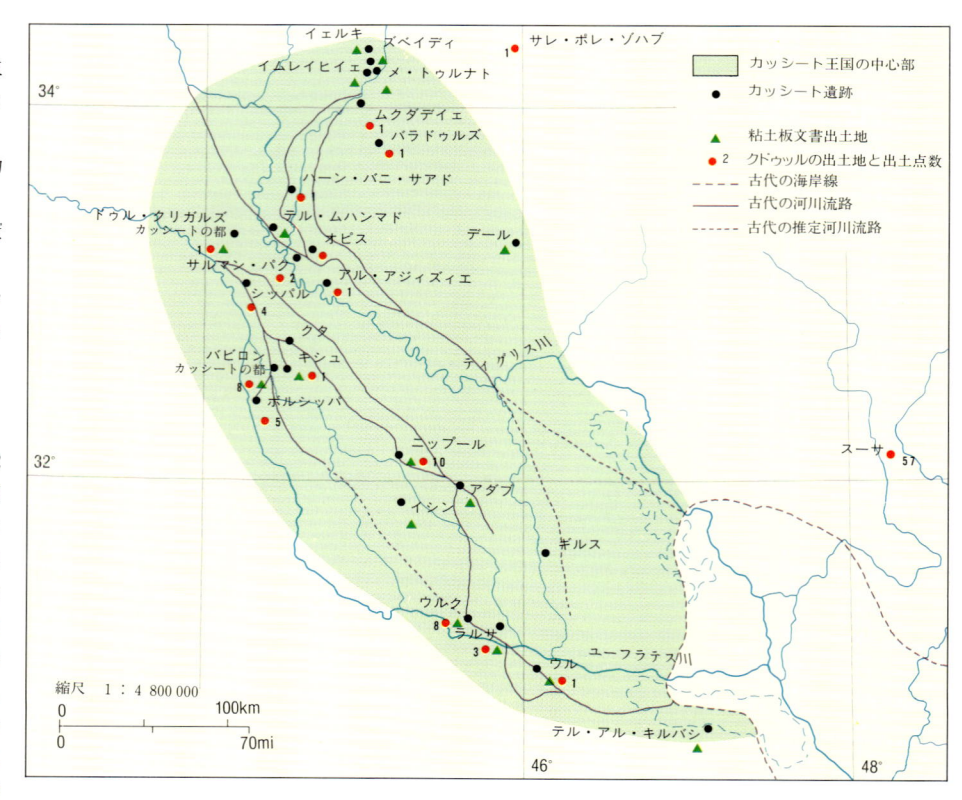

カッシートの文化業績

クリガルズ2世時代からカシュティリアシュ4世（前1232－25年）時代に至る約100年間は，カッシート王朝の最盛期であった．古くはシュメールの宗教的中心地でもあったニップールの町を発掘した結果，約1万2000点の粘土板文書が出土したが，そのうちの大多数は上述の時期に属するものであった．文書の大部分は経済文書であり，先行する時代のように日付として年名を記載するのではなく，王の統治年（統治の何年目にあたるか）を記載している．カッシート人はまた，シュメール語テキストやアッカド語テキストの標準的なスタイルを確立することに功績があった．紀元前1千年紀につくられた各地の図書館跡から発見された文学テキストの写本は，カッシート時代に定本がつくられたか，少なくとも定本として書写されている．また後の時代のバビロニアの書記たちは，家系の開祖がこの時期に活躍していた書記であると述べている．

カッシート人はまた，王から土地を与えられたことを記録するための，「クドゥッル」と呼ばれる新しいタイプの文書をつくりだした．これは多くの場合高さ1mほどの石碑で，表面には文書の内容の法的効果を保証する神々のシンボルが，几帳面に浮彫りされている．もっとも早いクドゥッルの例は前14世紀にさかのぼるが，盛んに制作されたのは前13，12世紀のことである．

エラム文明

前3千年紀末のウル第3王朝滅亡の後，エラムの支配者たちは自ら「スッカルマフ」すなわち大宰相と称するようになった．これは東方地域を支配するため，ウル第3王朝がラガシュに駐留させた官職の称号にならったものである．これらスッカルマフたちは，シャムシ・アダド1世（前1813－1781）の帝国が崩壊した後のメソポタミアに，政治干渉を行った．しかし，その後は，およそ400年間にわたって，歴代の王の名やあまり有用でないいくつかの奉納碑文のほかには，エラムについての史料はほとんど知られていない．

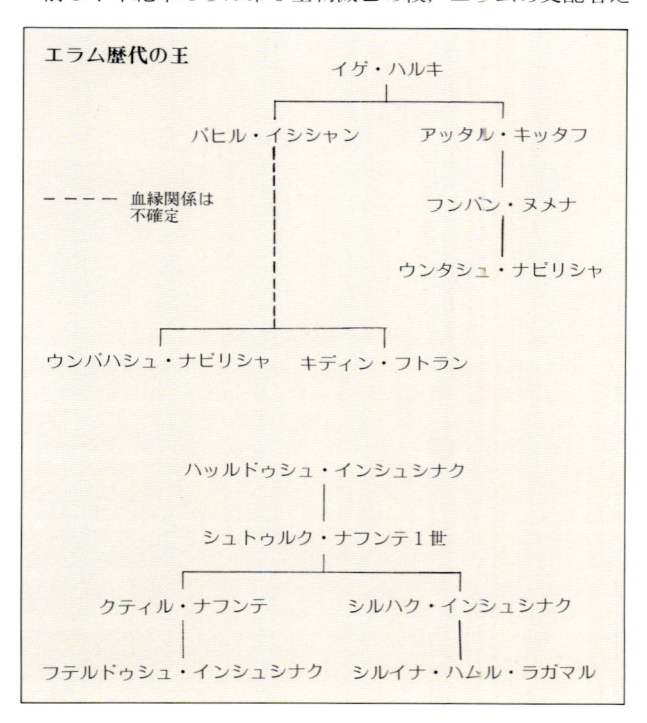

スーサの南方約15kmに位置するハフト・テペの発掘は，この遺跡がスーサとアンシャンの王テプティ・アハルによって前14世紀半ばに建てられた都市，昔のカブナクであることを証明した．約30haの面積を占める遺跡のうちでもっとも主要な建物は，二つのテラスと，レンガでつくられた穹窿からなる2基の墳墓を伴う神殿であった．それぞれの墓からは23体の人骨が発見され，あるものは整然と並べられていたが，またあるものはまとめて積み上げたままになっていた．神殿から発見された石碑には，神官たちの仕事と，犠牲奉納や葬祭の供物として使われた食物の支出記録が記載されていた．約60m平方の面積を占める高さ約14mのテラスには，祭儀用の貴金属工芸品をつくった工房址があった．

この遺跡から発見された約600点ほどの粘土板文書は，その大半が神殿の行政に関するものであった．文書に記された年名は，神殿建設やエラムとバビロニアの間の外交交渉に言及していた．おそらくはカッシート王カダシュマン・エンリル1世についての記述を含んでいたであろうある粘土板文書の表面には，テプティ・アハルの印章が認められた．

カッシート王クリガルズ2世の侵入の後，エラムでは新しい王朝が権力を握ることとなった．初代の王は，デヘ・ノ（おそらくは昔のフブシェンまたはアダムドゥン）からその碑文が発見されているイゲ・ハルキである．イゲ・ハルキの孫フンバン・ヌメナは，スーサの南東400kmに位置するペルシア湾ぞいイラン側のリヤンに神殿を建設した．

エラムの神々はメソポタミアの神々とは全く別物である．前3千年紀にもっとも重要な地位を占めたのはピニキル女神であった．前2千年紀になると，代わってフンバン（偉大な

カッシート王国
後世の説ではカッシート人とイランの山岳地帯とを結びつける傾向があるが，カッシートの支配が東方に及んでいたかどうかについては，議論の余地がある．カッシート支配時代に，バビロニアの旧都の多くは再び活気を取り戻した．しばしば「バビロニアの境界石」と呼ばれるクドゥッルは，カッシートに典型的なものであるが，前1千年紀にもつくられつづけた．そのうち多くはバビロニアに侵入したエラム人によって持ち去られたため，彼らの都スーサから発見されている．

下　メリシパク2世（前1186－82）のクドゥッル．石灰岩製．スーサ出土．クドゥッルには，しばしばこのような神々のシンボルや付属物が刻まれている．高さ68cm．

アル・ウンタシュ・ナピリシャ

スーサの南東40kmの地にチョガ・ザンビルの名で知られている遺跡がある．チョガ・ザンビルとは「篭形の小山」を意味し，考古発掘が実施される前は上下逆様にした葦の篭によく似た形をしていた，遺跡中央のくずれたジッグラトを指した呼称である．これはエラムの王ウンタシュ・ナピリシャ（前1260-35頃）の時代の王国の首都であったアル・ウンタシュ・ナピリシャ（場合によってはドゥル・ウンタシュ・ナピリシャまたはドゥル・ウンタシュ・ガルと呼ばれる）の遺跡である．後期青銅器時代の他の多くの支配者たち（エジプトのファラオ，アケナーテン，カッシート王クリガルズ，アッシリア王トゥクルティ・ニヌルタ1世など）と同様，ウンタシュ・ナピリシャは宗教的性格の強い旧都を離れ，それに代わるべき新しい首都建設の地を探し求めた．しかしながら，このような試みはいずれの場合も成功してはいない．

ウンタシュ・ナピリシャによって選ばれた地は，デズ川から1.5kmほど離れた，低い丘陵の端に位置している．町の生活水を確保するために，王はスーサの北を流れるカルヘ川から約50kmもの長さに達する運河を引いた．王の死後この町の建設は中止され，後代のエラム王はスーサに戻って統治した．しかしアル・ウンタシュ・ナピリシャは廃墟とはならず，前640年にアッシリア王アッシュールバニバルによって破壊されるまで，王都として存続した．

下　彩釉陶製壁面装飾板．エラム語楔形文字で，「私はウンタシュ・ナピリシャである」と銘が記されている．他の何百という同種の作品とともにジッグラトの一室から発見された．たぶんジッグラトの正面玄関を飾るためつくられたのであろう．同様の壁面装飾板はアッシリアからも発見されており，その歴史はウルク期までさかのぼることができる．

上　アル・ウンタシュ・ナピリシャのジッグラトの構造はまったく異例である．最初の計画では，中央に中庭をおく一辺100mの大きな方形の建物を立てることになっていた．後になって，中央の中庭は埋めたてられ，その上にジッグラトが建てられた．

上　ジッグラトの内部には，アーチ形の入口を備えた階段が東西南北につけられている．

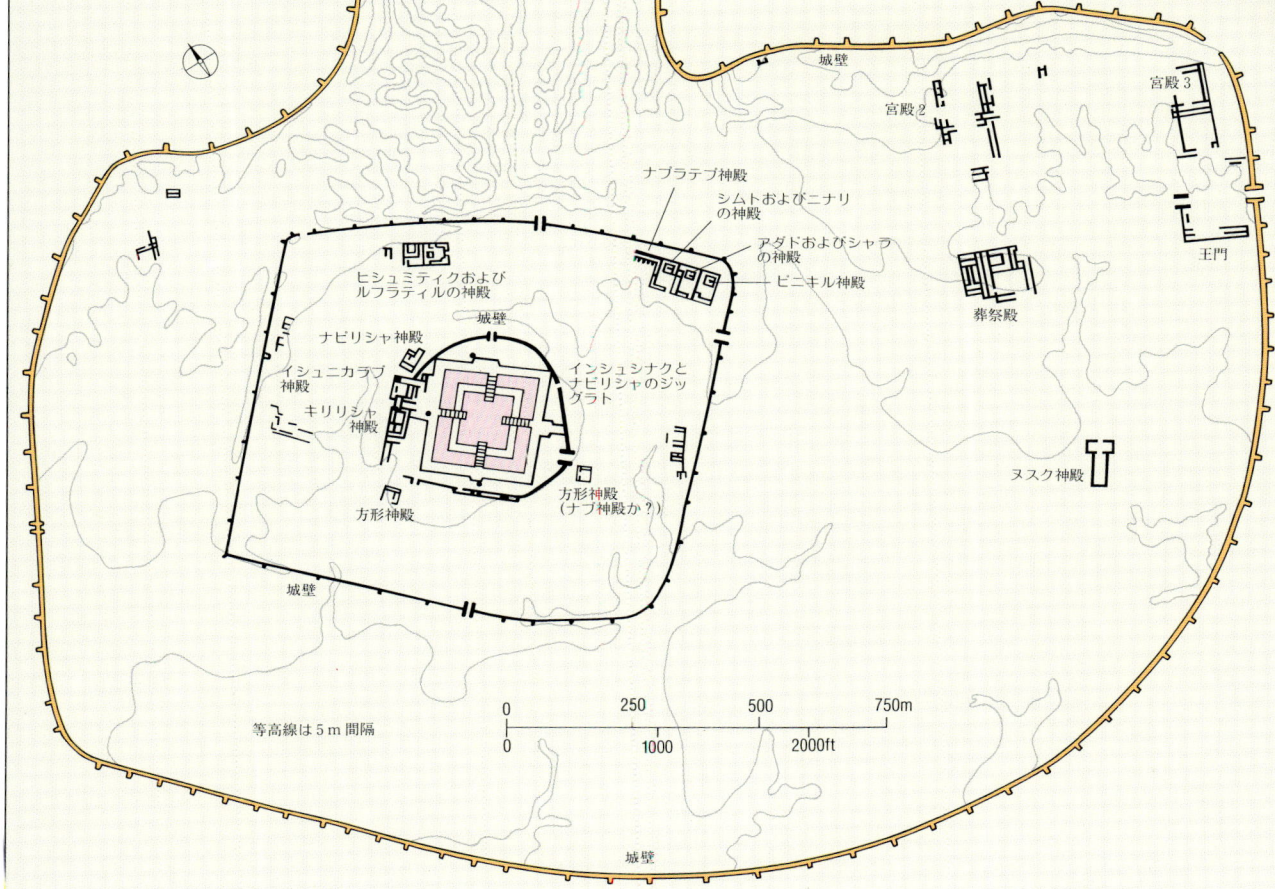

左　アル・ウンタシュ・ナピリシャの町は100haを超える広い面積を占め，神殿域の中央にそびえるジッグラトが圧倒的な姿をみせていた．ジッグラトの基部は湾曲した周壁に取り囲まれ，さらにその外側を囲む方形をした第二の周壁との間には，エラムの神々をまつった数々の神殿が建てられた．第三の周壁が市域全体を取り囲んでいた．町の東の一角には，王宮と宮廷に入るための大きな門があった．葬祭殿には穹窿を備えた地下室が5室あって，そこから火葬された遺体が数体と，骸骨が1体みつかった．これらはエラムの王族の埋葬体であると考えられている．市壁内の土地のかなりの部分には，建物を建てた形跡がない．

る神を意味するナピリシャという名で呼ばれることもあるが最高位にのぼった．その配偶女神はリヤンの女神であるキリリシャ（偉大なる女神を意味する）である．その後有力になったのはスーサの市神インシュシナク（スーサの主を意味する）であり，前2千年紀の末頃にはとりわけ高い地位を占めるようになった．また太陽神ナフンテは，バビロニアの太陽神シャマシュと同様，正しい裁きの神でもあった．ほかにも，その名が王名にとり入れられているフトランやシムトのような有力な神々が大勢いる．エラム人はまたアダドとその妻シャラ，シン，ヌスクなどバビロニアの神々も崇拝したが，これらはエラムの地方神と同一視されていた可能性がある．

フンバン・ヌメナの子ウンタシュ・ナピリシャは，スーサの20の神殿をはじめエラム各地で神殿の再建活動を行ったが，最大の事績は，スーサの南東40kmの場所に位置し，現在チョガ・ザンビルの名で知られている新都アル・ウンタシュ・ナピリシャの造営であろう．1200m×800mの広さを占める大都市は，周囲をぐるりと外壁で囲まれていた．東側の正面入口付近には，巨大な門と三つの宮殿址があって，その一つには半円穹窿からなるいくつかの部屋につながる急な階段がつけられていた．部屋のなかには火葬の痕跡を示す灰が残っていた．これらはエラム王とその一族の墓のあとかもしれない．

町の中心部には広い方形の区画があって，ここにいくつかの神殿とジッグラトとが集まっていた．元来ここには周囲に部屋を配した方形の広場がつくられていたが，やがて埋めたてられ，次に建設する神殿の基壇となった．ジッグラトの基壇は67m四方を占め，塔は現在なお28mの高さを保っているが，当初は五重または六重の段からなり現存の2倍以上の高さを誇っていたと思われる．もっとも初期の建築部分から発見された焼成レンガの銘文にはインシュシナク神の名のみが記されているが，後代の位相，すなわち建物内部の階段を登ってたどりつく最上部の神殿は，インシュシナクとナピリシャ神に捧げられたものだった．ジッグラトの基部には，他の神々のために建てられた多くの神殿が並んでいた．これら神殿複合体は，約1世紀以前にハフト・テペに造営されたものと同様の大規模な葬祭神殿の一部をなすものと考えられ，カッシート王朝時代に類似の機能をもって建てられたドゥル・クリガルズの宮殿とジッグラトとを思いおこさせる．

ウンタシュ・ナピリシャとその妻ナピルアスの姿を写した石碑断片がスーサから発見されている．王妃の服装と姿勢は，やはりスーサから発見された等身大の鋳造青銅像に，同様の姿で見事に表現されている．後者は頭部が欠損してはいるものの，重量は1750kgにも及び，たぶん2段階に分けて鋳造されたものであろう．厚さ9cmに及ぶ外殻がまず最初に鋳造され，その後内部に再び青銅を流しこんだのであろう．この像を制作した工人の卓越した技術力は，特筆すべきである．

カデシュの戦い

エラムとバビロンが抗争を続けている間に，レヴァント地方の支配権確保をねらって長期間にわたりエジプトがつづけてきた戦いに終止符がうたれた．シュッピルリウマ1世はすでにレヴァント地方をヒッタイトの影響力の及ぶ区域に編入することに成功していたが，彼の死後レヴァントにおけるヒッタイトの支配力はさらに強化された．前14世紀末，エジプトでは疲弊した第18王朝に代わり新しい王朝が成立した．第19王朝の2代目の王セトI世（前1306-1290）は，カナアン地方におけるエジプトの支配権を回復し，カデシュとアムルの2国を打ち破ったと宣言した．ベス・シャン，ティルそしてカデシュから発見されたセトI世の記念碑は，これらの征

ハットゥシャ

現在ボガズキョイまたはボアズカレの名で知られているハットゥシャは，ヒッタイト帝国の首都である．町は前3千年紀末に始まり，前19世紀にはアッシリア商人の通商植民区も市域内に営まれていた．前1650年頃，ヒッタイト王ラバルナスがここを首都と定め，都の名にちなんで自身の名もハットゥシリと改名した．

町はブダコズ川の2本の支流の合流点に形成された突起状の丘の上に位置している．東側の支流はブユクカヤとブユクカレと呼ばれている二つの高い丘の間の険しい谷合（トルコ語でボアズ）を流れる．北東に2km離れてヤズルカヤの岩屋があり，ここにはヒッタイトの神々の姿を表した磨崖がみられる．町は前1200年をわずかに下った頃破壊され放棄されたが，フリュギア時代（前7世紀頃）になってプテリアの名で復活した．

下 上の市域に建てられた数多くの神殿のうちの一つ，神殿3の眺望．神殿3の彼方にはハットゥシャの城塞であるブユクカレが，さらに遠方にはブユクカヤの丘がみえる．ヒッタイト時代には，町の防御体制はブユクカヤをも含めて設計され，外壁は峡谷を橋となって越え町を取り囲んでいた．

服事業のいくつかを立証している．しかしながらカデシュにおけるエジプト支配は長つづきしなかった．今もなおその巨大な姿を誇るアブ・シンベル神殿の建立者で，セトI世の後継者となった息子のラムセス2世（前1290-24）は，治世の4年にベイルート近くのナハル・カルブまで行軍した．後代の多くの征服者と同様，彼はここに碑文を残し，エジプトの繁栄をとり戻したことを公言している．

翌年彼はオロンテス川流域のカデシュまで軍を進めた．その際の様子はファラオが建立した数多くの記念建造物に，詳細にわたって叙述され図示されている．彼の記録によると，二つの部族長がヒッタイト軍は北方遠くアレッポのあたりに退いているとの情報をエジプトにもたらした．王は後になって，この情報がヒッタイトが流した誤報に基づくものであることを知った．カデシュの城外で，王は2人のヒッタイト軍斥候を捕まえた．彼らはムワタッリ2世の指揮下にあるヒッタイト軍が，カデシュの東方に隠れていることを自白したが，ときすでに遅く，エジプト軍が安全に退却することは困難に思われた．このときラムセス2世は，「たった1人で，軍司令官の助けも，御者の助けも，1人の兵士の助けも，楯をもつ者の助けさえも頼りにできなかったにもかかわらず」，ヒ

ヒッタイトの天候神(天の天候神としても知られている)の大神殿は下の市域に建てられた．市域はシュッピルリウマ1世の時代に拡張され、市壁が築かれたと思われる．およそ25ほどの神殿が，川の流れから遠い丘の上に広がった区域に建造された．

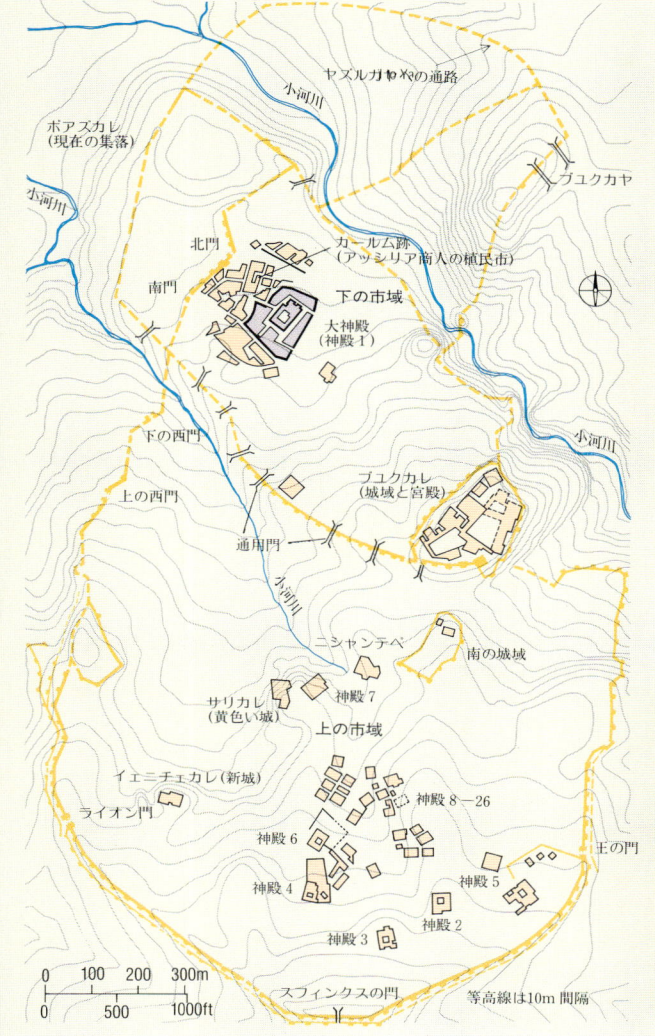

左 ハットゥシャから発見された土器製貯蔵甕の口縁部断片．ヒッタイトの城塞の外観がどのようなものか推測できる．この断片から2本組になった木材が，頂部ののぞき壁の下側で外にはみ出しているさまがわかる．

左下 ハットゥシャの大神殿は礼拝のための場であっただけではなく，広大な倉庫の存在からも明らかなように，経済的にも重要な役割を担っていた．

下 兜をかぶったこの戦士の浮彫像は，以前はヒッタイト王の1人と考えられ，そのためこの像の立っていた市壁の門は王の門と呼ばれていた．現在これは神の姿を表したものと考えられている．

ッタイトの大軍，アナトリア西方からきたアルザワ族，ルッカ族，北東からきたカスカ族，キッズワトナ，アレッポ，ウガリト，カデシュなどヒッタイトの同盟軍を打ち破ったと言明している．彼のいい分によれば，ちょうど頃合よく西方からエジプトの援軍が到着し，ヒッタイト軍は攻撃を中止し，川をわたって退却することを余儀なくされ，そして翌日，ラムセス2世は再び攻撃をしかけ，ヒッタイトの王はやむをえずエジプトに和平を求めてきたということになっている．

しかし，この戦いに関してのラムセスの報告は疑わしい．同じことがらを扱ったヒッタイト側の記録にあるように，エジプト軍はまず間違いなく敗北したと思われる．エジプトは退却し，アムル，カデシュ，ダマスカス周辺のアブは，ヒッタイトの影響下に入った．

外交的発展と失敗

エジプトがレヴァントをめぐる戦いをくり返していた期間を通じて，ウガリトの歴代の支配者は生き残りに成功し，そして事実，ミタンニ，エジプト，またその後はヒッタイトに忠誠を誓うことによって，繁栄を保ちつづけた．政略結婚と諸条約の締結が，周辺地域の情勢が混乱するなかでウガリトの安定を保証した．アマルナ文書のなかには，ウガリトが火災により破壊をうけたことを記録した文書があるが，これが外敵の攻撃によるものか，自然の原因によるのかについては述べていない．ウガリトの繁栄は基本的には交易によるものであり，とくにキプロスとの銅の貿易が重要であったが，その他にも香，穀物，木材，塩，ワインが輸出された．また農業生産およびこの地の金属工業産業，繊維産業，そしてムラサキガイからとれる染料を使った紫色の染物業もまた，ウガリトの富の源であった．

一方，ミタンニの王たちは，ヒッタイトとの勢力争いの決着にこだわり，アッシリアの台頭にうまく対応したウガリトの支配者たちのような外交的成功をおさめることができなかった．アダド・ニラリ1世(前1305－1274)はアッシリアの国境線を南東はルブドゥ，南西は遠くユーフラテス川流域まで押し広げた．彼はミタンニの首都ワシュカンニを陥れ，シャットゥアラ1世をアッシリアに臣属せしめた．シャットゥアラの子ワサシャッタがアッシリアに反旗を翻し，ヒッタイトの援助を頼んだものの拒絶されるに及んで，ミタンニは再度攻撃をうけ陥落し，ミタンニ王は捕虜としてアッシュールに連行された．アッシリアの勢力拡大はアダド・ニラリの子

シャルマネセル1世（前1273-44）の時代にもつづいた．彼はミタンニ王シャットゥアラ2世の反乱を鎮圧し，ミタンニとヒッタイトの連合軍を破り，1万4400人の捕虜を連行してハニガルバト（アッシリアはミタンニをこう呼んでいた）を併合した．

エジプト・ヒッタイト間の平和協定

おそらくうちつづくアッシリアの勝利に対抗するために，ヒッタイトの王ハットゥシリは，カッシート王カダシュマン・トゥルグと自ら進んで同盟関係を結び，前1269年には，エジプトと条約を締結した．ラムセス2世はすでにほぼ半世紀間にわたってエジプトの王位にあり，そのときなお在位していたが，彼とハットゥシリとは16年前カデシュで交戦していた．条約のエジプト語版はカルナックの神殿とラメッセワムの神殿壁面に刻みつけられており，ヒッタイト語版本の写しは，ハットゥシャの文書のなかに残されている．ラムセスに送られた原本は，ハットゥシリとその妻の印影を刻みつけた銀版文書であった．この不可侵条約は，レヴァント地方の領有権をめぐる両国の争いを解決し，友好関係はこの13年後ハットゥシリの娘とラムセス2世との結婚によって，さらに堅固なものとなった．

ハットゥシリの子トゥドハリヤ4世は，レヴァント地方においては穏便な外交関係は保持したものの，キプロスを侵略した（たぶん南東方面地域を失ったことの埋め合わせであろう）．アムル人の王と結んだ条約のなかで，トゥドハリヤは自分と同等とみなしている諸国の王を列記している．すなわちエジプト王，バビロン王，アッシリア王，アッヒャワ王だが，この最後の名は後になって削除された．アッヒャワはヒッタイトの西方からアルザワの彼方にまで及ぶ地域であるが，シュッピルリウマ1世の治世期からヒッタイトの記録に姿を現している．一時はアカイア人の国すなわちギリシア人のいうミケーネ地方と同一とみなされていたが，今ではおそらくエーゲ海のアジア側に広がっていた国と考えられている．この時代のミケーネ様式土器は，トルコのエーゲ海沿岸およびレヴァントとパレスティナの地中海沿岸に広がる多数の遺跡から発見されている．このことはこの時期の地中海における海上貿易の重要性を物語っている．

ヒッタイト人の活動状況の資料は，その首都ハットゥシャの発掘によってもたらされている．ここでは，およそ6kmに及ぶ堅固な外周壁の内側に，宮殿区域とヒッタイト王家の神殿群がおかれていた．周壁から外に約1.5kmほど離れて，現在はヤズルカヤと判明している岩屋がつくられ，トゥドハリヤ4世の治世期にここの壁面にはヒッタイトの男女の神々の姿が彫刻された．神々の長は太陽女神アリンナで，その配偶神は天の天候神であり，このカップルはそれぞれ相当するフルリの神ヘパとテシュブに比定される．ヒッタイトの王は宗教的な行為を大変厳密に実行している．彼らのうちの何人かは，王位に就く以前には神官であった．彼らは宗教祭儀が王の臨席を必要とした場合には，軍事遠征をあえて中止することさえしたのである．

トゥドハリヤの後を継いだのはその2人の息子たち，アルヌワンダ3世とシュッピルリウマ2世であったが，後者の時代，およそ前1200年頃，アナトリアのヒッタイト人諸都市が炎上し破棄されるという大惨事がおこった．ヒッタイト王国の終焉はより広大な地域をもまきこんだ大きな現象の一部でしかなかった．新参の人々の登場——「海の民」——の到来である．

新しい民族の動向

前12世紀の初めの20-30年間に，地中海沿岸の各地に民族移動の波が広がった．エジプトの人々は陸上海上でおこった諸部族連合の動きに恐れおののき，この人々を「海の民」と呼んだ．まずメルネプタフ（前1244-14），つぎにラムセス3世（前1194-63）が彼らと戦い撃退した．諸部族のうちメシュウェシュ，シャルダン，デンイェンなどはそのときまでにすでに近東に姿を現していたが，他の者たちは新たに到来した人々であった．ラムセス3世は，治世の初期に遭遇した彼らの攻撃（前1186年）を，次のように叙述している．

> 諸外国は独立し内部で陰謀を企てている．国土は一瞬の間にわが手から離れ，動乱の渦中にある．彼らの武具の前に踏みとどまることのできる者はなく，ヒッタイトの国から，コデ（おそらくオロンテス川河谷），カルケミシュ，アルザワ，アラシャ（キプロス）に至るまでの地は，瞬時に切り離されてしまった．アムルの国に戦陣が張られた．彼らは人々を不幸に陥れ，これらの国々は今までにみたこともない姿になってしまった．彼らはエジプトに押しよせているが，その面前には戦火が用意されている．それはペリシテ（パレスティナ），チェケール，シェケレシュ，デンイェンそしてメシュウェシュの各地の連合軍である．

エジプトはもちこたえたが，ヒッタイトもウガリトも，そしてレヴァント地方やギリシア各地の諸都市も崩壊した．ヒッタイト王国の滅亡はたぶんムシュキ人またはフリュギア人の攻撃によるものであろう．彼らはアナトリア高原に侵入し，しだいに高原各地に占領の手をのばしていった．レヴァント地方では，カルケミシュとマラティヤのヒッタイトの都市がそれぞれ独立した王国となって存続した．パレスティナにおけるエジプトの支配力は衰退し，エジプトにペリシテ人という名で知られていた民族が，エジプト北方の地中海沿岸地域に定住していった．この地方は彼らの名にちなんでフィリスティア地方，またはパレスティナと呼ばれるようになった．前12世紀の末までには，エジプトの支配は終っていた．

フィリスティアの民，またはペリシテ人は，新しくこの地に移住してきた唯一の民ではなかった．ほとんど同時期にイスラエル人が史料に登場してきている．彼らの名は，まず最初にメルネプタフの戦勝記念碑に現れる．

> カナアンの地は，あらゆる種類の苦難によって蹂躙されている；
> アシュケロンは征服され，
> ゲゼルは占領された．
> イェノアムはもはや存在せず，
> イスラエルは疲弊している．

この象形文字碑文のなかでは，「イスラエル」の名称の前には都市や国を表す記号ではなく，民族を表す記号が書かれている．カナアン地方をイスラエル人が占拠するようになった過程についての詳細はわかっていない．旧約聖書の『出エジプト記』にある，エジプト脱出後のヨシュアによるカナアン征服は，これ以外の史料からは確認できない．イスラエルの諸部族が平和裏にカナアンの地に定着し，その後強力になって土地の支配者たちを打ち負かしていったと考えることは，十分可能である．

イスラエル人と同様，他のセム系の諸部族もまた砂漠の彼方から姿を現すようになった．ストゥ族とアフラム族は，アマルナ文書によれば文明世界の周縁に住む蛮族であるとみなされている．アッシリア王シャルマネセル1世は，前1100年頃人々がアラム人と呼ぶようになる北西セム族の一つアフラム人と戦いを交えている．およそ1000年前に活躍したアムル

右　ウガリトの遺跡では60年間にわたる発掘作業の結果，市域の多くの部分が詳しく調査された．中心となるのは主要な神殿の建つアクロポリスと，その西側に広がる王宮域の二つの地域だった．宗教上はバアルとその父ダガンの2人がもっとも有力な神であった．いくつかの神話から推測する限りでは，この2人の神は東方からウガリトのパンテオンに迎え入れられたらしい．

右端　王宮は前16世紀につくられた小規模の建物から出発して，六つの大きな中庭を取り囲む合計約90の部屋からなる大規模な建造物に発展していった．いくつかの中庭には，景観を添える目的でつくられた人工の小池があった．

ウガリト

　ウガリトの町の遺跡は，ラス・シャムラの名で知られているテル（小丘）と，ミネト・アル・ベイダと呼ばれている港から成り立っている．町は無土器新石器時代から居住が始まっている．前2千年紀の初頭，ウガリトはエジプトの影響下にあった．中王国時代のファラオの名をしるした遺物の存在が，このことをよく物語っている．ウガリトの最盛期は前2千年紀の後半，この町が東地中海全域にわたる商業活動に関与した交易王国の首都であった時期である．町の富は主として，キブロス産の銅，背後にある山地から産出する木材，さらに穀物，ワイン，塩などの交易に基盤をおいていた．ウガリトはまた自前の工房をもっていた．金工工芸は大変重要な地位を占めており，同様にムラサキガイからとる染料（いわゆる皇帝紫あるいはティロスの紫と呼ばれ，麻やウールの染色に使われた）の生産も盛んであった．港の近くの倉庫にはあらゆる種類の物資が集積された．ある倉庫にはキブロス産の香油の入ったびん1000本が収納されていたという．

　この遺跡から発見されたもののうちもっとも重要なものは，たぶん楔形文字で書かれた数多くの粘土板文書であろう．複数の異なった言語で書かれ，なかにはアルファベット化した楔形文字で書かれたものをも含む文書群は，ウガリトの宗教や神話に関して多くの情報をもたらすという点で大変貴重である．このことは，旧約聖書に記述された同時代の習慣，慣例について，別の側面から光をあてることになった．

　ウガリトは，名目上はエジプトに従属していたが，同時にヒッタイトの権威をも認めていた．ウガリトの支配者たちは，外交上の綱渡りに巧みであった．前1200年頃ウガリトは，おそらくは「海の民」と呼ばれた人々の攻撃によって陥落した．

上　この青銅製人頭は，ウガリトの神殿域から2枚の天秤皿と一組の分銅とともに発見された．ウガリトの度量衡システムは，9.5gに相当する「1シェケル」をもととし，50シェケルが「1ミナ」となった．この人頭は重さ190gで，たぶん「20シェケル」の分銅として使用されたものであろう．高さ3.8cm．

右　女性頭部飾りのついた釉薬壺．前14-13世紀．これはミネト・アル・ベイダの共同墓地から発見された．墓地には少なくとも28人の遺骸が埋葬されていた．類似の容器はキブロス島からも発見されている．高さ16cm．

左　ミネト・アル・ベイダ出土の前13世紀の作になるこの青銅像の頭と冠には，金箔がかぶせられている．胸，腕，足に残る銀色は，甲冑の着用を示唆していると思われる．この像は発見当初レシェフ神とみなされたが，今ではバアル神と考えられている．高さ17.9cm．

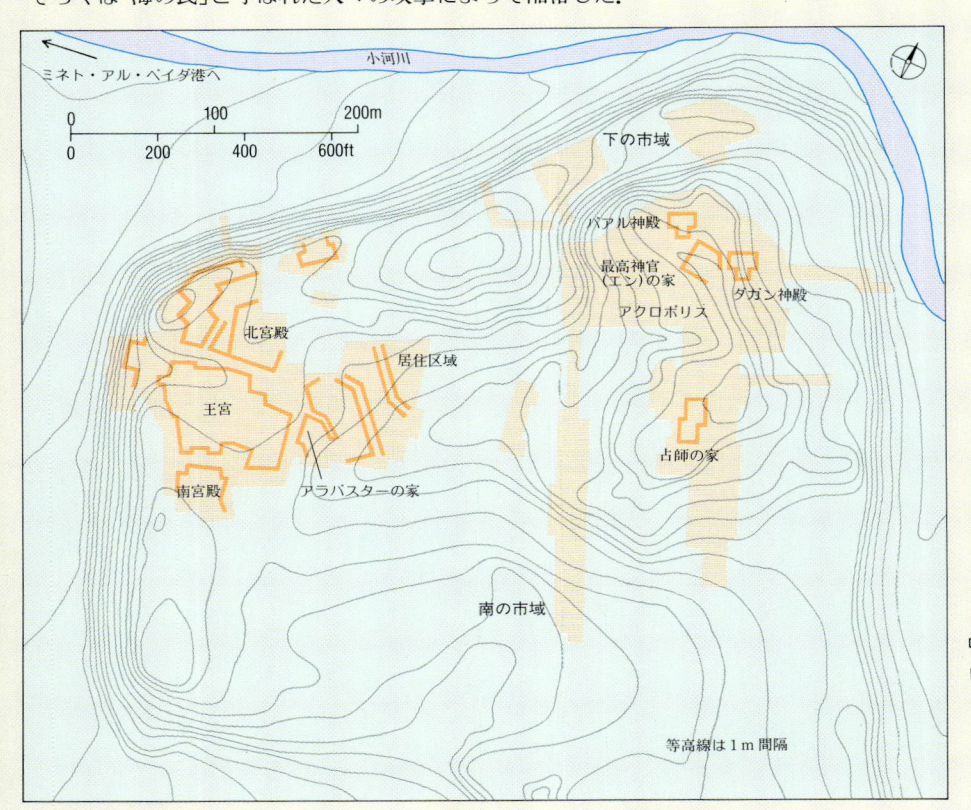

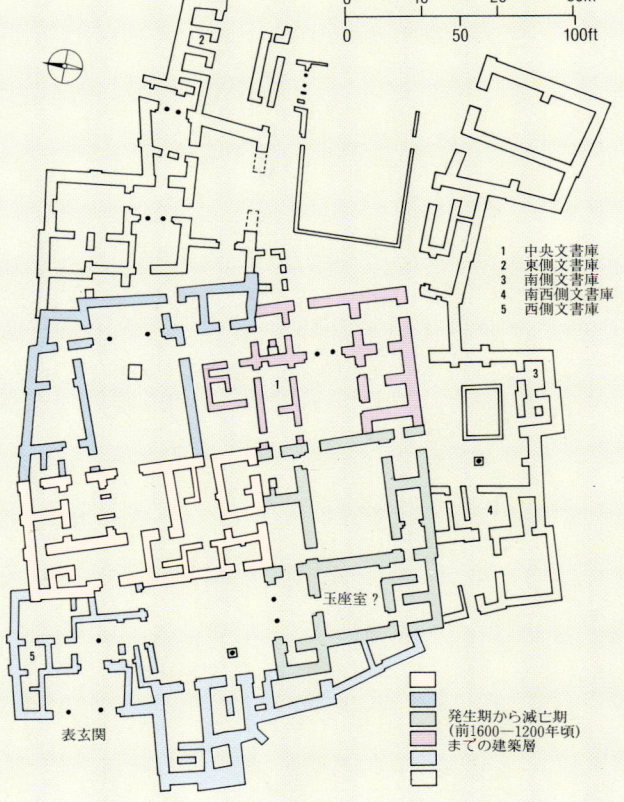

帝　国

人同様，アラム人はこれにつづく200－300年の間に，レヴァント地方の大半とメソポタミア地方に広く住みつき，アラム文字で書きとめられた彼らの言葉は，ときには楔形文字のバビロニア語やアッシリア語に代行することもあった．

シャルマネセル1世は，北方のウルアドリ王国を攻撃したことを記録に残した最初の人物である．ウルアドリは後世ウラルトゥの名で知られ，さらに変形した形でアララト山の名にその痕跡を残しているが，アッシリアにとってはつねに不穏な動きをする存在でありつづけた．東方のイラン高原では，ゴディン文化第3層が終わり鉄器時代第1層に相当する灰色土器が流入するようになるが，これは北方または東方からイラン系部族が到来したことを示している．彼らはメディア人とペルシア人の祖先で，後にアッシリア帝国，バビロニア帝国を滅亡に追いやり，前6世紀以降の近東全域にその支配権を確立することとなったのである．

アッシリアの軍事力

アダド・ニラリ1世，シャルマネセル1世，トゥクルティ・ニヌルタ1世（前1243－07）とつづいた帝王たちのもとで，アッシリアは刃向かいがたい軍事強国としてその名を轟かせるようになっていった．トゥクルティ・ニヌルタは，自らカッシート王カシュティリアシュ4世を攻撃した様子を，次のように記録している．

> 私は彼の軍を撃破し，その兵士たちを打ちのめした．戦いの最中に，私の手はカッシートの王カシュティリアシュを捕えた．私は足台を踏みつけるようにこの王の首を私の足で踏んだ．私は彼の衣服をはぎとり，縛りつけてアッシュール神の前に引きだした．シュメールとアッカドの地は，隅ずみまで私の支配下に入った．太陽の昇る東南の低地の海に，私は国境線を定めた．

トゥクルティ・ニヌルタは，ニップールの王にエンリル・ナディン・シュミを任命した．しかし，後世のバビロニアの年譜によると，その年のうちにウンタシュ・ナビリシャをついだエラム王キディン・フトランが，デールを陥落させニップールを占領して，アッシリアの傀儡王を追放したという．キディン・フトランはアダド・シュマ・イッディナの統治時代のバビロニアを再度攻撃し，イシンとマラドを破壊した．アッシリアのたてた2代目の傀儡王アダド・シュマ・イッディナは，臣下の1人によって前1216年に王位を奪われた．

バビロニアに遠征軍を送ったと同様に，トゥクルティ・ニヌルタは東方，北方にも遠征を行い，西方に軍を進めて，その言によればユーフラテス川を渡り，2万8800人のヒッタイト人を捕虜にしたという．トゥクルティ・ニヌルタは首都ア

中期アッシリア歴代の王

アッシュール・ウバッリト1世	前1363－28
エンリル・ニラリ	前1327－18
アリク・デン・イリ	前1317－06
アダド・ニラリ1世	前1305－1274
シャルマネセル1世	前1273－44
トゥクルティ・ニヌルタ1世	前1243－07
アッシュール・ナディン・アプリ	前1206－03
アッシュール・ニラリ3世	前1202－1197
エンリル・クドゥリ・ウツル	前1196－92
ニヌルタ・アピル・エクル	前1191－79
アッシュール・ダン1世	前1178－33
アッシュール・レシュ・イシ	前1132－15
ニヌルタ・トゥクルティ・アッシュール	前1115
ムタッキル・ヌスク	前1115
ティグラト・ピレセル1世	前1114－1076

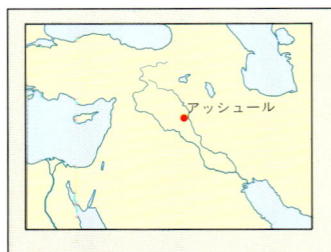

アッシュール

アッシュールの町は，ティグリス川をみわたす岩尾根の一角に位置している．現在ガラト・シャルガトの名で呼ばれているこの遺跡では，少なくとも前2400年頃から居住が始まっており，イシュタル神殿からは初期王朝時代様式の彫像が発見されている．前2千年紀の初期には，アッシュールの商人がアナトリアにでかけ植民都市を営んだ．アッシュールはシャムシ・アダド1世（前1813－1781頃）のたてた帝国の中心となる都であったが，後にはミタンニの支配者の配下に入った．

ミタンニ崩壊の後，アッシュール・ウバッリト1世（前1363－28）のもとで，アッシリアは勢力を広げ，アッシュールはユーフラテス川流域からイランの山々にかけて広がる王国の首都となった．アッシュールナツィルパル2世（前883－59）はカルフを首都に定めたが，彼自身もまた後継の王たちも，アッシリア帝国の宗教的中心地であったアッシュールの町の諸神殿や建物の修復活動を，たえずくり返した．アッシリアの歴代の王は，アッシュールにある宮殿に埋葬された．

アッシュールの町の市神はアッシュールと呼ばれ，アッシリア帝国が繁栄するにつれこの神の地位は向上した．アッシリアのパンテオンにおいてアッシュールはエンリルまたはマルドゥクの地位を占めることとなった．アッシュール神殿は，岬のように岩山がつき出した部分に建てられた．アッシリア王の権威は，王がアッシュール神の最高の神官であったことに由来している．前614年および前612年に，アッシリアはメディア軍とバビロニア軍の侵入をうけ，占領・略奪をこうむり，その後町は破棄された．紀元後1世紀から2世紀にかけて，廃址には再び人が住み，ラッバナの名で知られた．

下　アッシュール神殿の井戸のなかから発見された石灰岩の浮彫り．1人の神が植物の枝をもち，それに左右からヤギが食いついているところを表している．衣服と帽子についている鱗状の文様は，この神が山の神であることを示している．おそらくはアッシュール神自身であろう．足もとに水流の流れ出す壺をもつ2人の女神がひかえている．高さ1.36m．

ッシュールの拡張計画にも着手して，市街地の周囲に堀をめぐらし，イシュタル神殿を再建し，市街地の北西部に新しい宮殿の建設を始めた．ところが，彼はこの計画を礎石を築いた段階で中断した．そして代わりにティグリス川の対岸域でアッシュールから3kmほど離れた地に新しい町を建設して，これをカル・トゥクルティ・ニヌルタと名づけた．ここに彼は700m四方の面積を占める城塞を築き，ジッグラトを備えたアッシュール神殿を建てた．また王は宮殿を建設しその壁面を絵画で飾った．おそらくトゥクルティ・ニヌルタは，治世末期の領土損失が招いた不人気ゆえにアッシュールを離れ，新都を建設したのであろう．前1207年，彼の息子が反乱をおこし，アッシリアの貴族たちの支持を背景にしてトゥクルティ・ニヌルタを宮殿内で捕え殺害した．

エラムの衰退

約40年ほどのちに（前1165年頃），シュトゥルク・ナフンテがエラムの王位に就き，衰退していた王国に再び隆盛期をもたらした．ある記念碑によると，彼はウライ川を越えてメソポタミアに侵入し，700に及ぶ町を占領し，ドゥル・クリガルズ，エシュヌンナ，シッパル，オピス，ドゥル・シャルルキン，そしておそらくはアガデにまで，重い貢納を強制したという．スーサから発見された遺物は，この遠征のおりの戦利品のさまを語っている．これらのなかには，エシュヌンナからもたらされた彫像の数々，シッパルから運んできたナ

下　アッシュールの遺跡では，第一次大戦以前からドイツの調査隊の手による発掘が行われた．廃墟を横切る長いトレンチを掘った結果，主要な建築物が町の北側に集中していることが判明した．これらのなかには，アッシュール神殿，イシュタル神殿とナブ神殿，シンとシャマシュの二神を祀った神殿，アヌとアダドの神殿，ジッグラト，さらにアッシリアの諸王の宮殿などが含まれる．町の北側と東側は急な崖となり防御を固めている．前2千年紀の初め，この地に城塞が築かれ，中期アッシリア時代に町は南側に広がっていった．

下　北西からのアッシュールの眺望．右手の遺丘はその形から地平線にくっきり浮かび上がるジッグラトの跡である．中央にみえる19世紀の警察駐在地が，アッシュール神殿の位置を明示している．背後にはティグリス川が姿をみせている．

下端　アッシュールの宮殿の地下から，5基の王墓が発見された．これらのなかには，写真中央にみられるようにその場に石棺ともども残っていたアッシュール・ベール・カラ（前1074-57）の墓，アッシュールナツィルパル2世（前883-59）の墓，シャムシ・アダド5世（前823-11）の墓が含まれている．

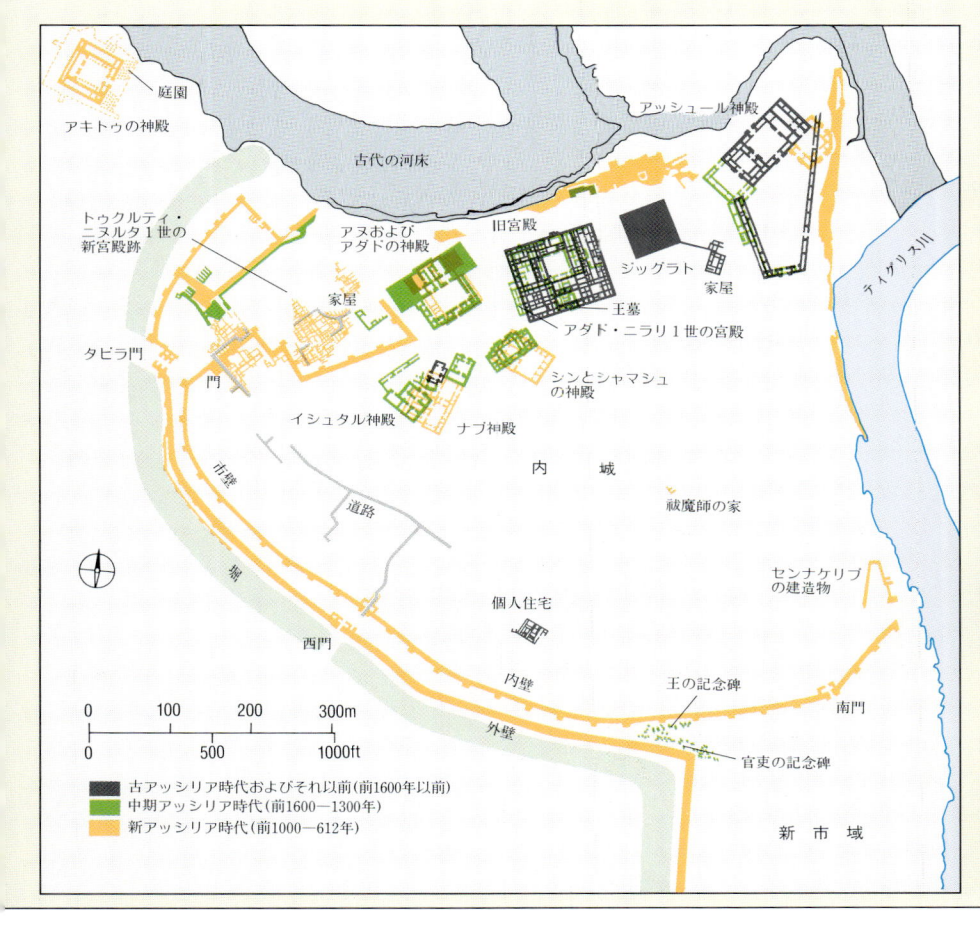

ラム・シンの戦勝記念碑，カラ・インダシュ（たぶんザグロス山中の現代名カリンドの地）から持ちだしたカッシート王メリシパクの記念碑，そしてアガデからもたらされた彫像群が含まれる．シュトゥルク・ナフンテは，その広大な領土のなかでブシーレに近いペルシア湾に面したリヤンの地に神殿を再建し，ファルス地方のアンシャンを支配した．

彼の子のクティル・ナフンテは，王位に就くと，バビロニアに侵入しカッシート王朝を滅亡させ，バビロンからマルドゥク神像を，ウルクからイナンナ女神像をエラムの地に持ち帰った．彼の後を継いだその兄弟シルハク・インシュシナクは，ザグロス山麓地域に遠征を行い，西北はアラブハ，ヌジ，さらにはハルマン，メ・トゥルナト，エピフ（ハムリン高地）をも含む，以前アッシリアの領土の一部をなしていた地域を侵犯した．シルハク・インシュシナクは先王の妃を妻に迎え，スーサですでに着手されていたインシュシナク神殿を完成させた．彼はまたリヤン，トゥラスピド，その他およそ12の都市を建設した．シルハク・インシュシナクの時代の遺物のなかでとくに注目に価するのは，日の出（シト・シャムシ）の名で呼ばれている，宗教儀式の一場面を表した特異な青銅製品である．

シルハク・インシュシナクの後を継いだのは甥のフテルドゥシュ・インシュシナクで，これはエラムに伝統的な兄弟相続の方式に従ったためである．フテルドゥシュ・インシュシナクはスーサの神殿群を再建し，アンシャンの造営事業を進めたが，この地からは彼の時代のものと推定される約250点のエラム語文書が納められた公共建築物が発見されている．フテルドゥシュ・インシュシナクは，カッシート王エンリル・ナディン・アヒ（前1156-54）が捕虜となって王朝が滅びた後にバビロニアの支配権を握ったイシン第2王朝の王の1人，ネブカドネザル1世（前1125-04）と対立した．ネブカドネザルの最初のエラム侵攻の試みは不成功に終わったが，夏の暑さにあえいだ苦しい行軍のさなかに，彼は思いがけずスーサ近くにたどりつき，エラム軍を撃破した．バビロニア軍はスーサを略奪し，マルドゥク神像を奪回した．つづく時代のエラムの歴史はよくわからない．以降3世紀間にわたって，史料のなかにエラムに関する記述はみられないからである．

ネブカドネザルはアッシリア軍と対立した北方では，東方におけると同様の軍事的成功を収めることができなかった．まず最初にアッシュール・レシュ・イシ1世（前1132-15）つぎにティグラト・ピレセル1世（前1114-1076）と対決した．ティグラト・ピレセルは強力な指揮者であった．ティグリス川上流域において，彼は2万人のムシュキ人（ヒッタイト王国を滅亡に導いたと思われている人々と同じ部族）兵士からなる軍を打ち破った．彼は後にウラルトゥの名で知られる地にあるナイリを攻撃し，ヴァン湖の北西部に戦勝記念碑をたてた．西方ではユーフラテス川を少なくとも28回以上渡って，アフラム・アラム人と戦った．これらの軍事遠征のなかで，ひとたび彼はアルヴァドの地におり地中海に到達した．

帝　国

アッシリアの記録によれば王は舟に乗って「海の馬」の猟をしたというが，これはたぶんイッカクまたはイルカであろう．しかしながらティグラト・ピレセルの征服活動はその死後継続されず，その後しばらくの間アッシリアの勢力は，アッシュールからニネヴェ，アルビルを結ぶ三角形よりやや広い程度の地域に限定されることとなった．ティグラト・ピレセルの遠征活動は，しかし，ムシュキ人とアラム人との猛襲からアッシリアを救い，2世紀の後，再びアッシリアが台頭して近東世界の支配権を握る道を拓いたのである．

科学と技術

前2千年紀後半はたえまない抗争の時期ではあったが，一方では偉大な繁栄と進歩の時代でもあった．交易と産業の発展が各地の宮廷に贅沢品をもたらし，各宮廷はほかのどの王国よりも豪華な贅沢品をえようとしてしのぎをけずった．

さまざまな色の貴石は装身具をつくるには稀で高価な存在であり，早くから人工の石をつくる試みがくり返された．実用化された素材の一つにファイアンスがある．これは粉々にした石英を灰と銅鉱石に混ぜたもので，これを高温で熱すると表面に光沢のある明るい青色の物体ができ上がる．この技法の使用例は古いところではウバイド期にまでさかのぼるが，前3千年紀の末になると，ビーズ，護符，印章，象眼技術に広く用いられるようになった．容器の一部にもファイアンスがすでにこの時期に使用されていたが，前2千年紀になると，ファイアンスの碗類の数は増してくる．スーサでは，型に入れて成形し，釉薬がかけられたファイアンスのレンガがインシュシナク神殿の装飾に用いられた．

前2千年紀中葉のガラス生産の開始は，技術史上画期的なできごとだった．ファイアンスをつくる過程で偶然ガラスが出現した例は早い時期にも知られているが，ガラス生産が広範囲で行われた例証はなく，とくにガラスの容器は存在していなかった．ガラス容器のもっとも古い例は，前15世紀に相当する北メソポタミアのいくつかの遺跡から発見された．これらは芯のまわりにガラスを巻きつけるか，あるいはガラス棒を短く切断してモザイクに利用したものであった．ガラスは円筒印章，ペンダントの材料に用いられたり小型の板にしても使われた．彩釉容器（薄いガラス質の釉薬を表面にかけたもの）もみつかっており，また彩釉レンガは中期アッシリアの諸王の宮殿を美しく飾った．

鉄製品は前4千年紀にさかのぼって発見されているが，数は少ない．鉄についての記述は，古くは前2千年紀初頭のアナトリア高原における古アッシリアの商業活動に関する文書のなかにみられ，それから何世紀か下ると，ツタンカーメンの墓から出土した短剣など実際の遺物がみつかるようになる．またいくつかのヒッタイト語文書には，鉄の武器，鉄製の書板，鉄の像などについての言及がみられる．ヒッタイト王ハットゥシリ3世の送った書簡のなかには，彼が鉄の短剣をつくりアッシリア王に贈呈したと記されている．当時，鉄は金よりも高価な金属であった．しかし鉄の価格の高さは基本的にはその稀少性に依拠していたのである．鉄が青銅に匹敵する実用性を備えるには，炭素を添加してはがねに変質するという大発見を待たなくてはならなかった．前12世紀の大動乱時代は，通常青銅器時代の終焉と，鉄器時代の幕明けとみなされている．しかしこの時代は鉄を溶融することは可能になっていたものの，その実用性はまだ十分に活用されていなかった．前9世紀を迎えて，ようやく用具や武器の制作に役立つはがねの生産が一般化したのである．

文字

楔形文字は前4千年紀に南メソポタミアで発明された．楔形文字には音節または語意を表す何百という数の文字が含まれているため，書記たちが書き方を習得するには長い年月が必要であった．字数が30字に満たないアルファベット文字は前1600年以前にカナアン人によって発明され，やがて前1千年紀になると楔形文字にしだいにとって代わり普及するようになった．ごく初期のアルファベットの形はエジプトの象形文字の形をもとにしているが，音は該当するカナアン語単語の語頭の子音を表している．たとえば，家の図形がカナアン語で家を意味する語ベートの語頭の子音であるbに対応するといった具合である．初期のアルファベットは27ないしは28個の文字を使っていたが，前13世紀には文字の数は22に減少した．ギリシア人が前1千年紀初頭にアルファベット文字を

下　シナイ半島のセラビト・アル・ハディンをはじめとするいくつかの遺跡から発見された原カナアン文字アルファベットは，フェニキア語，アラム語，さらに後にはヘブライ語，アラビア語などのセム系諸言語を表記するためのアルファベットを形成する基礎となった．これはまたギリシア人に取り入れられ，ヨーロッパ諸言語に採用された．実際のところ，今日世界中で用いられているアルファベット文字は，その昔近東で発明された一文字体系から発展したものなのである．

原カナアン文字	初期の文字名とその意味		フェニキア文字	初期ギリシア文字	初期ラテン碑文文字	現代の大文字
ㅂ	alp	雄ウシの頭	✶	A	A	A
ㅁ	bêt	家	9	B	B	B
ㄴ	gaml	投げ棒	∧	∧	く	C
⋈	digg	魚	۹	△	D	D
⋇	hô (?)	叫ぶ人	∃	∃	E	E
ㅇ	wô (waw)	標杭	Y	ㅋ	F	F
	zê(n)	?	I	I		
Ⅲ	ḫê(t)	棚？	日	日	H	H
	ṭê(t)	紡錘？	⊗	⊗		
ᚷ	yad	腕	Z	⋜	I	I
ᗑ	kapp	ヤシ	⋎	K	K	K
ᔓ	lamd	ウシ追い棒	ᄂ	ᄀ	L	L
〰	mêm	水	ᄼ	⋀	M	M
〜	naḥš	ヘビ	⋎	⋎	N	N
⬭	ʿên	目	O	O	O	O
ㄴ	piʾt	角？	ᄀ	ᄀ	P	P
Υ	ṣa(d)	植物	⋎	M		
Υ	qu(p)	?	ᄋ	ᄋ	Q	Q
ᒋ	raʾ	人の頭	ᄀ	ᄀ	R	R
W	tann	曲った弓	W	ᄾ	S	S
X +	tô (taw)	所有のしるし	X	X	T	T

取り入れた際，彼らはいくつかの文字を子音を表記する代わりに母音を表記するために使うようになった．

楔形文字は古代近東世界の多くの言語の表記に採用されたが，ヒッタイトの象形文字やエラムの線文字のような種類の異なる文字も存在した．ウガリトおよびレヴァント地方の諸都市においては，カナアンのアルファベットが楔形の記号にうつしかえられ，こうしてつくられた文字によってこの地方のセム系言語であるウガリト語の文書が書き記されることとなった．アカイメネス朝歴代の王の王碑文を記すため工夫された古代ペルシア文字も，楔形を用いてはいるが，基本的にはアルファベット文字であった．

左　楔形文字は，葦でつくった筆を粘土板に押しつけて記される．くさびに似た跡が残るために，「楔形文字」の呼称が生まれた．

左端　シッパル出土の前18世紀の練習用粘土板．楔形文字を書ける書記を養成するには，長い時間がかかった．書記たちは丸い形をした粘土板に筆記術を練習し，この粘土板は何度も再使用された．

上　ニネヴェのアッシュールバニパルの図書館から発見された，同義語一覧表．メソポタミアの書記術の伝統の基礎にあったのは，数多くの語彙集であった．それらの多くは2カ国語併記（もっとも一般的にはシュメール語とアッカド語）の文書であった．

下　カルフの北西宮殿の井戸のなかから発見された書板のファイル．重ねた書板は色のついた蠟をかぶせられ，その上にまた文章が書かれていた．前11世紀につくられた同様の例は，トルコ南部で発見された難破船からもみつかっている．

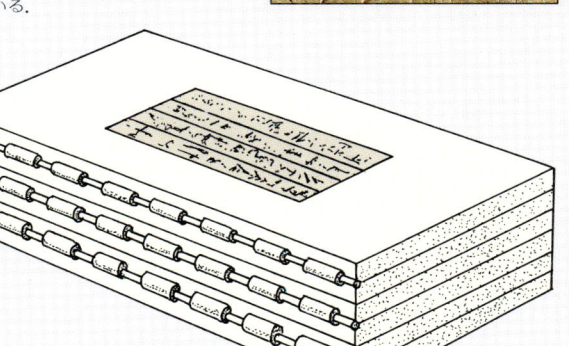

上　バビロニア遠征によってもたらされた戦利品を記録するアッシリアの書記たち．ニネヴェの南西宮殿（前630－20頃）出土の浮彫りの一場面．1人の書記は蝶つがいのようなものを当てた粘土板に楔形文字でアッカド語を記録し，もう1人はパピルスか皮製の巻物にアラム語を書いている．前7世紀頃には，アラム語とアラム文字はアッシリア帝国内で広く用いられていた．しかしパピルスや羊皮は，粘土板と違って腐りやすいために，今日文書はほとんど残っていない．

左　テキストの内容が改ざんされることのないよう，粘土板は粘土製の封筒のなかに入れられ，さらに封筒の表面には内部の粘土板と同じ内容の文章が刻みつけられた．左の例は前18世紀のアララク出土のものである．

古代近東でもっとも広範囲にわたり使われていた文字である楔形文字は，粘土板に刻印されたり，金属に刻文されたり，石に刻まれたり（左上）した．前1千年紀になると，アルファベット文字が普及するようになった．この文字は筆にインクを含ませパピルスまたは羊皮紙，あるいは時に応じて土器（右上）に書かれた．なお，さらに上の図版はヒッタイト人あるいはアナトリアやレヴァント地方に住んだヒッタイトの後裔たちが王の記念碑文を記す際に用いた象形文字である．

メソポタミアの発見

　新アッシリア帝国，新バビロニア帝国，古代ペルシア帝国についての記述は聖書やギリシア人の文筆家の記録のなかにでてくるが，メソポタミアの歴史の早い時期に関しては何も残されていなかった．紀元後17世紀になって，ヨーロッパ人の旅行者がペルシア王ダレイオス1世（前521－486）によって造営された王城ペルセポリスの遺構について記述したり，そこでみつけた楔形文字の碑文を手写したりするようになった．1802年にドイツ人の学者ゲオルグ・グローテフント（1775－1853）が古代ペルシア文字の一部の解読に成功した．1835年から1837年にかけて，ヘンリー・ローリンソン（1810－95）はビストゥンにあるダレイオス1世の磨崖碑文のペルシア語版を写しとり，とうとう全文を解読した．10年後，ローリンソンはクルド人の少年に助けられて同じ碑文のバビロニア語版を写しとり，1850年に楔形文字の解読の結果を刊行した．

　その間，メソポタミア各地の遺跡は考古学者たちにその秘密を語り始めた．英国の東インド会社のバグダット駐在員であったクラウディス・ジェイムズ・リッチ（1787－1820）は，初めてバビロンの遺跡の詳細な調査を行い，その結果を1815年に出版した．1840年代になると，アッシリアの帝王たちの主要な宮殿が相ついで発見され，続く時期には近東のあらゆる地域の遺跡が，博物館に展示したり研究材料としたりするための遺物を求めて発掘された．19世紀の古美術品争奪争いは，1895年から1917年にかけてロベルト・コルデヴァイ（1855－1925）によってバビロンの発掘が注意深く行われるようになると終息した．

右　英国軍少将サー・ヘンリー・クレスウィック・ローリンソンの横顔（蠟製）．彼はビストゥンのダレイオスの3カ国語併記王碑文を手写することに成功し，それによって古代ペルシア語とバビロニア語の楔形文字の解読をなしとげた．

右端　モースル在住のキリスト教徒であったホルムズド・ラッサム（1826－1910）は，ニムルドおよびニネヴェ（右頁参照）においてレイヤードの主任助手を務め，レイヤードがイギリスに戻った後も発掘を続行した．1877年には，ラッサムはペルシア湾からアナトリア高原に至る全地域の遺跡についての発掘権を授与された．彼の数多くの発見のなかには，ニネヴェのアッシュールバニパルの北宮殿やバラワトの門などがあげられる．

右　サー・レオナード・ウーリー（1880－1960）は19世紀の考古発掘家特有の長所を備えもった人物である．彼は発見した遺物について綿密な記録を残すと同時に，メソポタミアを人々に知らしめ大衆化することにも努めた．1922年から1934年にかけて行われたウルの発掘は，ウバイド期からペルシア時代に至るまでの町の歴史を明らかにし，内容はくわしく紹介され発掘報告の模範となった．ウルの王家の墓地の発掘は，彼の発掘技術のすばらしさを証明した．焼き石膏をパラフィンに混ぜて使用することによって，彼は途方もなく貴重な多くの遺物を取り上げることに成功したのである．

下と左　王妃プアビの墓から発見された2台の竪琴．木でつくられた部分はすべて朽ち果て，象眼されたモザイクは土中に散乱していた．ウーリーは細部をひろい上げ，遺物は研究室でもとの形に復元された．

下　サー・オースティン・ヘンリー・レイヤード（1817-94）が残した旅行と諸発見の刺激的な記録は、ヴィクトリア朝時代のイギリスを風靡し、現在もなお多くの人々の心を引きつけている。近東世界を5年間にわたり旅をした後、28歳のレイヤードは1845年11月テル・ニムルド（旧カルフ）の遺跡の発掘に着手し、そこでアッシュールナツィルパル2世の宮殿を発見した。1846年、レイヤードはニネヴェに関心の的を移し、そこにセンナケリブの宮殿を発見した。彼はこの建物からのべ3kmに及ぶ石の浮彫りを発見したと記録している。1851年、彼はニムルドを最終的に離れた。彼はその考古発掘についてくわしい報告を残したが、その後発掘活動をやめて政治活動に転身し、トルコ大使を務めた。この図はニネヴェの町に水を供給するため掘った運河の源にあたるバヴィアンにあるセンナケリブ王の浮彫りに、後世掘りこまれた穴の様子を調査するレイヤードの姿を描写したものである。

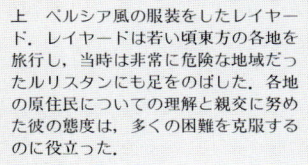

上　ペルシア風の服装をしたレイヤード。レイヤードは若い頃東方の各地を旅行し、当時は非常に危険な地域だったルリスタンにも足をのばした。各地の原住民についての理解と親交に努めた彼の態度は、多くの困難を克服するのに役立った。

上　ポール・エミール・ボッタ（1802-70）は医者であり、またアラビアやイエメン各地を歩いた探検家であった。1840年、彼はモースルのフランス領事に任命された。1842年12月、ボッタはいにしえのニネヴェの遺跡のある丘テル・クインジュクの発掘を開始したが、成果は思わしくなかった。翌年5月、彼はホルサバードに発掘の拠点を移し、アッシリアのサルゴン2世の都であるドゥル・シャルルキンの壮大な遺構を掘りおこした。

上端　1852年から53年にかけて撮影されたこの古い写真は、ボッタがフランスに帰国した後をうけたヴィクトル・プラス（1818-75）の発掘によって出土した、ドゥル・シャルルキンの市門の一つを写したものである。

153

狩猟に関する王朝芸術

　新石器革命以後，狩猟は食料供給という点ではもはや重要ではなくなった．しかし，野生動物は人を信服させる象徴でありつづけ，先史時代の宗教画においては重要な役割を担っていた．王権が発達してくると，支配者たちはこうした動物がもつ文化的な意味を自らの権力を正当化するために用いた．つまり，勝ち誇ったハンターの姿が王に神の加護や現世での成功をもたらしたのである．

　王侯が獰猛な動物を，ときに大規模に殺すことに関心をもっていたことは文書にも記されている．たとえば，中期アッシリアの王，ティグラト・ピレセル1世は，あるとき，野牛を4頭，ゾウを10頭，ライオンを920頭（自分の戦車から800頭，地上で120頭）殺したと主張している．狩猟は念入りに計画されていた．マリ文書（前1800年頃）には，王に殺させるための野生ライオンを捕獲したことが述べられているし，類似した光景はペルシアの支配下にまでつづけられた．実際，英語の「パラダイス」という語は，王の狩猟庭園をさすペルシア語からきているのである．

下　アナトリアにあるチャタル・フユク（前6500年頃）という新石器時代遺跡の祠堂の一つは，狩猟を表現した壁画で飾られていた．この色つきの絵は復元である．この絵では，長さ約2mもある野生の雄ウシが中心にすえられ，まわりにヒョウ皮の褌をつけて弓矢をもった小さな狩人たちが描かれている．

下　古代の為政者を描いた最古の例が，南イラク，ウルク出土のこの玄武岩柱である（前4千年紀後半）．これには，バンダナをしめてキルトを着こんだ人物が2度描かれている．その人物は，上方では槍でライオンを刺しており，下方では別のライオンを矢で射ている．地面にはもう2頭のライオンがいるが，すでに殺されたものだろう．この人物は，エンというこの都市の神官兼王であるとされている．高さ78cm．

上　ペルシアの王，ダレイオス1世（前521－486）の名の入った円筒印章の印影．王は戦車からライオンを狩っているが，この光景はそれ以前の王朝芸術の模倣である．高さ3.7cm．

右　ティル・バルシブにあった後期アッシリア時代の地方宮殿壁画の一部．模写．ライオン狩りを表現している．

下　アッシュールナツィルパル2世（前883－59）は，カルフにある自分の宮殿の謁見室の壁を宗教儀式，戦争，狩りなどの絵で飾っていた．この絵では，彼が戦車から弓と矢でライオンをねらっている．もう1頭のライオンがウマの足元で死に絶えているが，この種の芸術表現はめずらしくない．

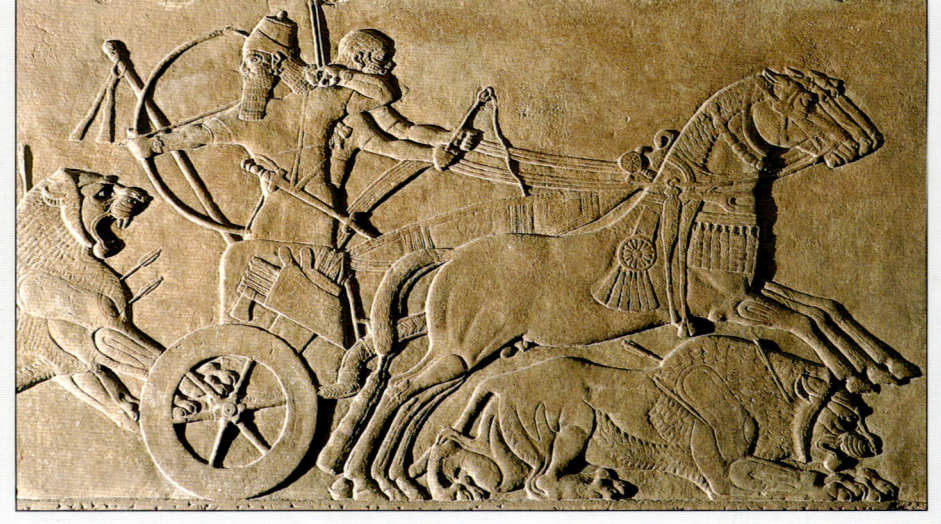

左　地中海，ウガリト遺跡出土の前14世紀の金の皿．戦車にのった男，おそらくこの都市の為政者を描いている．イヌを1匹つれて，1頭のヤギ，ウシの群れを追いかけている．直径18.5cm．

右と下　古代近東の狩猟風景でもっとも生き生きと描かれているのは，ニネヴェのアッシュールバニパル王（前668－27頃）の北宮殿の浮彫りである．王が，後ろ足で立ち上がったライオンを突き刺しているモティーフはアッシリア王の公式印章にも採用されていたし，ペルセポリスのペルシア宮殿の入口にも彫られていた．ライオンその他の動物を屠殺することは，ある程度は王の宗教的義務であったが，それが文書や浮彫りにくり返してでてくることからすると，王もスポーツとして大いに楽しんでいたとみられる．

象牙細工

　旧石器時代以来，象牙は贅沢品として好まれてきた．それは，強度も軟度も兼ね備えており，かつ美的でも実用的でもある．象牙は硬木のように彫ることもできるし，いくつもの部品をくっつけて大きなものをつくることもできる．かつては，象牙には金箔をかけたり，染料で染めたり，準貴石やガラスを象眼したりして色がつけられるのがふつうであった．前1，2千年紀にはシリアにゾウが住んでいたが，ほとんどの象牙はエジプトかインドから輸入されていた．

　前14世紀のアマルナ文書には，何度も象牙についての言及がでてくるが，前2千年紀で象牙製品がみつかった例は比較的少ない．しかしながら，新アッシリア時代になると，アッシリア王たちがえた象牙についてくわしい文書記録があるし，象牙製品も多くの遺跡で発見されるようになる．とくに，アッシリアの首都カルフ（現ニムルド）からは，数千という象牙製品が発見された．

　レヴァント地方の多くの都市はそれぞれ，専門の象牙彫刻学校をもっていて，さまざまな様式の例をニムルド出土の象牙製品のなかにみることができる．それらには，独特なアッシリア式はもちろん，フェニキア象牙と呼ばれるエジプトの芸術品と非常に類似したものもあれば，アラム王国，新ヒッタイト王国の石造記念物に彫られている力強い絵と類似したものがあり，それらはシリア象牙と呼ばれている．

下　2人の女性が背中合わせに表現されている．高い王冠，首飾り，長い巻き毛以外には身に何もまとっていない．これは，うちわか蠅払いの取っ手で，アッシリアの浮彫りによく描かれている道具である．シリア式の彫り方であり，カルフの城塞出土．高さ13.2cm．

上端　カルフの北西宮殿の井戸からこの10年の間に出土．この珍品かつ傑作は，一つの大きな象牙の塊から彫り抜かれたものである．彫れる面にはみな彫刻が施されている．上面中央は小さな鉢になっていて，ここを化粧品入れとし，わきについた二つの細長い溝を刷毛置きに使っていたとみられる．長さ24.7cm，幅12.2cm，高さ9.4cm．

上　この透かし彫りのスフィンクスには上記の化粧台と多くの共通点があり，やはり北西宮殿の同じ井戸の底から出土した．真正面からみたスフィンクスとしては，これが既知のものとしては唯一の例である．顔の表情に乏しい．爪はヒツジをつかんでおり，そのヒツジをワシが食べている．高さ9.9cm，幅14.6cm．

左　両面彫刻の透かし彫りのパネル．4個一組で椅子かベッドを飾っていたうちの一つと思われる．小さな作品から家具飾りなど，様式，技法の点でまとまった一連の作品の一つである．ハブール川流域のグザナ（テル・ハラフ）で彫られたらしい．高さ約14cm．

左下　ヌビア人を殺している雌ライオン．背景にはユリとパピルスの花が描かれている．カルフの北西宮殿から出土．典型的なフェニキア式で彫られた同じもの2個1組の飾り板の一つ．モティーフはエジプト起源で，ファラオが敵をまかしているさまを示している．ラピスラズリと紅玉髄が金の縁どりのなかに象眼されている．ヌビア人の髪とスカートは金で彩られている．高さ10.3cm，幅9.8cm．

下　丸彫りの透かし彫り．6体の人物像のうちの一つ．カルフのシャルマネセルの城塞から出土．荷物を運ぶ人々の行列を表現しており，各々が動物を1頭つれている．起源は不明だが，おそらくエジプトかフェニキアであろう．高さ14.4cm，幅7.7cm．

下中央　牙の形にあわせて様式化された女性像．北西宮殿出土．底部は円盤で蓋がされている．高さ30cm．

左　椅子の背あて．象牙製．シャルマネセルの城塞の貯蔵室から積み重なって出土．飾り板の部分にはなんらかの曲がった植物の茎を握っている男性（まれに女性）が描かれている．北シリアでつくられたものであろう．高さ67cm，幅76cm．

上　「飾り窓の女」は古代象牙職人が好んだモティーフの一つで，さまざまな様式が彫られた．この例はサー・オースティン・ヘンリー・レイアードが北西宮殿で発見した一連の類似した飾り板のうちの一点である．高さ10.8cm．

アッシリアとそのライバル（前1000—750年）

暗黒時代の終焉

前1200年から前900年にかけて，暗黒の時代が近東からエジプト，ギリシアに及ぶ地域を覆い隠した．荒廃状態にこそ至らなかったものの，辺境地で定着していた農耕民が遊牧化する現象がしばしばおこった様子である．しかし，主要な都市が放棄されることはなかった．同時代の記録はわずかしか残っていないが，後世の史料の示すところによれば，カルケミシュ，マラティヤ，アッシュール，バビロン，スーサでは，主要な都市施設は維持されていたという．だがしかし，近東の力が低下し，豊かな収穫のもたらす富に支えられた王国の豪奢な生活様式はもはや保持できなくなった．そして私たちにとっては，過去の歴史文化を知る上で主要な情報源が得られない事態に至っている．おそらく，この後退現象は気候の変化に起因するものと思われ，そのため農耕可能な土地面積が減少し，結果的に政治的不安定が生じ非定着牧畜生活者の増加を促すことになったのである．

近東の前1千年紀初頭に関する同時代のおもな史料は，アッシリアの諸王が残した数多くの碑文，とりわけ近隣諸国に対する軍事的勝利の記録である．ヒッタイト王国の滅亡，前1207年におきたトゥクルティ・ニヌルタ1世の暗殺につづくアッシリアの崩壊，前1070年のエジプト第20王朝の壊滅によって，パレスティナ地方とレヴァント地方を支配する強力な外国勢力はもはや存在しなくなった．前1100年頃のティグラト・ピレセル1世の軍事遠征に関する記録を例外として，西方の情勢に関してアッシリアは沈黙を守りつづけた．再び情報が豊かになるのはアッシュールナツィルパル2世（前883－59）の治世期である．彼の時代からこの地域は多数の小都市国家に分割されることになる．イスラエルとユダがパレスティナを支配し，東方には弱小勢力のエドム，モアブ，アモンが控え，一方さらに北方の地中海沿岸地域では，フェニキア人の都市が点在した．内陸部の諸国はアラム人の支配下に入り，アラム勢力はダマスカスからアミド（ディヤルバキル）まで広がった．新ヒッタイトの諸国は，タウルス山脈にそって点在していた．

新ヒッタイトの支配者たちは旧ヒッタイト王国の子孫であり，ヒッタイト人が記念碑上に銘文を記す際に楔形文字に代わってそれまでにも使用していたヒッタイト象形文字をもっぱら採用した．前1000年から前700年までの期間に属するヒッタイト象形文字碑文の数は，発見されているだけでも100点以上にのぼる．アラム人とフェニキア人とは，アラムアルファベット文字を使用した．キリキアのカラテペ（古くはアジタワンダ）では，フェニキア語と象形文字で書かれたヒッタイト語との2カ国語併用の長文の碑文が発見され，これがヒッタイト象形文字の解読につながった．ヒッタイト象形文字やアラム語の碑文の多くは短いもので，碑をたてた人物の名と称号のほかは，大した情報源とはならない．この時代のことがらについては，後世のアッシリアの征服活動にかかわる記録のなかから詳細が浮び上がってくるのである．

イスラエルとユダ

旧約聖書によると，前1000年頃から前930年頃にかけて，ダヴィデ，ソロモン両王のもとでイスラエルとユダの連合王国がパレスティナの支配的勢力となった．考古学的な発掘そしてエジプトや中東から出土した何千という文書をみる限りでは，それぞれの立場からこの事実を立証するというには至っていない．しかし，旧約聖書に書かれたことがらは，たぶん間違いなく歴史的事実に基づいたものであろう．近隣の諸国が没落した時代には，ダヴィデのような精力的指導者がでて，小規模ではあるがある種の帝国をつくりあげるものである．

旧約聖書に依拠すると，ヨシュアの征服活動ののち，ユダヤ人は12の部族に分かれ，それぞれが南パレスティナ地方に居住していたペリシテ人と対立したという．12の部族は，ペリシテ人の攻撃に直面して，サウルの指導のもとに結集することとなった．サウルは義理の息子ダヴィデと仲たがいをした結果，ダヴィデの方がサウルのもとを逃れ，しばらくの間放浪生活を送った後にペリシテ人と手を結んだ．そしてサウルがペリシテ人との戦いの最中に殺されたとき，ダヴィデはユダの王位に就いた．ダヴィデは王国の基盤を強化し，イェルサレムを首都と定めた．彼はさらにダマスカスのアラム人，モアブ人，エドム人に対して勝利をおさめた．

実際のところ，ダヴィデの王朝がどの程度の領土を有していたのかは明らかでない．その子ソロモンは，ユーフラテス以西の国々をすべて支配下に入れ，艦隊をしたてて紅海の彼方のシバの女王のもとに送り通商を行ったという．この話は，たぶん誇張を含んでいると思われる．しかしソロモンが，交易からえた収入をもとに繁栄した王国を治めていたと考えることは十分可能であろう．彼はハゾール，メギッド，ゲゼルの各都市の造営を遂行し，イェルサレムに市壁，自身の宮殿，エホバの神殿を建設した．上記の都市から発見されたこの時期に相当する遺構遺物は，ソロモンによる造営活動の成果と考えられている．とりわけ，ハゾール，メギッド，ゲゼルで発見された，3室構成からなる市門は有名である．しかし一方で，同様の門はアシュドドおよびラキシュからも発見されており，こちらの方はソロモンの治世期よりも下った時代に属するものである．

ソロモンの死後，その王国はイスラエル王国と，南のユダ王国に分裂した．その5年後，エジプト第22王朝初代のファラオ，ショシェンク1世（前945－24）がパレスティナに侵入した．彼はカルナックに残した碑文のなかで，このおりに征服した150カ所の地名を列挙しており，またメギッドからは彼のたてた記念碑の断片がいくつか発見された．旧約聖書のなかでシシャクと呼ばれているエジプトのファラオは彼のことで，その伝えるところによると，彼はイェルサレムを攻撃し，宮殿と神殿が所蔵する宝物を略奪したという．

前9世紀の内戦の後，オムリ（前882－71）がイスラエルの王位に就き，首都をサマリアに遷した．その子アハブは，ティルの王の娘ジェゼベルと結婚し，ダマスカスの王ハダド・エゼル（旧約聖書ではベン・ハダドと呼ばれる）の傘下にあった地方支配者たちと同盟関係を結んだ．彼らは結束して，前853年，オロンテス川ぞいのカルカルの戦いでアッシリアの軍隊を撃破した．このとき以来，イスラエル，ユダ，アッシリアの歴史は相互に深く絡みあうようになる．

イスラエルとユダ

2世紀に及ぶ聖書考古学研究の結果，パレスティナ地方は近東においてもっともよく様子の知れた地域の一つになった．聖書に出てくる町の名の多くは，かなりの確実性をもって同定されている．研究者のなかには，聖書に書かれていることがらをすべて史実と認めることに同意せず，異なった立場からの証拠を必要と考える人々もいる．ユダヤ人の王朝はサウルとダヴィデによって確立され，後者はイェルサレムをその首都と定めた．この王朝はイェルサレムに神殿をたてたソロモンの時代に最盛期をむかえた．前928年頃にソロモンが没した後，王国は北のイスラエルと南のユダの二つに分裂した．イェルサレムはユダ王国の首都として存続したが，イスラエルの都はサマリアに定まるまでの間，何度か移動をくり返した．前924年にエジプトのファラオ，ショシェンクがイスラエルとユダの両国に侵入した．ファラオは多くの都市を占領したと宣言しているが，実際のところ2国とも存続し，前8世紀と前7世紀にアッシリアが攻めこんできたときに最終的に崩壊した．

アッシリアとそのライバル

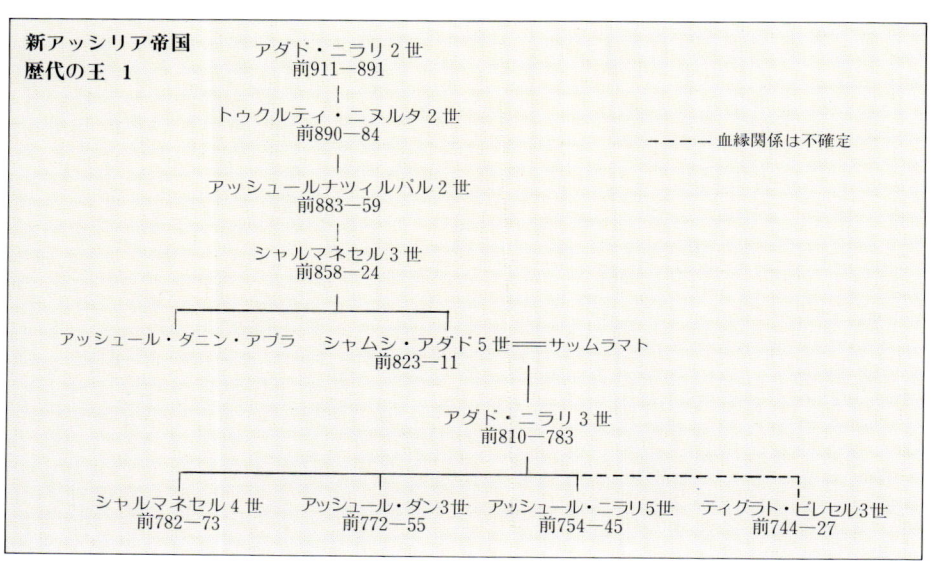

アッシリアの再登場

アッシリアは弱体化したとはいえ前2千年紀末の混乱期のさまざまな事件のなかを生き残り，王統は断絶するには至らなかった．強力な軍事王が出た後に弱小な王が続くというパターンは中期アッシリアに確立したが，新アッシリアにもくり返された．歴代のアッシリア王は，軍事遠征の様子を詳細に記録した年譜を残している．これらは，各王のくわしい称号や建築事業の一覧とともに，記念碑，磨崖，ときには礎石の銘文などの形をとって残された．これらの記録が一方的で，しばしば信憑性に欠けることに驚く必要はあるまい．アッシリアの戦勝のみが記録され，敗北は無視されるか，あるいは「勝利」と表現された．旧約聖書やバビロニアの年譜など他の史料がことがらの別の側面からの解釈を可能にし，より具体的で偏りのない視点から書かれたアッシリア王宛の書簡類が冷静な評価基準を定める際に有用である．

アラム人による突然の侵入が方々でおきていたにもかかわらず，アッシリアの中心地は多少の差はあれ無傷のまま残った．アッシリアは前10世紀の末，アダド・ニラリ2世（前911－891）が強い支配力の確立に成功したときから，再び繁栄への道を歩み始めた．彼はまず最初に南方のバビロニアを攻撃し，その後，一連の軍事遠征を通じて，カドムフ，ニシビン，ハニガルバトを征服しハブール川流域地方の支配権を握った．軍事的勝利は彼に莫大な貢ぎ物および戦利品をもたらした（金，銀，貴石類，戦車とウマ，男女の捕虜，ウシ，ヒツジ，穀物類など）．アダド・ニラリは自ら行った狩の獲物についても誇らしげに語っている．その言によれば，6頭のゾウを倒し，さらに4頭を捕獲し，中期アッシリアの王の先例にならって動物園に入れたという．その動物園には，すでにライオン，野牛，シカ，アイベックス，野生ロバ，ダチョウなどが飼われていた．彼はまた，これまでのどの王にもまして多くの土地を人々に耕作させ，穀物の束を積み上げることを可能にしたと述べている．アッシリアの中心地における農業の成功発展は軍事的成功の基盤を支え，賢明な王は軍事と同様耕作地の経営にも注意を怠らなかった．

その子トゥクルティ・ニヌルタ2世（前890－84）は，東方そして北西方面に軍事遠征を行い，父の成功をさらに強固なものとした．前885年，彼はバビロニアの領土を通過して（バビロニアの王との合意の上での行動であろう．このときアッシリアは，バビロニアの支配下にある諸都市から，貢ぎ物を受けとってはいない），次にユーフラテス川をさかのぼり，ハブール川流域に出てアッシリアに戻っている．トゥクルティ・ニヌルタはこのときの遠征の様子を詳細に書き残し，夜営のため足をとめた場所，各地の支配者から彼が受けとった貢ぎ物を逐一列挙している．

アッシュールナツィルパル2世の治世

アッシュールナツィルパル2世（前883－59）は，その父トゥクルティ・ニヌルタ2世およびその祖父のたどった足跡を継承した．治世の初期，彼は北方，東方および南方方面に対する遠征を行ったが，それにもまして，西方シリアそしてレヴァント地方に対する遠征に力を入れた．この方面の地方権力者の支配下にあった小都市国家は，アッシリアにとって敵ではなかった．前877年，アッシュールナツィルパルはレバノンの山地に至り，さらに地中海にまで到達した．王は地中海をアムルの地の大海と呼び，次のように記述している．

> 私はわが武器を大海で洗い，神々に犠牲をささげた．私は海岸ぞいに住む多くの王から貢物を受けた：ティルの人々，シドンの人々，ビブロスの人々，マハラッタの人人，マイザの人々，カイザの人々，アムルの人々，そし

帝　国

凡例
- ◆ フェニキア人の都市
- 都市支配者の系譜
  - ○ 新ヒッタイト系のもの
  - ○ アラム系のもの
  - ○ 双方
- ハマ　中心地（位置の判明しているもの）
- ヒッタイト象形文字の碑文のある
  - ● 磨崖碑
  - ● 石碑
  - ● 持ち運び可能な遺物（印章，碗，帯状の鉛板，貝）
- 前1000年頃のアッシリア中心部

縮尺　1:7 000 000
0　　　150km
0　　　100mi

て海の彼方のアルヴァドの人々，それぞれの国から：金，銀，錫，青銅，青銅の大釜，さまざまな色で縁どりした麻の衣服，大小の雌ザル，黒檀，ツゲの木，象牙，そして海の生き物たちを．

実をいえば，ここに書かれているのは正確な意味での征服の範囲ではなく，拡大しつつあったアッシリアの勢力圏を，象徴的に示したものである．これにつづく世紀におけるアッシリアの近隣諸国の征服活動は，一つのパターンを踏襲することになる．まず最初に，アッシリアが独立国の支配者から贈り物を受け，各支配者はアッシリアの封臣として属国のとりきめを結ぶ．後になって応分の貢ぎ物が納められない事態がおこり，これが反乱とみなされアッシリア軍の介入の口実になり，まず例外なく撃破される．アッシリアによる征服が終結した後，土着の王族がアッシリアの封臣に指名されるか，あるいはアッシリア王に任命され地方を治めていた地方総督のもとに小国が併合されることとなる．

アッシュールナツィルパルがアナを都とするユーフラテス流域の地スフの征服を企てたおりには，彼自身勝利宣言をしてはいるものの，事実は敗北を喫したものとみられる．スフは前8世紀半ばまで独立を保持したが，歴代の支配者はなお慎重を期して，アッシリア王に贈り物をつづけた．

アッシリアの新都カルフ

アッシュールナツィルパル2世は，治世の早い時期にその都をアッシュールから，ティグリス川と大ザブ川の合流点近くにあるカルフ（現代名テル・ニムルド）に遷す決意をした．前878年までに市壁，運河，宮殿の工事は始まっていたが，宮殿の落成を祝う大々的な式典が実現するまでには，なお15年の歳月を要したのであった．

アッシュールナツィルパル2世は，カルフを地方行政の小規模な一拠点から，帝国の首都につくりかえた（この町はサルゴン2世がニネヴェの北方にまったく新しい都を自身で建設することを決意するまでの間，約150年間にわたって都でありつづけた）．市壁は全長8kmにも及び，40cm四方のレンガ7000万個を積み上げてつくられた．市壁の取り囲んだ面積は360ha，南西の角を占める旧市街の跡を，アッシュールナツィルパルは盛土をしてアクロポリスに仕立て，神殿や宮殿を建設した．

アッシュールナツィルパルのもっとも重要な建物である北西宮殿は，標準的なアッシリアの宮殿建築プランに基づいている．公共的な用務にあてるための外庭区域と，中庭の周囲に諸室を配した内側の区域との間を隔てるのは，大きな玉座室である．広い外庭への入口は，現在はすっかり川の流れに浸食されて痕跡が削りとられてしまっているが，東側に設けられていたと思われる．南側の壁に石彫の装飾が施され，三つの入口が開いていて，各々の入口の左右には石製の巨大な人面獅子像が立ち，玉座室へと導く様をみせていた．玉座室左側の壁にはくぼみがつくられ，そこに高さ1.3mの方形の砂岩の石碑がおかれていた．これには王の肖像が彫られ，また宮殿の完成，カルフの再建，この事業を記念するためアッシュールナツィルパルが催した大宴会の様子を記録した長文の銘が刻まれていた．

アラムと新ヒッタイト王国

ヒッタイト帝国の崩壊後3世紀間にわたって，レヴァント地方の各都市は独立した都市国家を形成した．そのうちのあるものはヒッタイト人の後裔が支配者となり，また他のものはこの地に侵入してきたアラム系部族が支配者となった．またいくつかの有力都市の王家の人々のなかには，ヒッタイト系の人名とアラム系の人名の双方がみられる．新ヒッタイトの王たちはヒッタイト象形文字による碑文を残した．この文字はヒッタイト帝国時代にも大型の碑文や印章のなかに用いられはしたが，そのおりにはヒッタイト語よりはむしろルヴィ語を表記していることが多い．ティグラト・ピレセル3世（前744-27）の治世期にアッシリアはユーフラテス川を越えてはるか西方まで軍事遠征を行ってはいるものの，領土的野心はあからさまには表現していない．

右　カルフのアッシュールナツィルパルの宮殿の玉座室が面する中庭壁面を飾る浮彫りの部分．貢納者が野猿を引いてやってくる場面．浮彫り全体は廷臣をひきつれた王が帝国各地からの朝貢を受け取る場面（アッシリア王の権威の表明）を表している．アッシュールナツィルパル 2 世がフェニキアに侵入した際に地中海沿岸各地からもたらされた貢ぎ物のなかには，大小 2 匹の雌の野猿が含まれていた（ただしこの図の野猿あるいはサルは明らかに雄を表している）．

　銘文はアッシュールナツィルパルの称号の列挙に始まり，その系図，そして征服活動と造営活動の記述がつづいている．彼はレンガを 120 列にわたって積み上げたテラスを築き，その上に八つの翼を備えた宮殿を建設した．各々の翼は異なった種類の木材を用いた装飾が施された．扉には帯状の青銅板と青銅の閂を備え，建物の壁は壁画および青色の釉薬をかけたレンガでもって飾られた．アッシュールナツィルパルは自身の新しい都カルフに数々の神殿を建立し，また碑文によると，アッシリア国内の放棄されたままになっていた都市や宮殿を再興した．新都に水を供給するために運河が掘られ，アッシュールナツィルパルの軍事遠征の結果もたらされた樹木や植物がカルフに集められた．北方，東方，西方の各地から集められた捕虜が，カルフに住みついた．

　王はまた狩猟者としての自身の強さを記し，450 頭のライオンと 390 頭の野牛を馬車の上から倒し，ゾウ，ライオン，野牛，ダチョウにわなをかけて捕獲したと宣言している．最後に文書は，祝宴は 10 日間にわたってつづき，カルフの市民 1 万 6000 人を含む男女の招待客 6 万 9574 人が，「国内のあらゆる地域から呼び集められ」，カルフの落成を祝ったと述べている．そしてこの機会に，1 万 4000 頭のヒツジと皮袋 1 万袋分のワインが消費されたという．

アッシュールナツィルパル時代の彫刻

　宮殿の中庭区域と，47m×10m の面積を占める広大な玉座室の壁面は，浮彫りを施した石製パネルで飾られていた．このような建築装飾の形式は，ハットゥシャの城門にみられることから，おそらくは西方ヒッタイトに起源をもつものであったのだろう．この伝統は新ヒッタイトの各国に継承された．カルケミシュ，グザナ，アイン・ダラの建物には，浮彫りのある石製パネル装飾がみられる．アッシュールナツィルパルは，西方に由来するこの技法をとり入れ，素材には国産の柔らかい石膏石を用いて，部屋という部屋の壁を浮彫り像で飾った．図柄の題材は，宗教的主題に基づくものか，あるいは伝統的なメソポタミアの王の役割——高級神官，戦士，狩人——を図示したものであった．

　アッシリア彫刻においては，丸彫像は稀な存在である．彫刻作品の大半は，基本的には石の上に描かれた絵——すなわち浅浮彫りの形に転化された二次元空間の描画であった．壁にはめこまれていない像でも，丸彫り彫像というよりは，むしろ四つの側面からなる像という傾向をもっている．浮彫りは当初は黒，白，赤，青などで着色され，パネルの上方を飾った色とりどりの壁画と調和を保っていた．彩釉レンガ装飾が，建物にいっそう華やかな色彩を加えていた．今日私たちが目にするくすんだ色のアッシリア彫刻群は，当時人々の目に映ったそれとはまったく異なった印象を与えているのである．

　アッシュールナツィルパルの宮殿においてもっとも重要な入口は，玉座室に通ずる 3 本の通路のうちの中央通路であった．巨大なライオン像の間を通過すると，訪問者はまず最初に，様式化した樹の左右それぞれに一対の守護神に護られながら王の姿を表した浮彫りに目をとめたことであろう．向かって左手に玉座がおかれ，その背後の壁にも同様の場面がく

カルフ

1845年11月，サー・オースティン・ヘンリー・レイヤードはテル・ニムルドの遺跡の発掘を開始した．レイヤードはニネヴェの遺構を発見したと考えたのだが，バビロニア語の文書が発見され解読されると，この町がカルフの町（聖書ではカラフの名で知られている）であることが判明した．カルフは中期アッシリア時代には一地方都市でしかなかったが，アッシリア王アッシュールナツィルパル2世（前883−59）によって，その首都に選ばれることとなり，その後150年以上にわたって，アッシリアの都の地位を保ちつづけたのである．

アッシュールナツィルパルは，この地域の灌漑を可能にしカルフの住民に飲料水を供給するために大ザブ川から運河を引き，また全長8kmにわたる厚い市壁を建造した．町の南西の一画には内城が築かれ，この町でもっとも古い区画には神殿や王宮が営まれた．北西部には，ジッグラト，ニヌルタ神殿，イシュタル神殿，キドムル神殿が建てられた．ジッグラトの南側には，壮麗な北西宮殿があった．宮殿の出入口には石製のライオンや雄ウシが並び立ち，宮殿の壁面は王が軍事遠征や狩猟で勝利する場面，神性をもった存在を表現する図柄を刻んだ石板などで飾られていた．さらに南には，シャルマネセル3世（前858−24），ティグラト・ピレセル3世（前744−27），エサルハドン（前680−69）によって建てられた宮殿が並んでいた．内城の南東部には，ナブ神殿と，さまざまな廷臣たちが使用した小規模な宮殿がいくつかあった．シャルマネセルによって建てられた大きな武具庫が南東におかれていた．イギリスの発掘隊がシャルマネセルの城塞と呼んだこの建造物はアッシリア軍によって集められた戦利品を保管する場所であったが，とくに注目されるのは，アッシリア帝国の西方の領土から集められた象牙彫りの諸作品である．カルフは前612年にアッシリア帝国が侵入を受けたときに破壊されたが，その後内城域には小村落ができて前2世紀の中葉まで存続した．

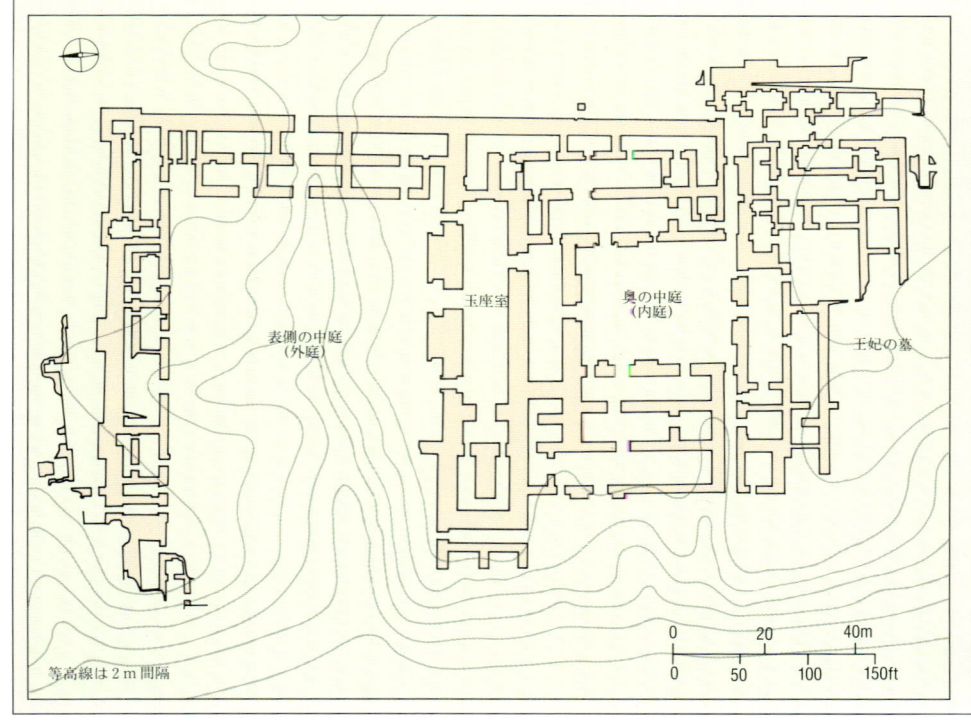

右　ニヌルタ神殿出土の有翼鷲頭精霊像は，浄めの儀式に用いるためと思われる球果状の道具と手篭をもっている．

下　アッシュールナツィルパルがカルフの城域内に建てたもっとも重要な，そしてもっとも保存状態のよい建物は，北西宮殿である．おそらく北東側につけられていた入口を通ると表側の大きな中庭（外庭）に入る．中庭の周囲には行政関係の部屋が並んでいた．浮彫り石板で一面に飾られた玉座室は，この中庭の南側に位置し，その奥にさらにいくつかの部屋があった．これらの部屋は主として宗教的性格をもった浮彫りで飾られていたが，たぶん公的な用途にあてられていたのだろう．宮殿の南側の区画には，台所や日用の用務にあてた部屋が集まっていたらしい．アッシリアの妃たちが埋葬されたのはこの一画であった．そのうち2基の墓が最近手つかずの状態で発見され，装身具その他のきらびやかな贅沢品がまとまって出土した．

アッシリアとそのライバル

左　北西宮殿の玉座室には基本的な図柄が2度くり返し使われ，一つは外庭から入る中央入口の正面に，もう一つは玉座の背後にあたる東壁に表された．アッシュールナツィルパル2世は，聖樹の両側に2度描出されている．樹の上にみえる有翼円盤から姿をみせている神は，シャマシュまたはアッシュールであろう．高さ1.78m．

右　ニヌルタ神殿出土の大理石製アッシュールナツィルパル像．アッシリアの浮彫りは多数発見されたが，丸彫り像の発見は稀である．彼が肩にかけているマントは，彼が神官の役割を演じていることを示している．高さ1.06m．

下　北西宮殿内部の壁面装飾部分．精霊や従臣を従えた王の姿は，東方の絶対君主のハーレムにありがちな贅沢で頽廃した雰囲気からはほど遠い．この浮彫りでは，顔とひげに施した黒い着色がよく残っている．

下端　アッシュールナツィルパル2世は玉座に腰かけ，手に杯をもっている．彼の両側には側近の宦官が立っている．

右　北西宮殿の奥の中庭（内庭）の南側に立っていた大型の有翼人面雄ウシ像．正面観と側面観とを意識したため，斜め前方からは5本の足がみえている．高さ3.28m．

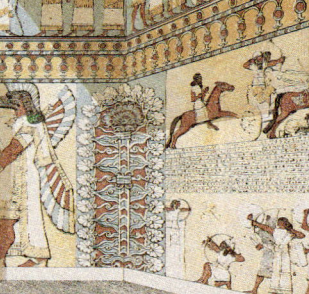

下　A・H・レイヤードが描いた北西宮殿の玉座室．細部には誤りもあるが，雰囲気はよく伝わっている．

163

帝　国

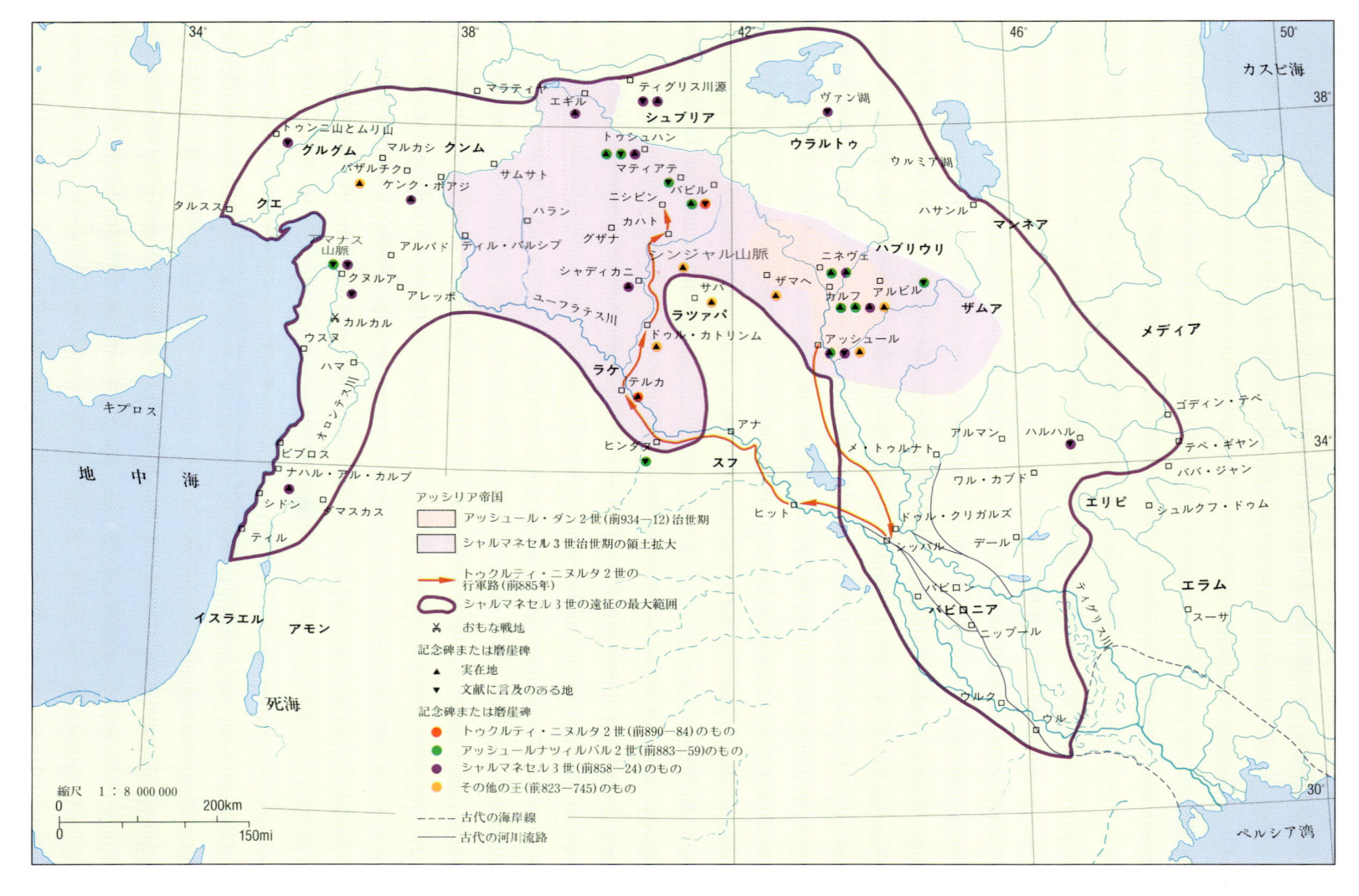

凡例:
アッシリア帝国
- アッシュール・ダン2世(前934－12)治世期
- シャルマネセル3世治世期の領土拡大

→ トゥクルティ・ニヌルタ2世の行軍路(前885年)

シャルマネセル3世の遠征の最大範囲

✕ おもな戦地

記念碑または磨崖碑
▲ 実在地
▼ 文献に言及のある地

記念碑または磨崖碑
● トゥクルティ・ニヌルタ2世(前890－84)のもの
● アッシュールナツィルパル2世(前883－59)のもの
● シャルマネセル3世(前858－24)のもの
● その他の王(前823－745)のもの

縮尺 1:8 000 000

--- 古代の海岸線
── 古代の河川流路

リ返されていたが、ここでは王は神性を表す角飾リをつけた帽子をかぶった一組の有翼像にはさまれて立っていた．部屋の長辺の壁の浮彫リでは、二段に分けてさまざまな場面が描かれていた．上段は戦闘または狩猟における王の姿を写していた．下段の戦闘場面に相応する箇所では、王が戦利品を受けとる場面がみられた．狩猟場面の下に相応する箇所では、王が死んだ動物の死骸の上に灌奠(かんてん)を行う場面が表現された．浮彫リの各場面は、碑文類に述べられている王の役割を強調して表現していた．神の代理人として、強い戦士として、そして偉大な狩人としての王を．

玉座室外壁を飾っていた浮彫リは、王に拝謁するために歩を進めてきた人の目にとまった．浮彫リは弓と矢とを手にして、外国人の行列を引見する勝ち誇った王の姿を表している．行列の外国人はこぶしを軽くあげて挨拶のしぐさを示し、装身具、金属製容器、織物などを含む貢ぎ物を携えている．1人の人物は一対の雌ザルを引いてきているが、これはたぶんアッシュールナツィルパルがフェニキアから受けた貢ぎ物について述べている碑文のなかに出てくる雌ザルと同じものであろう．朝貢者たちは王の面前に、その服装から明らかにそれとわかる2人のアッシリア人官吏によって導かれ進む．官吏の服装の特徴は、長衣を中に着て、その上に右肩と腰とをおおうようにショールを巻きつけていることである．官吏の長はあごひげをつけていて、アッシリアの宮廷では「シャ・ジクニ」あるいは「ひげの男」と呼ばれる部類に属する者である．2番目の人物にはひげがなく、これは「シャ・レーシ」あるいは「頭の者」と呼ばれる人々に属する．「シャ・レーシ」は子供をもたない男で、この語がアラム語やヘブライ語で宦官を意味する言葉を語源とするところから、おそらくアッシリアにおいても同じ意味をもっていたものと思われる．

宮殿の奥まった部分にみられる浮彫リの大半は、王、廷臣、有翼の神々、様式化された樹の組み合わせからなっている．このことから、これら一群の部屋は王の慰安の場である後宮のようなプライベートな区域ではなく、王が公務を行うため使用した部屋と考えられている．

アッシュールナツィルパルおよび他のアッシリア王たちはアッシュールの宮殿に埋葬されたが、これらの墓はどれもすっかり荒らされている．ところが最近になってカルフの北西宮殿の南の部分から、三つの墓が無傷で発見された．このうち一つは男の墓、他の二つは王妃の墓とみられる．どちらの墓からも贅沢品や装身具類が大量に出土したが、なかでも57kgに及ぶ金の量は驚嘆に価する．しかしこれはまったく考えられないことではない．当時の文書や浮彫リがアッシリアにもちこまれた莫大な量の貴金属、貴石装身具類のことを記録にとどめているからである．浮彫リはまた、前9世紀から前7世紀にかけて、アッシリアおよび周辺地域において実際に使用されていた衣服、装身具、道具、武器の様式変化をたどるうえで、貴重な資料を提供するものとなっている．

シャルマネセルの西方遠征

アッシリアの北方から東方にかけては、険しく人影まばらな山なみが連なり、アッシリア軍がイラン高原の奥地やアナトリア東部の征服をめざす際の障害となっていた．アッシリア軍は、外敵を懲らしめその拠点を略奪するために、限られたいくつかのルートをたどり、山々を越えて困難な行軍を行

アッシリアの再興

アッシリア王国はアラム人のたびたびの侵入に苦しみ、前10世紀には400年前の領土とほとんど変わらないまでに縮小した．アダド・ニラリ2世(前911－891)とその後継者たちの時代になってアッシリアは再び拡張し、西方に大きく広がり、シャルマネセル3世の治世にはユーフラテス川に到達した．シャルマネセル3世の治世末期の内紛はアッシリアの弱体化を招いたが、それでも前の時代の支配者たちが獲得した領土の大半を名目上は支配下においていた．アッシリア諸王の年譜は、当時の地理を理解するために貴重な資料を提供してくれる．ときによって彼らは行軍の経路を詳細に記録している．たとえば前885年に遠征を行ったトゥクルティ・ニヌルタ2世の年譜には、彼が野営のため滞在した地名が逐一記録されている．アッシリア王の命により立てられた記念碑や磨崖彫刻もアッシリアの軍事力の範囲を表したり、しばしば軍の到達したもっとも遠い地点を示したりする．

アッシリアとそのライバル

ったが，しかしいったん山岳地の住民が「非をさとり」，アッシリアの指名した統治者が着任すると，軍は帰途についた．アッシリアのおもなねらいは，西方から南方へと広がる肥沃な平地の支配の安全を確保することだったのである．

毎年軍事遠征をくり返すアッシュールナツィルパルの政策は，彼の王碑文をきわめて特色あるものにしているが，その子シャルマネセル3世（前858-24）の代になっても継承された．通例のように王は碑文のなかで勝利を宣言しているが，同一の地方に対してくり返し遠征が行われたということは，異なった意味に解釈できる．シャルマネセルの治世期における主要なできごとは，軍事的成功，とりわけ西方におけるそれ，という表現で要約できる．治世の最初の4年間に行われた遠征は，アラム人の国ビト・アディニの支配者アフニに対して行われた．シャルマネセルの3年目，アフニはユーフラテス川の東岸に位置する自らの首都ティル・バルシブを放棄し，アッシリアはすばやくこの町を占領してカル・シャルマネセルと名を変えた．翌年アフニは神々（の像），戦車，ウマ，息子たちおよび娘たちそして兵士たちとともに捕えられ，アッシュールの町に引かれていった．

けれどもこの勝利は，シャルマネセルに短い小休止をもたらしたにすぎず，前853年には彼は再び軍を率いて，ダマスカスの王ハダド・エゼルの指揮する諸王の連合軍に立ち向かうため出発した．この連合には，ハマトの王イルフレニ，イスラエルの王アハブ，キリキア，エジプト，アラブそれぞれの王，そしてレヴァント地方の諸都市の王が加わっていた．両軍はオロンテス川ぞいのカルカルで出合った．シャルマネセルは圧勝したと豪語し，その言では6万人以上の敵兵のうち1万4000人（後の計算によると2万500人ともいう）を殺したと宣言している．しかし，その後6年経過した時点でハダド・エゼルはなおシャルマネセルに敵対する諸王国連合を指揮しており，シャルマネセルは前838年に至ってもなお，ダマスカスの支配者たちと戦いつづけているのである．しかしながらこの頃までには，この地方の国々の大半は，アッシリア軍の攻撃を受ける危険をおかすよりは，アッシリアに朝貢する道を選ぶようになっていた．シャルマネセルは，20年の在位を経て，クエ（古典期のキリキア）およびこれに近いタウルス山中の諸国に興味を移し，遠征活動の次の段階とし

上　貴石を象眼した金の腕輪．最近カルフで発見された王妃の墓に副葬されていた大量の貴金属品の一点．アッシリアの浮彫りに出てくる廷臣や精霊は，同様の腕輪をつけた姿で描写されている．

右　カルフのシャルマネセルの城塞の玉座室の玉座台正面．中央右側のシャルマネセル3世と，中央左側のバビロン王マルドゥク・ザキール・シュミは握手をしているようにみえるが，この動作の正しい解釈は握手とは異なったものであろう．他国の支配者がアッシリアの王と対等に表現されるのは異例のことで，このことは当時のアッシリアとバビロニアの関係が特別であったことを示唆している．高さおよそ21cm．

バラワトの門

　1876年，ロンドンとパリで青銅浮彫りの断片がいくつか売りにだされた．これらはシャルマネセル3世（前858-24）の命によってつくられた，巨大な門扉の一部であった．翌年，長年A・H・レイヤードの助手を務めた後，大英博物館の近東考古発掘調査の責任者となったホルムズド・ラッサムは，上述の断片がカルフの北東16kmに位置するバラワト（イムグル・エンリル）の遺跡から出土したものであることを知った．ラッサムの発掘作業はイスラム期の墓地の出現によって難航したが，それでも彼はシャルマネセルの門扉の青銅浮彫りの残りと，シャルマネセルの父アッシュールナツィルパル2世（前883-59）によって建てられた門にとりつけられていた青銅浮彫板を発見することができた．彼はまた，アッシュールナツィルパル2世の定礎時の石製タブレットが出土した神殿址を発掘した．

　その後，ラッサムが発見した遺物の評価について疑念が提示されたが，1956年バラワトにおいて，門の一部をなす一組の青銅板（これもまたアッシュールナツィルパル2世の治世期のもの）がみたび発見されたことによって，彼の主張の正しさが証明されることとなった．

右　バラワト門の青銅装飾板細部．アッシリアの城壁破壊機が，北シリアの一都市を攻撃している．包囲攻撃はアッシリアの軍事戦略のなかで重要な地位を占めていた．城壁破壊機のデザインの変遷は，各時代のアッシリアの浮彫りのなかにたどることができる．

左下　2枚の門扉には合計8列の青銅板がくぎで留めてあった．青銅板を飾る浮彫りは裏側から槌で叩きだした後，表側から細部表現を加えつくられた．もっとも保存状態がよいのはシャルマネセル3世の門扉である．青銅板の幅は約27cmで上下2段に分かれ，シャルマネセルの軍事遠征中のできごとを描出している．門扉は蝶つがいで開閉するのではなく，床下に沈んだ石の軸受けの上に立てられた頑丈な支柱にとりつけられていた．青銅板の位置は，先端にむかって細くなっていく支柱の曲がり具合によって復元することができよう．門はおそらく高さ6m程度，幅2.3m程度と推測される．

下　バビロニア（ナツメヤシの木でそれとわかる）遠征中の戦車隊．ふつう1台の戦車は3人一組の班で動かした．御者，射手，楯持ちの3人である．前9世紀の戦車の車輪は6本のスポークで支えられていたが，前8世紀と前7世紀になると戦車は大型化して車輪のスポークの数は8本となった．

右　ティグリス川上流地方の領主たちが，ひげのない官吏（たぶん宦官）に連れられてシャルマネセルの面前に進み出ている．彼らは王の前に平伏している．王は弓をもち，従者と彼のための武器をもち運ぶ臣下を従え，戦士としてふるまっている．

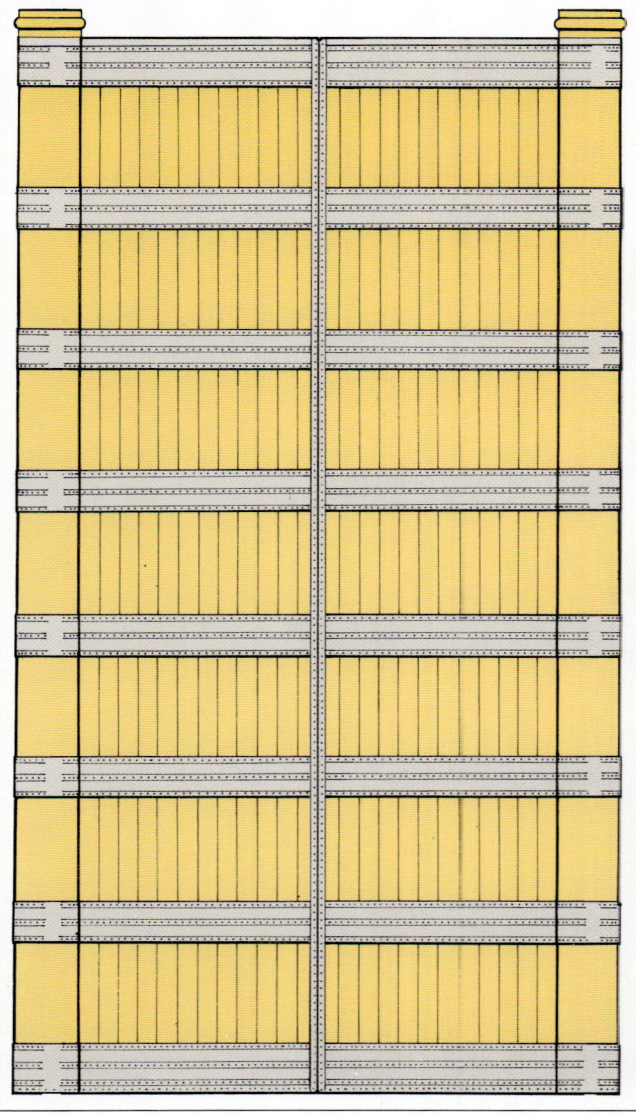

アッシリアとそのライバル

て彼らに標的がしぼられた．

　これらの軍事遠征をあえて推し進めたシャルマネセルの意図は，明らかでない．たしかに，彼はユーフラテス川を越えてアッシリアの支配権を強制しようとはあえてしなかったし，事実グザナのように，ユーフラテス川東岸の諸都市は独立を保持していた．これら小国にとって朝貢は大切な責務であり，通商路の管理とそこからえる収入の管理はこれらの国の役割であった．シャルマネセルはしばしば，どのようにしてアマナス山脈から木材を切りださせたかを物語っている．彼はまたタウルス山中の，「銀の山」トゥンニ山と，「大理石の山」ムリ山に進めた遠征について言及している．内地で働くためあるいは宮殿建設のための労働力の徴集もまた，動機の一つだったかもしれない．アッシリアの年譜によると，前881年から前815年にかけて19万3000人の人々がアッシリアに連行された．そのうち13万9000人はアラム人であった．

アッシリアとバビロンの関係

　アッシリア王は，アダド・ニラリ2世（前911-891）がバビロン王ナブ・シュム・ウキン1世と戦い——アダド・ニラリ自身はこの戦いに勝ったと宣言している——その後たがいの娘を政略結婚でとりかわして以来，バビロンと同盟関係を結んできた．アッシリアとバビロニアは両国の国境線の位置に合意していたが，後のシャルマネセルの時代になって，王はナブ・シュム・ウキンの子ナブ・アプラ・イッディナと協定を結んだ．ナブ・アプラ・イッディナの子マルドゥク・ザキール・シュミが前851年に王位に就くと，その弟マルドゥク・ベール・ウサテが反乱をおこした．このことはマルドゥク・ザキール・シュミにシャルマネセルに対し急遽援助を求めさせる結果となった．シャルマネセルはディヤラ川ぞいのメ・トゥルナトを攻略したが，バビロンの謀反人を捕えることには失敗した．マルドゥク・ベール・ウサテは東方山岳地のアルマン（現サレ・ポレ・ゾハブ）に逃走し，シャルマネセルとマルドゥク・ザキール・シュミは共同でこの町を攻め，謀反人を殺した．

　その後，シャルマネセルは，バビロニアの主要な信仰の中心地を歴訪した——クタのネルガル神殿，バビロンのマルドゥク神殿，ボルシッパのナブ神殿である．彼は各地で犠牲を捧げ，奉納物をおさめた．また彼は，バビロンとボルシッパで，市民を招いて宴を催した．これらのことがらを記録した文書のなかで，シャルマネセルはバビロン王のことについてはなにも言及していない．そのためシャルマネセルがバビロニアの支配者のさらに上位にたつ者としてふるまったのか，またはすべてのことがらが，マルドゥク・ザキール・シュミとの合意のもとに進行したのか，明確ではない．そのしばらく後につくられたカルフの玉座基壇に施された浮彫りで，おもしろいことにシャルマネセル3世とマルドゥク・ザキール・シュミとは握手または互いの手を軽く打ち合うという，対等の立場にある姿で表現されている．アッシリア王が他の誰よりも高位に表現されることをつねとするアッシリア芸術のなかでは，きわめて稀なことである．

　南東方面ではシャルマネセルはカルディア系の有力部族3集団と対戦した．彼はそのうちの一つビト・ダックリを征服し，他の2部族の町，ビト・アムカニとビト・ヤキンとからは朝貢を受けるようになった．メソポタミア南部を早くも前11世紀頃から占拠していたアラム人と同様，カルディア人は西セム系の民族である．彼らの存在は前9世紀の文書に初めて記されており，これはシャルマネセルの遠征の約30年前にあたる．カルディア人とアラム人の関係が正確にはいかなる様態であったのかは，わかっていない．カルディア人は，ア

下　アッシリア北西部の山岳地帯で行われた犠牲奉納．アッシリアの王は，アッシュール神の地上における代理人とみなされていた．重要な決断は，軍隊に随行し犠牲に捧げられた動物の内臓から将来の運勢にかかわるサインを読み取る術を習得した，占師の立合いのもとに行われた．

上　即位の翌年（前858年），シャルマネセルは西方に軍事遠征を行い，ティルとシドンの人々から朝貢を受けた．ティルの町は海上の島にあったため，貢ぎ物はボートに乗せて本土に運ばれてきた．フェニキアの海軍力は，アッシリアの帝王や，後のペルシア帝王に利用された．

左　戦車隊はシャルマネセル時代のアッシリア軍の選り抜きの戦力であった．戦車はまた狩猟や各種儀式の行進にも使用された．前8世紀末には騎兵がより重要な役を担うようになり，とりわけ山岳地での戦闘に活躍した．

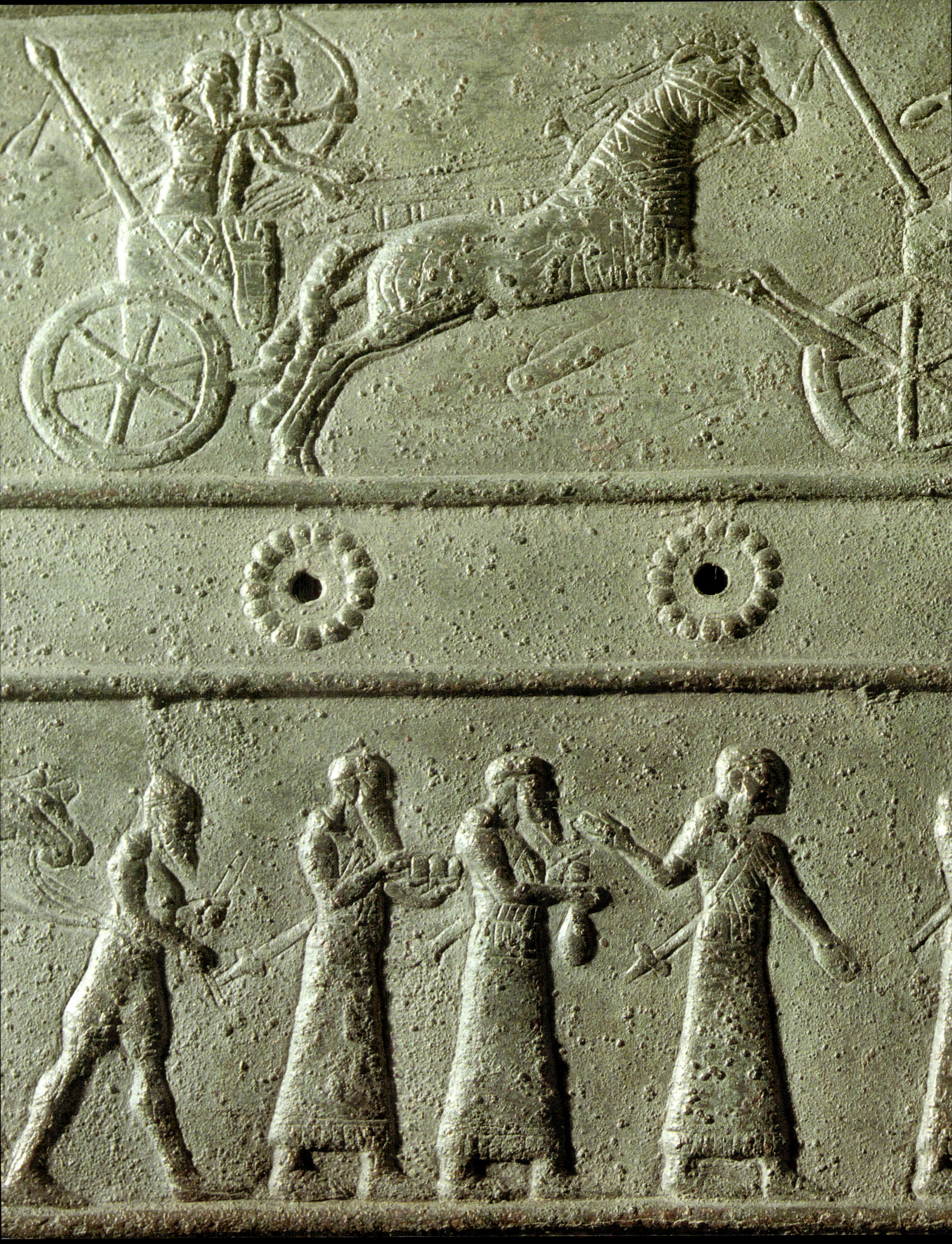

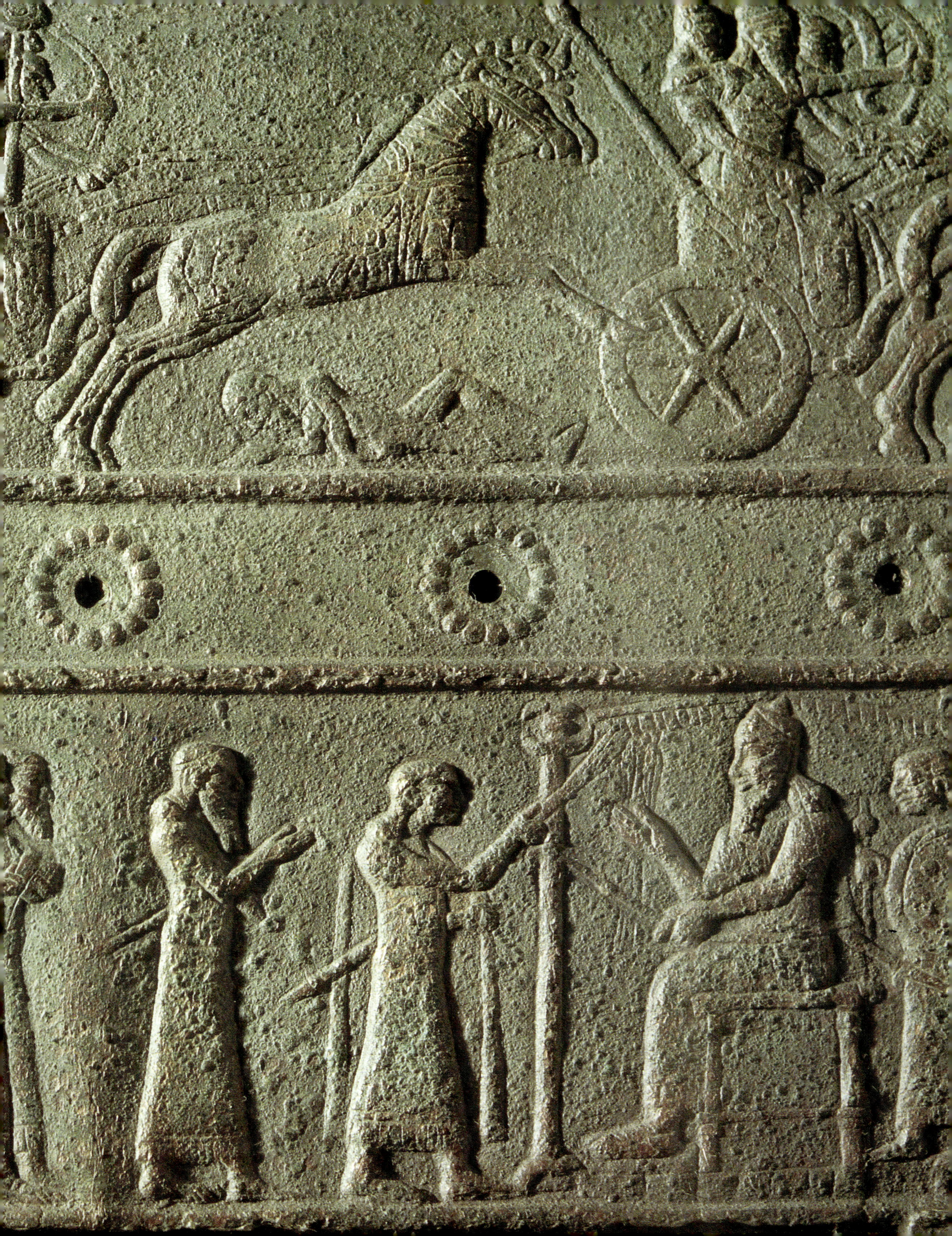

ウラルトゥの金属工芸

前9－7世紀にかけて，古代ウラルトゥ王国は今日のトルコ，イラン，イラクと旧ソ連にまたがる地域に広がっていた．この山岳地でのウラルトゥの城塞や墓の調査によって，ウラルトゥ人は金属工芸とりわけ装飾された青銅製品をたくさんつくっていたことがわかった．前714年にアッシリア王サルゴン2世（前721－05）がウラルトゥの都市ムサシルをおとしいれたとき，王はおびただしい量の貴石，象牙，材木，金，銀と青銅をもちかえった．ハルディの寺院で，彼は3600タレント（108トンほど）の粗銅，2万5212枚の青銅の楯，1514本の青銅の槍，30万5412個の青銅の短剣，607枚の青銅の盤などを，青銅のウラルトゥ王の像や青銅やもっと高価な材料でつくった作品とともに奪っている．さらに，ウラルトゥの発掘によって，身体装飾用の宝石，家具の飾りもの，武具，ウマや戦車の飾りものが発見された．

ウラルトゥの装飾用の青銅製品は，アッシリア芸術に負うところが大きいとはいえ，彼らなりの様式をもっていた．それらは，モティーフの詳細な部分やイコノグラフィに現れている．いくつかの作品にはウラルトゥの王の名前が刻まれているし，他のものは，その彼らの様式からして，ウラルトゥ人のものと考えられる．多くのウラルトゥの遺跡は盗掘されている．そのため，ウラルトゥ様式の金属工芸品（すべてが本物とは限らない）が骨董市場に現れてきた．

下　有翼のウシのケンタウロスを象るなかのつまった青銅製像．もともとは顔面部と，神聖な角と両翼には象眼が施されていた．また，金箔でおおわれていたことが，部分的に残っていることからうかがえる．これはヴァン湖に近いルサヒニリ（トブラクカレ）で1870年代にみつけられたと報告されているすばらしい金メッキされた銘入りの玉座の一部であろう．この遺跡からは，20年後の発掘で他の青銅製の家具飾りもみつかっている．この作品は，当時イスタンブルの英国大使をしていたA・H・レイヤードによって大英博物館のために購入された．高さ20.3cm，幅16.4cm．

上端　ウラルトゥの神（たぶんティシェバ）がウシの上に立っている様子で飾られた青銅の円盤．二つの同心円の帯のなかには，神話的な動物が示されている．いくつかはメソポタミア芸術に現れるが，他のものはウラルトゥに固有のものである．この作品の目的やどこでみつけられたかはわからない．しかし，周縁にそってあけられた多くの孔は，布か皮に縫いつけられたことを示唆する．直径25.5cm．

上　ルサヒニリ（トブラクカレ）出土と伝えられる青銅製の要害堅固な建物の模型．扶壁をもった前面は典型的なウラルトゥの軍事的な建造物であり，同様な建物がアッシリアの浮彫りにみられる．パラペットを支える一対の梁の端部が表現されている．高さ28cm，幅36cm．

右　白い石でつくられた顔をもつこの人像は，大きな建造物の一部であった．そのことは，像の片側にうがたれた孔によってわかる．両目と眉は象眼されていた．ネックレス，肩から降り，左手でもたれているリボンの先の方も同様である．金箔の残存も認められる．この像は失蠟法によってつくられ，神官を表しているものと考えられてきた（しかし，召使いであるかもしれない）．ルサヒニリで，青銅像と顔面部が一緒にみつかったと主張する商人によって19世紀に売りだされた．高さ36cm．

アッシリアとそのライバル

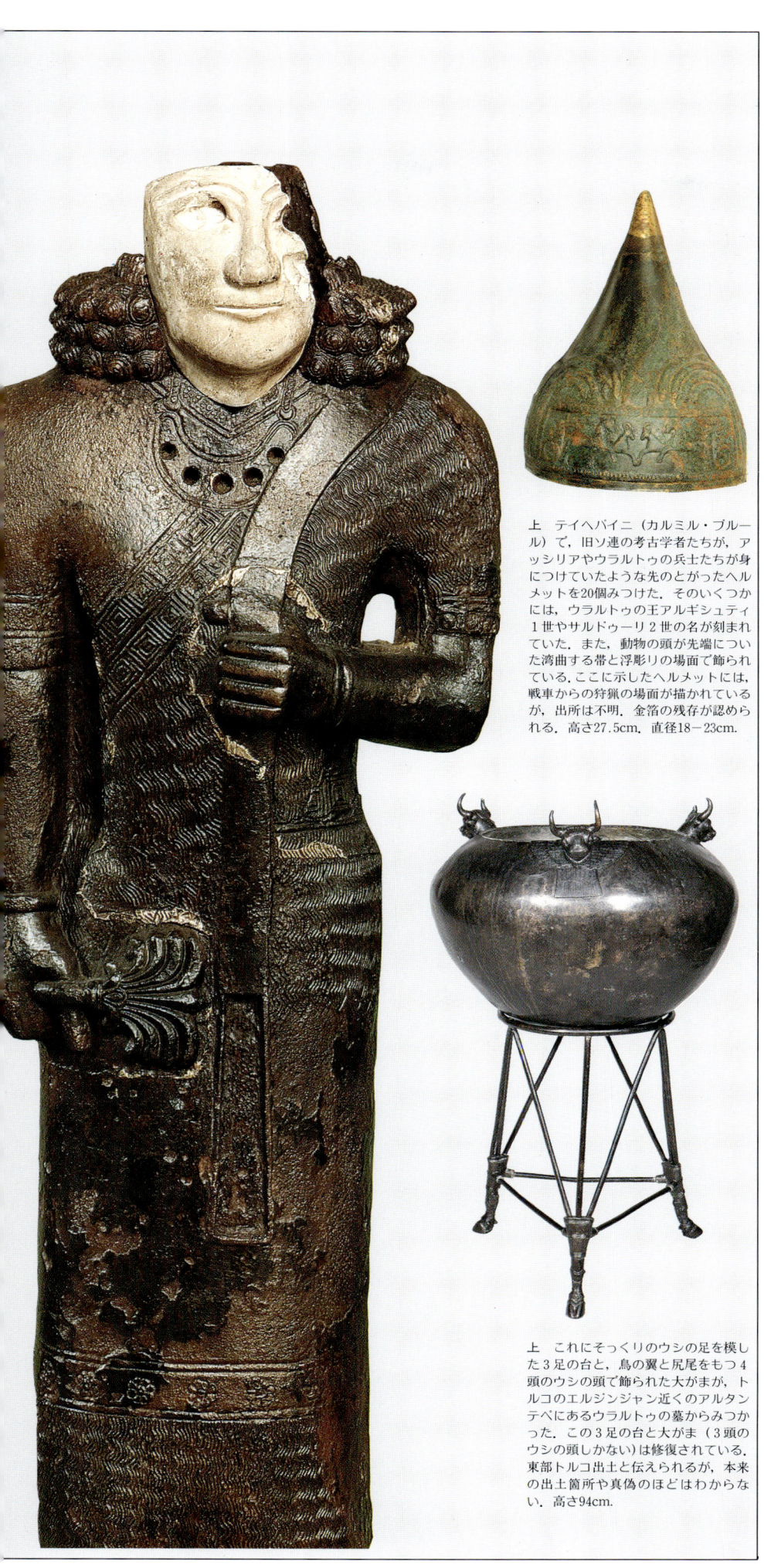

ラム人の一派であったのかもしれない．しかし古代の文書では，アラム人とカルディア人はつねにはっきりと区別して扱われている．

シャルマネセルの宮殿

シャルマネセル3世は治世の早い頃から，カルフの町の外郭部の東南の一画で宮殿の建設を始め，治世13年目にあたる前846年に建物は完成した．これは発掘者によって「シャルマネセルの城塞」と名づけられたが，事実は王の居城，宝庫そして砦の機能を備えていた．前7世紀になると，これはエカル・マシャルティ「陳列館」と呼ばれ，「軍陣の計画，軍馬，戦車，武器，兵器，そしてあらゆる敵からの戦利品の維持管理」にあてられた．実際，ここからは考古学的な発掘によって，武器，甲冑その他さまざまな軍用品のほかに，敵軍から勝ちとってきた大量の品々が出土してきたのである．

「シャルマネセルの城塞」は，およそ7.5haの土地を囲む城壁のなかに建てられている．それは約350m×250mの区域に相当し，二つの区画に分けられていた．すなわち北の四つの大きな中庭を中心とする区画と，南の宮殿および居住区画である．外側の中庭を中心とする区域には兵器の保管修理のための作業場，各種の役人の住む宿舎，他の多くの物とともに戦利品を収蔵した倉庫などが含まれていた．南東の中庭の南側にあたる区画には，王の居住用の大きな部屋が並んでおり，そのうちで最大のものは玉座室であった．玉座のおかれていた巨大な基壇は，これが発見された時点でもなお，東側の壁の壁龕にはめこまれ，当初そのままの姿をとどめていた．基壇は黄色味をおびた石灰岩板2枚からつくられた．左右対称に凸線の円を配した3組の文様は，3代つづいた王の玉座を表しており，それぞれの玉座には付属の足台がついている（玉座が移動するときには，それがおかれていた部分のくぼみにピッチをつめて表面を平らにしたのである）．

基壇の上面の大部分には，花を基調とした幾何学文様が施され，当初は文様に白色がかけられ装飾効果を高めていた．台座の縁の部分と背面の2枚のパネルには，シャルマネセル3世の碑文が刻まれ，治世の13年目までの事績の抜粋が記録された（基壇は13年目に設置されたと推定できる）．基壇に残された銘によれば，これはカルフの行政長官シャマシュ・ベル・ウツルによってシャルマネセルに贈られたものという．基壇の側面は，高さ21cm×29cmほどのパネルにはめこまれた浮彫リを施したフリーズで飾られていた．基壇の南面と北面の浮彫リは，シリアとカルディアからの貢納を受けている場面を表しており，これは上面の碑文に言及されていることがらと符合する．シャルマネセルは，ダマスカスの王に率いられた同盟軍に勝利し，マルドゥク・ザキール・シュミをバビロンの王位に復位させたことに満足し，その記録を残している．玉座基壇の正面部の側面では，シャルマネセルとマルドゥク・ザキール・シュミが互いに祝福しあっている姿が描かれている．

バラワトの門

シャルマネセルは，その父とは異なり，自らの王宮の壁面を石製の浮彫リで飾ることはしなかった．しかしながら彼は，カルフの北16kmに位置するイムグル・エンリル（現代名バラワト）に建てられた，青銅板で表面を飾った巨大な観音開き型の門の制作を命じた人物であった．1枚の門扉は幅2m，高さ4m，地面に埋めこまれた石製の礎石の上に垂直に立てられた木製の軸に固定されていた．浮彫リを施した16枚の青銅板が釘で門扉にとめつけられており，浮彫リはシャルマネセルの軍事遠征の模様を描写していた．短い楔形文字のキャ

上　テイヘバイニ（カルミル・ブルール）で，旧ソ連の考古学者たちが，アッシリアやウラルトゥの兵士たちが身につけていたような先のとがったヘルメットを20個みつけた．そのいくつかには，ウラルトゥの王アルギシュティ1世やサルドゥーリ2世の名が刻まれていた．また，動物の頭が先端についた湾曲する帯と浮彫リの場面で飾られている．ここに示したヘルメットには，戦車からの狩猟の場面が描かれているが，出所は不明．金箔の残存が認められる．高さ27.5cm．直径18−23cm．

上　これにそっくりのウシの足を模した3足の台と，鳥の翼と尻尾をもつ4頭のウシの頭で飾られた大がまが，トルコのエルジンジャン近くのアルタンテペにあるウラルトゥの墓からみつかった．この3足の台と大がま（3頭のウシの頭しかない）は修復されている．東部トルコ出土と伝えられるが，本来の出土箇所や真偽のほどはわからない．高さ94cm．

帝　国

ブションがつけられているため，各々の遠征が何に相当するのか判定できる．そのほとんどはシャルマネセルの西方遠征における勝利と，貢ぎ物の受理に関するものであるが，対カルディア遠征，北方遠征における勝利の場面も含まれている．北方軍事遠征においては，王はティグリス川の源流を訪ね，そこに磨崖彫刻と銘文とを残し，さらにウラルトゥ人と戦いを交えた．彼はナイリの海（ヴァン湖）にまで足をのばし，その武器を水で洗ってから神々に犠牲を捧げた．シャルマネセルは，全部で合計5回の対ウラルトゥ遠征を行っている．

ウラルトゥ王国

前13世紀以来，中期アッシリアの歴代の王は，ナイリに対してたびたび戦いをいどんだ．ナイリとは，ウラルトゥ地方をさす当時の呼称である．当時この地域は多くの独立した支配者のもとに分裂していたが，前9世紀になると，1人の王のもとに統合された．この統一は，アッシリア帝国の脅威が増大したことの結果である．ウラルトゥの中心地はヴァン湖の周辺で，国土の大部分は高く険しい山岳地からなり，冬には何カ月にもわたって深い雪のなかに埋もれてしまう．ヴァン湖とアッシリア地方との間に横たわる山地はアッシリアの征服活動にとっては障害であり，ウラルトゥ王国は独立を維持し繁栄した．アッシリアの軍勢が高地のウラルトゥ諸都市にようやくたどりついたときでさえ，アッシリア人はこれらの都市を占領することに失敗するか，あるいは意欲を喪失するかしたのだった．

ウラルトゥの歴史は多くの場合アッシリア側の史料によって判明するのだが，前9世紀以降になると，ウラルトゥ王の碑文が利用できるようになる．初期の王碑文はアッシリア語で書かれ，歴代の王の称号はアッシリア王が使用した称号にならい，とくにアッシュールナツィルパル2世のそれの影響を強くうけている．後になって，ウラルトゥの王はアッシリア文字を借用しながらも，彼ら自身の言葉を用いて記録を始めた．そのウラルトゥ語は，フルリ語とのかかわりが深い．ウラルトゥ語ではウラルトゥの地はビィアイニリと呼ばれていて，たぶんそこからヴァン湖の名が出てきたのであろう．ウラルトゥ王の初代から第8代目までの名と王位継承の順番は，ウラルトゥの碑文とアッシリア側の文書から再現できるが，王朝末期の4人の順序については，不明確である．

ウラルトゥ歴代の王

年号は当該のウラルトゥ王名がアッシリアの記録に言及されているときのもの

末期の4人の王の在位順は不確実

サルドゥーリ1世
前832
｜
イシュピニ
前818頃
｜
メヌア
｜
アルギシュティ1世
｜
サルドゥーリ2世
前743
｜
ルサ1世
前719—13
｜
アルギシュティ2世
前708
｜
ルサ2世
前673
｜
サルドゥーリ3世　または　エリメナ
｜　　　　　　　　　　｜
サルドゥーリ4世　　　ルサ3世
｜　　　　　　　　　　｜
エリメナ　　　　　　サルドゥーリ3世
｜　　　　　　　　　　｜
ルサ3世　　　　　　サルドゥーリ4世

ウラルトゥ王がどの程度の広さの地を領有していたかという点については，王碑文の分布が解決の糸口を与えてくれる．シャルマネセル3世は，ウラルトゥのアラム族の王の支配下にあったスグニア地方とアルザシュクン地方の都市を破壊したと宣言しているが，これらの町の位置や，アラム族と末期のウラルトゥ王との関係は明らかでない．シャルマネセル3世の碑文が前832年にウラルトゥ王であったとするサルドゥーリ1世は，王碑文を残した最初のウラルトゥ王であった．彼の碑文はすべて首都トゥシュパ（現在ヴァンの町の近郊にあるヴァン・カレにあたる）から発見されている．この町はアッシリアの攻撃によって他の都市が破壊された後，ウラルトゥの首都になったものかもしれない．

サルドゥーリの子イシュピニはヴァン湖の北側と東側に碑文をいくつか残した．またその子メヌアとともに名を刻まれた他の碑文がトゥシュパの北方200kmの地と，南東250kmのケリシン，およびイランのウルミア湖南西にあたるカラタガに残されている．またメヌアの碑文は，トゥシュパの西方300kmのユーフラテス川最上流域，北方のアラクス川流域，そしてウルミア湖南岸からもみつかっている．前8世紀中葉，アルギシュティ1世はウラルトゥの支配を北方のセヴァン湖にまで広げた．ウラルトゥが拡張したこの時期は，アッシリアが弱体化した時期と合致している．ウラルトゥが獲得した土地がアッシリアの領域にまでくいこんだことは一度もなかったが，それにしても南方からの侵入の脅威が中断したことは，ウラルトゥの台頭に大きく寄与した．

ウラルトゥの文化

ウラルトゥの人々は多くのことをアッシリアに学んだが，彼らの文化はアッシリアのそれとは明確に区別される．ウラルトゥの遺跡で破壊されずに存続したものは，共通して険しく切りたった岩山の頂に位置し，扶壁と見張塔からなる石壁に守られた堅固な城であった．ウラルトゥの最高神はハルディで，たぶん戦いの神であり，主神殿はアッシリアとウルミア湖の間に位置するムサシル（ウラルトゥ人はアルディニと呼んでいた）におかれていた．ウラルトゥの神ティシェバはフルリの天候神テシュブと関係があり，その神殿はクメヌにあったというが，正確な位置は判明していない．トゥシュパの市神は太陽神シウィネであった．ウラルトゥ語の文書には宗教的建造物について多くの言及があり，これらの建物の大部分はハルディ神に捧げられている．それらはスシ（「神殿」または「門」）と呼ばれ，しばしば「ハルディの門」などの形ででてくる．ウラルトゥの諸都市址から発見された神殿の標準的な形式は，非常に厚い壁を備えた方形プランをもっている．内側の部屋はおよそ5m×5m，神殿全体は1辺ほぼ15m四方の面積を有していた．これらの神殿は，ペルシアの諸王が前6世紀に建造した高い塔に似た建物と類似のプランをもち，もともと高い塔から変形した建物であった可能性がある．

ウラルトゥ王国を真に確立したのはメヌアであり，全体で70点を超える彼の王碑文には，宮殿，町，灌漑用の水路，倉庫，神殿などあらゆる種類の建築計画についての言及がみられる．ウラルトゥの富は，おもに穀類，果樹，ブドウ栽培を基盤とした農業に依存し，家畜とウマの飼育も行っていた．ウラルトゥ人はまた，青銅と鉄に関する金工術にも巧みであった．

ハサンルの崩壊

メヌアに率いられたウラルトゥの軍隊は，南東方面への遠征の途中たぶんハサンルの町にまで到達したと思われる．この町は前9世紀末に大火災のために壊滅した．前1500年から

168—169頁　イムグル・エンリル（バラワト）出土のシャルマネセル3世の門扉の青銅板浮彫りの細部．上段では，アッシリア軍の戦車がオロンテス川流域のハマ地方の一都市にむかっていく．下段では，シャルマネセル3世がカルカルの戦いの後玉座にすわって戦利品を受けとる姿がみられる．

アッシリアとそのライバル

ウラルトゥ王国

ウラルトゥ人は、現在トルコ、イラク、イラン、旧ソ連が国境を接するあたりにまたがる岩の多い山岳地に住んでいた。分布調査を集中的に行うことによって、露出した岩山の上に築かれた多くのウラルトゥの城塞が確認された。ウラルトゥはアッシリアに対する有力なライバルであり、また南の国境線はアッシリアの中心地と境を接していた。ウラルトゥ人は楔形文字を、まず最初はアッシリア語を表記するために使い、やがて彼ら自身の言葉を表記するためにも使用するようになったが、現在までに発見されている文書は数少ない。ウラルトゥ人に関する史料の多くは、考古発掘、岩壁に残された磨崖碑文、そしてアッシリア側の史料である。前9世紀にはウラルトゥの支配はヴァン湖周辺と首都トゥシュバの近隣に限られていたが、次の世紀の中葉には、セヴァン湖、ウルミア湖、そして西はユーフラテス流域にまで支配を広げた。ウラルトゥ文明はその多くをアッシリアから学んでいるが、彼ら自身の独自の文化（要塞、神殿、宮殿の建築、墓、土器、そして美術）をも創造した。

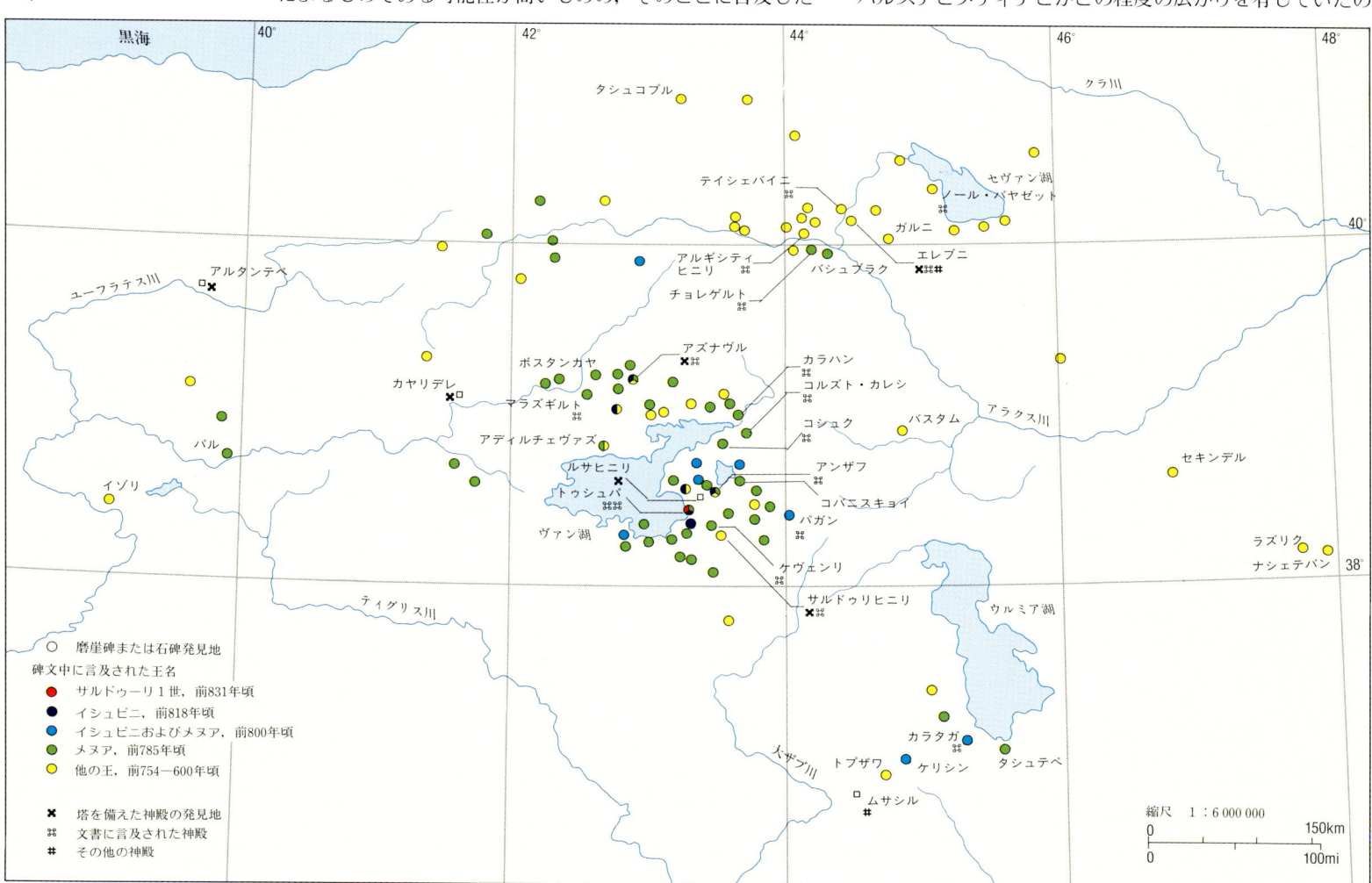

前1000年にかけて、ハサンルには灰色または黒色の磨研土器の使用を特徴とする人々が居住していた。前1千年紀のハサンルの建造物は、円柱の上に楣石をわたしてつくったポルティコを備え、そこから前室を通り、2列の木製円柱で支えられた方形の広間に至るプランを特色としていた。らせん形の階段または斜道が、前室から外への通路になっていた。町の遺跡の南西部分から発見された、このプランに基づいて建てられた四つの建物は、たぶん歴代の支配者が造営した宮殿であろう。ハサンル崩壊の頃までには、四つの建物のうちいくつかはすでに宮殿の用はなさず倉庫になっており、一つは厩舎として使用されていた。ハサンルは戦いに敗れて占領され、戦死した人々の死骸がその場に放置されたまま、戦利品の略奪も行われないうちに町は炎上した。

この遺跡から発見されたもっとも注目すべき遺品は、3人の男の遺骨の傍らから出土した装飾を施した金の鉢であろう。彼らはたぶん建物の上の方の階にいたが、瞬間的に床がくずれて圧死し、鉢が埋まってしまったのであろう。3人の男が食器類の管理人であったのか、あるいは町の宝物を略奪しようとした侵入者であったのかは不明である。この鉢そのものは、その装飾意匠がフルリの神話とかかわりのある男女神、動物、馬車などを表している点からみて、ハサンルの崩壊をさかのぼること数百年の昔に製作されたものと考えられる。ハサンルから発見された遺物が多種多様であることは、この町の人々と王宮の生活の多様な側面を物語っている。武器、甲冑、馬具、装身具、青銅や銀の食器類などは、すべて町が攻略されたときに戦死した人々の遺骸とともに廃墟から発見された。

この町の壊滅はメヌアに率いられたウラルトゥ軍のしわざによるものである可能性が高いものの、そのことに言及した碑文がないために確認することはできない。専門家のなかには、約1世紀後にアッシリア軍が攻めてきたことが原因と示唆する人々もいる。この町はしばらくの間放棄された後に、ウラルトゥ式の石造建築技術による厚い壁で囲まれた城塞が廃墟の上に建てられた。そのことは、ハサンルを攻撃占領したのがウラルトゥ軍であったという説にとってより有利な傍証となる。

イラン西部の古代文明

アッシリア側の史料によると、ハサンルがあったのは、シャルマネセル3世が東方遠征のおりに遭遇した幾多の部族のなかに数えあげられているマンネア族の居住する地域内であった。この地方には、他にも二つの部族が住んでいて、2部族はそれぞれ後になって近東を支配することになるメディア人とペルシア人であったことがわかっている。前843年シャルマネセルはパルスアの地にまで歩みを進め、前835年にはパルスアの27人の王から贈り物を受けた後、さらにメディアの地まで行軍した。パルスアとペルシア（前6世紀にはパルサと呼ばれた）はよく似た名前ではあるが、シャルマネセルが言及しているところのパルスアの地は、後世のペルシア人の居住域であるスーサ南方の土地とは遠く隔たっている。以前はペルシア人は前9世紀から前6世紀までの間に南方に移住したという説がとなえられていたが、名称の類似した二つの異なった土地があったと考える方が自然であろう。「パルスア」はペルシア人の住む土地との境界線上の地を意味し、複数の異なった地域を指すことができた。この名はおよそ300年の後、イラン北東部のパルティアの地という呼称の形をとって再び現れる。

パルスアとメディアとがどの程度の広がりを有していたの

帝　国

かについても正確なことはわからない．しかし，彼らがバビロニアからハマダンを通ってイラン高原へと至る，山岳地帯をぬけて走る幹線道路の近くにいたことは間違いなかろう．ハマダンは後にメディアの首都となった町である．前1000年から前800年の間に位置づけられる遺跡の調査が行われていない現在，楔形文字文献に書かれていることがらが唯一の情報源である．それによれば，当時メディアないしはパルスアという王国は存在せず，人々は多くの小グループに分かれていたという．

さらに南下したアッシリア軍はエリッピ王国に出合ったが，これはたぶん今はルリスタンと呼ばれている山岳地内に位置していたものであろう．前1千年紀の最初の3世紀間を通じて，ルリスタンは精巧な青銅器製造の中心地であった．ルリスタン青銅器のいくつかは，空想上の動物を左右対称に配した形に鋳造され念入りな仕上げを施されているが，これはスタンダード（軍旗）として用いられたと考えられる．他のものは馬具や馬具の飾りで，様式化した動物や怪物の装飾文様で飾られた．現存するルリスタン青銅器の大部分は盗掘者によって墳墓から持ちだされ古美術市場に売りにだされたものであるが，考古発掘の過程で発見されたものも若干は存在する．

シャルマネセルの後継者たち

アッシュールナツィルパル2世およびシャルマネセル3世の治世期を通じて，アッシリアはしだいに近東の低地帯に対する支配を広げていった．アッシリア軍ははじめ北方および東方の高地では比較的自由に歩きまわることができたが，時代が下ると強い抵抗にあうようになった．カルフから発見された「黒いオベリスク」に刻まれた年譜によると，アッシリアの遠征軍を率いて戦ったのはシャルマネセルの随臣の筆頭であるダヤン・アッシュールで，王自身はその後4年にわたってカルフにとどまっている．おそらくシャルマネセルは在位30年をへて，毎年の軍事遠征に疲れ果て，20年以上にもわたってその随臣筆頭を務めたダヤン・アッシュールを，王に代わって軍を指揮する役に選んだのだろう．一方，シャルマネセルの長子アッシュール・ダニン・アプラは，おそらくダヤン・アッシュールが彼をさしおいてこの名誉ある役に抜擢されたとき，自分が軽んじられたと不快に感じたことであろう．

リンムのリスト（アッシリアでは高級官吏の名が各年にわりあてられたが，そのリスト）によれば，前828年にアッシュール・ダニン・アプラを主謀者とした反乱がおこり，それは前824年のシャルマネセルの死後もなおしばらく尾を引いた．カルフを除いて，イムグル・エンリル，ニネヴェ，アッシュール，アルビルを含むアッシリアの主要都市のほとんどが，反乱に加担した．しかしながら，アッシリアの王位を継承したのはアッシュール・ダニン・アプラではなく，シャルマネセルの別の息子，シャムシ・アダド5世（前823-11）を名乗った人物である．彼が勝利をおさめた事情はよくわかっていないが，マルドゥク・ザキール・シュミの援助をうけた可能性は考えられる．マルドゥク・ザキール・シュミは，かつて自らバビロン王の王位継承権を主張した際に，シャルマネセル3世の後押しを受けたことがあった．実際，シャムシ・アダドはマルドゥク・ザキール・シュミと協定を結んでいるが，そのなかでアッシリア側は従属的な立場をとることを受け入れている．おそらくはその当時，彼が兄弟間の争いに専念せざるをえなかったからであろう．

その後何年かたって，シャムシ・アダドはこの協定の屈辱的表現に対し復讐をくわだてた．彼はマルドゥク・ザキール・

アッシリアとそのライバル

左 カルフ出土でおそらくはナブ神殿に建てられていたと思われるシャムシ・アダド5世（前823-11）の碑．王はアッシリア帝王に典型的なリボンのついた帽子をかぶり宮廷の衣裳を身につけている．王杖をもち，右の人差指をまっすぐにのばして敬神のしぐさをみせている．彼の目の前には主要な神々のシンボルが並んでいる．たぶんアッシュール神を示す角飾りのついた帽子，シャマシュ神の有翼円盤，シン神の円形におさまった三日月，アダド神のフォーク形の稲妻，イシュタル神の星．碑文は彼の4回目の軍事遠征の後に刻まれ，彼の父シャルマネセル3世の時代の末期におこり，全土をまきこんだ反乱の詳細を物語っている．高さ1.98m，幅0.94m．

右 シャルマネセル3世（前858-24）の「黒いオベリスク」細部．上段の説明には，「フムリの王ヤウアの朝貢」とあり，このヤウアはシャルマネセルの前に平伏した姿で表されている．ヤウアはイスラエルの王イェフと考えられる．彼はオムリの子孫を殺して王位を簒奪した人物である．下段はムツリ（たぶんエジプトのこと）からの朝貢風景を表しているが，奇妙なことに貢ぎ物のなかにはむしろイランによくみられるフタコブラクダが含まれている．

シュミの子，マルドゥク・バラッス・イクビを捕え，アッシリアに連行した．それにつづく軍事遠征において，シャムシ・アダドはマルドゥク・バラッス・イクビの後継者を追放し，かつてシャルマネセルが行い，歴代のバビロン王が行ったと同様に，バビロン，ボルシッパ，クタの神殿に参拝した．シャムシ・アダドの死後，その妃サッムラマトは，息子のアダド・ニラリ3世がまだ幼少であったため，5年間にわたってアッシリアの支配者の地位に就いた．サッムラマトの事績についてはほとんどなにも知られていない．しかし彼女の名声は後世に残り，彼女の話はギリシア神話のなかに，美しいが残忍な女王セミラミスとしてとりいれられたのである．

アッシリアの衰退

この後およそ60年間にわたって，アッシリアはいささか弱体化する．各地方の長官が元来は王に帰属するはずの実権を次々に奪取したため，帝王の力は著しく減退した．ラサッパの長官であるバリル・イリシュ（彼の名は時にネルガル・エレシュと読まれることがある）は，石碑をたてまた自身の名にちなんだ町をいくつか建設した．同じく長官ベール・ハラーン・ベール・ウツルは自分で建てた記念碑に王の像ではなく，自らの像を刻ませた．しかしこれらの長官たちのなかでもっとも大きな力をふるったのは，有力廷臣のシャムシ・イルである．ユーフラテス川ぞいのカル・シャルマネセル（以前のティル・バルシプ）以西のアッシリア王国を配下においた彼は，王の名にまったく言及することなしに彼自身の名において軍事遠征の記録を残している．

前9世紀中葉，ユーフラテス川ぞいのアナの近くに位置し，アッシュールナツィルパルの相つぐ攻撃にも屈することなく存続したスフが，シャマシュ・レシュ・ウツルによって支配された．彼はその功績をバビロンから発見された記念碑に刻んでいるが，たぶんこれは後代の王によってバビロンに運ばれたものであろう．彼がもっとも誇らしげに語っている功績の一つは，スフの地にハチミツと蜜蝋を産するミツバチを導入したことである．

アッシリアが弱体化した期間，リンムのリストには疫病の流行や反乱の続発が記録されている．グザナの長官であったアッシリアの高官ブル・サガレのリンムの名とともに，アッシュールの町でおきた反乱と，シマヌの月におきた日食のことが記録されている．これは前763年6月15日の朝9時33分から12時19分までの間，ニネヴェの町からみればほぼ皆既日食がみられたことに相当するものと思われる．この日時の同定が，アッシリア王そしてバビロニア王の年譜に確実な年号をあてはめる際の根拠となり，こうして年号は確かに前2千年紀の半ばまでさかのぼってたどることができるのである．

勝ち誇るアッシリア（前750―626年）

アッシリアの再興

前9世紀におこったアッシリアの急速な拡大の後，前8世紀の前半には停滞期を迎えた．アッシリアの国境はほとんど変化しなかったが，属州の施政者たちは，あたかも独立国の支配者のように振る舞っていた．ウラルトゥやフェニキアなどのアッシリアに隣接する国々はアッシリア王を顧みない政策をとりつづけていた．この弱体化の時期はティグラト・ピレセル3世（前744―27）の即位によって終わることになる．リンムのリストには，ティグラト・ピレセル3世が王位に就く少し前にカルフで起きた反乱が記録されている．この反乱と直接関係するかどうか確かではないが，この新王はどうやら王位篡奪者であったらしい．アッシリアの王たちは，神々に選ばれたことと，先王の血を引く者であることを根拠にして自分が王位に就くことを正当化するのがつねであった．しかしティグラト・ピレセル3世が，その碑文のなかで自分自身の血統についてまったくといっていいほど語っていないのは，非合法的な王位継承のためかもしれない．アッシュールの神殿から出土したレンガの碑文には，ティグラト・ピレセル3世は，彼が即位する約40年前に死んだアダド・ニラリの息子と記されている．

ティグラト・ピレセル3世はアッシリアを近東の支配的な勢力として立て直すことにいとまがなかった．その治世の初期には，軍隊を南に進めてバビロニアの北部と東部に定住していたアラム人の諸部族を討伐した．さらにドゥル・クリガルズとシッパルに赴き，バビロン，ボルシッパ，クタの諸神殿から，本来はバビロニアの王だけに与えられることになっている供物を受け取った．彼はまた，「下の海」（ペルシア湾）近くのウクヌ川（おそらくカルヘ川）までを支配下に収めたと宣言した．それ以前のアッシリア王の政策を覆して，ティグラト・ピレセル3世は，アッシリアの伝統的な国境の外にあるユーフラテス川対岸の国々を併合した．彼はバビロニアの諸都市の代官としてシャ・レーシ（宦官）を任命し，「シュメールとアッカド王」を名乗ったが，バビロニア王ナブ・ナツィル（前747―34）が王位に留まることを許した．前743年，ティグラト・ピレセル3世はウラルトゥの王サルドゥーリ2世に率いられたウラルトゥ，マラティヤ，アルパド，クンム，グルグムの連合軍の蜂起に直面した．ティグラト・ピレセル3世はクンム（トルコ南部のコマゲーネ）でサルドゥーリ2世を敗った．サルドゥーリ2世は山地に逃げたが，ティグラト・ピレセル3世は彼を追って，ヴァン湖岸にあるウラルトゥの首都トゥシュパに到達した．彼はそこに石碑を建てたが，町を略奪することはなかった．

その後の12年間にティグラト・ピレセル3世は，西部でははじめにアルパドに遠征して，これを前740年に陥落させ，さらにウンキ（アムク平原）とアラム（ダマスカス）にまで遠征した．いくつかの征服された国々は，それまでに存在した属州に併合されるか，またはアッシリアの新しい属州となった．征服された他の国々は，アッシリア王に毎年貢納する親アッシリアの施政者のもとにおかれた．ティグラト・ピレセル3世の治世の終わりまでには，貢納する諸国のリストには，シリアとタウルスに築かれたアラム人および新ヒッタイト人の国々，フェニキア人の海岸の諸都市，イスラエル，ユダ，ガザ，内陸の国々であるアモン，モアブ，エドム，そしてタイマ，サバ（シェバ）のような内陸のアラブ人部族の町が含まれていた．これらの征服に加えてしばしばアッシリア人は，進んでアッシリアの同盟国であろうとする隣接小国間のいざこざを仲裁するように要請された．サムアルのキラムワは，近隣のアダナ（ダヌナ）王国と戦うためにアッシリア王（おそらくシャムシ・アダド5世，前823―11）を「雇った」と記録している．ユダのアハズはティグラト・ピレセル3世の助力を依頼し，バル・ラキブ（後のサムアルの施政者）は，彼の父がどのようにティグラト・ピレセル3世の「着物の縁をつかみ」，どのように父子ともに「アッシリア王の戦車の車輪のそばを走った」かを述べ，その結果として彼の王国が繁栄したことを記している．

フェニキア人

前1千年紀に地中海岸の諸都市に住んだフェニキア人は，青銅器時代にレヴァントに住んでいたカナアン人の子孫であろう．フェニキアの名はギリシア語であり，フェニキアを有名にしたムラサキガイからとれる紫の染料の呼び名としても使われる．フェニキア人は自分たちをそれぞれ出身の都市名によって呼んでいた．フェニキア人は卓越した船乗りであり，彼らの繁栄は交易によるものであった．交易品には，海岸都市の背後に迫る山地に成育するスギの森から産出される，きわめて価値の高い材木が含まれていた．

前11世紀にキプロスの一部はフェニキア人の影響下に置かれ，後にフェニキア人はこの島に植民地を開設した．青銅器時代にはウガリトを経由して行われていたキプロス銅の貿易は，今やティル，シドン，ビブロス，そしてアルワドのフェニキア人諸都市を経由地とするようになった．古代ギリシアの著述家たちによれば，フェニキア人は地中海の至るところに植民地を開き，前1110年にはカディズ（ガデス）を，前1101年にはウティカを，それより少し前にはリクソスを，また前

勝ち誇るアッシリア

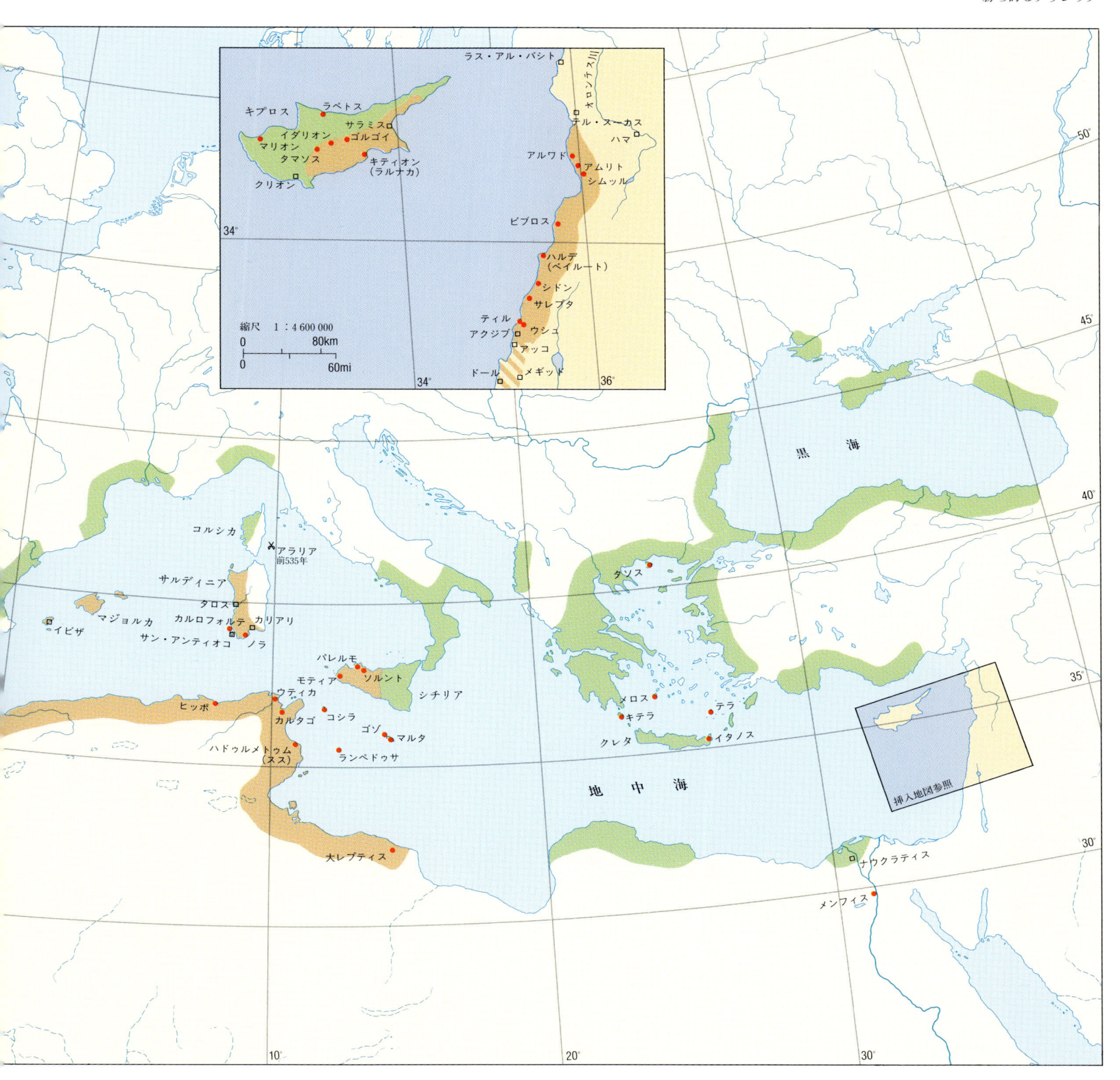

左上 カルフの中央宮殿で発見されたアッシリア王ティグラト・ピレセル3世の実物より大きい浮彫像の一部．高さ1.08m，幅1.07m．

左 ビブロス出土のコイン．前4世紀初頭に初めて鋳造されたタイプに属するもの．神話的な海の動物の上にフェニキアのガレー船が表されている．フェニキアの勢力の基盤は，前1千年紀を通して海上を支配したことにあった．

フェニキア人の世界

フェニキア人の故国は地中海東岸にあり，その主要都市はティル，シドン，ビブロス，そしてアルワドであった．前1千年紀初頭，フェニキア人とギリシア人は地中海の至るところに植民地を建設した．フェニキア人は概して地中海南部を，ギリシア人は北部を占領した．フェニキア人のもっとも重要な植民地カルタゴは，地中海西部を制覇するまでになったが，やがてローマ人によってその野望をくじかれた．フェニキア人は海運の主力であり，その海軍力はアッシリア人やペルシア人によっても利用された．フェニキア船は地中海を出てはるか遠くまで航海することもあった．ヘロドトスによれば，エジプトのファラオ，ネコ2世の委任をうけたフェニキア船が，前600年にアフリカを一周したが，紅海からジブラルタル海峡までの航海に3年を要したとのことである．カルタゴ人は大いなる探検家でもあり，前5世紀にはブリタニアの海岸にまで到達していた．

8世紀にはギリシア人による植民地化以前のシチリアを，そして前814年にはカルタゴを築いた．しかしこれらの年代はまだ，考古学的な証拠によって確かめられたわけではない．キプロスで発見されたもっとも古いフェニキア語の碑文は前850年頃のものであり，フェニキア人の植民を実証するものはどの植民地でも前800年以降のものとみられる．植民地開設の一つの理由は，アッシリアの勢力が増大し，フェニキア人の諸都市に貢納を強要するようになったことであろう．前7世紀になるとアッシリア人はシドンとティルを征服し，西方のフェニキア人植民地はカルタゴの支配下に収められた．

帝　国

アッシリアとバビロニアの関係

バビロニアの王ナブ・ナツィルは前734年に没した。王位を継いだ息子も2年後に倒され，ニップールの南部にあるカルディア人の国，ビト・アムカニの首領がバビロニアの王座を獲得した。ティグラト・ピレセル3世はカルディア人に軍隊を向け，勝利をおさめた後，アラム人とカルディア人の首領たちから服従の意志表示を受けた。そのなかには後にティグラト・ピレセル3世の後継者たちと対立することになるビト・ヤキンの首領マルドゥク・アプラ・イディナ2世（聖書ではメロダク・バラダン）も含まれていた。前729年ティグラト・ピレセル3世はバビロニア王として臣下を任命することもあったが，神聖で由緒ある都市バビロンを属州の地位におとしめるよりも，自らバビロニアの王位に就くことを決めた。彼は前728年と前727年の新年祭には，バビロニア王としても登場している。バビロンとアッシリアの関係は大きな意味をもっていた。バビロンは重要な宗教的文化的中心地であり，その軍事的脆弱さにもかかわらずアッシリアの政策に影響を及ぼしていたのである。アッシリア人は文学作品にだけでなく，王の碑文にまでバビロニア方言を用いた。他方，多くの書簡や契約文書はアッシリア方言で記された。アッシリアの支配者たちは親バビロニアか反バビロニアであったが，前7世紀には，南部支配の永続的体制の達成を目的として，

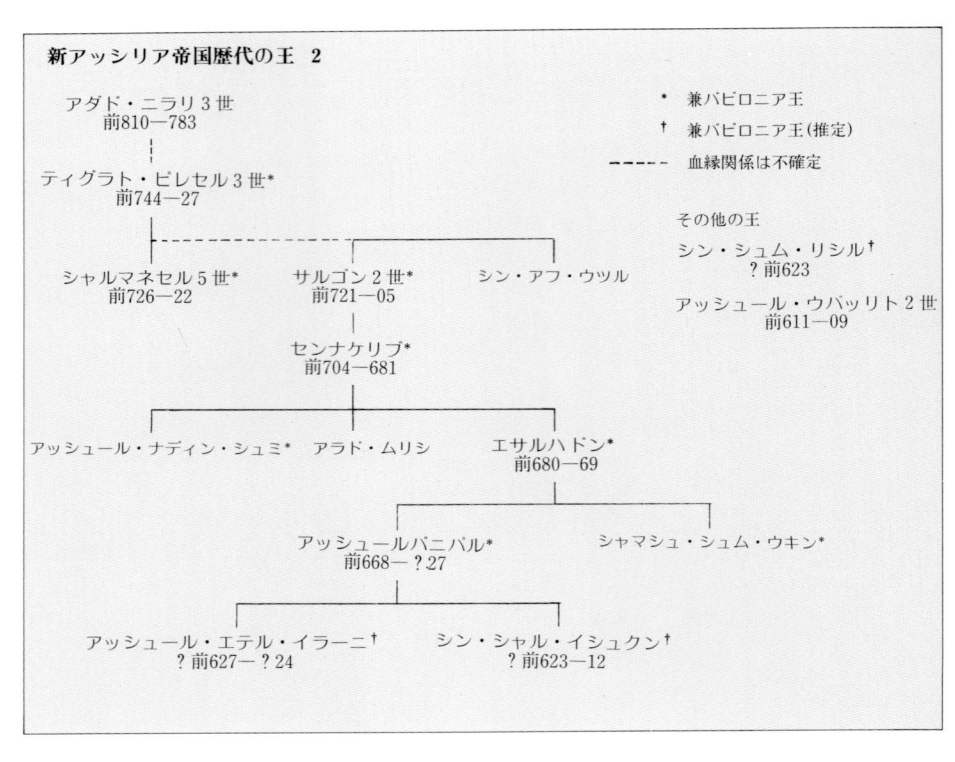

新アッシリア帝国歴代の王　2

```
アダド・ニラリ3世
前810-783
   │
ティグラト・ピレセル3世*
前744-27
   │-----┬--------┐
シャルマネセル5世*  サルゴン2世*   シン・アフ・ウツル
前726-22    前721-05
            │
         センナケリブ*
         前704-681
            │
   ┌────────┼────────┐
アッシュール・  アラド・ムリシ  エサルハドン*
ナディン・シュミ*              前680-69
                              │
                    ┌─────────┴─────────┐
              アッシュールバニパル*    シャマシュ・シュム・ウキン*
              前668-?27
                    │
          ┌─────────┴─────────┐
    アッシュール・エテル・イラーニ†   シン・シャル・イシュクン†
    ?前627-?24              ?前623-12
```

＊　兼バビロニア王
†　兼バビロニア王（推定）
------　血縁関係は不確定

その他の王
シン・シュム・リシル†
?前623
アッシュール・ウバッリト2世
前611-09

左　サムアル（ジンジルリ）の支配者バル・ラキブの像が彫られた石板．サムアル出土．ラキブはアッシリアに服従する立場をとっていた．彼の王座はアッシリア王が使用していたものと似ている．彼の前に立つのは書記であり，アラム語を書くためらしいペンと書板をもっている．この石板に記されている文字もアラム語である．サムアルの支配者たちは，アラム語，ヒッタイト語，そしてルヴィ語などでの名をもっていた．バル・ラキブは，アッシリア王ティグラト・ピレセル3世の同盟者として出陣して戦死した父のあとを継いで前732年頃に即位した．支配者が親アッシリアの立場をとっていたにもかかわらず，サムアルは前681年以前にアッシリアの属州にされてしまった．高さ1.14m．

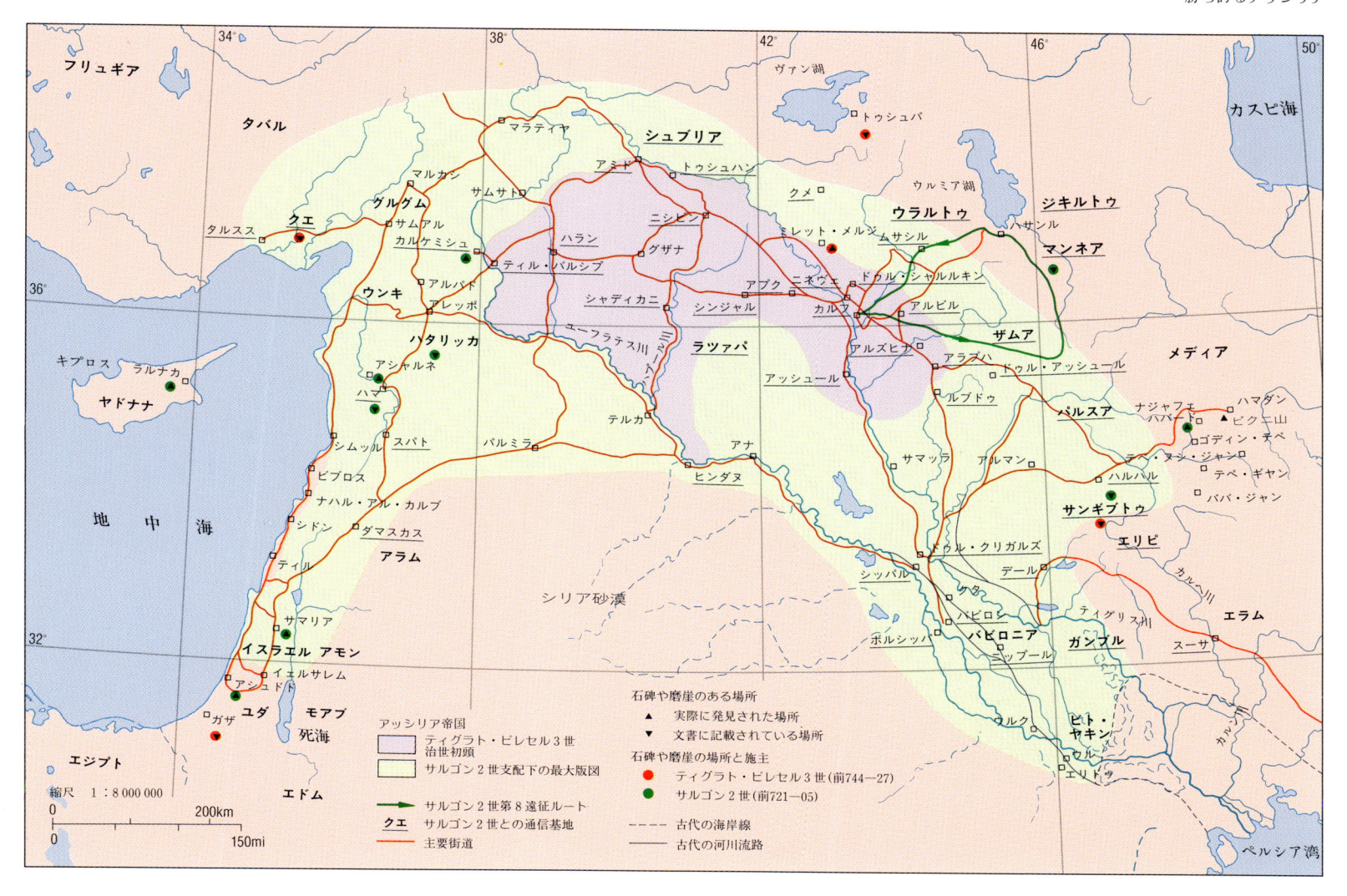

前8世紀後半のアッシリア帝国

ティグラト・ピレセル3世とサルゴン2世のもとでアッシリアの対外政策が変更され，かつてのアッシリア国境をはるかに越える広大な近東の領域が属州としてアッシリアの支配下に組み入れられた．この巨大な領土全域にわたる通信は，主要街道に常設された伝令制度によって支えられていた．ティグラト・ピレセル3世とサルゴン2世によって築かれた帝国はその後100年間維持された．この領土拡大は，王の年代記に記録されているたえまない遠征によってもたらされた．それらのなかには，前714年にウラルトゥを撃退したサルゴン2世による第8遠征の詳細な報告も含まれているが，その遠征ルートについては論争の対象になっている．アッシリア軍はウルミア湖を回っていったのだと考える研究者もいる．

アッシリアの対バビロニア政策は劇的に転換したのであった．

ティグラト・ピレセル3世の改革

ティグラト・ピレセル3世の軍事的政治的成功は，アッシリアの国家機構の抜本的再編成に基づいていた．彼は軍隊を改革し，歩兵隊として，とくにアラム人傭兵による職業的常備軍を設置した．戦車部隊と騎兵からなる騎馬軍の大部分はアッシリア人であったが，いくつかの外国人部隊も含まれていた．戦車部隊は宦官の長であるラブ・シャ・レーシによって統率された．ティグラト・ピレセル3世は，アッシリアの貴族の力を抑制するために宦官を用い，彼らを属州の代官として任命した．というのは彼らには自分の子孫がないため，王に忠誠心をもつからであった．ティグラト・ピレセル3世は政治的手段として，諸民族の大規模な強制移住と再植民を遂行した．そのなかには15万5000人のカルディア人と6万5000人のメディア人が強制移住者として記録されている．これらのほとんどはアッシリア本国に連行され，王に仕える者として，または農夫として働かされた．地域や民族の特徴を弱めるために，ある地方の人々が遠く離れた地方に移されることもあった．

ティグラト・ピレセル3世の後継者は息子のシャルマネセル5世であった．その短い治世（前726-22）の間に父の政策を受け継いで，アッシリア王であると同時にバビロニア王としても君臨した．バビロニアの王名表にはシャルマネセル5世とその父は，それぞれウルラユとプルの名で記されているが，これらの名は聖書とギリシア語文献のなかに見出される．ウルラユとプルはおそらく彼らの本来の名であったが，即位の際によりふさわしい名に変えられたのであろう．シャルマネセル5世の年代記は残っていないが，聖書によれば，彼はイスラエル王国の首都サマリアを陥落させ，イスラエル人を強制移住させた．

サルゴン2世の即位

前722年にサルゴン2世がシャルマネセル5世と交替してアッシリア王になった際の事情ははっきりしていない．サルゴン2世のある碑文は，シャルマネセル5世に課せられた税を払うことに反対したアッシュールの市民からサルゴン2世に助力が与えられたことを暗示している．サルゴン2世は碑文のなかでは自分の先祖には言及せず，また前任者の名もあげずに，ただ「私より前の王子」と呼んでいる．サルゴンの名は「真の王」を意味するものであり，彼がシャルマネセル5世の正当な後継者ではなかったことをほのめかしている．

彼の治世の初めの2年間に行われた遠征の記録はない．おそらく王位の確立に集中していたためであろう．しかし後に編まれたサルゴン2世の年代記は，シャルマネセル5世によるサマリア陥落を借用し，それをサルゴン2世が後に自ら行ったいくつかの遠征に加えて，彼の治世初期にあったことにしている．前720年の春，サルゴン2世は南へ軍を進めた．その目的はおそらく，サルゴン2世即位をめぐる騒動の最中にビト・ヤキンのカルディア人マルドゥク・アプラ・イディナ2世（メロダク・バラダン）の手中に落ちたバビロニアを取り戻すことであった．デール付近まで到達したアッシリア軍は，エラム王フンバン・ニカシュ1世（前743-17）に率

いられたエラム軍と戦ったが，この戦いが終わった後になってようやくバビロニア軍が到着した．サルゴン2世は全面的な勝利を宣言したが，バビロニアの年代記はエラム軍が勝ったと報告している．実際の結果は勝敗のない引分けであったらしく，次の10年間，アッシリアはデール市を支配下においたが，エラムやバビロニアとそれ以上軍事的にかかわることは避けるようになった．

サルゴン2世は目を西に転じた．そこではハマ，テルパド，シムッル，ダマスカス，そしてサマリアの支配者たちが日和見主義的にアッシリアへの忠誠を捨て去っていた．彼らはサルゴン2世によってカルカルで打ち敗られたが，その地は前853年にシャルマネセル3世が同じように構成された連合軍と対決した場所であった．エジプトの支援を受けたガザが反旗を翻したことを契機にして，サルゴン2世はエジプト国境にまで及ぶアッシリアの支配権を確立した．

アッシリアは北方やユーフラテス川以西の地方も支配下に組み入れることを試みたが，そこではアナトリア高原の二大勢力，すなわち北西のムシュキ人と北東のウラルトゥ人の勢力と競合することになった．ほぼ400年前にもティグラト・ピレセル1世（前1114-1076）がムシュキ人と戦わなければならなかった．前12世紀から前8世紀の間に中央アナトリアの諸地域が占領されたことを示す考古学的証拠はないが，ムシュキ人は前8世紀にはギリシア人がフリュギアと呼んだ地方に住んでいた．ギリシアの伝説によればフリュギア人は，トロイ戦争の頃，すなわち後期青銅器時代の終わりにヨーロッパからアナトリアにきたということである．前1200年頃のハットゥシャの滅亡，そしてヒッタイト帝国の終焉はフリュギア人のせいであると考える学者もいるが，彼らがこのように早い時期からこの地にいたことを裏づける証拠はない．フリュギアとムシュキは同じ人々に対する違う呼び名であった可能性もある．いずれにしても前8世紀までに彼らが1人の支配者のもとに統一されていたことは確かである．

フリュギア王ミダス

西方でのサルゴン2世のライバルは，彼がムシュキのミタと呼んだ支配者であり，それはギリシアの伝説のなかで語られている，手で触れるものを金にし，ロバの耳をはやしたフリュギアの王ミダスと同一人物である．フリュギアの首都は，この町を再建したと思われるミダスの父ゴルディアスにちなんで名づけられたゴルディオンであった．発掘の結果によれば，ゴルディオンの建物は控えの間と長方形の広間から構成される（いわゆる「メガロン・プラン」）のが典型的であり，広間の両側には木製の柱に支えられた回廊があった．別の「メガロン」の床には，彩色した小石でつくった幾何学模様のモザイク画があった．

ゴルディオンの城壁を囲んで75ほどの古墳がある．その最大のものは現在でも50m以上の高さがあり，その地方の伝承ではミダスの墓とされている．この古墳はその大きさのために墓泥棒の略奪を免れていた．その発掘は，頂上から小さな穴を掘って墓室の位置を確かめた後で側面から横に掘り進むことによって初めて可能になった．大きな木材でつくられた墓室には，年齢60歳位，身長159cmの男が埋葬されていた．墓の内部には見事な象眼細工が施された木製の食卓と小卓，三つの青銅の大釜，100個以上の青銅の留め金（装飾用の安全ピン），さらに150個以上の金属製容器やひしゃくがあった．青銅容器の一つは，その底がヒツジの頭部の形になっていた．また別の青銅容器は，サルゴン2世の宮殿の浮彫りにみられるように，底の形がライオンの頭になっていた．奇妙なことにこの墓の内部に武器はなく，また，金，エレクトラム，銀などの高価な材料でつくられたものもなく，象牙，ガラス，宝石も，留め金以外の装飾品もなかった．留め金と金属容器の一部は真鍮（銅と亜鉛の合金）であるが，それらは真鍮使用のもっとも古い例に属する．その外観が明るい黄色を呈していることから，普通の青銅（銅と錫の合金）ではなく，真鍮で物をつくることの発見が，ミダスの触れるものが黄金になるという物語を生んだとみられる（しかし墓の主がミダスであるか，それともその父であるかについては意見が分かれている）．後代の伝承によればミダスは，中央アジアから来たキンメリア人侵入以後の前695年頃，王国が滅ぼされたときに自害した．発掘調査結果もゴルディオンがちょうどこの頃に滅ぼされたことを示している．

サルゴン2世の治世の初期には，彼の敵はミダスであった．ムシュキやウラルトゥの支配者たちを巻きこんだ陰謀はアッシリアの怒りを買うには十分であり，この結果，前717年にカルケミシュがアッシリアに併合されることになった．タバルのアンバリスがウラルトゥのルサとフリュギアのミダスに使いを送ったとき，アッシリアはアンバリスを王位から退け，前713年にその王国を併合した．しかしクエ（キリキア）の代官の攻撃を受けたミダスは前709年，アッシリアと同盟を結んだ．サルゴン2世からアッシリア人宦官であるクエの代官アッシュール・シャル・ウツルに宛てた書簡の写しは，ミダスとサルゴン2世の間の和解のニュースを伝え，その結果としてアッシリアがとるべき政策について説明している．ア

上　新しく築かれた首都ドゥル・シャルルキン（ホルサバード）の浮彫り．サルゴン2世が彼の宮廷の高官，おそらくは息子の皇太子センナケリブと向き合っているところ．王はアッシリアの王冠をかぶり，花飾りのついた長い上着を着ている．この飾りは実際には金であり，織物の上に縫いつけられたものであろう．似たような衣服は，カルフのある墓の石棺にあった2体の骨にかけられていた．この墓にはティグラト・ピレセル3世の妃ヤバ，シャルマネセル5世の妃バニートゥ，そしてサルゴン2世の妃アタリアが埋葬されていた可能性がある．高さ2.90m，幅2.30m．

右　ゴルディオンのミダスの墓に埋葬されていた男の骨から生前の姿を再現したもの．殺人や火事で死んだ身元不明の被害者の姿を再現する場合と同じ技術が用いられている．頭蓋骨の型の上に筋肉と皮膚の層をつけて，この王の肖像がつくられた．

下　イヴリズの泉の近くにある岩壁の浮彫りは，神（左）の前に立つトゥワナ（古典時代のティアナ）の支配者ワラバルワス（右）を表している．ワラバラワス（アッシリアの文書ではウルバラ）はティグラト・ピレセル3世に貢納したが，その後フリュギアのミダスと結んだらしい．ミダスがアッシリアのサルゴン2世と和睦したとき，ワラバラワスもアッシリアの支配下に戻った．ワラバラワスがつけている留め金（半円形の装飾用安全ピン）は，ゴルディオンのミダスの墓で100個以上発見された留め金と似ている．神像の高さ4.20m．

勝ち誇るアッシリア

ッシリアとフリュギアに挟まれた土地の支配者たちは降伏して「アッシリア王のサンダルをあご髭でぬぐう」以外に術はなかった．

アッシリア王の伝令制度

アッシリアの年代記が示す歴史叙述に偏りがあることは驚くにあたらない．しかし，アッシリアの敵国や近隣諸国の碑文から，そのような偏りを訂正できることがある．なかでも際立って，アッシリアの年代記と異なる見解を示しているのは，アッシリア王宮の往復書簡集である．サルゴン2世と帝国全土の役人，またはアッシリア国境の外にいるスパイとの間に交わされた書簡が3300通ほど残っている．これらの書簡の多くは，断片的であり，ほとんど日付がなく，それぞれの背景を伝える情報も，当事者は了解しているために省かれていることなどから，容易に理解できないものも多い．それにもかかわらず，これらの書簡は，公式に喧伝される王碑文からは知りえないアッシリアの内政と外交に関する諸問題を暴露している．王碑文では，神々は王の味方であり，王にはすべての者が服従するのが当然であり，王の意志への抵抗はありえないことを暗示しているため，成功は必然的であるという印象を与える．それに対して往復書簡は，あらゆる行動の前に，いかに占いや神託が求められたかについて語り，また王の成功だけでなく，失敗についても報告していることから，いくつかの政策の成果は思わしくなかったことが窺える．

アッシリアが直面した問題の一つは，あまりに巨大な帝国の統治であった．地方の行政は，王の命令に従って行動し，王に報告を送る属州の代官の管理下におかれていた．指令の伝達の大きな遅れは，代官が自主性をもちすぎる危険や重大な決定を遅らせる恐れを生んだ．このような問題を克服するためにアッシリアは機能的な道路網と伝令制度を設けた．主要なルートにそって，ちょうど1日の行程（30km）ごとに中継所があり，王の伝令たちはそこで休み，彼らの荷車を曳くラバの新しい一群をえることができた．こうして王の指令が広大な帝国の辺境の地まで達するのにわずか数日しかかからなかった．この制度は後にペルシア帝国に導入され，広く賞讃される通信網の基盤となった．

ウラルトゥとの戦い

アッシリアの軍事体制は人間，動物，装備の補給を必要とし，それらは税，貢ぎ物，戦利品によってまかなわれていた．王や高官が率いる年ごとの遠征は，降伏してアッシリアと結んだ人々に必ず報酬が与えられることを確信させた．アッシリア北方では強大なウラルトゥ王国がアッシリアの構想に服従の意を示さなかった．アッシリアが勢力を増大させ，ウラルトゥ付近の地方への影響力を強めようとしたとき，両者間の対立はますます深まっていった．地図上では，アッシリアとウラルトゥは国境線を共有しているが，実際のところ両者はほとんど通行不可能な山岳地帯によって隔てられていたために，直接的な軍事攻撃はありえなかった．たとえアッシリア軍が山岳地帯を越えることに成功したり，東方か西方の通行しやすいルートを通ってウラルトゥに到達したとしても，ウラルトゥ人は自分たちの山地の要塞に退き，苛酷な冬将軍がアッシリア軍に退却を強いるままにさせたであろう．ウラルトゥを併合することはアッシリアの目的ではなく，サルゴン2世はエジプトやムシュキとの場合のようにウラルトゥとの直接的な衝突を避けていた．ところが彼らの属国や同盟国が原因となって抗争がおきたのである．

前716年，ウラルトゥ王ルサ1世は，ウルミア湖の南，イラン西部に位置するマンネアの支配者を撃ち，代わりにバグ

ダッティを王位に就けた．サルゴン2世は，マンネアはアッシリアの勢力範囲内にあると考え，またマンネアはアッシリア軍への重要なウマの供給源であったので，ウラルトゥの干渉はサルゴン2世にとって挑発的な行為であった．サルゴン2世はマンネアに侵入し，バグダッティの皮を剥がせ，彼の代わりにその兄弟ウルスヌを王とした．ウラルトゥは，復讐としてマンネアの22の要塞を奪ったが，翌年サルゴン2世はウルスヌの援助に駆けつけ，これらの要塞を奪還した．前714年，サルゴン2世はメディアに進軍し，ザグロス中部の支配者たちから貢ぎ物を受け取った．その後，北方のマンネアに向かい，そこでウルスヌからルサ1世に軍を向けるように説得された．そしてウルミア湖南西のどこかの場所でアッシリア軍とウラルトゥ軍が会戦し，サルゴン2世が勝利をおさめた．サルゴン2世はルサ1世を撃退してウラルトゥの領域内に入り，ウラルトゥ王が即位する神ハルディの都市ムサシルを通ってアッシリアへ帰還した．彼はムサシルを略奪し，山のような戦利品をもち帰った．サルゴン2世は，神アッシュールに宛てた手紙のなかでこの第8遠征について詳細に報告している．この手紙はおそらくアッシュール市で催された凱旋の祝賀会で読み上げられたのであろう．サルゴン2世は，遠征のあらゆる局面を記録しているが，そこには戦利品と受け取った貢ぎ物すべての目録や死傷者の状況（それは今日の軍事報道で発せられる簡単な報告と同様に信憑性のないものであった）も含まれていた．たとえばアッシリア側では，戦車御者1人，騎兵1人，そして歩兵3人が殺されただけだと断言している記事がある．

しかしウラルトゥに対するサルゴン2世の勝利は，その碑文が思わせるほど完全なものでも決定的なものでもなかった．ルサ1世はムサシルに対する支配力を再び確固たるものとした．彼はサルゴン2世の年代記に述べられているように「自分の鉄剣で，自分自身をブタのように刺し通して」自殺をしたとは考えられない．アッシリアとウラルトゥの間には不安定な休戦が成立していた．アッシリアのスパイたちはウラルトゥの情勢について報告しているが，ある報告ではキンメリア人が侵入してウラルトゥ人を撃退したと伝えている．このような状況下では，ウラルトゥにとってもアッシリアにとっても互いに平和を保つことが得策であった．そしてつづく100年の間には，両者の対戦の記録はない．

サルゴン2世の治世の終焉

ウラルトゥの南方に，メソポタミアから伸びる主要交易路にまたがって，メディア人の名で知られる民族が多数の部族集団に分かれて住んでいた．サルゴン2世の碑文では，メディア人はビクニ山の尾根に住む「強大なメディア」とか「遠くのメディア」といわれている．この山は，メディアの後の首都となったハマダンの真南に位置するアルヴァンド山であるとされている．前5世紀のギリシアの歴史家ヘロドトスは，メディア人は，ハマダンに首都を築いたディオケスのもとに統一されたと記している．アッシリア側の記述によれば，前7世紀の後半までメディアは統一されていなかった．メディアの遺跡はわずかしか発掘されていないが，それらは前8世紀の終わりに基礎がつくられたらしい．これらのうち，テペ・ヌシ・ジャンは見事な宗教的聖所をもっていた．またゴディン・テペには，列柱広間のある防備を固めた宮殿があり，それはかつて，その地方のメディア人首領の住居であった．ナジャフェハバードで発見されたサルゴン2世の石柱は，ゴディン・テペからもたらされたと考えられるが，それはアッシリア人がザグロス山脈にもっとも深く入りこんだ記録となっている．

西，北，東の問題を解決したサルゴン2世は前710年，マルドゥク・アプラ・イディナ2世がバビロニアを支配している南に目を転じた．サルゴン2世は2回の遠征によって，マルドゥク・アプラ・イディナ2世を駆逐し，南部の湿地へ逃避することを余儀なくさせた．そしてサルゴン2世は前709年の新年祭において，自分がバビロニアの支配者であると宣言した．前707年にはマルドゥク・アプラ・イディナ2世を首領とするビト・ヤキンの首都ドゥル・ヤキンを占領したが，マルドゥク・アプラ・イディナ2世自身を捕えることには失敗した．サルゴン2世は，バビロンとエラム国境に接するガンブルにそれぞれ代官を配置することによって，バビロニアをアッシリア帝国に組み入れた．そして国の安定を保つ目的で10万8000人以上のアラム人とカルディア人をバビロニアから強制移住させた．

自らの先祖を否定する支配者にふさわしく，サルゴン2世は新しい首都を建設することにした．彼はまったく新しい場所を選び，それをドゥル・シャルルキン，すなわち「サルゴンの要塞」と命名した．その基礎はすでに前717年に据えられ，前707年，その都市が落成する1年前，ドゥル・シャルルキンの神々が神殿に入場した．ところが前705年，サルゴン2世は軍を率いてタウルス山脈のタバルに赴き，グルディ（ゴルディアス）という男との戦いのなかで自らの死を迎えることになった．グルディは，アナトリアの君主たちにはよくある名前であった．サルゴン2世はその権勢の絶頂にあり，無敵であるようにみえた．彼はペルシア湾岸からタウルス山脈に至るまで，ザグロス山脈からシナイ半島に至るまでの中東の中心部を支配していた．ウラルトゥを敗り，フリュギア王ミダス，エジプトのファラオ，ディルムン王ウペリ，ヤドナナ（キプロス）の7王を含めた支配者たちに貢納を義務づけた．しかし彼が戦いのさなかに死に，その遺骸が失われて彼の宮殿に葬ることができなかったことは，アッシリアの大義にとっては大打撃であった．

自然がつくったアッシリアの首都ニネヴェ

前704年，サルゴン2世の息子であり，皇太子であったセンナケリブが王となった．センナケリブは，何が自分の父の罪であったのかを知るために神託を求めた．センナケリブは，サルゴン2世の悪い運勢から自分を解放するために，自分の碑文のなかには父の名をあげず，首都も新しい町ドゥル・シャルルキンから，古い町ニネヴェに移した．ニネヴェは地勢上，アッシリアの中心に位置していた．それは肥沃な穀物の産地にあり，ティグリス川の重要な渡航路を統御した．またそこには女神イシュタルの，アッシリアでの祭儀の中心となる主神殿があった．センナケリブはニネヴェを再建して，その古い高台（テル・クインジュク）に宮殿と神殿とともに城塞を建築した．彼の主要な宮殿は，浮彫りが施された石壁によって飾られたが，それらの大部分は，彼の軍事的勝利を表現していた．カルフやドゥル・シャルルキンの場合と同様に，城塞から離れたところ（イスラム教の伝承によれば，預言者ヨナが葬られている場所とされるテル・ネビ・ユヌス）に兵器庫を兼ねた宮殿を建てた．長さ12km以上に及ぶ強固な城壁が，この7000m^{2}以上の面積を占める町を囲んでいた．

センナケリブは大規模な灌漑事業にも着手した．それは大きく拡張されたニネヴェの町と，それをとり囲む果樹園と畑，そしてカルディアとアマナス山脈からもたらされた植物を植えた王の公園に水を供給するためであった．公園のなかのある外来植物の一つには「羊毛を生む木」があったが，それはインドで前3千年紀から栽培されていた綿の木であるとされている．

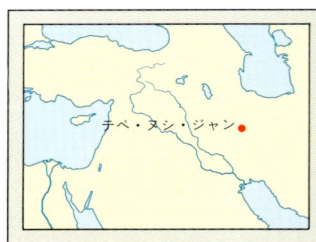

下　山々に囲まれた平原の真ん中に露出した自然の岩石があり，その頂にテペ・ヌシ・ジャンの泥レンガづくりの建物がある．発掘の初期に撮られたこの写真では，遺跡の頂上にちょうど城塞の壁がみえている．

テペ・ヌシ・ジャン

メディア人は，中央アナトリアからアフガニスタンに至る広大な帝国を支配していたにもかかわらず，メディア人に関する考古学的な史料はほとんど知られていない．1960年代と1970年代に，メディアの首都ハマダンからそれほど遠くないゴディン・テペとテペ・ヌシ・ジャンの二つの遺跡が発掘された．それぞれの遺跡からは，前8世紀から前6世紀まで使用されていた防御設備をもつ大規模な住居と，メディア人の宗教的なより所となった建物が発見された．

メディア人は後代のゾロアスター教徒のように火を崇拝していた．テペ・ヌシ・ジャンの中央神殿は，前8世紀に建造されたと考えられる．その床面はめずらしい階段状のつくりをもち，火を焚く祭壇が設けられていた．前600年頃，おそらく修復計画の一環として，この建物に入念に石がつめられたために壁は8mほどの高さまで保護されていた．しかし修復作業は完了することなく，後代になると，この記念碑的建造物は，遺跡に無断で入りこんできた村人によって占拠されるようになった．

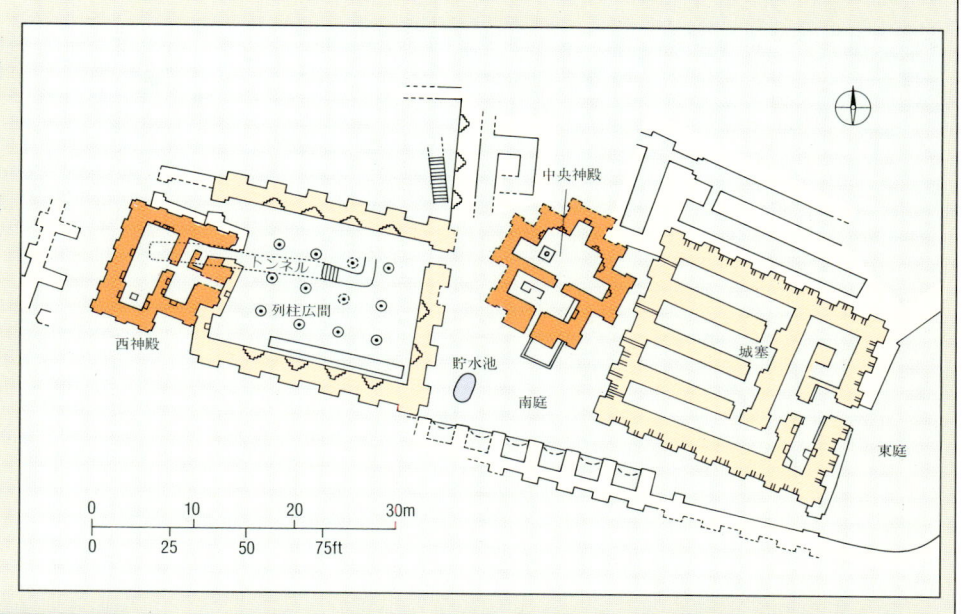

下　中央神殿と西神殿がテペ・ヌシ・ジャンのもっとも重要な建造物であった．後になって城塞，防御設備のある方形の倉庫，列柱広間が建設された．列柱広間は，アカイメネス朝ペルシアの王宮建築にも採用された．

上　テペ・ヌシ・ジャンの建物は戸口を含めて例外的によく残っていた．丸天井もまだ当時のままである．西神殿のこの戸口は，この建物が放棄されたときに部分的に封鎖された．戸口の上にあった古代の横木は現代の梁に替えられている．

上中央　前600年頃に青銅器に入れられた321個の銀製品が城塞に埋められた．これらのなかには前2000年頃の渦巻き状のビーズやペンダントのほか，指輪やその他の装身具類と棒状の銀があった．それは初期の通貨であったかもしれない．下段の銀棒の長さは5.35cm.

帝国

ドゥル・シャルルキン

アッシリア王であり、全世界の王であると自ら宣言した王位簒奪者サルゴン2世は、前717年に新しい首都を創建した。彼が選んだ場所は古い首都ニネヴェの北にあり、ドゥル・シャルルキンと名づけられた。それは「サルゴンの要塞」を意味している。ドゥル・シャルルキンの神々は前707年に新しい首都の神殿に運び入れられた。またそのとき、サルゴン2世は「すべての国々の王子たち、属州の代官たち、アッシリアの貴族、宦官、長老とともに新宮殿に移り住み、宴会を催した」。しかしその2年後、サルゴン2世は戦死し、宮廷はニネヴェに移ってしまった。

ドゥル・シャルルキンの城壁は、2辺の長さを1600mと1750mとするほぼ長方形の平面をもつ領域を囲んでいる。この町には七つの門から入ることができる。サルゴン2世の巨大な宮殿と神殿のある区域は、町の北西の城壁をまたいでいる高台にあるが、兵器庫は南の角におかれていた。

現在ホルサバードと呼ばれているこの遺跡は、19世紀にポール・ボッタとヴィクトル・プラスによって発掘された。彼らは宮殿の壁に並べられていた、浮彫りのある多数の石板を発見したが、これらの多くは、彼らの船が沈没したときに失われてしまった。

左 宮殿の住居K（左下の見取り図参照）の壁面装飾。この広間は壮大な壁画で飾られ、石板の浮彫りはない。大部分が復元に基づくこの壁画には、神の権威を示す棒と輪を手にした神像の前に立つ王と、その背後につき従う皇太子らしい人物が描かれている。この画面を囲む縁取りには、小さいバケツとまつかさ状のものをもった精霊像が配され、下段にはひざまずいた有翼の聖霊と雄ウシが並んでいる。高さ約13m。

右 彩色した日干し粘土の像。ドゥル・シャルルキン出土。誤ってギルガメシュの像とされることもあったが、実際は精霊ラフムの像であり、豊かな頭髪をもっている。このような小像は厄よけとして建物の基礎部に埋められた。

下 ドゥル・シャルルキンの城門の一つに彫られた4枚の翼をもつ精霊、バケツとまつかさをもつ。高さ約3.65m。

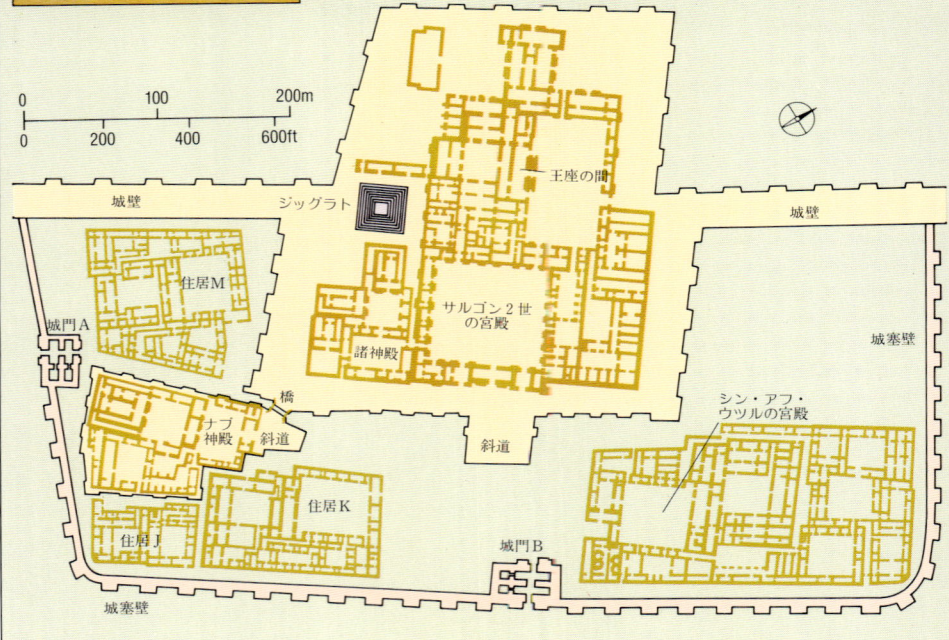

上 城塞の台状に盛り上がった部分には王の宮殿とジッグラトを含む宗教的建造物の領域があった。下段にはナブ神殿があり、橋を渡っていくことができた。また高官たちの住居があり、そのなかにはサルゴン2世の兄弟でトゥルターヌ（宰相）であったシン・アフ・ウツルの住居も含まれていた。

右 粘土で9面をもつたるの形をつくり、碑文を刻んで焼いたもの。ドゥル・シャルルキン出土。「私は昼も夜もこの町の建造物の計画を練った」というサルゴン2世の言葉が記されている。

勝ち誇るアッシリア

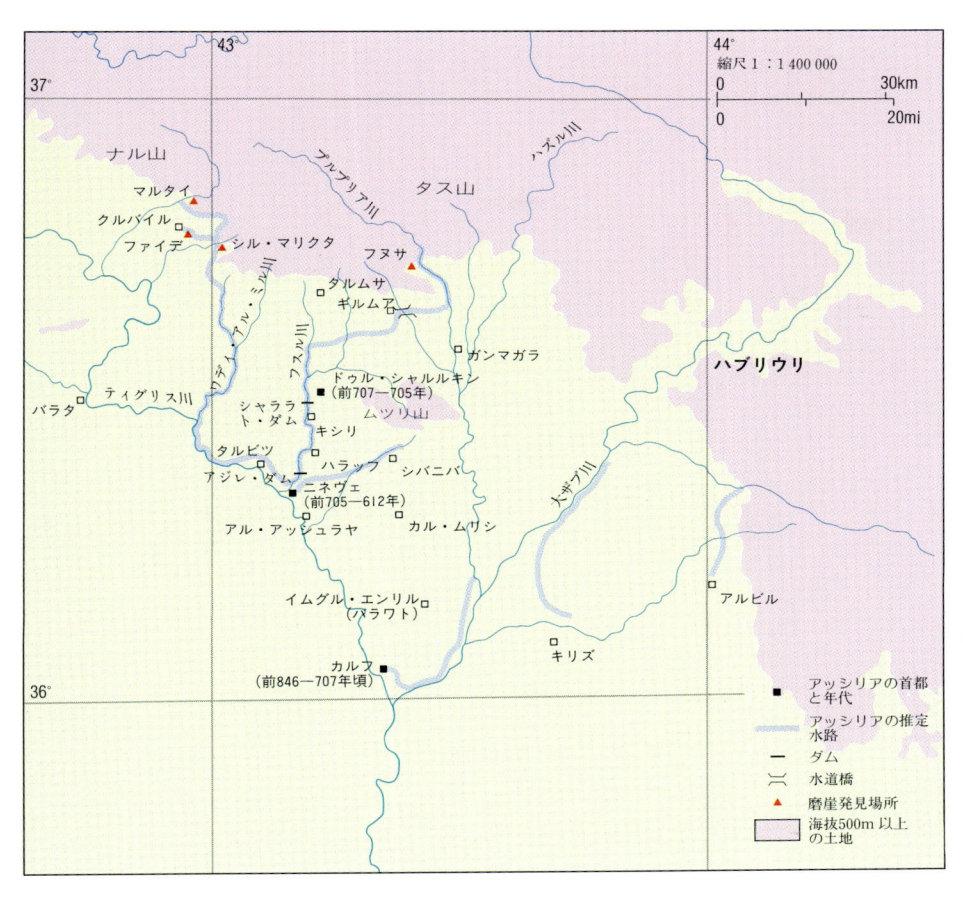

ア人はその後も問題をおこしつづけたが，前700年，センナケリブはバビロニアに戻り，ベール・イブニを解任して，代わりに自分の長男アッシュール・ナディン・シュミをバビロニアの王とした．

バビロンの破壊

前694年，センナケリブはカルディア人とエラム人の同盟軍と対決する新たな遠征を開始した．今回はフェニキア人につくらせた船に乗ってティグリス川とユーフラテス川を下り，湿地帯をエラム領まで進み，船のなかから攻撃を行った．アッシリアは大勝利をおさめたと主張したが，そのすぐ後，エラムはバビロニア北部に対して反撃し，シッパルを陥落させ，アッシュール・ナディン・シュミを連れ去った．

これにつづく3年間のできごとは錯綜している．アッシリアはエラムが任命したバビロニア王を捕えたが，バビロニアの支配権はカルディア人が握っていた．エラム王は謀反によって解任され，その後継者も翌年には同じ運命をたどった．これらの動乱にもかかわらず，アッシリアはバビロニア支配権奪還には失敗した．そして前691年，南部の同盟軍はティグリス川をさかのぼってアッシリアを攻撃した．両軍はハルレ（おそらくサマッラ付近）で会戦し，アッシリア軍が勝利したと記録されているが，信頼できるバビロニアの年代記は，アッシリア軍が退却を余儀なくされたと述べている．しかしその翌年にはアッシリアは再び主導権をえてバビロンを包囲したが，バビロンは前689年の陥落に至るまで，15カ月間ももちこたえた．

アッシリアの首都への給水

アッシュールナツィルパル2世は前864年頃，首都をアッシュールからカルフに移した．サルゴン2世の新しい首都ドゥル・シャルルキンは，前705年にサルゴン2世が戦死するまでにはかろうじて完成していたが，迷信深い息子のセンナケリブはニネヴェに遷都した．アッシリアの王たちは従来の水路を利用し，さらに運河を築いて諸都市に水を供給した．センナケリブの構想はもっとも野心的であった．アルビルに至る運河の一部は地下を通っていた．フヌサ（バヴィアン）からの運河は水道橋によってギルムア（ジェルワン）の谷を渡っていた．また北西からニネヴェに水をもたらす運河にそって神々の像を刻んだ石板が並べられていた．

右　ラキシュの城外でユダヤ人捕虜が串刺しにされている．センナケリブの年代記にはラキシュ包囲についての記録はないが，ニネヴェの宮殿浮彫りにその様子が再現されている．イスラエルのラキシュ（テル・アル・ドゥウェイル）の発掘は，アッシリアの浮彫りの描写が正確であることを裏づけた．攻城斜面が築かれたことによってラキシュは陥落したが，発掘によってこの斜面は，城壁のなかで抗戦する者たちが築いた斜面とともに発見された．

センナケリブの成功と失敗

センナケリブはその碑文と浮彫りのなかでは，成功した無敵の君主であったという印象を与える．しかし実際には彼の治世は反乱とその鎮圧の連続であった．前701年センナケリブは反乱抑圧のためにレヴァントとパレスティナに進軍し，フィリスティアの海岸平原にあるエルテケ付近で，その反乱を援助するためにきたエジプト軍と交戦した．センナケリブの年代記は，アッシリア軍がこの戦いに勝ったと主張している．しかしアッシリア軍はエジプト国境の方へ南下をつづけることはなく，内陸方面に向きを変え，ラキシュを包囲した．この戦闘の模様は，センナケリブの宮殿浮彫りに生々しく描写されている．アッシリア軍はその後，ユダヤの王ヒゼキアの王座があるイェルサレムを攻撃したが，この町を陥落させることには失敗した．聖書も，ギリシアの歴史家ヘロドトスも，アッシリア軍はエジプト軍によって撃退されたと記している（しかしこの撃退は，センナケリブの年代記には言及されていない後代の戦闘のものであると考える歴史家もある）．

センナケリブはその父とは違って，領土の拡大には乗りださず，サルゴン2世が確定した国境を維持することで満足した．しかしサルゴン2世が行ったバビロニア併合は厄介な問題となっており，センナケリブの治世の大半は，南部との関係によってアッシリアの外交政策が左右された．前703年，しぶといマルドゥク・アプラ・イディナ2世が反旗を翻し，再度バビロニアの王座を奪った．センナケリブは南へ進軍し，バビロニア人，カルディア人，アラム人，エラム人，アラブ人からなる同盟軍をクタの近くで撃ち破った．そしてバビロンを奪還し，マルドゥク・アプラ・イディナ2世の家族とその宮廷に属する者たちを捕えた．しかし，そのカルディア人首領自身はまたしても湿地に逃亡してしまった．センナケリブはバビロニア人のベール・イブニをバビロニア王として任命し，さらにカルディア人の国に入って戦闘をつづけた後，20万8000人の捕虜を連れてアッシリアに帰還した．カルディ

帝　　国

ニネヴェ

　現在テル・クインジュクとして知られている城塞都市ニネヴェがあった高台には，ハッスーナ期（前7千年紀）以来人が住みついていた．この高台の4分の3は先史時代からのものとされる．ウルク期（前4000－3000年頃）には，ニネヴェはメソポタミア南部の発展と密接に結びついていた．前2千年紀には，ニネヴェはアッシリアの首都ではなかったにもかかわらず，イシュタル女神の名高い神殿のある重要な都市であった．センナケリブ（前704－681）は前8世紀の終わりにニネヴェを首都として選び，そこに「並ぶもののない宮殿」と名づけられた南西宮殿を建造し，浮彫りを施した石壁で飾った．カルフとドゥル・シャルルキンにもあった兵器庫は，ニネヴェではテル・ネビ・ユヌスの丘におかれた．この丘は後代の伝説では預言者ヨナの墓とされている．

　センナケリブの孫，アッシュールバニバル（前668－27頃）はテル・クインジュクに第2の宮殿である北宮殿を建てた．そこには有名なライオン狩りを表した浮彫りがあった．前612年の夏，ニネヴェはメディア人とバビロニア人の手に落ちたが，彼らはアッシリアの宮殿と神殿を略奪し，破壊した．しかしニネヴェの町はその後1000年間，ティグリス川対岸のモースルにとって代わられるまで，人が住む町でありつづけた．

上　ニネヴェの南西宮殿にある浮彫り（部分）．御者と，はえ追いをもった宦官の従者とともにアッシリア王が傘のついた戦車に乗っている．この浮彫りはバビロニア遠征の様子を描写したものであり，この王はアッシリア末期の王の1人，シン・シャル・イシュクンであろう．

右下　ニネヴェの北宮殿の浮彫りで，前645年頃に彫られたもの．この部分はそれより50年ほど前に建てられた南西宮殿のファサードを模写しているのであろう．センナケリブは碑文のなかで，彼が青銅の柱をもつ正面玄関をつくったことを誇っている．柱はそれぞれ約43トンの重さがあり，頑丈に鋳造されたライオンと雄ウシの像によって支えられていた．

右　センナケリブはニネヴェの城壁を建設し，その15の城門に名前をつけた．門の位置は城壁の盛り上がった部分から確認できる．城壁内にも多くの建物が点在するが，この町のもっとも重要な建物はテル・クインジュクとテル・ネビ・ユヌスの上にある．東側の土塁は運河の土手が崩れたものであり，以前推測されたような別の要塞や，メディア人とバビロニア人によって築かれた攻城堡塁ではない．

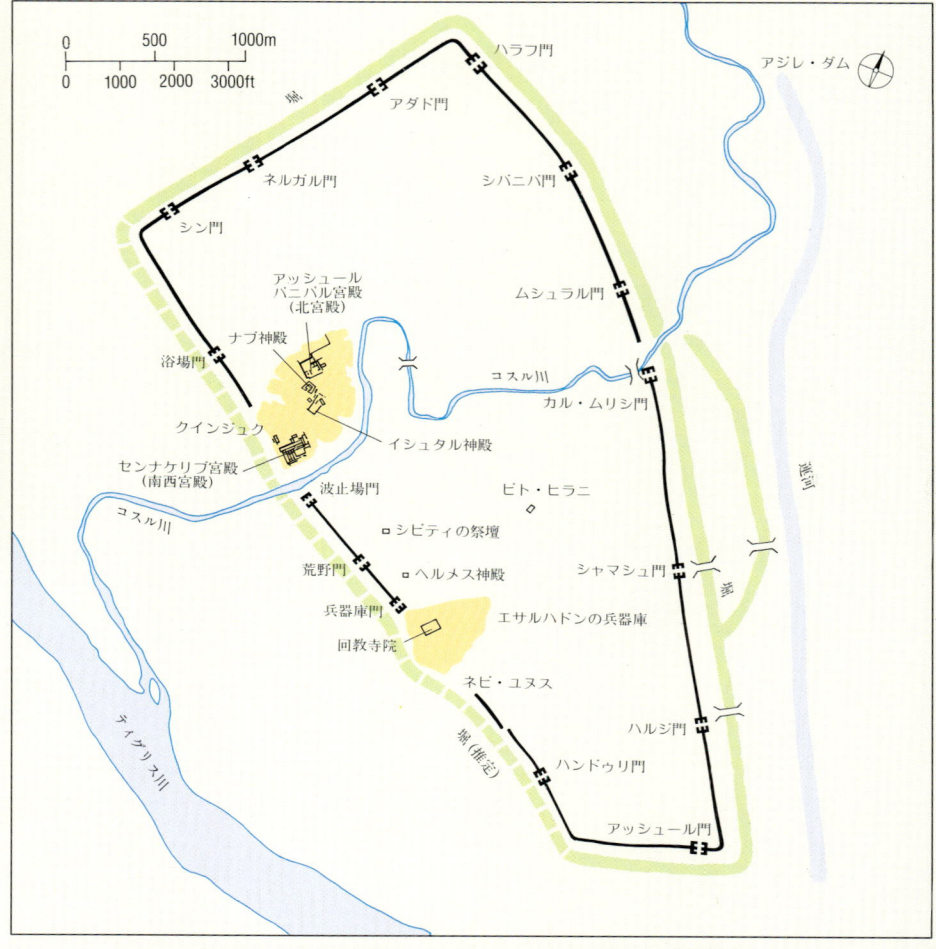

勝ち誇るアッシリア

上　センナケリブの運河にある浮彫リ．緻密に計画された運河網がニネヴェの町と王の自然保護区や狩猟場に水を運んでいた．水は運河または自然の河川を流れた．運河網は北部の丘陵地帯に発し，ジェルワンでは谷を渡る水道橋が建設された．ニネヴェの北45kmのところにあるジェベル・ファイデにそった丘陵斜面に運河の跡がはっきりみえる．それは幅が3m以上あり，ところどころに神々の像が彫られた石板がおかれている．それらはかなり侵食され，地面の下に埋まっているものもあるが，現在でもはっきりと判別できる．

上　復元されたニネヴェの北側外壁にそって西方をみたところ．遠方にネルガル門がみえる．城壁の表面には石材が用いられ，さらに銃眼と一定の間隔をおいて並ぶ塔によって防御されていた．この外壁の向こうに泥レンガでつくったもっと高い城壁がある．ニネヴェの城壁1周の長さは12km．センナケリブはこれを「敵を恐れさせる城壁」と呼び，その外側に深い堀をつくらせた．現在この堀には水がたたえられている．

右　コスル川に設けられたシャララトのダムの景観．ニネヴェの上流13kmに位置する．これはセンナケリブの運河網の一部と考えられる．1970年に地元の人々によって修復され，いまでもダムとして機能している．

帝　国

　センナケリブの復讐は激しかったが，それは予想外のことではなかった．彼はバビロンの富をもち去り，神々の像を砕き，家屋，神殿，そして宮殿を破壊し，さらに水路を掘ってその場所を水浸しにした．廃墟から取った土は，ユーフラテス川に投げ入れられてはるかディルムンにまで達し，あるいはアッシリア帝国の最果ての地に送られたり，あるいは，センナケリブが，バビロンにあった宗教的中心をアッシュール市に移し替える試みとして建設したアッシュール市内の神殿に運び入れられたりした．

　残るセンナケリブの治世には，アッシリアは明らかに平和であったにもかかわらず，彼自身は残酷な死を遂げた．前680年2月，センナケリブは息子のアラド・ムリシによって暗殺されたのである．ユダヤ人にとってそれは彼のイェルナレム攻撃に対する正当な報いであった．またバビロニア人にとっては，彼が聖なるバビロンを冒瀆したことへの懲らしめであった．実際にこの陰謀に加担したバビロニア人がいたかもしれないが，この暗殺はおそらく，王朝内の争いの結果であろう．

王位継承をめぐる争い

　前694年にエラムがバビロニアに侵入し，その結果，センナケリブの長男アッシュール・ナディン・シュミがエラムに連れ去られ，消息がわからなくなってしまったとき，次男であったと思われるアラド・ムリシはセンナケリブの後継者とされることを望んだに違いない．しかしセンナケリブの妻ザクートゥ（アラム語ではナキアと呼ばれる）は，自分の息子エサルハドンを偏愛していたため，彼が他の兄弟たちを差しおいて王位継承者とされたのである．

　サルゴン2世の時代から，王はその息子の1人（必ずしも長男ではない）を後継者とするのが慣例となっていた．その際，シャマシュ神とアダド神の神託を伺い，それが「吉」であれば，王位継承者はビート・レドゥーティ（後継者の家）と呼ばれる館に入り，王位に就く準備をした．王位継承者はこの段階で改名することができた．エサルハドンはアッシュール・エテル・イラーニ・ムキン・アプリという名を選んだが，この名はあまり使用されなかったようである．王位継承者の選考方法は，王の息子たちのなかでもっとも有能な者，必要な技能を身につけるように訓練された者，しかもその王位継承に異議を唱えられることのない者が選ばれることを原則としていた．しかしエサルハドンの場合は，期待どおりには事が運ばなかった．彼の兄弟たちによる中傷と陰謀は，彼を父親の愛情から遠ざけ，前681年にはエサルハドンが宮廷から逃避する，もしくは追放されるという事態に至らせた．父親が殺害された後，エサルハドンはニネヴェに戻り，兄弟たちの軍隊を敗退させた．これに帰属していた者の多くはエサルハドンの側についたが，アラド・ムリシとその一味は逃亡した．

エサルハドンの迷信的習慣

　エサルハドン（前680-69）は丈夫な人ではなかった．彼はたびたび，自分の周期的な病気について忠告を求めた．彼自身が述べているところによると，その症状は熱，衰弱，食欲不振，関節の硬化，目の感染症，耳の痛み，悪寒，そして皮膚病などであった．洗い薬，軟膏，休養，食事の変更，そして宗教的儀礼などさまざまな処方によっても彼の病は癒されることがなかった．それはまた彼を憂鬱にさせたに違いない．病気は神々のなせる業であると信じられていたため，エサルハドンは神々が彼からなにを求めているのかを知りたがっていた．彼が王になる前に，宮廷所属の占星術師は星の動きとその解釈についての報告書を送っていた．それによると，

勝ち誇るアッシリア

イト人も似たような慣習をもっていたが，それは明らかにメソポタミアから借用されたものであった．エサルハドンの治世以前には1件だけ詳細に記録された代理王の例がある．それはカルフ出土の文書に述べられている代理王で，前782年頃その役目が与えられた．エサルハドンの治世には6件の記録に残る代理王があり，その息子アッシュールバニバルの代には少なくとも2回代理王の即位があった．

エサルハドンは，その妻の死後まもなく，息子のアッシュールバニバルとシャマシュ・シュム・ウキンを後継者として選び，アッシュールバニバルをアッシリアの王，シャマシュ・シュム・ウキンをバビロニアの王と定めた．エサルハドンは自分自身の即位に伴った困難と自らの不安定な健康を憂慮して，前672年の春，役人とアッシリアの属国の為政者たちをカルフに召喚し，この王位継承に同意することを誓わせた．

エジプト遠征

エサルハドンの治世には，侵入してきたスキタイ人とキンメリア人が，アッシリア東方と北方の隣接諸国を圧迫した．彼らはアッシリア本国さえも脅かしたが，そのことからエサルハドンはますますシャマシュ神の神託にすがることになり，その神託に従って，和睦のために自分の娘をスキタイ人首領バルタトゥア（ヘロドトスはプロトテュエスと呼んでいる）に差しだした．この意思表示が期待どおりの結果を生んだかどうかは知られていない．エサルハドンはアッシリアの北部と東部でキンメリア人とスキタイ人を敗退させたと主張しているが，彼の最大の功績は西部で達成されたのである．

前679年，エサルハドンはエジプト国境にあるアルザを占領したが，バビロニアの年代記によれば，アッシリア軍がエジプトで敗退した前674年には退却を余儀なくされたとのことである．前672年，エサルハドンは病気になったが，翌年には回復してエジプト侵略を指揮し，このときにはエジプトのファラオであるタハルカ（前690−64）を敗北させた．タハルカは，ヌビア（エジプトはクシュと呼び，アッシリア人はメルッハと呼んだ）のナバタからおこった第25王朝に属していた．前671年7月2日の皆既月食はアッシリア王の死を予言し（それは代理王の即位によって回避されていた），またエジプト王の敗北をも予言していた．3回の会戦の後，7月11日にアッシリア軍はタハルカの首都メンフィスを占領したが，タハルカは息子とハーレムと財宝とを残して南方へ逃亡した．エサルハドンはエジプトからの戦利品をバビロン再建の財源にあてた．アッシリアはエジプトに新しい支配者，代官，役人たちを任命し，エジプト人に納税の義務を負わせた．

このときまでには，エサルハドンの病気はさまざまな支障をきたすようになっていたが，彼は国の内外でも諸問題に直面していた．前670年の春，エサルハドンは自分を打倒しようとする策略をみぬき，陰謀者を処刑した．その翌月，エサルハドンは再度病気になったが，回復した．翌年には，再びタハルカの支配下におかれて反旗を翻したエジプトに対して，再征服をもくろんで出発したが，エサルハドンは前669年11月1日に没し，遠征は放棄された．

エジプト征服

エサルハドンの死後，その母ザクートゥは，孫たちを集めて，エサルハドンが定めた後継者アッシュールバニバルに対する忠誠を誓わせた．アッシュールバニバルの即位に問題はなく，前669年が終わる前にアッシリア王となった．しかし彼の兄弟シャマシュ・シュム・ウキンのバビロニア王即位は，バビロニアの新年祭（前668年春）が済むまで延期された．このため，バビロニア王シャマシュ・シュム・ウキンの

上　この黒い石碑には，エサルハドンがバビロンを復元したことが刻まれている．種播き機がついた犂の見事な描写を含めてここに示されたそれぞれのシンボルは，あるいはエサルハドンの名前に用いられる楔形文字に関連し，全体でエサルハドンの名前の表記法の一種を示しているのかもしれない．

左　前671年以降にエサルハドンが建てた石碑．サムアル（ジンジルリ）外壁の塔の門室で発見された．儀礼的な衣装を身にまとったアッシリア王が，畏敬の念を表す仕草をして立っている．王の頭の前には神々のシンボルが彫られている．王は2本のひもをもち，それらの先は撃ち破った敵の唇につながれている．敵の1人は黒人系の容貌をしている．この2人はエジプトおよびヌビアの王タハルカ（あるいはその息子で捕えられてアッシリアへ連行されたウシャナフル），シドン王アブディミルクトか，ティル王バールである．この石碑の側面にはエサルハドンの後継者たちが少し小さく彫られている．アッシュールバニバルはアッシリアの皇太子としての，シャマシュ・シュム・ウキンはバビロニア王としての服を身につけている．高さ3.18m，幅1.35m．

右　ニネヴェの王の図書館にあった天体観測と予言が記された粘土板．アッシリア宮廷つきの占星術師はこのような粘土板を照合した．

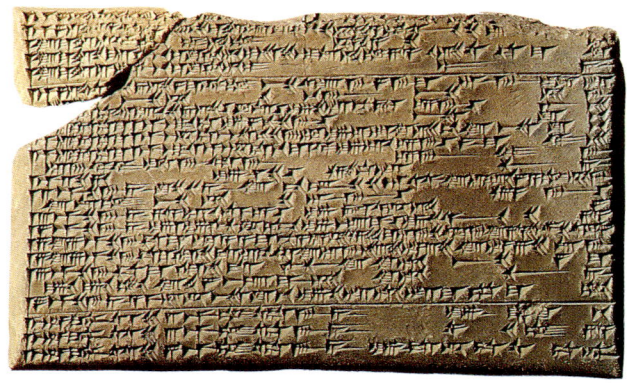

前681年5月18日の水星（皇太子の星）と土星（王の星）の合（近づいてみえること）は，王の殺害を予言し，さらにその後継者によって偉大な神々の神殿が修復されることを予言すると解釈されていた．この報告とその他の天文学的事象の解釈から，エサルハドンは，父の対バビロン政策を転換し，バビロンとその神殿の再建を命じた．

太陽と月の食は，王にとってとくに危険な時期であると考えられ，しばしば王の死を予言するものとされた．占星学は非常に発達し，その実践者の予言は正確な天体観測に基づいていた．もし木星がみえれば，王は安全であり，月の上部の食がおこれば，アムル，すなわち西部の王が死ぬ．下方の4分円がみえなくなれば，アッシリア王の死が定められた．しかし王は代理者を王とすることによって，自らの死を免れることができた．その代理王は不吉な運命を引き受け，食がおこった日から100日以内に殺されて，王のように恭しく埋葬された．代理王の最初の例は，前1861年にイシンの王として即位したエンリル・バニであった．ただし，これについての記録は新バビロニア時代の年代記だけに見出される．ヒッタ

治世の年代は，アッシリア王アッシュールバニバルの治世の年代よりも1年遅れている．

前667年，アッシュールバニバルは父が着手したエジプトの再征服に乗りだした．彼はタハルカをメンフィスの外で敗ったため，タハルカは南のテーベに逃げることしかできなかった．アッシュールバニバル自身はニネヴェに留まり，敏速に機能する伝令制度を使って，タハルカに向かって進む軍隊に命令を与えた．しかしエサルハドンによって任命されていたエジプトの属州の施政者たちもアッシリアに反逆していたので，アッシリア軍はまずその反乱を制圧しなければならず，その後にようやくエサルハドンの命令に従うことができたのである．反乱の主導者たちは捕えられてニネヴェに送られたが，そのうちの1人，ネコ1世（サイスの支配者）は自分の忠誠心をアッシュールバニバルに確信させることができたため，王としての地位を認められてエジプトに戻された．

タハルカが前664年に没すると，その甥タンタマニ（前664-57）が王となり，エジプトを侵略した．彼はテーベを首都とし，メンフィスのアッシリア駐屯軍に対して進軍した．そこで彼はエジプトのデルタ地方の王子たちが率いる軍隊を撃ち破ったが，この戦いのさなかにネコ1世も命を落としたようである．この知らせを聞いたアッシュールバニバルは，エジプトに援軍を送ったが，おそらく自らその軍隊の先頭に立ったのであろう．そしてタンタマニを退陣させ，メンフィスを再び奪還し，テーベを略奪してから，おびただしい戦利品を携えてニネヴェに凱旋した．アッシリアの記録はその後のエジプトとの関係については沈黙しているが，アッシュールバニバルは，エジプトが忠誠の誓いを守り，アッシリアに対して友好的である限りは，手を出さずにいようと決心したにちがいない．

アナトリア西部では，フリュギア王国が前7世紀の初めに崩壊した後，リュディア人が支配的勢力となっていた．ヘロドトスによれば，ギュゲス（前680頃-50頃）が，前王を殺し，その妻を娶ってリュディアの王になったということである．アッシュールバニバルのある碑文には，アッシュール神がギュゲスに夢をみさせ，そのなかで彼はアッシュールバニ

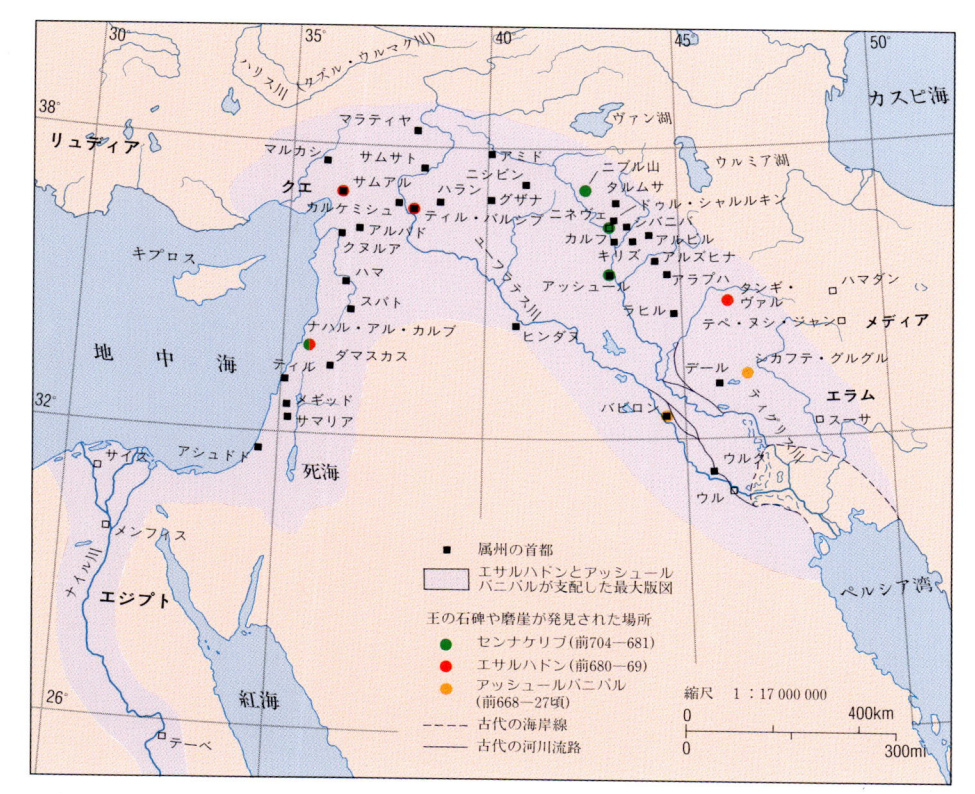

前7世紀のアッシリア帝国

ティグラト・ピレセル3世とサルゴン2世によって築かれた帝国は，彼らの後継者たちの治世にもアッシリア帝国の基盤であり続けた．征服地の主要な拡張は，エサルハドンとアッシュールバニパルが一時的にエジプトを侵攻したことと，アッシュールバニパルがエラムを滅亡させたことによるものである．後にアッシリア帝国を苦しめた二つの問題は，王位継承とバビロニアとの関係である．この二つが一緒になって，前652年にアッシュールバニパルとその兄弟バビロニア王シャマシュ・シュム・ウキンの間の内戦がおこった．アッシュールバニパルは大きな損害を被った戦いの末に勝利したが，アッシリアはその損害から完全に回復することはなく，前612年にバビロニア人とメディア人に滅ぼされた．

左上 ニネヴェの北宮殿の浮彫り．アッシュールバニパルとその妃アッシュール・シャラトが庭園で宴を張っている場面．ティル・トゥバの会戦後にアッシリアに送られたエラム王テウマンの首が，左手の松の木に掛けられている．

左 前653年，アッシュールバニパルはウライ川岸のティル・トゥバの会戦でエラムを敗った．アッシリア兵がエラム王テウマンの首を切り落としている．ニネヴェの南西宮殿の浮彫り．

パルに服従すれば，敵を征服することになると教えられたとある．そのためにギュゲスは，遠方の自分の国からアッシュールバニパルに使いを送った．リュディアの国名はアッシュールバニパルの祖先には知られていなかった（少なくともアッシュールバニパルはそう主張している）．こうしてギュゲスはキンメリア人を撃ち破ることに成功したのである．しかしギュゲスがアッシリアに反逆したエジプト王を支援すると（おそらく前665年以前），ギュゲスの王国は，キンメリア人に侵略されてしまった．しかしキンメリア人も，リュグダミス（アッシリアの文書ではトゥグダンメとして登場する）に率いられていた前640年頃，アッシリア人によってうち破られたのであった．

アッシュールバニパルの図書館

アッシュールバニパルは軍事的指導者であるばかりでなく，学者でもあった．彼の碑文のなかで，自分が書記の技術すべてを学んだこと，複雑な数学の問題を解けること，シュメール語とアッカド語の難しい文書が読めることなどを語っている．そればかりか，彼は洪水以前の文書さえ理解することができると主張している．

アッシュールバニパルはその治世に，楔形文字で書かれたあらゆる種類の文書を所蔵する大規模な図書館をつくった．彼は使節を送って，バビロニア各地の書庫と諸神殿に付属する書記学校から粘土版を探させ，書き写させてニネヴェにもち帰らせた．アッシュールバニパルの図書館には，メソポタミアの書記と学者が用いた参考書，標準となる語彙目録，2カ国語併記の語彙集，単語集，文字や同義語の目録，医学的処方の目録，占い集，儀礼文書集，呪文集，『エヌマ・エリシュ』（創造神話）や『ギルガメシュ叙事詩』などの文学作品その他が収められていた．アッシュールバニパルの図書館から発見された文書は，メソポタミアの書記の伝統に関する私たちの現在の知識のもとになっている．

内戦とスーサの滅亡

バビロニアに対するエサルハドンの方策は，彼の死後も16年間はうまく機能した．アッシュールバニパルがたえずバビロニアに内政干渉したにもかかわらず，シャマシュ・シュム・ウキンは，従属的な王としての自らの役割に甘んじていた．ところが前652年，突然この兄弟の間に内戦が勃発した．争いの理由はわかっていない．この内乱は4年間つづいたが，その間にバビロニアはエラム人，アラブ人，南部の諸部族の援助を受けていた．アッシリア軍は南部の諸都市を掌握し，前650年の夏までにはバビロンをも包囲した．バビロンに火がかけられたとき，シャマシュ・シュム・ウキンも没した．前648年の終わりには，アッシュールバニパルが再びバビロニアを支配下に収めた．そしてアッシュールバニパルは他の反逆者たちを，センナケリブがそのなかで暗殺された神殿と同じ神殿で処刑した．彼らの遺体はばらばらにされ，餌としてイヌ，ブタ，鳥，魚に与えられたといわれる．

バビロニアの支配者としてのシャマシュ・シュム・ウキンの後継者はカンダラヌと呼ばれた．これがアッシュールバニパルのバビロニア王としての名であるか，あるいはアッシュールバニパルに任命された者の名であるかについては一致した見解がない．カンダラヌが行ったことについてはなにも知られていないが，その21年間の治世は一貫して平和が保たれたようである．

内戦勃発以前にアッシリアが行った2回の戦争の相手はエラムであった．1回目は前667年，2回目は前653年であった．2回目には，エラム王テウマン（エラム語ではテプティ・フンバン・インシュシナク）がウライ川岸の会戦で殺され，切られた首がアッシュールバニパルに差しだされた．彼はそれをアルビルとニネヴェでさらし首にした．内戦が終わると，アッシュールバニパルは再度エラムに注意を向けた．エラムが彼の兄弟の反逆を支援したことを罰するためであった．前648年と前647年に，アッシュールバニパルは，エラムの王位についていたウンマン・アルダシュ（フンバン・ハルタシュ3世）に向かって進軍し，ついに彼を敗った．アッシリア軍はスーサを略奪し，戦利品を奪った．神殿を破壊し，神々の像をもち去り，墓を暴き，エラム王たちの像を切断した．さらにアッシリア軍は，大地からなにも生えないように塩を撒くことさえもした．アッシュールバニパルによれば，スーサからの戦利品のなかには，1635年前にウルクからもち去られたというイナンナ女神の像も含まれていた．

アッシュールバニパルの治世後半についての記録はあまり残っていない．彼の没年も前627年とされているが，確かではない．カンダラヌ（本当はアッシュールバニパルのことかもしれない）もこの年に死んだ．この後，バビロニアでは反乱の時代が始まり，それが最終的にはアッシリアの滅亡へと導くものとなったのである．

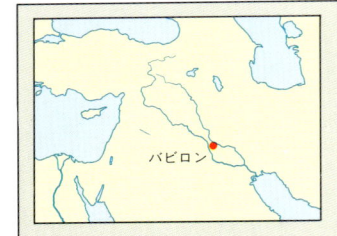

バビロン

「神々の門」という意味をもつバビロンは，マルドゥク神の儀礼の中心地であった．ウル第3王朝時代には地方都市の一つであったが，前18世紀にアムル人支配者ハンムラビ（前1792-50）のもとで，南メソポタミアの政治的かつ宗教的な首都となった．前1595年にこの町がヒッタイト人によって略奪されたことによってバビロン第1王朝は終わり，その後カッシート人支配者がバビロンで王位についた．

前1千年紀には，アッシリアの王たちがこの古い聖なる都市を支配下に収めることを熱望したが，バビロニアでは，そこに定住したアラム人とカルディア人が独立を求めて抗争していた．センナケリブは，前689年にバビロンを破壊したが，次代のエサルハドンはこの町を再建した．バビロニアのナボポラッサル（前625-05）はついにアッシリアをうち破り，彼とその息子ネブカドネザル2世（前604-562）は，バビロンにかつての栄光をとり戻させた．

前6世紀にバビロンはペルシア帝国に組み入れられた．その後アレクサンダー大王とその後継者たちの手中に落ち，やがてセレウコス朝ギリシアに属するティグリス河岸の一都市となり，かつての特別な地位を失うに至った．

バビロンには「世界の七不思議」のうちの二つがある．それは「空中庭園」と城壁である．「空中庭園」の場所は定かではないが，城壁の跡は確認されている．外壁は全長8km以上あり，ヘロドトスによれば，その壁の上は，4頭のウマが曳く戦車が旋回することができるほど広かったということである．

右 アッシュールバニパルが頭上に籠を乗せて運ぶ姿を示す石碑．これは初期王朝時代にまでさかのぼるモティーフに基づいている．ここに刻まれた碑文が語っているように，アッシュールバニパルは祖父のセンナケリブが持ち去ったマルドゥク像をバビロニアに戻し，マルドゥク神殿を修復した．兄弟のシャマシュ・シュム・ウキンがバビロニア王であったにもかかわらず，アッシュールバニパルはこの修復を自分の功績としている．高さ36.8cm．

上端 神または神格化された王の像（前2040年頃）．閃緑岩．碑文としてマリの王ブズル・イシュタルとその兄弟ミラガによる奉納文が刻まれている．碑文をもたないもう一つの同じような像とともにバビロンの北の城塞で発見された．これはいわゆる博物館の蔵品であったと考えられる．そこには新ヒッタイトの巨大な石製ライオン，スフの施政者シャマシュ・レシュ・ウツルの石碑を含む様々な異国の文物が所蔵されていた．高さ1.70m．

上 マルドゥク神殿からイシュタル門を通ってアキトゥ神殿へとつづく行列道路は，ネブカドネザル2世の治世に，釉薬をかけて焼いた闊歩するライオン像の浮彫りで飾られた．ライオン像の高さ1.05m．

右上 イシュタル門の土台にある雄ウシと龍の像は，形抜きのレンガを焼き，天然アスファルトのモルタルで接合してつくられた．釉薬は使用されていない．

右 バビロンの町はユーフラテス川によって二分され，両市街は船形の石造橋脚をもつ橋でつながれていた．1899年から1917年にかけてロベルト・コルデヴァイが行った発掘によって，新バビロニア時代のバビロン東部の地図がかなり明らかになった．中央に川が流れ，その岸にマルドゥク神殿とそのジッグラトがあった．「バベルの塔」（エテメンアンキ）に使用されていた焼きレンガが持ち去られたため，現在ではその場所の地面に穴があいているだけである．

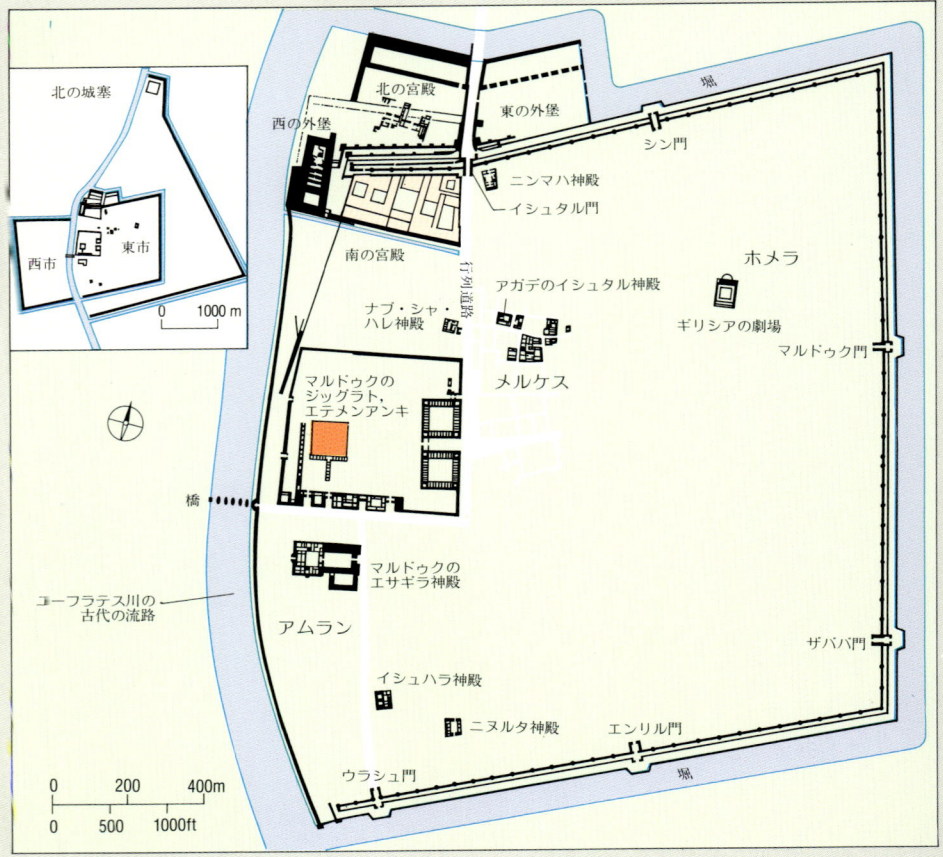

勝ち誇るアッシリア

左と下　「敵が通ることのないように」と名づけられた行列道路は、マルドゥク神殿からアキトゥ（新年祭）神殿へつづき、バビロン中心街にある八つの門のうちの一つ、イシュタル門を通っている。イシュタル門の基層部分だけがそのまま発見された。それは15mほどの深さまで達し、釉薬を使用していない型抜きレンガでつくられた動物像が配されていた。地面より上では釉薬を使ったレンガが使用されたが、まず浮彫りのないレンガの一群が積まれ、その上に浮彫りのある一群が積まれていた。門の場所から発見された釉薬使用のレンガを使って門の復元が行われた。門のもとの高さは推定による。復元された高さ14.30m。

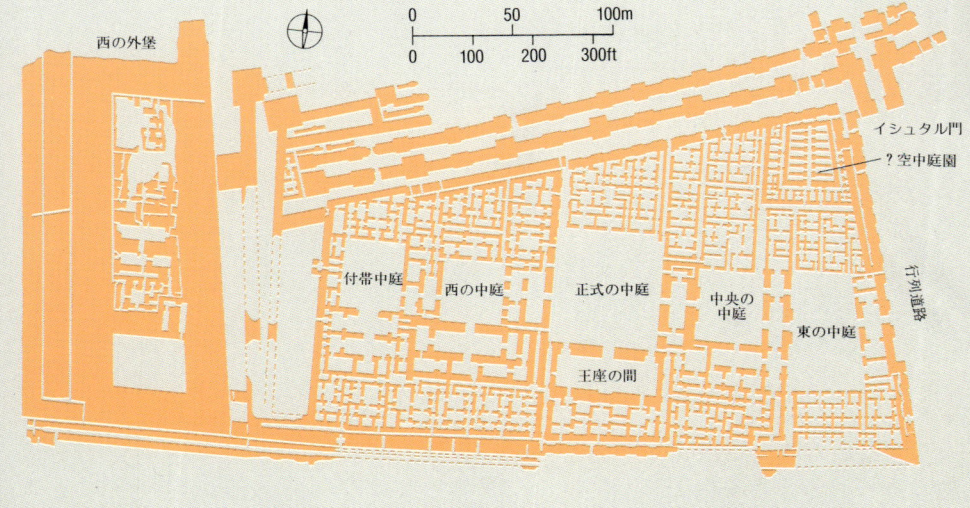

上　イシュタル門は雄ウシと龍の像で飾られている。龍はヘビ、ライオン、そしてワシが組み合わされた姿をしている。雄ウシは天候神アダドを連想させるが、龍はマルドゥクの象徴動物である。ここには女神イシュタルの象徴動物であるライオンは含まれていないが、行列道路の壁にはライオンが配されている。釉薬をかけられた型抜きレンガー一つの上側表面には、それが壁のどの位置に入れられるべきかを示す印がつけられていた。雄ウシの高さ約1.30m。

左　南の城塞は典型的なバビロニア様式をもち、五つの中庭とそれらの南側にある接見室を囲む形でつくられていた。施工主であるネブカドネザル2世はこれを「人類の驚異、国の中心、輝く館、威厳の住まい」と呼んだ。後代にはペルシアの王たちによって使用された。おそらくここでベルシャザルの宴会が開かれたのであろう。壁には碑文が記されていたと考えられる。またここはアレクサンダー大王が没した場所でもある。

古代メソポタミアの戦争

　古代近東で戦争が行われたことを示す最初の確かな証拠は，前4千年紀末に由来する．それはウルクとスーチで発見された戦闘の場面と捕虜を図示する印影である．また先史時代の要塞の遺跡が発掘されたことにより，当時も広く戦争が行われていたことがわかった．

　初期の武器は，狩猟に使用されたものと同じであり，槍，棍棒，弓矢，投石器などであった．前3千年紀には銅剣，斧，そして楯と兜も使われるようになった．シュメールの軍隊は野生ロバに曳かせる戦車をもっていた．

　前2千年紀には戦争においても数々の進歩があった．1万人，あるいはそれ以上の人員からなる軍隊があったことも記録されている．その頃には包囲戦も発達し，砦が改良された．兵士は青銅の小札鎧をつけ，軍隊のエリートはウマが曳く戦車を武器とした．

　次の前1千年紀には，多くの武器が青銅製から鉄製になり，騎馬隊が戦車隊に代わった．さらに宗教的制裁，不吉な前兆占い，そして強制移住や拷問の威嚇を含めた心理戦争も広められ，それがアッシリアの軍事的成功に大いに寄与した．

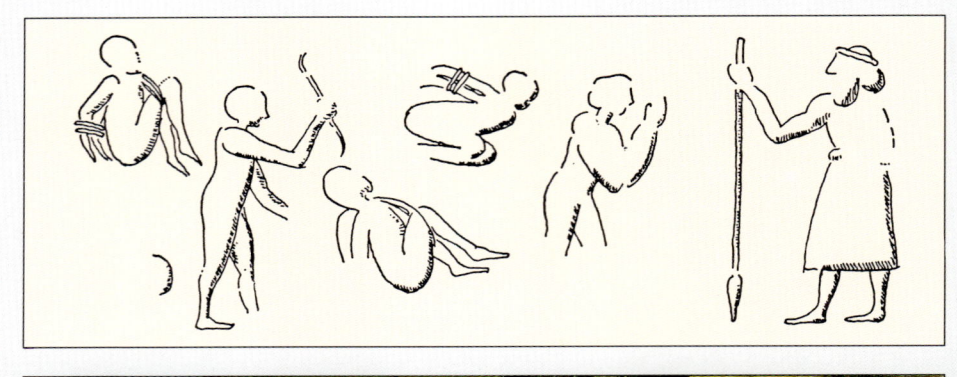

下　ギルスで発見された「ハゲタカの碑」（前2450年頃）の一部．兜をかぶったラガシュの戦士の大群が，彼らの支配者エンアナトゥム1世に率いられて，ウンマの兵士の死体を踏みつけて進んでいる．下段の場面では，長い槍をもったエンアナトゥム1世が戦車に乗って戦い，彼の兵士たちが槍と斧をもって従っている．

右上　ウルク出土の円筒印章の印影（前3200年頃）に，縛られた裸の捕虜の前に槍をもった支配者が立っている．

右　シュメールの戦車を示すウルのスタンダード（軍旗）（前2500年頃）の一部．動物の下に殺された敵が描かれる手法は，後代のエジプトやアッシリアで用いられるようになった．

左　騎馬兵が一対になり，一方が弓を引く間にもう一方が双方の馬を御している（前9世紀）．鞍とあぶみはまだ発明されていなかった．カルフの北西宮殿の浮彫り．

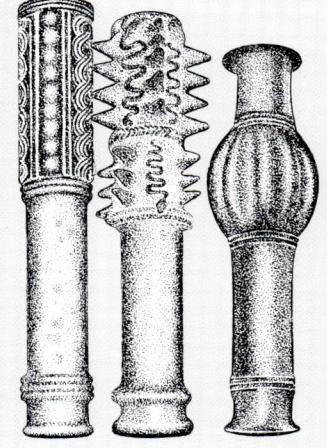

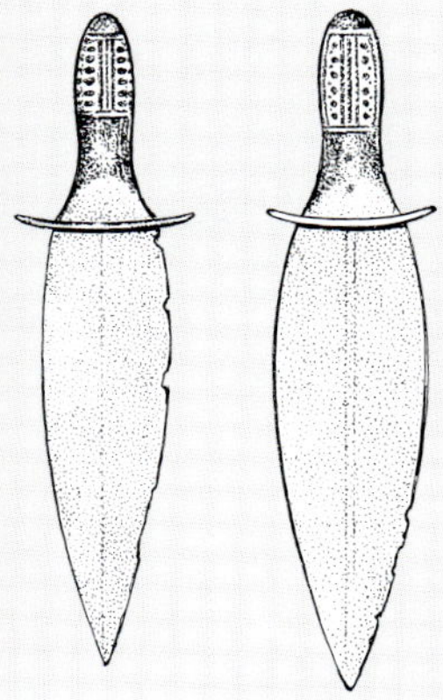

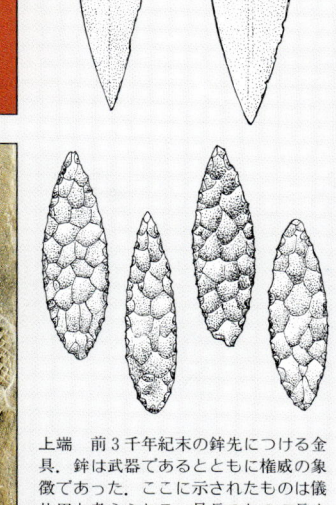

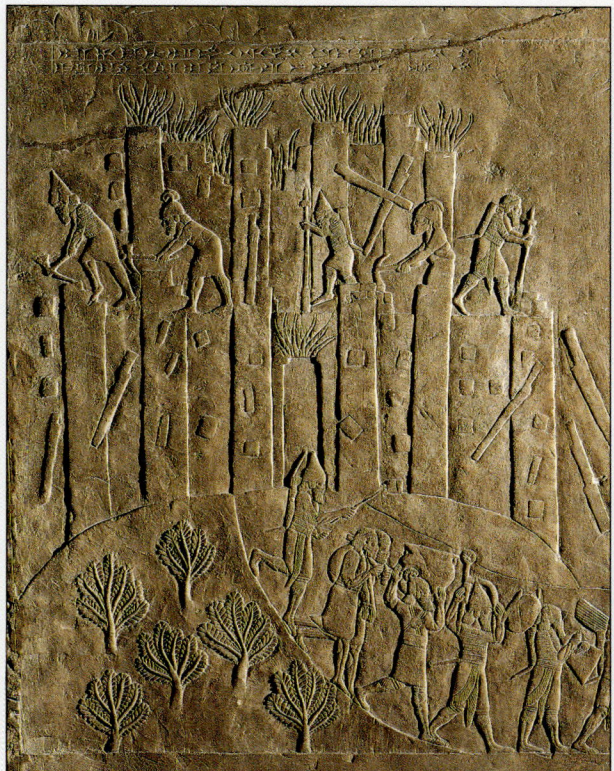

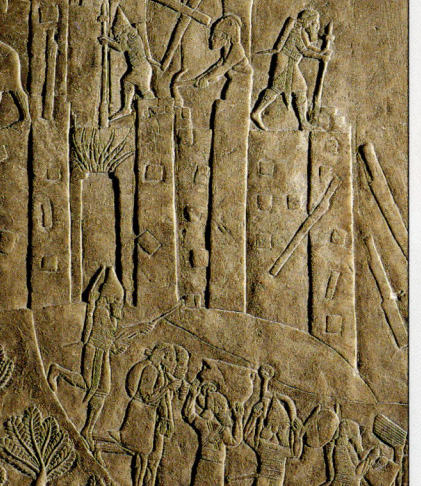

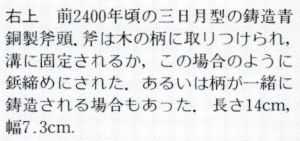

上　エラムのハマヌを占領した（前647年頃）のち，アッシュールバニパルの兵士たちはこの町を略奪し，さらに水をかけ，鶴嘴とかな槌で要塞を破壊した．報復を恐れさせることはアッシリアの主要な武器の一つであった．ニネヴェ北宮殿の浮彫り．

左　バビロニアでの戦闘のあと，戦利品の残りと一緒に数えるためにアッシリア兵が切り取った首をもって来たところ．王の年代記には死んだ敵兵の数が記載されているが，その数は必ずしも厳密に首の数に基づいているわけではないようである．ニネヴェ南西宮殿の小壁の一部（前630－12年頃）．

右上　前2400年頃の三日月型の鋳造青銅製斧頭．斧は木の柄に取りつけられ，溝に固定されるか，この場合のように鋲締めにされた．あるいは柄が一緒に鋳造される場合もあった．長さ14cm，幅7.3cm．

右　ニネヴェの南西宮殿の浮彫り．アッシリア兵がザグロス山脈の捕虜のあご髭を引っ張り，短剣で威している．捕虜たちの運命はさまざまであった．殺されることもあれば，王の仕事をするために連行されたり，または帝国内の遠く離れた地域に移住させられることもあった．

上端　前3千年紀末の鉾先につける金具．鉾は武器であるとともに権威の象徴であった．ここに示されたものは儀礼用と考えられる．最長のものの長さ20cm．

上中央　このような短剣がウルの王家の墓地（前2500年頃）から発見された．刃と柄は別々に鋳造され，鋲締めでつけられた．大きい方の長さ26.1cm．

上　前3千年紀末のフリント製矢じり約150個がテル・ブラクで出土した．他の武器や道具にはすでに銅や青銅が用いられていたが，フリントの方が安価であった．

195

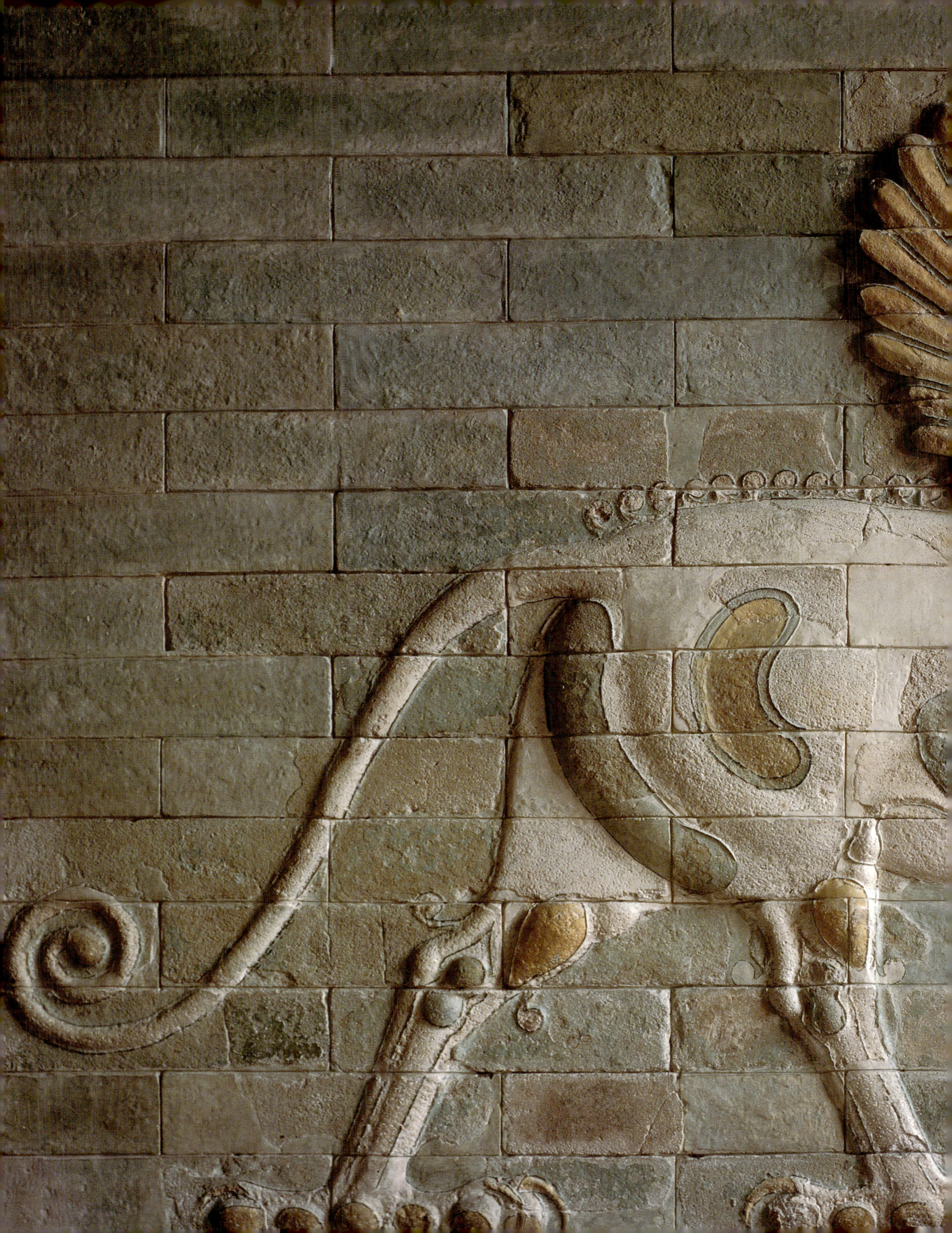

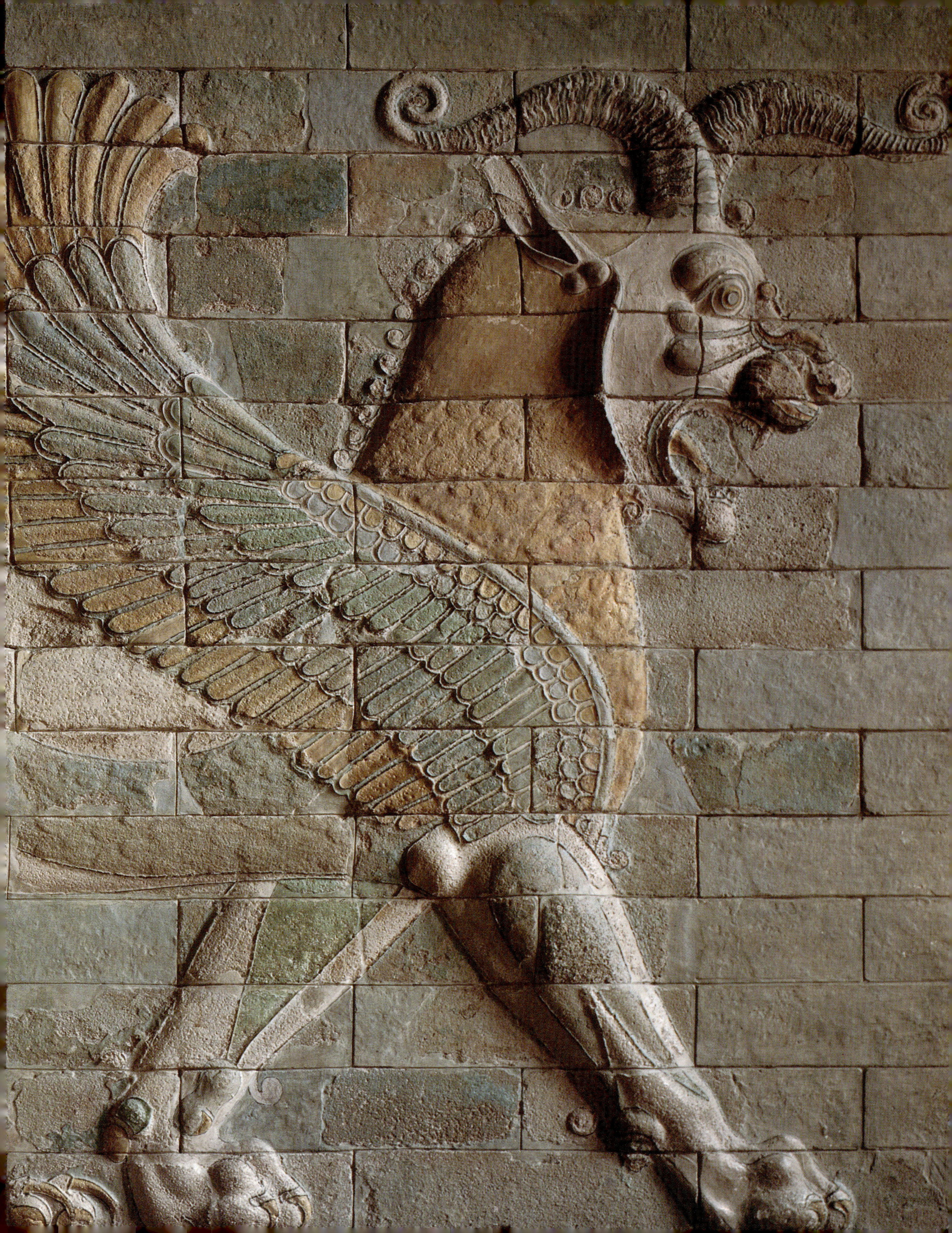

最後の帝国（前626—330年）

バビロニアの復活

前900年からアッシリア王センナケリブが殺害された前681年までの間に，24人の王がバビロンの王位についた．このうち父親のあとを継いで即位したことが知られているのは，わずか6人だけである．その間少なくとも15（おそらくは21）の王朝が交替，支配者にはバビロニア人の貴族や官吏だけでなくアッシリア人，カルディア人の諸部族長も含まれていた．安定を欠いたこの時代，バビロニアは大きな痛手をこうむった，というのもバビロニアの繁栄の基礎は機能的な灌漑システムにあり，それは安定した有能な政権の下で初めて実現可能なものであったからである．しかしエサルハドンのバビロンに対する政策の変化が，バビロニア王国の経済成長を再び促すことになる——エサルハドンの政策は長期に及んだシャマシュ・シュム・ウキンやカンダラヌの治世においても踏襲され，次の世紀には近東の穀倉地帯としてのバビロニアの地位はアッシリアを凌ぐようになった．

バビロン王カンダラヌとアッシリア王アッシュール・バニパルの死後（前627年頃），ナボポラッサルという名のバビロニアの指導者が（出身については不明）謀反をおこした．彼は前626年11月23日バビロンの王位につき，新バビロニア，すなわちカルディア王朝の創始者となった．後代の伝承によればナボポラッサルはカルディア人でアッシリア統治下の「海の国」の総督であったとされるが，ナボポラッサル自身は「つまらぬ者の息子」すなわち下層階級の出身であったことを碑文のなかで自認している．

この後10年間バビロニア軍とアッシリア軍はバビロニアの地で相争った．諸都市が攻囲され支配者の交替もめずらしくなかったこの厳しい苦難の時代，たとえばニップールでは，市民が子供を奴隷に売り攻囲中の飢餓を回避しようとしたこともあった．しかし前616年までにナボポラッサルはバビロニアにおける覇権を確立し，アッシリアの中心部を攻撃することが可能になった．バビロニア軍はユーフラテス川を遡上し，アッシリア＝エジプト連合軍と戦い勝利をおさめた．バビロニア軍はアラブハ近郊でもアッシリア軍をうち破った．

前615年，バビロニア軍はアッシュールを攻撃したが，占領には至らなかった．翌年キャクサレス指揮下のメディア軍はアッシリアの都ニネヴェを攻撃し，北方約4kmのところにあるタルビツを占領した後アッシュールに進軍，アッシュール市を略奪した．ナボポラッサルがアッシュールに到着したときにはアッシュールはすでに陥落，メディア軍との同盟条約が成立していた．前612年バビロニア＝メディア連合軍はニネヴェに進軍し，攻囲は3カ月に及んだがついにニネヴェは陥落した．アッシリア王シン・シャル・イシュクンは，この攻囲中に死亡した．征服者たちは市域を破壊，神殿を略奪した．宮殿を飾るいくつものアッシリア王の肖像浮彫りや青銅製貴人頭部（アッカド王ナラム・シン〔前2254—18年〕の像と比定）も損傷を免れることはなかった．カルフのナブ神殿では，西イランの臣従者がエサルハドンに対して行った忠誠の誓約書の写しがこなごなにこわされ，その断片が床一面に散乱するというありさまであった．

ハランに逃れたアッシリア人の一団はエジプトの支援をえてその地で数年もちこたえたが，前609年以降はアッシリア人の抵抗も終息したようである．ニネヴェ陥落（前612年）後のアッシリアで実際なにがおこったのかということについては，現在のところ知る手がかりは何もない．これはおそらく，行政記録が耐久性のある粘土板よりむしろ羊皮紙やパピルスに書かれるようになったことに一因があるのだろう．あるいは行政システムが完全に崩壊してしまったことが原因であったのかもしれない．いずれにせよ当時アッシリアを支配したのがはたしてバビロニア人であったのか，メディア人であったのかさえも現在の史料状況では確証がない．

以下の碑文でナボポラッサルは，仇敵アッシリアに対する彼の勝利を生々しく伝えている

> 余はスバルトゥ（アッシリア）の地を殺戮し，敵地は死体の山と廃墟と化した．はるか昔から万民を支配し，重い軛を負わせわが民に危害を与えてきたアッシリア，余は彼の足をアッカドからひき返させ，彼の軛をかなぐり捨てた．

西方では，長年アッシリアの同盟者であったエジプトが支配権をえようとしていた．前610年アッシリアを援助するために送られてきたエジプト軍は，彼らの行く手をはばもうとしたユダの王ヨシアをメギッドで破り殺害した後，カルケミシュにとどまっていた．しかしナボポラッサルの長子，王子ネブカドネザル指揮下のバビロニア軍は，前605年カルケミシュからエジプト軍を撃退するのに成功し，ついでハマでエジプト軍を全滅させた．

イェルサレムの破壊者

ナボポラッサルが前605年8月16日に死ぬと，ネブカドネザル（ナブ・クドゥッリ・ウツル，ネブカドレザルとも呼ばれる）は，すぐにシリアの戦場からバビロンに帰還し9月7日王位についた．これほど迅速な帰還が事実であったとすれば，ネブカドネザルもナボポラッサルの死を彼に伝えた使者もともに1日平均50kmという驚異的な距離を移動したことになる．戴冠後ネブカドネザル2世は西方での戦闘を再開したが，重要な国家行事である新年祭（バビロニアの暦では春に開催）にはバビロンに戻り主宰した．その後何年かはネブカドネザルはシリア・パレスティナで軍事行動を展開，前601年にはエジプトを攻撃した．エジプトでは，ネブカドネザル自身が「野戦では双方互いに殺しあい，双方相手に大きな打撃を与えた」と記しているように，激しい抵抗に遭遇した．

前598年12月ネブカドネザルはバビロンを発ち，今一度西征する．彼は3年前に謀反をおこしたイェルサレムを攻囲し，前597年3月16日イェルサレムを陥落させるのに成功した．王イエホヤキンと臣下の多くがバビロンに送られ，イエホヤキンにかわりゼデキアがユダの王となった．しかし数年後ゼデキアもそむいたのでバビロニア軍はイェルサレムの再攻囲を開始し，それは1年以上にも及んだ．前587年（あるいは前586年）の夏，城壁が完全に突破され，1カ月後イェルサレムは降伏した．イェルサレムの大部分が破壊されたのは，

バビロニア

前1000年紀はじめアラム諸部族がバビロニアに定住，その後彼らは諸都市周辺の田園地帯を占拠したカルディア諸部族と連合した．バビロニアは前7—6世紀を通じアッシリア，新バビロニア，ペルシア支配下で繁栄をつづけた．おそらくは運河建設が広範囲にわたって行われた成果であろう．当時の河川路は明らかではないが，現在の地図には示されていない，多数の水路が網の目のようにはりめぐらされていたに違いない．

新バビロニアの諸王は王国の富を都バビロンやボルシッパ，クタなどバビロニアの古い聖都の美化につぎこんだ．ネブカドネザル2世のもっとも注目すべき事業は，バビロンの防衛強化のために，ユーフラテス・ティグリス両川の間に焼成レンガを天然アスファルトで固めた二つの城壁を建設したこととされる．一つはシッパルの北，一つはバビロンとキシュの間にあった．

前頁　スーサにあるダレイオスの宮殿から出土した彩釉レンガ浮彫り．後肢は猛禽類，有角有翼のライオンを示す．

このときだったのかもしれない．今回も多くのユダヤ人が町から追放された．ネブカドネザルは総督を任命し支配の強化を図ったが，その後もユダヤ人の反乱とそれに対するバビロニア軍の報復がくり返され，ついに前582-81年にはこれまでにない多数のユダヤ人が国外追放の憂き目をみることになった．当時ユダ国はすでに属州サマリアに併合されていたのかもしれない．

ネブカドネザルとユダヤ人の関係は旧約聖書に記録されているが，その他の近隣諸国については詳細は明らかではない．エラムの敗北は，ネブカドネザルがバビロニアでおこった反乱を鎮圧した前年，前596年であろう．治世晩年にエジプトと再度戦った可能性はあるが，ネブカドネザルにとって遠征の必要は明らかに少なくなった．ヘロドトスによれば，前585年バビロン王の調停でメディア王キャクサレスとリュディア王アリュアッテスとの講和が成立したと伝えられているので，メディア・リュディア両国とは友好関係にあったと考えてよい．

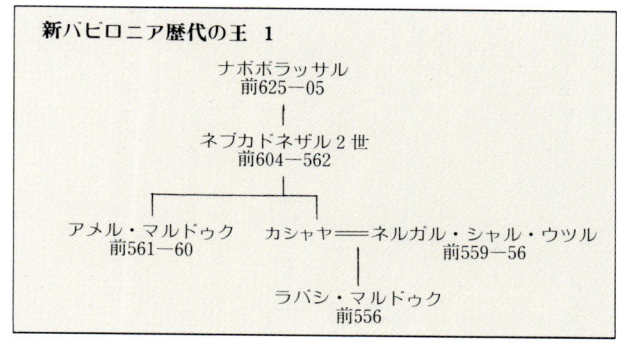

アッシリアに匹敵する帝国を手中にしたネブカドネザルは，アッシリア王と同様，帝国の富の多くを都の復興に投じた．第1次世界大戦前にバビロンを発掘したロベルト・コルデヴァイ（1855-1925）によれば，1500万枚以上の焼成レンガ（約33cm×33cm×7cm）がこの事業のために用いられた．ネブカドネザルはエサギラ（マルドゥク神殿）やエテメンアンキ（ジッグラト），その他数多くの神殿を再建しただけでなく，王宮も大々的に拡張，改装した．有名な「空中庭園」は，ネブカドネザルに嫁したメディア王キャクサレスの娘のために，メディアの山岳風景をまねて建造されたものである．バビロンの防衛強化のために，二重の城壁が8km²以上に及ぶ市の周囲に，そして焼成レンガを天然アスファルトのモルタルで固めた二つの長城がユーフラテス川とティグリス川の間に建設された．後代「メディアの城壁」と呼ばれる北の長城が，シッパルの北方を通っていたことが最近明らかになった．

ネブカドネザルの後継者たち

ネブカドネザルが前562年に死去した後，王位継承は混乱をきわめた．ネブカドネザルの息子アメル・マルドゥク（旧約聖書ではエヴィル・メロダク）の統治は前561-60年のわずか2年間で終わり，義弟ネルガル・シャル・ウツル（ネリグリッサル）が前559年王位についた．ネルガル・シャル・ウツルはネブカドネザルの娘と結婚し，イェルサレムの破壊にも関与した人物である．ネルガル・シャル・ウツルは3年間（前559-56）王位にあったが，年少の息子ラバシ・マルドゥクにとって代わられた．しかしラバシ・マルドゥクも2カ月後，前556年6月に殺害された．陰謀者たちは，その後ナボニドスという名の平民をバビロン王に選んだ．

ナボニドス（前555-39）は，きわめて特異なメソボタミアの君主の1人である——父はハランの総督ナブ・バラツ・イクビ，母は同市の月の女神シンの神官アダド・グッピ．ナボニドスは母を深く愛し，彼女が前547年享年104歳で死んだときには，王葬の礼をもって埋葬したと伝えられている．ナボニドス自身ネブカドネザルに長年にわたって仕え，王位についたときには，すでに60歳代に達していたものと想定されている．

敬虔で，かつ伝統の信奉者であるナボニドスは，約2000年前にアガデのサルゴンが行ったのと同様，娘エン・ニガルディ・ナンナ（最近までベル・シャルティ・ナンナルと読まれていた）をウルのシン神の女性最高神官（エントゥ）に任命

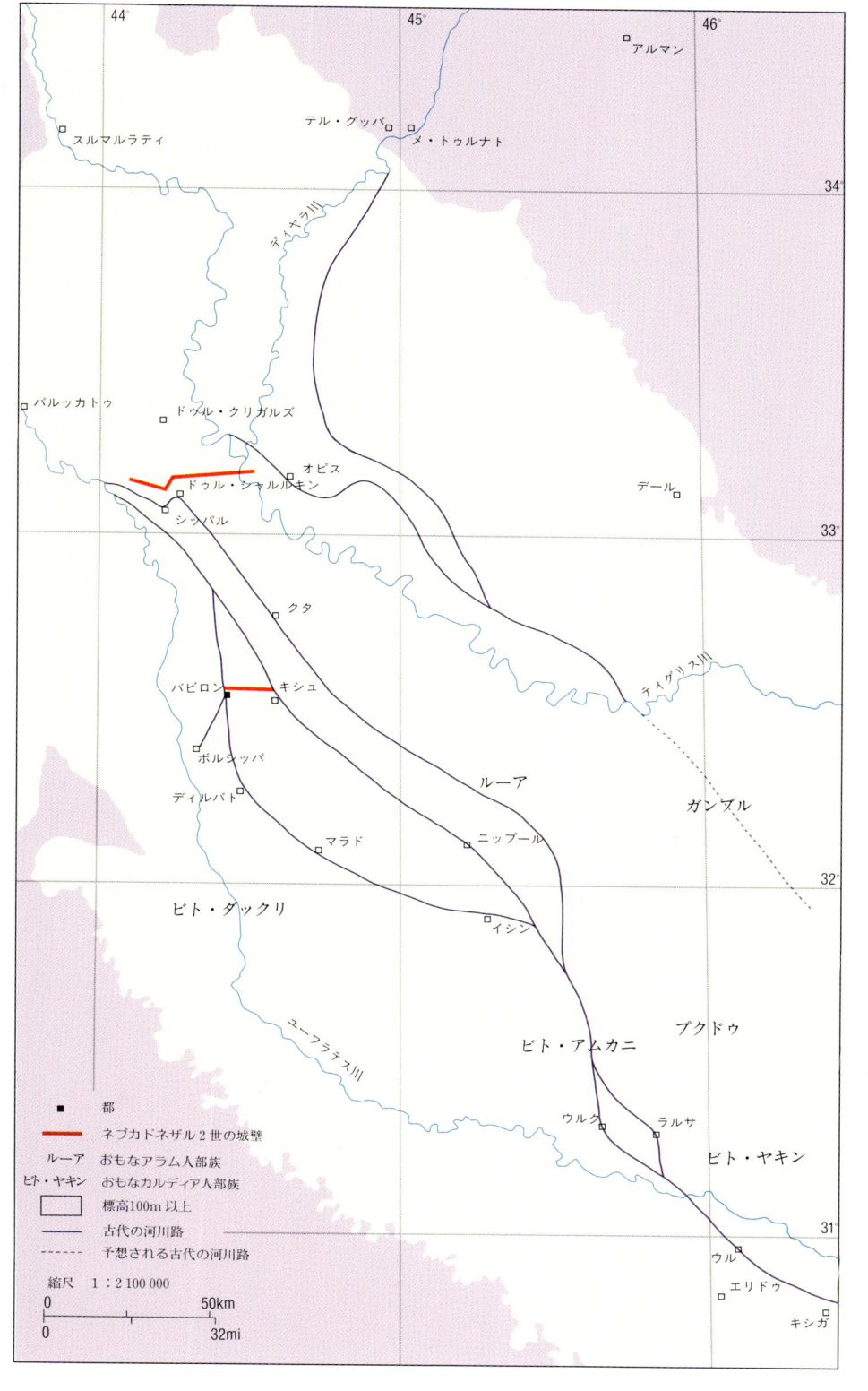

帝　国

左　ネブカドネザル2世（前604-562）によって建設されたバビロンの「南の要塞」玉座の間正面，彩釉レンガによる壁面装飾復元図．高さ12.4m.

右　バビロニア王の浮彫りのある記念石碑．刻文は旱魃の後豊かさが回復したことを記している．王名は失われているが，おそらくナボニドスであろう．人物はハランで発見されたナボニドスの記念石碑と類似，シン神，シャマシュ神，イシュタル神を象徴する月，太陽，金星というシンボルも同一である．高さ58cm，幅46cm.

した．ナボニドスは，母と同様，シン神の帰依者であり，シン崇拝を奨励し，ウルとハランのシン神殿を再建した．またナボニドスは古来の建物や碑文，遺物を調べるうちに，古いものに興味を抱くようになり，シュメールやアッカドの聖所を再建する一方，収集した遺物はウルの女性最高神官（エントゥ）の住居ギパル内の「博物館」に保管された．これらのなかにはシュルギ（前2094-47）の彫像断片やラルサ王の円錐形粘土板，カッシートのクドゥッル（王による土地の下賜を記念する石）なども含まれていた．

ナボニドスは治世初期マルドゥクあるいはシンが54年間放棄されていたハランのシン神殿を再建するよう命じる夢をみた（ナボニドスはバビロンに対する碑文とハランに対する碑文で異なる神名に言及している）．当時ハランはメディアの支配下にあったが，ナボニドスによれば，3年後マルドゥクの加護によりアンシャン，すなわちペルシアの王キュロスがメディアをうち破ったことにより，初めて神の要請を実現することができた．その後，ナボニドスのハランのシン神に対する偏愛が原因で，バビロニアの聖都バビロンやボルシッパ，ニップール，ウルク，ラルサ，ウルの神官たちがナボニドスの支配に反対するようになったのだろう．あるいは神官たちの裏切りのために病害や飢饉がバビロニアを襲ったのかもしれない．おそらくそのような状況に対応するためにナボニドスはバビロンを離れ，北西アラビアのタイマに赴いた．ナボニドスが自らに課した亡命の正確な日付については，現段階では知る手がかりはない．ナボニドス自身の碑文では10年間アラブ人とともにいたと説明されているが，バビロニアの年代記の記述が正しいとすれば，ナボニドスのタイマ滞在は治世第7-11（前549-45）年の期間ということになる．

新バビロニア歴代の王 2

```
ナブ・バラット・イクビ═アダド・グッピ
           │
        ナボニドス
        前555-39
     ┌─────┴─────┐
  ベルシャザル    エン・ニガルディ・ナンナ
              ウルの女性最高神官
```

最後の帝国

ナボニドスのタイマ滞在の理由については，従来さまざまな論議が行われてきた．後代のペルシア人のプロパガンダによれば，ナボニドスはマルドゥク崇拝を無視する異端者であった．旧約聖書『ダニエル書』ではナボニドスは発狂し，7年間の亡命中草を食べていたと説明されている（イェルサレムの破壊者自らがうち破られるべきであるという願望の表れか，そこではナボニドスではなくネブカドネザルの名が用いられている）．ナボニドス自身の碑文では，悪性の腫瘍におかされていたことになっている．現代の研究者たちは，ナボニドスの行動を軍事や政治，商業，宗教上の問題に関連づけて，あるいは個人的な動機に基づいて説明しようとする．しかしながらナボニドスの碑文やキュロスの碑文が示唆するように，または旧約聖書の記録にあるように，ナボニドスが純粋に夢すなわち神託の解釈に基づいて行動したということも十分に考えうる．ナボニドスはタイマ行きに際し息子ベル・シャル・ウツル（旧約聖書ではベルシャザル）を摂政としてバビロンに残しはしたが，王の不在によってその間重要な国家行事である新年祭は事実上挙行不可能となった．

バビロンの新年祭

バビロニアの1年の始まりを告げるアキトゥは，11日間つづく．最初の5日間は，祈禱，呪文，供犠，金と宝石で装飾された木製小像2体の製作など，準備のために費やされる．第4日目の午後マルドゥク神の像の前で，バビロニアの『エヌマ・エリシュ』（創造神話）の朗誦が行われる．物語の概略は以下のとおりである．「アプス（生命を維持する深淵の清水，男性）とティアマト（生命に対立的に働く海の塩水，女性）の結合からラフム神とラハム神が創造される．シュメール・バビロニアのパンテオンの神々の始祖であるラフムとラハムが，アプスとティアマトを悩ましたのでアプスとティアマトは彼らを殺そうとする．しかしこれを悟ったエア神がアプスを眠らせ逆に殺してしまう．その後ティアマトはアプスの仇を討つため怪獣たちの助けをえて，神々を攻撃した．神々は反撃に失敗し，結局マルドゥクが間に入り，戦いに勝てば自らを神々の主権者にするという条件でティアマトと戦うことに同意する．神々はマルドゥクの条件を受け入れ，マルドゥクはたった一度の戦いでティアマトを殺し彼女の軍をうち破るのに成功した．マルドゥクはティアマトの体を二つに裂き天と地を，神々の夫役の労を除くために人類を創造した．神々はマルドゥクに感謝しバビロンとマルドゥクの神殿を建設した」．この物語はエンリルが主要な役割を果たしたより古い神話に基づくものであるが，今やマルドゥク（とバビロン）の卓越した地位を正当化するものとなった．マルドゥクによってかつての地位を奪われたアヌとエンリルの怒りを呼びおこさないように，アヌの冠とエンリルの座所は朗誦の間中おおいかくされたままにされる．

第5日目にはマルドゥク神殿の浄めの儀礼が行われる．ナブ神（像で表される）がボルシッパからバビロンに到着し，王はエサギラ（マルドゥク神殿）に入る．そこで王は王権を象徴する剣，笏などをとりはずす．ウリガル神官が王の頰をうち耳をひっぱり，マルドゥク神の前にひれ伏させ，罪を犯さずマルドゥク神やバビロンの安寧をないがしろにせず正しく統治したことを誓わせる．それにつづき神官は王にマルドゥクの祝福を伝え，王権の象徴である宝器を返し，再び王の頰をうつ．もしこのとき王が涙を流せば，それは国家にとって吉兆であると考えられた．

帝　　国

　新年祭最後の5日間については，くわしくは知られていない．第6日既述の木製小像2体の首が切り落とされ焼かれる．それにつづいてバビロニアの他の諸都市の神々がバビロンに到着する．第9日目王はマルドゥクの聖所に入りマルドゥクの「手をとる」．この「手をとる」という表現が神の役割を演じる王と女性神官の聖婚儀礼を意味すると解釈する研究者もいるが，確証はない．神々は戦車に乗り「行列道路」を通り，市の北方にあるアキトゥ神殿に赴き，そこで第10日目王から贈り物を受けとる——ナボニドスは金5タレント（150kg），銀100タレント（3トン）以上の贈り物を与えたと述べている．第11日目神々はエサギラに連れ戻され，祝宴の後，各都市へ帰る．

　ナボニドスは前544-40年の間にタイマからバビロンに帰還した．しかしながらナボニドスの亡命中に近東における勢力均衡は劇的に変化していた．ナボニドス治世初期には，アッシリア崩壊後と同様，この地域はエジプト，リュディア，バビロニア，メディアという主要4勢力によって分割されていたが，今やメディアとリュディアはペルシア帝国に併合されてしまい，そして5年もたたない間にバビロン自体もペルシア人の手におち，残るエジプトも15年後には同じ運命をたどることになるのである．

リュディアの興亡

　前614年アッシリアに勝利した後，メディア軍はアナトリアに侵入した．ウラルトゥは前590年までにメディアの手におちていたに違いない，前590年にはメディア王キャクサレスとリュディア王アリュアッテスの戦いがすでに始まっている．アリュアッテスはギュゲスの曾孫で，ヘロドトスによれば，前7世紀長きにわたってリュディアを略奪し苦しめたキンメリア人を駆逐したとされる人物である．メディア軍とリュディア軍の戦いは約5年間つづいた．ヘロドトスは，前585年5月28日午後皆既日食がおこり，これに驚いた両軍は戦闘を中断，結局キリキア王シュエンネシスとバビロン王ラビュネトスの調停によって和平が成立した，と報告している——バビロン王ラビュネトスがネブカドネザルを指しているのはまず間違いない．この調停によってリュディア・メディア両国の境界をハリュス川（クズル・ウルマク川）とし，アリュアッテスが娘をキャクサレスの息子アステュアゲスに嫁がせることが決まった．リュディア王家の共同墓地，都サルディスの北6kmにあるアリュアッテスの埋葬塚は，古代世界最大の古墳といわれている．

　リュディアの繁栄の一因は，この地域が金の生産地であったことにあり，それはアリュアッテスの息子クロイソスのかの有名な富の源でもあった．さらにリュディア人は鋳貨の発明者としても有名である．伝統的に近東では貴・卑金属——おもに銀と銅——が交易の便を図るための通貨として広く用いられてきたが，金属のインゴットやリングが標準分銅として利用されることもあった．

　質と重さを保証するために刻印された鋳貨のもっとも早い例は，エフェソスにあるアルテミス神殿の基台で発見されたものである．それらはサルディスを貫流するパクトロス川の砂礫層から出土するエレクトラム（琥珀色をした天然の金銀合金）でつくられた．これらの鋳貨には表面に線を刻しただけのものもあれば，たとえばライオン頭部の模様を施したものもある．リュディア語の銘文が刻されたものも1枚発見されている．ただしこれらの鋳貨の年代，あるいは鋳貨の発明がすでに前7世紀半ばに行われていたのか，前6世紀アリュアッテスあるいはクロイソスによるのか，に関しては今なお議論の分かれるところである．

　クロイソス治世のリュディアは，その支配をエーゲ海沿岸のギリシア諸都市にまで拡大した．クロイソスはメディア軍がペルシア軍に敗北したという通報をえたとき，東方の，それまでメディアが支配していた地域へ領土を拡張する絶好の機会であると考えたようである．出征に先立ちデルフォイで神託を求めたクロイソスは，もし彼が攻撃すれば偉大なる帝国を滅ぼすであろうという予言をえた．クロイソスは神託のいう帝国が自国リュディアだとは夢にも思わず，ペルシア帝国に対する勝利を信じハリュス川を渡河し出征した．クロイソス軍はプテリア（ハットゥシャ？）でキュロス指揮下のペルシア軍と遭遇した．激しい戦闘が展開されたが勝敗決せず，クロイソスは冬の終るのを待ち同盟軍をあわせ戦いを再開するつもりでサルディスに退却した．しかしクロイソスの意に反し，キュロスはクロイソスを追走，短期間の攻囲の後サルディスを占領した（前547年秋と推定）．

メディア人とペルシア人

　旧約聖書やギリシア語史料ではメディア人は，類似の言語を話す同じインド=イラン系諸部族に属するペルシア人——前6-4世紀のオリエントの覇者——との関連で説明されるにすぎない．しかしメディア人がアッシリア帝国時代イラン高原に通じるアッシリア北東の肥沃な峡谷地帯に定住するようになっていたのに対し，同時代ザグロス中部，メディア人の近くにいたペルシア人の一派の存在も知られているが，ペルシア人の一派はすでにイラン高原南西部，古代アンシャン地方（現ファルス州）に移動していた．事実アッシュールバ

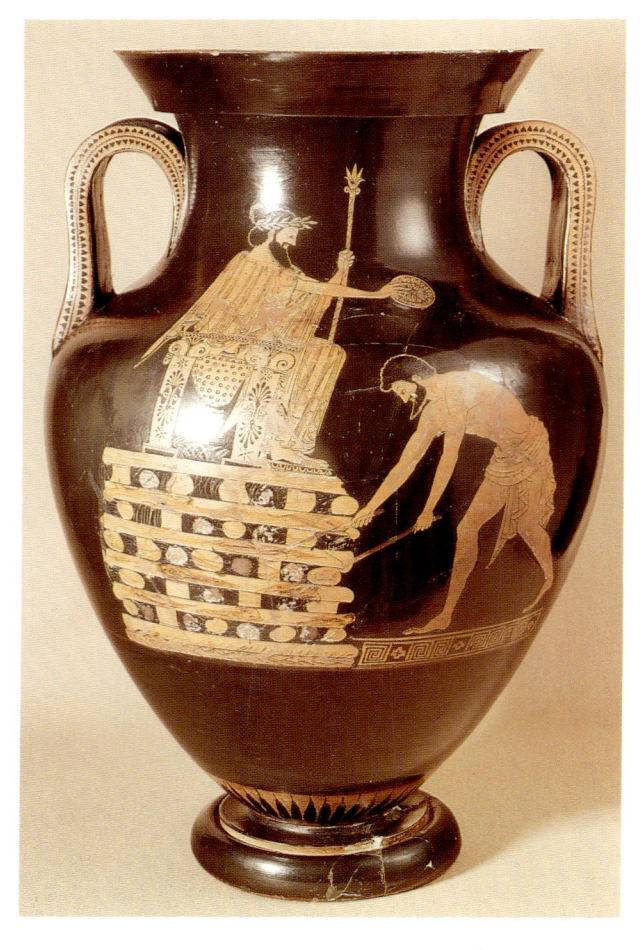

左　クロイソスを描いた赤絵壺，前5世紀．この後のクロイソスの運命は定かではない．山積みにされた薪の上で炎に包まれ自ら命を絶ったのかもしれない，あるいはヘロドトスが伝えるように突如襲った暴風雨が炎を消したことに驚いたキュロスによって助命されたのかもしれない．この絵はミュソンの作とされ，エトルリアのヴルキで発見された．壺の高さ58.5cm．

下　ライオンと雄ウシの頭部を刻印した銀貨．従来クロイソス治世下の鋳造とされてきたが，最近ではこの種の銀貨はダレイオス1世治世（前521-486）初期のものと考えられている．

下端　ペルシア帝国共通の金貨．この金貨をはじめて鋳造したダレイオスの名にちなんでダーリックと呼ばれる．この「射手」（ダーリック金貨の通称）は，贈賄の手段として用いられ，帝国の平和と安定を維持する上で軍隊以上の効力を発揮した．ダーリック金貨はアレクサンダー大王およびその後継者たちの時代においても鋳造された．図版の金貨は前4世紀の作と推定．

最後の帝国

キュロス大王が征服した地域
前559年頃キュロスがペルシア人の王となったとき、ペルシア人はいまだメディアに臣属、古代近東世界はメディア、バビロニア、リュディア、エジプトの四大勢力によって分割されていた。キュロスの死後数年のうちに、それらはすべてペルシア帝国に併合され、以後約200年間ペルシア人によって支配されることになる。前530年キュロスは帝国北東部の辺境、ヤクサルテス川の近くで行われた戦闘で殺害された。帝国東部地域をキュロス自身が征服したのか、あるいは併合によって獲得したメディア王国の一部であったのかについては確証はない。前525年キュロスの息子カンビュセスがエジプトを征服する。

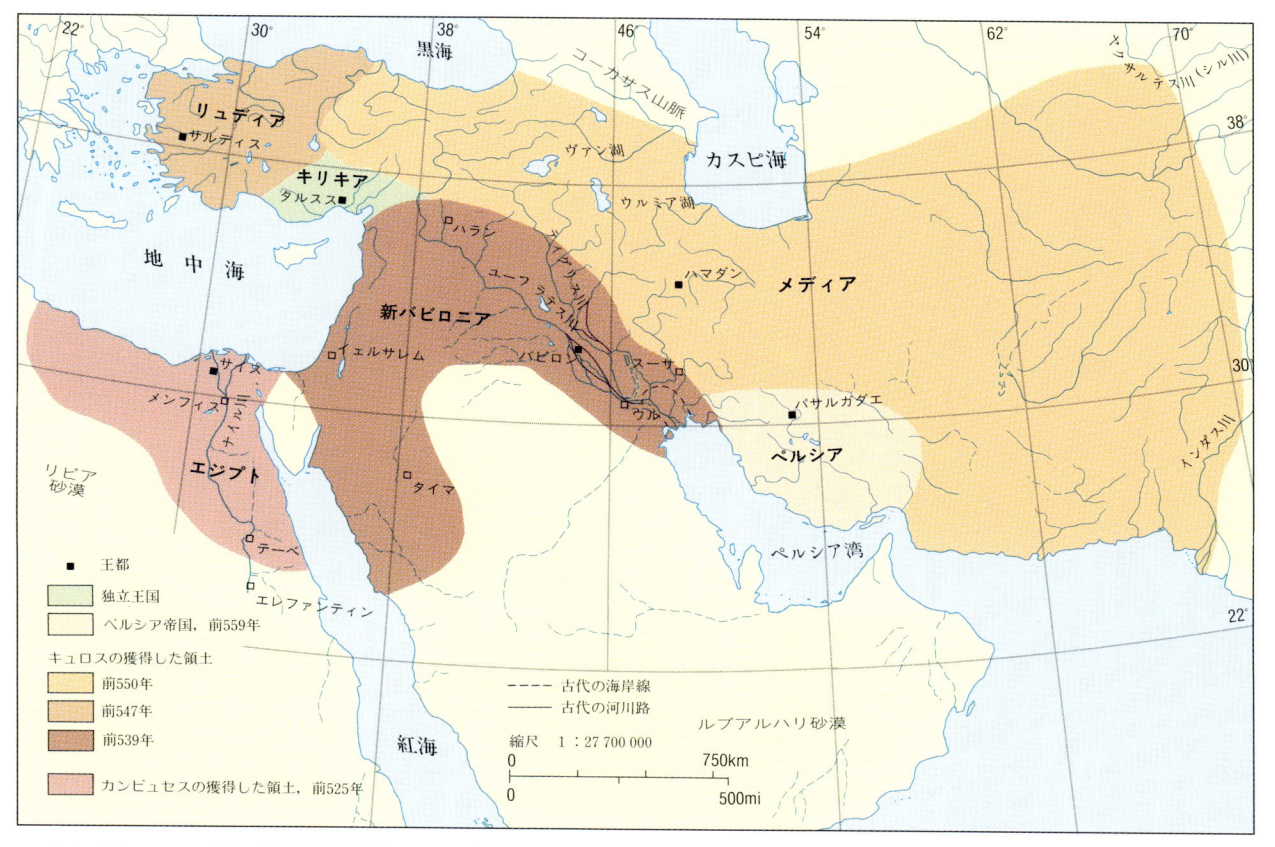

右　雄ウシ1頭のひき渡しを記録するペルセポリス出土のエラム語粘土板文書、前503年。倒れた死体を踏みつける騎乗の戦士、戦士の前に立ちはだかる人物を表した同一の印章の捺印二つがみられる。その銘によれば、この印章は「キュロス、アンシャンの人、テイスペスの息子」のものであった。この人物はキュロス大王（前559-30）の祖父と比定されている。幅4.7cm、高さ4.2cm。

ニバル（前668-27頃）がエラムに勝利した後、アッシュールバニパルに臣従を誓ったパルスアシュ（ペルシア）王は、後代の「ペルシアとアンシャンの王」キュロスと同じ名前で呼ばれている（アッカド語クラシュ）。

メディア王キャクサレスは前612年ニネヴェ攻略によって莫大な戦利品を獲得しただけでなく、広大な領土を領有することになった。しかしハマダンにあったと推定される王宮址も王室の公文書もいまだ発掘されておらず、メディア人がどのようにしてイラン高原の大部分やアナトリア東部を支配するようになったかについては、他国の史料や後代の報告に散在する断片的な言及に頼らざるをえず、真相を解明するのはきわめて困難である。ハムリンのテル・グッバの城塞やトルコ南部ユーフラテス川岸のテル・フユクで発見された列柱室をもつ建造物はメディア人のものと推定されているが、両遺跡の正確な年代はいまだ明らかでない。リュディアとの和平条約締結後まもなく、キャクサレスの息子アステュアゲスが王位につき約35年間統治した。アステュアゲスが先王とは異なり西方の史料にほとんど現れないという事実は、アステュアゲスがもっぱら東方、すなわちイラン高原におけるメディアの支配拡大に専念していたということを示唆しているのかもしれない。

バビロンの敗北

前559年キュロス（後世キュロス大王と呼ばれる）がペルシア人の王となった。キュロスの誕生に関しては後世多くの伝説が生まれたが、キュロスの碑文には「余はカンビュセスの息子にして、キュロスの孫、テイスペスの子孫である、彼らはすべてアンシャンの王であった」と記されている。キュロスの家系を証明するものとしてはほかに、「アンシャンのキュロス、テイスペスの息子」の銘文（エラム語）入りの捺印がペルセポリスで発見されている。ヘロドトスによれば、ペルシア人はキュロスに謀反を促されるまではメディアに臣属していた。ナボニドスは治世3年（前553年）キュロスがメディア軍をうち破ったと伝えているが、一般に信憑性が高いとされるバビロニアの年代記にはナボニドス治世第6年（前550年）メディア王アステュアゲスがキュロスを攻撃したと記録されている。おそらくこのときメディア軍は戦闘を拒否し、アステュアゲスをキュロスにひき渡したのであろう。その後キュロスはハマダンに進軍、ハマダンの宝庫は徹底的に略奪され、その財宝はアンシャンに運び去られた。このようにしてキュロスは、リュディア国境からイラン高原に至るメディア王国を継承した。

前547年のリュディア王クロイソスの敗北後数年のうちに、キュロスが任命したメディア人司令官たちはペルシア軍を率い、イオニアの沿岸諸都市および島嶼を征服するのに成功した。前539年バビロンをめざしたキュロスは、9月末あるいは10月はじめオピスでバビロニア軍をうち破った。シッパルは10月10日一戦も交えることなく占領され、2日後にはティ

帝　国

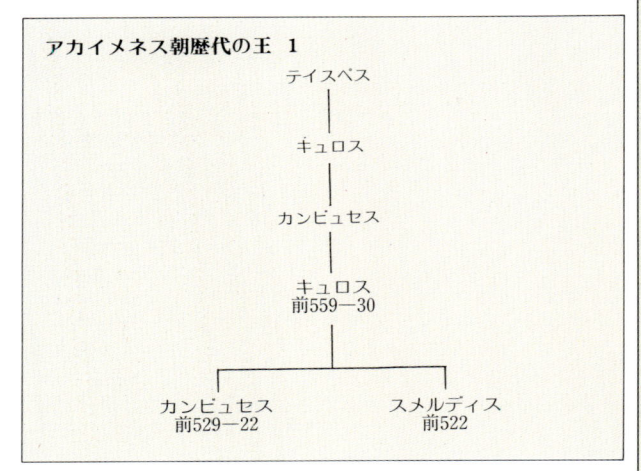

```
アカイメネス朝歴代の王 1

         テイスペス
            │
          キュロス
            │
         カンビュセス
            │
          キュロス
         前559-30
            │
    ┌───────┴───────┐
 カンビュセス      スメルディス
  前529-22          前522
```

グリス川の東グティウムの総督ウクバル指揮下のペルシア軍はバビロンに入城し，マルドゥク神殿を包囲した．このときウクバルは，神殿での宗教儀礼が妨げられないことを保証したと伝えられている．ナボニドスは捕虜にされたが，後世の伝承によれば「慈悲深い」キュロスはその後ナボニドスをイラン南部カルマニアの総督に任命した．ナボニドスの息子ベルシャザルがどのような運命をたどったかは不明である．10月29日キュロスがバビロンに入城したが，1週間後バビロン占領の功労者ウクバルが世を去った．キュロスは，以前ナボニドスがバビロニアの諸都市からバビロンに運んできた神々をもとの神殿に返還した．

慈悲深い征服者

キュロスは後世に「慈悲深い君主」という名声を残したことで知られている．治世初期ナボニドスはキュロスをマルドゥクの僕と呼んでいる．当のキュロスは，ナボニドスが異教に走ったのでマルドゥクが彼を選んだと碑文に明記している．それによればキュロスがバビロンに入城したとき，

> バビロンの全住民が，シュメールとアッカドの国全体と同様に，王族も総督も，彼（キュロス）に頭をたれ，彼の足に口づけし，彼が王位を継承したことに歓喜した．彼らは晴れ晴れとしたおももちで，彼らを死の淵から甦らせ損害や災害から救った支配者として彼を迎え，彼らは彼の名を賛美した．

キュロスは，ユダヤ人から彼らを捕囚の身から解放しイェルサレムの神殿の再建を許可した救世主，エホバの代理人とみなされただけではなく，ギリシア人の間でも理想的な支配者と支持されていた．しかしキュロスの征服と名声は，むしろプロパガンダの賜であるとみるべきである．幼いキュロスの殺害を命じ，あるいはキュロスの保護者ハルパゴスに息子の肉を食べることを強要したアステュアゲスの悪意にみちた行動，デルフォイの神託の解釈を誤ったクロイソスの愚行，ナボニドスの冒瀆など，キュロスの敵対者に関する数々のエピソードは，必ずしも真実に基づくものではないのかもしれない．しかしそれらがキュロスや彼の支持者の主張を正当化する上で効果的な作用を及ぼしたのは確かである．同様にキュロスの母をアステュアゲスの娘でクロイソスの姪とする家系も，メディアとリュディアに対するキュロスの支配の正統性を裏づけるのに役立った．その結果キュロスは敵対する諸勢力のさまざまな階層のなかに支持者をえることができたのであり，キュロスの勝利は軍事行動にも劣らない巧妙な外交的手腕の産物であった．さらにキュロスは被征服民族にかなりの宗教的自由を認め，不当に過重な税や貢納を課すことも

パサルガダエ

キュロス大王（前559-30）は，メディア，リュディアを征服した後，メディアとの最後の戦いの場とも伝えられるモルガブ平野パサルガダエに新しい都市を建設した．ペルシア人はそれまで巨大建造物や石造彫刻の伝統をもっていなかったので，キュロスは被征服民族の人材を積極的に登用，なかでもパサルガダエの建設に重要な役割を果たしたのはリュディアの石工であった．

キュロスはパサルガダエの地に城塞や拝火壇を設置した聖域，通称ゼンダーン・イ・スレイマン（ソロモンの牢獄）と呼ばれる方形の塔，宮殿や塔を配した庭園，城門，さらには自らの墓などをつぎつぎに建設した．しかしキュロスの家系から王位を簒奪したダレイオスは，パサルガダエの南西40km，ペルセポリスに自らの宮殿を建設，加えてスーサを帝都としたので，その後パサルガダエの重要性はしだいに失われることになる．

下　従来の近東の建築物とは異なり，キュロスが建設した宮殿や亭は戸外に開かれた構造をもつ．人びとは柱廊を通りどの方向からも建物に出入りすることができただけでなく，柱廊を通して庭園の眺めを心ゆくまで楽しむことができた．キュロスの庭園のうち今日残っているのは，切石を用いた水盤と水盤をつなぐ石の水路だけであるが，緑美しい木々と水流は今もペルシアの庭園の最大の特徴である．

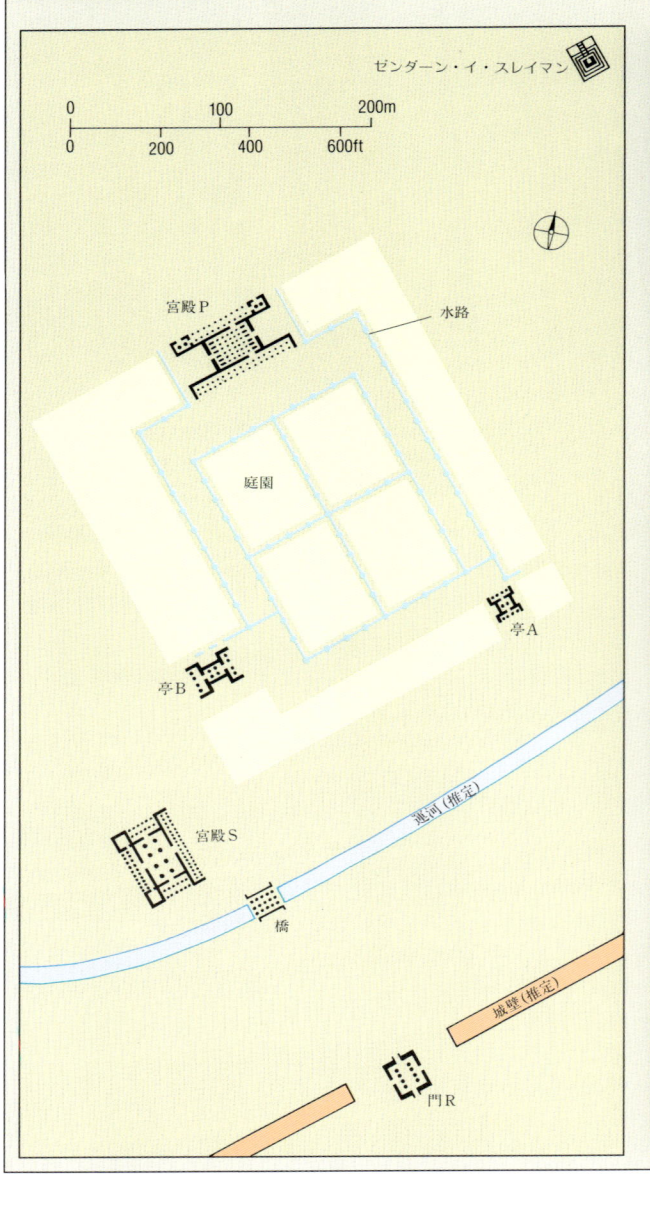

最後の帝国

右　宮殿Pは，水平に溝彫りの施された柱礎と溝彫りのない円柱を配した列柱式の長方形の広間をもつ．この柱の様式は明らかに東部ギリシアの影響をうけたもので，エフェソスに類例がある．円柱上部には彩色漆喰を塗った木材の装飾があったのかもしれない．長い柱廊からは庭園を一望することができた．パサルガダエのプランはメディアの建築様式を継承したものであるが，柱廊の起源については，ギリシア世界に由来するのかイラン人独自の伝統に由来するのか，いまだ確証はない．パサルガダエのプランは，ペルセポリスの宮殿の基本プランとして踏襲される．

左　キュロスの墓．階段上の基壇に設置された切妻式の建造物，高さ約10m．ギリシア人の報告によれば，「おお人よ，余はキュロス，ペルシア人の帝国を創始し，アジアの王となった者である，されば余にこの墓を惜しむなかれ」と謳った碑文が墓にあったとされる．

上　城門R側柱の彫像．上部に「余はキュロス，アカイメネス家の者」と記した3カ国語の刻文がある．アッシリア様式の翼，エラム風の衣装，エジプト風の頭飾りという組み合わせは，帝国全土からモティーフを借用する後代の「アカイメネス朝王様式」を予示するものである．

なかったと伝えられている（ハマダンやサルディス，バビロンに退蔵された莫大な財宝だけで，山岳民族出身で世界支配にいまだ通暁していなかった支配者にとっては，十分満足のいくものであったのだろう）．確かにリュディアの職人を使ってパサルガダエに建設されたキュロスの都は，バビロニア王やアッシリア王の贅沢な建造物と比べれば，慎ましいものであった．前530年春，おそらくは中央アジアの遊牧民との戦闘で死亡したキュロスは，パサルガダエの切妻形式の王室墓に埋葬され，広大なペルシア帝国は長子カンビュセスによって継承された．

エジプト征服

カンビュセスはバビロン征服の父に同行，前538年バビロンの新年祭に参列した．同年の10月までカンビュセスは「バビロンの王」の称号で呼ばれているが，その後はなぜかバビロンに住んでいたにもかかわらず，その称号は用いられなくなる．

ペルシア王としてのカンビュセス（前529-22）の最大の軍事的功績は，前525年エジプトを征服したことである．エジプトでは40年以上王位にあったファラオ・アマシスが前526年死亡，息子プサムメティコス3世が即位したが，彼は主要な司令官の一人サイスのウジャホレスネの裏切りにあい，ペルシウムでペルシア軍に敗北を喫した．カンビュセスはファラオとして即位し生粋のエジプト人支配者のようにふるまい，ファラオに課せられた宗教的義務を果たすことさえいとわなかった．にもかかわらずカンビュセスには「狂気の暴君」という悪意にみちた評価がこれまで与えられてきた．このようなカンビュセス評は，神殿の権力と富の削減を図るカンビュセスに反対したエジプト人祭司による誹謗，あるいはカンビュセスからの王位簒奪を正当化するための後継者たちによる中傷に基づいて生みだされた可能性が高い．

ダレイオスの即位

カンビュセスは前522年エジプトを発ったが，ペルシアに到着する前に死亡した．カンビュセスの後継者ダレイオス（前521-486）は，バビロンからハマダンに通じる幹線道路をみおろすビストゥンの磨崖に古代ペルシア語，バビロニア語，エラム語の3カ国語で刻まれた長文の碑文のなかで，カンビュセスの死をめぐる状況や自らの即位の経緯について詳細に説明している．碑文の内容は翻訳され，帝国全土に送られた（その写しがバビロンおよびエジプト南部のエレファンティンで発見されている）．ヘロドトスの『歴史』にも，細部は若干異なるが，碑文と同種の報告が採録されている．

ダレイオスによれば，「カンビュセスはエジプトに出発するに先立ち，実弟スメルディス（バルディア）を殺害した．カンビュセス不在中にガウマタという名のマゴス（メディア

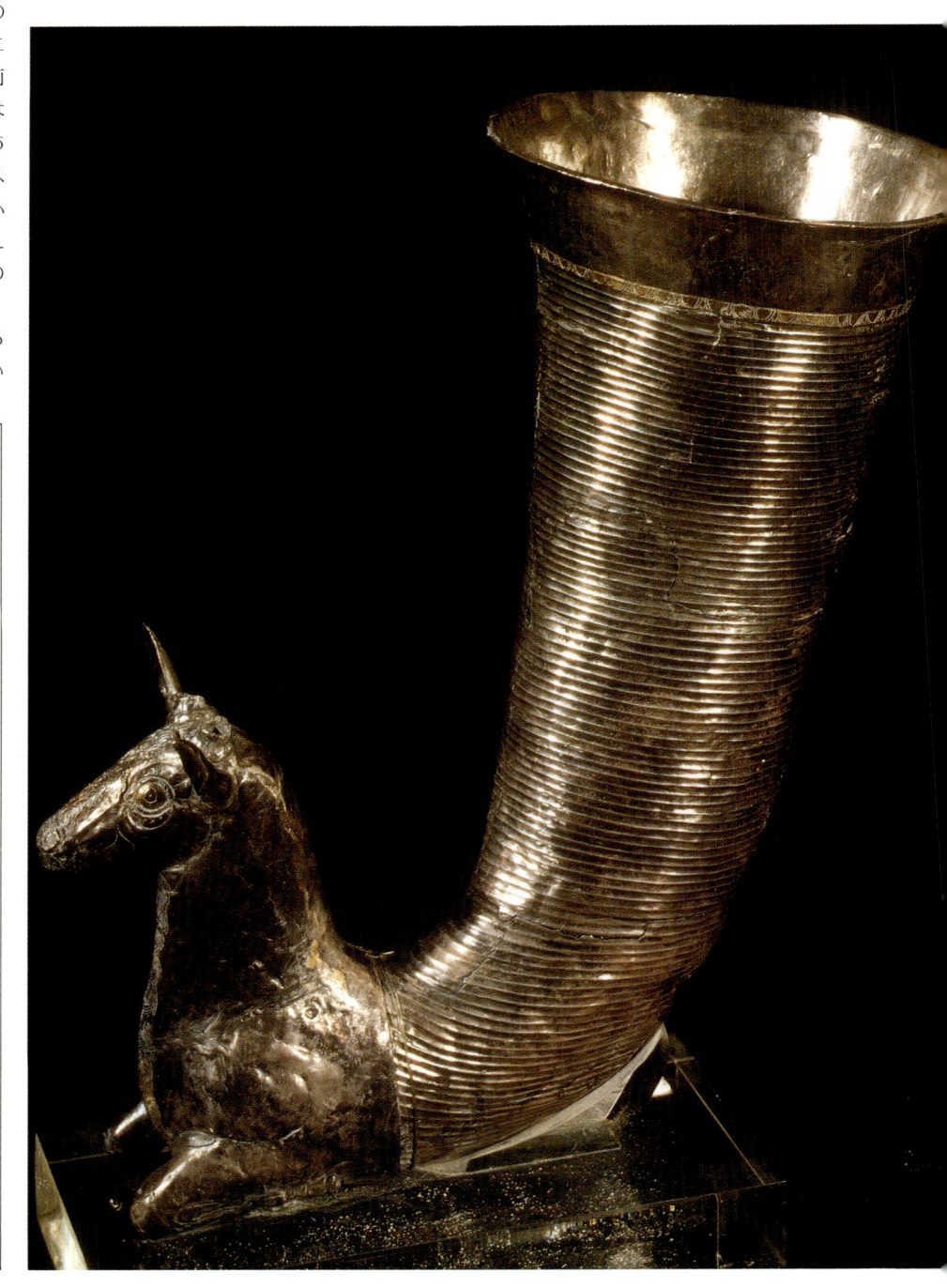

アカイメネス朝歴代の王 2

```
アカイメネス
   │
 テイスペス
   │
アリアラムネス
   │
  アルサメス
   │
 ヒュスタスペス
   │
 ダレイオス1世
  前521-486
   │
 クセルクセス1世
  前485-65
   │
   ├─────────────┐
アルタクセルクセス1世   ダレイオス
  前464-25
   │
   ├──────┬──────┐
クセルクセス2世 ソグディアヌス ダレイオス2世
  前424    前424    前423-05
                     │
          ┌──────┬──────┐
     アルタクセルクセス2世 キュロス オスタネス
        前404-359              │
           │                アルサメス
     アルタクセルクセス3世           │
        前358-38              ダレイオス3世
           │                 前335-30
         アルセス
        前337-36
```

上　スーサで発見された柱頭上部，2頭の雄ウシ前駆が背中合わせに接合されている．背の部分に主桁をのせたのであろう．雄ウシの下にはイオニア式柱身の上におかれた二重に重ねた渦巻き，さらにその下にエジプトの柱頭様式の影響をうけたと考えられる花のモティーフが施されている．

左　金箔の痕跡が認められる銀製酒杯，先端部にはシカと思われる動物の前駆がとりつけられている．このタイプの容器（通称リュトン）はペルセポリスの浮彫りにはないが，前5世紀後期のギリシアの壺絵に描かれている．アカイメネス朝期以降もつづけて使用された．高さ20cm．

の祭司）がスメルディスを詐称，王位を簒奪した．彼はペルシアやメディア，その他の諸州でも王として承認された．カンビュセスが自ら命を絶った後，前522年9月29日ダレイオスが6人の同志とともにガウマタを殺害するまで，誰一人としてガウマタに抵抗しようとする者はいなかった」．このダレイオスの報告が捏造されたものであるのは明白である．おそらく弟スメルディスが兄カンビュセスのエジプト滞在中に謀反をおこし，その知らせを聞き急ぎ帰路についたカンビュセスが途中で病死，あるいは殺害されたというのが真相であろう．この推論が正しければ，ダレイオスをはじめとするペルシア人貴族に殺されたのは詐称者などではなく，カンビュセスの実弟スメルディス本人であったことになる．

ダレイオスの即位当時父ヒュスタスペス（パルティア総督）と祖父アルサメスは存命であったので，明らかにダレイオスは帝国の創始者キュロスの家系につながる直系の王位継承者ではなかった．ダレイオスはビストゥン碑文で自らの系譜を曾曾祖父テイスペス，曾曾曾祖父アカイメネスまで5世代をさかのぼり，往古から王は彼の一族（アカイメネス家）の出身者であったと主張，ヘロドトスもペルシア人の支配者はパサルガダエ部族のアカイメネス一族の出身であったと報告している．キュロス自身がアカイメネス家の一員であったこと

は，パサルガダエにあるキュロスの碑文によって確認することができる（この碑文については，ダレイオス1世が古代ペルシア語楔形文字の創始者であると主張しているので，キュロスではなくダレイオスによって製作されたと考える研究者もいる）．しかし確かなのは歴代の諸王がアカイメネス家の出身であるということだけであり，ダレイオスの王位継承者としての正統性を証明するものはなにもない．

スメルディスの死後ペルシア，エラム，メディア，アッシリア，エジプト，パルティア，マルギアナ，サッタギュディア，スキタイで反乱が勃発したが，ダレイオスは1年のうちにそれらすべてを鎮圧するのに成功した．ビストゥン碑文上部の浮彫りは，王位「詐称者」ガウマタと上記9地方で王を詐称し反乱をおこした謀反人に対する戦勝記念である．ダレイオス1世はすでに7人の同志の1人ゴブリュアスの娘と結婚していたが，反乱鎮圧後新たにアカイメネス家の一員で，同志のなかで最長老オタネスの娘を娶った．さらにダレイオスは今や男系のとだえたキュロス家の生き残り，キュロスの娘2人と孫娘をも妻として迎え入れ，自らの王位継承権・支配の強化を図った．

地図

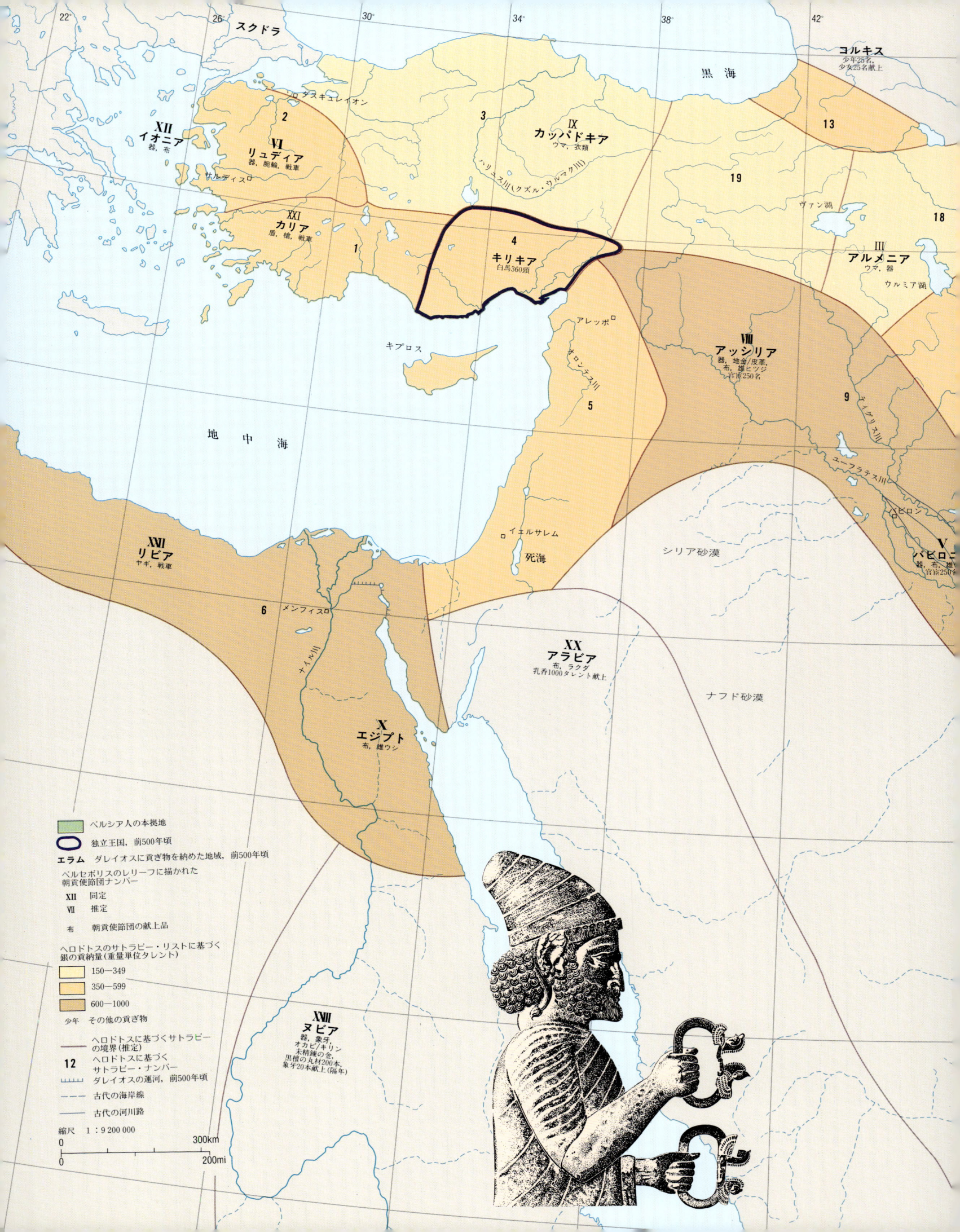

| 経度ラベル | 22° | 26° | 30° | 34° | 38° | 42° |

地域ラベル

- スクドラ
- 黒海
- **XII イオニア** 器, 布
- 2
- **VI リュディア** 器, 腕輪, 戦車
  - サルディス○
- 3
- **IX カッパドキア** ウマ, 衣類
  - ハリュス川（クズル・ウルマク川）
- **コルキス** 少年25名, 少女25名献上
- 13
- 19
- **III アルメニア** ウマ, 器
  - ウルミア湖
- ヴァン湖
- 18
- **XXI カリア** 盾, 槍, 戦車
- 1
- **4 キリキア** 白馬360頭
- キプロス
- アレッポ○
- オロンテス川
- **VIII アッシリア** 器, 地金/皮革, 布, 雄ヒツジ 幼児250名
- 5
- 9
- ユーフラテス川
- バビロン○
- **V バビロン** 器, 布, 雄... 幼児250名
- 地中海
- **XVII リビア** ヤギ, 戦車
- ○イェルサレム
- 死海
- シリア砂漠
- 6
- メンフィス○
- ナイル川
- **X エジプト** 布, 雄ウシ
- **XX アラビア** 布, ラクダ 乳香1000タレント献上
- ナフド砂漠
- **XVIII ヌビア** 器, 象牙, オカピ/キリン 未精錬の金, 黒檀の丸太200本, 象牙20本献上（隔年）

凡例

- ペルシア人の本拠地
- 独立王国, 前500年頃
- エラム　ダレイオスに貢ぎ物を納めた地域, 前500年頃
- ペルセポリスのレリーフに描かれた朝貢使節団ナンバー
  - XII　同定
  - VII　推定
- 布　朝貢使節団の献上品
- ヘロドトスのサトラピー・リストに基づく銀の貢納量（重量単位タレント）
  - 150—349
  - 350—599
  - 600—1000
- 少年　その他の貢ぎ物
- ヘロドトスに基づくサトラピーの境界（推定）
- 12　ヘロドトスに基づくサトラピー・ナンバー
- ダレイオスの運河, 前500年頃
- 古代の海岸線
- 古代の河川路

縮尺　1:9 200 000

0　300km
0　200mi

地図上の地名

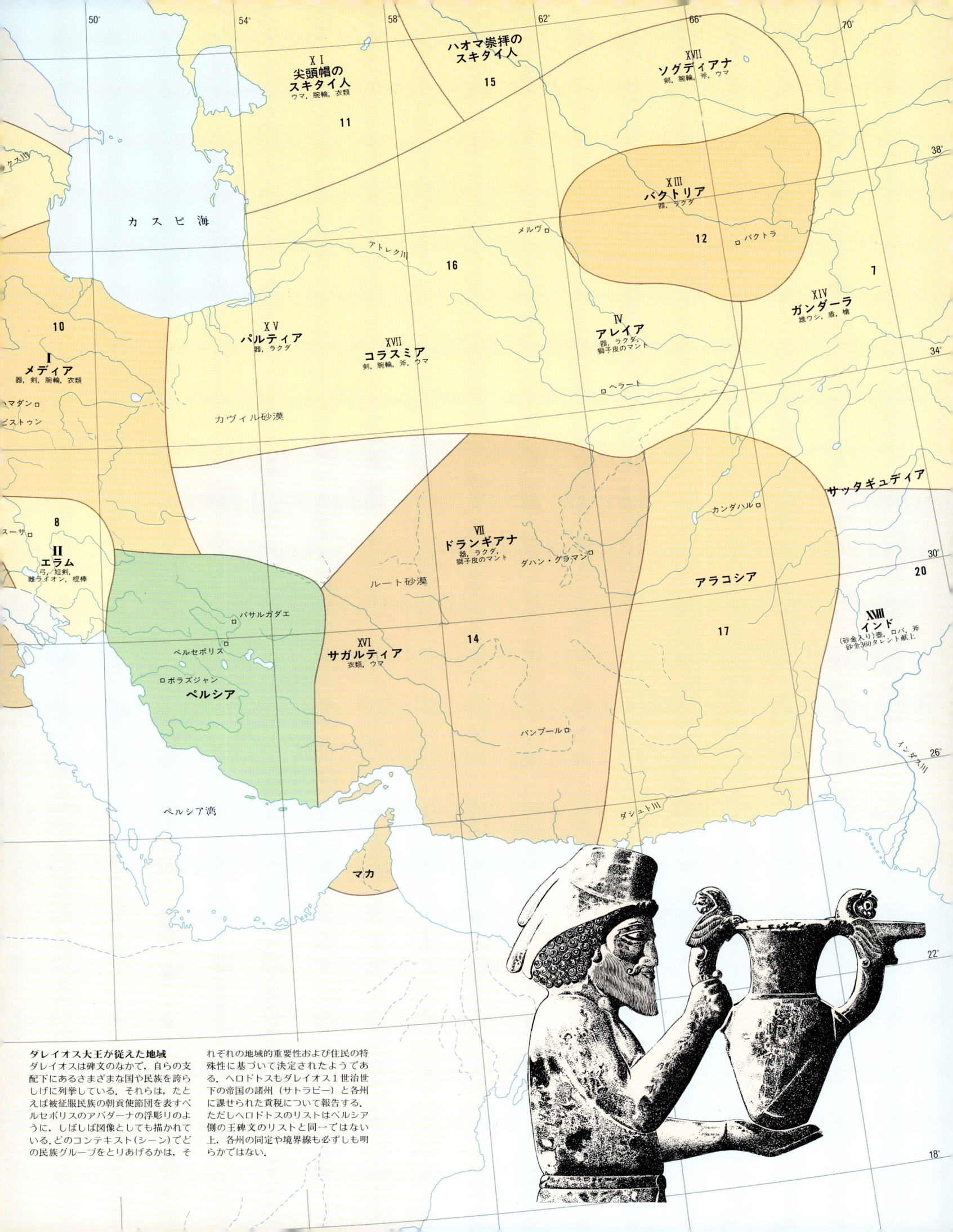

- カスピ海
- XI 尖頭帽のスキタイ人（ウマ、腕輪、衣類）11
- ハオマ崇拝のスキタイ人 15
- XVII ソグディアナ（剣、腕輪、斧、ウマ）
- XIII バクトリア（器、ラクダ）12
- メルヴ
- アトレク川
- 16
- バクトラ
- 7
- XIV ガンダーラ（雄ウシ、盾、槍）
- XV パルティア（器、ラクダ）
- XVII コラスミア（剣、腕輪、斧、ウマ）
- IV アレイア（器、ラクダ、獅子皮のマント）
- 10
- I メディア（器、剣、腕輪、衣類）
- ハマダン
- ビストゥン
- ヘラート
- カヴィル砂漠
- サッタギュディア
- カンダハル
- 8
- スーサ
- II エラム（弓、短剣、雌ライオン、棍棒）
- パサルガダエ
- ペルセポリス
- ボラズジャン
- ペルシア
- VII ドランギアナ（器、ラクダ、獅子皮のマント）
- ダハン・グラマン
- ルート砂漠
- アラコシア
- 20
- XVIII インド（砂金入り壺、ロバ、斧　砂金360タレント献上）
- XVI サガルティア（衣類、ウマ）
- 14
- 17
- バンプール
- ペルシア湾
- ダシュト川
- マカ
- インダス川

ダレイオス大王が従えた地域

ダレイオスは碑文のなかで，自らの支配下にあるさまざまな国や民族を誇らしげに列挙している．それらは，たとえば被征服民族の朝貢使節団を表すペルセポリスのアパダーナの浮彫りのように，しばしば図像としても描かれている．どのコンテキスト（シーン）でどの民族グループをとりあげるかは，それぞれの地域的重要性および住民の特殊性に基づいて決定されたようである．ヘロドトスもダレイオス1世治世下の帝国の諸州（サトラピー）と各州に課せられた貢税について報告する．ただしヘロドトスのリストはペルシア側の王碑文のリストと同一ではない上，各州の同定や境界線も必ずしも明らかではない．

帝国

スーサ

　都市としてのスーサは前4000年頃宗教的センターとして創建され，少なくとも前3000年紀からはエラムの都となった．エラムの領土はイラン南西部のフジスタン平原を中心に，ときに東部山岳地帯におよび，アンシャンあるいはそれを越えて拡大することもあった．スーサは前2250年頃アガデの諸王に，前2050年頃にはウル第3王朝の支配者に臣属していた．前2000年紀に入るとエラム軍はメソポタミアに侵入，バビロニアやアッシリアの諸都市を略奪し，メソポタミアの第一級の遺物のいくつかを戦利品としてスーサにもち帰った．

　前1000年紀バビロニアにおけるエラムのたび重なる介入に対抗して，アッシリアの諸王はエラムへの遠征をくり返し，ついにアッシュールバニバル（前668－27頃）は前647年スーサを占領した．アッシュールバニバルはスーサに火を放ち神殿や聖所を破壊，耕地を塩で荒廃させた．前6世紀後期，ダレイオスはスーサを行政上の都に選び，バビロニア風の中庭と柱廊のある列柱式の広間をあわせもつ巨大な宮殿をアパダーナ丘に建設した．

　前331年スーサを占領したアレクサンダー大王は，ギリシア・アジア両文化の融合を目的に，この地でギリシア人兵士とペルシア人女性の集団結婚式を挙行した．スーサはペルシア帝国滅亡後も長く都市としての重要性を保持した．アクロポリス西のダニエルの墓は，現在でも名だたる巡礼地の一つである．

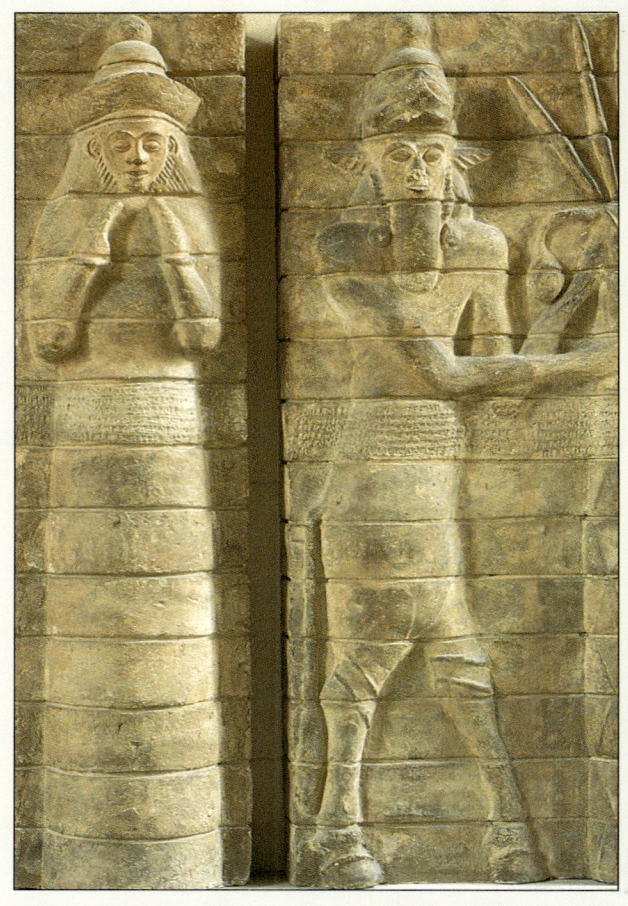

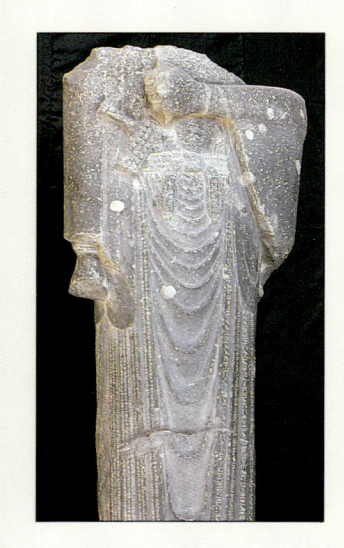

上　アパダーナの城門で発見されたダレイオス1世の彫像，頭部欠損．エジプトで製作され，ダレイオスが完成したナイル川と紅海を結ぶ運河を通り海路スーサに運ばれたものと推定，彫像は「アカイメネス朝王朝様式」の特色を示す．襞の部分には古代ペルシア語，バビロニア語，エラム語およびエジプト語の銘文が刻まれている．高さ1.95m．

右上　型押し焼成レンガ製壁面装飾．本来前12世紀半ばクティル・ナフンテと息子シルハク・インシュシナクによって建設されたスーサの守護神インシュシナク神殿正面を飾っていた．発掘時レンガはダレイオスの宮殿近くにあるアカイメネス期の水路に再利用されていた．レンガ積み壁面装飾は，先行する古バビロニア時代やカッシート時代においてもみられる．復元された高さ1.37m．

最後の帝国

下 1851年イギリスの地質学者W・K・ロフトスがスーサを発掘, 旧約聖書の『ダニエル書』や『エステル記』に現れるシューシャンと同定した. 以後フランスの考古学調査隊によって発掘がつづけられている. スーサの主要な宗教的センターであったアクロポリス丘については各層すべての調査が行われ, その出土品は現在ルーヴル美術館, テヘランの国立考古学博物館に収蔵されている. アカイメネス朝期の都市スーサはアパダーナ, アクロポリス, 王城の主要3遺跡丘を占めていた. 東に広がる「職人居住区」はアカイメネス朝以降の遺跡である.

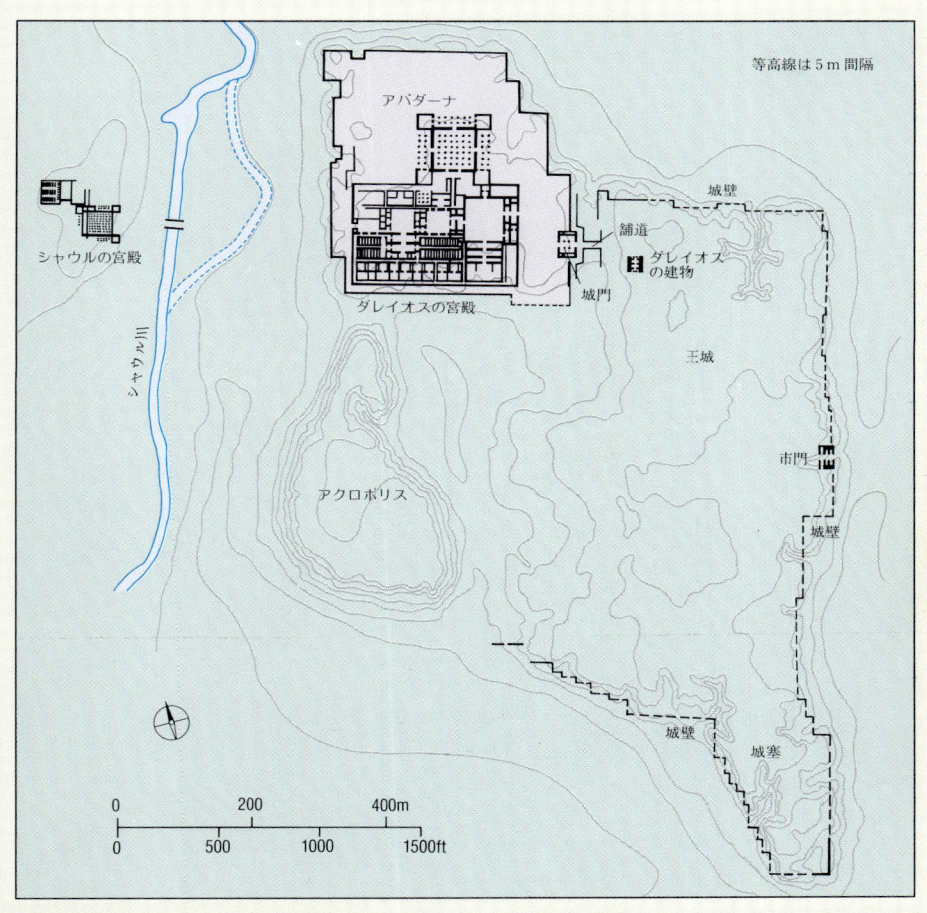

左端と左 彩釉レンガ浮彫り. ダレイオスの宮殿で発見された「王宮建設碑文」によれば, 焼成レンガをつくったのはバビロニア人であった. 彩釉レンガの浮彫りはバビロニアで広く用いられたが, エラムでも長い歴史をもつ. これらの射手は, おそらく王のペルシア人親衛隊の一部であろう. 射手の高さ1.46m.

右 子ヒツジを抱く黄金製男性像, アクロポリスのインシュシナク神殿近くの舗道で発見. 同形の銀製像と対をなす. 奉納物の一部であったのかもしれない. 前2000年紀末, おそらくは前12世紀の作と推定. 高さ7.5cm.

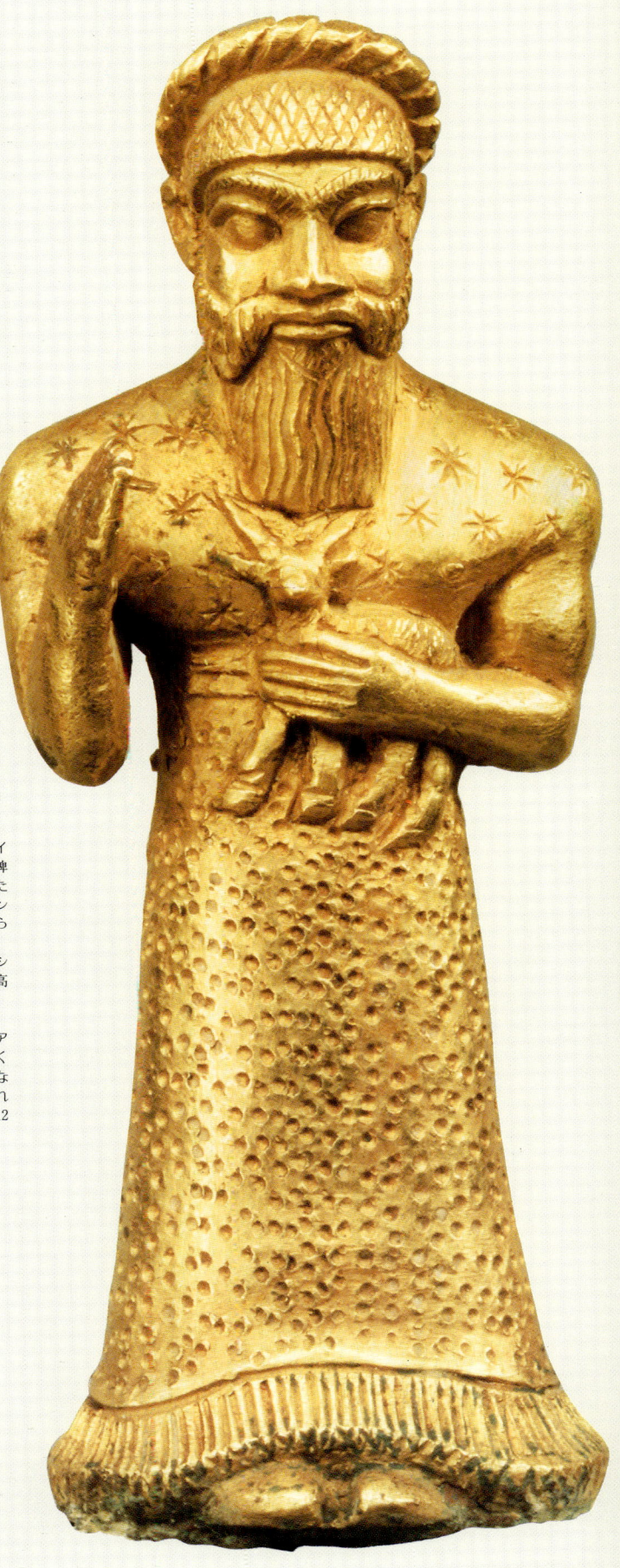

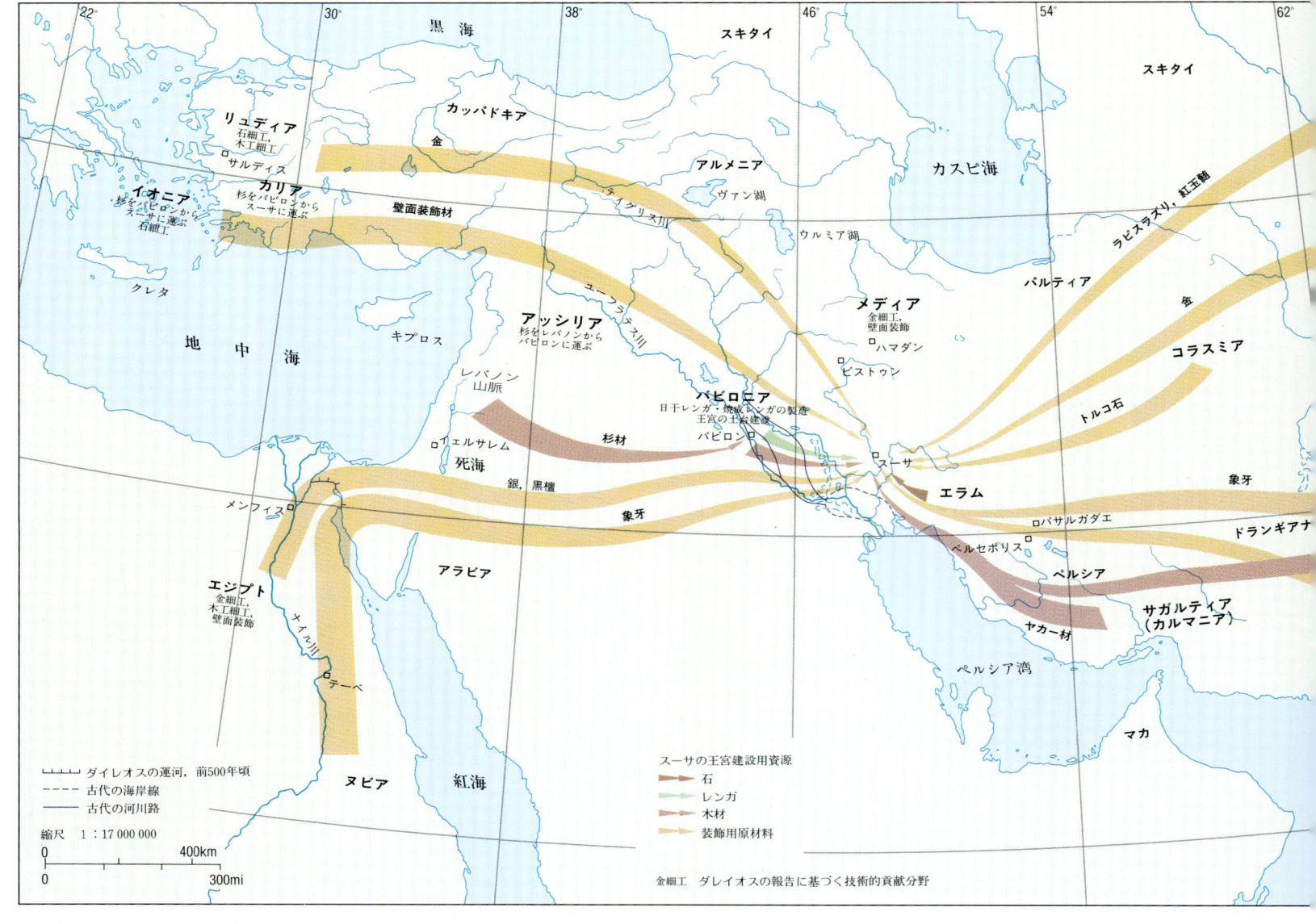

ダレイオスのギリシア遠征

ダレイオスはトラキアの大部分を占領後，ドナウ川を越えスキタイに遠征し，ペルシアの征服地をヨーロッパ大陸にまで拡大した．また東方ではあらたな州インドが帝国の版図に加わった．キュロスが被征服地の既存の行政制度を踏襲するのに甘んじていたのに対し，ダレイオスは帝国を再編成しサトラピーと呼ばれる州を単位とする行政システムを確立した．各サトラピーの統治は王族あるいは王の側近から選ばれたサトラプ（総督）に委ねられた．さらにダレイオスは税制改革を断行し，定期的な徴税・貢納システムを確立した．おそらく法の改正や経済改革も実施されたのであろう（たとえばエジプトでは法典の編纂が命じられた）．

この新しい帝国行政システムを成功させるためには，今一つコミュニケーションシステムの整備・拡充が必要不可欠の課題であった．たとえばサルディス・スーサ間の「王の道」には換え馬を利用することのできる宿駅が一定間隔で配置されていたことがヘロドトスによって知られているが，ペルセポリス出土の粘土板文書はダレイオス治世下に公務旅行者に対してこのような宿駅利用のための許可書，「旅券」が発行されていた事実を教えてくれる．

前499年ペルシア王に服属していたキプロスと小アジア西岸のギリシア諸都市が共謀して反乱をおこし，州都サルディスを略奪し火をかけた．キプロスは，カンビュセスのエジプト征服のときにペルシアの軍門に下り，以来その支配下にあったが，フェニキアの援軍をえたペルシア軍によって即座に再征服されてしまった．しかしエーゲ海域での戦闘はさらにつづく．戦況を決したのは，前494年秋ミレトス近くラデ島沖での戦いであった．フェニキア，エジプト，キリキア，キプロスから徴発された600艘を数えるペルシア艦隊は，9市の分遣隊で構成される，わずか353艘しか有しないギリシア艦隊を，数の上でははるかにまさっていた．降伏した者には寛大な処置を約束するというペルシア側の申し出に戦線を離脱したギリシア船もあったが，残る艦隊はペルシア艦隊の大攻勢にさらされ大きな損害をこうむった．

小アジアのギリシア人が再びペルシアの支配下に戻ると，帝国の関心はエーゲ海西岸，ギリシア本土に向けられるようになる．トラキア海岸部はすでにペルシアの支配下にあったが，さらに前492年ゴブリュアスの息子マルドニウスの再征によってトラキアにおけるペルシアの地位は揺ぎないものになった．しかし前490年ペルシア軍はマラトン上陸に成功したもののアテネ軍の奇襲に敗北を喫し，アテネ軍が急遽沿岸防衛のために自国に戻るとアテネをエーゲ海域から駆逐することも不可能になった．ダレイオスは，これを機にギリシア遠征を中止することを決意する．

スーサの宮殿建設に用いた資材の産地

スーサの「王宮建設碑文」のなかで，ダレイオスは建設活動に従事した民族，要した資材を列挙している．このリストの目的は宮殿の正確な建設記録を残すことではなく，帝国全土の貢献とペルシア王が掌握している莫大な資源を誇示することにあった．労働組織についてはペルセポリスの例と同様であろう．ペルセポリス出土の王室経済文書によれば，動員された労働者はペルシア人監督官の下で集団で労働に従事し，労働の報酬として各自王室から食糧の支給をうけた．労働者のなかには奴隷や戦争捕虜，国外追放者も少なくなかったと考えられている．ペルシア人の諸宮殿のデザインや建築様式は，帝国諸地域の伝統的美術の混淆とされる「アカイメネス朝王朝様式」の特色をもっともよく示すものといってよい．

ダレイオスの建設計画

ダレイオスは古い歴史をもつエラムの都市スーサを帝都に選んだ．ただし宮殿はバビロンにもハマダンにもペルシア人の故地パルサにも存在した．治世初期ダレイオスはスーサを再建し，広さ約250m四方の宮殿を建設した．それはバビロンの宮殿と類似の中庭とパサルガダエやメディアの伝統である列柱室をあわせもつ様式で，歴代の諸王が年間を通じてもっとも多くのときを過ごしたのは，このスーサの宮殿である．その後ダレイオスはパサルガダエの南西40kmの地で新しい王宮の建設に着手した——それは古代ペルシア語ではパルサ，今日ではペルセポリスの名で広く知られている．新王宮の石積み大基壇（450m×300m×20m）そのものがダレイオスが構想した巨大建造物群の象徴であるが，ダレイオス自身は周辺の平野部にもいくつもの小宮殿を配するより広大かつ統一的なプランを構想していたようである．ペルセポリスの建設は，ダレイオス治世中には完成をみず，以後の諸王によって継承されることになる．

ダレイオスとその後継者たちは，ペルセポリスの北6km，ナクシュ・イ・ルスタムの磨崖墓に埋葬された．ダレイオスの墓には，王としての信条表明ともいうべき碑文が刻まれている．「余はアフラマズダの加護により王となった．余は正しき者の友であり，邪なる者の友ではない．強き者から弱き者を，弱き者から強き者を守る，それが余の望みである．正しきこと，それが余の望みである．余はよき騎手であり，よき弓の射手であり，よき槍使いである」．さらにダレイオスは，人々にアフラマズダの教えに従いダレイオスの言を信じ謀反をおこすことのないよう命じている．

ペルセポリスやスーサの建設は帝国全土から集められた人的・物的資源を投じて行われたが，宮殿建設の伝統をもっていなかったペルシア人は，諸地域のデザインやモティーフを積極的に借用・活用した．とりわけその影響が顕著であったのは，エジプト，ギリシア，メソポタミアである．エジプトで製作され，スーサで発見されたダレイオス立像は，このような混淆様式の典型であるといってよい．

ペルシアの敗北

前486年エジプトで反乱がおこったが，討伐の準備中にダレイオスは逝去，王子クセルクセスが即位した．クセルクセスはダレイオスの長子ではなかった．しかし彼はダレイオスが王となってから生まれた最初の息子であり，しかも母はキュロスの娘アトッサであった．ヘロドトスによれば，アトッサははじめカンビュセスに，ついでスメルディスに嫁し，その後ダレイオスの妻となった．ダレイオスの行動を左右するほどの権勢をもつアトッサの存在は，その後アカイメネス朝の王位継承にいつも影をおとすことになる宮廷陰謀を予示するものであった．ただしクセルクセスの場合には，彼の王位継承に異論を唱える者はいなかった．

クセルクセス（前485-65）は，治世はじめにバビロニアでおこった二つの反乱とエジプトの反乱を鎮圧するのに成功した．しかしクセルクセスについてもっともよく知られているのは，仇敵ギリシア人の伝える，不成功に終ったギリシア侵攻に関するものである．ヘロドトスは侵攻の開始と戦況の推移を以下のように報告している．侵攻に先立つ4年間を準備に費やしたクセルクセスは，前480年約200万人にも及ぶ大軍を率い，ダーダネルス海峡を船橋で渡った．12年前の不幸を避けるためアトス岬に運河を建設，ペルシア軍は意気揚々と南進し，テルモピュライ峠で勇敢ではあるが無能なスパルタ軍をうち破り，ついにアテネを占領した．しかしクセルクセスが陸上で「天蓋の下から観戦していた」サラミスの戦いで，ペルシア艦隊はギリシア海軍に敗北，ペルシア軍は冬が間近に迫っていることを考慮しアテネを放棄，ギリシア北部の「冬の陣営」に退却した．この後クセルクセスは経験豊かな司令官マルドニウスを戦闘継続のために残留させたものの，自身は突如本国へ帰還するという予想外の行動をとった．翌年マルドニウスは再度南進しアテネを再占領するのに成功したが，その後まもなくマルドニウスはプラタイアの戦いで殺害され，麾下の軍も手痛い敗北を喫した．さらに前479年8月サモス島の対岸ミュカレの戦いでペルシア軍は潰走，クセルクセスのギリシア侵攻計画はついに放棄されることになった．

ペルシア軍がこうむったこの一連の敗北は，たとえ司令官の失策や決断力の欠如によるところが少なくなかったとしても，歴史的には画期的なできごとであった．確かにギリシア本土の領有は，ペルシアの国益にとってさしたる重要性はない．しかもペルシア帝国はいまだ健在であり，帝国諸民族はペルシア王の統治下でつづけて平和を享受することができた．しかしながらサラミスの海戦，プラタイア・ミュカレの陸戦は，ペルシア軍がもはや無敵でないことを証明した．今やペルシア海軍の海上支配も過去の想い出となった．その後まもなくペルシアはヨーロッパ側の領土を失い，小アジア西岸のギリシア諸都市は実質上独立を回復することになる．

陰謀の世界：宮廷とハーレム

前465年クセルクセスが死去した．約60年後宮廷の侍医となったギリシア人クテシアスによれば，クセルクセスはハザラパト（千人隊長）と宦官を含む3人の側近に暗殺された．陰謀者たちはクセルクセスの長子ダレイオスを王殺害の罪人にしたてようと図り，末子アルタクセルクセス1世にダレイオスを殺害，王位を継承するよう説きふせた．アルタクセルクセスの死後（前425年）1年たらずの間に即位した2人の王があいついで殺され，かわってバビロニア人の妾腹オコスがダレイオス3世として即位した（前423-05）．ダレイオスは異母妹であった妻パリュサティスの協力をえ，宮廷内の反対勢力を一掃するのに成功する．ダレイオスの死後，長子アルサケスがアルタクセルクセス2世として王位についた（前404-359）．この頃エジプトが再びそむき，独立を回復した．前401年にはサルディスのサトラブに任じられていた王弟キュロス——母パリュサティスの「お気に入り」——がアルタクセルクセス2世からの王位簒奪を企て，1万人のギリシア人傭兵を率いアナトリアを横断してユーフラテス川ぞいにバビロンをめざしたが，バビロニア北部クナクサの戦いでキュロス自身が殺されたため計画は頓挫，キュロス指揮下のギリシア人傭兵は，ペルシア帝国のどまんなかに取り残されることになった．これらギリシア人傭兵がアッシリア，アルメニアから黒海へと北進しギリシアに帰還するまでの物語は，指揮官の1人クセノフォンの著『アナバシス』に詳細に記録されている．

アルタクセルクセス2世は妻妾360人を囲い，115人もの息子をもうけたと伝えられている．長子は父王に謀反を企てたが宦官の裏切りにあい死刑に処せられ，末子は兄オコスの謀反の犠牲となり自殺した．前359年アルタクセルクセス2世が死ぬと，オコスが王となりアルタクセルクセス3世と号し

帝　国

アカイメネス朝とギリシア人

ダレイオス1世とクセルクセス1世は，ギリシア本土の諸ポリスの征服を企図した．しかしペルシア陸軍の圧倒的優位にもかかわらず，ペルシア軍は最初マラトンで，その後サラミス，プラタイアでアテネに率いられたギリシア軍に敗北，この試みは失敗に帰した．

前401年サルディスのサトラプ（州の総督）でありペルシア王アルタクセルクセス2世の実弟である小キュロスが王位簒奪を図り謀反をおこした．キュロス軍はアナトリアからキリキアを横断，バビロンをめざしてユーフラテス川ぞいに南進したがクナクサの戦いで敗れ，キュロスは殺害された．このときキュロス軍に参加していた1万人のギリシア人傭兵は降伏することを望まず，北進して黒海に至りギリシア領に帰還する道を選んだ．この行軍の詳細については，ギリシア人指揮官の一人であったクセノフォンが報告を残している．

左　クセルクセス1世の墓．ダレイオス1世，クセルクセス1世，アルタクセルクセス1世，ダレイオス2世，4人のペルシア王はペルセポリスの北6km，ナクシュ・イ・ルスタムにあるほとんど同形の磨崖墓にそれぞれ埋葬された．上部の浮彫りには，アフラマズダ神と拝火壇の前で礼拝する王の姿が表されている．王は帝国内の30民族が支える玉座の上に立っている．

た（前358-38）．彼は即位するとすぐ後日の禍根をとり除くため，王位を要求する危険のある親族を皆殺しにした．その後西部諸州で大反乱が勃発したが，アルタクセルクセスはそれを凌ぎ，前343年にはエジプトを回復するのにも成功した．しかし5年後アルタクセルクセスは彼が重用した宦官長兼エジプト駐留軍の司令官バゴアスに殺害され，かわって即位した息子アルセス（前337-36）も2年もたたないうちにバゴアスによって毒殺されてしまった．もはや王位継承の適格者はすべて殺され存在せず，バゴアスはやむなくアルセスのまたいとこダレイオスを即位させた．しかしバゴアスが新たに選んだ新王ダレイオス3世（前335-30）は，宮廷の実権を握るバゴアスを毒殺，帝国の再建を企図することになる．

古代近東の終焉

治世第1年ダレイオス3世は，アルタクセルクセス3世の死後再び反乱をおこしたエジプトに侵攻したが，明らかにペルシア帝国を建て直すには遅すぎた．60年前すでにクセノフォンは「大王の帝国は，大勢の人の住む広大な領域を支配しているという点では強力であるが，長距離を移動し軍を広範囲に配置する必要があるために，急襲に弱く脆弱でもある」と述べていたが，それが現実のものとなった．前334年弱冠22歳マケドニアのアレクサンダーがペルシア侵攻を開始する．マケドニアを発つとき，アレクサンダーはダレイオスの帝国全土を併合することを計画したわけではなかったが，予想外の勝利につぐ勝利がアレクサンダーの目的と野望を変化させた．前334年グラニコスの戦い，前333年イッソスの戦い，前331年ガウガメラの戦いで，ダレイオス軍は不覚にもあいついで手痛い敗北を喫した．ダレイオスは戦場から逃亡，バビロンやスーサ，ペルセポリス，ハマダンの宮殿や財宝はアレクサンダー軍によって占領，略奪されるにまかされた．古来有名なペルセポリスの炎上は，単なる偶発的な事故であれアレクサンダーの周到な政策の一環であり，古代近東の終焉

アレクサンダー大王の征服

前343年アルタクセルクセス3世は，60年間独立状態にあったエジプトの支配権を回復した．ペルシア帝国の版図は，150年前のダレイオス1世治世当時と依然として大差はなかった．アレクサンダー大王とダレイオス3世はともに先王殺害後，前336年王位についた．アレクサンダー大王は前334年アジア侵攻を開始，ダレイオス3世をうち破った．前330年ダレイオス3世死去．アレクサンダー大王はつづく7年間をほとんどペルシア帝国領内での戦闘に費やした．アレクサンダー大王の死後，広大な征服地は彼の将軍たちによって分割される．アレクサンダー大王は進路にそっていくつもの都市を建設し，自らの名にちなんでアレクサンドリアと命名した．

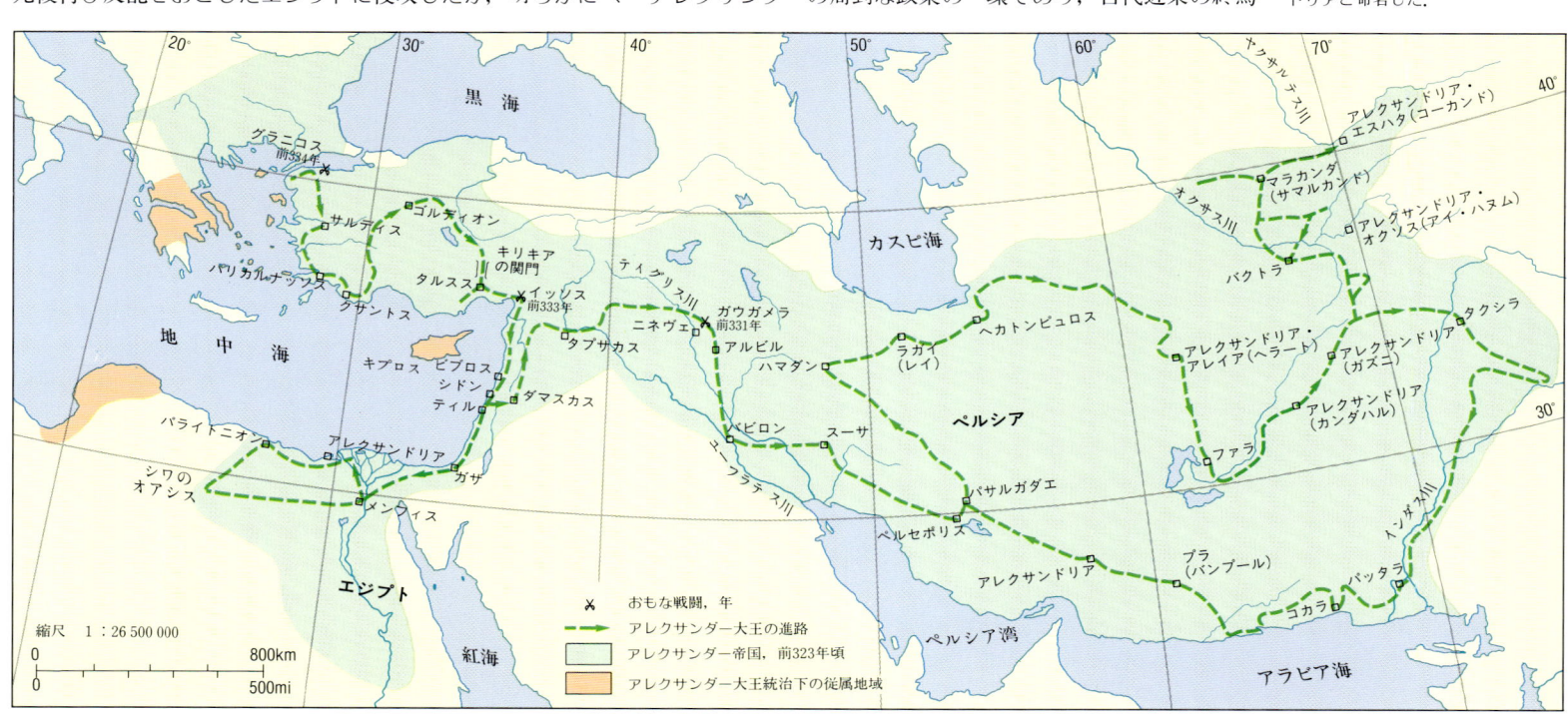

次頁 前331年ガウガメラの戦い（あるいは前333年イッソスの戦い）を描いたモザイク．ポンペイの「ファウナの家」で発見．前4世紀エレトリアのフィロクセノスの絵を下絵にして，前1世紀頃製作されたと推定されている．アレクサンダー大王（左，馬上の人物），ダレイオス3世（右，戦車上の人物）．全高3.42m.

を象徴するできごとであった．ダレイオス3世が側近に殺害された後もアレクサンダーの征服活動はやむことなく，アレクサンダー軍は帝国の東部諸州にまで進軍した．前323年バビロン帰還後，アレクサンダーはその短い生涯を終える．

キュロスとダレイオス1世が築きあげた帝国は，ほとんど損なわれることなく，アレクサンダーの手におちるまで約150年以上にわたって存続しつづけた．しかしその帝国もアレクサンダーの死後数年で分裂してしまい，近東世界はイスラムの旗の下に再統合が実現するまで，1000年以上東西に分断されることになる．メソポタミアの特色ある文化は異民族支配の下でしだいに色あせ，伝統的なメソポタミアの神々は，その後も長く崇拝されつづけたものの，時代とともにギリシアやイランの神々に同化されていくことになる．楔形文字はバビロニアの神殿では紀元後1世紀まで使用されていたが，他ではパピルスや羊皮紙が粘土板にとってかわるようになった．ただし古代近東世界の知的文化遺産は，ギリシア人がアジアを支配した時代（「ヘレニズム時代」）を経て，あるいはユダヤ人の「バビロン捕囚」の伝承を通して生き残り，ヨーロッパ文明の発展に寄与することになる．

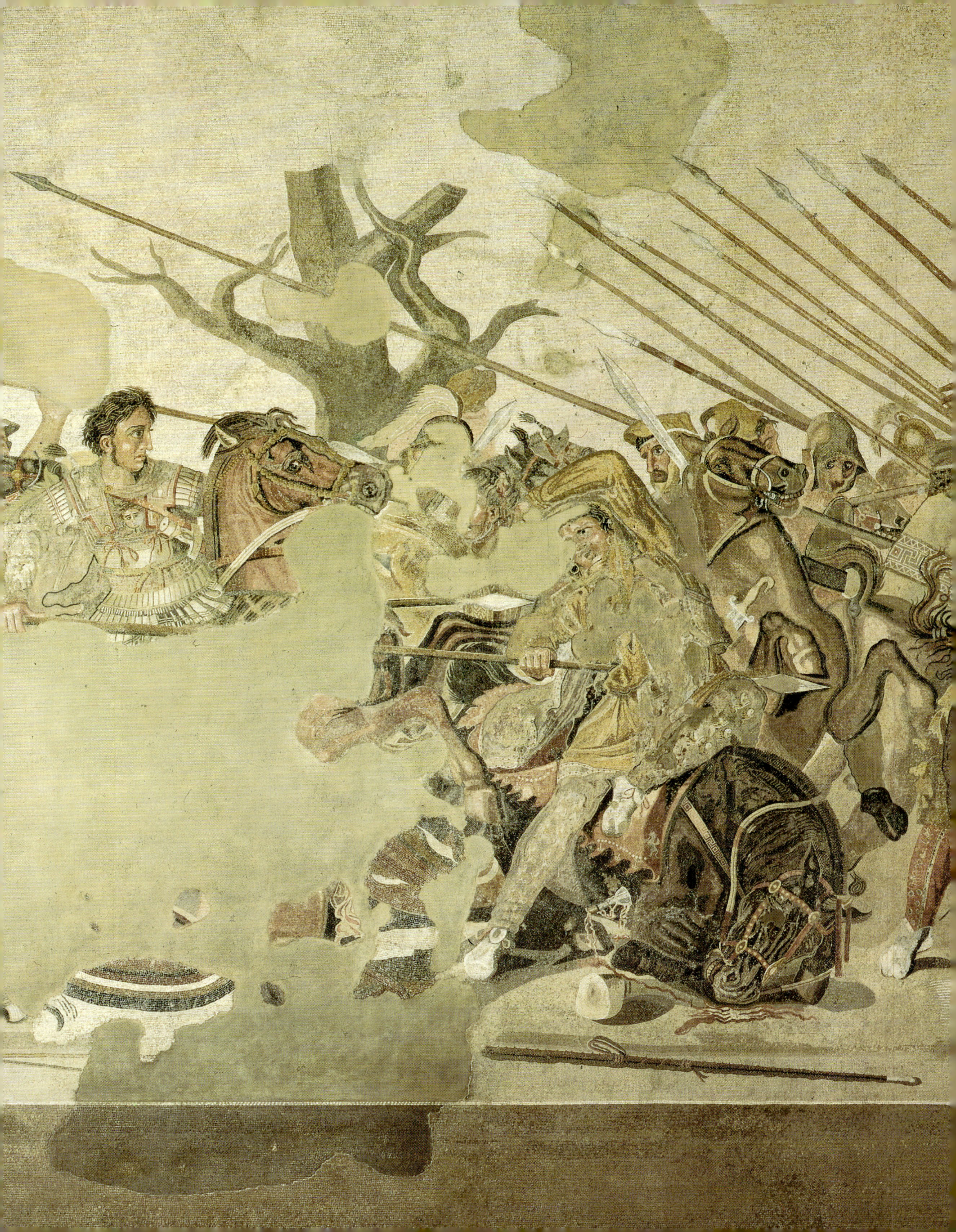

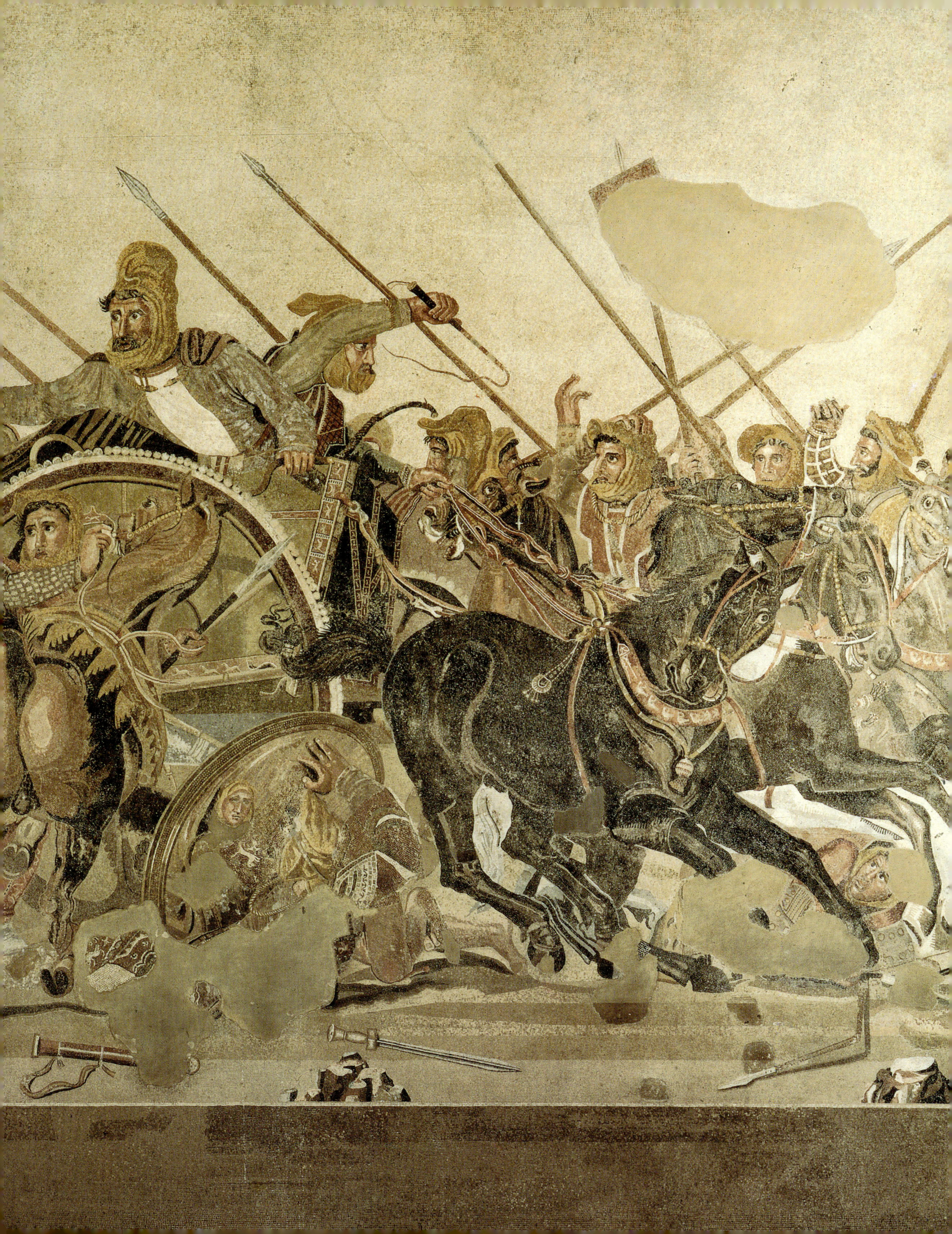

帝　国

ペルセポリス

　ペルセポリスは，古代近東の遺跡のなかでもっともよく保存されているものの一つである．前500年頃ダレイオス1世（前521-486）によって建設が開始された．建設活動は，息子クセルクセス1世（前485-65）によっても継承され，孫アルタクセルクセス1世（前464-25）の時代にその大半が完成したと推定されている．宮殿にはメディアやメソポタミア，ギリシア，エジプトなど諸地域の伝統からさまざまな要素がとり入れられている．ペルセポリスは，東側山腹の城壁や大基壇下の建造物，ダレイオスと3人の後継者が埋葬されるナクシュ・イ・ルスタムの磨崖墓あるいは庶民の住む町（場所は現段階では未確定）などを含む巨大な複合体の一部をなしていた．

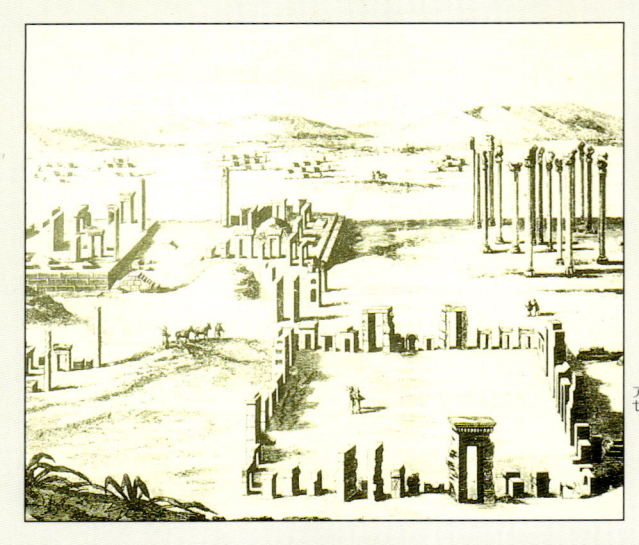

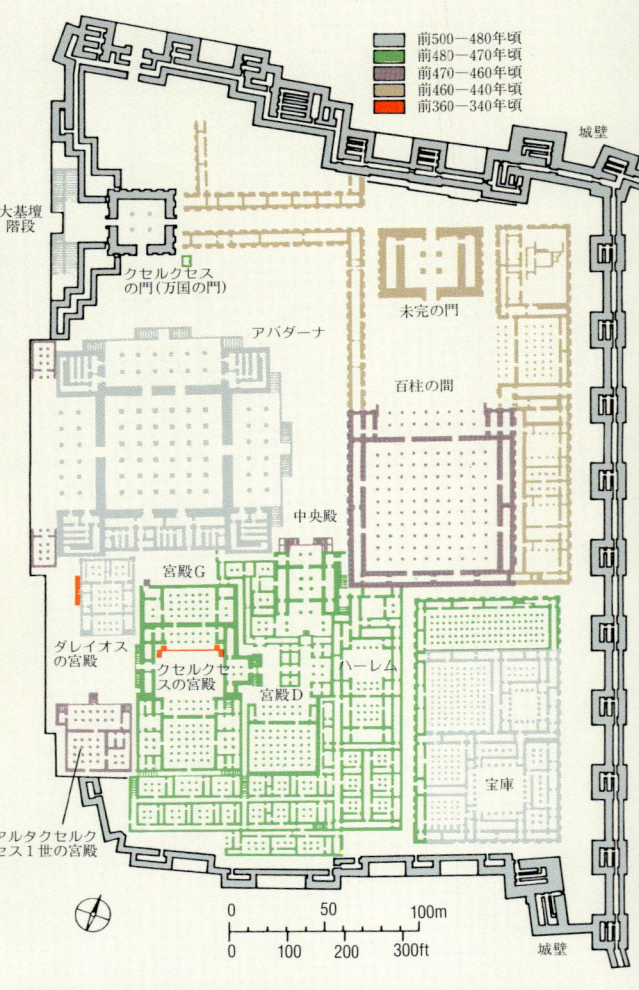

右　ペルセポリスは，近東の古代遺跡のうちもっとも早くヨーロッパ人旅行者によって認められたものの一つである．初期の報告は幾分空想的であるが，18世紀になるとこのカルステン・ニーブールのスケッチのように，かなり正確な廃墟の紹介が行われるようになる．

右端　遺跡の大部分は，1930年代にシカゴ大学オリエント研究所の発掘によって明らかになった．この復元プランは，そのときおよびそれ以降のイラン考古学局の発掘成果に基づく．宮殿D，G，城壁部分は破損がはなはだしく，それぞれのプランの大半は復元されたものである．

下　宮殿を飾る浮彫りのうちもっとも興味深いものは，被征服民族の朝貢使節団を表したものである．各使節団はそれぞれに異なる，各民族特有の衣装で示される．図版はアルメニア人，イラン系騎馬民族に特有の帽子，チュニック，ズボンをつけ，把手と注ぎ口に有翼グリフィンの飾りのある，おそらく黄金製の壺を携えている．

最後の帝国

左　王の頭上にはペルシア人の主神アフラマズダを象徴する，有翼円盤から上半身をつきだした人物がしばしば描かれている．左図の彩色は，百柱の間側柱の像とわずかに残っている染料から類推して復元したものである．

下　ペルセポリス最大の建物は，謁見の間と推定されるアパダーナである．柱は高さ約20m，雄牛や獅子の形をした柱頭で飾られていた．西面の柱廊を通して玉座からマルヴ・ダシュト平野を一望することができた．

右下　この2頭のグリフォン柱頭は，クセルクセスの門北東で発見された（本来どの建物に使用されていたかは不明）．列柱式広間はペルシア建築の特色で，柱頭はたいてい前躯を背中合わせに接合した雄ウシ，人頭雄ウシで装飾されている．

左　大王謁見図浮彫り．本来アパダーナの基壇階段を飾っていたこの浮彫りは玉座に座り，臣下から貢物をうける王を描いている．王は手に宝枝と花をもち，王の前には香炉がおかれている．このモティーフはアッシリアの影響であろう．すでに200年前ティル・バルシブにあるアッシリアの宮殿の壁面装飾に類例がみられる．

右　大王謁見図浮彫りの背後には，兵士と廷臣の行列を描いた浮彫りがある．これらの衛兵は「1万人の不死隊」と呼ばれた選り抜きのペルシア人精鋭部隊に属していたのかもしれない．

オクサス遺宝

1880年5月のこと,アフガニスタンの3人の商人が泥棒に襲われた.彼らの召使いはのがれ,在地のイギリス人政務官,F・C・バートン大尉に通報した.大尉は追跡にでかけ,真夜中に泥棒たちをとらえ,ただちに半分以上の品物を商人たちに返却するように勧告した.ある袋を開けてみると,すばらしい金製の腕輪が一つ入っていた.これはのちにバートンが買いとった.商人たちは,オクサス川の北岸にあるタフテ・クワドでみつかった,金製銀製の装飾具,金の杯,金と銀の偶像一つずつ,大きな足首飾りに似た装身具を一つ運んでいたと供述した.

商人たちは,ラワルピンディ(今日では東北パキスタン)でインド考古局長の陸軍少将サー・アレクサンダー・カニンガムに売ることになった.少将は,それらをサー・アウグストス・フランクスに転売した.1897年にフランクスが死ぬと,これら遺宝は大英博物館の所有するところとなった.

150点以上の金銀細工と1500にものぼる貨幣がオクサス遺宝の一部をなすものと考えられている.大部分のものはアカイメネス朝ペルシア時代のものである.しかしながら,貨幣は前5世紀初頭から前200年までの広がりを示す.一方,いくつかの細工品は,ラワルピンディでぬけめのない商人によって遺宝に加えられたものらしい.これらはさる寺院の宝物庫に納められていたもののようである.

左 エラムやペルシアの宮廷でまとわれていた種類の長い礼服をつけたペルシアの王を表す金の切り抜き細工.高さ6.15cm.

左下 背中に四つの輪飾りをつけた有翼のライオン・グリフォンの金製円盤.金の装飾品が縫いつけられた衣服はペルシアやアッシリアの王たちや神像が身につけている.直径4.75cm.

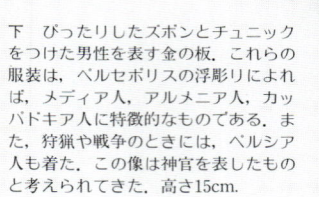

下 ぴったりしたズボンとチュニックをつけた男性を表す金の板.これらの服装は,ペルセポリスの浮彫りによれば,メディア人,アルメニア人,カッパドキア人に特徴的なものである.また,狩猟や戦争のときには,ペルシア人も着た.この像は神官を表したものと考えられてきた.高さ15cm.

上 オクサス遺宝には,1ダースの印章つきの金の指輪がある.この例のようにいくつかはアカイメネス朝の宮廷様式であり,他のものはギリシア風である.王妃もしくは高貴な女性を表しているとみられる.輪の径2.25cm,印面の径1.9cm.

左　4頭のウマによって曳かれる戦車の金製品．戦車の前面にはエジプトの神ベスを表したような顔がつけられている．オクサス遺宝がみつかったときとほぼ同じ頃，破片となったもう一つの金の戦車が，インド副王リットン伯爵によって求められた．これもたぶん同じところに由来するものであろう．長さ18.8cm．

左下　打出し技法による中空の頭の像．アカイメネス様式ではないものの一つである．たぶん現地でつくられ，アカイメネス朝より後代の作であろう．あるいは，ラワルピンディの商人によって，オクサス遺宝に加えられたものかもしれない．高さ11.3cm．

下　バートン大尉によって購入された腕輪は，今日ロンドンのビクトリア・アンド・アルバート美術館にあるが，これはそれと対をなすものである．空洞になっているところにはガラスまたは半貴石が埋めこまれていたと思われる．これらの腕輪は典型的なアカイメネス宮廷風であり，ペルセポリスの浮彫りにみられるリュディアの朝貢者の像の一部に描かれたものとそっくりである．もっと簡略化された動物の頭部をつけた，これほどこったつくりではない腕輪がパサルガダエやスーサでみつかっている．幅11.5cm．

西洋芸術におけるバビロン

　ボッタやレイヤードがアッシリアの宮殿を発見してこの方150年の間に，メソポタミア文明は再発見され，その歴史はメソポタミアの記念碑や文献によって物語られるようになった．考古学的な発掘によりえられた情報があるにもかかわらず，西欧世界の芸術や文学は，ユダヤ人やギリシア人によって書きのこされた古代近東のステレオタイプ化された印象から逃れられないでいる．こうした印象はすべて聖書や古典の作家たちを通じて，人口に膾炙したエピソードに由来する．バベルの塔，ベルシャザルの祝宴，サルダナパロスの死，バビロンの炎上などである．しかしながら，これらのすべては，どれ一つとして今日のメソポタミアからもたらされた証拠によって確かめられたものはない．すべてのイメージはメソポタミアの文化に対して敵対的な姿勢を示している．

　ユダヤ人のバビロン捕囚のゆえに，バビロンの名は聖書のなかでののしられている．「バビロンは国々のなかでもっともうるわしく……神がソドムとゴモラをくつがえされたときのようになる」（『イザヤ書』13：19）と預言者イザヤは書いた．また，新約聖書の『黙示録』のなかでもバビロンは，「みだらな女たちや地上のいまわしい者の母」（『黙示録』17：5）と弾劾されている．西洋の芸術や文学に現れるバビロンは西洋の民衆の期待と偏見にあうよう仕立てあげられてきたのだ．西洋の絵画にメソポタミアが題材としてとりあげられているとしても，しばしば芸術家の現代の関心をほのめかすか，過去のできごとを寓意的な手法で示しているのである．

　今日の芸術のなかで，メソポタミアや近東についてもっとも好意的な扱いは，近代の支配者が伝統的な題材をとりあげる芸術家たちの仕事を支持しているアラブ世界で認められる．

上　イギリスの画家サミュエル・コルマン（1780-1845）による『メシアの来臨とバビロンの破壊』．この寓意的な絵画は，イザヤ書のなかのできごとを表している．背景でバビロンが炎上しているが，こわれゆくジッグラトの背後の輪郭はロンドンのものである．

右　『イントレランス』（1916）のスティール写真．アメリカの映画監督D・W・グリフィスによるサイレントの叙事詩．ここでは，一般と違って，キュロス大王は専制的な信用のおけない暴君として描かれている．グリフィスはバビロンやペルシアについて最新の知識を用いた．たとえば，階段の両側に彫られた兵士の像はペルセポリスのものを採用した．このシーンはバビロンの大宴会場の一部をうつしており，セットは1.6kmにも及ぶ．

右上　レンブラント（1606-69）による『ベルシャザルの祝宴』．壁に文字が書かれて，それが，バビロン帝国の重さがはかりで量られてその重量が不足していることがわかった，と読まれた故事を劇的に描き出している．

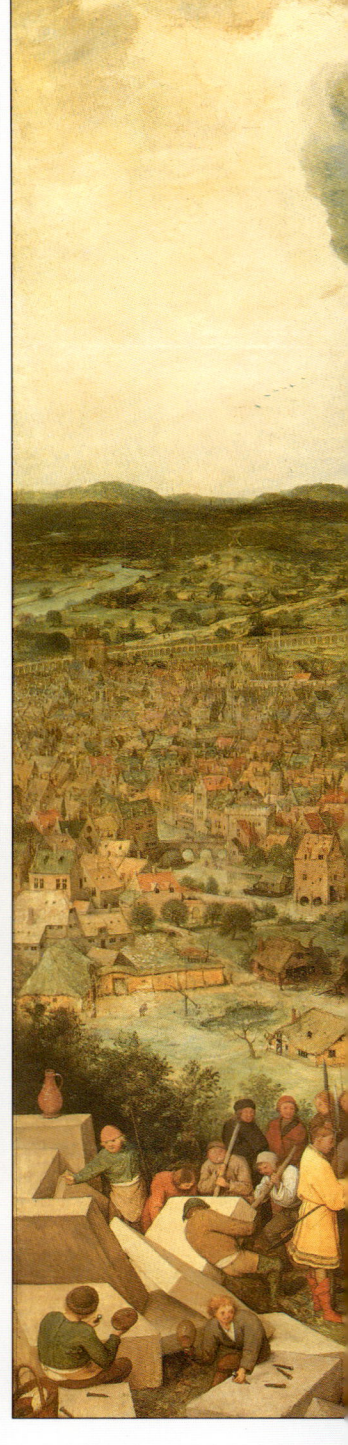

右　16世紀のドイツのバビロン炎上を描いた木版画．このテーマは聖書のイラストとしてはごく一般的な題材だった．『ヨハネの黙示録』にかかわる想像では，バビロンは1時間で破壊され，その目撃者は「彼女が焼かれる煙をみて"これほど大きい都がほかにあっただろうか"と叫んだ（『黙示録』18：18）．しかし，これはローマの破壊をほのめかしている．ここに表された都市は，マインツかウォルムスに同定されてきた．事実，バビロンはのちにいかなる背徳的な大きな商業都市の陰喩として用いられてきた．

上　ピーテル・ブリューゲル(父)(1525/30頃-69)の『バベルの塔』。このすばらしい塔は、メソポタミアのジッグラトよりは、ローマのコロッセウムに依拠している。

左　20世紀ポーランドの画家ヨセフ・スペルトの『バベルの塔』。ブリューゲルと同様、スペルトもまた、ヨーロッパではなく、近東の風景を描いていることをラクダやナツメヤシの木を配して表現しているにもかかわらず、歴史的正確さを配慮していない。しかしながら、ここでは、バベルの塔の聖書物語は軽視され、塔は、マリア(聖母)とヨセフ(彼ら自身が避難民を象徴している)が逃れようとしている暴政のシンボルとしての役割を果たしている。

参考文献

古代近東について書かれた文献はたくさんある．しかしながら，研究の基礎資料となるようなもの，たとえば文献や地名のリスト，事典，辞書などはなお製作中であって，それらが完成するまでには多くの年月がかかるだろう．本書の文献は一般読者がおもしろいと思われそうなものを少し選んだにすぎず，ここにあげた書物はほとんどが英語で書かれたもののみである．ほかにも，学術雑誌，シンポジウム，学会，記念論集などで，ほかの言語，たとえばドイツ語，フランス語，イタリア語，フラマン語，ロシア語，ヘブライ語，さらにアラビア語，トルコ語，ペルシア語など近東の地元の言語で発表された重要な研究も数多い．

参考図書

Tübinger Atlas des Vorderen Orients produces excellent maps and other volumes on the ancient Near East including the *Répertoire Géographiques des Textes Cunéiformes* vols. 1–8, Tübingen, 1974–.
R.S. Ellis, *A Bibliography of Mesopotamian Archaeological Sites*, Wiesbaden, 1972.
Atlas of the Archaeological Sites in Iraq, Baghdad, 1979.
Reallexikon für Assyriologie und Vorderasiatische Archäologie, Berlin and New York, 1928–.
The Assyrian Dictionary of the Oriental Institute of the University of Chicago, Chicago, 1956–.
L. Vanden Berghe, *Bibliographie analytique de l'archéologie de l'Iran ancien*, Leiden, 1979 (with additional supplements).
M. Avi-Yonah (ed.), *Encyclopaedia of Archaeological Excavations in the Holy Land* 4 vols., Oxford, 1975–8.
W. Kleiss and H. Hauptmann, *Topographische Karte von Urartu*, Berlin, 1976.

一般書および図説

E. Akurgal, *The Birth of Greek Art, the Mediterranean and the Near East*, London, 1968.
P. Amiet, *Art of the Ancient Near East*, New York, 1980.
J. Baines and J. Málek, *Atlas of Ancient Egypt*, Oxford, 1980.
C.A. Burney, *The Ancient Near East*, Ithaca, 1977.
J.E. Curtis (ed.), *Fifty Years of Mesopotamian Discovery*, London, 1982.
H. Frankfort, *The Art and Architecture of the Ancient Orient*, 4th impression, Harmondsworth and Baltimore, 1970.
R. Ghirshman, *Persia from the Origins to Alexander the Great*, London, 1964.
S. Lloyd, *Art of the Ancient Near East*, London, 1961.
A. Moortgat, *The Art of Ancient Mesopotamia*, London, 1969.
S. Moscati, *The Phoenicians*, Milan, 1988.
H.J. Nissen, *The Early History of the Ancient Near East, 9000–2000 BC*, Chicago, 1988.
D. and J. Oates, *The Rise of Civilization*, Oxford, 1976.
J. Oates, *Babylon*, London and New York, 1979.
A. Parrot, *Nineveh and Babylon*, New York, 1961.
A. Parrot, *Sumer*, New York, 1961.
E. Porada, *Ancient Iran: the Art of Pre-Islamic Times*, London, 1965.
J.N. Postgate, *The First Empires*, Oxford, 1977.
J.B. Pritchard (ed.), *The Times Atlas of the Bible*, revised edition, London, 1989.
J. Rogerson, *Atlas of the Bible*, Oxford, 1989.
G. Roux, *Ancient Iraq*, 2nd edition, Harmondsworth, 1980.
H.W.F. Saggs, *The Greatnesss that was Babylon*, London, 1962.
H.W.F. Saggs, *The Might that was Assyria*, London, 1984.
E. Strommenger and M. Hirmer, *The Art of Mesopotamia*, London, 1964.
H. Weiss (ed.), *From Ebla to Damascus: Art and Archaeology of Ancient Syria*, Washington, 1985.

先史

W.C. Brice (ed.), *The Environmental History of the Near East since the Last Ice Age*, London, 1978.
S. Davis, *The Archaeology of Animals*, London, 1987.
D. Frankel, *Archaeologists at Work: Studies on Halaf Pottery*, London, 1979.
A.N. Garrard and H.G. Gebel (eds.), *The Prehistory of Jordan: the State of Research in 1986*, Oxford, 1988.
J. Mellaart, *Çatal Hüyük: a Neolithic Town in Anatolia*, London, 1967.
J. Mellaart, *The Neolithic of the Near East*, London and New York, 1975.
P.R.S. Moorey (ed.), *Origins of Civilization*, Wolfson College Lectures, Oxford, 1979.
A.L. Perkins, *The Comparative Archaeology of Early Mesopotamia*, Chicago, 1949.
J.N. Postgate and M.A. Powell (eds.), *Bulletin on Sumerian Agriculture*, Cambridge, 1984–.
C.L. Redman, *The Rise of Civilization*, San Francisco, 1978.
P. Singh, *Neolithic Cultures of Western Asia*, London, 1975.
P.J. Ucko and G.W. Dimbleby (eds.), *Domestication and Exploitation of Plants and Animals*, London, 1969.
P.J. Ucko, R. Tringham and G.W. Dimbleby (eds.), *Man, Settlement and Urbanism*, London, 1972.
G.A. Wright, *Obsidian Analysis and Prehistoric Near Eastern Trade: 7500 to 3500 BC*, Ann Arbor, 1969.
T.C. Young, P.E.L. Smith and P. Mortensen (eds.), *The Hilly Flanks and Beyond*, Chicago, 1983.

歴史

J.A. Brinkman, *Prelude to Empire: Babylonian Society and Politics 747–626 BC*, Philadelphia, 1984.
J.A. Brinkman, *Materials and Studies for Kassite History I*, Chicago, 1976.
J.A. Brinkman, *A Political History of Post-Kassite Babylonia*, Rome, 1968.
Cambridge Ancient History, new edition, Cambridge, 1970–1984.
E. Carter and M. Stolper, *Elam: Surveys of Political History and Archaeology*, University of California Publication in Near Eastern Studies 25, Berkeley, 1984.
A.H. Gardiner, *Egypt of the Pharaohs*, Oxford, 1961.
O.R. Gurney, *The Hittites*, revised edition, Harmondsworth, 1980.
W.W. Hallo and W.K. Simpson, *The Ancient Near East: A History*, New York, 1971.
A.T. Olmstead, *History of the Persian Empire*, Chicago, 1948.
D. Oates, *Studies in the Ancient History of Northern Iraq*, London, 1968.
A.L. Oppenheim, *Ancient Mesopotamia*, Chicago, 1964.
N.K. Sandars, *The Sea Peoples: Warriors of the Ancient Mediterranean*, revised edition, London, 1985.

翻訳

J.S. Cooper, *Sumerian and Akkadian Royal Inscriptions*, vol. 1, New Haven, Connecticut, 1986.
S. Dalley, *Myths from Mesopotamia: Creation, the Flood, Gilgamesh and Others*, Oxford, 1989.
A.K. Grayson, *Assyrian and Babylonian Chronicles*, New York, 1975.
A.K. Grayson, *Assyrian Royal Inscriptions*, vols. 1 and 2, Wiesbaden, 1972, 1976.
A.K. Grayson and others, *Royal Inscriptions of Mesopotamia*, Toronto, 1987–.
D.D. Luckenbill, *Ancient Records of Assyria and Babylonia*, Chicago, 1926–7.
A.L. Oppenheim, *Letters from Mesopotamia*, Chicago, 1968.
J.B. Pritchard (ed.), *The Ancient Near East: an Anthology of Texts and Pictures*, Princeton University Press, Princeton, 1958.
J.B. Pritchard (ed.), *Ancient Near Eastern Texts Relating to the Old Testament*, Princeton, 3rd edition, 1969.
S. Parpola (ed.), *State Archives of Assyria*, Helsinki, 1987
E. Sollberger and J.-R. Kupper, *Inscriptions Royales sumeriennes et akkadiennes*, Paris, 1971.

特定の地域・時代

R.M. Adams, *Heartland of Cities: Surveys of Ancient Settlement and Land Use on the Central Floodplain of the Euphrates*, Chicago, 1981.
R.M. Adams and Hans J. Nissen, *The Uruk Countryside: the Natural Setting of Urban Societies*, Chicago, 1972.
Y. Aharoni, *The Archaeology of the Land of Israel*, London, 1982.
P. Amiet, *L'art d'Agade au Musée du Louvre*, Paris, 1976.
P. Amiet, *Elam*, Auvers-sur-Oise, 1966.
G. Bibby, *Looking for Dilmun*, London, 1970.
K. Bittel, *Hattusha: the Capital of the Hittites*, Oxford, 1970.
C.A. Burney and D. Lang, *Peoples of the Hills, Ancient Ararat and Caucasus*, London, 1971.
A. Curtis, *Ugarit (Ras Shamra)*, Cambridge, 1985.
J.E. Curtis, *Ancient Persia*, London, 1989.
S. Dalley, *Mari and Karana: Two Old Babylonian Cities*, London and New York, 1984.
D. Frankel, *The Ancient Kingdom of Urartu*, London, 1979.
D.B. Harden, *The Phoenicians*, London, 1962.
S.W. Helms, *Jawa: Lost city of the Black Desert*, London, 1981.
F. Hole (ed.), *The Archaeology of Western Iran*, Washington, 1987.
K.M. Kenyon, *Archaeology in the Holy Land*, 4th edition, London, 1979.
K.M. Kenyon, *The Bible and Recent Archaeology*, revised edition by P.R.S. Moorey, London, 1987.
Shaikha Haya Ali Al Khalifa and Michael Rice (eds.), *Bahrain through the Ages: the Archaeology*, London, 1986.
S.N. Kramer, *The Sumerians: their History, Culture and Character*, University of Chicago Press, 1963.
M.T. Larsen, *The Old Assyrian City-State and its Colonies*, Copenhagen, 1976.
S. Lloyd, *Early Highland Peoples of Anatolia*, London, 1967.
S. Lloyd, *The Archaeology of Mesopotamia*, London, 1978.
S. Matheson, *Persia: an Archaeological Guide*, London, 1972.
P. Matthiae, *Ebla: an Empire Rediscovered*, London, 1977.
J. Mellaart, *Archaeology of Ancient Turkey*, London, 1978.
B.B. Piotrovskii, *The Kingdom of Urartu and its Art*, London, 1967.
M.D. Roaf, *Sculptures and Sculptors at Persepolis*, London, 1983.
D.B. Stronach, *Pasargadae*, Oxford, 1978.
G. Wilhelm, *The Hurrians*, Warminster, 1989.
C.L. Woolley, *Excavations at Ur*, revised by P.R.S. Moorey, London, 1982.
J. Yakar, *The Later Prehistory of Anatolia: the Late Chalcolithic and Early Bronze Age*, Oxford, 1985.
T.C. Young and L. Levine (eds.), *Mountains and Lowlands: Essays in the Archaeology of Greater Mesopotamia*, Undena, 1977.

個別研究

R.D. Barnett, *Ancient Ivories in the Middle East*, Jerusalem, 1982.
J.A. Black and A.R. Green, *Gods, Demons and Symbols of Ancient Mesopotamia*, London, 1990.
D. Collon, *First Impressions: Cylinder Seals in the Ancient Near East*, London, 1987.
J.H. Crouwel and M.A. Littauer, *Wheeled Vehicles and Ridden Animals in the Ancient Near East*, Leiden, 1979.
J.E. Curtis (ed.), *Bronze Working Centres of Western Asia c. 1000–539 BC*, London, 1988.
R.W. Ehrich (ed.), *Chronologies of Old World Archaeology*, Chicago, 1965.
H. Frankfort and H.A.G.-Frankfort (eds.), *The Intellectual Adventure of Ancient Man*, Chicago, 1946.
A.M. Gibson and R.D. Biggs (eds.), *Seals and Sealing in the Ancient Near East*, Malibu, 1977.
A.M. Gibson and R.D. Biggs (eds.), *The Organization of Power: Aspects of Bureaucracy in the Ancient Near East*, Chicago, 1987.
C.J. Gadd, *The Stones of ASssyria*, London, 1936.
G. Herrmann, *Ivories from Room SW37 Fort Shalmaneser, Ivories from Nimrud (1949–1963)*, vol. 4, London, 1986.
T. Jacobsen, *The Treasures of Darkness*, New Haven, 1976.
W.G. Lambert, *Babylonian Wisdom Literature*, Oxford, 1960.
M.T. Larsen (ed.), *Power and Propaganda: a Symposium on Ancient Empires*, Copenhagen, 1979.
A.H. Layard, *Nineveh and its Remains*, London, 1849.
S. Lloyd, *Foundations in the Dust*, revised edition, London, 1980.
K.R. Maxwell-Hyslop, *Western Asiatic Jewellery c. 3000–612 BC*, London, 1971.
R.H. Meadow and H.-P. Uerpmann (eds.), *Equids in the Ancient World*, Wiesbaden, 1986.
P.R.S. Moorey, *Materials and Manufacture in Ancient Mesopotamia: the Evidence of Archaeology and Art: Metals, Metalwork, Glazed Materials and Glass*, Oxford, 1985.
J.D. Muhly, *Copper and Tin: the Distribution of Metal Resources and the Nature of the Metals Trade in the Bronze Age*, New Haven, 1973 6.
O. Neugebauer, *The Exact Sciences in Antiquity*, Princeton, 1952.
O. Neugebauer and A. Sachs, *Mathematical Cuneiform Texts*, New Haven, 1945.
S.A. Pallis, *The Antiquity of Iraq*, Copenhagen, 1956.
M.V. Pope, *The Story of Decipherment*, London, 1975.
J.E. Reade, *Assyrian Sculpture*, London, 1983.
B. Teissier, *Ancient Near Eastern Cylinder Seals from the Marcopoli Collection*, University of California, Berkeley, 1984.
G. Waterfield, *Layard of Nineveh*, London, 1963.
T.A. Wertime and J.D. Muhly (eds.), *The Coming of the Age of Iron* (Yale University Press, 1980).
Y. Yadin, *The Art of Warfare in Biblical Lands*, London, 1963.

用語解説

本書で用いた専門用語や外国語の単語などは，多くの場合，その時々の文脈のなかで説明しておいた．しかし，そういう用語もここに再録し，もっとくわしく，あるいは補足説明をつけて解説した．相互参照語は→で示した．また，末尾に本書で用いた固有名詞や年代観についても説明しておいた．

古代語の単語や名前は，綴りとおり読む方針にしたが，ある程度，研究者間の慣習にならっている．発音はペルシア語，アラビア語，アラム語などの現代語に生き残っている単語や，ギリシア古典などほかの文献にもでてくる名前と比較することによって推測することができる．どんな言葉でもそうだが，発音は方言や時代によっても異なる．時代が下ると名詞の語尾の m が脱落するのだが，ここではより一般的な方を用いることにした．たとえば，アキトゥム(akitum)ではなくアキトゥ(akitu)，アウィル(awilu)ではなくアウィルム(awilum)と表記してある．

アウィルム (awilum)
ハンムラビ法典に出てくるいわゆる自由民階級．アウィルムはアッカド語で「人」の意味．→ムシュケヌム，ワラドゥム

アカイメネス朝
近東を支配したペルシアの王朝で，キュロスからダレイオス3世までつづいた（前559—330年頃）．

アガデ
サルゴン（前2334—279）が首都として設立した南メソポタミアの都市．場所は不明．

アキトゥ (akitu)
都城外にあるアキトゥ神殿で行われた季節的な祭祀．バビロンの新年祭がもっとも有名だが，ハラン，テルカ，ニネヴェ，アルビル，アッシュール，シッパル，ディルバト，ウルクにもアキトゥはあった．

アクロポリス
街の高台．宮殿や神殿が並ぶ要塞．

アシプ (ashipu)
悪魔払いを専門としていた神官．

アッカド
南メソポタミア平原北部．アガデという都市の名に由来．→シュメール

アッカド語
前3—1千年紀にメソポタミアで話されていたセム系言語．おもな方言にアッシリア語とバビロニア語がある．

アッシリア
北メソポタミアの現イラク領の部分．

アッシリア学
古代メソポタミアを研究する学問．主として楔形文字を資料とする．

アナトリア
トルコ高原地帯．

アプカッルー (apkallu)
大洪水以前の七賢人の1人．これの土偶を建物の床や玄関の下に埋め，悪霊を退散させた．

アンナクム (annakum)
前期アッシリアの商人がアッシュールからアナトリアへ運んでいた金属．まず，錫とみてよい．

アンミサドゥカの金星文書
バビロニア王のアンミサドゥカの統治年代を決めうる金星観測記録．→編年

ヴィア・マリス (Via Maris)
海の道を意味するラテン語で，エジプトからシリアに至る最重要の道をローマ人がこう呼んだ．海岸を通り，イェズレエル谷，ヨルダン渓谷へとつながっていた．

「上の海」(Upper Sea)
地中海のこと．

浮彫り
模様が平坦な表面から浮きでるようにした像（高浅彫りともいわれる）

海の国
ペルシア湾北端の湿原，潟湖地域に相当．前2千年紀半ばには，ここに生まれた「海の国の王朝」が南メソポタミアの大半を支配した．しかし，その実態には不明な点が多い．

海の民
前13，12世紀の侵入者．エジプト人がそう呼んだ．広くおこった民族移動の一部で，エーゲ海，アナトリア，レヴァント地方の集落を破壊したものもあった．

占 い
古代近東で行われていた占いには，次のようなもの，たとえば動物の内臓（とくに肝臓），水に浮かべた油や煙のかたち，動物の行動，奇形児，夢，天体の動きなどを観察するものがあった．

ウリガル (urigallu)
スタンダード（軍旗）．同じ語で最高神官の意味もあるが，その場合はシェシュガッル（sheshgallu）と読むのかもしれない．

『エヌマ・エリシュ』（創造神話）
マルドゥク神を讃える宗教詩で，バビロニアの新年祭で唱われた．世界の起源やマルドゥクの権力の由来を描いている．

絵文字
絵で意味を表す文字．

エラム線文字
エラム国でクティク・インシュシナク（前2200年頃）の文書用に使われた音節文字．

エレクトラム
金と銀の合金．琥珀金とも呼ばれる．

エン (en)
最高神官，支配者，主を意味するシュメール語．初期のシュメール都市国家，とくにウルクの支配者たちが称号として用いた．

エンシ (ensi)
シュメール語の称号で，いくつかの都市国家の支配者たちが用いた．統治するもの，の意．

エントゥ (entu)
女性最高神官を意味するシュメール語のアッカド語形．

円筒印章
模様を彫りこんだ円筒．塑性粘土板の上に押しつけながら転がした．

王 朝
支配者の系譜．ふつうは一つの家系によるが，同一都市あるいは同一民族集団出身者の場合もあった．

王名表
王の名とその統治期間を記録した文書．もっとも重要なのはシュメールとアッシリアのものである．前者は，大洪水以前の神話の時代からイシン＝ラルサ期に至る南メソポタミアを治めた数々の王を記録しており，後者は前2000年以前から新アッシリア時代までのアッシリアの支配者を記載している．

「大きな海」(Great Sea)（あるいは「アムル人の大きな海」）
地中海のこと．

オナガー
野生のロバの一種（Equus hemionus）．近東のステップ地帯にかつて生息していた．

オベリスク
一種の石碑ないし石製記念物で，先端に向かって細くなっていた．

花粉柱状サンプル
植物の花粉を集めるための層位的土壌サンプル．これによって，その地点の植生の時期的変遷を明らかにする．

カルトゥーシュ
中に名前がかいてある楕円形の枠．エジプトで国王名をかくのに用いられた．

カールム (karum)
埠頭や市場をさすアッカド語．とくにアナトリアなどに前期アッシリア商人がつくった交易拠点をいう．

ギパル (giparu)
女性最高神官（エントゥ）の住居をさすシュメール語．とくにウルでは，しばしばニンガル女神の神殿もさした．

行列道路
祭のときに神々の像が運ばれる通路．とくにバビロンのマルドゥク神殿からアキトゥ神殿につながる道をいう．

『ギルガメシュ叙事詩』
アッカドの詩で12枚の粘土板にかかれている．ウルクの伝説的支配者ギルガメシュの功績や不死を求める彼の旅を描いている．洪水伝説も含まれている．

緊急調査
ここ30年ほど，多くの考古学調査は，ダムの水没や大規模な農業・都市開発などの危機にさらされている地域で緊急調査として実施されてきている．イラクでのおもな例としては，ドカン・ダム，デルベンデ・ハーン・ダム，エスキ・モスル（サダム）・ダムがある．また，シリアではタブカ・ダム，下ハブール・ダム，トルコではケバン・ダム，エルババ・ダムがある．しかし，利用可能な土地に対する圧力は高まる一方で，こうした調査地外でもほとんどすべての考古学遺跡が危機に直面している．

金石併用時代
新石器時代と青銅器時代の中間の時期で，石器と銅器が併用された．いつ頃かは地域によって異なる．

金粒細工
金属加工法の一種で，細かい金粒をつけて装身具を飾る．この技法による作品はウルの王墓から多数みつかっているし，近東では今日でも行われている．

楔形文字
メソポタミアおよびその周辺で用いられた文字で，粘土板にかかれた．先が四角いペンを塑性粘土に押しつけ，楔形のあとが残るようにしてかいた．楔形文字という単語（cuneiform）はcuneusという釘を意味するラテン語に由来している（初期の釘は金属の板を切ってつくられ，頭部がなかった）．

クドゥッル (kuduーru)
王侯が下賜した土地を記録した文書をさすアッカド語．石碑であることがふつうで，下賜の詳細の記録やそれを保証する神々の像が彫りこまれた．クドゥッルは神殿におかれたことがあり境界の目印として使われた可能性もあるので，バビロニアの境界石と呼ばれている．この単語は息子という意味ももち，ナブ・クドゥッリ・ウツル（もっと一般的にいえばネブカドネザル）などの個人名にも現れている．

グンマダ (gun mada)
軍人が動物で支払った年貢．ウル第3王朝中心地の北方，東方で実施された．

型式学
人工物の研究．分類学．とくに，遺物を年代順に並べることをさす．これは，似た遺物は時間的にも近接していたという仮説に基づいている．

原エラム
前4千年紀後半から3千年紀初めの未解読文字，およびその頃のエラム国の文明をいう．

原新石器時代
続旧石器時代の狩猟・採集文化から無土器新石器時代の農耕文化への過渡期に相当（前9300—8500年頃）．この用語は研究者によって違う意味で用いられるが，ここでは，レヴァント地方の先土器新石器時代A期も含めている．

建造祈念物
建物の壁体中や床下に埋めた品物．神々の加護を保証したり，建造者の名声を永く伝える意図があった．

洪水伝説
聖書やシュメール，バビロニア神話には，神々が人類を破滅させようとしておこした壊滅的な洪水の話がでてくる．神々の啓示によって，ある男（ノア，ジウスドラ，ウトゥ・ナピシュティムなどと呼ばれる）とその家族だけが舟をつくって生き延びた．歴史的な事件や考古学的証拠のなかにこの洪水を位置づけようと考古学者が努力しているが，うまくいっていない．

刻 文
装飾技法の一種で，表面をひっかいて文様をつける．とくに土器や金属器に用いられた．

黒曜石
天然にえられる火山ガラス．刃物として広く用いられたが，まれに容器，鏡，装身具にも使われた．

古 墳
墓を土や石でおおった塚．

暦
古代近東の暦は都市や時代によって異なっていたが，多くの都市では1年は春に始まり，12か13の月に分けられていた．月の長さが一定の地方もあったが，新月の三日月部分がみえたときからその月が始まる太陰月を採用しているところもあった．太陰暦は太陽暦の1年に12回以上たしてしまうから，付け足し，つまり閏月を入れて，3年に一度，13カ月ある年を設けていた．

コーンモザイク
ウルク，ジェムデト・ナスル期に用いられた壁装飾法の一つ．石製，土製の釘を打ちこみ，壁にさまざまな色をつける．

サトラピー
ペルシア帝国の一地域で，王に任命されたサトラプという統治者が治めた．

3列構成
ウバイド期建物や初期メソポタミア神殿に一般的な建物の平面

用語解説

形．細長い中央の間と両脇の小さな部屋からなる．

シェケル
重りの一種．60シェケルが1ミナというのがふつうだが，50シェケルのこともあった．

「下の海」(Lower Sea)
ペルシア湾．

ジッグラト
アッカド語のジックッラトゥ (ziqqurratu) の英語名．上に神殿がつくられた高い丘．

失蠟法
粘土の型を介在させて，蠟型を金属に変える方法．シーレ・ペルディ（フランス語）ともいわれる．

シト・シャムシ (sit shamshi)
アッカド語で日の出を意味し，エラムから出土したすばらしい青銅像をこう呼ぶ．

斜堤 (glaçis)
塁壁基部の斜面．なだらかで，漆喰が塗られることもあった．とくにレヴァント地方の中期青銅器時代に特徴的．

シャ・レーシ (sha reshe)
「頭の一つ」を意味するアッカド語．アッシリア宮廷の一階級の人々をさすのに使われた．まず，宦官であろう．

シュメール
南メソポタミア平原の一部でニップールの南．→アッカド

象形文字
単語や音節を示す記号に具体的な絵を用いる文字体系．もっとも重要なのは，エジプトとヒッタイトの象形文字．

書板
平たい座布団形のもので，この上に楔形文字が書かれた．ふつう粘土製だが，石や金属も使われた．形や大きさは，文書の性質やそれが書かれた時代によっても異なっていた．

新石器時代
石器時代後半．石器の使用と，主要な生業として農耕が行われたことが特徴．

新年祭 →アキトゥ

神王
エジプトでは，ファラオは神と同一視されていたが，近東の支配者たちのほとんどは，単に神官であるとか神の使いであるとか主張したのみである．ギルガメシュなど初期の王には死後に神として認められた者もいたし，一方，とくに前3千年紀後半から2千年紀初頭頃には生前に神であることを宣言した者もいた．

水洗選別
炭化種子などの植物遺存体を回収するための技法．考古学的な堆積物を水に入れ，水面に浮き上がった有機物を集める．

スカーレット・ウエア
赤色，黒色彩文土器の一型式．前3千年紀初めにメソポタミア平原東部で用いられた．

スシ (susi) 神殿
ウラルトゥの神殿の一種．方形で部屋が一つついた塔状建物が発掘されているようで，おそらくそれが相当する．

スタンプ印章
彫刻のある印章で，表面に押しつけて印影を残した．

スッカルマフ (sukkulmah)
南メソポタミアの宮廷高官の一つで，前2千年紀初めのエラム王国支配者の称号．

スリップ
細かい液状粘土を土器の表面に塗ってつくった薄い層．見栄えをよくし，水漏れも防いだ．

聖婚
シュメール人やバビロニア人がとり行った宗教的儀式．大地の恵みを確保する意図があった．花婿，花嫁は支配者と女性神官で，その都市の神とその配偶者にたとえられた．

青銅器時代
刃物が銅の合金で製作されていた時代．前期（前4000—2000年），中期（前2000—1600年），後期（前1600—1200年）に3期区分されることが一般的だが，時期の境界や呼び名は地域によって異なっている．

聖木
儀礼の場面に描かれた木のモティーフ．様式化されている．レヴァント地方のほか，中・後期アッシリアの芸術にみられる．おそらく，前15世紀のエジプトからの影響であろう．このモティーフの意味は不明．

石碑
石製記念物．ふつう支配者が建てた．文字が刻まれるのが一般的だが，像が彫りこまれることもあった．

セッラ (cella)
神の像やシンボルが奉られた神殿内の部屋．

セム語
アッカド語，エブラ語，カナアン語，アムル語，ウガリト語，フェニキア語，アラム語，ヘブライ語，アラビア語など，近東で広く話されていた言語．

層（あるいは建築面）
考古学の発掘では，堆積物を層に分ける．個々の層には同じ時期の建物，遺物が含まれる．

層位学
考古学遺跡では，上にある堆積は新しい堆積だという原理．

即位年
支配者が王となった年．→治世年

続旧石器時代
最終氷期終了後にもつづいた旧石器時代（石器時代前半）文化．この次が新石器時代．

タウフ (tauf)
粘土建築物を意味するアラビア語．スサをまぜた粘土を壁の上にのせ，乾かしてから次の粘土をのせる．ピゼ（フランス語），チネ（ペルシア語）ともいわれる．

縦穴墓
縦穴から墓室に入る墓．

ダーリック
王族が弓を射ている姿を描いた金貨で，ダレイオス1世（前521—486）以降，アカイメネス朝諸王が発行した．

タレント
重りの一種．60ミナ．約30kg．

治世年
在位の年．時代によっては，文書に王の治世年を記載してあることがある．アレクサンダー大王以前には，治世年の元年は王が即位した年の次の新年とされていた．→即位年

沖積土
河川で運ばれたシルトで，氾濫原に堆積したもの．

ディルムン
ペルシア湾の，ある地域および島．おそらく，バハレーン，ペルシア湾西岸，クウェートのファイラカ島のことであろう．

鉄器時代
鉄が道具や武器に用いられた時代．前1400—1200年頃に始まる．ただし，鉄が青銅以上に普及したのは前9世紀以降である．

テル (tell)
古代の集落の廃墟がたまってきた丘をさすアラビア語．テル（ヘブライ語の Tel），チョガないしテペ（ペルシア語），フユク（トルコ語）ともいわれる．

トゥルターヌ (turtanu)
新アッシリア時代の宮廷の主要官僚．宰相，元帥などと訳す．

トロス (tholos)
円錐形ないし丸天井をもつ円形建物．とくに，ハラフ期の円形小屋をいう．

ナトゥーフ期
レヴァント地方続旧石器時代の一時期．穀物利用が進展した．前1万1000—9300年頃．

斜めの口縁をもつ鉢
型つくりの粗製円錐形土器．ウルク後期に特徴的で，広く分布している．

ニネヴェ5期
北メソポタミアの前3000—2500年頃の時期．独特な彩文，刻文，削文土器が特徴的．この時期名は，そうした土器が初めて発掘されたニネヴェ遺跡に由来している．

年名
メソポタミアでは，各年をその前年におこった事の名で呼ぶことがよくあった．年名表によって，所与の時期の編年ができる．→治世年，リンム

年輪年代法
年輪の成長パターンによって，その木材の年代を決める方法．

呪い文書
土偶や土器に書かれた呪いの文章で，エジプトの敵の名前などが書かれた．エジプト中王国の敵に災いをもたらすよう，儀礼的に破壊された．

ハザラパト (hazarapat)
千人隊長．ギリシア人はチリアーチ (chiliarch) と呼んだ．ペルシア，アカイメネス宮廷の最高官吏．

パピルス
パピルス草の髄でつくられた紙．まずエジプトで用いられ，後に，アラム語のアルファベットが楔形文字にとって代わったとき，近東でも粘土板に代わって使われ始めた．英語のペーパーはパピルスからきている．

バビロニア
南メソポタミア．

ハムリン・ダム救済調査 →緊急調査

バラ (bala)
ウル第3王朝期に南メソポタミアで行われていた徴税・分配制度．

「汎文化的な型式」(Intercultural Style)
石製容器（緑泥岩製がふつう）につけられた模様の様式．イラン，メソポタミア，ペルシア湾地方で前3千年紀後半にみつかる．

ハンムラビ法典 →法典

ビート・レドゥーティ (bit reduti)
後継者の家．アッシリア王子の宮殿．

氷河期
地球上が厳しい寒さにみまわれた時代で，海水面は下がっていた．過去にはいくつもの氷河期があり，その最後のものは前1万5000年頃に終わり始めた．

表語文字
一記号で一単語をさす文字．

ヒルベト・ケラク土器
レヴァント地方でみつかる黒色ないし赤色の磨研土器．初期のトランスコーカサス土器と関係がある．

ファイアンス
石英を砕いてつくった人工的物質で，釉薬がかかっている．

ファサード
建物の正面部のこと．装飾を施して目立つようにするのが一般的．

ブッラ
印影がついた粘土製品．

平凸レンガ
日干しないし窯焼きの長方形レンガで，下面が平坦，上面が凸形を呈する．南メソポタミアでは初期王朝時代に盛んに用いられた．

ベール (bel)
アッカド語では bēlu と綴る．主君，君主，支配者，主を意味し，マルドゥク神の称号の一つ．ベール・ビーティ (bel biti) は一族の長．

編年
年代を決める研究．相対編年は層位学と型式学の原理に基づいて，事件がおこった順番を決める．絶対年代は，古い時代については放射性炭素年代法など科学的方法で決定し，新しい時代では史的な証拠に基づいて決める．前2600—1500年間については，三つの異なった編年が発表されている．長，中，短期編年と呼ばれるもので，アンミサドゥカの金星文書に記されている金星観測結果をどう年代づけるかで違う．中期編年はハンムラビの統治を前1792—50年とするもので，現在もっとも一般的に受け入れられている．長期編年では56年古く，短期編年では64年遅らせている．前1500年以降については，絶対年代が10年以上狂っていることはないと思われる．

放射性炭素年代法
現在残っている^{14}C同位体の割合を測って，その物質の年代を決めるやり方．より正確な年代を求めるために，補正されることがある．

法典
メソポタミア，ヒッタイトの支配者向けに書かれた文書で，さまざまな犯罪の判例やおおよその刑罰がのせられている．もっとも有名なのはハンムラビ法典である．

磨研
なめらかでつやがでるよう，焼く前に土器の表面を擦ること．土器が漏らないようにしたり，装飾効果をだす目的があった．

マゴス
メディア人，ペルシア人の神官．マギ（三博士）や英語のマジックの語源．

マーリクム
参事官を意味するアッカド語．しかし，エラムでは支配者の称号だった．

ミグダル神殿
レヴァント地方中期青銅器時代に典型的な塔式要塞神殿．

ミナ
約500gの重り．ふつう60シェケルが1ミナで，60ミナが1タレント．

ムシュケヌム (mushkenum)
ハンムラビ法典中の人民3階級のうちの一つ．おそらく公務員．→アウィルム，ワラドゥム

無土器新石器時代
新石器時代前半（前8500—7000年頃）．土器が一般的になるより前に相当．レヴァント地方では先土器新石器時代B期が含まれる．

メルッハ
前3—2千年紀にシュメール東方にあった国．ペルシア湾の向こうにあった．おそらく，インダス川流域であろう．前1千年紀になると，メルッハはエジプトの南のヌビアを意味した．

籾摺り盆
内側うねがついた盆形土器．ハッスーナ期に典型的．

有室構造
壁の厚みのなかに小室をもつ防壁．小室は部屋の場合もあれば，ゴミ入れであったり空室のこともあった．

有翼円盤
翼のついた太陽円盤．エジプト起源．レヴァント地方やヒッタイトで広く用いられた．アッシリアでは太陽神シャマシュおよびアッシュールを象徴していたらしい．アカイメネス朝ペルシアでも用いられ，彼らの主神アフラマズダを意味した．

ラマッス (lamassu)
番人．アッシリアやアカイメネス朝の建物の玄関に彫りこまれた巨大な半人半獣石像をさすのに使われている単語．

リームヘン (riemchen)・レンガ
長方形で断面が方形のレンガ．ウルク期．

リュトン
動物の頭の形をした飲料用容器．底に小さな穴が空いていて，液体がでる．

緑泥岩
印章や石製容器に用いられた灰色もしくは黒色の柔らかい石．凍石（石鹼石）ともいう．

リンム (limmu)（あるいはリーム (līmu)）
アッシリアの役人で，任期が1年のものの呼称．この役人の名前がその男の在職年の年名にも使われた．

ルヴィ語
前2―1千年紀に話されていたアナトリアの一言語．ヒッタイトの象形文字を使って書かれることが多かった．

ルガル (lugal)
王をさすシュメール語（字義的にはビッグ・マンの意）．ルガルは本来，戦時の指揮官であった可能性がある．

レヴァント地方
地中海東端の地域．

ワラドゥム (wardum)
一種の奴隷で，王の召使いや官僚に相当．

固有名詞について
古代近東の民族名や地名のほとんどは，一般読者にはなじみがない．そのうえ，研究者によってもいろいろな呼び方が採用されており，混乱のもとになっている．たとえば，聖書でサルゴンとされているアッシリアの王の名前も，しばしばシャルル・キンとかシャルケンとか呼ばれている．こうした不統一の理由の一つは，古代近東で話されていた言語がたくさんあり，それぞれが独自の呼び方をしていたことにある．ある名前を現代語でどう呼ぶかは，どの言語がそのとき使われていたかによって変わってしまう．とくに，楔形文書に書かれている名前のほとんどは，シュメール語でもアッカド語でも読みうる．さらに，そうした名前がヘブライ語，ドイツ語，英語，アラビア語，トルコ語，ペルシア語，フランス語などでさまざまな読み方をされている．本書では，厳密にいえばあまり正確でないとしても，もっとも一般的な呼び方を採用するようにした．したがって，ハンムラビよりもハンムラビ，ニヌアよりもニネヴェと表記している．また，古代名が現代名ほど知られていなくとも，地名には古代名を用いた．たとえば，アッシリアの首都はニムルドではなく，カルフとした．古代に名前が変更された地名の場合は，より一般的な方の古代名を使った．例をあげると，ガスルは前2千年紀にヌジとなったのだが，たとえそれより古い時期のことを述べる場合でも，ヌジと呼んだ．ただし，古代名が不明のときは現代名で代用している．将来，新しい同定も多くなされるに違いないし，現在，正しいとされているものも誤っていることが証明されることもあろう．たとえば，テッロは長らくラガシュ遺跡と考えられていたが，今ではギルス遺跡とされている．

年代について
メソポタミアの過去に年代を与えるには，なお多くの問題点が残されている．古い時代の年代は放射性炭素年代（^{14}C）の補正値に基づいた．しかしながら，最近の研究によれば，そうした年代も不正確であり，かなり誤っていることもありうる．考古学者は放射性炭素年代を年代幅として示すのがふつうだが，本書では読者を混乱させないよう，補正でえられた年代幅のまんなかの値を示した．

歴史時代については，たとえ最近の研究で（証明はされていないが）もっと古くした方が証拠にあうとされていても，伝統的な年代を採用した．だから，前2600―1500年間では中期編年を採用しているが，これは最大100年も間違っている可能性がある．これ以降の時期については，暦年代が10年も狂っていることはあるまい．

近東ではふつう1年は春に始まるとされていて，本書でもこの方式を用いた．だから，前1792年は前1792年春から前1791年春までの1年間をいう．しかしながら，ユリウス暦で月をいう場合の1年は1月から12月までをさしている．したがって，前1792年1月というのは，古代近東では前1793年に含まれていたことになる．メソポタミアでは，前の支配者が亡くなってから次の新年（春）までの期間を，新しい支配者の即位年と呼び，新年が彼の治世元年とされた．即位年以降の王の治世年の数え方は，アッシリア学者の習慣に従っている．よって，アッシュールバニパル王の場合，父親が前670年11月1日に亡くなっているから，彼は670年12月末までには即位していたはずなのだが，治世年は前669―27?年としてある．もし，ある王の治世年が1年に満たず，次の新年までに亡くなってしまった場合には，彼の即位年が治世年になる．王に付した年代は，とくに断らない限り，治世年であって生年―没年をいうのではない．

地図について
地図にくり返してでてくる記号には説明をつけていない．たとえば，水関係のもの（海岸，河川，涸谷，湖），境界，海，地の色，有名な町や遺跡の場所を示す記号などである．複数の記号が一つの遺跡にあてられている場合もある．可能な場合は記号をまとめているが，まとめて違った記号ができてしまった場合でも説明はつけていない．記号がまとめられなかったときには，遺跡名の下に並べた．一つの記号（ふつうナカヌキの黒四角）は，遺跡の位置を示す．水関係，地形（山脈，砂漠など），行政区画をさす場合は字体を変えた．

図版リスト

略記：t＝上図、tl＝上段左図、tr＝上段右図、c＝中図、b＝下図など。

AAA＝古代芸術建築（ミドルセックス県ハーロウ）；Ash＝アシュモレアン美術館（オックスフォード）；BL＝大英図書館（ロンドン）；BM＝大英博物館（ロンドン）；DB＝ディック・バーナード（ロンドン）；JB＝ジョン・ブレナン（オックスフォード）；JF＝ジョン・フーラー（ケンブリッジ）；HV＝ヒルマー・ヴェルラグ（ミュンヘン）；MH＝マイケル・ホルフォード（エセックス県ラフトン）；MR＝マイケル・ローフ（オックスフォード）；RMN＝国立博物館協会写真部門（パリ）；RHPL＝ロバート・ハーディング写真図書館（ロンドン）；VA＝国立博物館（近東博物館）（ベルリン）。

地図製作：ユーロマップ社（バングボルン）；ロヴェル・ジョンズ（オックスフォード）；アラン・メイス、ホーンチャーチ、テムズ・カートグラフィック社（メイドゥンヘッド）。

見返しの図：A・H・レイヤードによるニネヴェの発掘。メアリー・エヴァンズ写真図書館（ロンドン）提供。

頁
1–7. Delegations from subject states to Xerxes, Apadana staircase, Persepolis: JF.
8. Limestone bird head, height 10.4 cm (Iraq Museum, Baghdad): JF.
8. Painted bowl from Susa, diameter c. 20 cm (Ashmolean Museum on loan from the Louvre): JF.
8. Stone statue from the Nintu Temple, height 23 cm (University Museum, Philadelphia): JF.
8. Bronze stag inlaid and overlaid with silver from a tomb, height 52 cm (Ankara Museum): JF.
9. Faience mask, height 11.9 cm (Iraq Museum, Baghdad): JF.
9. Horse head from Dur-Sharrukin (Louvre): JF.
9. Assyrian tent from the North Palace at Nineveh (Staatliche Museen, Berlin): JF.
9. Basalt stele of the priest Sinzirban, height 93 cm (Louvre): JF.
9. Head of eunuch, prince or princess with mural crown, height 6.5 cm (Iran Bastan Museum, Tehran): JF.
11. Cuneiform inscription from Northwest Palace, Kalhu (British Museum): MH.
14bl. Planning area of excavation, Syria: AAA (photo G. Tortoli).
14br. Excavation at Ebla: AAA.
15tc. Flushing sediment for carbon plant remains: British Institute at Amman for Archaeology and History.
15tr. Sieving for artifacts and bones: British Institute at Amman for Archaeology and History.
15l. Excavation at Ebla: AAA.
15br. Laboratory reconstruction of Ain Ghazal figures: Institute of Archaeology, University of London.
15cr. Archaeologists collecting artefacts: British Institute at Amman for Archaeology and History.
16t. Diagram of dendrochronology: Colin Salmon.
16c. Radiocarbon graph: Colin Salmon.
16br. Artwork of excavation Near Eastern tell: DB.
16bl. Artwork of equipment: DB.
17. Prehistoric female figurine, Chatal Huyuk (Ankara Museum): MH.
19. Taurus mountains: Sonia Halliday and Laura Lushington, Weston Turville, Bucks.
21b. Lar valley, northern Iran: RHPL (photo: Desmond Harney).
21t. Bank of the Euphrates: RHPL (photo: Michael Jener).
24tl. Desert and oasis, Syria: RHPL (photo: Michael Jenner).
25tl. Leopard, potsherd, from Chia Pahan, Luristan, Iran (British Museum): Drawn by JF.
24tr. Snake, potsherd, Arpachiyeh (British Museum): JF.
26–7. Plowing scene: Sonia Halliday and Laura Lushington, Weston Turville, Bucks.
27tr. Winnowing, Iran: Sonia Halliday & Laura Lushington, Weston Turville, Bucks.
28b. Nahal Hemar sickle (Israel Museum): JF.
28br. Various tools from Nahal Hemar (Israel Museum): JF.
28tr. Textile techniques: JF.
28t. Textile techniques: JF.
28t. Reconstructed stone mask, Nahal Hemar (Israel Museum): JF.
28bl. Mortar and pestle, Jericho (Ashmolean Museum): JF.
28c. Reconstruction of sunken house, Qermez Dere, Iraq (after Trevor Watkins): DB.
29. Diagram of plant domestication: Kevin Maddison.
30tr. Skeleton, Mount Carmel: By courtesy of the Israel Department of Antiquities and Museums.
31tl. Mud-brick (Ashmolean Museum): JF.
31cl. Brick-making: David Stronach, Berkeley.
31bl. Mold-made bricks: Sonia Halliday and Laura Lushington, Weston Turville, Bucks.
31tr. Village in NW Iran: Picturepoint, New Malden, Surrey.
32tr. Skull: Dame Kathleen Kenyon, Jericho Excavation Fund (Equinox Archive).
32l. Site plan of Jericho: JB.
32cr. The round tower, Jericho, c. 8000 BC: AAA.
32br. Artwork of tower: DB.
34tr. Figurines, Ain Ghazal: Institute of Archaeology, University of London.
35. White ware (Ashmolean Museum): JF.
36t. Mastiff (British Museum): MH.
36b. Gazelle (British Museum): MH.
36–7t. Horse being groomed (British Museum): MH.
37tr. Ewe's head, terracotta: BM.
37br. Exotic animals (British Museum): MH.
37bl. Arabs riding camels (British Museum): MH.
37cr. Toilet box in shape of duck: Ash.
38b. Ubaid vase, Arpachiyeh, Iraq: BM (Equinox Archive).
38t. Ubaid dish, Ur: BM (Equinox Archive).
39tl. Artwork of pottery: DB.
39tr. Hassuna ware from Tell Hassuna (Iraq Museum, Baghdad): Equinox Archive.
39bl. Samarran bowl, 6th millenium BC: Equinox Archive.
39br. Halafan bowl from Arpachiyeh (Iraq Museum, Baghdad): HV.
40–41. Iraqi marshes: Jamie Simpson, DAS Photos, Cherrywood.
44tl. Goddess with panthers, Chatal Huyuk (Ankara Museum): Arlette Mellaart, London.
44tr. Shrine, Chatal Huyuk: *From Village to Empire* by Charles Burney, Phaidon Press.
44cr. Plan of settlement of Chatal Huyuk: *From Village to Empire* by Charles Burney, Phaidon Press.
44b. Site plan of Chatal Huyuk: JB.
45tl. View of Chatal Huyuk: James Mellaart, London.
45tr. Stamp seal from Chatal Huyuk (Ankara Museum): James Mellaart, London.
45c. Vulture fresco room with platforms, Chatal Huyuk: DB.
45b. Painted leopards in relief, Chatal Huyuk: James Mellaart, London.
46b. Anthropomorphic pot, Hacilar (Ashmolean Museum): JF.
46t. Village settlement, Kurdistan: Hutchinson Library, London.
47. Wall painting from Umm Dabaghiyeh, artwork after Diana Kirkbride, 1975.
48t. Alabaster female figurine, Tell es-Sawwan, 6th millennium (Iraq Museum, Baghdad): Picturepoint, New Malden, Surrey.
48b. Alabaster vessels, Tell es-Sawwan (Iraq Museum, Baghdad): David and Joan Oates, Cambridge.
49tr. Terracotta head, Choga Mami (Iraq Museum, Baghdad): JF.
49. Tholos: JB.
50 1. Marsh Arab boat, Iraq: Zefa, London.
51. Reed houses at Shobaish marshes, Iraq: RHPL (photo: V. Southwell).
52. Eridu temple: DB.
54 5. Domestic objects, Tell Madhhur (Iraq Museum, Baghdad): JF.
54. Site plan of Tell Madhhur: JB.
56. Lizard-headed figurine: BM.
57. Akkadian relief of captives, c. 2300 BC, from Susa (Louvre): RMN.
60tr. The site of Uruk: Zefa, London (photo: K. Goebel).
60cr. Female mask from Uruk (Iraq Museum, Baghdad): RHPL.
60b. Site plan of Uruk: JB.
61t. Reconstruction of Warka vase: JF.
61cr. Warka vase (Iraq Museum, Baghdad): Scala, Florence.
61bl. Stone statuette of a bearded man, Uruk (Iraq Museum, Baghdad): Scala, Florence.
62tl. Cone mosaic reconstruction by W. Andrae: from *Warka Report* (Equinox Archive).
62tr. Cone: JF.
63r. Tell Uqair fresco of leopard from altar: Professor Seton Lloyd, Oxon.
63. Site plan of Uruk: JB.
66. Susa A vase (Louvre): Giraudon, Paris.
66–7. Eye idols from Tell Brak: AAA.
68. Stone head from Tell Brak (British Museum): Equinox Archive.
69tr. Cylinder seal with silver ram: Ash.
69t. Impression of above (Ashmolean Museum): Equinox Archive.
70cl. Hollow clay sphere with clay tokens (Louvre): RMN.
70r. Gabled stamp seal (Yale University); Pyramid stamp seal (Yale University); Impression from Late Uruk cylinder seal (Louvre): JF.
70c. Pictographic tablet (Louvre): RMN.
71b. Objects from the hoard of Nahal Mishmar (Israel Museum): David Harris, Jerusalem.
72–3. Artwork derived from *Cylinder Seals* by Dominique Collon (British Museum Publications): JF.
72bl. Seals (Iraq Museum, Baghdad): Il Quadrante Edizione, Milan.
74tc. Representations of temples on cylinder seal impressions: from *Cylinder Seals* by Dominique Collon (British Museum Publications).
74tr. Altar of Tukulti-Ninurta I, Ashur: VA.
74cl. Votive stone of Puzur-Inshushinak (Louvre): RMN.
74cr. Bronze model of ceremony at sunrise (Louvre): Magnum (photo: Erich Lessing).
74b. Transport of divine symbols by boat, seal impression: VA.
75t. Worshipers: Oriental Institute, Chicago.
75cl. Sacrifice scene (Damascus Museum): Picturepoint.
75cr. Libation before Moon God, stele, Ur: Explorer/Fiore, Paris.
75b. Deportation of the gods: MR.
76tc. Ishtar, ivory: Metropolitan Museum, New York.
76tr. Boundary stone of Nebuchadnezzar I: BM.
76cl. Face of the demon Humbaba (British Museum): JF.
76bl. Protective spirit, Nimrud, 865–860 BC (British Museum): MH.
76br. Incantation against Lamashtu (Louvre): RMN.
77tr. Four-faced god: Oriental Museum, Chicago.
77l. Demon Pazuzu (Louvre): RMN.
77cr. Cylinder seal (British Museum): MH.
77br. God dispatching a solar being (Iraq Museum, Baghdad): Scala, Florence.
79cl. Scarlet ware (Iraq Museum, Baghdad): HV.
81tl. Stone bowl, Nippur (Iraq Museum): Scala, Florence.
81tr. View of Nippur: Joan and David Oates, Cambridge.
81bl. Plan of site, Nippur: JB.
81br. Foundation figure (Iraq Museum, Baghdad): Scala, Florence.
82br. Weld-Blundell prism: Ash.
84–85. Cylinder seal of Queen Puabi (British Museum): HV.
85tr. Lion-headed eagle from Mari (Damascus Museum): Il Quadrante Edizione, Turin.
85l. Shell inlay from Mari (Louvre): Giraudon.
86b. Relief of a lion-headed eagle and two stags from Tell al-Ubaid: BM.
86–87c. Gold necklace (Aleppo Museum): AAA (photo G. Tortoli).
87tr. Site plan of Ebla: JB.
87c. Tablets *in situ* at Ebla (University of Rome, Italian Archaeological Mission in Syria, courtesy Paolo Matthiae): Equinox Archive.
87cr. Human-headed bull (Aleppo Museum): Claus Hansmann, Munich.
87bl. Ebla tablets: AAA (photo G. Tortoli).
87bc. Ebla archives: DB.
88t. Plaque of Ur-Nanshe (Louvre): Giraudon.
88r. Stele of the Vultures (Louvre): RMN.
89b. Incised silver vase (Louvre): RMN.
90br. Stone couple (Iraq Museum, Baghdad): Phaidon Press.
90t. Human-headed bull (Louvre): RMN.
90bl. Statue of Ebih-il (Louvre): AAA.
91tr. Head of a woman (Louvre): RMN.
91l. Ur-Nanshe statuette (Damascus Museum): HV.
91c. Man carrying box: Metropolitan Museum, New York.
91br. Statuette of a woman: BM.
92–3t. Standard of Ur (British Museum): MH.
92c. A gaming board (British Museum): AAA.
92bl. Cow's head lyre (British Museum): MH.

92br. Gold vessels: BM.
93tl. Queen Puabi's headdress: University of Pennsylvania.
93tr. 'Ram in the thicket': BM.
93bl. Gold dagger (Iraq Museum, Baghdad): Scala.
93br. Gold helmet in the form of a wig (Iraq Museum, Baghdad): Scala, Florence.
94–5. Standard of Ur (British Museum): MH.
98br. Victory stele of Naram-Sin (Louvre): MH.
99tl. Copper head from Nineveh (Iraq Museum, Baghdad): Claus Hansmann, Munich.
100. Gudea (Louvre): Scala, Florence.
101tr. View of the ziggurat of Ur: AAA (photo Bruce Norman).
101bl. Site plan of Ur: JB.
101br. Stone bowl from Ur (Iraq Museum, Baghdad): Scala, Florence.
103t. Weight in the shape of a duck (Iraq Museum, Baghdad): Claus Hansmann, Munich.
103b. Silver figure of a bull inlaid with gold (British Museum): MH.
104–5. Ziggurats: DB.
106–7. Ziggurat of Ur: Georg Gerster (John Hillelson Agency, London).
110b. Vase from Larsa (Louvre): JF.
111l. Monkey (Iraq Museum, Baghdad): JF.
111r. Necklace from Kish: Ash.
112t. Vase in the form of a lion, Kanesh (Louvre): RMN.
112b. Warad-Sin foundation figure: BM.
115. View of Kanesh: MR.
116. Chariot model: Ash.
117. Silver statuette: Bruno Babey, Basle.
118. Gold pectoral (Louvre): RMN.
119tl. Statue of Ishtup-ilum (Aleppo Museum): Picturepoint.
119tr. Site plan of Mari: JB.
119cr. Goddess with flowing vase (Aleppo Museum): Picturepoint.
119bl. View of Mari: RHPL (photo: Michael Jenner).
119br. Wall painting from Mari (Louvre): HV.
120. Head of a ruler (Louvre): RMN.
121. Statuette of Lu-Nanna (Louvre): AAA.
122b. Silver boat (Iraq Museum, Baghdad): Kodansha, Tokyo.
122–3t. Marsh Arab boat: RHPL (photo: V. Southwell).
122cl. Model clay boat (Iraq Museum, Baghdad): JF.
122–3b. Reconstruction of sledge (British Museum): Kodansha, Tokyo.
123t. Plaque showing sledge (British Museum): JF.
123tr. Wagon model: Ash.
123cr. Chariot from Persepolis: RHPL.
124t. Eclipses: Kevin Maddison.
124b. Quarters of the moon: Kevin Maddison.
125t. Tributes being weighed (British Museum): AAA.
125l. Cuneiform numbers: David Smith.
125c. World map, cuneiform tablet (British Museum): MH.
125b. Set of lion weights (British Museum): JF.
126tc. Gold cup from Marlik Tepe (Iran Bastan Museum, Tehran): Bruno Babey, Basle.
126tr. Polychrome glazed jar: Ash.
126b. Lost-wax process: JF.
126–127b. Transporting a statue: BM.
127tl. Glass globlet (Iraq Museum, Baghdad): Joan and David Oates, Cambridge.
127tc. Irrigation canals: Explorer (Boutin).
127c. Shaduf (British Museum): MH.
127bc. Carpenter (Louvre): RMN.
127br. Assyrian siege warfare (British Museum): MH.
128tr. Plowing scene seal impression: Ash.
128c. Pottery mold for food, from Mari: JF.
128cl. Kettle: Ash.
128cr. Strainer: Ash.
128br. Funerary banquet (Aleppo Museum, Syria): AAA (Photo G. Tortoli).
129t. Preparing food in a camp (British Museum): MH.
129br. Man climbing ladder, cylinder seal impression (Louvre): Erich Lessing/Magnum.
129cr. Baked clay sickle from Eridu (British Museum): JF.
129bl. Model of house (Aleppo Museum): Ingrid Struben.
130tl. Woman with spindle (Louvre): Erich Lessing/Magnum.
130br. Faience jar: Ash.
130c. Toy hedgehog (Louvre): AAA.
130bl. Naked woman on bed: Ash.

130tr. Woman feeding child from skin bottle, Southwest Palace, Nineveh, relief (British Museum): MH.
131. Wall painting of Assyrian soldier from the palace of Shalmaneser, Til Barsip 8th century BC (National Museum, Aleppo): Claus Hansmann, Munich.
132t. Statue of Idrimi (British Museum): MH.
133t. The Valley of Jezreel: Rolf Kneller, Jerusalem.
136tr. Head of man, Dur-Kurigalzu (Iraq Museum, Baghdad): JF.
136tl. Amarna letter (British Museum): MH.
137c. Hittite stamp seal impression: HV/Phaidon Archive.
141t. Ziggurat at Dur-Kurigalzu: MR.
142br. Kudurru of Melishihu II (Louvre): RMN.
143tl. Wall plaque: BM.
143tr. View of Al-Untash-Napirisha: MR.
143cr. Ziggurat at Al-Untash-Napirisha: RHPL.
143bl. Site plan of Al-Untash-Napirisha: JB.
144. Site plan of Hattusas: JB.
144c. Great temple of Hattusas: MR.
145tc. Rim of Hittite vase from Hattusas with wall and tower: HV/Phaidon Archive.
145r. Relief of warrior god: Phaidon Archive.
145bc. View of Hattusas: MR.
147t. Head, Ugarit (Louvre): JF.
147c. Statue of god, Ugarit (Louvre): MH.
147cr. Face vase, Ugarit (Louvre): RMN.
147b. Site plan of Ugarit: JB.
148. Temple relief (Institut fur Vorderasiatische Altertumskunde, Free University, Berlin): Staatliche Museen, Berlin.
149tl. Site plan of Ashur: JB.
149tr. View of Ashur: MR.
149cr. Royal tomb, Ashur: MR.
151tc. Exercise in cuneiform writing (British Museum): John Ridgeway.
151tr. Stylus and wedges (British Museum): JF.
151ct. Hittite hieroglyphic inscription from Carchemish: AAA.
151c. Dictionary of synonyms from Nineveh (British Museum): John Ridgeway.
151cl. Scribes (British Museum): MH.
151cr. Alphabetic script on pottery from Lachish (British Museum): MH.
151cb. Cuneiform inscription from relief at Kalhu (British Museum): MH.
151bl. Letter and envelope (British Museum): John Ridgeway.
151bc. Writing board (British Museum): JF.
152tc. Cameo portrait of Henry Rawlinson: Ash.
152tr. Hormuzd Rassam: BM.
152c. Woolley and Mallowan: BM.
152bl. Silver lyre, Ur: BM.
152br. Lyre in situ, Ur (British Museum): Phaidon Archive.
153tr. Arch at Khorsabad: from M. Pillet, Un pionnier de l'assyriologie, 1962.
153cl. Austen Henry Layard in Persian dress: BM.
153cr. P. E. Botta (Louvre): RMN.
153l. Layard on rock sculpture: BM.
154t. Chatal Huyuk fresco: Roger Gorringe.
154c. Seal impression of a lion hunt (British Museum): MR.
154cr. Copy of painting from Til Barsip showing lion hunt: from A. Parrot, Nineveh and Babylon.
154bl. Lion hunt stele from Warka: Iraq Museum, Baghdad.
154br. Ashurnasirpal II hunting (British Museum): MH.
155tl. Gold plate (Louvre): Giraudon, Paris.
155tr. Ashurbanipal stabbing a lion (British Museum): MH.
155b. Ashurbanipal hunting on horseback (British Museum): MH.
156tr. Pair of female figures: BM.
156c. Container for cosmetics (Iraq Museum, Baghdad): Il Quadrante Edizione, Turin.
156bl. Frontal sphinx (Iraq Museum, Baghdad): Il Quadrante Edizione, Turin.
156br. Chair back (Iraq Museum, Baghdad): Scala, Florence.
157tr. Lioness devouring a Nubian (British Museum): MH.
157tl. Openwork plaque of seated lion: BM.
157bc. Tusk in female form (Iraq Museum, Baghdad): Il Quadrante Edizione, Turin.
161t. Ape as tribute (British Museum): MH.
162tr. Protective spirit (British Museum): MH.

162bl. Site plan of Northwest Palace, Kalhu: JB.
162–3b. Drawing of throne room from A. H. Layard, Monuments of Nineveh, I, pl. 2 (Ashmolean): Equinox Archive.
163tl. Sacred tree and the king (British Museum): MH.
163tr. Statue of King Ashurnasirpal II (British Museum): AAA.
163c. Bearded courtier in Northwest Palace at Kalhu: MR.
163bc. Human-headed winged bull: BM.
163br. Ashurnasirpal and attendants (British Museum): MH.
165. Gold jewelry from Kalhu (Iraq Museum, Baghdad): Barry Iverson/Time Magazine.
165. Shalmaneser and Marduk-zakir-shumi on throne base, found at Kalhu (Iraq Museum, Baghdad): David and Joan Oates, Cambridge.
166–7. Balawat Gates and scenes (British Museum): JF.
168–9. Relief scene from the Balawat Gates (British Museum): MH.
170tr. Bronze disk, Urartu: Coll. Verzameling Ebnöther, Les Arcs.
170cr. Model of fortress: BM.
170bl. Winged bull centaur: BM.
171tr. Helmet: Prähistorische Staatssammlung, Munich.
171cr. Cauldron and tripod: Badisches Landesmuseum, Karlsruhe.
171ll. Bronze figurine: VA.
174. Stele of Shamshi-Adad V: BM.
175. Scene on Black Obelisk (British Museum): MH.
176t. King Tiglath-pileser III (British Museum): MH.
176b. Phoenician coin (National Museum, Lebanon): JF.
178. King Bar-rakib: Foto Marburg.
180t. King Sargon II: BM.
181t. Reconstructed head of King Midas: J. Prag, The Manchester Museum.
181b. Ivriz relief: RHPL.
183. Site plan of Tepe Nush-i Jan: JB.
182–3b. View of Tepe Nush-i Jan: MR.
183cr. Median silver hoard: BM.
183b. Excavated doorway, Tepe Nush-i Jan: MR.
184tl. Mural: from A. Parrot, Nineveh and Babylon.
184tr. Clay figurine (Louvre): MH.
184. Site plan of Khorsabad: JB.
184br. Four-winged genie (Louvre): RMN.
184bl. Prism of Sargon: BM.
185br. Impaled captives (British Museum): MH.
186tl. Assyrian king (British Museum): MH.
186r. Site plan of Nineveh: JB.
186b. Relief of Nineveh palace, detail: BM.
187tl. View of walls, Nineveh: AAA.
187tr. Relief on Faideh canal: MR.
187b. Dam at Shallalat: Julian Reade, British Museum.
188. Stele of Esarhaddon: VA.
189t. Stone tablet of Esarhaddon: BM.
189c. Astronomical treatise (British Museum): MH.
190t. Ashurbanipal feasting (British Museum): MH.
190br. Elamite battle (British Museum): MH.
192tl. Statue of deified king (head, Staatliche Museen, Berlin, body, Museum of Oriental Antiquities, Archaeological Museum, Istanbul): VA.
192tr. Ashurbanipal the builder: BM.
192r. Relief bricks from Ishtar Gate, Babylon: Zefa (photo C. Skrein/M. Epp).
192cl. Glazed relief of lion: RHPL.
192br. Plan of Babylon: JB.
193l. Ishtar Gate (Staatliche Museen, Berlin): HV.
193tr. Drawing of Ishtar Gate: DB.
193cr. Glazed tiles from Ishtar Gate (Iraq Museum, Baghdad): Claus Hansmann, Munich.
193bl. Site plan of Babylon: JB.
194t. Seal impression from Uruk (Staatliche Museen, Berlin): JF.
194c. Battle wagon on Standard of Ur (British Museum): MH.
194l. Stele of the Vultures (Louvre): RMN.
194r. Counting the heads (British Museum): MH.
195t. Ashurnasirpal's cavalry (British Museum): MH.
195tr. Mace heads (Ashmolean Museum): JF.
195c. Axe: Ash.
195cl. Destruction of Hamanu, Nineveh relief (British Museum): MH.
195cr. Daggers (Ashmolean Museum): JF.
195b. Assyrian soldier about to kill a captive (British Museum): MH.

195br. Arrowheads (Ashmolean Museum): JF.
196–7. Glazed tiles, griffon (Louvre): Erich Lessing/Magnum.
200. Facade of throne room of the Palace of Nebuchadnezzar II (Staatliche Museen, Berlin): Erich Lessing/Magnum.
201. Stele of Babylonian king: BM.
202tl. Croesus on his funeral pyre (Louvre): RMN.
202tr. Coins (Ashmolean Museum): Equinox Archive.
203. Cyrus seal (Oriental Institute, Chicago): JF.
204. Site plan of Pasargadae: JB.
205tr. Palace P at Pasargadae: RHPL.
204–5b. Tomb of Cyrus: RHPL.
205cr. Winged figure: MR.
206. Silver rhyton (Louvre): Erich Lessing/Magnum.
207. Column capitals from Susa (Louvre): Erich Lessing/Magnum.
210tr. Relief of gods (Louvre): AAA.
210cl. Statue of Darius (Iran Bastan Museum, Tehran): MR.
210b. Archers, glazed bricks (Louvre): Erich Lessing/Magnum.

211tl. Site plan of Susa: JB.
211r. Elamite gold statue (Louvre): RMN.
211bl. Archer, glazed bricks (British Museum): MH.
215b. Tomb of Xerxes: RHPL.
216–7. Alexander mosaic (Naples Museum): Scala, Florence.
218c. Drawing of Persepolis: MR.
218bl. Relief of Armenian: MR.
218br. King Darius: MR.
219t. Ahuramazda (reconstruction of G. Tilia): from A. B. Tilia, *Studies and restorations at Persepolis and other sites of Fars* II.
219c. View of Persepolis: Zefa, London.
219bc. Apadana staircase, Persepolis: MR.
219br. Griffon capital, Persepolis: MR.
220tc. Figure of king: BM.
220tr. Ring: BM.
220br. Sheet embossed with figure of Mede: BM.
220bl. Roundel of winged lion: BM.
221t. Model of chariot: BM.
221bl. Hollow head: BM.

221br. Gold bracelets: BM.
222–3tr. Tower of Babel by Brueghel (Kunsthistorisches Museum, Vienna): Bridgeman Art Library, London.
222cl. The Coming of the Messiah and the Destruction of Babylon by Samuel Colman (City of Bristol Museum and Art Gallery): Bridgeman Art Library, London.
222cr. Feast of Belshazzar by Rembrandt (National Gallery, London): Phaidon Archive, Oxford.
222b. Scene from Intolerance by D.W. Griffiths: Kobal Collection, London.
223bl. Babylon burning, 16th century woodcut (Bible Society, Cambridge): Bridgeman Art Library, London.
223br. The Tower of Babel by Jozef Szubert (Private Collection): Bridgeman Art Library, London.

本書に転載した図版については可能な限り原著者の了解を得るよう努めたが、なお十分ではない。お気付きの点があれば、アンドロメダ・オックスフォード社までご連絡いただきたい。

監訳者のことば

本書の原題は，*Cultural Atlas of Mesopotamia and the Ancient Near East* である．メソポタミアはともかく，「古代近東」については若干の説明が必要であろう．まぎらわしいことだが，「近東」とは，今日国際政治などの分野で「中東」とよばれている地域の一部である．中東という用語でくくられているのは，東はパキスタン，北はトルコ，西はモロッコまでの北アフリカといえよう．いえよう，などとあいまいな表現をしたのは理由がある．「中東」ということばは，第2次世界大戦後の国際政治情況を反映して，採用されたために，必ずしも厳格に定義されているとはいえないからである．「近東」も実は19世紀の政治情況下で使われたことばであり，ヨーロッパからみて，オスマン帝国の支配下の地域を指すものであった．この用語が，考古学や古代史の分野でとり入れられ，これらの分野では今も使われ続けているのである．しかし範囲は若干違っている．おおまかにいえば，北はアナトリア高原，西は東地中海沿岸，東はイラン高原までを指すといえる．つまり，「近東」とは，この地域を，考古学や古代史の分野で呼んでいる業界用語だと考えていただければよい．私自身，自分の専門を英語で書くときには，Near Eastern Prehistory と表記する．その方が仲間うちでは通用するのである．

この本でとり扱っている時代は，最後の氷期が終ったときから，アカイメネス王朝がアレクサンダー大王によって滅ぼされるまでの1万年にも及ぶ．この長い期間の歴史をひとりの執筆者で書き通すのは容易なことではない．著者マイケル・ローフも多くの専門家の助言を得たことを，「序」の最後のパラグラフを割いて謝辞としている．

翻訳に当って，数多くの方々の協力を得なければ，とうていできるものではないことはすぐにわかった．幸いなことに，日本でも近年近東の考古学を専門にする若手研究者の層が厚くなりつつあり，それぞれの時代を研究している人たちにお願いすることができた．こうした背景がなければ，翻訳の依頼があったときに尻ごみしたにちがいない．20年前では考えられないことである．

用語，とりわけ地名，人名のカタカナ表記には苦労した．所詮は固有名詞をカタカナで正しく表わすことには無理がある．しかし，地名についても現在新聞などで採用されている表記には改める方がよいものがたくさんある．バグダッドはバグダードにしたかったが通例に従った．だが，バーレーンはバハレーンとした．このように必ずしも統一がとれてはいないが，すべて監訳者の責任である．また人名の読み方も研究が進むにつれ，旧来の読みとは違う読み方が研究の第一線では採用されつつあるが，これらが定着するには数十年の年月を要するであろう．

歴史時代に入っても，古い時代の年代に関しては多くの問題をかかえている．ここ2千数百年の歴史的年代とは同じではない．それにはそれなりの理由があり，一端は，本書の用語解説のあとに付けられた「年代について」（227頁）において簡単に触れられている．したがって，ほぼ前1500年以前の年代については，おおまかな目安とみておいていただきたい．場合によっては，10年から100年のオーダーで違っている可能性も残されている．さらにもっと著しいのは，先史時代，つまり歴史文書のない頃の年代観である．本書では，今まで日本語で書かれたこの地域の概説書より長い年代観が示されている．これは，著者の独断によるものでは決してなく，一部の欧米の研究者の間で近年採用されているものである．日本では，全面的に了解されているとはいいがたいが，そうした考え方のあることは十分に承知している．原理的には，16頁に説明されている ^{14}C 年代の年輪年代学による補正によっている．要は，この補正を採用するかしないかである．読者は，数百年，場合によっては千年の違いにとまどいを覚えるであろうが，研究者にとっては，ただ単に，「この人は補正値による年代観に基づいているな」というにすぎない．この点は，これだけの解説だけで理解していただけるとは思ってもいないが，それなりの根拠のあることだけ指摘しておく．

「近東」についての日本人の認識は，おもにヨーロッパ経由でもたらされたといって間違いなかろう．近東考古学や中東地域研究に従事する人たちを除けば，多くの日本人は，近東には偏見をもっているものと私は思う．これは，残念ながら歴史的に形成されたものであり，止むをえないことではある．本書の著者は，ヨーロッパでつくりあげられた近東に対する偏見を正しくないものと主張しているように思える．それはトピックスのひとつである「西洋芸術におけるバビロン」において強く印象づけられる．この本の目的は，近東が人類史上にはたした重要な役割を理解していただくことがまず第一に大切なことであるのはいうまでもない．さらにわれわれ日本人の間にわだかまっているこの地域へのいわれのない「偏見」をすこしでも改めるよすがとなるとすれば，監訳者として十分にその責をはたしたこととなろう．

翻訳のおもな分担は次の通りである．第1部：西秋良宏，第2部：前田昭代（58-73頁），五味亨（74-107頁），小口和美（108-130頁），第3部：松島英子（132-175頁），渡辺和子（176-197頁），川瀬豊子（198-223頁）．

最後に，前田昭代，西秋良宏の両氏は翻訳の分担のみならず，編集に協力してもらったことを記しておきたい．また朝倉書店編集部の絶大な努力のおかげでようやく刊行にこぎつけたものであることを述べて，謝辞としたい．

1994年3月　松谷敏雄

地名索引

一つの項目に，地形の場合，山脈，高地などの語もつけているし，「ロードス〔島〕(ギリシア)」のように現代の国名を付したところもある。*のついた項目は一定の地域をさす（例：地方，王国，地域など）。現代の地名（地図に載せていないものもある）も参考のため古代名につけておいた。たとえば、「アブ・ハタブ →キスルラ」としてある。もし、見つからない地名があれば、次の前置詞のどれかをつけて完全なかたちで掲載している可能性がある。アブ、アル、イシャン、タフテ、タレ、テベ、テルなどがそれで、一番多いのはテベとテルである。

ア 行

アイ(ヨルダン) 32°05′N35°02′E 80
アイ・ハヌム →アレクサンドリア・オクソス
アイヤロン(イスラエル) 31°50′N35°03′E 135, 159
アイン・ガザル(ヨルダン) 32°10′N35°53′E 25
アイン・カンナス(サウジアラビア) 25°44′N 49°30′E 53
アイン・グェヴI(シリア) 32°35′N35°42′E 24
アイン・マラッハ(シリア) 33°07′N35°40′E 24
アガデ(イラク) 32°46′N44°20′E 97, 120
アカバ(ヨルダン) 29°31′N35°00′E 12
アガル・クフ →ドゥル・クリガルズ
アクジブ(イスラエル) 33°03′N35°06′E 177
アクシャク〔オピス、テル・ムジェイラト〕(イラク) 33°48′N44°16′E 83, 164, 142, 199
アクシャフ(イスラエル) 32°34′N35°01′E 135
アクスム(イラク) 32°58′N44°33′E 109
アクビナル(トルコ) 38°30′N27°26′E 139
アケターテン〔テル・アル・アマルナ〕(エジプト) 27°44′N30°55′E 73, 134
アジェムフユク →ブルシュハンダ
アシクル・フユク(トルコ) 38°31′N33°57′E 25, 34
アジゲル(トルコ) 38°33′N34°31′E 34
アジタワンダ〔カラテペ〕(トルコ) 37°22′N 36°16′E 160
アシハバード(旧ソ連) 37°58′N58°24′E 13
アシャルネ(シリア) 35°22′N36°33′E 179
アシュケロン(イスラエル) 31°40′N34°33′E 43, 135, 159
アシュタロス(シリア) 32°48′N36°05′E 135, 159
アシュドド(イスラエル) 31°45′N34°40′E 135, 159, 179, 191
アシュナックム〔チャガル・バザル〕(シリア) 36°54′N40°35′E 34, 43, 49, 53, 80, 116, 120
アジュマーン(アラブ首長国連邦) 25°23′N 55°26′E 98
アシル山脈(サウジアラビア) 12
アジレ・ダム(イラク) 36°20′N43°12′E 185
アズナヴル(トルコ) 39°14′N42°52′E 173
アスワン(エジプト) 24°05′N32°56′E 12
アダナ(トルコ) 37°00′N35°19′E 12, 113, 139
アダブ〔テル・ビスマヤ〕(イラク) 31°57′N 45°58′E 59, 79, 83, 102, 105, 109, 120, 142
アダム(ヨルダン) 32°08′N35°33′E 159
アッカド 80, 83, 97, 102
アッコ(イスラエル) 32°55′N35°04′E 135, 159, 177
アッシュール〔カラト・シャルガト〕(イラク) 35°29′N43°14′E 73, 80, 83, 97, 98, 102, 105, 113, 116, 120, 134, 140, 160, 164, 179, 191
アッシリア* 134, 160, 208, 212
アッヒヤワ* 139
アッミヤ(レバノン) 34°28′N35°48′E 135
アディルチェヴァズ(トルコ) 38°47′N42°42′E 173
アテネ(ギリシア) 38°00′N23°44′E 214
アナ(イラク) 34°28′N41°59′E 116, 120, 140, 164, 179
アナトリア* 12, 22, 24, 25, 113, 139, 214
アハ(イラク) 33°02′N44°38′E 102
アハヴァズ(イラン) 31°17′N48°43′E 13
アバダン(イラン) 30°20′N48°15′E 13
アバトゥム(シリア) 35°45′N38°38′E 43
アパメア(シリア) 35°29′N36°15′E 43
アピアク(イラク) 32°12′N44°15′E 102, 109
アブ* 116
アブ* 135
アブク〔テル・アブ・マルヤ〕(イラク) 36°26′N 42°39′E 105, 140, 179
アブ・ゴシュ(イスラエル) 31°52′N35°06′E 25
アブ・サラビーフ(イラク) 32°15′N45°05′E 58, 59, 64, 83, 98
アブ・サーレム(イスラエル) 30°27′N34°38′E 24
アブ・シャハレーン →エリドゥ
アブ・ソワン(ヨルダン) 32°15′N35°54′E 25
アブ・ダビ(アラブ首長国連邦) 24°28′N54°25′E 13
アブ・ハタブ →キスルラ
アブ・ハミス(サウジアラビア) 27°28′N49°19′E 53
アブ・フレイラ(シリア) 35°52′N38°23′E 24, 25, 34, 43
アブヘク(イスラエル) 32°06′N34°56′E 159
アフロディジアス(トルコ) 37°28′N28°31′E 139
アマサキ(トルコ) 37°28′N41°22′E 140
アマナス山脈(トルコ) 12, 83, 164
アミド〔ディヤルバキル〕(トルコ) 37°55′N 40°14′E 12, 160, 179, 191
アムリ(パキスタン) 26°09′N68°02′E 98
アムリト(レバノン) 34°58′N35°58′E 177
アムル* 134, 135
アモン* 159, 160, 164, 179
アラコシア* 209, 213
アラシャ* 134, 134, 139
アラジャ・フユク(トルコ) 40°12′N34°50′E 80, 113, 139
アラド →大アラド
アラビア* 160, 208, 212
アラブハ〔キルクーク〕(イラク) 35°28′N44°26′E 12, 102, 113, 116, 120, 134, 140, 179, 191
アラム* 159, 160, 179
アララク〔テル・アチャナ〕(シリア) 36°19′N 36°29′E 64, 113, 116, 134, 139
アララト山(トルコ) 39°44′N44°15′E 12
アリ(バハレーン) 26°10′N50°32′E 98
アリ・コシュ(イラン) 32°33′N47°24′E 25, 34, 43
アリシャル →アンクワ
アル・アイン(アラブ首長国連邦) 24°13′N 55°51′E 98
アル・アジジエ(イラク) 32°55′N44°46′E 142
アル・アッシュラヤ(イラク) 36°22′N43°09′E 185
アル・アマラ(イラク) 31°51′N47°10′E 12
アルヴァンド山(イラン) 34°40′N48°32′E 13
アル・ウンタシュ・ナピリシャ〔チョガ・ザンビル〕(イラン) 21°53′N48°35′E 105, 138
アルギシティヒニリ〔アルマヴィル〕(旧ソ連) 40°04′N44°11′E 173
アルト(レバノン) 34°32′N36°03′E 135
アル・コウム(シリア) 35°15′N38°51′E 25, 43, 64
アルザワ* 134, 139
アルシェ* 134, 139
アル・ジャウフ(サウジアラビア) 29°45′N 39°52′E 12
アルジュン(シリア) 34°41′N36°42′E 49
アルズヒナ(イラク) 35°45′N44°24′E 140, 179, 191
アルスランテペ〔マラティヤ〕(トルコ) 38°22′N38°18′E 49, 64, 80, 139, 140, 160, 164, 179, 191
アル・ダーサ(カタール) 25°40′N50°32′E 53
アルダタ(レバノン) 34°29′N35°58′E 135
アルタンテペ(トルコ) 39°38′N39°40′E 173
アル・ドール(アラブ首長国連邦) 25°32′N 55°28′E 98
アルナ(シリア) 32°29′N35°02′E 150
アル・ハッジャル(バハレーン) 26°14′N50°32′E 98
アルパド〔テル・リファト〕(シリア) 36°29′N 37°08′E 160, 164, 179, 191
アル・ヒヤム(ヨルダン) 31°46′N35°18′E 24, 25
アルビル(イラク) 36°12′N44°01′E 102, 105, 116, 120, 134, 140, 164, 179, 191, 214
アルプス山脈(フランス、スイス) 18
アル・ホフーフ(サウジアラビア) 25°20′N 49°34′E 13
アル・ホル(カタール) 25°50′N51°33′E 53
アルボルス山脈(イラン) 13, 22, 79
アルマヴィル →アルギシティヒニリ
アルマヌム(シリア) 36°07′N37°02′E 97
アル・マルフ(バハレーン) 25°59′N50°27′E 53
アルマン(イラン) 34°32′N45°58′E 102, 164, 179, 199
アルメニア* 208, 212, 214
アル・ワド(イスラエル) 32°37′N34°59′E 24
アルワド(シリア) 34°52′N35°52′E 135, 160, 177
アレイア* 209, 213
アレクサンドリア(イラン) 28°12′N58°19′E 214
アレクサンドリア(エジプト) 31°12′N29°54′E 12, 214
アレクサンドリア〔ガズニ〕(アフガニスタン) 33°33′N68°28′E 214
アレクサンドリア〔カンダハル〕(アフガニスタン) 31°36′N65°47′E 13, 209, 214
アレクサンドリア・アレイア〔ヘラート〕(アフガニスタン) 34°20′N62°10′E 13, 209, 214
アレクサンドリア・エスハタ〔コーカンド〕(旧ソ連) 40°33′N70°55′E 214
アレクサンドリア・オクソス〔アイ・ハヌム〕(アフガニスタン) 37°13′N69°54′E 214
アレッポ(シリア) 36°14′N37°10′E 12, 113, 116, 134, 139, 140, 160, 164, 179, 208
アワン(イラン) 32°46′N47°19′E 83
アンカラ(トルコ) 39°55′N32°50′E 12, 139
アンクワ〔アリシャル〕(トルコ) 39°30′N35°33′E 80, 113, 139
アンザフ(トルコ) 38°32′N43°33′E 173
アンシャン〔タレ・マルヤン〕(イラン) 30°1′N52°53′E 65, 73, 79, 102, 134, 138
アンシャン* 97, 102
アンダリク(イラク) 36°25′N41°28′E 140
アンダリク* 116
アンマン(ヨルダン) 31°57′N35°56′E 12

イェズレエル(イスラエル) 32°34′N35°20′E 159
イェナム(イスラエル) 32°43′N35°36′E 135
イェリコ〔テル・アル・スルタン〕(ヨルダン) 31°51′N35°27′E 24, 25, 34, 53, 73, 80, 135, 159
イェルキ(シリア) 34°20′N45°00′E 142
イェルサレム(イスラエル/ヨルダン) 31°47′N35°13′E 12, 135, 159, 160, 179, 203, 208, 212
イオニア* 208, 212
イキズテペ →ザルパ
イコニオン(トルコ) 37°51′N32°30′E 214
イシム・シュルギ(イラク) 33°56′N44°35′E 102
イシャン・バフリヤト →イシン
イシュワ* 134, 139
イシン〔イシャン・バフリヤト〕(イラク) 31°56′N45°17′E 102, 109, 120, 142, 199
イスケンデルン →ミュリアンドロス
イスタンブル →ビザンティウム
イズミル(トルコ) 38°25′N27°10′E 12
イスラエル* 159, 160, 164, 179
イゾリ(トルコ) 38°25′N39°02′E 173
イタノス(クレタ島) 35°18′N26°17′E 177
イダマラズ* 116
イダリオン(キプロス) 35°02′N33°25′E 177
イッソス(トルコ) 36°51′N36°11′E 214
イナンドゥリク(トルコ) 40°33′N33°25′E 139
イビザ(スペイン) 38°54′N1°35′E 177
イブザイフ →ザバラム
イブリ(オーマン) 23°15′N56°35′E 98
イムグル・エンリル〔バラワト〕(イラク) 36°09′N43°26′E 185
イムルヒイェ(イラク) 34°12′N45°00′E 142
イリブ(イラク) 32°52′N44°26′E 109
イルク・アル・アハマル(ヨルダン) 31°46′N 35°13′E 24
インド* 209, 213

ヴァン →トゥシュパ
ウガリト〔ラス・シャムラ〕(シリア) 35°31′N 35°47′E 25, 34, 43, 49, 64, 73, 80, 113, 116, 134, 135, 139, 140, 160
ウシュ(レバノン) 33°15′N35°13′E 177
ウス(カタール) 33°13′N35°18′E 135
ウスヌ(シリア) 35°21′N35°58′E 164
ウティカ(チュニジア) 37°05′N10°03′E 177
ウム・アル・アガリブ(イラク) 31°36′N45°58′E 58, 59
ウム・アル・ナル(アラブ首長国連邦) 24°57′N 54°49′E 79, 98
ウム・クセイル(シリア) 36°25′N41°00′E 64
ウラマ(トルコ) 38°36′N33°58′E 113
ウラルトゥ* 160, 164, 179
ウル〔テル・ムガイヤル〕(イラク) 30°56′N 46°08′E 20, 49, 53, 64, 79, 80, 83, 97, 98, 102, 109, 120, 138, 142, 164, 179, 191, 199, 203
ウルア(イラク) 32°29′N47°20′E 97, 102
ウルキシュ〔テル・アムダ〕(シリア) 37°11′N 41°02′E 102, 113, 116
ウルク〔ワルカ〕(イラク) 31°18′N45°40′E 53, 58, 59, 64, 73, 79, 80, 83, 97, 102, 105, 109, 120, 134, 142, 164, 179, 191, 199
ウル・サグリグ(イラク) 32°08′N45°40′E 102
ウルシュム(トルコ) 37°06′N37°28′E 113, 116
ウルム(イラク) 32°55′N44°40′E 102
ウンキ* 160, 179
ウンマ〔テル・ジョハ〕(イラク) 31°38′N45°52′E 58, 59, 83, 97, 98, 120

エカッラトゥム(イラク) 35°39′N43°27′E 116
エギル(トルコ) 38°15′N40°04′E 164
エクロン(イスラエル) 31°46′N34°51′E 135
エジプト* 18, 97, 134, 179, 191, 203, 208, 214
エシュヌンナ〔テル・アスマル〕(イラク) 33°32′N44°58′E 64, 73, 80, 83, 98, 102, 116, 120
エスファハン(イラン) 32°41′N51°41′E 13
エダンナ(イラク) 32°02′N45°35′E 109
エドム* 159, 179
エフェソス(トルコ) 37°57′N27°21′E 214
エブラ〔テル・マルディフ〕(シリア) 35°52′N 37°02′E 73, 80, 83, 97, 116, 120, 134
エフラトゥン・ピナル(トルコ) 37°46′N31°47′E 139
エマル〔メスケネ〕(シリア) 36°02′N38°04′E 73, 80, 102, 113, 116, 120, 134, 139, 140, 160
エムタバル* 120
エラフト(トルコ) 37°30′N39°29′E 113
エラム* 83, 97, 121, 134, 164, 179, 191, 209, 212
エリッピ* 164, 179
エリドゥ〔アブ・シャハレーン〕(イラク) 30°52′N46°03′E 34, 49, 53, 64, 83, 105, 109, 120, 179, 199
エルズルム(トルコ) 39°57′N41°17′E 12
エルババ・テペ(トルコ) 37°43′N31°46′E 43
エレヴァン(旧ソ連) 40°08′N44°29′E 12, 34
エレグリ →フビシュナ
エレク(イラク) 32°16′N45°09′E 102, 109
エレファンティン(エジプト) 24°04′N32°53′E 203
エレブニ(旧ソ連) 40°08′N44°52′E 73, 173

オピス →アクシャク

カ 行

カイロ(エジプト) 30°03′N31°15′E 12
ガヴル・カレ(トルコ) 39°31′N32°01′E 139
ガザ(エジプト) 31°30′N34°28′E 135, 159, 179, 214
カザッル(イラク) 32°37′N44°20′E 102, 109
ガス(イスラエル) 31°42′N34°50′E 159
カスカ* 134
ガズニ →アレクサンドリア
カスル・シンマク →キリズ
ガス・パダラ(ヨルダン) 32°21′N35°04′E 135, 159
ガス・リモン(イスラエル) 32°09′N34°51′E 135
カタラ〔ザマヘ、テル・アル・リマ〕(イラク) 36°08′N42°31′E 105, 116, 120, 134, 140, 164
ガッスール(ヨルダン) 31°42′N35°46′E 53
カットゥナ(シリア) 35°47′N40°45′E 116, 140
カッパドキア* 208, 212
カッレ・ニサル(イラク) 33°48′N46°02′E 80, 98
カディズ →ガデス
カデシュ〔テル・ネビ・メンド〕(シリア) 34°27′N36°32′E 80, 134, 135, 139
カデシュ・バルニア(エジプト) 30°22′N34°19′E

43
ガデス〔カディズ〕(スペイン) 36°23′N 6°18′W 176
カトナ〔テル・ミシュリフェ〕(シリア) 34°46′N 36°44′E 80, 113, 116, 120, 134, 135, 139
カドムフ* 140
カナアン* 116, 135
カネシュ〔キュルテペ〕(トルコ) 38°42′N 35°19′E 73, 80, 113, 139
カハト〔テル・バーリ〕(シリア) 36°41′N 41°07′E 116, 140
カブラ(イラク) 35°48′N 44°11′E 116
カブリ(イスラエル) 33°01′N 35°09′E 53
カブール(アフガニスタン) 34°30′N 69°10′E 13
カマリアン(イラク) 36°06′N 44°50′E 64
カミド・アル・ロズ →クミドゥ
カミル・ブル →ティシェバイニ
カヤリデレ(トルコ) 39°07′N 41°36′E 173
カラタガ(イラン) 37°09′N 45°31′E 173
カラチ(パキスタン) 24°51′N 67°02′E 13
カラテペ →アジャワンダ
カラト・アル・バハレーン(バハレーン) 26°16′N 50°31′E 98
ガラト・シャルガト →アッシュール
カラナ(イラク) 36°19′N 42°03′E 116, 140
カラハン(トルコ) 39°01′N 43°41′E 173
カラフナ(トルコ) 39°31′N 36°52′E 113
カラフユク(トルコ) 37°45′N 32°28′E 80, 113, 139
カラベル(トルコ) 38°06′N 27°20′E 139
カリア* 208, 212
カリアリ(イタリア) 39°13′N 9°08′E 177
カリバンガン(パキスタン) 28°27′N 73°30′E 98
カリム・シャヒル(イラク) 35°34′N 45°02′E 24
カリンジ・アガ(イラク) 35°32′N 43°47′E 64
カルカル(イラク) 31°47′N 45°41′E 109, 120
カルカル(シリア) 35°44′N 36°19′E 164
カルケドン(トルコ) 40°59′N 29°04′E 214
カルケミシュ(シリア) 36°49′N 37°59′E 43, 64, 80, 102, 113, 116, 120, 134, 139, 140, 160, 179, 191
カルロフミシュ* 160
カルタゴ(チュニジア) 36°54′N 10°16′E 177
カル・トゥクルティ・ニヌルタ〔テル・アル・アガル〕(イラク) 35°32′N 43°29′E 105, 140
カルナイム(旧ソ連) 40°04′N 44°46′E 173
カルフ〔ニムルド〕(イラク) 36°06′N 43°19′E 105, 140, 164, 179, 185, 191
カル・ムリシュ(イラク) 36°19′N 43°25′E 185
カルモナ〔セビリア〕(スペイン) 37°24′N 5°59′W 176
カルフォルテ(イタリア) 39°08′N 8°17′E 177
ガンジ・ダレ(イラン) 34°27′N 47°22′E 25
カンダハル →アレクサンドリア
ガンダーラ* 209, 213
ガンブル* 179
ガンマガラ(イラク) 36°37′N 43°30′E 185
キシガ〔テル・ラハム〕(イラク) 30°50′N 46°20′E 199
キシュ〔テル・インガラ/テル・ウハイミル〕(イラク) 32°33′N 44°39′E 64, 79, 80, 83, 97, 98, 102, 105, 109, 120, 142, 199
キシリ(イラク) 36°27′N 43°13′E 185
キスッラ〔アブ・ハタブ〕(イラク) 31°50′N 45°26′E 109
キッズワトナ* 134, 139
キティオン〔ラルナカ〕(キプロス) 34°55′N 33°36′E 177, 179
キテラ(トルコ) 36°10′N 22°59′E 177
ギナ(ヨルダン) 32°27′N 35°22′E 135
ギブオン(ヨルダン) 31°50′N 35°09′E 159
ギュムニアス(トルコ) 40°12′N 39°56′E 214
キュル・テペ(トルコ) 36°05′N 42°02′E 43
キュルテペ →カネシュ
ギョルルダー(トルコ) 37°59′N 34°36′E 160
キリアス・イェアリム(ヨルダン) 31°49′N 35°07′E 159
キリキア* 203, 208, 214
キリキアの関門(トルコ) 37°20′N 34°42′E 214
キリズ〔カスル・シンマモク〕(イラク) 36°07′N 43°38′E 140, 185, 191
キルクーク →アラバハ
ギルス〔テッロ〕(イラク) 31°37′N 46°09′E 53, 64, 79, 83, 98, 102, 109, 120, 138, 142
ギルタブ(イラク) 32°31′N 44°20′E 109
ギルムア(イラク) 36°43′N 43°21′E 185
キル・モアブ(ヨルダン) 31°11′N 35°40′E 159
クウェート(クウェート) 29°20′N 48°00′E 12

クエ* 160, 164, 179, 191
クエッタ(パキスタン) 30°15′N 67°00′E 13
クザナ〔テル・ハラフ〕(シリア) 36°46′N 40°00′E 34, 43, 49, 53, 160, 164, 179, 191
クサントス(トルコ) 36°23′N 29°21′E 214
クタ〔テル・イブラヒム〕(イラク) 32°44′N 44°40′E 102, 109, 120, 142, 179, 199
クタウラ〔テル・シフル〕(イラク) 31°16′N 45°58′E 120
クッルハンニ〔テル・アル・ファハル〕(イラク) 35°11′N 44°09′E 134
グティウム* 83, 120
クヌルア〔テル・タイナト〕(トルコ) 36°16′N 36°33′E 160, 164, 191
クミドゥ〔カミド・アル・ロズ〕(レバノン) 33°38′N 35°51′E 135
クメ(トルコ) 37°34′N 42°58′E 179
グライ・レシュ(イラク) 36°41′N 41°56′E 64
クラスノヴォツク(旧ソ連) 40°01′N 53°00′E 13
クラッヤ(シリア) 35°00′N 40°31′E 64
クラバ(イラク) 32°44′N 44°58′E 109
クラング(イラク) 30°15′N 51°03′E 138
クリオン(キプロス) 34°40′N 32°51′E 177
クリシュヒナシュ(トルコ) 37°07′N 40°47′E 140
グリティル(トルコ) 37°33′N 38°34′E 25
クルダ(シリア) 36°39′N 41°54′E 140
クルッシ(ヨルダン) 31°48′N 35°12′E 53
クルバイル(イラク) 36°47′N 42°54′E 185
クルバン・フユク(トルコ) 37°26′N 38°22′E 64, 80
クルル(トルコ) 39°10′N 35°58′E 160
クレタ(島)(ギリシア) 35°00′N 25°00′E 12, 177, 212, 214
グワダル(パキスタン) 25°09′N 62°21′E 13
クンマニ(トルコ) 38°20′N 36°10′E 134, 139
クンム* 160, 164

ケイラ(イスラエル) 31°39′N 35°01′E 135
ケヴェンリ(トルコ) 38°21′N 43°34′E 173
ゲオイ・テペ(イラン) 37°16′N 45°17′E 80
ケシュ(イラク) 32°18′N 45°32′E 120
ゲゼル(イスラエル) 31°53′N 34°57′E 80, 135, 159
ケナス(シリア) 32°44′N 36°18′E 135
ケバライ(イスラエル) 32°34′N 34°57′E 24
ケメルヒサル →トゥワナ
ケライナイ(トルコ) 38°05′N 30°09′E 214
ケラスス(トルコ) 40°57′N 38°16′E 214
ケラモン・アゴラ(トルコ) 38°29′N 29°11′E 214
ケリシン(イラン) 36°55′N 44°51′E 173
ケルディ・カルヒルド(イラク) 35°15′N 45°42′E 64
ゲルディ・レシュ(イラク) 35°20′N 45°22′E 64
ケルバラ(イラク) 32°37′N 44°03′E 12
ケルペゲン山(旧ソ連) 40°13′N 45°41′E 173
ケルマーン(イラン) 30°18′N 57°05′E 13, 79
ケルマンシャー(イラン) 34°19′N 47°04′E 12, 79
ケルメズ・デレ(イラク) 36°31′N 42°50′E 24
ケンク・ボアジ(トルコ) 37°28′N 37°48′E 164

コーカサス山脈(旧ソ連) 12, 18, 203
コカラ(パキスタン) 25°20′N 65°32′E 214
コシュク(トルコ) 38°50′N 43°41′E 173
コシラ(イタリア) 42°12′N 12°00′E 177
ゴゾ(マルタ) 36°04′N 14°30′E 177
ゴディン・テペ(イラン) 34°31′N 48°11′E 49, 53, 64, 73, 80, 83, 102, 121, 164, 179
コテュオ(トルコ) 40°58′N 37°58′E 214
コバニスキョイ(トルコ) 38°39′N 43°44′E 173
コペト山脈(イラン) 13
コム(イラン) 34°39′N 50°57′E 13
コムニズム山(旧ソ連) 39°02′N 72°52′E 13
ゴライフェ(シリア) 33°46′N 36°22′E 25
コラスミア* 209, 212
コルキス* 208
ゴルゴイ(キプロス) 35°04′N 33°39′E 177
コルシカ(島)(フランス) 44°30′N 8°00′E 177
コルリジェ(トルコ) 38°32′N 39°33′E 80, 139
コルズト・カレシ(トルコ) 38°57′N 43°15′E 173
コルソテ(シリア) 34°29′N 40°58′E 214
ゴルディオン(トルコ) 39°36′N 32°00′E 113, 139, 160, 214
コルティホ・デ・ロス・トスカノス(スペイン) 36°35′N 4°37′W 176
コロッサイ(トルコ) 37°38′N 29°48′E 214

サ 行

サイス(エジプト) 30°58′N 30°46′E 191, 203
サヴァラン山(イラン) 38°20′N 47°36′E 12, 34
ザヴィ・チェミ(イラク) 36°58′N 44°12′E 24
サガルティア(カルマニア)* 209, 212

サクチャギョジュ(トルコ) 37°12′N 36°54′E 43, 49, 53, 64
ザグロス山脈(イラン) 13, 22, 49, 79, 83, 102, 140
サッガラトゥム(シリア) 35°09′N 40°37′E 116
サッタギュディア* 209, 213
サバ(イラク) 35°59′N 41°42′E 164
ザハラ(イラク) 32°31′N 48°19′E 97
ザバラム〔イブザイフ〕(イラク) 31°44′N 45°52′E 59, 109, 120
ザフォン(ヨルダン) 32°15′N 35°35′E 135, 159
ザブシャリ* 102
サブズ(イラン) 32°35′N 47°27′E 49
ザヘダン(イラン) 29°32′N 60°54′E 13
サマッラ(イラク) 34°19′N 43°52′E 43, 179
サマド(オマーン) 22°49′N 58°00′E 98
ザマヘ →カタラ
サマリア(ヨルダン) 32°17′N 35°11′E 159, 160, 179, 191
サマルカンド →マラカンダ
ザムア* 164, 179
サムアル〔ジンジルリ〕(トルコ) 37°00′N 36°40′E 160, 179, 191
サムサト(トルコ) 37°30′N 38°32′E 64, 160, 164, 179, 191
サラミス(キプロス) 35°10′N 33°55′E 73, 177, 214
サル(バハレーン) 26°13′N 50°29′E 98
サルカムシュ(ヨルダン) 31°48′N 43°52′E 34
ザルジ(イラク) 36°00′N 45°06′E 24
サルディス(トルコ) 38°28′N 28°02′E 203, 208, 212, 214
サルディニア(島)(イタリア) 40°00′N 9°00′E 177
サルドゥリヒニリ〔チャヴュシテペ〕(トルコ) 38°17′N 43°31′E 173
ザルド山(イラン) 32°14′N 50°17′E 13
ザルパ〔イキズテペ〕(トルコ) 41°39′N 35°55′E 113
ザルパ〔テル・ハマーム・アル・トゥルクマン〕(シリア) 36°21′N 39°13′E 43, 64, 113, 116
ザルマクム* 116
サルマン・パク(イラク) 33°06′N 44°37′E 142
サレプタ(レバノン) 33°30′N 35°22′E 177
サレ・ポレ・ゾハブ(イラン) 34°28′N 45°52′E 97, 142
サン・アンティオコ(イタリア) 39°00′N 8°20′E 177
サンギブトゥ* 179

シェイフ・ハミド →ドゥル・カトリンム
シェケム(ヨルダン) 32°13′N 35°16′E 135, 159
ジェッダ(サウジアラビア) 21°30′N 39°10′E 12
ジェベル・アルダ(シリア) 36°19′N 38°03′E 64
ジェベル・シンジャル(山)(シリア) 36°27′N 41°32′E 164
ジェベル・ビシュリ(山)(シリア) 35°25′N 39°52′E 97
ジェムデト・ナスル(イラク) 32°35′N 44°44′E 64
シェリフム* 97
シカフテ・グルグル(イラン) 33°30′N 46°33′E 191
ジキルトゥ* 179
シチリア(イタリア) 37°50′N 14°30′E 177
シッタケ(イラク) 33°09′N 44°35′E 214
シッパル〔テル・アブ・ハッバ〕(イラク) 33°03′N 44°18′E 79, 80, 83, 97, 102, 105, 109, 113, 116, 120, 134, 140, 142, 164, 179, 199
シドン(レバノン) 33°35′N 35°22′E 135, 159, 160, 164, 177, 179, 214, 214
シヌフトゥ(トルコ) 38°19′N 33°56′E 160
シノペ(トルコ) 42°02′N 35°09′E 214
シバニバ〔テル・ビッラ〕(イラク) 36°26′N 43°19′E 80, 140, 185, 191
シマシュキ* 102, 121
シマヌム* 102
シムッル(シリア) 34°46′N 36°00′E 135, 177, 179
シムッルム(イラク) 34°26′N 44°59′E 97
シメロン(イスラエル) 32°42′N 35°14′E 135
ジャッファ(イスラエル) 32°03′N 34°45′E 135, 159
シャッラクム(イラク) 32°10′N 45°26′E 109
シャディカニ〔テル・アジャジェ〕(シリア) 36°28′N 40°38′E 140, 164, 179
シャドゥップム〔テル・ハルマル〕(イラク) 33°22′N 44°28′E 116, 120
シャニダール(イラク) 37°05′N 43°52′E 24
シャハダード(イラン) 30°22′N 57°25′E 65, 79
シャハレ・ソフテ(イラン) 30°26′N 61°18′E 65, 79, 98
ジャファラバード(イラン) 32°26′N 48°18′E 49, 53
ジャフェル・フユク(トルコ) 38°21′N 38°41′E

25
シャフ・テペ(イラン) 37°11′N 54°00′E 98
シャムハ(トルコ) 38°38′N 38°22′E 113
シャラトゥウル(トルコ) 37°35′N 34°32′E 113
シャラット・ダム(トルコ) 36°30′N 43°13′E 185
ジャララバード(イラン) 29°57′N 52°35′E 98
シャルヘン〔テル・アル・アッジュル〕(イスラエル) 31°22′N 34°27′E 135, 159
ジャルモ(イラク) 35°34′N 44°55′E 25, 34, 43
ジャン・ハサン(トルコ) 37°27′N 33°26′E 25, 34, 43, 49, 53
シュシャラ〔テル・シェムシャラ〕(イラク) 36°11′N 44°48′E 34, 43, 73, 116, 120
シュシュタル(イラン) 31°50′N 48°57′E 138
シュックム(ヨルダン) 31°59′N 35°03′E 24
シュドウ(トルコ) 37°07′N 40°03′E 140
シュネム(イスラエル) 32°36′N 35°20′E 135, 159
シュバト・エンリル〔テル・レイラン〕(シリア) 37°03′N 41°44′E 64, 80, 105, 113, 116, 120
シュブリア* 164, 179
シュメール* 80, 83, 97, 102
シュルクフ・ドゥム(イラン) 33°34′N 47°57′E 164
シュルッパク〔ファラ〕(イラク) 31°45′N 45°34′E 59, 79, 83, 102
シーラーズ(イラン) 29°38′N 52°34′E 13
シリア* 18
シリフケ(トルコ) 36°22′N 34°02′E 113
シル・マリクタ(イラク) 36°44′N 43°02′E 185
シロ(ヨルダン) 32°03′N 35°18′E 135
シンジャル(イラク) 36°20′N 41°51′E 179
ジンジルリ →サムアル
新バビロニア* 203
スエズ(エジプト) 29°59′N 32°33′E 12
スキュティア* 212
スクドラ* 208
スーサ(イラン) 32°12′N 48°20′E 53, 64, 73, 79, 80, 83, 97, 98, 102, 105, 121, 134, 138, 142, 164, 179, 191, 203, 209, 212, 214
スス →ハドゥルメトウム
スッコ(シリア) 32°11′N 35°39′E 159
ストカゲン・ドル(パキスタン) 25°45′N 64°10′E 98
スパト(シリア) 34°42′N 36°42′E 179, 191
スパルタ(ギリシア) 37°05′N 22°26′E 214
スパルトゥ* 97, 116, 120
スフ* 116, 120, 164
スファン・ダー(トルコ) 38°55′N 42°49′E 34
ズベイディ(イラク) 34°15′N 45°02′E 142
スベルデ(トルコ) 37°25′N 31°53′E 25, 34, 43
スルタンハン(トルコ) 39°02′N 35°48′E 160
スルマルラティ(イラク) 34°11′N 43°46′E 199

セキンデル(イラン) 38°39′N 46°48′E 173
セクシ(スペイン) 36°44′N 4°16′W 176
セビリア →カルモナ
ゼマライム(ヨルダン) 31°56′N 35°17′E 159

ゾアル(ヨルダン) 30°59′N 35°27′E 135
ソグディアナ* 209, 213
ソコ(ヨルダン) 32°19′N 35°03′E 159
ソット(イラク) 36°17′N 42°09′E 43
ソフ(旧ソ連) 39°59′N 71°09′E 79
ソルント(イタリア) 38°06′N 13°32′E 177

タ 行

タアナク(ヨルダン) 32°32′N 35°13′E 135, 159
大アラド〔アラド〕(イスラエル) 31°14′N 35°06′E 80, 159
タイドゥ(シリア) 36°46′N 40°57′E 140
タイマ(サウジアラビア) 27°37′N 38°30′E 203
大レプティス(リビア) 32°59′N 14°15′E 177
タウィニヤ(トルコ) 40°08′N 34°45′E 113
タウルス山脈(トルコ) 37°00′N 34°00′E 12, 22, 113
タクシラ(パキスタン) 33°44′N 72°52′E 214
タジュ(サウジアラビア) 26°50′N 48°40′E 98
タシュケント(旧ソ連) 41°16′N 69°13′E 13
タシュコプル(イラク) 40°52′N 43°15′E 173
タシュテペ(イラン) 37°03′N 45°34′E 173
ダスキュレイオン(トルコ) 40°24′N 28°45′E 208, 214
タス山(イラク) 36°50′N 43°30′E 185
タソス(ギリシア) 40°46′N 24°42′E 177
タドモル〔パルミラ〕(シリア) 34°35′N 38°17′E 113, 116, 120
ダナナ* 134
タバアト・アル・ハマーム(シリア) 34°46′N 35°59′E 34, 43
タバリ(シリア) 36°19′N 40°52′E 116
タバラ・アル・アクラド(トルコ) 36°19′N 36°16′E 80
タバル* 160, 179

地名索引

ダハン・グラマン(イラン) 31°10′N 61°42′E 209
タブサカス(シリア) 35°56′N 38°12′E 214, 214
タフタン山(イラン) 28°37′N 61°08′E 13
タフテ・ジャムシド →ペルセポリス
タフテ・マダレ・スレイマン →バサルガダエ
タブリーズ(イラン) 38°05′N 46°18′E 12
ダブルム(イラク) 31°55′N 45°59′E 102
ダマスカス(シリア) 33°30′N 36°19′E 12, 79, 159, 160, 164, 179, 191, 214
タマソス(キプロス) 35°01′N 33°16′E 177
タマル(ヨルダン) 30°55′N 35°27′E 159
タマルハン(イラン) 34°05′N 45°37′E 25
タルスス(トルコ) 36°52′N 34°52′E 43, 49, 53, 80, 83, 113, 134, 139, 160, 164, 179, 203, 214, 214
タルト(サウジアラビア) 26°35′N 50°05′E 79, 98
タルビツ[テル・シェリフ・ハン](イラク) 36°23′N 43°07′E 185
タルムサ(イラク) 36°43′N 43°11′E 116, 140, 185, 191
タレ・イブリス(イラン) 29°48′N 56°28′E 53, 65
タレ・ガジル(イラン) 31°21′N 49°30′E 64
タレ・カレ(イラン) 29°09′N 53°31′E 79
タレ・バクーン(イラン) 29°49′N 52°56′E 53
タレ・マルヤン →アンシャン
タロス(イタリア) 39°53′N 8°25′E 177
ダン(シリア) 33°28′N 35°39′E 135, 159
タンギ・ヴァル(イラン) 35°11′N 46°20′E 191
タンジール(モロッコ) 35°48′N 5°45′W 176
ダンマーム(サウジアラビア) 26°25′N 50°06′E 13

チフトリク(トルコ) 38°10′N 34°29′E 34
チャヴシュテベ →サルドゥリヒニリ
チャガル・バザル →アシュナックム
チャタル・フユク(トルコ) 37°27′N 32°46′E 34, 43, 49
チャタル・フユク(トルコ) 36°29′N 36°28′E 64, 80
チャユヌ(トルコ) 38°19′N 39°36′E 25, 34
チャンフ・ダロ(パキスタン) 26°12′N 68°07′E 98
チュクルケント(トルコ) 37°59′N 31°31′E 34
チョガ・ザンビル →アル・ウンタシュ・ナビリシャ
チョガ・バフン(イラン) 32°10′N 48°35′E 138
チョガ・ボヌト(イラン) 32°06′N 48°04′E 25
チョガ・マミ(イラク) 33°53′N 45°27′E 43, 49, 53
チョガ・マラン(イラン) 34°32′N 46°45′E 43
チョガ・ミシュ(イラン) 32°20′N 48°30′E 43, 49, 53, 64
チョレゲルト(トルコ) 39°58′N 44°20′E 173

テイシェバイニ[カミル・ブル](旧ソ連) 40°01′N 44°27′E 173
ディボン(ヨルダン) 31°29′N 35°50′E 159
ティメルキヤ(トルコ) 38°35′N 35°58′E 113
ディヤルバキル →アミド
ディラズ(バハレーン) 26°14′N 50°28′E 98
ディラズ東(バハレーン) 26°15′N 50°29′E 53
ティル(レバノン) 33°16′N 35°12′E 135, 159, 160, 164, 177, 179, 191, 214
ティル* 159
ティル・ガリンム* 160
ティルキ・テベ(トルコ) 38°52′N 43°22′E 34, 49
ティルザ(ヨルダン) 32°17′N 35°22′E 159
ディルバト[テル・ドゥライム](イラク) 32°09′N 44°30′E 109, 120, 199
ティル・バルシブ[テル・アハマル](シリア) 36°43′N 38°09′E 53, 83, 160, 164, 179, 191
ディルムン* 97
ディルメンテペ(トルコ) 38°28′N 38°28′E 53
ディンハ・テベ(イラン) 37°02′N 45°17′E 116
デズフル(イラン) 32°23′N 48°31′E 138
デズフル高地(イラン) 138
テッロ →ギルス
テーベ(エジプト) 25°42′N 32°38′E 191, 203, 212
テベ・アブドル・ホセイン(イラン) 34°08′N 48°09′E 25, 34
テベ・ガウラ(イラク) 36°31′N 43°14′E 49, 53, 64
テベ・カブレスタン(イラン) 36°08′N 49°47′E 64
テベ・ガレ・ボングーン(イラン) 32°15′N 48°29′E 138
テベ・ギヤン(イラン) 34°13′N 48°20′E 49, 53, 64, 80, 83, 164, 179
テベ・グーラン(イラン) 33°56′N 47°11′E 25, 34, 43
テベ・サラブ(イラン) 34°25′N 47°00′E 34, 43
テベ・シアビド(イラン) 34°27′N 47°28′E 43
テベ・シアルク(イラン) 33°56′N 51°37′E 53, 65, 73

テベ・シーヴァン(イラン) 37°36′N 45°00′E 43
テベジク(トルコ) 38°35′N 39°28′E 49, 64
テベ・センジャル(イラン) 32°29′N 48°15′E 138
テベ・チャルマ(イラン) 32°32′N 48°28′E 138
テベ・デシャワル(イラン) 34°26′N 46°57′E 64
テベ・ヌシ・ジャン(イラン) 34°21′N 48°47′E 179, 191
デベ・ノ(イラン) 31°58′N 48°39′E 105, 138
テベ・ヒッサール(イラン) 36°32′N 54°35′E 98
テベ・ファルハバード(イラン) 32°46′N 47°15′E 64, 80
テベ・ボルミ(イラン) 31°25′N 49°30′E 138
テベ・ポンブ(イラン) 31°48′N 48°39′E 138
テベ・ヤヒヤ(イラン) 28°35′N 56°21′E 53, 65, 73, 79, 98
テヘラン(イラン) 35°40′N 51°26′E 13
テベ・ランガル(イラン) 30°28′N 55°30′E 65
デマヴァンド山(イラン) 35°36′N 52°08′E 13
テラ(ギリシア) 36°25′N 25°26′E 177
デール[テル・アクル](イラク) 33°14′N 45°58′E 80, 83, 97, 102, 120, 138, 142, 164, 179, 191, 199
テル・アヴィヴ(イスラエル) 32°05′N 34°46′E 12
テル・アグラブ(イラク) 33°34′N 44°46′E 79, 83
テル・アクル →デール
テル・アジャジェ →シャディカニ
テル・アシャラ →テルカ
テル・アスマル →エシュヌンナ
テル・アスワド(シリア) 33°43′N 36°23′E 25
テル・アスワド(シリア) 36°36′N 38°58′E 25
テル・アチャナ →アララク
テル・アッゾ(イラク) 36°13′N 42°47′E 49, 53, 64
テル・アバデ(イラク) 34°56′N 45°10′E 53
テル・アブ・ダヒル(イラク) 36°50′N 42°26′E 43, 64
テル・アブ・ドゥウリ →マシュカン・シャピル
テル・アブ・ハッバ →シッパル
テル・アブ・マルヤ →アブク
テル・アムダ →ウルキシュ
テル・アル・アガル →カル・トゥクルティ・ニヌルタ
テル・アル・アッジュル →シャルヘン
テル・アル・アマルナ →アケターテン
テル・アル・ウバイド(イラク) 30°58′N 46°05′E 34, 53, 83
テル・アル・キルバシ(イラク) 30°42′N 47°08′E 142
テル・アル・サラサート(イラク) 36°34′N 42°32′E 43, 80
テル・アル・シェイク(トルコ) 36°17′N 36°21′E 49
テル・アル・シブ →メ・トゥルナト
テル・アル・シン(シリア) 35°29′N 40°11′E 25
テル・アル・スルタン →イェリコ
テル・アル・ソワン(イラク) 34°17′N 43°58′E 34, 43
テル・アル・ドゥウェイル →ラキシュ
テル・アル・ナスベ →ミズパ
テル・アル・ハイヤド(イラク) 32°03′N 45°43′E 58, 59
テル・アル・ハディディ(シリア) 36°19′N 38°11′E 191
テル・アル・ハワ(イラク) 36°43′N 42°27′E 64, 80, 105
テル・アル・ヒバ →ラガシュ
テル・アル・ファハリエ(シリア) 35°41′N 40°47′E 160, 164
テル・アル・ファハル →クッルハンニ
テル・アル・フセン →ベス・シャン
テル・アル・ムテッセリム →メギッド
テル・アル・リマ →カタラ
テル・イシュチャリ →ネリブトゥム
テル・イブラヒム →クタ
テル・インガラ →キシュ
テル・ウェイリ(イラク) 31°13′N 45°53′E 49, 53, 58, 59
テル・ウカイル(イラク) 32°44′N 44°43′E 53, 64
テル・ウハイミル →キシュ
テル・ウム・ダバギーヤ(イラク) 35°29′N 42°47′E 43
テル・エリ(イスラエル) 32°43′N 35°32′E 25
テルカ[テル・アシャラ](シリア) 34°57′N 40°25′E 116, 120, 160, 164, 179
テル・クインジュク →ニネヴェ
テル・クッパ(イラク) 34°14′N 45°09′E 64, 80, 199
テル・クルドゥ(シリア) 36°21′N 36°31′E 49
テル・ザイダン(シリア) 36°00′N 39°19′E 53, 64
テル・シェムシャラ →シュシャッラ
テル・シェリフ・ハン →タルビツ
テル・シフル →クタルラ

テル・ジュダイダ(シリア) 36°21′N 36°33′N 34, 43, 49, 64, 80
テル・シュミド(イラク) 31°44′N 45°52′E 59
テル・ジョハ →ウンマ
テル・スーカス(シリア) 35°17′N 35°59′E 43, 177
テル・スレイメ(イラク) 34°00′N 45°16′E 98
テル・センケレ →ラルサ
テル・タイナト →クヌルア
テル・タヤ(イラク) 36°11′N 42°43′E 98
テル・ドゥライム →ディルバト
テル・トゥルル(トルコ) 36°52′N 37°51′E 53
テル・ドレヘム(イラク) 32°00′N 45°26′E 58, 59
テル・ネビ・メンド →カデシュ
テル・ハサン(イラク) 33°29′N 44°47′E 40
テル・ハッダド →メ・トゥルナト
テル・ハッラワ(シリア) 36°09′N 38°11′E 80
テル・ハマーム・アル・トゥルクマン →ザルパ
テル・ハラフ →グザナ
テル・バーリ →カハト
テル・ハリリ →マリ
テル・ハルムレ →シャドゥッブム
テル・ビア →トゥットゥル
テル・ビスマヤ →アダブ
テル・ビッラ →シバニバ
テル・ファラ・サウス(イスラエル) 31°16′N 34°31′E 159
テル・フエラ(シリア) 36°39′N 39°33′E 80
テル・フライ →ヤハリヤ
テル・ブラク(シリア) 36°46′N 41°00′E 49, 53, 64, 73, 80, 83, 97, 120, 134
テル・マガザリーヤ(イラク) 36°24′N 42°12′E 25
テル・マダイン →バド・ティビラ
テル・マドゥフル(イラク) 34°30′N 45°09′E 53, 64, 80
テル・マルディフ →エブラ
テル・ミシュリフェ →カトナ
テル・ミスマル(イラク) 31°26′N 45°34′E 58, 59
テル・ムガイヤル →ウル
テル・ムジェイラト →アクシャク
テル・ムハンマド(イラク) 33°24′N 44°22′E 120
テル・モハンマド・アラブ(イラク) 36°43′N 42°54′E 64, 80, 140
テル・ラハム →キシガ
テル・ラマディ(シリア) 34°39′N 40°47′E 64
テル・ラマド(レバノン) 33°21′N 35°50′E 25, 34, 43
テル・リファト →アルパド
テル・ルベイデ(イラク) 34°19′N 44°47′E 64
テル・レイラン →シュバト・エンリル
デレ・ゾール(シリア) 35°20′N 40°08′E 12

トゥクリシュ* 120
ドゥシャンベ(旧ソ連) 38°38′N 68°51′E 13
トゥシュパ[ヴァン](トルコ) 38°28′N 43°20′E 73, 179, 214
トゥシュハン(トルコ) 37°56′N 40°14′E 140, 164, 179
トゥットゥル[テル・ビア](シリア) 35°58′N 39°02′E 80, 97, 116, 120
トゥトゥブ[ハファージェ](イラク) 33°38′N 44°40′E 64, 79, 80, 83, 97, 98, 116, 120
トゥニビ(シリア) 35°11′N 36°45′E 135
ドーウバヤズット(トルコ) 39°33′N 44°07′E 34
トゥフビヤ(トルコ) 41°09′N 35°32′E 113
トゥラシブ(イラン) 30°21′N 51°30′E 138
ドゥル・アッシュール(イラク) 35°27′N 45°22′E 179
ドゥル・カトリンム[シェイフ・ハミド](シリア) 35°41′N 40°47′E 160, 164
ドゥル・クリガルズ[アガル・クフ](イラク) 33°24′N 44°18′E 105, 134, 140, 142, 164, 179, 199
ドゥル・シャルルキン[ホルサバード](イラク) 36°43′N 43°14′E 105, 179, 185, 191
ドゥル・シャルルキン(イラク) 33°20′N 44°13′E 199
トゥルシャン(イラク) 35°43′N 44°04′E 140
ドゥルフミト(トルコ) 40°51′N 35°21′E 113
ドゥルム(イラク) 31°15′N 45°46′E 109
トゥワナ[ケメルカサル](トルコ) 37°38′N 34°23′E 139, 160
トゥワナ* 160
トゥンニ山とムリ山(トルコ) 37°49′N 35°23′E 164
ドゥンヌム(イラク) 32°19′N 45°09′E 109
ドサリーエ(サウジアラビア) 27°14′N 49°13′E 13
ドサン(ヨルダン) 32°22′N 35°15′E 159
ドーハ(カタール) 25°15′N 51°36′E 13
ドバイ(アラブ首長国連邦) 25°14′N 55°17′E 13
トバダ(イラク) 35°10′N 45°41′E 160
トビリシ(旧ソ連) 41°43′N 44°48′E 12
トブザワ(イラク) 36°53′N 44°39′E 173

トブラクカレ →ルサヒニリ
トラブゾン →トラペズス
トラペズス[トラブゾン](トルコ) 41°00′N 39°43′E 12, 214
ドランギアナ* 209, 212
ドル(イスラエル) 32°37′N 34°55′E 159, 177
ドレヘム →プズリシュ・ダガン
トロイ(トルコ) 39°55′N 26°17′E 113, 139

ナ 行

ナウクラティス(エジプト) 30°54′N 30°35′E 177
ナクシュ・イ・ルスタム(イラン) 30°05′N 52°58′E 138
ナジャフェハバード(イラン) 34°45′N 48°19′E 179
ナシャラ(シリア) 34°08′N 37°12′E 116
ナシュテバン(イラン) 38°09′N 47°56′E 173
ナティヴ・ハグバッド(ヨルダン) 32°09′N 35°22′E 24
ナハル・アル・カルブ(レバノン) 33°58′N 35°37′E 164, 179, 191
ナハル・オレン(イスラエル) 32°35′N 35°02′E 24, 25, 34
ナハル・ディヴション(イスラエル) 30°54′N 34°44′E 25
ナハル・ヘマル(イスラエル) 31°14′N 35°17′E 25
ナハル・ミシュマル(イスラエル) 31°16′N 35°15′E 64
ナビ・ユヌス →ニネヴェ
ナル山(イラク) 36°52′N 42°55′E 185

ニコシア(キプロス) 35°11′N 33°23′E 12
ニシビン(トルコ) 37°05′N 41°11′E 160, 164, 179, 191
ニップール(イラク) 32°10′N 45°11′E 53, 58, 59, 64, 73, 79, 80, 83, 97, 98, 102, 105, 109, 120, 134, 142, 164, 179, 199
ニネヴェ[テル・クインジュク/ナビ・ユヌス](イラク) 36°24′N 43°08′E 43, 49, 64, 73, 80, 83, 97, 102, 105, 113, 116, 120, 134, 134, 140, 160, 164, 179, 185, 191, 214, 214
ニフリヤ(トルコ) 37°31′N 39°27′E 113
ニブル山(イラク) 36°58′N 42°45′E 191
ニムルド →カルフ
ニヤ* 134, 135

ヌジ[ヨルガン・テベ](イラク) 35°22′N 44°18′E 53, 64, 80, 83, 116, 134, 140
ヌハシェ* 134
ヌビア* 208, 212

ネヴェ・ノイ(イスラエル) 31°11′N 34°38′E 64
ネムリク(イラク) 36°46′N 42°47′E 25
ネムルト・ダー(トルコ) 38°35′N 42°11′E 34
ネリブトゥム[テル・イシュチャリ](イラク) 33°43′N 44°39′E 98, 116, 120
ノラ(イタリア) 39°00′N 9°01′E 177
ノルシュンテベ(トルコ) 38°32′N 39°32′E 49, 64, 80, 113
ノール・バヤゼット(旧ソ連) 40°21′N 44°50′E 173

ハ 行

バアラス(イスラエル) 31°43′N 34°38′E 159
バイラクリ(トルコ) 38°31′N 27°13′E 113, 139
バガン(トルコ) 38°15′N 44°00′E 173
バクー(旧ソ連) 40°22′N 49°53′E 13
バグーズ(シリア) 34°27′N 40°56′E 43
バグダッド(イラク) 33°20′N 44°26′E 12
バクトラ(アフガニスタン) 36°46′N 66°50′E 209, 214
バクトリア* 209, 213
バクラワ(イラク) 35°10′N 45°41′E 64
ハザズ(シリア) 36°35′N 37°03′E 160
バサルガダエ[タフテ・マダレ・スレイマン](イラン) 30°15′N 53°14′E 203, 209, 212, 214
バザルチク(トルコ) 37°28′N 37°25′E 164
ハサン(イラク) 37°00′N 45°35′E 43, 73, 80, 83, 102, 164, 179
ハシ(レバノン) 33°58′N 36°03′E 135
バシメ* 102
ハシャブ(レバノン) 34°02′N 36°04′E 135
バシュブラク(トルコ) 39°58′N 44°19′E 173
ハジラル(トルコ) 37°31′N 30°12′E 25, 34
バスタム(イラン) 38°55′N 44°53′E 173
バスムジャン(イラク) 36°13′N 44°47′E 64
バスラ(イラク) 30°30′N 47°50′E 12
ハゾル(イラク) 33°01′N 35°34′E 80, 116, 135, 159
ハゾレア(イスラエル) 32°39′N 35°06′E 34

234

地名索引

バダクシャン* 213
ハタリッカ* 179
ハッジ・フィルーズ（イラン）36°59′N45°29′E 34, 43
ハッジ・ムハンマド（イラク）31°25′N45°34′E 49
ハッスーナ（イラク）36°10′N43°06′E 34, 43
ハッセク・フユク（トルコ）37°41′N39°09′E 64
バッセトキ（イラク）37°02′N42°36′E 97
バッタラ（パキスタン）25°42′N68°54′E 214
ハッティ* 134, 139
ハットゥシャ〔ボガズキョイ〕（トルコ）40°02′N34°37′E 73, 113, 134, 139, 160
ハッフム（トルコ）37°29′N38°27′E 97, 113, 116
バト（オマーン）23°16′N56°20′E 98
ハトゥーラ（ヨルダン）33°55′N35°12′E 24
ハドゥルメトゥム〔ススス〕（チュニジア）35°50′N10°38′E 177
バド・ティビラ〔テル・マダイン〕（イラク）31°32′N46°00′E 73, 109
バドナ（トルコ）36°58′N38°34′E 113
バトルーン（レバノン）34°16′N35°41′E 135
ハナ* 116, 120
バナヒルク（イラク）36°45′N44°30′E 34, 49
ババ・ジャン（イラン）33°58′N48°08′E 164, 179
バビル（トルコ）37°23′N41°39′E 164
バビロニア* 134, 139
バビロン（イラク）32°33′N44°24′E 73, 97, 102, 105, 109, 116, 120, 134, 134, 140, 142, 164, 179, 191, 199, 203, 208, 212, 214, 214
ハファージェ →トゥトゥブ
バーブ・アル・ドラ（ヨルダン）31°10′N35°32′E 80
ハフィト（オマーン）23°57′N55°52′E 98
ハフタヴァン（イラン）38°11′N44°58′E 80
ハフト・テペ（イラン）32°02′N48°14′E 138
ハフト・テペ高地（イラン）138
ハブバ・カビラ（シリア）36°16′N38°12′E 64, 73
ハブリウリ* 164, 185
ハマ（シリア）35°09′N36°44′E 49, 53, 64, 80, 120, 134, 160, 164, 177, 179, 191
ハマ* 160
ハマズィ（イラク）35°26′N45°32′E 83
ハマダン（イラン）34°46′N48°35′E 13, 79, 179, 191, 203, 209, 212, 214
ハマーム（イラク）31°23′N45°43′E 105
ハムカル（シリア）36°45′N41°44′E 64
ハヤズ（トルコ）37°33′N38°32′E 64
ハヨニム（イスラエル）32°59′N35°14′E 24
バラ* 139
バライトニオン（エジプト）31°21′N27°15′E 214
バラコト（パキスタン）25°42′N66°32′E 98
バラタ（イラク）36°31′N42°43′E 185
ハラップ（パキスタン）30°35′N72°52′E 98
ハラッフ（イラク）36°24′N43°13′E 140, 185
ハラドゥム（イラク）34°26′N41°36′E 120
ハラベフ（イラク）33°48′N45°04′E 142
ハラベフ・シャッタン（イラク）36°26′N43°05′E 43
バラワト →イムグル・エンリル
ハラン（イラク）36°51′N39°01′E 73, 80, 116, 120, 134, 139, 140, 160, 164, 191, 203
ハリカルナッソス（トルコ）37°03′N27°28′E 214, 214
ハリレ（イラン）28°49′N50°56′E 53
バル（トルコ）38°46′N39°52′E 173
バルスア* 179
バルスカトゥ（イラク）33°26′N43°45′E 199
ハルデ〔ベイルート〕（レバノン）33°52′N35°28′E 12, 135, 160, 177
バルティア* 209, 212
ハルハル（イラン）34°17′N46°57′E 164, 179
バルバル（バハレーン）26°15′N50°28′E 98
ハルベ* 116
パルミラ →タドモル
バレウラ（イラク）35°39′N45°07′E 24
パレスティナ* 18, 24, 134
パレルモ（イタリア）38°08′N13°23′E 177
バンダル・アッバス（イラン）27°12′N56°15′E 13
ハンナトン（イスラエル）32°36′N35°11′E 135
ハーン・バニ・サアド（イラク）33°33′N44°40′E 142
バンブール →ブラ

ビクニ山（イラン）34°40′N48°32′E 179
ビザンティウム〔イスタンブル〕（トルコ）41°02′N28°57′E 12, 214
ヒジャーズ山脈（サウジアラビア）12, 22
ビスビ（イラン）36°57′N51°23′E 53
ビストゥーン（イラン）34°59′N48°42′E 209, 212
ヒット（イラク）33°38′N42°50′E 116, 134, 140, 164

ヒッポ（アルジェリア）36°55′N7°47′E 177
ビト・アグシ* 160
ビト・アディニ* 160
ビト・ザマニ* 160
ビト・バハアニ* 160
ビト・ハルペ* 160
ビト・ヤキン* 179
ビブロス（レバノン）34°08′N35°38′E 34, 43, 49, 53, 73, 79, 80, 83, 113, 116, 134, 135, 139, 160, 164, 177, 179, 214
ヒマラヤ山脈（インド）18
ビュライ（イラク）33°28′N43°26′E 214
ヒラック* 160
ヒリ（アラブ首長国連邦）24°37′N55°52′E 98
ビルジャンド（イラン）32°55′N59°10′E 13
ビルス・ニムルド →ボルシッパ
ビル・フセイン（イラン）38°19′N40°39′E 97
ビルルム（イラク）32°12′N45°19′E 109
ヒロキティア（キプロス）34°47′N33°21′E 34, 43
ビンゲル（トルコ）38°54′N40°29′E 34
ヒンズークシ山脈（アフガニスタン）36°00′N71°00′E 13, 79
ヒンダヌ（イラク）34°41′N41°00′E 116, 164, 179, 191

ファイデ（イラク）36°46′N42°56′E 185
ファイラカ島（クウェート）29°26′N48°20′E 79, 98
ファラ →シュルッパク
ファラ（アフガニスタン）30°58′N62°08′E 214
フィリア（キプロス）35°15′N33°02′E 49
フィリスティア* 159
プシュ（イラク）32°46′N44°42′E 102
ブシーレ（イラン）28°59′N50°50′E 13
ブズリシュ・ダガン〔ドレヘム〕（イラク）32°04′N45°13′E 102
フヌサ（イラク）36°44′N43°25′E 185
フビシュナ〔エレグリ〕（トルコ）37°28′N34°10′E 139, 160
フフヌリ* 102
ブラ〔バンプール〕（イラン）27°13′N60°28′E 65, 79, 209, 214
フラマ（トルコ）38°17′N37°05′E 113
フライアン平野（イラン）33°45′N47°10′E 64
フルサンイェ（サウジアラビア）27°10′N49°20′E 53
ブルシュハンダ〔アジェムフユク〕（トルコ）38°28′N33°41′E 97, 113, 139

ベイサムン（レバノン）33°08′N35°34′E 25, 34
ベイジェスルタン（トルコ）38°21′N29°52′E 113, 139
ベイダ（ヨルダン）30°29′N35°26′E 24, 25, 34
ベイルート →ハルデ
ヘカトンピュロス（イラン）36°22′N54°58′E 214
ヘシュボン（ヨルダン）31°48′N35°47′E 159
ベス・イェラ〔ヒルベト・ケラク〕（イスラエル）32°39′N35°35′E 80
ベス・イェロハムのアラド（イスラエル）31°13′N35°02′E 80
ベス・シェメシュ（イスラエル）31°45′N34°58′E 159
ベス・シャン〔テル・アル・フスン〕（ヨルダン）32°29′N35°26′E 73, 80, 135, 159
ベス・ホロン（イスラエル）31°53′N35°07′E 159
ベセル（ヨルダン）31°56′N35°13′E 159
ベヌエル（サウジアラビア）32°12′N35°46′E 159
ヘブロン（ヨルダン）31°32′N35°06′E 159
ペラ（ヨルダン）32°27′N35°37′E 24, 135
ヘラクレイア（トルコ）40°58′N31°46′E 214
ヘラート →アレクサンドリア・アレイア
ベルシア* 18, 203, 209, 212, 214
ベルセポリス〔タフテ・ジャムシド〕（イラン）29°55′N52°53′E 79, 209, 212, 214
ベルタイ（トルコ）38°18′N29°43′E 214
ベルバシ（トルコ）36°35′N30°32′E 24
ボガズキョイ →ハットゥシャ
ボクラス（シリア）35°08′N40°26′E 25, 34, 43
ボスタンカヤ（トルコ）39°16′N42°38′E 173
ボズラ（シリア）32°39′N36°12′E 135
ポートカルベ（イラク）41°04′N30°11′E 214
ポートサイド（エジプト）31°17′N32°18′E 12
ポートスーダン（スーダン）19°39′N37°10′E 12
ボネ（イラン・ファシリ）32°21′N48°28′E 43, 49, 53
ボフチャ（トルコ）38°39′N34°58′E 160
ホムス（シリア）34°44′N36°43′E 12

ポラズジャン（イラン）29°15′N51°14′E 209
ボリム（イスラエル）32°26′N35°01′E 159
ホル（カタール）25°40′N51°33′E 98
ボルヴァディン（トルコ）38°43′N31°02′E 113
ホルサバード →ドゥル・シャルルキン
ボルシッパ〔ビルス・ニムルド〕（イラク）32°39′N44°25′E 105, 109, 120, 142, 179, 199
ホロズテペ（トルコ）40°37′N36°24′E 139
ポントス山脈（トルコ）12

マ 行

マカ* 209, 212
マガン* 97
マシャト・フユク（トルコ）40°21′N35°51′E 139
マシュカン・シャビル〔テル・アブ・ドゥウリ〕（イラク）32°21′N45°13′E 109, 120
マシュハド（イラン）36°16′N59°34′E 13
マジョルカ（島）（スペイン）39°30′N3°00′E 177
マスカット（オマーン）23°37′N58°38′E 13
マダバ（ヨルダン）31°44′N35°48′E 159
マティアテ（トルコ）37°28′N41°11′E 164
マナマ（バハレーン）26°12′N50°38′E 13
マハナイム（ヨルダン）32°12′N35°37′E 159
マムマ（トルコ）37°59′N36°24′E 113
マラカンダ〔サマルカンド〕（旧ソ連）39°40′N66°57′E 214
マラズギルト（トルコ）39°12′N42°34′E 173
マラティヤ →アルスランテペ
マラティ* 160
マラド〔ワンナ・ワ・サドゥン〕（イラク）32°04′N44°47′E 102, 109, 120, 199
マラミール（イラン）31°47′N49°57′E 138
マリ〔テル・ハリリ〕（シリア）34°37′N40°46′E 64, 73, 79, 80, 83, 97, 102, 105, 113, 116, 120
マリオン（キプロス）35°04′N33°09′E 177
マルカシ（トルコ）37°43′N36°59′E 160, 164, 179, 191
マルギウム（イラク）32°38′N45°31′E 120
マルタ（マルタ）35°50′N14°30′E 177
マルタイ（イラク）36°50′N42°57′E 185
マルハシ* 97, 102
マルリク（イラン）37°09′N49°48′E 73, 98
マンネア* 164, 179
ミズパ〔テル・アル・ナスベ〕（ヨルダン）31°52′N35°14′E 159
ミタンニ* 134, 139
ミュリアンドロス〔イスケンデルン〕（トルコ）36°37′N36°08′E 12, 214
ミレット・メルジ（イラク）36°58′N42°57′E 179
ミレトス（トルコ）37°30′N27°18′E 139, 214
ムキシュ* 134
ムクダダイェ（イラク）34°02′N44°58′E 142
ムサシル（イラク）36°48′N44°29′E 173, 179
ムシャン（イラン）32°32′N47°27′E 138
ムツリ山（イラク）36°30′N43°21′E 185
ムルム（イラク）32°04′N44°41′E 109
ムレイビト（シリア）36°04′N38°11′E 24, 25, 64
ムンディガク（アフガニスタン）31°50′N64°46′E 98
ムンハタ（イスラエル）32°32′N35°34′E 25, 34, 49
メギッド〔テル・アル・ムテッセリム〕（イスラエル）32°35′N35°11′E 80, 134, 135, 159, 177, 191
メスケネ →エマル
メッカ（サウジアラビア）21°26′N39°49′E 12
メディア* 164, 179, 191, 203, 209, 212
メディナ（サウジアラビア）24°30′N39°35′E 12
メ・トゥルナト〔テル・ハッダド／テル・アル・シブ〕（イラク）34°11′N45°06′E 140, 142, 164, 199
メフルガルフ（パキスタン）28°25′N68°01′E 98
メルヴ（旧ソ連）37°42′N61°54′E 209
メルシン（トルコ）36°47′N34°37′E 34, 43, 49, 53, 80
メロス（ギリシア）36°42′N24°26′E 177
メンフィス（エジプト）29°52′N31°12′E 73, 134, 177, 191, 203, 208, 212, 214

モアブ* 159, 179
モエンジョ・ダロ（パキスタン）27°17′N68°14′E 79, 98
モガドル（モロッコ）31°50′N9°58′W 176
モースル（イラク）36°21′N43°08′E 12
モティア（イタリア）37°53′N12°29′E 177

ヤ 行

ヤウディ* 160

ヤズド（イラン）31°55′N54°22′E 13
ヤドナナ* 179
ヤニク・テペ（イラン）37°57′N45°55′E 34, 43, 53, 80
ヤハリシャ〔テル・フライ〕（シリア）35°58′N38°38′E 139, 140
ヤブリヤ（イラク）33°59′N42°19′E 116
ヤムハド* 116
ヤリム・テペ（イラク）36°42′N42°25′E 43, 49, 53
ヤルブルト（トルコ）38°31′N31°48′E 139
ヤルムティ（シリア）34°49′N36°00′E 97
ユダ* 159, 160, 179
ユルザ（イスラエル）31°31′N34°28′E 135

ヨルガン・テペ →ヌジ

ラ 行

ラガイ〔レイ〕（イラン）35°35′N51°27′E 214
ラガシュ〔テル・アル・ヒバ〕（イラク）31°26′N46°32′E 79, 80, 83, 97, 98, 102, 120
ラガバ（イラク）32°25′N45°27′E 109
ラキシュ〔テル・アル・ドゥウェイル〕（イスラエル）31°34′N34°51′E 80, 135, 159
ラケ* 160, 164
ラケフェト（イスラエル）32°35′N35°13′E 24
ラザマ（イラク）36°05′N41°35′E 116
ラシュト（イラン）37°18′N49°38′E 13
ラス・アバルク（カタール）25°35′N50°33′E 53
ラス・アル・ジュナイズ（オマーン）22°31′N59°39′E 98
ラス・アル・バシト（シリア）35°52′N35°48′E 177
ラス・シャムラ →ウガリト
ラズダン（旧ソ連）40°30′N44°46′E 34
ラズリク（イラン）38°11′N47°50′E 173
ラツパバ* 164, 185
ラッパス・アモン（ヨルダン）31°57′N35°58′E 159
ラビクム（イラク）33°00′N43°11′E 116, 120
ラヒル（イラク）34°37′N44°51′E 191
ラブウェ（レバノン）34°13′N36°16′E 43, 135
ラベトス（キプロス）35°20′N33°11′E 177
ラモス・ギレアド（ヨルダン）32°31′N36°11′E 159
ラルサ〔テル・センケレ〕（イラク）31°14′N45°51′E 105, 109, 120, 142, 199
ラルナカ →キティオン
ラワ（イラク）34°40′N41°57′E 64
ランペドゥサ（イタリア）35°30′N12°50′E 177

リクソス（モロッコ）35°12′N6°10′W 176
リダル・フユク（イラン）37°35′N38°47′E 80
リヤド（サウジアラビア）24°39′N46°46′E 12
リヤン（イラン）28°58′N50°52′E 134, 138
リュディア* 191, 203, 208, 212

ルアシ* 160
ルサヒニリ〔トブラクカレ〕（トルコ）38°32′N43°18′E 173
ルッカ* 139
ルブドゥ（イラク）35°16′N44°38′E 179

レイ →ラガイ
レヴァント* 139
レスボス（島）（ギリシア）39°30′N26°20′E 214
レバノン山脈（シリア）34°00′N36°00′E 212

ロシュ・ジン（イスラエル）30°50′N34°54′E 24
ロシュ・ホレシャ（イスラエル）30°34′N34°47′E 24
ロータル（インド）23°03′N71°10′E 98
ロードス（島）（ギリシア）36°00′N28°00′E 12, 214

ワ 行

ワシュカンニ〔テル・アル・ファハリエ〕（トルコ）37°00′N40°02′E 134, 140
ワシュハニヤ（トルコ）38°28′N34°30′E 113
ワディ・スク（オマーン）24°49′N56°20′E 98
ワディ・ドバイB（ヨルダン）31°36′N36°40′E 25
ワディ・トベイク（エジプト）28°52′N34°04′E 25
ワディ・ハサ（ヨルダン）30°50′N35°48′E 24
ワフシュシャナ（トルコ）38°11′N35°00′E 113
ワリウム* 116, 120
ワルカ →ウルク
ワル・カブド（イラン）33°46′N46°05′E 80, 164
ワンナ・ワ・サドゥン →マラド

235

索　引

イタリック数字の頁は、図版または地図の説明文に対応する。また、＊のついた項目は神、女神、精霊、悪魔などを指す。

ア　行

ア・アネバダ　86,87
アイ　139
アイベックス　24
アイン・ガザル　15,33,34,44
アイン・ゲヴⅠ　27
アイン・ダラ　161
アイン・マラッハ　29
アウィルム　121
亜鉛　126
アカ　84
アカイア　146
アカイメネス朝　101,207,214,220
アカイメネス朝王朝様式　205,210,212
アカシカ　23
アガデ　78,83,210
アカバ湾　19
アカラムドゥグ　92
アキトゥ　201
アキトゥ神殿　60,193
アクシャク　68,100
アクシャフ　136
悪魔　76
アケターテン　135,136
アケナーテン　135,136,137,143
葦　28,71
アジアムフロン　36
アジェムフユク　111,113
アジゲル　46
アシブ　124
アシュケロン　118,136,146
アシュドド　158
アシル山脈　21
アス　124
アスタルテ＊　76
アステュアゲス　202
アダド＊　75,110,144,149
アダド・グッピ　199
アダド・シュマ・イッディナ　148
アダド・ニラリ1世　145,148
アダド・ニラリ2世　159,164
アダブ　87,100,121
綾杉文　39
アタマル・イシュタル　114
アダムズ、ロバート　58
アダムドゥン　142
アタリア　180
アタル・シン　108
アッガ　84
アッカド　76,81,82,90,96,97,124
アッコ　136
アッシュール＊　76,83,90,148,149
アッシュール＊　76,148,163
アッシュール・ウバリット1世　137,141,148
アッシュール・エテル・イラーニ・ムキン・アプリ　188
アッシュール・シャラト　191
アッシュール・シャル・ウツル　180
アッシュール神殿　148
アッシュール・ダニン・アプラ　174
アッシュールナツィルパル2世　36,76,125,134,149,154,158,159,161,161,162,163,166
アッシュール・ナディン・シュミ　185
アッシュールバニパル　36,143,155,186,189,192,210
アッシュール・ベール・カラ　149
アッシュール・レシュ・イシ1世　149
アッシリア　139,143,148,159,164,176,179,185,191,198
アッシリア＝エジプト連合軍　198
アッシリア宮殿　10
アッシリア時代　119
アッヒャワ　139,146
アテナ＊　83

アテネ　212
アトス岬　213
アトッサ　213
アドニス＊　83
アナ　160,175
アナトリア　33,114,139,148
『アナバシス』　213
アニッタ　114
アヌ＊　61,76,149
アヌ神殿　62
アパダーナ　210,219
アハブ　158,165
アビア　100
アビュドス　82
アヒル　23,37
アブカッルー　76
アフガニスタン　66,183
アブ・サラビーフ　82
アブ・シンベル神殿　144
アブス＊　201
アブディミルクト　189
アフニ　165
アブ・フレイラ　29,33,44
アフモス　132
油　136
アフラマズダ＊　213,215,219
アフラム　146
アフリカ　122
アフロディーテ＊　83
亜麻　28,33
アマシス　206
アマヌス山脈　62,84,167
アマル・シン　101,103,112
アマルナ文書　135,135,156
網　47
アミド　158
アムクB期　43
アムクC期　48
アムト・ビ・エル　110
アムル　96,99,119,124,136,159,189
アムン　133
イクヌム　112
アメル・マルドゥク　199
アメンエムヘト1世　118
アメンホテップ2世　134
アメンホテップ3世　135,136
アメンホテップ4世　135,136,137
アモン　158,176
アーモンド　29
アラクス川　80,172
アラシャ　136,146
アラジャ・フユク　103,103
アラッタ　84
アラド・ムリシ　188
アラバ涸谷　19,21
アラバスター　48,48,85,90,103
アラビア語　82,150
アラビア半島　20,21,153
アラブ首長国連邦　122
アラブ世界　222
アラブハ　149,198
アラム　96,148,150,176
アラムズ　116
アララク　37,108,132
アララト山　20,148
アリク・ディルムン　110
アリ・コシュ　35
アリシャル　113
アリュアッテス　199,202
アリンナ＊　146
アルヴァンド山　182
アル・ウンタシュ・ナビリシャ　105,143,143,144
アル・エンヌム　89
アルギシュティ1世　172
アルサケス　213
アルシュクン地方　172
アルサメス　207
アルザワ　132,136,137,139,145
アルスランテペ　67,132
アルセス　214
アルタクセルクセス1世　213,218
アルタクセルクセス2世　213
アルタクセルクセス3世　213,214
アルタシュマラ　135,137

アルタタマ1世　136
アルタタマ2世　137
アルディニ　172
アルヌワンダ2世　139
アルヌワンダ3世　146
アルバド　176
アルビル　116,139
アルファベット　72,120,150,150,158
アルボルズ山脈　20,20,78
アルマン　167
アルメニア　80
アレクサンダー大王　10,65,192,193,210,214,214,215
アレクサンドリア　214
アレッポ　145
アワン　88,103
アン＊　60,61,81,83
アンクワ　113
アンケセナムン　139
暗黒時代　123,134
アンシャン　68,78,88,98,103,139
アンズー鳥　89
アンナクム　113
アンバリス　180
アンマン　34
アンミサドゥカ　78,123
アンミサドゥカの勅令　123

イェズレエル　133,133
イェノアム　146
イェフ　175
イエホヤキン　198
イェメン　153
イェメン山脈　21
イェリコ　28,30,31,32,32,33
イェルサレム　136,158,198
イオニア　203
医学　124,137,191
イギギ　99
イクヌム　112
イゲ・ハルキ　142
『イザヤ書』　222
石鍬　54
石皿　27
イシュタル＊　60,61,76,77,83,186
イシュタル・キティトゥム神殿　111
イシュタル神殿　112,148,162
イシュタル門　192
イシュトゥブ・イルム　119
イシュビ・エッラ　103,108,110,111
イシュビニ　172
イシュメ・ダガン　114,116
イシュフ　137
イシン　108,110
イスタンブール　170
イスラエル　27,32,146,158
イスラム時代　54,166
遺跡　14
イソップ寓話　85
イタチ　45
イダマラズ　116
イチジク　29,31
イッカク　150
イッソスの戦い　214,215
イッビ・ジキル　89
イッビ・シン　103,108,114
イトゥリヤ　114
イドリミ　132
イナンナ＊　60,60,61,61,76,83,141,191
イナンナ神殿　60
「イナンナとヘビ」　81
イヌ　29,36
イノシシ　23,29,36,46
イバル・ビ・エル　110,116
イビク・アダド2世　114
イブガル　87
イフタヘル　35
イブリ・アダド　114
イブリウム　89
イミ　99
イムグル・エンリル　166,171,172,174

イムドゥグド　89
イラ・カブカビ　114
イラ・カブカブフ　114
イラク　19,170
イラン　20,170,173
イルカ　150
イルシュ・イリヤ　114
イル・シュンマ　112
イルフレニ　165
イルマ・イル　121
入れ墨　56
インゴット　202
インシュシナク＊　144
インシュシナク神殿　149
印章　150
インダス川　97,98
インダル＊　137
インド　98
インド＝アーリア族　136
インドラ＊　137

ヴァルナ＊　137
ヴァン・カレ　172
ヴァン湖　20,149,172
「ヴィア・マリス」　133
ヴェーダ　136
ウェット・スムース　38
「上の海」　89
ウガリト　82,136,146,147
浮彫り　36,76
ウクヌ川　176
ウクバル　204
ウサギ　29
ウシ　23,27,29,36,46,69
ウシャナフル　189
ウジャホルセネ　206
ウシュカンニ　135
ウシュム＊　77
ウティカ　176
ウトゥ＊　83
ウトゥ・ナビシュティム　84
ウトゥヘガル　100
ウヌ　61
ウバイド神殿　55
ウバイド文化　39,51,53,54,81
ウバル・トゥトゥ　84
ウベリ　182
ウマ　23,122,170
「海の馬」　150
海の国　101,121,140,142,198
海の民　146,147
ウム・ダバギーヤ　47,47
ウライ川　148,191
占い　191
ウラルトゥ　148,170,170,172,173
ウリガル神官　201
ウーリー、サー・レオナード　84,92,92,152
ウル　53,101,121
ウルアドリ　148
ウルイニムギナ　102
ウルキシュ　108
ウルク　53,58,58,60,104,121
ウルク文化　59,186
ウルザババ　97
ウルシュム　108
ウルスヌ　182
ウル第1王朝　84
ウル第3王朝　100,101,102
ウル・ナンシェ　88,88,110
ウル・ナンシェ(歌手)　91
ウル・ナンム　52,60,75,81,101,104
ウルの王家の墓地　51,84,92,152
ウルバラ　181
ウルミア湖　20,172
ウルラユ　179
釉薬　38,126,150
運河　43,59,117,126
ウンキ　176
ウンタシュ・ナビリシャ　143,144,

148
運搬　126
ウンマ　68,88,121,194
ウンマン・アルダシュ　191

エア＊　74,76,77,83,110
エアンナ　60,61,62
穎　27
エヴィル・メロダク　199
エカッラトゥム　108,114,116
エカル・マシャルティ　171
疫病　175
エーゲ海　212
エサギラ　199,201
エサルハドン　72,162,188,189,192,198
エジプト　23,67,103,120,132,143,147,206
エシュヌンナ　69,75,80,114,121,121,148
エシュブム　98
『エステル記』　211
エスドラエロン　133,133
エッラ・イミッティ　112
エディン　82
エテメンアンキ　104,192,199
エドム　158,176
『エヌマ・エリシュ』　82,191,201
エヌンマフ　101
エビフ　149
エビブイル　90
エフェソス　202
エブラ　14,82,87,87,89
エフルサグ　101
エホバ＊　158,204
エマル　132
エムタバル　112
絵文字　69,70
エラム　84,98,124,142,143,148,203,210
エラム線文字　74,103
エリシュム1世　112
エリシュム2世　114
エリッピ　174
エリドゥ　53,54,104,104
エル＊　89
エルガニ・メイデン　35
エルジンジャン　171
エルテケ　185
エルル　99
エル・ワド　29,30
エレク　59
エレクトラム　66,85,93,103
エレシュ　110
エレファンティン　206
エン　70,82
エンアナトゥム1世　87,88,88,99,194
エンキ＊　53,83,110
エンキドゥ　84
エン・ゲディ　68
エンシ　82,102
エンシャクシュアナ　96
エンテメナ　89
エントゥ　97,101,112,199
円筒印章　36,69,69,70,70,71,72,72,73
エンドウマメ　27
エン・ニガルディ・ナンナ　199
エンニルガルアナ　100
エンビイシュタル　96
エンヘドゥアナ　97
エンメバラゲシ　84
エンメルカル　84
エンメルコムギ　27,29
エンリル＊　76,81,83
エンリル・ナディン・アヒ　149
エンリル・ナディン・シュミ　148
エンリル・バニ　112,189

オアシス　23,24
王杖　175
王朝　10,144
「王の道」　212
王名表　82,83,139

索　引

オオカミ　23,36,66
オオムギ　18,23,24,27
オクサス遺宝　220,220
オコス　213
オジロワシ　30
オタネス　207
踊り　28
オナガー　46,47,47,93
斧　194
オピス　148,203
オマーン　68,97,98
オマーン高山地帯　21
オムリ　158
おもちゃ　130
オリーヴ　82,89
織物　28,28,89,130
オロンテス川　144,172
音節　70

カ 行

貝　66,72
概観調査　14
階級　58
外交　185
カイザ　159
回転台　38
カヴィル砂漠　20,66,78
ガウガメラの戦い　214,215
カエル　23
科学　124
籠類　28
カザッル　111
カシ　23,27,29
カシュティリアシュ4世　142,148
「頭の者」　164
数　69,70,124
カスカ　145
カスカス　137,139
カスピ海　19,20,20
ガゼル　23,27,36,47
火葬　144
カダシュマン・エンリル1世　141,142
カダシュマン・トゥルグ　146
カタツムリ　29
カタラ　104,108
カタール　53,55
家畜　25,29,36,70
家長　141
ガチョウ　23,37
学校　81
カッシート　96,123,139,140,142,143
カディズ　176
カデシュ　133,136,137,144
ガデス　176
カトナ　108,114,118,136
カドムフ　159
カナン　144,150
カニ　36
カニンガム, サー・アレクサンダー　220
カネシュ　72,108,112,112,113,114
カハト　108
兜　194
カブナク　142
花粉　23
貨幣　202,220
鎌　27,28
神　76
「神々の門」　192
カメ　23,29,36,110
カモセ　132
カラ・インダシュ(王名)　141
カラ・インダシュ(地名)　148
ガラス　72,126,127,150
カラス貝　29
カラスノエンドウ　29
カラタガ　172
カラテペ　158
ガト・シャルガト　148
カラハル　108
カラフ　162
ガリレー湖　27
カリンド　148
ガル　70
カルカル　158,165
カルケミシュ　49,139
カルジアブク　141
カル・シャルマネセル　165,175
カルタゴ　73,177,177
カルディア　167,198
カル・トゥクルティ・ニヌルタ　148

カルフ　76,156,160,162,162,198
カルヘリ　143,176
カルマニア　204
カルミル・ブルール　171
カールム　113,113,114
カルメル山　27,30
ガン　23
灌漑　18,19,42,43,126,162,182,198
宦官　164,184
還元焔　38
ガンジ・ダレ　34
肝臓模型　118
灌奠　164
カンビュセス　203,206,213
官吏　164
顔料　28

幾何学　124
気候　23
貴石　34,84,92,170
貴族　179,184
基壇　104
キックリ　137
キッズワトナ　135,137,139,145
キツネ　23,29,45
キティン・フトラン　148
キドムル神殿　162
記念碑　97
キノコ　29
ギバル　201
騎兵　179
キャクサレス　198,199,202
キャベツ　29
旧石器時代　18,156
宮廷　74
宮殿　86,87,118
キュウリ　29
穹窿　142
「キュークロープス式」　118
ギュゲス　190
キュルベ　113
キュロス大王　202,203,203,204,204,205,222
キュロス(小キュロス)　213,214
強制移住　179,194
共同墓地　119
行列道路　192,202
玉座　85
玉髄　73,73,88
キラムワ　176
錐　28,35
キリキア　19,135
ギリシア人　104,213,214
ギリシア文明　10
切妻形式　206
キリ・テシュブ　137
キリリシャ*　144
ギルガメシュ　60,62,84,184
『ギルガメシュ叙事詩』　60,76,84,137,191
ギルス　82,83,88
キルタ　135
ギルタブ　100
キル・ヘバ　136
ギルムア　185
儀礼　30,74,76,188
金　66,72,89,170
銀　72,89,170
金工　118
金星文書　123
金石併用時代　42,68
金属加工　68,72,126,170
金属器　10
キンダットゥ　103
「銀の山」　167
金箔　168,170,207
キンメリア人　180

偶像　56
「空中庭園」　192,199
クエ　165,180
グザナ　157
楔形文字　10,10,14,69,70,102,150,151
櫛　93
孔雀石　43
クシュ　189
クズル・ウルマク川　202
クセノフォン　213,214
クセルクセス1世　213,215,218
クタ　167,175

クタッラ　121
クッシャラ　114
クッラバ　60
グデア　74,91,99,100
グティウム　96,121,204
グティー人　96,99
クティル・ナフンテ　149,210
クテシアス　213
クドゥル　76,142,142,201
クドゥル・マブク　112
クナクサ　213
クマ　23,46
クミドゥ　136
グラ*　74
クラシス　118
クラシュ　203
グラニコス　214
クラブコムギ　29,33
クリガルズ1世　141
クリガルズ2世　139,141
グリフィス, D・W　222
グリフォン　220
グリルブラン　33
グルグム　176
グルディ　182
クルディスタン地方　46
グレイハウンド犬　36,66
「黒いオベリスク」　37,174,175
クロイソス　202,202
グローテフント, ゲオルグ　152
グングヌム　110,110,111
グンマダ　102,102
クンム　176

経済文書　69,142
芸術　10,167
毛織物　37
ケシュ　100
ゲシュティンアナ　100
化粧　84,130
化粧土　38
ゲゼル　136,146,158
月食　14,124,124,189
げっし類　23,29
ケバラー期　27
ゲベル・エル・アラク　68
ゲーム盤　92
ケリシン　172
ゲルゼー　67
ケルマン　78
ケルマンシャー　78
ケルメズ・デレ　28,74
原エラム文化　68,78
原エラム文字　78
原カナアン文字　150
堅果類　29
言語　25
玄室　85,104
原新石器時代　24,30,31,32
建造祈念物　62
ケンタウロス　170
建築　118
原ハッスーナ文化　47
玄武岩　20

香　145
交易　34,35,38,110,119
紅海　19,21,34
紅玉髄　66,73,78,84
考古学　14
香水　126
洪水　84
「洪水の穴」　101
交通　122
公文書　119
拷問　194
香油　147
コーカサス地方　80
黒檀　160
穀物　25,27,70,145,147
刻文　29
黒曜石　20,34,35,126
コジカ　23,29
コスル川　33
古代ペルシア　152
国家　58
黒海　19
骨器　28
コデ　146
ゴディン・テペ　66,88,183
ゴディン・テペ　148
古バビロニア　96
護符　49,150
ゴブリュアス　207,212
古墳　98,111,202
「下の海」　89,176
コマゲネ　176

コムギ　18,23,24,27,46
米　18
ゴモラ*　222
ゴルディアス　180
ゴルディオン　180
コルデヴァイ, ロベルト　152,192,199
コルマン, サムエル　222
コロッセウム　223
ゴンドワナ　19
梶棒　194
梶棒頭　66
コーンモザイク　61,62

サ 行

サイ　37
サイス　190,206
材木　170
彩文　38,39
彩文土器　14
彩釉容器　150
彩釉レンガ　150
サヴァラン・リム　20
ザウイ・チェミ　30
サウジアラビア　53,55
サウシュタタル　135
サウル　158
サカ　137
魚　36,42,76
砂岩　20
ザクートゥ　188
ザグロス山脈　19,20
サソリ　77
サッカラ　72
雑穀　18
サッムラマト　175
サトウニ　99
サトラピー　209,212
サトラブ　212,214
サバ　176
砂漠　19
砂漠の民　122
ザババ*　83,97
ザババヤ　110
サフ*　140
サマッラ文化　39,48
サマリア　158
サムアル　176,178,189
サムサト　67
サムス・イルナ　113,121,121,140
サラミス　213
ザリクム　112
サル　37,111,160
サルゴン　78,89,96,97
サルゴン2世　97,170,179,179,182,184
「サルゴンの要塞」　182,184
サルジ文化　29
サルダナパロスの死　222
サルディス　203
サルドゥーリ1世　172
サルドゥーリ2世　176
ザルバ　114
サレ・ポレ・ゾハブ　99,167
酸化焔　38
サンガル　135
サンスクリット語　136
酸素同位体　23
3列構成　56,61
シウィネ*　172
ジウスドラ*　84
シェケム　120,136
シェケル　125,147
シェケレシュ　146
ジェゼベル　158
シェバ　176
ジェベル・アルダ　72
ジェベル・ビシュリ　108
ジェベル・ファイデ　187
ジェムデト・ナスル　58,58
シェリフム　98
ジェルワン　185,187
塩　33,145,147,191
シカ　23,29
シカヌ　135
試掘溝　101
司祭　44
シシャク　158
自然主義　90
「下の海」　89,176
七賢人　76

シチリア　177
漆喰　32,33
ジッグラト　55,60,81,100,101,104,141,141,143,162,199
湿原　23,42,85,185
湿原アラブ　51,52
シッパル　84,97,113,141,148,176,203
失蠟法　69,72,91,170
祠堂　43,44,44
シト・シャムシ　149
シドン　133,136
シナイ半島　20
シヌヘ　118
シバ　158
シバク*　140
シフ*　140
ジブラルタル海峡　177
シマシュキ　103
シマリヤ*　140
シムッル　180
シムットゥルム　108
シムト*　144
ジムリ・リム　108,114,116,119,119
シムロン　136
シャイハン　99
シャカナック　103
シャギナ　100,102,103
「シャ・ジクニ」　164
シャダフ　127
ジャッカル　23
シャッティワザ　135,137,137
シャットゥアラ1世　145
シャットゥアラ2世　146
ジャフェ　136
斜堤　118
蝋土　43
シャニダール　30
シャハダード　88,103
シャハレ・ソフテ　65,78,88
写本　97
シャマシュ*　77,83,87,144,149,163
シャマシュ・シュム・ウキン　189,189,191,191,198
シャマシュ神殿　75
シャマシュ・ベル・ウツル　171
シャマシュ・レシュ・ウツル　175,192
シャムシ・アダド1世　98,104,112,114,116,119,119,142,148
シャムシ・アダド5世　149,174,175,184
シャムシ・イル　175
シャラ*　144
シャラトゥワル　114
シャララト・ダム　187
シャリマフ　112
車輪　10,72,122,176
シャル・カリ・シャルリ　96,99,108
シャルケン　96
シャルダン　146
シャルマネセル1世　140,146
シャルマネセル3世　37,162,164,165,166,171,172,175
シャルマネセルの城塞　162,171
シャルル・キン　96,112
シャ・レーシ　164,176
シャロン平野　133
ジャワ　82
ジャン・ハサンⅢ　42
シュ・イリシュ　110
州　212
住居　47
宗教　19,60,74,118
宗教改革　136
宗教生活　28
十二宮　124
自由民　121
シュエンネシス　202
シュカムナ*　140
樹脂　110
シュシャッラ　108,108,113,116
シューシャン　211
シュ・シン　103,108,114
『出エジプト記』　146
出産　45
出産の女神　44,44
十進法　125
シュッタルナ1世　135
シュッタルナ2世　136,137
シュッタルナ3世　137
シュッピルリウマ1世　137,139
シュッピルリウマ2世　146
シュトゥルク・ナフンテ　148

索　引

シュードゥルル　99
シュナシュラ　135
シュバト・エンリル　108, 114, *116*
シュブアド　96
シュメール　53, 76, 82, *83*, 88, 90, 96, 99
呪文　191
シュリアシュ*　140
狩猟　154
狩猟採集　10
樹輪年代学　16
シュルギ　*81*, 101, 102, *103*, 112, 201
シュルッパク　83, 84, 96
準貴石　34, 71, 156
殉死　84
商業　150
象形文字　120
城塞　171, 173
消石灰　35
醸造　126
商人　144
城壁　32, 60, 182, 192, *198*, 199
書簡　136
書記　70, 81, 83, 96, 191
初期王朝時代　54, 59, 68, 69, 70, 89, 90, 148
書記学校　191
植生　23
植物遺存体　25
植民地　63
食料調理　126
書庫　191
ショシェンク1世　*158*
女性最高神官　97, 112, 199
織工　126
シリア　21, *156*
シリア砂漠　19
シリア象牙　156
シルクトゥブ　116
シルハク・インシュシナク　*74*, 149, 210
シーレ・ベルディ　126
シン*　*76*, 83, 101, 144, *149*, 201
新アッシリア　152
シン・アフ・ウツリ　*184*
新王国時代　132
シン・カシド　112
神官　71, 74, *74*, 128
辰砂　43
シン・シャル・イシュクン　*186*, 198
シンジャル山脈　112
真珠　84, 111
真珠貝　71, 86
新シュメール王朝　100
ジンジルリ　*178*, 189
新石器革命　154
新石器時代　25, 28, 30, 42, 74
神託　189
真鍮　180
神殿　10, 36, 53, 74, 86, 99, 166
新年祭　60, 189, *193*, 198, 201
新バビロニア　152, 198
新ヒッタイト　160
シン・マギル　82
人面獅子像　160
神話　28, 72, 83, 173

水牛　*37*, 72
水晶　48, *73*
水星　189
数学　124, 191
スカーレット・ウエア　*79*, 79
梨　*18*, *43*, 47, 72
スギ　23, 84, 176
スキタイ　137, 189, 212
スグニア地方　172
スサ　38
スーサ　65, 90, *207*, 210, *210*, 212, 213
スシ　172
スシアナ　*43*, *48*, 48, 65
スシアナ平原　*139*
錫　72, 113, *126*
錫青銅　72
スーダン　86
スタンダード（軍旗）　86, *92*, *93*, *103*, *174*, *194*
スタンプ印章　*45*, *46*, 55, 69, 70, 71, 72, 111
スッカルマフ　142
スド*　83
ストゥ族　112, 117, 146
スパイ　181
スパルタ　213
スバルトゥ　88, *124*, 198
スフ　160, *175*, *192*

スフィンクス　*156*
スペルタコムギ　33
スベルデ　42
スペルト, ヨセフ　223
スム・アブム　112
スム・ラ・エル　112
スメルディス　206, 213
スメンカレ　139
磨石　27, *27*
スルヤ*　140

税　58, 189
製革　126
聖婚　104
聖書　10, 96, 146, 147, 158, 179, *211*, 222
生石灰　35
聖殿　104
青銅器　78, *129*, 170, 174
青銅器時代　32, 82, 87, 117, 143, 150
「生命の草」　202
世界の七不思議　192
石製コーン　*62*
石製容器　49
赤鉄鉱　73
石塔　*32*
石碑　99
石灰　35, *35*
石灰岩　20, 61, *91*
石器　*15*, 25, 28
石膏　42, *90*
石膏石　161
摂政　201
セッラ　114
ゼデキア　198
セト1世　144
セミラミス*　175
セム　118, 167
セラビト・アル・ハディン　150
セルブラン　33
セレウコス　60, 71, 96, 192
繊維　145
前期石器時代　25
先史時代　*80*, 101
戦車の神　77
戦車　117, *117*, 154, 165, 167, 170, 179, 194
戦勝記念碑　99, 146
占星学　189
占星術　124, 188
戦争　33, 83, 194
ゼンダーン・イ・スレイマン　204
先土器新石器時代A期　30, 32
先土器新石器時代B期　30, 32
先土器新石器時代C期　33
センナケリブ　*125*, 126, 180, *182*, *185*, *185*, *186*, *187*
千人隊長　213
戦斧　85
専門化　35
専門職人　58
染料　147, 176
閃緑岩　66, 98, 110, *120*, *192*

ゾウ　*36*, *37*, 132, 154, 159
象眼　38, *92*, 154
象牙　66, 72, 134, 156, 160, 170
葬送　25
『創造神話』　82, 191, 201
総督府　136
続旧石器時代　*24*
属州　176, 179
祖先崇拝　*34*
ソドム*　222
染物　145
樽　72, *123*
ゾロアスター教　183
ソロモン　158
ソロモンの牢獄　204
ソンゴルA　48
村落　74

タ　行

大英博物館　*170*, 220
代官　179, 181, 184
大工　118
大ザブ川　162
大ザブ　*167*
「大死坑」　*86*, *92*, *93*
タイマ　176, 201
太陽　124
代理王　*124*, 189
ダヴィデ　158
タウフ　47
タウルス山脈　*19*, 20

タカラガイ　32, 46
ダガン*　97, *146*
ダーダネルス海峡　213
ダチョウ　23, 159
楯　194
ダドゥシャ　116
タトゥ・ヘバ　136
『ダニエル書』　201, *211*
ダヌナ　176
タバル　180, 182
タハルカ　189, *189*
タブカ・ダム　66
タフタン山　20
タフテ・クワド　220
ダマスカス　89, 136
タマネギ　29
タマリスク　23
ダム　14
ダヤン・アッシュール　174
ダーリック　202
ダレイオス1世　152, *154*, 202, 206, 209, 210, *210*, 212, *212*, 218
ダレイオス2世　*215*
ダレイオス3世　214, *214*, 215
タレ・マルヤン　78, *78*
タレント　114, *125*, 170, 202
短期編年　123
タンタマニ　190
タンムズ*　83

チェケール　146
チーズ　*128*
治世年　96
チータ　23
チチェン・イツァ　104
地中海　19, *30*, 34, 122, 147
地母神　44
チャイルド, ゴードン　58
チャガル・バザル　108
チャタル・フユク　30, 43, 44, 46, 74, 154
チャユヌ　33
中央アメリカ　104
中期編年　123
沖積平野　122
チュニジア　73
朝貢　167
彫刻　90
チョウジ　123
チョガ・ザンビル　143, 144
チョガ・マミ　48, *48*, 58
チョガ・ミシュ　65
貯蔵　27, 38
「陳列館」　171

月　124
ツゲ　160
ツタンカーメン　137
角笛　32
壺　38

ティアナ　181
ティアマト*　201
ディオケス　182
泥岩　20
ティグラト・ピレセル1世　*140*, 149, 154, 180
ティグラト・ピレセル3世　160, 162, 176, 179, *179*
ティグリス川　10, *20*
泥膏　92
帝国　10
ティシェバ*　170, 172
ティシュ・アタル　108
定住　19, 126
ティシュバク*　108
テイスペス　203, 207
テヘバイニ　171
ティムナ渓谷　72
ディラムンテベ　56
ディルムン　84, 97, 98, 110
ティロスの紫　147
テウマン　191, *191*
手紙　84
テシュブ*　108, 146, 172
デズ川　143
テーチス海　19
鉄　72, 126, 150
鉄剣　194
鉄鉱石　78
鉄鋼　*126*
鉄器時代　150

鉄製の書板　150
テブティ・アハル　142
テブティ・フンバン・インシュシナク　191
テベ　31
テーベ　72, *132*
テベ・ガウラ　54, 55, 66
テベ・カブレスタン　66
テベ・シアルク　66, *78*
テベジク　67
テベ・ヌシ・ジャン　182, *182*, 183, *183*
デヘ・ノ　142
テベ・ヤヒヤ　66, 78, *78*, 88
デヘ・ルーラン　48
デマヴァンド山　20
テラコッタ　56
テル　31
デール　108, 148, 179
テル・アスマル　80
テル・アバデ　*54*, 56
テル・アル・アマルナ　*135*, 136
テル・アル・ウエイリ　51
テル・アル・サラサート　56
テル・アル・スルタン　32
テル・アル・ソワン　48, *48*
テル・アル・ドゥウェイル　*185*
テル・アルバチヤ　*39*, 49
テル・アル・ファハリエ　*134*, 135
テル・アル・ファライン　68
テル・アル・ムカイヤル　101
テル・アル・リマ　104, 118, *127*
テル・イシュチャリ　*77*, 111
テル・ウェイリ　51
テル・ウカイル　62, 65, 66, 69
テル・ウバイド　86
テルカ　108, 123
テル・カンナス　66
テル・クインジュク　*153*, 182, 186, *186*
テル・グッパ　80, 203
テル・スレイマ　*72*
テル・ソット　47
テル・ニムルド　156, 160, 162
テル・ネビ・ユヌス　182, *186*, 186
テル・ハッスーナ　39
テル・ハファージェ　*77*, *79*, 84, 87, 91
テル・ハラフ　51
テル・ハリリ　119
テル・ビア　97
テル・ビイア　14, *90*
テル・フエラ　203
テル・フュク　203
テル・ブラク　51, 66, *69*, 71
テル・マグザリーヤ　33
テル・マドゥフル　54, 55, 56
テル・マルディン　14, 87, 89
テル・マルヤン　68
テル・ムハンマド　141
テルモビュライ峠　213
テル・ラズク　80
テル・ラマド　33
テル・リマ　108
テル・レイラン　89, 114
テレビンノキ　23
デンイェン　146, *146*
伝承　84
天水農耕　19, 42, 43, 47, 48
天体観測　189
天体現象　124
天然アスファルト　30, 35, 103
天然資源　35
天文現象　14
伝令制度　122, 181, 190

銅　34, 72, 147, 170
道具　18
トゥグダンメ　191
盗掘　170
洞窟　27
洞窟美術　71
トゥクリシュ　108
トゥクルティ・ニヌルタ1世　74, 74, *140*, 143, 148, 158
トゥクルティ・ニヌルタ2世　159, *164*

銅剣　194
陶工　126
銅鉱石　78
凍石　78

投石器　194
投弾　171
トゥットゥル　97, *121*
ドゥドゥ　99
トゥトゥブ　77, *79*, 91
トゥドハリヤ3世　137
トゥドハリヤ4世　146
動物園　159
動物骨　25
ドゥムジ　84
同盟　100, *102*
トゥラスピド　149
ドゥル・ウンタシュ・ガル　143
ドゥル・ウンタシュ・ナビリシャ　143
ドゥル・クリガルズ　*136*, 141, *141*, 148
ドゥル・シャルキン　*105*, 148, *180*, 182, 184, *184*
トゥルターヌ　184
道路　122
トゥワナ　181
トゥンニ山　167
トカゲ　23, *56*
土器　19, *24*, 25, 38, 42
土器新石器時代　70
土偶　*34*, 44, 48
トークン　66, 69, 70, *70*
都市　10, 32, 58
都市革命　58
都市国家　68, 99, 119
トショウ　23
図書館　82, 151, 191
土星　189
土製コーン　*62*, 68
トトメス1世　132
トトメス2世　133
トトメス3世　133, 136
トトメス4世　135
ドナウ川　212
トブラカレ　170
留め針　*28*
トラ　23
トランスコーカサス地方　80
トランスコーカサス土器　*80*, 88
トリ貝　84
トルコ　*20*, 170
トルコ石　48, 66
奴隷　82, 121
ドレヘム　102
トロイ　49
トロイ戦争　180

ナ　行

内臓調べ　*76*
ナイリ　149
ナイリの海　172
ナイル川　*42*, 132
ナカダ　68
ナキア　188
ナクシュ・イ・ルスタム　213, *215*, 218
ナサットヤナ*　137
ナサティヤス*　137
ナシ　29
ナジャフェハバード　182
ナシリイェ　103
ナツメヤシ　23, 52, *166*
斜めの口縁をもつ鉢　65, *65*
ナヌム　99
ナハル・オレン　27, 29
ナハル・カルブ　144
ナハル・ヘマル　28, *28*, 34, 35
ナハル・ミシュマル　68, 71, *126*
ナビリシャ*　144
ナビルアス　144
ナブ*　*74*, 201
ナブ・アブラ・イッディナ　167
ナブ・クドゥッリ・ウツル　198
ナブ・シュム・ウキン1世　167
ナブ神殿　149, 162, *175*, *184*, 198
ナブ・ナツィル　176
ナブ・バラツ・イクビ　199
ナフリン　132, 134, 135
ナフンテ*　144
ナボニドス　101, 199, *201*
ナボポラッサル　192, 198
鉛　46, *126*
ナラム・シン　*74*, 89, *97*, 98, 99, 114, 198
ナワル　108
ナンナ*　*75*, 83, 97, 101, *101*

ニガソラマメ　33

索　引

二期作　*19*
ニクメバ　37,*135*
荷車　*123*
ニシビン　159
二条オオムギ　27
日常生活　128
日食　14,*124*,136,*175*,*175*,189
ニッチ　52
ニップール　58,*59*,65,81,*81*,83,
　104,110,121
ニヌルタ*　*89*
ニヌルタ神殿　162,*162*,*163*
ニネヴェ　108,162,182,186,*186*
ニネヴェ5期　78,80,*80*,89
ニーブール, カルステン　218
二枚貝　*32*
ニヤ地方　132
乳鉢　28
乳棒　28
ニワトリ　36
ニンガル*　*101*,102
ニンギルス*　82,83,88,*88*,89,99
ニンニク　29
ニンバンダ　86
ニンフルサグ*　*86*,87

縫い針　28
ヌジ　108,133,141
ヌスク*　*74*,144
ヌビア　*132*,*157*,189
ヌル・アダド　112
ヌン　70

ネアンデルタール人　30
ネヴェ・ノイ　68
ネコ　36,46
ネコ1世　190
ネシャ　114
ネシュリ　114
ネックレス　30
ネフェルティティ　139
ネブカドネザル1世　*76*,149
ネブカドネザル2世　192,*193*,198,
　198,*201*
ネブカドレザル　198
ネムリク　34
ネリグリッサル　199
ネリブトゥム　77,*111*
ネルガル・エレシュ　175
ネルガル・シャル・ウツル　199
ネルガル神殿　108,167
ネルガル門　187
粘土　38
粘土球　69,70,*70*
粘土板　14,*65*,69,70,*70*,79,81,*87*,
　117
年代　137
年名　110
年輪年代法　14,*16*
ノアの洪水　84,101
農耕　*18*,19,23,126
農耕牧畜　10
ノウサギ　23
呪い文書　118

ハ 行

バアル*　*89*,146,*147*
バイ　124
ハイエナ　23,29
バヴィアン　*153*,185
ハエ　36
墓　66,84
白色神殿　62
白色容器　35,*35*
バグダッティ　181
バクトロス川　202
「ハゲタカの碑」　*88*,*194*
バゴアス　214
ハサノグラン　117
ハガラバト　213
バサル　108
バサルガダエ　204,*205*,206
ハサンル　172
バシメ　103
馬車　139
ハジラル　42,*47*
ハス　*76*
バズズ*　*76*,*77*
バスタ　33
ハゾール　118,136
ハダクシャン　66,*78*
ハダド・エゼル　158,165
ハチミツ　175
発掘　14

ハッジ・ムハンマド　51,*53*,58
ハッスーナ文化　39,*47*,186
ハッスム　108
ハッセク・フユク　67
バッセトキ　98
ハッティ　114
ハットゥシャ　113,144,*145*,202
ハットゥシリ1世　114,144
ハットゥシリ3世　146,150
ハトシェプスト　133
バド・ティビラ　84
バートン, F・C　220,*221*
ハナ　123
ハニガルバト　132,146,159
バニートゥ　180
バネシュ期　78
ババ*　*83*
バハレーン　53,*55*,98
ハビル　117
バビルス　151,198
バビロニア　10,53,*124*,*166*,198,
　198
バビロニアの世界地図　*125*
バビロン　*75*,*76*,87,152,185,192,
　222
バビロン炎上　*222*,*222*
バビロン捕囚　215,222
ハフィト文化　68
ハフト・テペ　142,144
ハブバ・カビラ　66,*68*
ハブール川　98
ハブール平原　66
バベルの塔　104,*192*,222,*223*
ハマ　82,*129*
ハマジ　88
ハマダン　78,174,183
ハマト　165
はみ　117
ハムリン　80,203
ハムリン川　78
ハムリン山脈　112
ハムリン・ダム緊急調査　48,*54*
ハムリン盆地　*72*
ハヨニム　29
バラ　*102*
パラダイス　154
パラッタルナ　132,133
ハラドゥム　108
ハラブ　132
パラフシ　98
ハラフ文化　39,*48*,*48*
パラペット　170
パラワトの門　*166*,*171*,*172*
ハラン　201
パリュサティス　213
ハリュス川　202
バリル・イリシュ　175
パルサ　*173*,213
バル　*189*
バルサ　*173*,213
バルスア　173
バルタトゥア　189
ハルディ*　*170*,*172*,182
バルティア　60,*207*
バルディア　206
バルバゴス　204
ハルベ*　*140*
ハルマン　149
バル・ラキブ　176,*178*
ハルレ　213
バレガウラ洞窟　29
パレスティナ　21,*24*,68,120
ハーレム　189,213
パン　70
半円穹窿　144
バンキヴァ野鶏　134
パンコムギ　29,*33*
パンテオン　140,148
ハンムラビ　96,121,*121*,192
ハンムラビ法典　103,121

ビィアイニリ　172
皮革加工　126
ヒクソス人　120
「ひげの男」　164
ヒジャーズ山脈　21
ビストゥンの磨崖　152,206
ビゼ　47
砒素　71,*126*
ピタゴラスの定理　124

ビッグ・マン　82
ヒツジ　23,36,*37*,46
ヒッタイト　87,114,137,144
ヒッタイト象形文字　158
ピト・アディニ　165
ピト・アムカニ　178
ヒトコブラクダ　*37*
ビト・ヤキン　167
ヒトニザル　*37*
ピトハナ　114
ビート・レドゥーティ　188
ビニキル*　*142*
バニートゥ　180
碑文　176
日干しレンガ　14,*30*,*31*,48
氷室　118
ヒュスタスペス　207
ピョウ　23,*44*,45,46,*62*
表意文字　69
氷河時代　25
氷期　10,*20*
病気　76
表語文字　69
表文書　124
ヒヨコマメ　27
ピラミッド　*70*,*104*
ビリゲデナ　88
ビール　*70*,*75*
ビル・フセイン　98
ヒルベト・ケラク土器　82

ファイアンス　66,*72*,*126*,150
ファイラカ　98,110
ファサード　56
ファラオ　*118*,137,*139*,*143*
ファルス地方　68,*78*,88
ファルカ　149
フィリスティア　146,185
フィロクセノス　215
封臣　160
封泥　*72*,*73*
フェニキア　*122*,*150*,158,176,*177*
フェニキア象牙　156
武具　170
副葬品　30,46,56,84,92
プサムメティコス3世　206
フジスタン　55,*78*,210
プシーレ　149
ブズリシュ・ダガン　102,103
プズル・アッシュール1世　112
プズル・アッシュール2世　112,*112*
プズル・インシュシナク　*74*,103
ブタ　36
ブダコズ川　144
フタゴブラクダ　*37*
ブッラ　55
ブテリア　144,202
フテルドゥシュ・インシュシナク　
　149
ブドウ　89
プトラン*　*144*
フヌサ　*185*
舟　85,*98*,*122*,136
フブシェン　142
扶壁　52,*56*
フク　67
ブクカヤ　144,*144*
ブクカレ　144,*144*
「冬の陣営」　213
ブラス, ヴィクトル　*153*,184
プラタイア　213
フランクス, サー・アウグストス
　220
ブリアシュ*　*140*
ブリタニア　*177*
フリュギア　144,146,180
ブリューゲル, ピーテル　223
フリル　82,96,108,114,132,136,141
フレイン, ダグラス　108
プレート　*19*
プロトユエス　189
分銅　103,*202*
フンババ*　*76*,84
フンバン*　*142*
フンバン・ニカシュ1世　179
フンバン・ヌメナ　142
フンバン・ハルタシュ3世　191

兵役　121
兵器　184
ヘイサムン　33
ペイダ　29,33
ヘイト・カシム　80
ペカ　133
壁画　25,*43*,44
壁龕　*61*,*171*
碧玉　73
ベス・シャン　118,136,144
ベゾアール・ヤギ　36
ヘット・カーシム　56
ビブロス　82,*118*,136
ヘパ*　108,146
ヘビ　23,29,36,*193*
ベビ1世　89
ヘブライ語　82,*150*
ベラ　136
ヘラトスベス　207
ベリシテ　146,158
ペール・イブニ　185
ペルシア　*203*,*218*
ペルシア艦隊　212
ペルシア湾　*19*,*20*,122
ベルシャザル　*193*,201
ベルシャザルの祝宴　222,*222*
ベル・シャル・ウツル　201
ベル・シャルティ・ナンナル　199
ペルセポリス　152,213,218,*218*,
　219
ベルトゥ*　*140*
ベール・ハラーン・ベール・ウツル
　175
ベール・ビーティ　141
ヘレニズム時代　215
ベロソス　83
ヘロドトス　104,182,192,199,*202*,
　206,*209*,213
ベンジャミン　117
編年　*38*,123
ベン・ハダド　158

ボアズカレ　144
方鉛鉱　43
方解石　*73*,88
防御壁　81
放射性炭素年代　14,*16*,42,56,58
放射性炭素年代補正曲線　*16*
放射性同位元素　*16*
紡錘車　47,*56*
奉納碑文　142
ホウレンソウ　29
ボガズキョイ　113,144
牧畜　25
北西宮殿　162,*163*
牧畜　25
ボクラス　33,44
星占い　124
穂軸　27
墓地　25
ボッタ, ポール・エミール　*153*,
　184,222
歩兵　179
ホモ・サピエンス・サピエンス　23
ホラサン　78
ボルサッパ　*73*,167,175,201
ポルティコ　173
ホルサバード　*153*,180,184
ホルス*　*118*
ポントス山脈　20

マ 行

マイザ　159
埋葬　30,*33*,46
マイタニ　132
磨崖　144,159,172
磨崖墓　213,218
マカロニコムギ　29
マガン　97,98,99,110
マグネサイト　69
マケドニア　214
磨研土器　47,173
磨研法　38
マゴス　206
マシュカン・シャビル　112
マシュチフ犬　36
マダン　51
マツ　
マニシュトゥシュ　97,98,110
マハラッタ　159
マメ　29,31
マラティヤ　132,146,158
マラド　100,111
マラトン　212

マリ　73,82,85,86,90,*90*,108,116,
　116,119
マリア　223
マーリクム　89
マリ文書　154
マルヴ・ダシュト平野　*219*
マルギウム　111,121
丸木舟　51
マルタシュ*　*140*
マルタス*　*140*
マルトゥ　99
マルトゥ*　*120*
マルドゥク*　*76*,83,148,192,202
マルドゥク・アブラ・イディナ2世　
　178,179,182,185
マルドゥク・ザキール・シュミ　
　165,167,171
マルドゥク神殿　199
マルドゥク・バラッス・イクビ　175
マルドゥク・ベール・ウサテ　167
マルドニウス　212,213
マルハシ　97,98,103,142
マルヤ　137
マルヤンヌ　134,137
マルリク　126
マンガン　43
マンネア　173,181

ミグダル神殿　120
ミタ　180
ミダス　180,*181*
ミタンニ　132,*132*,*134*,135,148
貢ぎ物　37,*58*
ミツバチ　175
密輸　47,113
蜜蝋　175
ミトハラス*　*137*
ミトラ*　*137*
ミトラシル*　*137*
ミナ　*103*,*125*
ミネト・アル・ベイダ　147,*147*
ミノア文化　45
ミュカレ　213
ミリジル*　*140*
ミルク　27
ミレトス　212

ムガラ・エル・ワド　30
ムガール　137
ムキシ　133
ムサシル　170,172,182
ムシュキ　146,149,180
ムシュケヌム　121
むしろ　51
ムツリ　37,175
無土器新石器時代　*15*,*28*,30,*32*,
　35,*126*,147
ムラサキガイ　145,176
ムリ山　167
ムルシリ1世　87,114,132
ムルシリ2世　137,139
ムレイビト　33,34
ムワタッリ2世　137

迷信　188
メガロン・プラン　180
メギッド　118,133,*133*,136,158,198
メサリム　87
『メシアの来臨とバビロンの破壊』
　222
メシュウェシ　146
メス・アネパダ　84,85,86,89
メス・カラムドゥグ　84,86,92,99
メソポタミア文化　36
メソポタミア平原　
メディア　99,148,174,182,183,202
メ・トゥルナト　149,167
メヌア　172
瑪瑙　88
「眼の偶像」　66,*67*
メパラゲシ　84,96
メラート, ジェームス　44
メリシパク2世　142,149
メリターテン　139
メルッハ　97,98,99,110,189
メルネプタフ　146
メロダク・バラダン　178,179
メロン　29
メンフィス　189

モアブ　158,176
猛禽類　45
木材　*136*,*145*
『黙示録』　222
木星　*124*
木製品　28

索　引

モザイク　61,62,85,150
文字　10,19,60,69
モースル　152,186
モーゼ　96
持ち送り　80
木工　126
モミ　46
銛先　28
モルガブ平野　204
問題文書　124

ヤ　行

ヤウア　175
ヤギ　23,27,29,36,46
「ヤギの主の墓」　86
野牛　154
冶金術　72
厄払い　74
やじり　28
ヤスマフ・アダド　114,116,119
ヤズルカヤ　144,146
ヤッギド・リム　114
ヤドナナ　182
ヤバ　180
ヤフドゥン・リム　114
ヤマアラシ　23
ヤマネコ　23,36
ヤミニ　117
ヤムハド　108,110
槍　28,194
ヤリム・テペⅠ　47
ヤリム・テペⅡ　49
ヤリム・リム　110
ヤルムティ　97

有室構造壁　68,120
遊牧民　117
油脂　110
ユダ　158
ユダ丘陵　68
ユダヤ人　222
ユーフラテス川　10,20
弓矢　71,154,194

羊皮紙　198
羊毛　27
予言　74
ヨシア　198
ヨシュア　32,146,158
ヨセフ　223
ヨナ　182,186
ヨルダン渓谷　19,21,32
ヨルダン砂漠　15,19
四輪戦車　122

ラ　行

ライオン　23,36,46,154,193
ラガシュ　74,82,87,99,121
ラキシュ　136,158,185
ラクダ　23,37
ラサッパ　175
ラサブ*　89
ラス・アル・アイン　135
ラス・シャムラ　147
ラッサム・オベリスク　125
ラッサム, ホルムズド　152,166
ラッバナ　148
ラデ島　212
ラバ　122,181
ラバシ・マルドゥク　199
ラハム*　201
ラバルナス1世　114,144
ラバン　114
ラビクム　112
ラピスラズリ　66,72,78,84,88
ラビュネトス　202
ラブ・シャ・レーシ　179
ラフム*　184,201
ラマシュトゥ*　76,77
ラムセス2世　136,137,144
ラムセス3世　146
ラメッセウム　146
ラルク　84
ラル渓谷　20
ラルサ　68,108,108,110,121
ラワルピンディ　220
藍銅鉱　43

リクソス　176
リッチ, クラウディス・ジェイムズ　152
リットン伯爵　221
リビト・イシュタル法典　102
リム*　89
リーム　96
リームシュ　97,98
リム・シン1世　108,112,121
リム・シン2世　121,121
リームヘンゲボイデ　62
リームヘン・レンガ　61,62
リヤン　142,149
リュグダミス　191
リュディア　202

リュディア人　123,190
リュート　72
リュトン　207
緑泥岩　78,78,88
旅券　212
リンゴ　29
リンム　96,113

ルイリ　114
ルヴィ語　160
ルヴィ人　114
ルガル　82,89
ルガルキギネドゥドゥ　89
ルガルザゲシ　89
ルガルバンダ　84
ルサ1世　180,181
ルサヒニリ　170
ルッカ　145
ルート砂漠　20,78
ル・ナンナ　120
ルブドゥ　145
ルマ　88
ルリスタン　24,174
ルルビ人　99

レイヤード, サー・オースティン・ヘンリー　153,157,162,163,166,170,222
レヴァント　82,118
『歴史』　206
暦年代　16
レクミレ　132
レシェフ*　147
レタス　29
列柱　213

レバノン　21
レンガ　10
レンズマメ　27
レンブラント　222

炉　27,30
六十進法　124,125
六倍種コムギ　29
ろくろ　38
ロータル　111
ロフトス, W・K　211
ローマ文明　10
ローラシア　19
ローリンソン, サー・ヘンリー・クレスウィック　152,152

ワ　行

賄賂　117
ワイン　75,145,147,161
ワサシャッタ　145
ワシ　36,44,76,193
ワシュカンニ　134,135,145
綿　182
輪積み　38
ワディ・ハサ　34
ワディ・マダマグ　27
ワバラトゥム　113
ワラドゥム　121
ワラド・シン　112,112
ワラバルワス　181
ワルカ　59,60
ワルカの大杯　61,71

監訳者

松谷敏雄
1937年　福岡県に生まれる
1961年　東京大学教養学部卒業
現　在　東京大学東洋文化研究所教授
（専攻　西アジア考古学）

訳　者

西秋良宏
1961年　滋賀県に生まれる
1983年　東京大学文学部卒業
現　在　東海大学文学部講師
（専攻　西アジア先史考古学）

前田昭代
1951年　鹿児島県に生まれる
1974年　東京大学文学部卒業
現　在　洗足学園短期大学講師
（専攻　西アジア考古学）

五味　亨
1944年　東京都に生まれる
1966年　東京教育大学文学部卒業
現　在　静岡県立大学国際関係学部助教授
（専攻　シュメール史）

小口和美
1955年　神奈川県に生まれる
1978年　国士舘大学文学部卒業
現　在　国士舘大学イラク古代文化研究所講師
（専攻　西アジア考古学）

松島英子
1948年　福井県に生まれる
1971年　東京芸術大学芸術学部卒業
現　在　中近東文化センター研究員
（専攻　古代メソポタミア史）

渡辺和子
1951年　東京都に生まれる
1974年　東京大学文学部卒業
現　在　東洋英和女学院大学人文学部助教授
（専攻　アッシリア学）

川瀬豊子
1950年　兵庫県に生まれる
1975年　大阪大学文学部卒業
現　在　樟蔭女子短期大学助教授
（専攻　古代イラン史）

図説 世界文化地理大百科
古代のメソポタミア（普及版）

1994年 6 月25日　初　版第 1 刷
2005年 3 月30日　　　　第 3 刷
2008年11月20日　普及版第 1 刷

監訳者　松　谷　敏　雄
発行者　朝　倉　邦　造
発行所　株式会社　朝倉書店

東京都新宿区新小川町6-29
郵便番号　162-8707
電　話　03（3260）0141
FAX　03（3260）0180
http://www.asakura.co.jp

〈検印省略〉

© 1994〈無断複写・転載を禁ず〉　凸版印刷・渡辺製本

Japanese translation rights arranged with ANDROMEDA OXFORD Ltd.,
Oxford, England through Tuttle-Mori Agency Inc., Tokyo

ISBN 978-4-254-16861-7　C 3325　　Printed in Japan

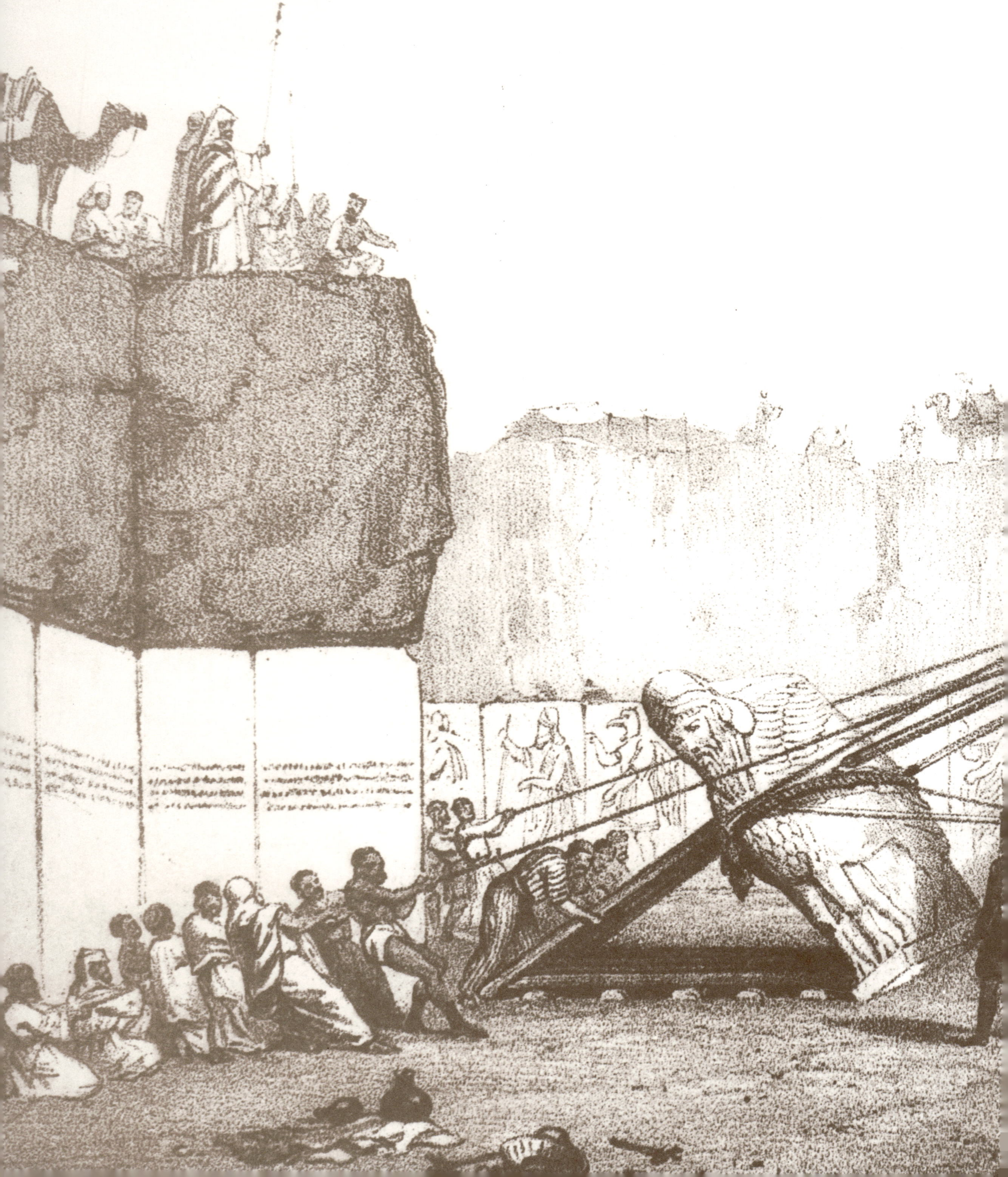